*Die Figur der Françoise in Marcel Prousts
"À la recherche du temps perdu"*

Eine motivgeschichtliche Untersuchung

von

Astrid Winter

Tectum Verlag
Marburg 2003

Winter, Astrid:
Die Figur der Françoise in Marcel Prousts "À la recherche du temps perdu".
Eine motivgeschichtliche Untersuchung.
/ von Astrid Winter
- Marburg : Tectum Verlag, 2003
Zugl.: Frankfurt am Main, Univ. Diss. 2002
ISBN 978-3-8288-8465-6

© Tectum Verlag

Tectum Verlag
Marburg 2003

Im Andenken an meinen Vater und für R.

Ein besonderer Dank gilt den Mitarbeitern der Stadt- und Universitätsbibliothek Frankfurt am Main, besonders Frau Eleni Tavopoulos und Herrn Josef Kempf, für die stetige Hilfe bei der Bücher-Recherche sowie die Bereitstellung einer Arbeitskabine während der Promotionszeit, meinem Doktorvater Herrn Prof. Dr. Dr. h.c. Karsten Garscha, durch dessen Proust-Seminar ich auf Françoise aufmerksam wurde, Herrn HD Dr. Peter Ihring für seine Bereitschaft zum Zweit-Gutachter, der Konrad-Adenauer-Stiftung, die diese Arbeit mit einem Graduiertenstipendium gefördert hat sowie Freunden und Verwandten, die mich in Höhen und Tiefen auf der 'Suche nach Françoise' begleiteten und trotz meiner Rückzüge in die forschende Einsamkeit nicht die Freundschaft aufkündigten.

Die Porträt-Photographien auf der Umschlagseite sind von Paul Nadar, aufgenommen Ende des 19. Jahrhunderts.

Inhalt

1. Einleitung 9
   1.1   Forschungsstand, Problemstellung und Untersuchungsziele.........................9
   1.1.1   Zusammenfassung 17
   1.2   Textkorpus 17

2. Theoretische Voraussetzungen: Motiv und Intertextualität 21
   2.1   Zum Begriff des Motivs und der Intertextualität und ihrer Interdependenz.............21
   2.1.1   Begriff der Intertextualität 21
   2.1.2   Begriff des Motivs 33
   2.2   Methodisches Modell: Kompatibilität von Intertextualität mit Motivforschung 40

3. Françoises Motivzüge..41
   3.1   Tradition 41
   3.1.1   Traditionsbewußtsein: Feudales Hierarchiedenken.....................................45
   3.1.2   Sprachtradition und -veränderung 49
   3.2   Stolz und Selbstbewußtsein 56
   3.2.1   Stolz auf eigene Familie 56
   3.2.2. Stolz auf „Ersatzfamilie" und ihre Klasse 57
   3.2.3   Stolz auf Stellung im Haus und ihre Dienerklasse 59
   3.2.4   Stolz auf Ersatzmutterrolle 67
   3.2.5   Stolz auf Vaterland 70
   3.3   Grausamkeit..71
   3.4   Selbstlosigkeit, Herzensgüte, Mitleid 74
   3.5   Naivität 77
   3.6   Mißtrauen, Neugierde, Wissensdurst – instinktives Wissen 79
   3.7   Françoise als Lehrmeisterin in Menschenkenntnis.....................................82
   3.8   Kunst...85
   3.8.1   Darstellend: Mimik...85
   3.8.1.1 Françoises und Marcels „Wesensverwandtschaft"....................................87
   3.8.2   Handwerklich: Nähen (3.8.2.1) und Kochen (3.8.2.2) 90
   3.8.2.1 Nähkunst 90
   3.8.2.2 Kochkunst 93
   3.8.3   Françoise und Marcel – künstlerische Schöpfer der gleichen 'Methodik' 97

3.9	Zusammenfassung ihrer 'intratextuellen' Rolle	100
3.9.1	Françoise und die „clefs"	103

4. Intertextuell-motivwissenschaftliche Vergleiche 107
4.1 Proust und Molière 107

4.1.1	Molières Dienerinnen	110
4.1.2	Françoise und Martine	112
4.1.3	Françoise und Dorine	121
4.1.4	Françoise und Toinette	131
4.1.5	Zusammenfassung	139

4.2 Proust und Marivaux 145

4.2.1	Marivauxs Dienerinnen	151
4.2.2	Françoise und Colombine	154
4.2.3	Françoise und die Lisette aus den *Sincères* und der *École des Mères*	171
4.2.4	Zusammenfassung	175

4.3 Proust und Balzac 183

4.3.1	Literarische Menschendarstellung bei Balzac	189
4.3.2	Françoise und Nanon	199
4.3.3	Zusammenfassung	222

4.4 Proust und Flaubert 229

4.4.1	Flauberts Dienerinnen	236
4.4.2	Françoise und Félicité	236
4.4.3	Zusammenfassung	253

4.5 Proust und die Goncourts 259

4.5.1	Goncourts Dienerinnen	264
4.5.2	Françoise und Germinie	266
4.5.3	Zusammenfassung	289

4.6 Proust und Zola 295

4.6.1	Zolas Dienerinnen	301
4.6.2	Françoise und Victorine	302
4.6.3	Françoise und Martine	315
4.6.4	Françoise und Geneviève, Rose und Véronique	324

4.6.4.1	Geneviève	325
4.6.4.2	Rose	331
4.6.4.3	Véronique	338
4.6.5	Zusammenfassung	348

4.7 Proust und Maupassant **355**

4.7.1	Maupassants Dienerinnen	364
4.7.2	Françoise und Rosalie	366
4.7.3	Zusammenfassung	376

5. Ergebnisse der Arbeit **381**

Literaturverzeichnis **393**

1. Einleitung

1.1 Forschungsstand, Problemstellung und Untersuchungsziele

Ziel vorliegender Arbeit ist die Rolle und Funktion der weiblichen Bediensteten Françoise in Marcel Prousts *À la recherche du temps perdu* zu klären und folgenden Nachweis zu erbringen: Françoise besitzt eine zentrale Stellung in der Rangordnung der Proustschen Figuren und ist entgegen geläufiger Interpretationen kein „personnage supplémentaire"[1]. Eine Neubewertung der alten von Köhler, Brée und Piroué vertretenen Auffassung, wonach die Diener „Affen" gleichen, die um ihre Herrschaften herumtänzeln, geht damit einher.[2]

Der erste Teil der Arbeit beschränkt sich auf den Text der *Recherche* und versucht Françoises intratextuelle Rolle und Bedeutung auszumachen (Kap. 3ff.). Françoise und die Entschlüsselung ihrer Rolle für den Helden Marcel bilden aber nicht den ausschließlichen Mittelpunkt des Erkenntnisinteresses. Zur vollkommenen Erfassung der Bedeutung Françoises für den Helden *und* den Autor der *Recherche* muß Françoises interfigurale Traditionslinie, ihr intertextueller Horizont mitberücksichtigt werden. Deshalb wird die bisher vernachlässigte Traditionslinie der Figur der Françoise nachgezogen und das Motiv der weiblichen Bediensteten bis ins 17. Jahrhundert zurückverfolgt. Eine rein intratextuelle Untersuchung wäre unzureichend, da Françoise gleichzeitig ein Glied innerhalb der Motivgeschichte der weiblichen Bediensteten darstellt. Mit Françoise emanzipiert sich ebenso das Bild der weiblichen Bediensteten – hinsichtlich ihrer eigenen Wertigkeit im Verhältnis zu ihren intratextuellen Bezugspersonen als auch zum Autor;[3] eine Erkenntnis,

---

[1] cf. Brée, Germaine: Du temps perdu au temps retrouvé. Introduction à l'oeuvre de Marcel Proust, Paris: Les Belles Lettres, 1950, 75. – Brée stellt Françoise als „personnage supplémentaire" auf eine Stufe mit dem Lebensmittelhändler Camus oder mit Mme Sazerat, ebd. 90: „Si par Françoise et sa fille, Jupien ou Morel, nous apercevons d'autres classes, ce n'est qu'en passant, et Proust concentre toute son attention sur les «classes supérieures» de la société et sur leur vie «mondaine»."

[2] cf. Piroué, George: Par les chemins de Marcel Proust. Essai de critique descriptive, Neuchatel: Les Éditions de la Baconnière, 1955, 108; cf. Köhler, Erich: Marcel Proust, Göttingen: Vandenhoeck & Ruprecht, 1958; cf. auch Köhler, Erich/Corbineau-Hoffmann, Angelika: Marcel Proust, Berlin: Erich Schmidt, 1994, 29: „In der Tat erscheinen in der *Recherche* – von wenigen Ausnahmen abgesehen – nur Vertreter der Aristokratie und der Großbourgeoisie und ihre Diener oder Anbeter."; cf. Brée 1950.

[3] Im 17. und 18. Jahrhundert erhält die weibliche Bedienstete mit Molière und Marivaux einen neuen Status. Im 19. Jahrhundert werden die weiblichen Bediensteten zwar als wert empfunden, zu Protagonistinnen eines Romans zu werden (cf. *Germinie Lacerteux* der Gebrüder Goncourt), ihre Darstellung hinterläßt allerdings häufig primär einen negativen Eindruck beim Beobachter. Frenzel spricht von einem im „Zusammenhang mit einem aus politisch-weltanschaulichen Gründen veränderten Bild", das die „unteren Stände als geistig ebenbürtig mit den oberen stellte." Sie bezieht sich dabei auf Grillparzers Küchenjunge Leon in „Weh dem der lügt" von 1838 (cf. Frenzel, Elisabeth: Motive der Weltliteratur – Ein Lexikon dichtungsgeschichtlicher Längsschnitte, Stuttgart: Kröner, ⁵1999, darin: „Bediente, Der Überlegene", 38-40, 48f.). Bei den französischen Autoren des 19. Jahrhunderts muß man festhalten, daß von einer geistigen Ebenbürtigkeit des Dieners in der Art der Darstellung nicht unbedingt zu sprechen ist. Bei den Goncourts am anschaulichsten: Eine Bedienstete erhält zwar den Wert, literarisch thematisiert zu werden, wird aufgrund der politisch-weltanschaulichen Überzeugungen der Autoren aber als entsprechend milieugesteuert dargestellt. Zola verfolgt diese Richtung weiter, wobei auch bei ihm nicht alle Vertreter der Gesellschaft gleich minderwertig erscheinen. Den weiblichen Bediensteten scheint manchmal eine besondere tierische Rohheit eigen. Ihr Verhalten verunsichert und wird unterschwellig als Gefahr für die sie umgebenden Personen gewertet. Proust weist Françoise intratextuell den gleichen Wert wie den anderen Vertretern der Gesellschaft – Bürgertum, Aristokratie, Künstler – zu. So gewinnt das Motiv der weiblichen

die zusätzlich Rückschlüsse auf ihre Rolle herausfordert und auf das Gewicht zurückwirkt, das ihr innerhalb der *Recherche* zukommt. Der zweite Teil der Studie möchte über motivwissenschaftliche Vergleiche klären (Kap. 4ff.), welche Lesart Françoise intertextuell eröffnet. In diesem Zusammenhang wird der Frage nachgegangen, inwiefern sich Françoise als zentraler Schlüssel erweisen kann, der dem Leser der *Recherche* die Türen zum Proustschen Kosmos seiner literarischen Beziehungen aufschließt. Der erste Teil der Arbeit dient dabei als Basis für die folgenden Fallstudien, die nunmehr die 'mitrauschenden' Texte aus dem mit Françoise in Dialog tretenden Textuniversum berücksichtigen. Der Einleitung folgend und dem eigentlichen Untersuchungsgegenstand vorangestellt ist eine Klärung der theoretischen Voraussetzungen (Kap. 2ff.), die Ansätze der Motiv- und Intertextualitätsforschung miteinander verbinden.

Der folgende Überblick über den Stand der Forschung zu Françoise umfaßt drei Gebiete: (1.) Abhandlungen über die Gesellschaft in der *Recherche*, (2.) Studien über Françoise selbst – beide Forschungsfelder betreffen Françoises intratextuelle Rolle – sowie (3.) allgemeine Abhandlungen über Dienerfiguren – letzter Punkt nimmt die intertextuelle Perspektive Françoises auf. Ein ausführlicher Bericht zur Motiv- und Intertextualitätsforschung findet sich im Kapitel 2, weshalb im Anschluß an den Forschungsbericht zu Françoise dieses Themenfeld nur auf einen für die Einleitung nötigen Ausblick beschränkt wird.

Beim Themenkomplex der Gesellschaft ist Françoise weitgehend ausgespart. Dieses geringe Interesse der Kritiker betrifft alle Vertreter der niederen Klasse. Letztere wird häufig übergangen – wie dies noch der Fall bei Angelika Corbineau-Hoffmann ist –,[4] oder es wird die pauschale Behauptung aufgestellt, daß „the discussion of the lowest class [...] never more than sketchy" sei.[5] Dagegen sticht immer wieder die ausgiebige Behandlung des Adels und des Bürgertums ins Auge. Luise Kraucher stellt beispielsweise schon 1933 in einem Artikel über die französische Gesellschaft des Vorkrieges fest, daß „ein Teil der Gesellschaft, in dem Proust die sie beherrschenden allgemeingültigen Gesetze am reinsten zu sehen vermeint: die Aristokratie und das reiche Bürgertum"[6] vor unserem Auge entstehe. Damit steht sie am Anfang einer Richtung innerhalb der Proust-Forschung, die die „Gesellschaft" auf den Kreis der 'Guermantes' und der 'Verdurins', d.h. auf Adel und Bürgertum reduziert. Nach Evelyne Moine entspricht die „société" einem „univers de la rencontre, élévée à la hauteur d'une institution: matinées, soirées, dîners, soupers, réunions

---

Bediensteten in der Figur Françoises ein neues Prestige. Es wird den bis dato häufig bevorzugten Motiven – des Künstlers, des Schauspielers o.ä. – ebenbürtig.

[4] Corbineau-Hoffmann, Angelika: Marcel Proust: A la recherche du temps perdu, Tübingen/Basel: Francke (UTB), 1993. Obwohl dieses Werk den aktuellen Überblick über die gesamte *Recherche* darstellt, erscheint Françoise weder unter dem Kapitel der „Codes" (31ff.), noch unter demjenigen zu den Künstlerfiguren der *Recherche* (120ff.). Beide Punkte werde ich in meiner Arbeit vorstellen.

[5] Kopp, Richard L.: Marcel Proust as a social critic, Cranbury/New Jersey: Farleigh Dickinson University Press, 1971, 8.

[6] Kraucher, Luise: „Die französische Gesellschaft des Vorkrieges in den drei großen Zyklusromanen: »Jean Christophe«, »A la Recherche du Temps perdu«, und »Les Thibault«", in: Germanisch-Romanische Monatsschrift 21 (1933), 59-70, 64.

de toutes sortes se succèdent chez les Guermantes comme chez les Verdurins".[7] Dieser Ansatz verliert die Familie des Helden Marcel, inklusive ihrer Dienerin Françoise, aus den Augen. Es handelt sich hier um eine Definitionsfrage. *Gesellschaft* wird mit dem Pariser Salonleben gleichgesetzt. Studien über Mitglieder des aufstrebenden Arbeitertums oder des Bauernstandes werden uninteressant, da als nicht zum Weltbild Prousts gehörig angesehen. Wenn man von einer Ausklammerung einer bestimmten Klasse reden will, so trifft dies sicherlich für die des industriellen Proletariats zu. Jean-Yves Tadié liefert eine einsichtige Begründung für das Fehlen dieser Klasse:

> Il est aussi vain de reprocher à Proust de s'intéresser aux aristocrates et non aux ouvriers, qu'à Cezanne de s'intéresser aux pommes; répliquer, qu'à Combray, à Paris, à Venise, l'auteur nous présente des représentants des classes les moins favorisées serait situer la discussion sur le même terrain, si étranger à celui de la création littéraire.[8]

Warum das Erscheinen der „classe des ouvriers" der Proustschen „création littéraire" zuwiderlaufe, erklärt Tadié kurz darauf:

> Proust n'avait pas à donner une image de toute la société, ni à condamner la bourgeoisie, mais à donner l'image d'un monde, celui du narrateur. Et ce monde, avec ses cinq cent treize personnages rencontrés est encore plus vaste qu'on ne croit; il se recompose en une immense pyramide dont le narrateur est le sommet.[9]

Michael Berkvam konstatiert, daß die Handlung sich „sur le plan de l'humanité tout entière"[10] abspiele, stellt dennoch gleichzeitig fest:

> Les domestiques, les serviteurs, même Jupien sont là comme preuve pour le monde de la richesse et du pouvoir des Guermantes.[11]

Dies entspricht der Auffassung von Köhler, Brée und Piroué. Alle diese Aussagen unterstreichen die unbestritten wichtige Rolle beider Klassen für Proust, unterschätzen aber das Gewicht, welches Françoise innerhalb der *Recherche* einnimmt. Wenn Berkvam auch Recht in der Annahme hat, daß „Proust n'a aucune intention de donner au lecteur le mécanisme et la raison d'être de chaque couche sociale de Paris. Il n'a pas non plus voulu que son livre fut une illustration de la lutte des classes et des antagonismes causés par les nouvelles pressions économiques et politiques"[12], so führt seine folgende Feststellung wohl zu weit:

> Le lecteur ignore complètement la vie des «petites gens», sauf dans la mesure où cette vie entre en contact avec le «grand monde». Ainsi Françoise occupe une grande place mais seulement par rapport au narrateur et à sa famille.[13]

---

[7] Moine, Evelyne: „Les rapports sociaux: l'un et l'autre", in: Europe 48, 496/497, (1970), 46-52, 47.
[8] Tadié, Jean-Yves: Proust et le roman. Essai sur les formes et techniques du roman dans *A la recherche du temps perdu*, Paris: Gallimard, 1971, 182.
[9] ebd. 184.
[10] Berkvam, Michael: „Le Paris de Marcel Proust", in: Revue des sciences humaines 39/154 (1974), 327-339, 334.
[11] ebd. 339.
[12] ebd. 333.
[13] ebd.

Eine zweitrangige Rolle mögen vielleicht einige Figuren – wie die Liftboys, Kellner, Wäscherinnen oder namenlosen Diener der Salons – spielen, Françoise bildet sicherlich eine Ausnahme. Nach dem „ordre décroissant" von Newman-Gordon rangieren die „domestiques" quantitativ an vorderster Stelle in Prousts Vorstellungswelt und stehen auf gleicher Höhe wie z.B. der „romancier".[14] Die französische Gesellschaft der *Recherche* umfaßt somit eine „hierarchy of aristocracy, bourgeoisie" *und* „lower classes".[15] Jedem Leser der *Recherche* dürften Prousts häufige Gedanken über die „domestiques" auffallen. Nur ein Zitat zur Illustrierung:

> Mais je dois dire que la raison pourquoi je n'avais pas lieu de souhaiter de remplacer Françoise par quelque autre est que cette autre aurait appartenu tout autant et inévitablement à la race générale des domestiques et à l'espèce particulière des miens. (CG 72)

Die Kritiker, die Françoise kürzere Aufsätze widmen, finden besonders einzelne Eigenschaften ihrer Figur erwähnenswert. Wilhelm Friedmann bemerkt treffend in einem der frühesten Artikel aus dem Jahr 1930:

> Da ist besonders Françoise, eine der gelungensten Figuren des ganzen Werkes.[16]

Friedmann stellt Françoise auf eine Stufe mit den „Guermantes", zumindest könne sie in ihrer Sprachgewalt ohne Mühe mit ihnen in Konkurrenz treten.[17] Ernst Robert Curtius stellt die bäuerliche Tradition heraus, die in Françoises Charakter bewahrt werde. Neben Untersuchungen zu Françoises bäuerlichem und mittelalterlichem Charakter bzw. zu ihr als Repräsentantin von Combray wenden sich andere Proust-Forscher ihrer Sprache oder ihrem Genie als Köchin zu.[18] Brunets „Etude quantitative" über Prousts Vokabular findet Françoise an 783 Stellen in der *Recherche* zitiert.[19] Dies entspricht fast der Häufigkeit von Bergotte, Elstir und Vinteuil zusammen. Nicht in jedem Fall ist es sinnvoll, von der Quantität auf die Qualität zu schließen. Bemerkenswert ist allerdings, daß Françoise mit Saint Loup auf fast gleicher Stufe steht. Wenn – wie Tadié behauptet – Bergotte, Elstir und Vinteuil aufgrund ihrer gleichen quantitativen Erscheinung ein „rôle égal" in der *Recherche* spielen, so kann man das gleiche für Saint Loup und Françoise folgern.[20] Letztere besitzt aufgrund der Tatsache, daß sie den Helden Marcel vom Anfang in Combray bis zur

---

[14] Newman-Gordon, Pauline: Dictionnaire des idées dans l'oeuvre de Marcel Proust, Paris: Mouton, 1968, 31f.

[15] Stephen Wilson spricht von den „lower classes", cf. ders.: „Prousts *A la Recherche du Temps Perdu* as a Document of Social History", in: Journal of European Studies 1 (1971), 213-243, 223: „Proust presents a clear if traditional analysis of the structure of French society at the end of the nineteenth and the beginning of this century, a hierarchy of aristocracy, bourgeoisie and lower classes."

[16] Friedmann, Wilhelm: „Die französische Gesellschaft im Werke Marcel Prousts", in: Deutsch-Französische Rundschau 3 (1930), 361-380, 366.

[17] ebd. 367.

[18] cf. Curtius, Ernst Robert: Marcel Proust, Frankfurt/Main: Suhrkamp, 1973, 92; cf. Descombes, Vincent: Proust: Philosophie du roman, Paris 1987, darin vor allem: Kap.10: „La philosophie de combray", 173-193; cf. de Grandsaigne, Jean: L'espace combraysien, Paris: Minard, 1981; cf. Schulz-Buschhaus, Ulrich: „Françoise oder die Poetik eines »bon dîner«", in : Kapp, Volker (Hg.): Marcel Proust: Geschmack und Neigung, Tübingen: Stauffenberg, 1989, 143-159, 150.

[19] Brunet, Etienne: Le vocabulaire de Proust. Etude quantitative, Genève-Paris: Slatkine-Champion, 1983, IV.

[20] ebd.

Entdeckung seiner „vocation" am Schluß begleitet – was Saint Loup, wie die meisten Figuren der *Recherche* nicht tun – eine noch hervorgehobenere Rolle. Es wird klar, daß Françoise eine Art zweites Ich seiner Person darstellt und eine zentrale Funktion inne hat. Jane Robertson konstatiert in ihrem Artikel „The relationship between the Hero and Françoise in *À la recherche du temps perdu*" die wichtige Beziehung zwischen dem Helden und Françoise.[21] Proust selbst schreibt in einem Brief an Paul Souday am 17. Dezember 1919:

> Cet ouvrage [...] est si méticuleusement «composé» (je pourrais vous en donner de bien nombreuses preuves), que le dernier chapitre du premier volume a été écrit tout de suite après le premier chapitre du premier volume.[22]

In einem weiteren Brief an Jacques Rivière hält Proust schon am 6. Februar 1914 fest:

> Ce n'est qu'à la fin du livre, et une fois les leçons de la vie comprises, que ma pensée se dévoilera.[23]

Diese persönlichen Zeugnisse der Aussage Robertsons hinzugefügt verdeutlichen: Françoises Rolle konzipierte Proust gleich zu Anfang; ihre wichtige Bedeutung für den Helden Marcel war ihm zu Beginn klar. Eine Studie, die erstmals Françoise als komplexere Persönlichkeit zu behandeln versucht, stellt die im Jahr 1992 in Boston erschienene Dissertation von Hollie Harder Markland dar.[24] Markland faßt Françoise vor allem unter ihren Code, der sie über alle anderen Figuren erhebe, da er nur ihr eigen sei. Sie gewinne durch ihn eine Individualität, die sonst keine andere Figur der *Recherche* besitze. Sie erkennt, daß Françoise eine umfangreiche Behandlung lohnt. Da ihre Studie einen rein intratextuellen Ansatz behält, erfolgt keine Betrachtung Françoises unter intertextuellen und motivgeschichtlichen Gesichtspunkten. Ebenso konzentrieren sich bisher allgemeine Abhandlungen über Dienerfiguren entweder auf die Gattung des Theaters – beispielsweise die Arbeit von Rolf Franzbecker[25], enden somit bei Marivaux – oder auf bestimmte Jahrhunderte wie diejenige von Susan Yates. Ihre Arbeit „Maid and mistress" beleuchtet das Verhältnis zwischen Herrin und Dienerin im 19. Jahrhundert unter feministischen Gesichtspunkten.[26] Außer Acht bleibt, daß sich ungeachtet unterschiedlicher Gattungen,

---

[21] cf. Robertson, Jane: „The relationship between the Hero and Françoise in '*À la recherche du temps perdu*'", in: French Studies 25 (1971), 437-441, 437: „On a formal level, descriptions of the Hero's and Françoises feelings are juxtaposed and often compared, and on a deeper level, their antagonism, which seems more than the antimosity of like recognizing like from long proximity in a master-subordinate relationship, gains a significance which contributes to the plot of the novel."

[22] Corr. XVIII (1918), 536.

[23] Corr. XIII (1914), 98f.

[24] Harder Markland, Hollie: Françoise as Master Artist in *A la recherche du temps perdu*, Boston: Ann Arbor, 1992.

[25] Franzbecker, Rolf: Die weibliche Bedienstete in der französischen Komödie des 16.-18. Jahrhunderts, Wiesbaden 1983.

[26] Yates, Susan: Maid and Mistress – feminine solidarity and class difference in five nineteenth century French Texts, New York: Peter Lang, 1991. Die Verallgemeinerungen, die Yates vornimmt – z.B. daß alle Beziehungen nur noch von ökonomischen Interessen und Egoismus geprägt sind – machen sie meiner Meinung blind für die Tatsache, daß alte 'Paradigmen' (später werde ich dazu 'Motivklassen' sagen) des Motivs der weiblichen Dienerfiguren auch bei den naturalistischen Autoren – als ein Beispiel sei Zola genannt – verwendet werden. – Yates gesteht zwar der weiblichen Bediensteten den Wert einer Untersuchung zu. Dadurch, daß sie sie aber

Genres und Epochen typische Merkmale der Dienerfigur tradieren und in der *Recherche* in der Figur der Françoise zusammenlaufen bzw. von Proust in ihr zusammengeführt werden. Deshalb wird in vorliegender Arbeit ein Schritt weiter als Markland gegangen und eine Einordnung von Françoises Figur in die Motivgeschichte der weiblichen Bediensteten versucht. Ebenso soll sich die Frage klären, welche Rückschlüsse von einer solchen Motivgeschichte auf die Funktion und Rolle der Figur Françoise innerhalb der *Recherche*, auf die Wertigkeit der weiblichen Bediensteten allgemein, d.h. auf die Entwicklung dieses Motivs hin zu einer Emanzipation bzw. Gleichberechtigung innerhalb des Herr-Diener- und des 'Figuren-Autoren'-Verhältnisses zu ziehen sind. Da Franzbecker nur die weibliche Bedienstete in der französischen Komödie des 16.-18. Jahrhunderts im Blickfeld hat und Yates keine Einordnung der weiblichen Bediensteten in der ihnen zugehörigen Motivgeschichte über das 19. Jahrhundert hinaus versucht, möchte vorliegende Studie auch eine Brücke schlagen bzw. die Lücke schließen zwischen der Arbeit von Franzbecker und derjenigen von Yates: Sie möchte die Linearität eines Motivs aufzeigen, das Proust, da er am Ende einer Entwicklung steht, aufgreift und gleichzeitig mit den Motiv-Variationen in der Figur der Françoise durch-'spielt'.[27] Proust verleiht durch diese intertextuell verfahrende Vorgehensweise Françoise ein ganz neues Gewicht. Sie emanzipiert sich nicht nur innerhalb der ihr eigenen Motivgeschichte von einem drittklassigen Rang.[28] Proust weist ihr zudem eine Schlüsselfunktion für den Leser zu, der über die Lektüre, die sie eröffnet, ins Kunstverständnis des Erzählers dringen als auch Prousts Verhältnis zu den Autoren aufschließen kann, die – zumindest einige von ihnen – schon Gegenstand seiner Pastiches und kritischen Schriften sind. Die Arbeit geht deshalb der Frage nach, inwiefern in Françoises Figur alle für den Helden und Autor wichtigen Themen sichtbar werden und ob sie eine „lecture" eröffnet, die klärt, in welchem Verhältnis Proust selbst zu seinen literarischen Vorläufern steht, welchen Autoren er verpflichtet ist, wo er ihren Modellen 'folgt' und wo er sich abgrenzt und neue Wege geht.[29] In diesem Zusammenhang werden Äußerungen Prousts über genannte Autoren in seinen „Nebentexten"[30] – u.a. in der *Correspondance* – zur Klärung dieses Verhältnisses und seiner Spiegelung in der *Recherche* in die Analyse miteinbezogen. Bisher in der Proust-Forschung nicht beachtete Autoren werden dadurch neu ins Blickfeld kommen bzw. Prousts Verhältnis zu Autoren des 19.

---

ausschließlich in ihrem Verhältnis zur Herrin betrachtet, blendet sie alle anderen Relationen aus, drängt sie an den Rand, nämlich auf den zweiten Rang neben die Herrin und schmälert damit in gewisser Weise ihre Wertigkeit.

[27] Bouillaguet spricht bei Proust vom „jeu intertextuel", meint damit aber intertextuelle Bezüge – entsprechend ihrem enger gefaßten Intertextualitätskonzept (cf. Bouillaguet 1990, Kap. 2) –, die „littéral" und „explicite"=„citation"/„littéral" und „non-explicite"=„plagiat"/„non-littéral" und „explicite"=„référence"/oder „non-explicite" und „non littéral"=„allusion" sind (ebd. 220). Parodie und Pastiche stellen dabei „les deux principales formes que peut prendre l'allusion" dar (ebd. 168ff.).

[28] Da sie schließlich als gleichberechtigte und vollwertige Partnerin neben *dem* Helden der *Recherche* steht.

[29] Dies entspricht dann weniger einem motivwissenschaftlichen Blickwinkel als vielmehr einem intertextuellen; cf. meine Ausführungen in Kap. 2.

[30] Broich, Ulrich: „Formen der Markierung von Intertextualität", in: Broich,Ulrich/Pfister, Manfred – Unter Mitarbeit von Bernd Schulte-Middelich (Hg.): Intertextualität: Formen, Funktionen, anglistische Fallstudien, Tübingen: Niemeyer, 1985, 31-47, 38.

Jahrhunderts mit neuem Sinn gefüllt.[31] Damit bestätigt sich eine Annahme, die Bouillaguet in ihrer Untersuchung über Marcel Prousts „jeu intertextuel" wie folgt ausdrückt:

> La lecture, par une élucidation progressive, a chance de rendre manifeste ce qui aurait pu ne jamais le devenir [...] La lecture que nous impose le jeu intertextuel est une lecture nécessairement ouverte car l'emprunt n'est jamais clos. Ce qui permet d'affirmer que jamais la lecture intertextuelle n'épuisera le texte, même second, d'*A la Recherche du temps perdu*'.[32]

Dies bezieht sich auch auf den 'Einfluß' einzelner Autoren, die sich aus dem Universum der Texte, dem Echoraum oder der „Echokammer"[33] Prousts besonders herausheben. Kleine Einheiten wie jene um das Figurenmotiv können so zu einem Überblick über das ganze Proustsche Universum führen. Ob Françoise als eine der zentralen Figuren innerhalb der *Recherche* wirklich als diese Art Schlüssel bzw. Zugang zu den Quellen und prägenden Einflüssen Prousts gelten kann, sollen die Einzeluntersuchungen klären. Für das Motiv der weiblichen Bediensteten bedeutete dies jedenfalls eine Aufwertung, die konsequent das weiterführte, was mit der Emanzipation der Dienerfigur bei Molière beginnt, sich bei Marivaux und schließlich bei den Autoren des 19. Jahrhunderts fortsetzt und endlich bei Proust in der Figur der Françoise seinen Höhepunkt findet.

> Die Literatur hätte die Dienerrolle erfunden, wenn sie über keine reale hätte verfügen können. Zwar erfüllen viele ihrer Diener nur eine technische oder ornamentale Funktion, aber die für eine Handlung bedeutsamen sind dies fast stets durch ihre Beziehung zu dem Herrn, der seinerseits schärfere Konturen durch die Beziehung zum Diener erhält.[34]

So schreibt Elisabeth Frenzel in ihrem dichtungsgeschichtlichen Längsschnitt über „Motive der Weltliteratur" unter dem Kapitel „Bediente, Der überlegene" und begibt sich auf die Suche nach der Geschichte dieses Motivs – für die männlichen Bediensteten.[35] Für Françoise als literarische Figur gilt, daß sie primär in der Motivgeschichte verhaftet und nicht allein Bestandteil der Gattungsgeschichte des Gesellschaftsromans ist.[36] Wie ihre Vorgängerinnen

---

[31] Ich spiele hier insbesondere auf die zahlreichen Aufsätze wie „Proust et Pascal" (von: Barnes, Annie, in: Europe 48 (1970), 193-204) „Proust et Racine" (von: Kessedjian, François, in: Europe 49 (1971), 28-43), etc. an. Natürlich gibt es auch genügend Aufsätze innerhalb umfangreicherer Abhandlungen, die beispielsweise besonders auf Flauberts Einfluß eingehen – hauptsächlich in Stilfragen. Autoren wie Molière oder Marivaux, die – wie meine Arbeit zeigen soll – ebenfalls eine wesentliche Rolle im Entstehen des Werkes spielen, bleiben so gut wie unberücksichtigt.

[32] Bouillaguet 1990, 222. Bouillaguet liefert damit die Begründung für mein eigenes Vorgehen.

[33] cf. Barthes, Roland: Roland Barthes par Roland Barthes, Paris: Seuil, 1975. Darin prägt Barthes die berühmt gewordene Formulierung der Poststrukturalisten, das jeder Text eine „chambre d'échos" sei (ebd. 78), eine „Echokammer" [so die deutsche Übersetzung], in der die Intertexte „ad infinitum" widerhallen. Cf. auch Grivel, Charles: „Thèses préparatoires sur les intertextes", in: Lachmann, Renate (Hg.): Dialogizität (Theorie und Geschichte der Literatur und der schönen Künste). Reihe A. Hermeneutik – Semiotik – Rhetorik), München: Fink, 1982, 237-248, 240: Der Leser liest den Text in einem „acte d'intertextualisation" „à travers la Bibliothèque [...] à travers des pans entiers de la Bibliothèque." Barthes und Grivel vertreten beide die Richtung einer universalen Intertextualität (cf. mit meinen Ausführungen zur universalen versus eingrenzender oder engeren Intertextualität unter Kap. 2.1.1).

[34] Frenzel 1999, 38.

[35] Will man Näheres über die weiblichen Bediensteten erfahren, muß man auf die Arbeiten von Franzbecker zurückgreifen, die jedoch – wie schon erwähnt – nicht mein Gebiet betreffen.

[36] Das Motiv der weiblichen Bediensteten ist zwar Teil der *Recherche* und somit der Gattung des Gesellschaftsromans. Aus den vorher genannten Gründen ist es nicht nur zulässig, sondern sogar notwendig, ihrer Spur epochen- und gattungsübergreifend nachzugehen.

wird sie als Teil des Motivs der weiblichen Bediensteten literarisch tradiert betrachtet. Der Einfluß durch den Wandel der Zeiten soll dabei mitberücksichtigt und das jeweilige Dienerbild bzw. der 'Kontext' synchron beleuchtet werden. Dennoch wird hinterfragt, ob das klassische Dienerinnenmodell auf literarischer Ebene wirklich mit dem Ende der klassischen Komödie aufhört oder ob es nicht vielmehr eine Fortsetzung unter veränderten Umständen erfährt.

Die Vergleichsstudien greifen methodisch auf Ansätze der Motiv- und der Intertextualitätsforschung zurück. Schmid meint zwar, daß die traditionelle Einflußforschung und Motivgeschichte „die intertextuellen Phänomene ausschließlich aus der Perspektive des zeitlich ersten Textes" sähe, der als „aktiver Motivspender für spätere, passiv rezipierende Texte erschien."[37] Der neue Ansatz sei daher gegenüber Quellenkritik und Einflußforschung überlegen:[38]

> Unser point of view ist dagegen der spätere Text und was früher auf die Begriffe des Einflusses, der Kontinuität und des Erbes gebracht wurde, zeigt sich in der gegenläufigen Perspektivierung als virtuelle Sinnkomponente des eigenständigen, aktiven, nicht mehr nur als positiver oder negativer Reflex, sondern aus eigener Gesetzlichkeit entstandenen, auf seine 'Vorläufer' zurückverweisenden und deren Sinnpotentiale als Elemente der eigenen Konstruktion ausnützenden späteren Textes.[39]

Daß die Kluft zwischen Intertextualitätsforschung und Motivgeschichte nicht so unüberbrückbar ist, wie im Hamburger Kolloquium zur Intertextualität von Schmid bzw. Stempel insinuiert, wird im Kapitel 2 bei der Vorstellung der Begriffe näher ausgeführt. Fragen der Autorintention sind mittlerweile auch von Relevanz bei den Motivforschern, so daß man nicht mehr von „passiv rezipierenden" Texten – hinter denen in synchroner Perspektive immer auch Autoren stehen – sprechen kann.[40] Wenn vorliegende Studie auch in

---

[37] Schmid, Wolf: „Sinnpotentiale der diegetischen Allusion. Aleksandr Puskins Posthalternovelle und ihre Prätexte", in: Schmid, Wolf/Stempel, Wolf-Dieter (Hg.): Dialog der Texte. Hamburger Kolloquium zur Intertextualität. Wiener Slawistischer Almanach, Sonderband 11, Wien 1983, 141-188, 143. – Cf. auch Hakkarainen, Marja-Leena: Das Turnier der Texte. Stellenwert und Funktion der Intertextualität im Werk Bertolt Brechts (Europäische Hochschulschriften, Reihe I, Deutsche Sprache und Literatur, Bd. 1436), Frankfurt am Main u.a.: Peter Lang, 1993, 15: „Die Suche nach Parallelen zwischen verschiedenen Texten gehört traditionell zum Problemfeld der Komparatistik, die sich aus der positivistischen Quellenforschung entwickelt hat. Die Interpretation impliziert die Auffassung von einem einflußreichen Autorsubjekt (maestro), das seine Nachfolger (Jünger) beinflußt. Erst seit der Mitte des 20. Jahrhunderts ist die Forschung geneigt, den aktiven Gebrauch von vorhandenem Material anzuerkennen. In den sechziger Jahren entstand schließlich der Begriff der Intertextualität, der sich sowohl gegen das seit der Romantik dominierende Ideal von der Originalität als auch gegen die positivistische Quellenforschung richtet."

[38] Wolf-Dieter Stempel konstatiert „die Überlegenheit des neuen Ansatzes gegenüber Quellenkritik und Einflußforschung" (in: ders.: „Intertextualität und Rezeption", in: Schmid/Stempel 1983, 85-109, 88). – Annick Bouillaguet geht in ihrer Studie über „Marcel Proust – Le jeu intertextuel" (Paris: Editions du titre, 1990) übrigens ganz ungezwungen mit den Begriffen des Einflusses um und kombiniert sie mit den methodologischen Ansätzen der Intertextualität.

[39] Schmid 1983, 143.

[40] cf. auch Frenzel: „Vorwort zur 1. Auflage", in: Frenzel 1999, V-XVI, XI: „Die Vermeidung des Terminus „Einfluß", die der Distanzierung von der Einflußjagd des Positivismus entspringt, kann das Vorhandensein solcher Abhängigkeit nicht ändern und sollte auch überwunden werden, da Einflüsse durchaus nicht immer auf eine nur passive, untergeordnete Rolle des Rezipierenden schließen lassen, sondern im Gegenteil oft auf eine literarische Nachkontakten aufgeschlossene, auf der Höhe ihrer Zeit stehende Dichterpersönlichkeit und ein entsprechend differenziertes Werk weisen." Wenn auch Frenzel im nächsten Satz noch von „Empfangenden" spricht, so ist der negativen Konnotation schon viel genommen durch ihre vorherigen Ausführungen. Auch die im Universum der Texte stehenden Autoren empfangen die 'Echosignale' der 'bibliothèque générale' (cf. nächstes

der Mischung unterschiedlicher Analysebegriffe aus den zwei Forschungsrichtungen ein intertextuelles Phänomen widerspiegelt, möchte sie das Intertextualitätsphänomen nicht auf rein theoretischer Ebene weiterdiskutieren. Ziel ist es, durch die Arbeit am 'literarischen Objekt' die Operationalisierbarkeit der methodischen Begriffe konkret faßbar zu machen, um zu den eigentlichen Ergebnissen vorzudringen. Ein methodisches Modell, das die Begriffsebenen der Intertextualität mit denen der Motivforschung dialogisch aufeinander bezieht und damit als Basis für einzelne Fallstudien dient, die das „hermeneutische oder pragmatische Verhältnis eines Textes zu einem Text" zum Gegenstand der Betrachtung erheben und der „Ausschöpfung des Spielraums"[41] durch Proust nachgehen, eröffnet die Möglichkeit neuer Erkenntnis: 'Begrenzte' Untersuchungen im Bereich des Figurenmotivs bieten die Möglichkeit, gerade bei weitgehend erforschten literarischen Werken wie die Proustsche *Recherche*, neue Resultate zu erzielen.

1.1.1 Zusammenfassung

Das Ziel vorliegender Untersuchung ist die Neubewertung der Figur Françoise nicht nur unter 'intratextuellen' Gesichtspunkten, sondern auch innerhalb der Motivgeschichte. Ebenso soll ihre Aussagekraft für die Situierung des Autors im 'literarischen Echoraum' überprüft werden. Indem diese Arbeit die Traditionslinie des 'Motivs der weiblichen Bediensteten' bis zu Françoise verfolgt, will sie die hier vorhandene Forschungslücke schließen. Da das Hauptinteresse motivwissenschaftlicher Art und das Ziel ist, dem 'intertextuellen Verfahren' bei Proust nachzugehen, bedarf es der Klärung dieser Zielsetzung sowie dieser Begriffe.

1.2 Textkorpus

Wie Bouillaguets Zitat im vorherigen Kapitel zeigte, ist der Rezeptionsvorgang grundsätzlich unabschließbar. Auch Stierle billigt zunächst jedem Leser das Recht zu, prinzipiell jedes Werk intertextuell zu einem anderen Werk in Beziehung zu setzen, denn jede „Korrelation solcher Art" sei „ein vom Interpreten in Gang gesetztes Experiment, das das Bewußtsein des Werks" steigere.[42] Er warnt zugleich vor der „Grenze des wissenschaftlich >Machbaren<[43]." Sicherlich besteht Gefahr, in rezipientenseitig unbegründeten Spekulationen zu verfallen. Zur Auswahl des Textkorpus sei deshalb folgendes angeführt: Die Wahrnehmung der intertextuellen Bezüge wurde einerseits gelenkt durch autotextuelle Bemerkungen von Marcel-Erzähler bzw. Proust: durch ihre Äußerungen

---

Kapitel). – Cf. in diesem Zusammenhang auch die von Michael Riffaterre hervorgehobene Profilierung der Rolle des Lesers, in: ders.: „La syllepse intertextuelle", in: Poétique 40 (nov. 1979), 496-501, insb. 496: „L'intertextualité est un mode de perception du texte, c'est le mécanisme propre de la lecture littéraire."

[41] Stierle, Karlheinz: „Werk und Intertextualität", in: Stierle, Karlheinz/Warning, Rainer (Hg.): Das Gespräch (Poetik und Hermeneutik, Bd. 11), München 1984, 139-150, 145 (gleicher Aufsatz in: Schmid/Stempel 1983, 7-26).

[42] Stierle 1984, 141.

[43] Schulte-Middelich, Bernd: „Funktionen intertextueller Textkonstitution", in: Broich/Pfister 1985, 197-242, 213.

in der *Recherche*, in der *Correspondance*[44] oder in den anderen Texten – z.B. im *Contre Sainte Beuve*; andererseits durch den 'Echoraum' der Proust-Biographen und Kritiker.

In der *Recherche* sind einzelne Figuren (wie Charlus[45]) oder Szenen[46] öfters Vergleichen mit denjenigen eines Molière ausgesetzt. Proust legt seinen Figuren Anspielungen auf diesen Komödienautor in den Mund.[47] Prousts Affinitäten zu Molière beschränken sich allerdings nicht auf die *Recherche*. Nicht nur sie ist durchsät mit Molière-Anspielungen, Zitaten oder Vergleichen, sondern auch Prousts gesamte *Correspondance*. Es gibt keinen Band in der Ausgabe Kolbs, der nicht einige Briefe mit einem wie auch gearteten Molière-Bezug aufweist.

Zu Marivaux finden sich nur zwei explizite Stellen in der *Recherche*.[48] Daß Proust Marivaux als einen hohen Autor schätzt, geht aus seiner 'Verteidigung' Porto-Riches hervor. Racine und Marivaux werden zum Maßstab eines „génie".[49]

An intertextuellen Untersuchungen zu Balzac, Flaubert und Goncourt ermangelt es in der Proust-Forschung kaum, allerdings bleiben sie besonders auf die Pastiches bzw. kritischen Essays aus seinem *Contre Sainte Beuve* und alludierenden Intertexte beschränkt.[50] Wiederum aus der *Correspondance* geht hervor, daß Proust 1891 das Theaterstück *Germinie Lacerteux* besucht und tief bewegt davon ist.[51] Beim Essen mit M. de Goncourt konstatiert Proust zwar „avec tristesse 1° l'affreux matérialisme, si extraordinaire chez des gens «d'esprit»"[52], was auf seine distanzierende Einstellung zu dieser 'Schule' schließen läßt. Nichtsdestoweniger ist dieses Goncourt-Werk mithin Bestandteil seiner Lektüren. Außerdem gehören die Goncourts ebenfalls zu den von Proust pastichierten Autoren: Ein Goncourt-Pastiche findet sich in der 'Affaire Lemoine'-Sammlung, eines in der *Recherche* selbst.

Prousts Distanz zu Zola wird in der Forschung allgemein hervorgehoben. Proust sieht sich mit Zola zwar im Engagement für Dreyfus vereint.[53] Auch treffen sich beide auf der

---

[44] cf. Kolb, Philip: „Préface" zu Corr. I (1880-1895), 10: „[...] la *Correspondance* devient le complément indispensable, le parfait commentaire d'*À la recherche du temps perdu*. [...] Les lettres peuvent nous aider à résoudre bien des problèmes, à répondre aux questions les plus difficiles." Sowie ebd. 11: „Mais d'un autre coté, n'est pas aller à l'encontre des idées de Proust que de publier sa *Correspondance*?"

[45] cf. CG 573, SG 854, SG 742, TR 822.

[46] cf. JF 573, CG 529.

[47] z.B. Norpois, cf. JF 399.

[48] cf. CG 225: sein Name wird im Zusammenhang mit Eigenheiten einer Kaste, einer Nationalität erwähnt; cf. SG 713: wieder wird sein Name explizit erwähnt. Diesmal geht es um die namenlose Baronin in den Stücken Marivauxs, die dem Bedürfnis Cottards nach Baroninnen, egal ob echten oder unechten, entgegenkomme.

[49] cf. de Chantal, René: Marcel Proust. Critique littéraire, Tome II, Montréal: Les Presses de l'université de Montréal, 1967, 587, insb. FN 152.

[50] cf. vor allem die Pastiches-Studien über „L'Affaire Lemoine" (in: Pabst, Walter/Schrader, Ludwig (Hg.): L'Affaire Lemoine von Marcel Proust. Kommentare und Interpretationen, Berlin: Erich Schmidt, 1972) und die von Milly, Jean: Les Pastiches de Proust, Paris: Armand Colin, 1970; cf. auch Genette, Gérard: Palimpsestes. La Littérature au second degré, Paris: Seuil, 1982 sowie ders.: Figures I-III, 3 Bde, Paris: Seuil 1966, 1969, 1972. Darin vor allem seine Proust-Aufsätze, insb.: „Proust et le langage indirect", in: Genette 1969, 223-294; cf. auch Bouillaguet 1990 u.v.m., vor allem die Literaturangaben in den von mir zitierten Fallstudien.

[51] Brief vom 15.-20. März 1891, Corr. I (1880-1895), 161f.

[52] Brief vom Freitag, den 15. November 1895 an Reynaldo Hahn, Corr. I (1880-1895), 441.

[53] cf. Painter, George D.: Marcel Proust. Eine Biographie, Bd. I., Frankfurt/Main: Suhrkamp, 1962, 350.

Beerdigung Daudets.[54] Ihre Überzeugungen verhindern aber eine weitere Annäherung. Schon im ersten Band der *Correspondance* wendet er sich gegen die „idée trop matérielle", die sich u.a. Zola von der „souveraineté littéraire" mache.[55] Wenn auch Proust nicht zur 'Schule von Zola'[56] gerechnet werden darf, setzt er sich dennoch mit Zolas Werken und mit denjenigen der Goncourts auseinander. Die Werke Zolas rezipiert Proust zumindest über die Auseinandersetzung mit seinen literarischen Freunden.[57] Inwiefern sie in der *Recherche* auftauchen, wird die konkrete Fallstudie zu Tage fördern; ebenso wie sich dies letztlich auf die Figur der Françoise auswirkt.

Maupassant lernt Proust im Salon von Mme Straus kennen.[58] Der Autor C. in *Jean Santeuil* nimmt Züge von Maupassant an.[59] Beides sagt zunächst mehr über die Faszination aus, die Maupassant als Person auf Proust ausübt, als über diejenige seiner Stücke. Selbstredend kennt Proust alle Autoren, daher geht es um die Frage der bewußten Auseinandersetzung Prousts mit diesen Autoren: in welcher Weise sie sich vom allgemeinen – 'unbedeutenden' – Textuniversum distanzieren und somit im 'mitrauschenden' Echoraum Bedeutungsrelevanz gewinnen. Die sich unmittelbar anschließende Frage ist, wie sich dies anhand der Figur der Françoise in der *Recherche* ablesen läßt.

Die handelnden weiblichen Bediensteten tauchen in den ausgewählten Werken in ähnlichen Handlungsmustern oder Personenbeziehungen wie Françoise auf[60], weshalb sie sich bei einer intertextuellen Lektüre vom Universum der allgemeinen 'Echokammer' abheben und die Rezeption der *Recherche* bzw. Françoises mitsteuern. Die Primärtexte vom 17. Jahrhundert bis zur Jahrhundertwende, die dieser Arbeit zugrunde liegen und die für einen 'intertextuell-motivwissenschaftlichen' Vergleich[61] in Frage kommen, stammen aus folgenden Werken:

- Molière (1622-1673): *Tartuffe, Le Malade imaginaire, Les Femmes savantes*. Relevante Textstellen betreffen die Dienerfiguren Dorine, Toinette und die Köchin Martine.
- Marivaux (1688-1763): *La surprise de l'amour, L'école des mères, Les sincères*. Die Dienerinnen sind Colombine und zweimal die Lisette.
- Honoré de Balzac (1799-1850): *Eugénie Grandet*. Die weibliche Bedienstete heißt Nanon.

---

[54] ebd. 339.
[55] Corr. I (1880-1895), 171f.; cf. auch den Verweis Kolbs auf den Essai „Contre la jeune école" von Proust, ebd. 172, FN 2. Der Essai findet sich in NM 1954, 319-320 (nur in dieser Ausgabe abgedruckt!).
[56] cf. Bardèche, Maurice: Marcel Proust romancier, Bd. I, Paris: Les sept couleurs, 1971, 101: „[...] Zola, ne sont pas les maîtres qu'il peut se proposer [...]."
[57] cf. Brief Nr. 297 vom „Jeudi [28 novembre 1901]", Corr. II (1896-1901), 474ff.
[58] cf. Corr. I (1880-1895), 160 sowie Painter 1962, 132.
[59] Painter 1962, 285.
[60] Dies ist auch ein Grund, warum ich *Pot-Bouille* von Zola beispielsweise nicht in die engere Auswahl gezogen habe, da zwar eine Masse an Dienern vorhanden ist, aber keine der weiblichen Bediensteten mehr in einem Familienverbund lebt.
[61] zum Verständnis dieses Begriffs cf. Kap. 2.

- Gustave Flaubert (1821-1880): *Un coeur simple*. Das einfältige Herz gehört der Dienerfigur Félicité.
- Edmond (1822-1896) und Jules (1830-1870) de Goncourt: *Germinie Lacerteux*. Der Titel trägt die Dienerfigur im Namen.
- Émile Zola (1840-1902): *Madeleine Férat, La Joie de vivre, La conquête de Plassans, Le docteur Pascal, Rome*. Hier geht es um die weiblichen Bediensteten Geneviève, Véronique, Rose, Martine und Victorine Bosquet.
- Guy de Maupassant (1850-1893): *Une Vie*. Der Roman erzählt u.a. das Leben der Dienstmagd Rosalie.

Die folgenden Kapitel werden sich auf Einzeluntersuchungen dieser Textstellen in Relation zu denjenigen konzentrieren, die die Figur der Françoise in der *Recherche* betreffen. Es wird dabei um die Motivelemente in der 'Makrostruktur' der weiblichen Bediensteten gehen, ihre Verflechtungen mit anderen Motivfeldern, die Neukombinationen, Motivvariationen sowie um die Schlußfolgerungen, die daraus für die Figur der Françoise zu ziehen sind.[62] Diese betreffen ihre Rolle und Funktion innerhalb der ihr eigenen Traditionsgeschichte *und* – mit diesem Horizont ausgestattet – diejenige innerhalb der *Recherche*.

---

[62] cf. dazu die Ausführungen zu meinem motivwissenschaftlichen Ansatz im Kapitel 2ff.

2. Theoretische Voraussetzungen: Motiv und Intertextualität

Im Folgenden soll das Verständnis von 'intertextuelles Verfahren', 'Motiv' sowie die Frage geklärt werden, ob die Figur der weiblichen Bediensteten als Motiv bezeichnet werden kann. Das sich daraus ergebende methodische Modell stützt sich auf Theorien von Wolpers, Daemmrich, Stierle, Schulte-Middelich, Pfister sowie Broich, deren Begrifflichkeiten eine an vorliegender Zielsetzung orientierte Ergänzung erfahren.

2.1 Zum Begriff des Motivs und der Intertextualität und ihrer Interdependenz

Die Beschäftigung mit den Begriffen der 'Intertextualität' sowie des 'Motivs' – im Zusammenhang mit letzterem auch mit Figurenkonstellation u.ä. in Abgrenzung und Abhängigkeit dazu – ist dadurch bedingt, daß Motivwissenschaft und Intertextualität in einem interdependenten Verhältnis zueinander stehen.[1]

2.1.1 Begriff der Intertextualität

Der Intertextualitätsbegriff, der von Julia Kristeva in die literaturwissenschaftliche Debatte eingeführt wurde, ist in der neueren Forschung fast zur 'unentbehrlichen Vokabel', zum Schlagwort geworden,[2] um damit einen Vorgang von Textgenese zu beschreiben.[3] Das Verständnis über *Intertextualität* bei den Definitionsbemühungen divergiert jedoch im großen Umfang.[4] Es bedarf daher einer kurzen Vorstellung der verschiedenen Intertextualitätskonzepte. Sozusagen 'ex negativo' soll nebenbei demonstriert werden, was diese Untersuchung nicht darstellt: eine Ergänzung der Intertextualitätsdebatte, die das Phänomen der Intertextualität auf rein theoretischer Ebene um seiner selbst willen weiter diskutiert. Vorwegnehmend ist als Ergebnis festzuhalten: 'Intertextuell' in einem amalgamierten Sinne, aus universaler und eingrenzender Intertextualitätsbegrifflichkeit schöpfend und diese auf die Motivwissenschaft 'dialogisch' beziehend, wird vorliegende Arbeit tradierte Motivklassen, ihre Elemente und Verflechtungen mittels einzelner Interpretationen von

---

[1] cf. auch Ogasawara, Yoshihito: „Literatur zeugt Literatur": Intertextuelle, motiv- und kulturgeschichtliche Studien zu Alfred Döblins Poetik und dem Roman Berlin Alexanderplatz, Frankfurt am Main u.a.: Lang, 1996, 34: „Intertextualitätsforschung und motivgeschichtliche Forschung stehen in einer interdependenten Korrespondenz."

[2] cf. Broich/Pfister: „Vorwort", in: Broich/Pfister 1985, IX-XII, IX: „Je mehr ein Begriff kursiert, desto schillernder wird meist sein Inhalt." Sowie Lachmann, Renate: Gedächtnis und Literatur: Intertextualität in der russischen Moderne. Frankfurt: Suhrkamp, 1990, 56: „Dennoch: der Begriff erscheint vorerst nicht disziplinierbar, seine Polyvalenz irreduzibel."

[3] Die erste explizite Einführung des Terminus „Intertextualität" findet sich in: Kristeva, Julia: Sémeiotiké – Recherches pour un sémanalye, Paris 1969, 146: „Tout texte se construit comme mosaïque de citations, tout texte est absorption et transformation d'un autre texte. À la place de la notion d'intersubjectivité s'installe celle d'intertextualité, et le langage se lit, au moins, comme *double*."

[4] Die umfangreichen Bibliographien von Don Bruce: „Bibliographie annotée. Écrits sur l'intertextualité" (in: Texte 2 (1984), 217-258) sowie die von Udo J. Hebel: „Intertextualiy, allusion, and quotation: an international bibliography of critical studies" (New York: de Gruyter, 1989) führen die Spanne und damit einhergehend auch Unübersichtlichkeit des Spektrums eindrucksvoll vor Augen. Cf. dazu auch den Band von Heinrich F. Plett mit den jeweiligen bibliographischen Anhängen der Einzelkapitel, in: ders. (Hg.): Intertextuality (Research in text theory; vol. 15); Untersuchungen zur Texttheorie, Berlin/New York: de Gruyter, 1991.

Textstellen, die zur motivlichen 'Makrostruktur' der weiblichen Bediensteten gehören, interpretieren.[5] Wenn von einem intertextuellen Verfahren bei Proust gesprochen wird, so heißt dies, Bezüge herzustellen zu den mit den Textstellen mitrauschenden und dahinter lesbaren Vorgängertextstellen, aber auch Bezüge zwischen den Motivelementen des Figurenmotivs der weiblichen Bediensteten.

Die verschiedenen neueren Publikationen, die Geschichte, Thesen und Konzepte der Intertextualitätstheorie aufgearbeitet haben, umspannen die im Beginn des Jahrhunderts verankerten formalistischen Ansätze, den Dialogizitätsbegriff Michael Bachtins aus den 20-er Jahren ebenso wie die 'Subtext-Theorie' der sowjetischen Kultursemiotiker der Moskau-Tartu-Schule, die in den 60-ern entwickelt wurde und die Konzepte des französischen Poststrukturalismus, in denen die Autoren explizit an Bachtin im von Kristeva geprägten *Intertextualité*-Begriff anknüpfen. Die Publikationen reichen bis zur Besprechung der internationalen Verbreitung des *Intertextualité*-Begriffs in den Ländern der westlichen Hemisphäre unter Poststrukturalisten, Dekonstruktivisten (Derrida) oder Postmodernisten bzw. ihrer Er-Widerer (Bloom), die psychoanalytische oder literatursoziologische Ansätze in das Intertextualitätstheorem inkorporieren.[6] Als wichtigste Bibliographien sind die von Don Bruce – *Bibliographie annotée. Écrits sur l'intertextualité* – sowie die von Udo J. Hebel – *Intertextuality, allusion, and quotation: an international bibliography of critical studies* – von 1984 bzw. 1989 zu nennen. Bruce unterscheidet bereits nach Wissenschaftsgebieten: Saussure, Bachtin, Strukturalismus, Semiotik, Poststrukturalismus, historisch-soziologische, marxistische und ideologische Verfahren und führt insgesamt 339 Titel auf. Hebel entscheidet sich für eine alphabetische Ordnung mit einem gesonderten Themen-Index für seine 2033 Titel (!). Diese zwei Arbeiten führen damit schon die „Breite und Unübersichtlichkeit"[7] des Gebietes vor Augen. Ab den 80-er Jahren hält die Intertextualitätsdebatte durch mehrere große Symposien ihren Einzug in die „deutsche Diskussion", nachdem seit „dem Siegeszug des Poststrukturalismus in Nordamerika in den späten 70-er Jahren [...] nun die ursprüngliche, ja innerfranzösische Debatte im Umkreis von Julia Kristeva und der Guppe Tel Quel internationalisiert" worden ist.[8] Die Beiträge des Hamburger Kolloquiums zur Intertextualität sind im Band *Dialog der Texte* von Wolf Schmid und Wolf Dieter Stempel herausgegeben[9], die des Konstanzer Kolloquiums von Renate Lachmann unter dem Titel *Dialogizität*.[10] Hinzu kommen – als für vorliegende

---

[5] cf. folgende Ausführungen in Kombination mit meinem Kap. 2.1.2.

[6] Cf. den sehr guten Forschungsbericht von Ottmar Ette: „Intertextualität. Ein Forschungsbericht mit literatursoziologischen Anmerkungen", in: Romanistische Zeitschrift für Literaturgeschichte 9 (1985), 497-522.

[7] Wolfzettel, Friedrich: „Zum Stand und Problem der Intertextualitätsforschung im Mittelalter (aus romanistischer Sicht)", in : ders. (Hg.): Artusroman und Intertextualität. (Beiträge der Deutschen Sektionstagung der Internationalen Artusgesellschaft vom 16. bis 19. November 1989 an der Johann Wolfgang Goethe-Universität Frankfurt a.M.), Gießen: Wilhelm Schmitz, 1990, 1-17, 1.

[8] ebd.

[9] Schmid/Stempel 1983.

[10] Lachmann 1982; cf. auch Lachmann 1990: In diesem Band zur Intertextualität der russischen Moderne führt die Autorin frühere Konzeptionen zusammen und verbindet die Bachtinsche Prosa-Dialogizität mit der dialogischen Lyrik des Akmeismus. Renate Lachmann versucht eine Hervorhebung der unterschiedlichen Intertextualitätstypen und will die verschiedenen Formen und Funktionen in drei Modellen erfassen: denen der „Partizipation, Tropik

Arbeit besonders relevant – der von Broich/Pfister herausgegebene Intertextualitätssammelband, der auf dem Münchener Symposium basiert[11] und der Band der neunten Poetik- und Hermeneutik-Tagung *Das Gespräch*, herausgegeben von Karlheinz Stierle und Rainer Warning.[12] Als Kurzübersicht über den Stand der Intertextualitätsforschung bis 1985 muß der Forschungsbericht von Ottmar Ette[13] sowie als noch zu ergänzender Sammelband über Intertextualität derjenige von Heinrich F. Plett von 1991 genannt werden.[14]

Wenn auch vorliegende Studie weder den intertextualitätstheoretischen noch den motivwissenschaftlichen Diskurs in erster Linie fortschreiben möchte, spiegelt sie doch in der Mischung unterschiedlicher Analysebegriffe ein intertextuelles Phänomen. Die Wahl der Begrifflichkeit ist hier hauptsächlich von pragmatischen Erwägungen unter heuristischer Perspektive bestimmt und geht der Frage nach, inwiefern die verschiedenen Forschungsergebnisse miteinander zu verbinden sind und sich damit eine neue Perspektive eröffnen läßt. Die unterschiedliche Provenienz der Termini wird zugunsten ihrer Operationalisierbarkeit vernachlässigt, und sie werden in einer neuen Kombination von intertextuellmotivwissenschaftlichen Begriffen 'aufgehoben'.

Pfister hat die „wesentlichen Positionen innerhalb der Kontroverse" zwischen universaler und spezifischer Intertextualität „abzustecken und einander zuzuordnen" versucht.[15] Als zentrale Unterschiede lassen sich hervorheben: Während die Vertreter der universalen Intertextualität unter Text/Intertext jede Art von Texten, auch nichtsprachliche und multimediale[16] verstehen, beschränken sich die Vertreter der eingrenzenden Intertextualität auf den Textualitätsbegriff, zusätzlich sprechen sie dem Subjekt des Autors[17] und der Instanz

---

und Transformation". In der Tradition des Poststrukturalismus stehend verzichtet sie auf Nennung des schreibenden Subjekts, des Autors sowie der Autorintention (cf. ebd. 38). Cf. auch dies.: „Ebenen des Intertextualitätsbegriffs", in: Stierle/Warning 1984, 133-138.

[11] Broich/Pfister 1985. Darin vor allem: Pfister, Manfred: „Konzepte der Intertextualität", 1-30 sowie den schon erwähnten Artikel von Schulte-Middelich (ebd. 197-242).

[12] Stierle/Warning 1984.

[13] Ette 1985.

[14] Plett 1991. Darin vor allem: Plett, Heinrich F.: „Intertextualities", 3-29; Müller, Wolfgang G.: „Interfigurality. A Study on the Interdependence of Literary Figures", 101-121; Pfister, Manfred: „How postmodern is Intertextuality?", 207-224.

[15] Pfister 1985 I, 11. Pfister unterteilt sein Kapitel „Konzepte der Intertextualität" (ebd. 1-30), in: „(1.) Von Bachtins »Dialogizität« zu Kristevas »Intertextualität«" (ebd. 1-11); „(2.) Universale versus spezifische Intertextualität" (ebd. 11-24), das er wiederum in „(2.1) Text und Prätext" (ebd. 11-20) sowie „(2.2) Autor und Rezipient" (ebd. 20-24) differenziert. In (2.2) tritt er gegen eine Verschmelzung beider Instanzen ein – im Gegensatz zu Grivel als Vertreter des universalen Verständnisses. Das letzte Unterkapitel von „Konzepte der Intertextualität" betitelt Pfister mit „(3.) Skalierungen der Intertextualität" (ebd. 25-30).

[16] In „Le plaisir du texte" schreibt Roland Barthes (Paris 1973), 59: „Et c'est bien cela, l'inter-texte, l'impossibilité de vivre hors du texte infini – que ce texte soit Proust, ou le journal quotidien, ou l'écran télévisuel.". Cf. auch Barthes 1975, 51: „L'intertexte ne comprend pas seulement des textes délicatement choisis, secrètement aimés, libres, discrets, généreux, mais aussi des textes communs, triomphants." Der so verstandene Intertext wird damit zu einer „sirène" (ebd., 148) oder wie Pfister es ausdrückt zu einem Raum, einer Klangwolke, die jeden Text verstrickt (Pfister 1985 I, 13).

[17] Bei Kristeva ist der Prozeß der Lektüre nicht nur ein Verstehen der Wortbedeutung des aktuellen Textes, sondern gleichzeitig eine Rückerinnerung an die dahinter lesbaren Texte aus dem textuellen Universum vorhandener Texte. Ihr Intertextualitätskonzept steht als poststrukturalistisches Denkmodell im Zeichen der Entgrenzung. Sie will das Problem der Intersubjektivität (Sartre) eliminieren und wendet sich gegen die personale Identität eines Autors. Kristeva faßt Intertextualität als ein für sämtliche Texte postuliertes universales Textproduktionsprinzip auf. Den

des Lesers wieder eine Identität zu.[18] Pfister resümiert das weitere entscheidende Merkmal des entgrenzenden Intertextualitätsverständnisses, das mit Dekonstruktion des Subjekts und der Leserinstanz einhergeht, wie folgt:

> In jedem Text schreiben sich die Spuren – und seien sie noch so undeutlich und verwischt – des ganzen Universums der Texte ein, des „texte général", in den sich für Derrida die Wirklichkeit aufgelöst hat, oder wie Charles Grivel in einer an Borges erinnernden Metapher sagt, „la Bibliothèque général".[19] Prätext jedes einzelnen Textes ist damit nicht nur das Gesamt aller Texte (im weitesten Sinne), sondern darüber hinaus das Gesamt aller diesen Texten zugrundeliegender Codes und Sinnsysteme.[20]

Operationalisierbar sei ein solches Verständnis nicht mehr, so daß damit Intertextualität in Pfisters enger gefaßtem Verständnis „zum Oberbegriff für jene Verfahren eines mehr oder weniger bewußten und im Text auch in irgendeiner Weise konkret greifbaren Bezugs auf einzelne Prätexte, Gruppen von Prätexten oder diesen zugrundeliegenden Codes und Sinnsystemen" werde, „wie sie die Literaturwissenschaft unter Begriffen wie Quellen und Einfluß, Zitat und Anspielung, Parodie und Travestie, Imitation, Übersetzung und Adaption bisher schon behandelt hat und wie sie nun innerhalb des neuen systematischen Rahmens prägnanter und stringenter definiert und kategorisiert werden sollen."[21] Die damit postulierte Überlegenheit des neuen Forschungsansatzes muß mit Pfisters besonderem Prätext-Verständnis kombiniert gelesen werden, das eine Kritik an der traditionellen Quellen- und Einflußforschung beinhaltet:

> [...] Prätexte, sind nur solche, auf die der Autor bewußt, intentional und pointiert anspielt und von denen er möchte, daß sie vom Leser erkannt und als zusätzliche Ebene der Sinnkonstitution erschlossen werden. Eine solche „Textarchäologie" unterscheidet sich von der Quellen- und

---

gesamten Textkorpus teilt sie in monologische und dialogische Diskurse ein. Dem monologischen Diskurs, der der epischen Gattung zugrundeliege, ordnet sie nicht mehr den Begriff der Intertextualität bei. Dies erscheint widersprüchlich, denn ihr Intertextualitätskonzept würde dadurch den zuvor postulierten universellen Anspruch verlieren (Kristeva 1969, 146). Cf. dies.: „Bakhtine, le mot, le dialogue et le roman", in: Critique 23 (1967), 438-465.

[18] cf. Schulte-Middelich 1985, 202: „[...] in der Hauptsache aber ist zu konstatieren, daß die radikale Ausweitung des Intertextualitätsbegriffs durch Julia Kristeva und ihre Nachfolger in der Tradition der Postmoderne den Zugang zu einem operationalisierbaren Funktionsbegriff weitgehend verschüttet hat. Denn wenn die Individualität und Subjektivität des Autors als intentionale Instanz zum bloßen Medium herabsinkt, dessen sich das universelle Spiel intertextueller Referenzen undifferenziert bedient, wenn auch die Instanz des Lesers ihre klare Identität verliert und stattdessen aufgeht in die Pluralität eines universellen Intertextes und wenn schließlich auch der Text sich entgrenzt zu einer Momentaufnahme in einem Universum der Texte, einem Kontinuum der pluralen Codes, bei denen selbst die elementare Verbindung von Signifikant und Signifikat nicht mehr trägt, dann wird in gleichem Maß auch die Frage nach der Funktion entgrenzt und zunehmend gegenstandslos." Cf. Pfisters implizites Plädoyer für den textuell Handelnden in seinen „Konzepte der Intertextualität" (Pfister 1985 I, 9): „Die „Dezentrierung" des Subjekts, die Entgrenzung des Textbegriffs und Texts zusammen mit Derridas Kupierung des Zeichens um sein referentielles Signifikat, die Reduktion der Kommunikation auf einem freien Spiel der Signifikanten reduziert, läßt das Bild eines „Universums der Texte" entstehen, in dem die einzelnen subjektlosen Texte in einem *regressus ad infinitum* nur immer wieder auf andere und prinzipiell auf alle anderen verweisen, da sie ja nur Teil eines „texte général" sind, der mit der Wirklichkeit und Geschichte, die immer schon „vertextete" sind, zusammenfällt."

[19] Grivel 1982, 245.
[20] Pfister 1985 I, 13.
[21] ebd. 15.

Einflußforschung dann dadurch, daß sie nicht mehr eine werkgenetische Suche nach Ursprüngen ist, sondern „an attempt to enlarge and stratify meaning".[22]

In seinen Ausführungen zur Systemreferenz[23] verstärkt Pfister noch seine Kritik an der traditionellen Einflußforschung, die in „positivistischer Faktenhuberei" das „fragmentarisiert" habe, was die Intertextualitätsforschung bei der Erstellung von Systemen und systemreferentiellen Bezügen untersuche, auf die sich einzelne Texte über jeweilige Einzeltextreferenzen vor allem bezögen. Er räumt zwar ein, daß dabei, „wie auch in der Topos- und Stereotypenforschung, wichtige Vorarbeiten der Bereitstellung und Vorstrukturierung des Untersuchungsmaterials geleistet wurden", doch verfehlten diese älteren Studien aufgrund methodischer Verkürzungen das Ziel der Intertextualitätsanalyse, den einzelnen Text als „vielschichtige, dialogische Replik innerhalb vielfältig vernetzter Textreihen zu lesen".[24] Die Kritik Pfisters erscheint in dem von ihm vorgetragenen Maße unangemessen angesichts der Tatsache, daß die Motivwissenschaft nicht an ihrem Ausgangspunkt stehengeblieben ist. Der Bezug zwischen Einzeltextreferenz[25] und

---

[22] ebd. 23. Das englische Zitat stammt aus: Schaar, Claes: „Vertical context systems", in: Ringbohm, H. u.a. (Hg.): Style and Text, Stockholm 1975, 145-157, 149. – Cf. auch Pfisters Kritik am universalen Intertext, seine Hervorhebung des engeren Ansatzes im Bereich der Rezipientensteuerung sowie sein Beharren auf der Notwendigkeit, nach der Autorintention zu forschen, ebd. 22: „Fragen nach dem Wissen und den Intentionen des Autors, nach der Textintentionalität und nach den Informationsvorgaben beim Rezipienten und der Rezeptionssteuerung durch den Text selbst, wie sie konkreten Aktualisierungen des intertextuellen Beziehungspotentials zugrundeliegen, bleiben angesichts der Dezentrierung der Subjekte und der Entgrenzung der Texte belanglos, ja stellen einen Rückfall in bürgerlich-humanistische Mythen dar. Gerade auf solche Fragen lenken jedoch die strukturalistisch oder hermeneutisch orientierten approaches zur Theorie und Erforschung der Intertextualität zurück."

[23] In diesen Bereich fällt die „Architextualität" Genettes, d.h. Fragen des Gattungsbezugs. Cf. Pfister: „Zur Systemreferenz" (Pfister 1985 II, 52-58) sowie Genette 1982. Genette befürwortet in seinen „Palimpsestes" eine Systematisierung unterschiedlicher textueller Anschlußformen. Er wählt den Oberbegriff „Transtextualität", der den der „intertextualité" ablöst und klassifiziert vier weitere Anschlußarten: „Intertextualität" (nun als effektive Präsenz eines Textes in einem anderen), „Paratextualität" (Begleittexte wie Titel, Untertitel, Fußnoten, Illustrationen etc.), „Metatextualität" (Relation zwischen Kommentar, Interpretation, Kritik und dem behandelten Text), „Hypertextualität" (Transformation des Fremdtextes; der Ursprungstext oder Text A wird mit „hypotexte", der Text B mit „hypertexte" bezeichnet. Bei den hypertextuellen Praktiken entfaltet Genette eine Klassifikationsflut, unter denen die zwei wichtigsten die der Transformation – Veränderung des Hypotextes zu Hypertext als Parodie, Travestie, Transposition u.ä. – und die der Imitation – Annäherung des Hypertextes an den Hypotext als Pastiche, Charge, Forgerie u.ä. – zu nennen sind). Als „globalste Ebene" bleibt noch die der „Architextualität" übrig, die die Zugehörigkeitsrelation zu literarischen Gattungen oder Diskurstypen meint (cf. Ette 1985, 507). Ist für eine intertextuell-markierte Untersuchung ein geschlossener Textbegriff mit einem Begriffskatalog eines Genette für die konkrete Einzelanalyse von Vorteil, die den Schwerpunkt auf die produktionsästhetische Seite legt, kann der vieldeutige Begriff der „transtextualité" zu Mißverständnissen bei motivwissenschaftlichen Untersuchungen führen, bei der die Rezeptionsseite eine nicht zu vernachlässigende Größe darstellt und eine Mittelstellung zwischen universaler und enger Intertextualität einnimmt (cf. meine noch folgenden Ausführungen in diesem Kapitel). Bei meinem motivwissenschaftlichen Ansatz erweisen sich die Genetteschen Klassifikationen als Ganzes als wenig hilfreich, wenn auch einzelne Begriffe – wie die Einzelanalyse zeigen wird – übertragbar sind. – Ette macht schon auf die Überbetonung der Hypertextualität, also des produktionsästhetischen Aspekts und das Problem der Ausblendung der Historizität der Kategorien und der intertextuellen Verfahren bei Genette aufmerksam (Ette 1985, 508).

[24] Pfister 1985 II, 58.

[25] Zur Begrifflichkeit cf. Broich, Ulrich: „Zur Einzeltextreferenz", in: Broich/Pfister 1985, 48-52, insb. 49: „[...] die meisten historischen Termini für Formen der Intertextualität [bezeichnen] Formen der Einzeltextreferenz [...] Zitat, Motto, Cento, Übersetzung, Bearbeitung, *imitation* (im klassizistischen Sinn), Paraphrase, Resümee, Kontrafaktor und viele andere mehr. Dagegen ist mock-heroic einer der ganz wenigen heutigen Begriffe, die eine Systemferenz von Texten bezeichnen, während Pastiche, Allusion, Parodie und Travestie zu den ebenfalls wenigen Begriffen gehören, die sowohl eine Einzeltext- als auch eine Systemreferenz bezeichnen können." Und

Systemreferenz ist beispielsweise in den Göttinger Bänden „Gattungsinnovation und Motivstruktur" fast zeitgleich untersucht und Ende der 80-er bzw. Anfang der 90-er veröffentlicht worden.[26] Was sich immer wieder bei Kritiken wie die eines Pfister offenbart, ist die von Seiten der Motivforscher gezeigte Offenheit gegenüber den neuen Ansätzen der Intertextualitätsforschung im Gegensatz zur ablehnenden Haltung der Intertextualitätsforscher gegenüber Motiv- und Einflußforschung. Einleuchtend und weiterzuentwickeln ist dagegen Elisabeth Frenzels Haltung, für die Motivgeschichte an sich ein intertextuelles Phänomen ist:

> Stoffgeschichte hat etwas mit der heute viel zitierten Intertextualität zu tun, sie ist ein sich durch die Jahrhunderte hinziehender Dialog von literarischen Werken untereinander. Aber dieser Wesenszug läßt sich nach meiner Ansicht auch für das Motiv beanspruchen [...].[27]

Frenzels Neuansätze in ihrem Forschungszweig klingen nicht rein universal, sondern durchaus an das engere Intertextualitätsverständnis an. Die Frage wird daher aufgeworfen, wie es mit den anderen Begriffen der Beiträger im von Pfister herausgegebenen Intertextualitäts-Band[28] aussieht. Lassen sie sich für nicht bewußt markierte Motiveinheiten trotzdem nutzbar machen?

Zunächst noch einmal zu Pfister: Bei der „Skalierung der Intertextualität"[29] will er zwischen zwei Modellen vermitteln, dem „globalen des Poststrukturalismus" und den „prägnanteren strukturalistischen oder hermeneutischen". Er nimmt an, daß die „Phänomene, die das engere Modell erfassen will, prägnante Aktualisierungen jener globalen Intertextualität" seien, „auf die das weitere Modell" abziele. Universale und eingrenzende Intertextualität seien daher nicht sich ausschließende, sondern sich gegenseitig bedingende Phänomene.[30] Nach verschiedenen Kriterien versucht er Art und Grad intertextueller Bezüge zu ermitteln.[31] Pfister und den Beiträgern seines Intertextualität-

---

ebd. 52: „Bei der Analyse der Intertextualität eines Textes sollte daher angestrebt werden, Einzeltext- und Systemreferenz zwar als grundsätzlich voneinander trennbare Phänomene anzusehen, trotzdem aber ihr Zusammenwirken bei der Konstitution des Textes deutlich zu machen."

[26] Wolpers, Theodor (Hg.) : Gattungsinnovation und Motivstruktur, Teil I-II, Abhandlungen der Akademie der Wissenschaften in Göttingen, Phil.-Hist. Klasse III, 184 und 199, Göttingen 1989-1992; cf. im zweiten Teil vor allem: „Zum Verhältnis von Gattungsinnovation und Motivtradition, Einzelergebnisse und eine Systematik motivwissenschaftlicher Typenbildung" (Wolpers 1992, 172-226). Cf. diesen motivgeschichtlichen Band mit dem intertextuellen Aufsatz von Ulrich Suerbaum: „Intertextualität und Gattung: Beispielreihen und Hypothesen" (in: Broich/Pfister 1985, 58-78).

[27] Frenzel, Elisabeth: „Neuansätze in einem alten Forschungszweig: Zwei Jahrzehnte Stoff-, Motiv-, und Themenforschung", in: Anglia 111 (1993), 97-117, 100f.

[28] Ich beziehe mich im wesentlichen auf den Broich/Pfister-Band von 1985, da er m.E. die beste Zusammenstellung von Kategorisierungen darstellt, in die auch die Genetteschen und Lachmannschen miteinfließen; cf. den bereits erwähnten Artikel von Lachmann über die „Ebenen des Intertextualitätsbegriffs" (Lachmann 1984) mit der Kategorie der „Kontamination" bei Lindner, Monika: „Integrationsformen der Intertextualität", in: Broich/Pfister 1985, 116-135.

[29] Pfister 1985 I, 25ff.

[30] Darum geht er von dem „übergreifenden Modell der Intertextualität aus", um „innerhalb dieser weit definierten Intertextualität diese dann nach Graden der Intensität des intertextuellen Bezugs" zu differenzieren und abzustufen.

[31] Er unterscheidet zwischen „qualitativen und quantitativen" Kriterien, wobei er letzteren nicht sehr viel Bedeutung beimßt. Als wichtige quantitative Faktoren sieht er „zumeinen die Dichte und Häufigkeit der intertextuellen Bezüge, zum anderen die Zahl und Streubreite der ins Spiel gebrachten Prätexte" (ebd. 30). – Nach den

Sammelbandes geht es um Operationalisierbarkeit der Begriffe für die konkrete Textanalyse. Sicherlich kann das engere Intertextualitätsverständnis mit seinen einengenden Kategorisierungen zur Einzelanlyse sinnvoll operationalisiert werden. Solche Prätexte, die durch die Autoren entsprechend markiert und für den Leser signalhaft bewußt gemacht werden, bieten ein ideales Feld der Untersuchung.[32] Motivwissenschaftliche Untersu-

---

qualitativen Kriterien der (1) Referentialität, (2) Kommunikativität, (3) Autoreflexivität, (4) Strukturalität, (5) Selektivität und (6) Dialogizität will Pfister Art und Grad intertextueller Bezüge ermitteln. Sein Modell versteht sich somit als ein „System konzentrischer Kreise oder Schalen", dessen „Mittelpunkt die höchstmögliche Intensität und Verdichtung der Intertextualität markiert, während diese, je weiter wir uns vom „harten Kern" des Zentrums entfernen, immer mehr abnimmt und sich asymptotisch dem Wert Null annähert" (ebd. 25). Eine „Beziehung zwischen Texten [ist eine] umso intensiver intertextuelle [...], je mehr der eine Text den anderen thematisiert" (ebd. 26). Referentialität steht im Zusammenhang mit dem Phänomen, was bisher 'Metatextualität' (Genette) genannt wurde, denn durch sie wird der Prätext „kommentiert, perspektiviert und interpretiert" (ebd.), also thematisiert. Intertextuelle Bezüge werden mit dem Kriterium der Kommunikativität „nach ihrer kommunikativen Relevanz, d.h. nach dem Grad der Bewußtheit des intertextuellen Bezugs beim Autor wie beim Rezipienten" skaliert. Merkmale dieses Kriteriums sind Intentionalität und Deutlichkeit der Markierung im Text. Je stärker sich der Autor eines Textes des intertextuellen Charakters seiner Aussage bewußt ist, je mehr er das Wissen um diese Intertextualität auch beim Rezipienten voraussetzt und je deutlicher der Autor seine Prätexte markiert, desto intensiver ist dieser Text kommunikativ-intertextuell (ebd. 27). Das dritte Merkmal der Autoreflexivität verbindet sozusagen die ersten beiden Intertextualitätskriterien. Ein Text ist dann 'autoreflexiv', wenn sein Autor „die Intertextualität nicht nur markiert, sondern sie thematisiert, ihre Voraussetzungen und Leistungen rechtfertigt oder problematisiert. Je expliziter dies erfolgt, desto intensiver ist die Intertextualität" (ebd.). Strukturalität „betrifft die syntagmatische Integration des Prätextes in den Text" (ebd. 28). Punktuelles Zitieren ist Merkmal schwacher Intertextualität. Bei sehr intensiver Intertextualität wird der Prätext zur strukturellen Folie des ganzen Textes. Klassische Beispiele für die intensive Art der strukturellen Intertextualität sind Textsorten wie Parodie, Travestie, Imitation oder auch Übersetzung. Selektivität erfaßt den Grad der „Prägnanz der intertextuellen Verweisung" (ebd.). Dieses Merkmal sagt aus, wie pointiert ein Element aus einem Prätext als Folie ausgewählt wird. Das Zentrum der intertextuellen Selektivität repräsentiert hier die explizite, wörtliche Integration einer Textstelle aus einem Prätext in den Text – z.B. das Zitat. Globale Verweise auf Prätexte oder Diskursformen stuft Pfister als Randphänomene ein (ebd. 29). Wie schon der Begriff Dialogizität vermuten läßt, entspricht das letzte Kriterium im wesentlichen Bachtins Dialogizitätskonzept. Intertextualität ist umso intensiver, je mehr die Texte in „semantischer und ideologischer Spannung zueinander stehen" (ebd.).

[32] Dies zeigt schon, daß ein regelrechter 'Boom' im Bereich der markierten Intertextualitätsforschung mit Ende der 80-er Jahre eingesetzt hat. Um nur ein paar Beispiele zu nennen, sei nur eine Auswahl aus den zahlreichen deutschsprachigen Dissertationen aufgeführt, die in diesem Bereich erschienen sind:

Greber, Erika: Intertextualität und Interpretierbarkeit des Texts. Zur frühen Prosa Boris Pasternaks, München: Wilhelm Fink, 1989.

Adelsbach, Eva: Bobrowskis Widmungstexte an Dichter und Künstler des 18. Jahrhunderts: Dialogizität und Intertextualität, St. Ingbert: Röhrig, 1990.

Laußmann, Sabine: Das Gespräch der Zeichen: Studien zur Intertextualität im Werk E.T.A. Hoffmanns. (Kulturgeschichtliche Forschungen, Bd. 15), München: tuduv, 1992.

Hakkarainen, Marja-Leena: Das Turnier der Texte. Stellenwert und Funktion der Intertextualität im Werk Bertolt Brechts, Frankfurt am Main, u.a.: Peter Lang, 1993.

Grüttner, Mark M.: „Kopfgeburten" und die „Rättin" von Günter Grass: Intertextualität und Zeitkritik, Michigan: Ann Arbor, 1993.

Müller, Beate: Komische Intertextualität: Die literarische Parodie, Trier: WVT, 1994.

Mojem, Helmuth: Der zitierte Held: Studien zur Intertextualität in Wilhelm Raabes Roman „Das Odfeld", Tübingen: Niemeyer, 1994.

Krajenbrink, Mareike: Intertextualität als Konstruktionsprinzip. Transformationen des Kriminalromans und des romantischen Romans bei Peter Handke und Botho Strauß (Amsterdamer Publikationen zur Sprache und Literatur, 123), Amsterdam 1996.

Ogasawara, Yoshihito: „Literatur zeugt Literatur". Intertextuelle, motiv- und kulturgeschichtliche Studien zu Alfred Döblins Poetik und dem Roman Berlin Alexanderplatz, Frankfurt am Main, u.a.: Peter Lang, 1996.

Janssen, Carmen Viktoria: Textil in Texturen: Lesestrategien und Intertextualität bei Goethe und Bettina Brentano-von Arnim, Michigan: Ann Arbor, 1997.

chungen dürften für Pfister weniger dazu gehören, sogar bedeutungslos sein, weil sie vom Autor nicht-markierte Bezüge umfassen und seiner Meinung nach somit keine zusätzliche Bedeutung zu Tage fördern; abgesehen davon würde Pfister sie wohl mit dem Vorwurf der Fragmentarisierung konfrontieren. Daß die Forderung nach einer in „jedem Fall nachweisbaren Autorintention" strittig ist, unterstreicht schon Schulte-Middelich. Richtig meint er, daß man „unter bestimmten Bedingungen die Möglichkeit eines intertextuellen Bezuges auf der Ebene zwischen Text und Leser nicht gänzlich ausschließen" könne, „dessen sich der Autor nicht bewußt war oder bewußt sein konnte".[33] Der Text selbst könne „intertextuell erfahrbare Strukturen und Signale" enthalten, die produktionsseitig nicht abgedeckt seien.[34] Rezipientenseitig begründete Intertextualitätsbezüge sind für Schulte-Middelich[35] ebenso legitim wie für Frenzel[36] gleichermaßen begründete Vorgehensweisen im Bereich der 'intertextuellen' Motivforschung.

Nicht nur die Begriffe der universalen Intertextualitätsforschung sind mit derjenigen der eingrenzenden 'dialogisch' aufeinander zu beziehen, sondern beide Begriffsfelder mit derjenigen der Motivforschung. Die Entscheidung, ob ein ganzer Text oder nur eine „intertextuale, semantische" und „bedeutungsvolle Einheit"[37] wie das Motiv Gegenstand der Untersuchung ist, sollte man dem Forscher überlassen. Auf jeden Fall bieten, gerade was die *Recherche* – als weitgehend erforschter Text – als Forschungsgegenstand betrifft, 'begrenzte' Untersuchungen im Bereich des Figurenmotivs die Möglichkeit, auf neue Ergebnisse zu stoßen. Das eine schließt das andere nicht aus – „methodisch verkürzt" muß ein solcher Ansatz keinesfalls zwangsläufig sein. Dabei bleibt natürlich auch in der Motivgeschichte ein Netz von Texten bei den Relationen als zu berücksichtigendes Feld wichtig. Pfisters Kritik an der Motivgeschichte läßt sich eher auf die älteren positivistischen Sammlungen von Verzeichnissen in Motivlexika als auf die durchaus wertvollen Fallstudien der von Wolpers herausgegebenen Göttinger Reihe beziehen. Obwohl Schulte-Middelich gesteht, daß auch nicht-markierten Intertextualitätsformen Gewicht zukommen kann, beschränkt er sich der Einfachheit halber zwecks Einheitlichkeit auf die – von dem Herausgeber des Bandes vorgegebenen – „privilegierten" Formen, „in denen sich eine vollständige intertextuelle Kommunikation vom Autor über den Text bis zum Rezipienten

---

Cf. auch neben den genannten Dissertationen:
Helbig, Jörg: Intertextualität und Markierung: Untersuchungen zur Systematik und Funktion der Signalisierung von Intertextualität, Heidelberg: Winter, 1996.
Hassler, Gerda (Hg.): Texte im Text: Untersuchungen zur Intertextualität und ihren sprachlichen Formen, Münster: Nodus, 1997.
Klein, Josef (Hg.): Textbeziehungen: linguistische und literaturwissenschaftliche Beiträge zur Intertextualität, Tübingen: Stauffenberg, 1997.

[33] Schulte-Middelich 1985, 208f.
[34] ebd. 209.
[35] cf. ebd. 212f.: „Text- und Rezipientenseitig begründete Intertextualitätsbezüge und ihre Funktionen [sind] legitimer Gegenstand interpretatorischer Bemühens."
[36] Frenzel 1993, 111. Frenzel erachtet es für wichtig, daß bei einschlägigen Untersuchungen die vorhandenen thematologischen Begriffssysteme berücksichtigt werden, d.h. man nicht ohne Berücksichtigung der theoretischen Erörterungen bei seinen Analysen vorgeht und jeweils eine „Privatterminologie" entwickelt.
[37] ebd. 110.

nachweisen läßt."[38] Gegenstand folgender Studie sollen dagegen die an den „Rand" angelagerten textuellen Einheiten, die in die „Verantwortlichkeit des Rezipienten" fallen, „ohne daß man diesen Bereich von vornherein als weniger relevant betrachten darf" sein.[39] Mit den Worten Bouillaguets sind es „des formes moins visibles de l'intertextualité"[40]. Dabei werden diese Formen in den „Kontext von Produktions- und Rezeptionsvorgängen"[41] gestellt, d.h. diachron als auch synchron differenziert. Eine Forderung, die Intertextualitätsforscher als auch Motivwissenschaftler gleichermaßen erheben.[42] Literarische Produktion bleibt immer auch 'horizontgebunden', der „lebensweltliche Bezug"[43] wird durch Intertextualitätsverfahren demnach nicht unterbunden. Zusammenfassend sei bis hier angemerkt, daß die Kluft zwischen intertextuellen (speziell den engeren) und motivwissenschaftlichen Ansätzen nur unüberbrückbar scheint.[44] Auch der Vorwurf der methodischen Verkürzung ist so nicht haltbar. Die Verkürzung läßt sich vielmehr aufheben, 'amalgamiert' man die Begriffe aus universaler/eingrenzender Intertextualität mit denen aus der Motivwissenschaft.

Die analytische Blickrichtung wird eher intertextuell statt motivwissenschaftlich sein, d.h. vom „hypertexte" oder Text B auf den „hypotexte" oder Prätext.[45] Dabei wird die *Recherche* als literarischer Text bzw. die um Françoise kreisenden textuellen Motivausschnitte und ihre Rezeption als „total, intertextuell unabschließbar und unendlich funktionalisierbar"[46] wahrgenommen. Dies schließt keine Willkür in der Auswahl der Referenztexte ein. Die meisten der ausgewählten Autoren – Balzac, Flaubert, Goncourt – und ihr Bezug zu Proust

---

[38] Schulte-Middelich 1985, 213.
[39] ebd. 212.
[40] Bouillaguet 1990, 81.
[41] Schulte-Middelich 1985, 205.
[42] cf. meine Ausführungen in Kap. 2.1.2 als auch Warning, Rainer: „Imitation und Intertextualität", in: Hempfer, K.W./Regn, G. (Hg.): Interpretationen: Das Paradigma der Europäischen Renaissance-Literatur, Wiesbaden 1983, 288-317, 300: „[...] das generelle Konzept poetischer Intertextualität [muß] historisch differenziert werden, soll es seinen operationalen Wert behalten." – Cf. auch Lachmann 1984, 135f.: „[...] der Reduktionismus von Lektüren, die die Vereindeutigung von Texten erzwingen, läßt sich zwar zurückweisen, nicht aber der je konkrete, **historisch verortbare Umgang** mit dem Zeichenhaushalt eines Textes, ein Umgang, der notwendig **horizontgebunden** [meine Hervorhebungen] bleibt." Ebenso Frenzel 1993, 101ff., inbes. 104 sowie den Forschungsbericht von Ette 1985, 515ff. und seine Ausführungen zu Zima und den gesellschaftlichen Phänomenen, die in die Textstrukturen hineinspielen bzw. seine Bemerkungen zu Bourdieus literarischem Feld und dem kulturellen Gedächtnis, die bei einem weitgefaßten Intertextualitätsverständnis in synchroner als auch diachroner Perspektive hinzukommen.
[43] Schulte-Middelich 1985, 207.
[44] Die Unterscheidung, die Clayton/Rothstein bei dem Versuch vornehmen, Gemeinsames und Trennendes der „Influence and Intertextualiy"-Forschung herauszukristallisieren, ist beispielsweise in Deutschland schon hinfällig. „Intertextuality" ist für die Autoren „a concept unconcerned with authors as individuals". Autor und Autorintention sowie das Sinnpotential der Intertextualität sind bei den Forschern, die an konkreten Texten arbeiten, akzeptiert – wie meine Ausführungen zur eingrenzenden Intertextualität gezeigt haben. Die Beiträge im von Clayton/Rothstein herausgegebenen Band basieren auf den Konzepten der Vertreter der universalen Intertextualität (Clayton, Jay/Rothstein, Eric (Hg.): Influence and Intertextuality in Literary History, Wisconsin: University of Wisconsin Press, 1991).
[45] cf. Bouillaguet 1990, 12: „La première voie de l'intertextualité – celle qui a été suivie jusqu'à présent – mène de l'intertexte au texte. La seconde, à l'inverse, permet, à partir du texte, de reconstruire l'intertexte. Elle a chance d'être plus efficace et plus féconde."
[46] Schulte-Middelich 1985, 212.

sind häufig Gegenstand 'intertextueller' Untersuchungen, nicht jedoch auf dem Feld des Figurenmotivs der weiblichen Bediensteten. Auch Bouillaguets Studie über „Le jeu intertextuel" bei Marcel Proust geht nicht auf dieses Themenfeld ein.[47] Dabei werden die „personnages" auch in vorliegendem 'mitrauschenden' Sinne zu „porteurs de la dimension intertextuelle".[48] Mitrauschen wird dabei im abgewandelten Stierleschen Sinne verstanden: Stierle meint, daß die „Stimme des Textes" vom „Rauschen der Intertextualität" begleitet sei:

> In jedem Wort ist das Rauschen seiner Bedeutungen und Verweisungen vernehmbar. Jeder Satz, jede Satzbewegung löst Erinnerungen aus, und bei entsprechender Richtung der Aufmerksamkeit kann das Rauschen der Intertextualität die Stimme des Textes übertönen.[49]

Nach seiner Ansicht könne in einem prägnanten Sinne nur dann von „Intertextualität" die Rede sein, wenn die „Intertextualität selbst Stimme wird, vernehmbar herausgehoben aus dem Rauschen der unbestimmbaren Verweisungen"[50]. Stierle geht von einem 'engen' Intertextualitätsbegriff aus.[51] Für vorliegende Untersuchung der Motivelemente als intertextuelle Vergleiche relevant ist jedoch der Ansatzpunkt des Mitrauschens von Stierle, der Teil eines weitgefaßten Intertextualitätskonzeptes darstellen kann. Wenn auch Stierle ihn so nicht verstanden haben mag, ist er im Verhältnis zur Motivwissenschaft hilfreich.[52] Auch seine Aussagen zur intertextuellen Relation als Aufbau von „semiotischer und phänomenologischer Relation" sowie in dritter Hinsicht als „hermeneutische oder pragmatische Relation" und zur Weise, wie ein Text einen Text vergegenwärtige, sind wichtig. Die Intertextualität sei „keine bedeutungsleere und intentionslose Verweisung".[53] Besonders in dem interdependenten Verhältnis der Intertextualität zur Motivwissenschaft trifft diese Aussage zu. Die Ausführungen Stierles lassen sich auf die kleinere literarische

---

[47] cf. inbesondere ihre Ausführungen zu den „personnages intertextuels" (Bouillaguet 1990, 149ff.).
[48] ebd. 149.
[49] ebd. 143.
[50] ebd.
[51] cf. noch einmal zusammengefasst Pfisters Aufsatz „Intertextualität" (in: Borchmeyer, Dieter/Zmegac, Viktor (Hg.): Moderne Literatur in Grundbegriffen, Frankfurt/Main: Athenäum 1987, 197-199), der den Intertextualitätsbegriff als Wiederbelebung und Umschreibung der antiken Rhetoriktradition begreift. Diese weist bereits Varianten der Bezogenheit eines Textes auf einen anderen auf, nämlich jene der Imitation, Variation, Adaption, des Mottos u.v.m. „Intertexte" werden in diesem Sinn für ihn nur bei „pointiertem und markiertem Bezug" bedeutungsrelevant. Fragen der Autorintention spielen bei diesem Ansatz – wie schon erwähnt – eine bedeutende Rolle (ebd. 199).
[52] Dieses weitgefaßte Intertextualitätskonzept erinnert an dasjenige von Michael Riffaterre: „L'intertexte est la perception, par le lecteur, de rapports entre une oeuvre et d'autres qui l'ont précédée ou suivie." (Cf. Riffaterre, Michael, zitiert in: Genette 1982, 8; cf. mit der deutschen Übersetzung: Genette, Gérard: Palimpseste. Die Literatur auf zweiter Stufe. Aus dem Französischen von Wolfram Bayer und Dieter Hornig, Frankfurt/M.: Suhrkamp, 1993, 11: „Ein Intertext liegt dann vor, wenn der Leser Bezüge zwischen einem Werk und anderen wahrnimmt.". Cf. auch Riffaterres Werk über „The Semiotics of Poetry" (London 1980). – Riffaterre setzt „Intertextualität" ontologisch mit Literatur gleich. Cf. Riffaterre, zitiert in: Genette 1982, 9: „L'intertextualité est [...] le mécanisme propre à la lecture littéraire." (Genette 1993, 11: „Intertextualität ist [...] der charakteristische Mechanismus literarischen Lesens.").
[53] Stierle 1984, 145; cf. ebd. 143: Stierle erachtet es für notwendig, „Intertextualität" nicht als eine einfache Relation aufzufassen, sondern zwischen „semiotischer, phänomenologischer, hermeneutischer und pragmatischer Perspektive bei der Bezugnahme der Werke auf andere Werke zu unterscheiden."

Texteinheit des Motivs übertragen. In diesem Sinne ist die Motivwissenschaft per se „intertextuell", da sie Bezüge und Relationen zu Vorgängertexten herstellt und hermeneutisch, da es schließlich um die Auslegung dieser Art von Bezügen geht. In diesem Zusammenhang werden dann Fragen der Autorintention – sind die Bezüge intendiert oder intentionslos – bedeutungsvoll.[54]

Laut Stierle kann das „hermeneutische oder pragmatische Verhältnis eines Textes zu einem Text" auch die „Ausschöpfung eines Spielraums" sein, der „durch den vorgängigen Text oder durch eine Folge vorgängiger Texte gesetzt ist"[55]. Um die Art und Weise dieser Ausschöpfung des Spielraums durch Proust, den man übertragen 'Motivrepertoire'[56] nennen kann, geht es in vorliegender motivwissenschaftlichen Untersuchung der 'Motivariationen' in der Figur der Françoise.[57] Stierle berücksichtigt nicht Textstellen als Träger von Motiven, Motivelementen o.ä. in seinen theoretischen Betrachtungen, folgende Aussage läßt sich dennoch auf das Hereinspielen von Motivelementen der weiblichen Bediensteten aus Vorgängertexten übertragen:

> Der hereingespielte Text ist darüber hinaus auch gar nicht als Text hereingespielt, sondern als Erinnerung an die Lektüre eines Textes, das heißt als angeeigneter, umgesetzter, in Sinn oder Imagination überführter Text.[58]

In summa: Der Intertextualitätsbegriff wird nicht nur auf Prousts Verfahren bezogen, sich Motivelemente von Vorgängertexten zu eigen zu machen und in der Figur der Françoise neu zu verschmelzen. Es eröffnet sich damit vielmehr ein motivwissenschaftliches Verständnis, das ein „Tradieren von literarisch bereits vorgegebenen Vorstellungsschemata (als vorherrschender Typus motivgeschichtlicher Bewegungen)"[59] immer auch als ein „intertextuelles" Grundphänomen als dem dieser Bewegungen eigenen Faktum im modifizierten 'Stierleschen' Sinne ansieht. Der Untersuchungsbereich ist demnach weniger die „markierte" (Pfister) oder „ausdrückliche" (Bouillaguet) Intertextualität, sondern die mitrauschende. Dabei wird „Intertextualität" trotzdem nicht völlig universal entgrenzend verstanden, da die Vorgehensweise (a) nicht ahistorisch – das Subjekt auslöschend – erfolgt, sondern Autor- und Autorintention wie in der eingrenzenden Intertextualität berücksichtigt wird, ohne sie zwangsläufig nachweisen müssen zu glauben, und (b) „Nebentexte"[60] bzw. extratextuelle Quellen, beispielsweise Äußerungen Prousts in der *Correspondance* und in seinen anderen Nebentexten zur Klärung des Proustschen Bewußtseinsgrades des intertextuellen Bezuges herangezogen werden. Dabei kann der Intertextualitätsgrad selbst

---

[54] Eine Beantwortung dieser Fragen wird in den Einzeluntersuchungen versucht.
[55] ebd.
[56] Ein Repertoire mit Motivklassen und den dazugehörigen Motiveinheiten, die in den Fallstudien behandelt werden.
[57] cf. dazu Stierle 1984, 146: „Die Intertextualität ist nur ein Moment einer komplexeren Beziehung, die über die bloße Textgestalt hinausreicht." Eine Bezogenheit auf eine Sache bedeutet daher für Stierle nicht eine „Dezentrierung eines Textes", sondern vielmehr seine Situierung". Damit wendet er sich gegen den Kristevaschen Ansatz. Die intertextuelle Relation ist, sobald sie in Auslegung übergeht, immer eine hermeneutische. Da sie das zwangsläufig tut, sei auch die „Intertextualität" als solche damit überschritten.
[58] ebd.
[59] Wolpers 1992, 175.
[60] Broich 1985 I, 35.

noch an Intensität gewinnen,[61] je deutlicher sich eine Intention Prousts nachvollziehen läßt. Dies schmälert aber nicht die Qualität des rein rezeptionsästhetisch nachvollziehbaren, vom Text ausgelösten Bezugs. Schließlich wird (c) diachron und synchron differenziert.[62]
Die Motivgeschichte, im vorliegenden Fall das Figurenmotiv der weiblichen Bediensteten, nimmt eine Mittelstellung zwischen eingrenzender und universaler Intertextualität ein. Es ist nicht wie das Motiv der „Gelebten Literatur in der Literatur"[63] oder des literaturnachlebenden Helden an sich schon intertextuell im „engsten", „markierten", sondern im engeren Verständnis; enger im Vergleich zum universalen Intertextualitätsverständnis deshalb, weil es auf literarische Motive, also auf die Textebene eingeengt ist. Es besitzt eine Mittelstellung zum universalen Verständnis,[64] da kein Text isoliert[65] existiert, sondern mit einem Universum von Texten, mit „les universaux de texte"[66] verbunden ist. Im Gegensatz zu den bisher erschienenen 'intertextuellen' Aufsätzen über Proust – die alle markierten Bezügen, wenn auch mit „unsichtbaren Anführungszeichen",[67] nachspüren[68] bzw. nur solche Intertexte dechiffrieren, die Formen der „référence", „allusion" („parodie", „pastiche"), „citation" oder „plagiat"[69] annehmen –, fällt vorliegender Untersuchungsgegenstand in den nicht „privilegierten"[70], nicht explizit markierten Intertextualitätsbereich.[71] Dies mag mithin

---

[61] cf. die von Pfister vorgenommenen Skalierungen in seinen „Konzepte der Intertextualität" (Pfister 1985 I, 25ff.).

[62] cf. meine Ausführungen zu „kulturspezifischen/menschheitstypischen Motiven" in Kap 2.1.2.

[63] Wolpers, Theodor (Hg.): „Gelebte Literatur in der Literatur: Studien zu Erscheinungsformen und Geschichte eines literarischen Motivs", Abhandlungen der Akademie der Wissenschaften in Göttingen, Phil.-Hist. Klasse III, 152, Göttingen 1986. Cf. mit meinen folgenden Ausführungen zu den „Figuren auf Pump" und der „Interfiguralität".

[64] Pfister sieht universale und eingrenzende Intertextualität ja auch schon als sich ergänzende bzw. sich gegenseitig bedingende Phänomene an (Pfister 1985 I, 25).

[65] cf. Grivel 1982, 249: „Il n'est de texte que d'intertexte."

[66] Grivel, Charles: „Les universaux de texte", in: Littérature 30 (mai 1978), 25-50. Der Titel des Aufsatzes ist als Programm für Grivel zu sehen.

[67] Broich 1985 II, 33.

[68] cf. die Aufsätze zu den Pastiches von Balzac, Flaubert und Goncourt, insbes. Pabst/Schrader 1972; ebenso die Proust-Aufsätze, die vor allem Stilfragen betreffen, u.a. von Genette in seinen „Figures". Darin vor allem: „Proust palimpseste" (Genette 1966, 39-68), „Proust et le langage indirect" (Genette 1969, 223-294) und den kompletten Band III sowie Genette 1982. Cf. auch Bouillaguet, Annick: „Le Pastiche de Goncourt dans Le Temps Retrouvé: Aspects stylistiques et thématiques de l'insertion", in: BMP 43 (1993), 82-91; Leclerc, Yvan: „Proust, Flaubert: Lectures", in: BMP 39 (1989), 127-143; Naturel, Mireille: „Le rôle de Flaubert dans la genèse du texte proustien," in: BMP 43 (1993), 72-81; dies.: Proust et Flaubert – un secret d'écriture (Faux titre. Études de langue et littératures françaises no. 173), Amsterdam/Atlanta: GA, 1999; Tadié, Jean-Yves: „Proust, lecteur de Balzac", in: L'année balzacienne 14 (1993), 311-320; Debray-Genette, Raymonde: „Intertextualité, autotextualité: Proust et Balzac", in: Cabanès, Jean-Louis (Hg.): Voix de l'écrivain. Mélanges offerts à Guy Sagnes, Toulouse: Presses Universitaires du Mitrail, 1996, 247-260.

[69] cf. Bouillaguet 1990, insbes. 220.

[70] cf. Stierle 1984, 141. – Schulte-Middelich versteht Stierle im pointiert-markierten Sinn, man kann folgende Aussage Stierles aber auch mit meinem Verständnis kombinieren: „Wenn es also prinzipiell möglich ist, daß erst die Auslegung die intertextuelle Relation setzt, oder aber der einfache Zufall vorgängiger Lektüren, so wird die privilegierte, in den Blick genommene intertextuelle Relation doch gewöhnlich dadurch gelenkt, daß der Text selbst eine oder mehrere intertextuelle Relationen anzeigt" (ebd.). Diese Anzeige muß ja nicht immer explizit ausfallen.

[71] cf. auch zum Forschungsbereich der „Markiertheit/Nichtmarkiertheit": Füger, Wilhelm: „Intertextualia Orwelliana: Untersuchungen zur Theorie und Praxis der Markierung von Intertextualität", in: Poetica 21/1-2 (1989), 197-200. Füger benutzt den Aspekt des Bewußtseins von Intertextualität zur Differenzierung zwischen markierter und nichtmarkierter Intertextualität. Es handelt sich um nichtmarkierte Intertextualität, wenn der Bezug auf einen Prätext dem Autor nicht bewußt ist oder er ihm bewußt ist, jedoch dem Leser verborgen bleiben soll.

ein Grund für die Kritik an der Motivgeschichte sein, insbesondere für ihre angebliche Bedeutungslosigkeit. Da aber das Motiv der „Gelebten Literatur in der Literatur" mittlerweile mit der „Interfiguralität" in die Intertextualitätstheorie durch Müller inkorporiert wurde,[72] muß auch einer motivgeschichtlichen Untersuchung wie dieser ihre Bedeutung zukommen. Die Kritik Müllers mag daher auch auf den hier anvisierten Bereich der Motivgeschichte zutreffen:

> In view of the prominence and importance of such [interfigural] relations it is astonishing how little attention, they have found so far in intertextual theory and criticism.[73]

Keiner der Intertextualitätsforscher will sich wohl eine harsche Kritik wie die der Fragmentarisierung durch Pfister einhandeln. Sie verzichten somit auf intertextuelle Analysen, die 'Teilaspekte' wie die Interfiguralität behandeln. Figuren, wie die weiblichen Bediensteten, die nicht – wie die bekannten Heroen – schon kanonisiert sind, verlieren dann erst recht jede Legitimation zur Thematisierung. Die Untersuchung des Begriffs Motiv und den damit verwandten Begriffen soll zeigen, wie der Begriff der Intertextualität zu einem integrativen Bestandteil in die Motivwissenschaft überführt werden kann.

2.1.2 Begriff des Motivs

Motivwissenschaftliche Untersuchungen finden in jüngster Zeit ein immer größeres Interesse in der Forschung. In den neunziger Jahren bzw. mit den Reihen der „Kommission für literaturwissenschaftliche Motiv- und Themenforschung der Akademie der Wissenschaften in Göttingen" ab den achtziger Jahren entstehen einige neue motivwissenschaftliche Arbeiten, die Auseinandersetzung herausfordern. Sie führen in der Forschung bis zum jetzigen Zeitpunkt zu einer starken Differenzierung und Systematisierung hinsichtlich der Begrifflichkeit von Stoff, Motiv, Thema etc. Um nur einige von ihnen zu nennen:
1. Wolpers, Theodor (Hg.): Gelebte Literatur in der Literatur: Studien zu Erscheinungsormen und Geschichte eines literarischen Motivs, Abhandlungen der Akademie der Wissenschaften in Göttingen, Phil.-Hist. Klasse III, 152, Göttingen 1986.
2. Wolpers, Theodor (Hg.): Gattungsinnovation und Motivstruktur, Teil I und II, Abhandlungen der Akad. der Wiss. in Göttingen, Phil.-Hist. Klasse III, 184 und 199, Göttingen 1989-1992.

Markierte Intertextualität liege immer dann vor, wenn der Prätextbezug erstens dem Autor bewußt ist und zweitens dem Rezipienten bewußt werden soll. Desweiteren unterscheidet Füger noch zwischen expliziter (Bsp.: 'Figuren auf Pump') – und impliziter Intertextualität ('Analogie', z.B. bei der Markierungsweise). Praktisch ist dieser Dualismus nur schwer aufrecht zu erhalten, da man Figuren auf Pump auch unter Analogiebildung fassen kann.

[72] Müller, Wolfgang G.: „Interfigurality. A Study on the Interdependence of Literary Figures", in: Plett 1991, 101-121; cf. mit Ziolkowsky, Theodore: „Figures on loan", in: ders: Varieties of Literary Thematics, Princeton: Princeton UP, 1983, 123-151. – Wolpers wird explizit von Müller in seinem Aufsatz erwähnt. Wolpers benutze zwar nicht im großen und ganzen die Terminologie der Intertextualitätsforschung, jedoch Aspekte, die für die Diskussion der Intertextualität relevant seien. Wolpers wie Müller haben jedoch nur Figuren im Blickfeld, die zum klassischen Kanon der Weltliteratur gehören; cf. dazu meine Ausführungen in meinem Kapitel 2.1.2 zu Dämmrichs Figurenkonstellation.

[73] Müller 1991, 101.

3. Wolpers, Theodor: „Recognizing and Classifying Literary Themes", in: Trommler, F. (Hg.): Thematics Reconsidered: Essays in Honor of Horst. S. Daemmrich, Amsterdam 1995, 33-67.
4. Daemmrich, Horst S. und Ingrid G.: Spirals and Circles. A Key to Thematic Patterns in Classicism and Realism, 2 Bde, New York 1994.
5. Dies.: Themen und Motive in der Literatur: ein Handbuch, 2. überarb. und erw. Aufl., Tübingen/Basel: Francke, 1995.
6. Frenzel, Elisabeth: Motive der Weltliteratur, Stuttgart: Kröner, ^{5}1999.[74]
7. Trousson, Raymond (Hg.): Elemente der Literatur. Beiträge zur Stoff-, Motiv- und Themenforschung, Elisabeth Frenzel zum 65. Geburtstag, Stuttgart: Kröner, 1980.[75]

Insbesondere die Ansätze von Theodor Wolpers und Horst Daemmrich erweisen sich als fruchtbar. Proust ist wie jeder 'Literaturproduzent' einer Aufnahme vorgängiger Literaturen, damit grundsätzlich der Echokammer des Universums der Texte ausgesetzt. Gleichzeitig werden aber für die Analyse solche Texte besonders interessant, die sich aus diesem Universum herausheben – bzw. von Proust als solche herausgehoben werden. Gemeint sind die bei den Textstellen um Françoise mitschwingenden. Die Art und Weise dieser 'Aufnahme' in den eigenen Horizont bzw. in das Werk kann dabei ganz unterschiedlich ausfallen. Übertragen auf den motivlichen Gegenstand der Betrachtungen heißt dies, daß die Figur der weiblichen Bediensteten dem vorherrschenden Typus motivgeschichtlicher Bewegungen unterliegt. Zum besseren Verständnis hier das volle Zitat von Wolpers:

> [...] der vorherrschende Typus motivgeschichtlicher Bewegungen [ist] das Tradieren von literarisch bereits vorgegebenen Vorstellungsschemata, die in der Substanz gleichbleiben und immer wieder auftreten und identifizierbar sind. Jedoch werden sie in der Regel nicht nur übernommen und wiederholt [...], sondern auch modifiziert und mit anderen Motiven auf neue Weise kombiniert [...]. Motivkontinuität und -modifikation sind in anspruchsvoller Literatur zwei Seiten desselben Prozesses.[76]

Mit Blick auf Daemmrich und Wolpers drängt sich folgende Frage auf: Läßt die Figur der weiblichen Bediensteten sich überhaupt als Motiv oder nur als Figurenkonstellation begreifen? Wie lassen sich die Grundbedingungen eines Motivs nach Daemmrich, die begrifflichen Systematisierungen nach Wolpers zu dem „Motiv" bzw. der „motivlichen Makrostruktur" der weiblichen Bediensteten in Beziehung setzen?

Wolpers unterstreicht, daß ein Motiv nicht nur ein Schema sei, wie es „im Erinnerungs- und Tradierungsprozeß weitergereicht und als Motivformel in Motivlexika verzeichnet wird", sondern die „Ausgestaltung eines umrißhaft vorgestellten Grundphänomens". Dieses leite zwar die „künstlerische Konzeption und Ausführung", lege sie aber „in den Einzelheiten und kontextlichen Bindungen nicht fest."[77] Hier klingen die Ausführungen zur Intertextualität an, wie sie vorliegend verstanden wird. Bei der Figur der weiblichen

---

[74] Darin vor allem das „Vorwort zur 1. Auflage", V-XVI.
[75] Zu der Variationsvielfalt im Bereich der Stoff-, Motiv- und Themenforschung cf. die jeweiligen bibliographischen Auflistungen in: Daemmrich 1995.
[76] Wolpers 1992, 175.
[77] ebd. 207; cf. dazu die vorherigen Ausführungen zum Intertextualitätsverständnis meiner Arbeit.

Bediensteten handelt es sich – wie bei einem Motiv nach der Definition Wolpers' um eine „literarische Verwirklichung von Potentialität", wobei „Qualität und Grad der Umsetzung der lenkenden Begriffsformel völlig offen bleiben".[78] Daraus folgt: Jedes Motiv stellt eine Modifikation in seiner konkreten Gestaltung dar. Françoise als Glied des Motivs der weiblichen Bediensteten ist eine solche Modifikation. Wolpers' Bezeichnung „textually related motif" oder „textually realized motif" statt Motiv, Schema oder Typ ist auch hier vorzuziehen.[79] Wie alle 'Figurenmotive' mit ihren motivlichen Einzelkomponenten muß das der 'makrostrukturellen' weiblichen Bediensteten inhaltlich betrachtet werden: Aus welchen motivlichen inhaltlichen Einheiten besteht die Makrostruktur? Aber auch formal: Welche Bezüge gehen sie untereinander, aber auch beispielsweise interpersonal, d.h. zu anderen Personen[80] ein? Wann im Verlauf der *Recherche* und in welcher Situation tritt das Figurenmotiv auf? Welche funktionalen Schlußfolgerungen ergeben sich bzw. hat sich eine alte Struktur mit neuen Inhalten gefüllt?[81] Die inhaltliche und formale Betrachtung muß dabei intra- und intertextuell sowie, extratextuelle Gesichtspunkte miteinbeziehend, auch synchron und diachron erfolgen. Zum klareren Verständnis kann man auch von dem notwendigen Quer- und Längsschnitt sprechen.[82] Ersterer tastet synchron den „Lebensraum eines Autors" ab und stellt die epochentypische Ausprägung dar, während der diachrone Längsschnitt die „Herkunft seiner Motive und seine eventuellen Vorbilder und Quellen festzumachen sucht"[83].

Daemmrich unterscheidet zwischen Motiv, Thema und Figurenkonstellation und hebt die Wichtigkeit der Untersuchung des Relationsfeldes von Figur, Thema und Motiv hervor. In seinem Artikel „Figurenkonzeption" differenziert er „vier dominante Figurenkonzepte", die sich durchgesetzt hätten. In den Beispielen führt er nur historische bzw. außergewöhnliche Personen von Faust bis zu Kaspar Hauser auf.[84] Françoise samt ihrer Gruppe fällt aus diesem Artikel heraus, will man sie nicht unter eine der Kategorisierungen ausschließlich

---

[78] ebd.; cf. Frenzels „Vorwort zur 1. Ausgabe" (Frenzel 1999), in dem sie der Kritik an der Einflußforschung begegnet, ebd. XI: „Die Vermeidung des Terminus „Einfluß", die der Distanzierung von der Einflußjagd des Positivismus entspringt, kann das Vorhandensein solcher Abhängigkeit nicht ändern und sollte auch überwunden werden, da Einflüsse durchaus nicht immer auf eine nur passive, untergeordnete Rolle des Rezipierenden schließen lassen, sondern im Gegenteil oft auf eine literarischen Kontakten aufgeschlossene, auf der Höhe ihrer Zeit stehende, sensible Dichterpersönlichkeit und ein entsprechend differenziertes Werk weisen. Das Wie der Rezeption, die Variierung des Schemas, die Anreicherung des ja elastischen Motivs sind entscheidende Indizien für die Originalität des Empfangenden." Verstärkt man diesen Argumentationsansatz und verzichtet auf die Negativkonnotation des Begriffs „Empfangender", kann man sagen, daß Wolpers und Frenzel 'intertextuell' argumentieren. Der zeitlich nachfolgende Autor wird in dieser Hinsicht nämlich durchaus zum Agierenden und empfängt nicht passiv, wie häufig von den Intertextualitätsforschern vorgeworfen.

[79] Wolpers 1995, 38; cf. Wolpers 1992, 220: Das „wechselseitig bezogene Motiv" sei der „Normalfall in neuzeitlicher Literatur."

[80] Bei Françoise sind die interpersonalen Bezüge im Familienverbund interessant: zu Tante Léonie, zur Mutter etc. und natürlich zu Marcel.

[81] cf. Daemmrich 1995, XVIIff. sowie seine Ausführungen zu den acht Grundbedingungen eines Motivs.

[82] cf. Frenzel 1993, 101ff., insbes. 104 und 106.

[83] ebd. 104; cf. dazu auch meine vorherigen Ausführungen zur Synchronie/Diachronie bzw. der historischen Verortung in der Intertextualitätsforschung und folgende zu den menschheitstypischen und kulturspezifischen Motivarten nach Wolpers.

[84] wie dies auch Müller in seinem Aufsatz „Interfigurality" (Müller 1991) tut.

subsumieren.⁸⁵ Naheliegender wäre es, diese Kategorisierungen vielmehr als motivliche Aspekte oder Elemente der makrostrukturellen Einheit der weiblichen Bediensteten aufzufassen und zu untersuchen, wie sie in der Figur der Françoise kombiniert werden. Daher soll Daemmrichs Aussage über das Entwickeln von Figurenkonzeptionen, die „oft eine eigene Konvention in der Themen- und Motivwahl [des Autors] begründen"⁸⁶ umgekehrt gewichtet werden: Die Motivwahl begründet (im Sinne von Zusammensetzen) eine eigene Figurenkonzeption, die als Zusammenfluß von Motivelementen im Wolperschen Sinne verstanden werden muß. Diese motivlichen Einheiten erheben wiederum die Makrostruktur des Charakters/der Figur – hier der Françoise – auf die Ebene eines Motivs: das der weiblichen Bediensteten.⁸⁷ Als Schema existierte es schon – stellt somit keine Motivinnovation dar –, dennoch erfährt es eine ständige „Bedeutungserweiterung".⁸⁸ Proust verschmilzt durch eine ungewöhnliche Vielfalt die meisten motivlichen Elemente zu einem neuwertigen Gebilde.

Wolpers listet unter seiner Einteilung von fünf (bzw. sechs) „macrostructural-units" von literarischen Werken [1. plot or action, 2. characters, 3. processes of mind and states of consciousness, 4. places, 5. phases of time, (6. referential or structuring situation)] unter 2. auch die Makrostruktur der „characters" oder Figuren auf. Die Dimension der „characters" verbleibe aber nicht allein auf der Ebene der Makrostruktur:

---

⁸⁵ Die vier dominanten Figurenkonzepte sind nach Daemmrich: „die vorbildliche Persönlichkeit; die Person, die Kritik herausfordert; der scheinbar einfache Mensch, dessen Lebenserfahrungen beachtenswert sind; und die Figur, die eine Stufe der Entwicklung erreicht, auf der Selbstverständnis und Weltverständis möglich werden" (Daemmrich: „Figurenkonzeption", in: Daemmrich 1995, 156-162, 157). Françoise kann sicherlich auch unter der dritten Kategorie eingeordnet werden. Sie ist aber als Vertreterin der weiblichen Bediensteten nicht eine von vielen einfachen Menschen, sondern steht als solche in einer eigenen Motivtradition. Die Kategorisierung von Daemmrich fließt als Element in diese Motivbetrachtung mit ein.

⁸⁶ Daemmrich 1995, 159.

⁸⁷ Die strikte Trennung zwischen Figur(enkonstellation) und Figurenmotiv erscheint nicht unbedingt ein Muß. Ich habe die Figur der weiblichen Bediensteten als Makrostruktur aufgefaßt, die aus motivlichen Einzelkomponenten besteht. Daraus wird dann die Figur der 'multifacettierten weiblichen Bediensteten', deren (Motiv-)Geschichte oder interfigurale Traditionslinie man verfolgen kann. Da es keine „Figurengeschichte" gibt, spreche ich von 'interfiguraler' Motivgeschichte. Es gibt schon eine Studie über „Das Motiv des Schauspielers in der Literatur der Jahrhundertwende" von Annette Meyhöfer (dies.: Das Motiv des Schauspielers in der Literatur der Jahrhundertwende (Kölner germanistische Studien; Bd. 27), Köln/Wien: Böhlau, 1989). – Geht man von der Definition Frenzels in ihrem Lexikon aus, dürfte ein Motiv nur als solches gelten, erfährt es eine „einschränkende Präzisierung" (Frenzel 1999, VIII). Bei Einzeluntersuchungen über Figurenmotive wie das vorliegende ist dies überflüssig, da nicht nur ein Motivelement der Figur (z.B. das der Künstlerin), sondern alle Motiveinheiten zusammen genommen betrachtet werden und wie oben ausgeführt die Figur als aus diesen Facetten zusammengesetzte Makrostruktur verstanden wird. Françoise wird sozusagen zur „literaturnachlebenden Heldin" (cf. „Gelebte Literatur in der Literatur" von Wolpers) durch Prousts intertextuelles Spiel. Sie erfüllt nicht die grundsätzlich erste Bedingung dieses Motivs, d.h. sie liest nicht selbst, in seiner „intertextuellen Obsession" (cf. Bouillaguet 1990, 222) läßt der Autor – bewußt oder unbewußt – Françoise andere weibliche Bedienstete aus zeitlich früheren literarischen Werken 'nachleben'. Diesen 'mitrauschenden' Spuren soll nachgegangen werden.

⁸⁸ cf. Daemmrich 1995, XVIII: „Die Wechselbeziehung zwischen Motiv und anderen Texteinheiten führt den ursprünglich wahrgenommenen Eigenschaften neue Elemente zu und erweitert dadurch ihren Bedeutungsgehalt." sowie ebd. XX: „Die wechselnden historischen, kulturellen, gesellschaftlichen und ökonomischen Bedingungen führten Motiven neue Impulse zu und beeinflußten ihre Verwendung." Sowie ebd.: „Die Bezüge erweitern die Perspektive."

At the same time we must bear in mind that these five dimensions, of course are not restricted to the macro-structures, but reoccur on the level of the motif.[89]

Dies untermauert obige Ausführungen, daß die Makrostruktur der weiblichen Bediensteten auf der motivlichen Ebene zulässig ist bzw. erneut erscheint und widerlegt den Ansatz, allein von einer Figurenkonstellation bei Françoise zu sprechen.[90] Neben den makrostrukturellen Einheiten nimmt Wolpers eine Unterscheidung in Primär- (menschheits-/ archetypische- oder mythische)[91] und Sekundärmotive (kulturspezifische)[92] sowie eine Kategorisierung in Motivklassen vor. Zu diesen Motivklassen gehören u.a. Figurenmotive bzw. die von Gruppen: „(1) Motifs of figures and groups, human and nonhuman." Als Subkategorie erscheinen: „(1.1) types of people, figures".[93] Françoise läßt sich unter diese Kategorie jedoch nicht alleine subsumieren. Bei ihr erscheinen Überschneidungen von Motivklassen, die sie dadurch als Glied der Gruppe der weiblichen Bediensteten zur Trägerin eines multidimensionalen Figurenmotivs werden lassen. Die Überschneidungen betreffen die weiteren Subkategorien „(1.2.) interpersonal relations and groups" und „(1.3.) societal relations" sowie diejenigen von (4) bis (9): „(4) motifs of consciousness, (5) motifs of ideas and concepts, (6) motifs of expression and communication." (4) bis (6) erscheinen automatisch in Verbindung miteinander, da Bewußtseinsprozesse und Gedanken auch kommuniziert werden müssen. Mit „(7) motifs of place, localities" tritt Françoise als Trägerin des Motivs der weiblichen Bediensteten ebenso in Relation wie mit „(8) objects and elements as motifs" und „(9) motifs of time".[94] Wenn auch diese Klassifizierungen hier ausführlich vorgestellt werden, geht es in den Fallstudien nicht um eine starre Anwendung derselben. Die Klassifizierungen werden nicht die Analyse bestimmen, sondern in umgekehrter Arbeitsweise verwendet werden, wenn sie in den Fallstudien als solche auf den jeweiligen Fall dialogisch bezogen werden können. Wolpers selbst versucht lediglich eine Systematisierung und entwirft kein starres Raster, was in allen Fällen angewandt werden muß. Um den Bogen zu den „macrostructural units" zurückzuschlagen, kann man für Françoise zusammenfassend festhalten, daß diese fünf Einheiten schließlich zu

---

[89] Wolpers 1995, 35. Die von ihm als signifikant beschriebenen Motive des „Bewußtseins" oder der „Befindlichkeit" gewinnen eine bedeutende Rolle im Zusammenhang mit multidimensionalen Figuren der „modern novel", wozu Françoise gehört. Folgende Untersuchungen wollen zeigen, wie diese signifikanten Motive zu Motivelementen der motivlichen Makrostruktur der weiblichen Bediensteten bei Françoise verschmelzen.

[90] ebd. 46. Das literarische Motiv stellt immer auch für Wolpers eine „changing mode" oder „dimension of representation" dar, da literarische Motive in ganz unterschiedlichen Formen und auf ganz verschiedenen Ebenen erscheinen können, d.h. als Handlung oder Ereignis, Zeitenfolge, Gefühl oder auch menschlicher Typus wie z.B. Françoise. Cf. auch seine Einteilung in Motivklassen, die ein Werkzeug zur Entschlüsselung von Françoise als Motiv der weiblichen Bediensteten liefern. – Cf. auch Frenzel 1999: Darin findet sich das Motiv des „überlegenen Bedienten", das nur auf männliche Varianten bezogen wird. Ein Typus, eine Gruppe wird aber auch hier als Motiv aufgefaßt.

[91] Die Verkörperung der französischen Vergangenheit durch Françoise läßt sich hierunter kategorisieren.

[92] cf. Wolpers 1992, 210: Primäre Motive bedürfen der „Aktualisierung im Sinne zeittypischer oder individueller Konkretisierung". – Gerade als weibliche Bedienstete und u.a. durch die Relationen zu den anderen Personen, erfährt Françoise ihre historische oder zeitspezifische Verortung.

[93] Wolpers 1995, 47. Cf. Wolpers 1992, 211ff.: „Motivklassen inhaltlich-struktureller Art" erscheinen hier unter „(4) Figuren-(Typen-) motive".

[94] Wolpers 1995, 48ff.; cf. mit Wolpers 1992, 211.

Motivelementen der zweiten Makrostruktur („characters") auf der Motivebene werden. Sie 'füllen' sie auf und erheben sie damit zu einem multidimensionalen, 'makrostrukturellen' Figurenmotiv. Als analytisches Instrumentarium lassen sich die Wolperschen Klassifizierungen wie folgt erschließen: Françoise kombiniert menschheitstypische mit kulturspezifischen Motivelementen. Dabei wird menschheitstypisch bzw. mythisch im Wolperschen Sinn als das „Bleibende" und das Kulturspezifische als das „Sich-Wandelnde" verstanden.[95] Die von Wolpers inhaltlich vorgenommene Eingrenzung auf die Motive wie Flucht, Verfolgung, Bruderzwist u.ä. wird zugunsten des Verständnisses von „anthropologischen Konstanten" wie bestimmter Codes von Gruppen oder Individuen, die ihre kulturspezifische Ausprägung erfahren, aufgegeben.[96] Es ist der Frage nachzugehen, wie diese Kombination aussieht und welche Folgerungen durch diese Bedeutungserweiterung des ursprünglichen Motivhorizontes für die Rolle von Françoise zu ziehen sind. Dies in Hinsicht auf die ihr eigene Motivgeschichte und auf ihre „intratextuelle" Funktion innerhalb der *Recherche*. Die Fragestellungen, von denen sich die folgenden Kapitel leiten werden, sind: Aus welchen Motivklassen zieht Françoise ihre Motivelemente, gibt es schematische Vorbilder, die die gleiche Kombination aufweisen bzw. welche Modifizierungen zu diesen Schemata haben stattgefunden? Welche Bezüge gehen die motivlichen Einheiten im neuen Kontext, aber auch zueinander ein? Wie variieren die Relationsfelder? Welche Klassifikationen müssen in der Tradition Wolpers' ergänzt werden?[97] Welche neuen Modi fließen in die Motivkombination mit ein?[98] Wie 'beeinflussen' sie die Formierung und qualitative Orientierung des Motivs der weiblichen Bediensteten?[99] Welche Rückschlüsse lassen sich hinsichtlich der

---

[95] Wolpers 1992, 208ff.

[96] cf. Bouillaguet 1990, 150: „Les personnages [...] soient simplement issus d'une tradition littéraire. [...] rien d'étonnant, dès lors, à ce que, mis en présence, ces personnages qui, dans leur rôle social tout au moins, fonctionnent par instants comme des stéréotypes, reproduisent des situations ayant existé avant eux." Sowie ebd. 152: „C'est sous l'intertextualité se manifeste davantage ici dans des attitudes profondes, socio-culturelles, liées à l'appartenance à une caste." Bouillaguet hat zwar nicht Françoise im Blickfeld, sondern „le couple Swann-Odette", ihre Ausführungen lassen sich aber ebenso auf Françoise übertragen. Sie wird sozusagen ebenso Opfer von Prousts „figure obsessionnelle" des „emprunt" (ebd. 222). – Cf. mit Wolpers „Typen der Tradierung von Motiven", der von einem Typ der Übernahme von lediglich „motivlichen Struktureinheiten" in „Verbindung mit deren inhaltlicher jeweils neuer Besetzung" spricht (Wolpers 1992, 219). Seine Formulierung erinnert an die Bouillaguets oder die noch folgende von Schulte-Middelich. Weiter schreibt Wolpers, daß grundlegend für neue Motivkombinationen auch die Einordnung von Motiven in vorgegebene Handlungs- und Situationsmuster sei, aus der „neue Einheiten, die mehr als die Summe ihrer Teile sind", entstünden. So bildeten sich „qualitativ neue Vorstellungseinheiten" (ebd. 222). – Cf. mit Schulte-Middelichs Definition der „transvalorisation", in: Schulte-Middelich 1985, 199: „[Abwertung] des Prätexts und **Auffüllen von dessen formalen Gerüst mit einem neuen Wertesystem"** [meine Hervorhebung].

[97] Was Wolpers ausdrücklich fordert; sein System will kein abgeschlossenes darstellen.

[98] Zur Bedeutung der Modi cf. Wolpers 1995, 66ff.: „Only in conjunction with a mode or tone, so it seems, do motifs become part of a compositional whole and gain their full affective quality." Gattungsqualitäten wie das Epische, Lyrische oder Dramatische können zu solchen Modi werden. Es gibt Modi, die insbesondere das Verhalten von Figuren, also auch von Françoise leiten. Wolpers sichtet diese vor allem in Theaterwerken, wo sie zu einem wichtigen Mittel des Ausdrucks werden. Wenn Proust ganz ähnliche Modi für Françoise verwendet, dann um die Dramatik ihres Auftretens zu unterstreichen, gleichzeitig auch ironisch zu brechen, da Françoise gerade keine Figur eines Dramas darstellt.

[99] Dabei ist nicht von einem passiv Empfangenden, sondern vielmehr 'intertextuell gerichtet' von einem agierenden, reagierenden Autorsubjekt Proust auszugehen, wenn dies auch nicht zwangsläufig heißt, daß diese Re-Aktion immer bewußt und markiert sein muß. In den Ausführungen zur Intertextualität hatte ich schon unterstrichen, daß auch die Autorintention in den Fallstudien der Göttinger motivwissenschaftlichen Reihe eine zunehmende Rolle

Autorintention ziehen? Liegt eine sich zwangsläufig einstellende Verschiedenheit zwischen Realisationen eines Motivs vor, der als motivgeschichtlicher Faktor mitzudenken ist oder handelt es sich um absichtsvolle Abwandlungen?[100] Dies korreliert mit der Fragestellung nach bewußtem bzw. unbewußtem intertextuellen Bezug durch den Autor, die im Zusammenhang mit markierter/nichtmarkierter Intertextualität aufkam sowie mit denen nach Art und Weise der Evokation der prätextuellen Motivelemente. In diesem Zusammenhang können die Wolperschen Begriffe in den Ausführungen zu den „kontrastiven Anordnungen" und zur Motivinversion[101] sowie die der Intertextualitätsforscher Lachmann und Lindner zur Kontamination bzw. kontaminatorischer Relation für die Analyse nutzbar gemacht werden. Unter kontaminatorischer Relation versteht Lindner:

> [...] die Übernahme von Einzelelementen aus verschiedenen Prätexten (bzw. Gattungssystemen), wobei die einzelnen Elemente aus ihrem ursprünglichen strukturellen und funktionalen Zusammenhang herausgelöst und zu einem neuen Text kombiniert werden.[102]

Sie bezieht sich auf Lachmann, die in den „Ebenen des Intertextualitätsbegriffs" festhält:

> Die Kontamination erscheint als Ergebnis der Selektion von Einzelelementen aus verschiedenen Referenztexten und deren Kombination [...].[103]

Die Aussagen sind immer auf den motivgeschichtlichen Untersuchungsgegenstand zu übertragen. So werden Texte/Referenztexte nicht als markierte Einlagerungen, sondern als Motiveinheiten aus Prätexten verstanden. Nach Lachmann muß bei den markierten Einlagerungen die „Art und Weise der Evokation"[104] – parodistisch, affirmierend etc. – analysiert werden. Dieser Evokationsart kann man hier ebenso nachgehen, unabhängig davon, ob Markierungen existieren oder nicht.[105] Diese Fragestellungen und „umrißhaft theoretischen Begriffe" sollen sich „am Objekt", d.h. in den nächsten Kapiteln mittels Vergleichen zu den 'prätextuellen Motiveinheiten' der aufgelisteten Prätexte klären.[106]

---

spielt. Wolpers geht allerdings auch von einer „gewissermaßen zwangsläufig sich einstellende[n] Verschiedenheit zwischen den jeweiligen Realisationen eines Motivs" aus, die als „elementarer motivgeschichtlicher Faktor mitzubedenken" und von „absichtsvollen und kreativen Abwandlungen zu unterscheiden" sei (Wolpers 1992, 207). Die Hervorhebung dieser Zwangsläufigkeit erscheint mir nicht so wichtig, da auch nicht ganz klar ist, wie der Nachweis dafür zu erbringen ist. Einleuchtender wäre eine sich zwangsläufig einstellende Tradierung von bestimmten Motivelementen.

[100] cf. ebd. 222.
[101] ebd.; in den Bereich der Motivinversion fallen für Wolpers Neuerfindungen von Motiven, die auf negierte, gelegentlich parodierte Vorbilder bezogen bleiben (cf. mit Wolpers 1995, 64).
[102] Lindner 1985, 121.
[103] Lachmann 1984, 136.
[104] ebd.
[105] Wolpers Klassifizierung der Art der Bezüge läßt sich dialogisch als „Folie" auf die Kategorisierungen der Intertextualitätsforscher beziehen. Psychologische Fragestellungen hinsichtlich des Verhältnisses Prousts zu seinen 'Vorgängern' werden nicht tiefer verfolgt; cf. dazu z.B. Bloom, Harold: A Map of Misreading, New York: Oxford University Press 1975.
[106] Frenzel 1993, 113. Frenzel bemerkt ganz richtig, daß es häufig zu viele methodologische Werke, aber keine konkreten Untersuchungen gibt. Was sie für die Motivwissenschaft feststellt, trifft ebenso auf die Intertextualitätsforschung zu. Ein Faktum, das entsprechende Forscher des engeren Verständnisses erkannt und dementsprechend reagiert haben (cf. auch meine Kap. 4ff.).

2.2 Methodisches Modell: Kompatibilität von Intertextualität mit Motivforschung

Die Begriffsebenen der Intertextualität sind mit denen der Motivgeschichte kompatibel, lassen sich dialogisch aufeinander beziehen. Wenn auch eine strikte Trennung zwischen Figur und Figurenmotiv nicht unbedingt ein Muß darstellt, wird Françoise als weibliche Bedienstete strukturell als Figurenmotiv behandelt. Ihre motivliche Makrostruktur setzt sich aus verschiedenen Motiveinheiten zusammen. Auf dieser Ebene lassen sich bis jetzt folgende 'Motiv-Züge' herausfiltern: (1) Tradition/Sprachtradition, hier fällt Françoises Sprachgewalt hinein, (2) Stolz/Selbstbewußtsein, (3) weitere Charakterzüge. Diese dritte Einheit weist die mit folgenden Substantiven betitelten Züge auf: Grausamkeit, Selbstlosigkeit, Naivität, Mißtrauen/instinktives Wissen, Françoise als Lehrmeisterin in Menschenkenntnis und Kunst. Die Kunst-Einheit teilt sich nochmals in die Motivzüge der darstellenden und der handwerklichen Kunst auf. Die Fallstudien werden jeweils der Traditionslinie der Makrostruktur als Ganzes sowie den darin auftretenden Motivklassen und -einheiten nachgehen. Dabei wird berücksichtigt, in welcher Situation die Figur auftritt, welche Relationen sie als Makrostruktur eingeht sowie welche Bezüge die Motiveinheiten untereinander aufnehmen, welche dominieren bzw. in den Hintergrund treten usw.

Würde nur ein 'Motivzug' separat betrachtet – z.B. die „künstlerisch veranlagte Bedienste" – träfe der Vorwurf der Fragmentarisierung zu, der von Seiten der Intertextualitätsforscher gegen die Motivgeschichte erhoben wird. Da aber das Gesamt der Figur der weiblichen Bediensteten als Zusammenfluß von motivlichen Einzelkomponenten Betrachtung findet, die die Figur als motivliche Makrostruktur bedingen bzw. ihr inhärent sind, ist der Vorwurf unangemessen. Françoise wird als Trägerin des makrostrukturellen Motivs der weiblichen Bediensteten multifacettiert. Legitim erscheint das Vorgehen, auch wenn die Motivgeschichte zunächst unter die nichtmarkierte Intertextualität fallen mag. Pointierte Intertextualität kann sich nicht ausschließlich eine Bedeutungsrelevanz anmaßen. Nicht nur weil jeder Text grundsätzlich zum Universum der Texte gehört. Gerade bei Proust wird die Nichtmarkierung bedeutungsvoll. Proust bzw. die *Recherche* als Text eröffnen ein psychologisches Spiel mit dem Leser, der nicht nur die Codes und Zeichensprachen der Protagonisten wie Marcel-Erzähler zu dechiffrieren sucht. Wenn sich der Rezipient auf das Universum der Texte einläßt, das Proust verinnerlicht hat, drängen sich bestimmte mitrauschende Texte auch im motivgeschichtlichen Bereich um Françoise besonders hervor, die es ebenso zu dechiffrieren und schließlich hermeneutisch auszulegen gilt.[107]

---

[107] Wie schon einmal erwähnt, ist die Lese- und Schreibkultur der damaligen Zeit für viele der heutigen Zeitgenossen so gar nicht mehr nachvollziehbar. Es ist selbstverständlich davon auszugehen, daß Proust alle meine Autoren gekannt hat. Schon in der Schule beginnt diese Bekanntschaft. Zudem gehörte das Lesen, Vorlesen und Briefeschreiben zu dieser Lese- und Schreibkultur. Mit dem Begriff „homme de lettre" ist daher keine außergewöhnliche Position gemeint. Vielmehr will ich in der Forschung zu Proust explizit machen, daß sich bestimmte Autoren – wie Molière beispielsweise – aus diesem selbstverständlichen Textuniversum dann hervortun, wenn man ihre Rolle zu Proust festzumachen versucht und zwar in der Weise, die die *Recherche* und ihr Schlüssel Françoise offenbaren.

3. Françoises Motivzüge

Françoise ist wie alle Figuren in der *Recherche* kein eindimensionaler Charakter, sondern steckt voller Widersprüche, zählt aber sicherlich zu den beeindruckendsten des Romans. Ihre Traditionsgebundenheit äußert sich in ihrem stark ausgeprägten Traditionsbewußtsein, insbesondere in ihrem Hierarchiedenken, zum Teil aber auch unbewußt in ihrem Auftreten und Handeln. Die Spuren führen dabei zu „motifs of place, localities"[1] wie Saint-André-des-Champs und Combray. Häufig wird man bei Françoise einen sprachlichen Reflex ihrer charakterlichen Motivzüge finden. Die Motiveinheiten ihrer charakterlichen Makrostruktur lassen sich gut durch die Analyse der „interpersonal" oder auch „societal relations" herausfiltern.[2] Dieses Verfahren erscheint für die Proustsche Technik der „subjektiven Charakterspiegelung" adäquat. Bei ihr wird „weniger die bespiegelte als vielmehr die bespiegelnde Person in ihrer jeweiligen Eigenart enthüllt"[3].

Marcel verbringt viel Zeit damit, Françoises Gefühle für ihn ausfindig zu machen. Er ist oft verwirrt und kann sie nicht auf einen Charakter festlegen, da sie viele Widersprüche in sich birgt. Ihr Stolz und Selbstbewußtsein rühren nicht nur von ihrer Stellung im Haus und ihrer Position als Substitut der Mutter her, sondern auch von ihrer familiären Herkunft. Ausdruck finden diese Charaktereigenschaften in ihrem Gehorsam gegen ihr ausgeprägtes Ordnungsgebot, ihrer Strenge anderen Hausmitgliedern gegenüber und in ihrem eifersüchtigem Überwachen aller Abläufe im Haus. Ihr Charakter scheint eine Abfolge von Widersprüchen zu sein. Einerseits ist sie grausam, ja sadistisch und besitzt die „rudesse insensible de la paysanne" (CG 270), andererseits wäre sie jederzeit bereit, ihr Leben für andere Familienmitglieder hinzugeben (CG 118). Sie hat zum einen die Fähigkeit, alles instinktiv zu erraten (CG 300), zum anderen kennt ihre Naivität manchmal keine Grenzen (CG 274). In ihren künstlerischen Fertigkeiten weist sie eine Vielfalt auf, die sonst keine der offiziellen Künstlerfiguren in der *Recherche* besitzt. Sie zeigen sich auf dem Feld der darstellenden Kunst in ihrer Mimik und Sprache als auch auf dem handwerklichen in ihrer Koch- und Nähkunst.[4]

3.1 Tradition

In der Sekundärliteratur wird Françoise – über lange Jahre hinweg Haushälterin und Köchin bei Tante Léonie in Combray und nach deren Tod im Dienste von Marcels Familie – vor allem als Repräsentantin und Bewahrerin der mittelalterlichen französischen Volkskultur angesehen – als waschechte Vertreterin des bäuerlich-ländlichen Combrays, deren „âme" in

---

[1] Wolpers 1995, 36.
[2] ebd. 47: (1.2) und (1.3).
[3] Krotz, Friedrich: Das Kind und Combray in Marcel Prousts *A la recherche du temps perdu*, Heidelberg: Carl Winter Universitätsverlag, 1990, 86. Tadié macht auf die „figurants" aufmerksam; Personen, die in der *Recherche* vor allem deshalb auftauchen, um gewisse Facetten oder Charakterzüge von Protagonisten, wie z.B. Françoise, aufzudecken (Tadié 1971, 198).
[4] Motivklasse (6) von Wolpers: „motifs of expression and communication" kann hier dialogisch auf dieses Feld bezogen werden. Näheres dazu in den vergleichenden Fallstudien.

den „bas-reliefs" von „Saint-André-des-Champs" (CS 139), einer Kirche unweit von Combray (cf. CS 135), von einem mittelalterlichen 'Zeitgenossen' portraitiert und somit in die Gegenwart transponiert wurde.

> Et comme le porche de cette église actualise le moyen âge, Françoise actualise un passé français très ancien et très noble.[5]

Schon der Name Françoise weist in der Assoziation zu français auf die französische Vergangenheit hin.[6] Curtius sieht Françoises Wurzeln im „französischen Bauerntum":

> Dem französischen Bauerntum ist Françoise entsprossen, die unermüdliche, aufopfernd-treue alte Magd, die nichts Höheres auf Erden kennt als ihre Herrschaft und die nur dann störrisch wird, wenn sie einen der geheiligten Gebräuche angetastet sieht, die ihr von Urväterzeit her überkommen sind. Sie bringt in das Paris des fin-de-siècle ein Stück vom Frankreich Ludwigs des Heiligen, vom Frankreich der romanischen Dorfkirchen, von jahrtausendalten Sprachformen und Hausweisheiten.[7]

Friedmann spricht von zwei „konservativen Traditionen", die Proust in seinem Roman vorstelle. Françoise als Vertreterin aus dem Volk und somit Wahrerin der Tradition, repräsentiere die erste, die Familie der Guermantes die zweite Hälfte dieser Tradition.[8] Krotz bestätigt dies und meint, Proust fasse Françoise als „fleischgewordene französische Volkstradition" auf.[9] Mit dieser Verkörperung hängt Françoises „geheimnisvolle Verwobenheit und Verwurzeltheit mit der französischen Geschichte"[10] zusammen, ausgedrückt im folgenden Zitat:

> Souvent aussi nous allions nous abriter, pêle-mêle avec les saints et les patriarches de pierre sous le porche de Saint-André-des-Champs. Que cette église était française! Au-dessus de la porte, les saints, les rois-chevaliers une fleur de lys à la main, des scènes de noces et de funerailles étaient réprésentés comme ils pouvaient l'être dans l'âme de Françoise. Le sculpteur avait aussi narré certaines anecdotes relatives à Aristote et à Virgile de la même façon que Françoise à la cuisine parlait volontiers de saint Louis comme si elle l'avait personnellement connu, et généralement pour faire honte par la comparaison à mes grands-parents moins «justes». On sentait que les notions que l'artiste médiévale et la paysanne médiévale (survivant au XIXe siècle) avaient de l'histoire ancienne ou chrétienne, et qui se distinguaient par autant d'inexactitude que de bonhomie, ils les tenaient non des livres, mais d'une tradition à la fois antique et directe, ininterrompue, orale, déformée, méconnaissable et vivante.(CS 139)

---

[5] Grandsaigne 1981, 45.
[6] cf. Poulet, Georges: Marcel Proust. Zeit und Raum, Frankfurt/Main: Suhrkamp, 1966, 38: „Der Name ist also gleichzeitig etwas Individuelles und etwas Lokales. Er ist ebenso Name des Landes, wie Name der Person und Familie." Cf. Plottel, Jeanine P.: „Styles of Naming in Honoré de Balzac and Marcel Proust", in: Caws, Mary Ann (Hg.): Writing in a modern temper. Essays on French Literature and thought in honor of Henri Peyre, New York: Anma Libri 1984, 56-67, 64f.: „A symmetrical relationship exists for aristocratic names. Here, the naming mechanism is like the one Lévi-Strauss describes in the case of birds. The principle is that many aristocratic French names usually have more than two syllables, and are metonymic extensions of the name of a region, a town, or a domain linked with the life of an ancestor or with the history of the family in question. Balzac, and also Proust, name their noble characters accordingly: Cadignan, Rastignac, Soulanges, Tillet, Guermantes, Villeparisis, and Agrigente are both place names and persons' names. Land and gentry have a metaphorical relationship, and names take on a metonymical cast." Land und Leute stehen bei Proust in einer metaphorischen Beziehung. – Auf Prousts „Beziehungen" zu Balzac wird in dem entsprechenden Kapitel noch näher eingegangen.
[7] Curtius 1973, 92.
[8] Friedmann 1930, 368.
[9] Krotz 1990, 105.
[10] ebd. 106.

Françoise erfährt nicht nur durch die verstreichende Zeit und neue Kontakte Einflüsse und Veränderungen an sich, sie personifiziert selbst einen bestimmten Zeitabschnitt des Helden sowie der Geschichte des Landes.[11] Dadurch daß Françoise „réincarnation"[12] von Combray und von Saint-André-des-Champs ist, kommt es zu Überschneidungen bzw. einer Vereinigung beider Einflüsse und Traditionen in ihrer Person. Die Statuen von Saint-André-des-Champs verleihen ihren „humbles vertus de Combray" dabei einen Anspruch einer „éternité relative"[13]. Der Zusammenhang zwischen Françoise und dieser Kirche ist seit 'Combray' und implizit schon bei ihrem ersten Erscheinen vor Marcel als Portrait aus Stein gegeben:

> A peine arrivions-nous dans l'obscure antichambre de ma tante que nous apercevions dans l'ombre, sous les tuyaux d'un bonnet éblouissant, raide et fragile comme s'il avait été de sucre filé, les remous concentriques d'un sourire de reconnaissance anticipé. C'était Françoise, immobile et debout dans l'encadrement de la petite porte du corridor comme une statue de sainte dans sa niche. Quand on était un peu habitué à ces ténèbres de chapelle, on distinguait sur son visage l'amour désintéressé de l'humanité, le respect attendri pour les hautes classes qu'exaltait dans les meilleures régions de son coeur l'espoir des étrennes.(CS 63)[14]

Diese mittelalterliche Erinnerungimpression Françoises wird hier einer ästhetischen untergeordnet. Ihr Portrait besitzt etwas vom „Charme holländischer Malereien".[15] Eine Bedienstete mit ihrem weißen Häubchen wird in ihrer Einfachheit dargestellt, fast wie eine Bäuerin. Der Schatten der „chapelle" verleiht ihr einen mystisch-geheimnisvollen Zug.

> Cette apparition de Françoise est évoquée avec un peu de poésie des contes de fée, de celle qui flotte dans toute église ou chapelle, si modeste ou laide soit-elle, et beaucoup de férocité dans l'analyse psychologique.[16]

Auch diese Vorstellung Françoises unterstreicht durch den geheimnisumwitterten Anstrich die Besonderheit ihres Charakters.[17] Die Sitten und Gebräuche von Combray haben natürlich Françoise geprägt, auch ihr „moi"– genauso wie das unsrige – „évolue selon nos amitiés et

---

[11] cf. Tadié 1971, 338: „Françoise, c'est l'enfance du Narrateur et Combray, c'est aussi l'enfance de la France, le temps immémorial de Saint-André-des-Champs."

[12] ebd. 230.

[13] Brée 1950, 253f.

[14] Die Art der Beschreibung verweist auf Prousts Beschäftigung mit den Werken Ruskins; cf. Autret, Jean: L'influence de Ruskin sur la vie, les idées et l'oeuvre de Marcel Proust, Genève: Droz, 1955, 161: „C'est parce que ses travaux ruskiniens l'avaient amené à se familiariser avec le *Dictionnaire raisonné de l'architecture*, de Viollet-le-Duc, et l'*Art religieux du XIIIe siècle en France*, d'Emile Mâle, qu'il a pu introduire dans Swann tant de détails d'art réligieux empruntés à divers monuments français, notamment les statues de saints, de rois-chevaliers, d'apôtres et de patriarches, les scènes de la vie de la Vierge et du Jugement dernier, la représentation symbolique de l'Eglise et de la Synagoge, la légende de Virgile et d'Aristote."

[15] Monnin-Hornung, Juliette: Proust et la peinture, Genève 1951, 152. Monnin-Hornung meint, es handele sich hier nicht um ein wirkliches Portrait, da „le bonnet de Françoise coiffe une tête dont ni la chevelure, ni les traits du visage ne sont décrits, et que le lecteur peut imaginer à son gré" (ebd.).

[16] ebd. 153.

[17] Schon zuvor, als Marcel Bekanntschaft mit ihrem Code macht, erwähnt der Erzähler ihren „passé noble et mal compris" (CS 45).

nos relations".[18] Allerdings darf man nicht soweit gehen und Françoises „philosophie" oder Vorstellung der Welt Descombes entsprechend zu definieren:

> La philosophie de Françoise n'est pas une vision propre à Françoise. Elle est la façon dont on pense à Combray.[19]

Umgekehrt gelesen trifft die Aussage Descombes zu, das heißt die Denkweise und Weltsicht der Combrayer hat Eingang in Françoises Ehrenkodex und, in entsprechender Umsetzung, in ihrem Verhalten gefunden. Sie spiegelt allerdings noch andere Einflüsse wider und besitzt eine „volkhafte, atavistische Individuiertheit"[20], die sie zu den anderen Einwohnern Combrays abgrenzt. Ansonsten müßten alle Combrayer eine Einheit mit Françoise bilden. Wenn Descombes meint, „les idées de Françoise ne sont pas ses idées, celles qu'elle s'est formées. Ce sont les idées qu'on a chez elle"[21], so kann dies nur heißen: die Sitten, Gebräuche und Praktiken von Combray haben Françoise in hohem Maße geprägt, nicht jedoch ihre Originalität zerstört. Poulet schreibt dazu:

> Die Orte können nicht auf reine Lokalisierungen im Raum reduziert werden, so wenig wie Charlus und Norpois, Françoise [...] oder Marcels Großmutter als einfache austauschbare Muster des Menschengeschlechts angesehen werden können. Denn die Menschen sind Personen, und die Personen können nur in ihrer Originalität verstanden werden.[22]

Die Beziehungen zwischen den verschiedenen Figuren der Recherche sowie zwischen ihnen und ihrer Vergangenheit und Tradition, ihre Zugehörigkeit zu einer bestimmten Gruppe, besitzen demnach eine große Bedeutung für die Lokalisierung und Definition ihres Charakters.[23] Zu dieser Vergangenheit gehört bei Françoise aber nicht nur die – zwar

---

[18] Zéphir, Jacques: La personnalité humaine dans l'oeuvre de Marcel Proust. Essai de psychologie littéraire, Paris: Minard, 1959, 100.

[19] Descombes 1987, 174f.

[20] Krotz 1990, 104.

[21] Descombes 1987, 179.

[22] Poulet 1966, 41f.; cf. CS 45: „Ce code semblait avoir prévu des compléxités sociales et des raffinements mondains tels que rien dans l'entourage de Françoise et dans sa vie de domestique de village n'avait pu les lui suggérer."

[23] Gruppenkodizes, insbesondere gesellschaftliche Codes nehmen einen breiten Raum in der Recherche ein, cf. Cocking, J.M.: Proust. Collected Essays on the writer and his art, Cambridge/London etc.: Cambridge University Press, 1982, 87: „What Proust takes most pleasure in making plain, however, is the system of laws which binds all three social worlds together, and within them smaller worlds, and within these, individuals. Marcels subjective 'worlds' were individual and distinct, but linked by the same underlying patterns. The same is true of social groups. [...] Each court has its own ritual and its own mechanisms for the preservation of self-esteem."; cf. auch Corbineau-Hoffmann, Angelika: „Das Tableau einer Gesellschaft – zwischen Kritik und Faszination", in: Corbineau-Hoffmann 1993, 31ff. Das Beispiel der Salons zeigt dabei die Mechanik von Gruppenverhaltensregeln. Die zwei Klassen des Faubourg Saint-Germain – Aristokratie und Bürgertum – besitzen ihren jeweils eigenen „Code" mit bestimmten Regeln, der sich trotzdem ähnelt: Beide verlangen einen absoluten Respekt ihm gegenüber, der sich in blinder Unterwerfung und absolutem Gehorsam ausdrückt. Die Repräsentantinnen dieser zwei 'Welten' – die Herzogin von Guermantes und die bürgerliche, reiche Madame Verdurin – sind beide gleichermaßen egoistisch und grausam. Um Eintritt in die aristokratischen und bürgerlichen Salons zu finden, muß der Aspirant feste und strenge, allerdings sinnentleerte, Regeln befolgen. Bei der „petit groupe" der Mme Verdurin ist es die Einhaltung des von ihr mit eigenen Regeln angefüllten – um sich von den aristokratischen Salons zu unterscheiden – „Credo" (CS 167ff.). Ähnlich dem aristokratischen Salon seine eigene Sprache, Corbineau-Hoffmann nennt ihn den „Ideolekt der Verdurin" (ebd. 40). Aber „les qualités de distinction de mesure, le raffinement dans les questions de politesse font défaut généralement aux bourgeois", stellt Bonnet fest (Bonnet, Henri: Le progrès spirituel dans l'oeuvre de Marcel Proust, Bd. 1: Le monde, l'amour

intratextuell dargestellte, doch eigentlich in diachronischer Perspektive auch extratextuell vorhandene – Vergangenheit des Landes. Vielmehr muß auch ihre intertextuelle, d.h. literarische Vergangenheit in die Analyse einbezogen werden.[24] Gleichzeitig übertreten alle wichtigen Figuren der Recherche – zu denen auch Françoise gehört – „le principe générale" wie z.B. die „paysannerie de Saint-André-des-Champs, auquel ils paraissent renvoyer, et ils le dépassent par leur individualité".[25] Um nicht mit de Lattre, sondern mit Wolpers zu sprechen: Françoises Kodex weist viele menschheitstypische Züge auf, die der Gruppe der Combrayer eigen sind bzw. über Jahrhunderte tradiert zu sein scheinen. In der Figur der Françoise vereinigen sich archetypische anthropologische Konstanten wie die zwei Mentalitätstraditionen Combray und Saint-André-des-Champs und erfahren durch ihren individuellen Kodex ihre kulturspezifische Ausprägung.[26] In der Wissenschaftssprache der Intertextualitätsforschung ausgedrückt stellen diese Mentalitätstraditionen eine Art 'kulturelles Gedächtnis' dar, das von Françoise nicht nur – synchron betrachtet – epochen-, sondern auch individualtypisch aktualisiert wird.

3.1.1 Traditionsbewußtsein: Feudales Hierarchiedenken

Eines der wesentlichen Merkmale der „vorurteilsbefangenen Combray-Mentalität" ist das ausgeprägte Kastenbewußtsein, das auch Eingang in Françoises Denken und Handeln findet.

---

et l'amitié, Paris: Vrin 1946, 55.) – Genau diese „politesse mondaine" ist es aber, die man im angesehensten aristokratischen Salon der *Mme de Guermantes* beherrschen muß. Der Schein wird dabei zum Sein, zur Essenz (cf. CG 351: „c'est la superficie qui devient essentielle et profonde", cf. mit JF 632: „dans la «société», on juge les gens, d'après un étalon, d'ailleurs absurde, et selon des règles fausses mais fixes". Mme de Guermantes fordert andere Verhaltensregeln als Mme Verdurin. Was zählt, ist aber ebenfalls das rein mechanische Funktionieren des gesellschaftlichen Lebens. Die Individuen werden nach einer bestimmten Qualität – die des „esprit" (CG 377) –, die für Mme de Guermantes über alles steht, beurteilt. Dabei richtet sich ihre Auswahl danach, welchen aktuellen oder zukünftigen gesellschaftlichen Rang der potenziell Einzuladende besitzt. – Tod und Krankheit sind als Konversationsthemen bei beiden ausgeklammert, da als Störung des Amusements empfunden. Besonders sinnfällig ist die berühmte Stelle der „souliers rouges", als Swann Oriane seinen Tod ankündigt (CG 480ff.). Oriane, Herzogin von Guermantes, betrachtet seine Ankündigung als „une plaisanterie" (CG 480), eine auf den traurigen Anlaß wohl kaum passende Bemerkung. Basin, ihr Mann, ist nur darum besorgt, daß Oriane die richtige Farbe der Schuhe zum Kleid trägt. Die sture Mechanik des gesellschaftlichen Lebens darf durch eine solche 'Lappalie', wie sie eine Todesankündigung darstellt, nicht unterbrochen werden, sonst würde der Lebenssinn der Guermantes aufhören. Ihre Regeln sind sinnentleert und erfüllen nur noch die Funktion, den 'Betrieb' des gesellschaftlichen Lebens am Laufen zu halten (cf. auch SG 594f.). – Mme Verdurin ist nicht minder grausam als die Guermantes. Als Saniette, „archiviste" und „fidèle" der Verdurin, den Tod Madame Sherbatoffs ankündigt – ebenfalls eine der Getreuen des Verdurinschen Salons – fährt ihm Monsieur Verdurin brutal über den Mund. Er bevorzugt die „hypothèse de la maladie" (P 188) und will damit das Thema beenden. Saniette selbst wird der Lächerlichkeit preisgegeben (cf. P 187). Madame Verdurin täuscht keine „tristesse" (P 196) bei der Todesnachricht vor und bleibt gefühlskalt. Wenn auch das Leben dieser zwei gesellschaftlichen Klassen von Regeln bestimmt ist – einem „Crédo" oder einem „esprit" der „politesse mondaine" – so richten sich im Unterschied zu Françoise diese Reglements auf ein sinnentleertes, fast mechanisches Funktionieren des Lebens.

[24] cf. mein Kap. 4ff.

[25] Tadié 1971, 210; cf. de Lattre, Alain: Le personnage proustien, Paris: J. Corti 1984, 194: „Par le fait même et la nature de l'individu: par le principe que, détentant en soi moins la *possibilité* de tout ce que, pour simplifier, on nommera la *généralité*, la *loi*, le *genre*, l'individu s'entend *en même temps* comme l'*impossibilité* de s'y laisser réduire ou de s'identifier avec ce que l'on en décrit. Il est *tout* ce que l'on y voit et *rien* de ce que l'on en dit."

[26] Somit spiegelt Françoise nicht eine für sich isolierte Stabilität des Mittelalters wider, wie es Curtius in der von mir zitierten Passage andeutet.

[...] les bourgeois d'alors se faisaient de la société une idée un peu hindoue, et la considéraient comme composée de castes fermées où chacun, dès sa naissance se trouvait placé dans le rang qu'occupaient ses parents et d'où rien [...] ne pouvait vous tirer.(CS 35)

Eine rein intratextuell deskriptive Analyse Françoises, die für die folgenden Fallstudien als Basis dienen soll, muß auch die übrigen Protagonisten in den Blick nehmen. Dabei illustrieren die verschiedenen Mitglieder der „race de Combray" (JF 613) jeweils auch diesen ersten prägnanten Charakterzug Françoises gemäß der Proustschen Technik der „subjektiven Charakterspiegelung". Sie sollen deshalb zur Exemplifizierung – wenn auch primär in Fußnotenbemerkungen – herangezogen werden.[27]

Françoise als Mitglied der „race de Combray" (JF 613) veranschaulicht dabei ein 'Leitmotiv' Prousts, das sich bei allen Figuren der Recherche, vor allem des Adels, zeigt: „le thème de l'hérédité: son besoin de viser le général à travers le particulier, la race à travers l'individu, d'expliquer l'un en fonction de l'autre et de «décrire l'homme ayant la longueur» de son passé ancestral".[28] Diese „hérédité" – hier die Sitten und Gebräuche Combrays – wird zu einem Teil von Françoises „vie inconnue, du mystère où baigne l'individu".[29]

Françoises oberstes Gebot ihres Codes umfaßt eine ausgeprägte Ordnungsvorstellung des „faire ce qui se doit" (P 28).[30] Es gehört zu denjenigen Prinzipien, die schon in Urväterzeiten von Françoises französischen Ahnen eingehalten werden mußten.[31] Aus diesem obersten Artikel der Bewahrung einer bestimmten Ordnung, läßt sich im übertragenen Sinn auch ihr Weltbild ableiten. Ordnung aufrechterhalten bedeutet hier, ein bestimmtes Weltbild zu vertreten, in dem Adel, Bürgertum und das einfache Volk – zu dem Françoise als Dienstmädchen gehört – klar voneinander getrennt sind. Die Combraysche Mentalität kommt Françoises Naturell als Dienerin entgegen. Françoise, als Kind ihrer Gegend Combrayerin, denkt – den Glauben der Mutter, Großmutter und der Großtante vereinigend – ebenfalls in sozialen Klassen.[32] Nach ihrer Überzeugung ist die Trennung zwischen Adel,

---

[27] Der Erzähler trennt, d.h. er zählt nebeneinander bewußt die „lois non écrites de son Code et sa tradition de paysanne médiévale" (F 390) auf. Neben ihrem „Code", der nur ihr eigene Prinzipien enthält, teilt Françoise Eigenschaften mit anderen Protagonisten der *Recherche*. Mit diesen Eigenschaften fließen u.a. Züge der mittelalterlichen Tradition von Saint-André-des-Champs in Françoises Verhaltenskodex ein bzw. solche von Combray.

[28] Mein, Margaret: Thèmes proustiens, Paris: Nizet, 1979, 174f. ; cf. Bonnet 1946, 81: „Certes, les lois de l'hérédité sont plus complèxes dans le détail. En nous s'opèrent des «combinaisons» de qualités qui s'expliquent par des lois plus complèxes que les lois arithmétiques."

[29] Mein 1979, 175.

[30] cf. Motivklasse (5) von Wolpers: „motifs of ideas and concepts" unter die auch bestimmte Maxime zu subsumieren sind, also auch Françoises Ordnungsvorstellung (Wolpers 1995, 36).

[31] cf. meine Ausführungen in Kap. 3.2.1ff.

[32] Marcel schreibt über seines Mutters „hérédité" von Combray: „[...] maman [...] avait gardé de Combray, de ma tante Léonie, de toutes ses parentes, des habitudes d'ordre" (P 27). – Die Mutter erbt als Tradition ihrer Vorgängergenerationen die oben zitierte Ordnungsvorstellung, zu der die Verinnerlichung des Kastendenkens gehört: „Mais ma mère était trop la fille de mon grand'père pour ne pas faire socialement acception des castes" (SG 821). Zwischen der menschlichen und gesellschaftlichen Behandlung eines Menschen macht sie einen Unterschied. Die von ihr theoretisch geforderte und auch praktisch umgesetzte Gleichbehandlung (cf. Françoises Krankenpflege durch die Mutter: SG 821) kann daher nur bis zu einem gewissen Grad gehen: „Les gens de Combray avaient beau avoir du coeur, de la sensibilité, acquérir les plus belles théories sur l'égalité humaine, ma mère, quand un valet de chambre s'émancipait, disait une fois «vous» et glissait insensiblement à ne plus me

Bürgertum und einfachem Volk richtig. All diejenigen, die sie mißachten, handeln ihrer Ordnungsvorstellung zuwider und werden mit Verachtung gestraft. Zum Respekt, den Françoise den althergebrachten Autoritäten entgegenbringt (cf. CS 45) kommt „l'amour désintéressé de l'humanité, le respect attendri pour les hautes classes" (CS 63) hinzu. Die Verinnerlichung dieser Philosophie Combrays zeigt sich in Françoises Ausspruch:

> «Tant que le monde sera monde [...] il y aura des maîtres pour nous faire trotter et des domestiques pour faire leurs caprices.»(CG 43)

Daran ist nach Ansicht Françoises nicht zu rütteln und das ist auch gut so. Dies bedeutet allerdings nicht, daß man die Dienerrolle bis zur Selbstaufgabe spielen muß.[33] Erinnert sei an die „principes égalitaires" (TR 684) von Saint-André-des-Champs, die das Selbstbewußtsein von Françoises Klasse widerspiegeln. In Françoises „Bedeutungshierarchie" kommt ihre eigene Familie noch vor ihrer Herrin in Combray. An nächster Stelle „kommt ihre Herrin, also Tante Léonie und deren Familie, dann die Klasse ihrer Herrin, zunächst im Dorf, danach in der Umgebung, und schließlich kommt ihr Land, Frankreich".[34] Die Beziehung zwischen Françoise und ihrer Herrin Tante Léonie offenbart am sinnfälligsten das hierarchische Denken und liegt zeitlich vor ihrer Rolle als Domestikin im Dienste von Marcels Familie. Tante Léonie verhält sich gegenüber Françoise in Combray wie eine waschechte Feudalherrin: Sie will alles wissen und tyrannisiert Françoise. Aus einer „méchanceté née de l'oisiveté" (CS 114) heraus, stellt sie sich vor, die grundehrliche Françoise würde sie bestehlen (CS 112f.), woraus sich ein regelrechtes Katz und Maus Spiel

---

parler à la troisième personne, avait de ces usurpations le même mécontement qui éclate dans les Mémoires de Saint-Simon, chaque fois qu'un seigneur qui n'y a pas droit saisit un prétexte de prendre la qualité d'«Altesse» dans un acte authentique, ou de ne pas rendre aux ducs ce qu'il leur devait et ce dont peu à peu il se dispense. Il y avait un «esprit de Combray» si réfractaire qu'il faudra des siècles de bonté (celle de ma mère était infinie), de théories égalitaires, pour arriver à le dissoudre. Je ne peux pas dire que chez ma mère certaines parcelles de cet esprit ne fussent pas restées insolubles. Elle eût donné aussi difficilement la main à un valet de chambre qu'elle lui donnait aisément dix francs [...] Pour elle, qu'elle avouât ou non, les maîtres étaient les maîtres et les domestiques étaient les gens qui mangeaient à la cuisine" (SG 821f.). –

Auch die Großmutter geht nicht soweit, die gesellschaftlichen Klassen zu verwischen, obwohl für sie beispielsweise die Distinktion „quelque chose d'absolument indépendant du rang social" ist und der Westenmacher Jupien für sie zum „homme le plus distingué" (CS 38) werden kann. Die ambivalente Mentalität der Großmutter drückt ihre Tochter – in der die Großmutter fortlebt – anläßlich der Hochzeit der Nichte Jupiens mit dem jungen Cambremer aus: „Ma mère, tout en maintenant le côté castes de Combray, qui eût fait que **ma grand'mère eût dû être scandalisée de ce mariage** [meine Hervorhebung], voulant avant tout montrer le jugement de sa mère, ajouta: «D'ailleurs la petite est parfaite et ta chère grand'mère n'aurait même pas eu besoin de son immense bonté, de son indulgence infinie pour ne pas être sévère au choix du jeune Cambremer. Te souviens-tu combien elle avait trouvé cette petite distinguée?»" (JF 527). – Einen dramatischen Aufstieg innerhalb der gesellschaftlichen Rangordnung sehen die Combrayer als unnatürlich und nicht erstrebenswert an, denn: „Le principe des castes voulant qu'elle mourût Mme Verdurin" (TR 771). Die Großtante Marcels stellt in ihrem Verhalten wohl die extremste Form dieser Combray-Mentalität dar. Nichtsdestoweniger gelten ihre Überzeugungen auch für die übrigen Combrayer: Die strikte Trennung der Kasten muß nach allen Seiten, d.h. nach unten und oben eingehalten werden. Eine irgendgeartete Vermischung verschiedener Klassen ist zu verachten. Wenn jemand nach obenhin seine Standesgrenzen überschreitet, deklassiert er sich ebenso. Man spricht in Combray dann von sogenannten „mariages disproportionnés" (TR 771). Die Großtante verzichtet sogar auf Besuche des Sohnes eines befreundeteten Notars, nachdem dieser eine „altesse" (CS 39) geheiratet hat. Cf. auch ihre Einstellung zu Swann, der aufgrund seines Ursprungs für sie für immer von der hohen Gesellschaft ausgeschlossen bleibt (CS 35).

[33] cf. mein Kap. 3.2.1: Stolz.
[34] Krotz 1990, 105.

zwischen Herrin und Dienerin ergibt. Statt Haßgefühlen praktiziert Françoise aber über den Tod hinaus eine absolute Treue und Ergebenheit für ihre Herrin (CS 140f.). Louis Auchincloss meint in „Prousts picture of society":

> The relationship of Léonie and her maid Françoise is described as a counter-part to the relationship between kings and courtiers at Versailles.[35]

Er bezieht sich damit auf die von mir schon hervorgehobene Stelle in *Du Coté de chez Swann*:

> Pendant les quinze jours que dura la dernière maladie de ma tante, Françoise ne la quitta pas un instant, ne se déshabilla pas, ne laissa personne lui donner aucun soin, et ne quitta son corps que quand il fut enterré. Alors nous comprîmes que cette sorte de crainte où Françoise avait vécu des mauvaises paroles, des soupçons, des colères de ma tante avait développé chez elle un sentiment que nous avions pris pour de la haine et qui était de la vénération et de l'amour. Sa véritable maîtresse [...], sa souveraine, son mystérieux et tout-puissant monarque n'était plus.(CS 140f.)

Die vergleichende Metapher aus dem historisch vergangenen Absolutismus macht deutlich, wie stark vergangene Traditionen in der Gegenwart durch Françoises Person aktualisiert werden. In der gezeigten Unterwürfigkeit könnte Françoise nach Krotz' Vorstellung zu den Höflingen Ludwigs XIV. gehören. Françoises Liebe zu ihrer Herrin erklärt sich vor allem durch ihren Besitz und den damit einhergehenden Reichtum:

> Elle jouissait suffisamment de ce que ma tante possédait, sachant que les richesses de la maîtresse du même coup élèvent et embellissent aux yeux de tous sa servante, et qu'elle, Françoise, était insigne et glorifiée dans Combray, Jouy-le-Vicomte et autres lieux, pour les nombreuses fermes de ma tante, les visites fréquentes et prolongées du curé, le nombre singulier des bouteilles d'eau de Vichy consommées.(CS 105)

„Des personnes d'une grande position de fortune"(CS 105), d.h. vom gleichen Rang wie die Tante, gehören zu den von Françoise hochgeachteten Provinzbürgern. Françoise zieht eine genauso strikte Grenze zwischen den armen und reichen Klassen wie Marcels Mutter zwischen Dienern und Herrn. Eine Vermengung beider Klassen ist inakzeptabel. Mit ihrer „Überbewertung des begüterten Provinzbürgertums geht eine ebenso tiefe Verachtung der minderbegüterten Gesellschaftsschichten" einher, einschließlich ihrer eigenen.[36]. Françoise ist anfällig für jede Art von Luxus, der nicht nur das Prestige eines Hauses inklusive seiner darin beschäftigten Dienerin hebt, sondern auch einem Wert an sich gleichkommt:

---

[35] Auchincloss, Louis: „Prousts Picture of Society", in: Partisan Review (1960), 690-701, 691.

[36] Krotz 1990, 105. – Ausgaben für Personen gleichen Ranges sind daher akzeptabel, nicht aber für Minderbegüterte, die die Position ihrer Herrin in den Augen Françoises nur ausnützen wollen, cf. CS 105f.: „D'ailleurs, offerts à des personnes d'une grande position de fortune [...] à des personnes «de même rang» que ma tante et qui «allaient bien ensemble», ils lui apparaissaient comme faisant partie des usages de cette vie étrange et brillante des gens riches qui chassent, se donnent des bals, se font des visites et qu'elle admirait en souriant. Mais il n'en allait plus de même si les bénéficiaires de la générosité de ma tante étaient de ceux que Françoise appelait «des gens comme moi, des gens qui ne sont pas plus que moi» et qui étaient ceux qu'elle méprisait le plus à moins qu'ils ne l'appelassent «Madame Françoise» et ne se considérassent comme étant «moins qu'elle»." Aus dieser Überzeugung heraus resultiert unter anderem der Haß, den Françoise Eulalie in Combray und später Albertine in Balbec und Paris entgegenbringt, cf. CS 106: „Elle la [Eulalie] haïssait, mais elle la craignait et se croyait tenue, quand elle était là, à lui faire «bon visage»."

[...] la richesse était pour elle comme une condition nécessaire, à défaut de laquelle la vertu serait sans mérite et sans charme.(CG 49)

Daraus resultiert ein wahrer „culte de la noblesse" bei Françoise:[37]

> Sans doute le culte de la noblesse, mêlé et s'accommodant d'un certain esprit de révolte contre elle, doit héréditairement puisé sur les glèbes de France, être bien fort en son peuple. Car Françoise, à qui on pouvait parler du génie de Napoléon ou de télégraphie sans fil sans réussir à attirer son attention et sans qu'elle ralentît un instant les mouvements par lesquels elle retirait les cendres de la cheminée ou mettait le couvert, si seulement elle apprenait ces particularités et que le fils cadet du duc de Guermantes s'appelait généralement le prince d'Oléron, s'écriait: «C'est beau ça!» et restait éblouie comme devant un vitrail.(CG 49)

Die Bewunderung der in ihrem Weltbild ganz oben anzusiedelnden Klasse und des Luxus zerstört aber nicht Françoises 'Combraysche' Überzeugung, an die Trennung zwischen den Kasten zu glauben. Sie besitzt selbst nicht den Wunsch aufzusteigen. Womöglich fiele dann auch die Bewunderung weg, da der Reiz des Geheimnisvollen und Bewundernswerten gerade in dem nicht eigenem Besitz liegt.[38]

3.1.2 Sprachtradition und -veränderung

Le Bidois sieht in Françoises Sprache das Produkt „d'un équilibre résultant de deux forces opposées: la force d'inertie ou de tradition qui retarde le changement, et les tendances actives qui poussent cette langue dans une direction déterminée".[39] Françoises 'retardierendes Moment' zeigt sich positiv in ihrem „beau français populaire" (SG 595). Marcel analysiert die feinsten Nuancen verschiedener „patois" von Françoise und ihren Familienmitgliedern.[40] Françoise setzt immer dann ihren fremden Akzent ein, der zu einer zusätzlichen Individualisierung ihrer Person führt, wenn sie nicht verstanden werden will:

> En effet, je trouvais une fois Françoise en grande conversation avec une femme de chambre de la maison, qui était de ce pays et parlait ce patois. Elles se prenaient presque, je ne les comprenais pas du tout, elles le savaient et ne cessaient pas pour cela [...] de continuer à parler devant moi de cette langue étrangère, comme lorsqu'on ne veut pas être compris. Ces pittoresques études de géographie linguistique [...] se poursuivirent chaque semaine dans la cuisine, sans que j'y prisse aucun plaisir.(SG 597)[41]

---

[37] Aimé teilt Françoises „culte de la noblesse", allerdings auf seine ihm eigene Art, seinem eitlen Charakter entsprechend: „Du reste, il suffisait qu'on prononçât le nom d'une personne titrée pour que Aimé parût heureux, au contraire de Françoise devant qui on ne pouvait dire «le comte Un tel» sans que son visage s'assombrît et que sa parole devînt sèche et brève, ce qui signifiait qu'elle chérissait la noblesse, non pas moins que ne faisait Aimé, mais d'avantage" (JF 573).

[38] Françoise liebt es aufgrund ihres Kultes, den sie mit dem Adel treibt, mit dem „valet de pied" und Jupien in Paris über ihre Nachbarn, die Guermantes, zu reden. „C'est une grande famille que les Guermantes! ajoutait-elle avec respect, fondant la grandeur de cette famille à la fois sur le nombre de ses membres et l'eclat de son illustration, comme Pascal la vérité de la Religion sur la Raison et l'autorité des Ecritures" (CG 39f.).

[39] Le Bidois, Robert: „Le langage parlé des personnages de Proust", in: Le Français moderne 7/3 (1939), 197-218, 213.

[40] Die von Le Bidois angesprochenen „tendances actives" werden als sprachlicher Aspekt des Kapitels 3.3 zur Kunst von mir behandelt.

[41] cf. Tadié 1971, 139:: „[...] l'accent d'un grêle monologue revèle alors, grâce à l'art de l'auteur, un immense dialogue entre le caractère, l'hérédité et la province."

Der Erzähler schwärmt für die Konversation der „seigneurs" und „paysans", die sich „s'orne de tout ce qui concerne la terre, les demeures telles qu'elles étaient habitées autrefois, les anciens usages, tout ce que le monde de l'argent ignore profondément" (CG 445). Die französische Geschichte sowie die damit verbundenen Namen und adligen Geschlechter sind stetiger Gegenstand von des Helden Bewunderung.[42] In Françoises Sprache und derjenigen Mme de Guermantes findet er am reinsten „le vieux langage" und „la vraie prononciation":

> J'écoutais sa conversation comme une chanson populaire délicieusement française [...] on retrouve le vieux langage et la vraie prononciation des mots [...] en causant avec une Mme de Guermantes ou une Françoise, j'avais appris de la deuxième dès l'âge de cinq ans qu'on ne dit pas le Tarn mais le Tar, pas le Béarn mais le Béar. Ce qui fit qu'à vingt ans, quand j'allai dans le monde, je n'eus pas à y apprendre [...]. Je mentirais en disant que ce côté terrien et quasi paysan qui restait en elle, la duchesse n'en avait pas consience et ne mettait pas une certaine affectation à le montrer.(P 42)[43]

Die letzte Bemerkung des Helden vermittelt eine größere Sympathie für Françoise als für die Herzogin von Guermantes. Letztere benutzt die alten Sprachformen als Mittel zum Zweck: ihrer Koketterie. Françoise dagegen sind diese Sprachformen selbstverständlich und unbewußt. Ihr Name klingt und ist 'sinn-voll', gefüllt mit der wahren (Sprach-)Tradition ihrer Landesgeschichte. Bei Oriane stellt der Erzähler allerdings desillusioniert fest:

> [...] elle était incapable de comprendre ce que j'avais cherché en elle – le charme du nom de Guermantes – et le petit peu que j'avais trouvé, un reste provincial de Guermantes.(CG 409)

Wie das gesellschaftliche Leben überhaupt, ist auch die Herzogin von Guermantes hinter ihrem Namen zu einer leeren Mechanik erstarrt. Durch die Relation Françoise-Oriane und die damit verbundene Positiv- bzw. Negativbespiegelung ihrer Charaktere macht der Erzähler deutlich, daß Françoise zur wahren Herzogin der Sprache und Tradition avanciert. Françoise gebraucht sogar die Sprache der großen französischen Autoren, ein Phänomen, das sich mit ihrer einfachen Erziehung und ihrem begrenzten Bildungswissen nur schwer erklären läßt und 'unpassend' wirkt. Sie benutzt „faire response" (CG 40) wie Mme de Sévigné, wendet das Verb „plaindre" im gleichen Sinn wie La Bruyère oder den Ausdruck „ennui" (CG 37) wie Corneille an. Françoise greift darüberhinaus – „quand elle ne voulait pas rivaliser avec les modernes" – die Sprache des französischen Sozial- und Hofkritikers Saint-Simon[44] auf und beschwert sich, daß ihr Herr immer schwanke (cf. CG 75).[45] Relativ triviale Anliegen drückt Françoise ebenfalls in dieser gehobenen Sprache aus. Abgesehen

---

[42] cf. Bonnet 1946, 87: „Marcel aime Mme de Guermantes pour la poésie de ce nom, comme il aime celle du nom de Balbec. Il l'aime surtout pour son nom, les souvenirs historiques qui y sont attachés et pour les prestiges de sa vie qui exaltent son imagination."

[43] cf. CG 395: „Mme de Guermantes, qui, bien plus vieille France encore que le duc quand elle n'y tachait pas, cherchait souvent à l'être, mais d'une manière opposée au genre jabot de dentelles et déliquescent de son mari, et en réalité bien plus fine, par une sorte de prononciation presque paysanne qui avait une âpre et délicieuse saveur terrienne."

[44] cf. Mouton, Jean: Le style de Marcel Proust, Paris: Nizet, 1968, 189: „La paysanne Françoise, grâce à son génie de la hierarchie, des personnes et de la vraie qualité des choses, rejoint quelquefois le vocabulaire des plus grands écrivains: Mme de Sévigné, La Bruyère, Saint Simon."

[45] cf. Tadié 1971, 165: „[...] le recours aux citations littéraires [...] relève, comme le condensé, de la fiction: les propos des héros sont intégrés au monde de la littérature comme leur visage à celui de la peinture".

von der komischen Wirkung, die die Dissonanz zwischen dem einfachen Stand der Sprecherin und ihrer gewählten Sprache erzeugt, besitzt Françoise tatsächlich ein Gefühl für die Sprache, das für eine einfache Dienstmagd ungewöhnlich ist. Die 'Wahl' der Sprache erfolgt durch Françoise sicherlich nicht in einem bewußten Akt. Vielmehr zeugen die von ihr angewandten Grammatikregeln und Sprachfehler von verinnerlichten altüberlieferten Formen, die sie auf das Französische der Gegenwart überträgt. Dadurch aktualisiert sie das kulturelle Gedächtnis der französischen Sprachtradition in der Gegenwart, formt somit gleichzeitig ihre Individualität mit einer Sprechweise, die die anderen Figuren der *Recherche* in dieser Art nicht aufweisen. So erweist sie sich in ihrer Vorliebe für die weibliche Form als „contemporaine" der „Français de jadis":

> «Mais on peut bien dire que c'est un vrai feignant que cet Antoine, et son «Antoinesse» ne vaut pas mieux que lui», ajoutait Françoise qui, pour trouver au nom d'Antoine un féminin qui désignât la femme du maître d'hôtel, avait sans doute dans sa création grammaticale un inconscient ressouvenir de chanoine et chanoinesse. Elle ne parlait pas mal en cela. Il existe encore près de Notre-Dame une rue appelée rue Chanoinesse, nom qui lui avait donné [...] par ces Français de jadis, dont Françoise était en réalité, la contemporaine.(CG 40)

Françoise macht aus Mme de Guermantes als Besitzerin eines Schlosses und eine Art Schultheißin eine „mairesse" (CG 40) ihres Landes. Die Prinzessin von Sagan nennt sie „la Sagante", denn sie glaubt „ce féminin exigé par la grammaire" (CG 181).[46] Neben „enjôleuse" verwendet Françoise die Bezeichnung „charlatante", um ihrer Verachtung gegenüber Albertine Ausdruck zu verleihen (P 291). Ihr sind (1) weder die aktuellen Konjugationsregeln bekannt, noch achtet sie (2) auf die richtige Verwendung der „articles partitifs":

> (1) Faut-il que je t'éteinde?- Teinde? glissa à mon oreille Albertine [...] dans le ton interrogatif d'une question grammaticale.(CG 302)

> (2) [...] elle tenait tant d'ailleurs à ce que l'on sût que nous avions «d'argent» (car elle ignorait l'usage de ce que Saint-Loup appelait les articles partitifs et disait «avoir d'argent», «apporter d'eau».(CG 38f.)

Erweckt Françoise zunächst manchmal den Eindruck der richtigen Aussprache, so stellt der Erzähler fest, daß die Schreibweise einer älter überlieferten entspricht. Auch diese ist derart verinnerlicht, daß sich Françoise dessen nicht bewußt wird:

> Françoise espéra un instant qu'on mettrait des ventouses «clarifiées». Elle en chercha les effets dans mon dictionnaire mais ne put les trouver [...] elle disait en effet «clarifiées» mais écrivait (et par conséquent croyait que c'était écrit) «esclarifié».(CG 281)

Was für den Zuhörer als Sprachfehler und Unwissenheit erscheint, stellt für Françoise nur die Einhaltung fester eigener Sprachregeln dar. Tadié macht auf den Text des Proustschen Manuskripts aufmerksam, das sinnfällig die wichtige Bedeutung von Françoises Sprachfehlern formuliert:

---

[46] Aus der Gattin des deutschen Kaisers macht Françoise „la Guillaumesse" (TR 687).

Et dans les fautes de Françoise, j'aurais dû admirer à l'état vivant, et peut-être sous des formes qui se manifestèrent jadis sur la Terre, du génie linguistique. Avenir et préhistoire, voilà se qu'il y avait dans ses fautes.[47]

Man stolpert über einen losen Pflasterstein und findet die 'Zeit' wieder oder über einen von Françoises Sprachfehlern und stößt auf die Geschichte und Vergangenheit der Sprache.[48] Sie werden so zur Metapher für die französische Sprache und ihre Entwicklung. Damit verlieren sie aber auch die Negativkonnotation des 'Fehlens'. Sie stellen vielmehr einen Gewinn dar, denn abgesehen von der individualspezifischen Anpassung der Sprache an ihr Wesen, stellen sie auch einen Zugang zu der für den Helden so interessanten Vergangenheit seines Landes dar.

Auch in ihrer „tendance à ramener toute forme nouvelle à une forme voisine plus connue"[49], d.h. dem Bestreben, die Aussprache bestimmter Wörter so zu verändern, daß sie den von ihr vertrauten bzw. ihrer Vorstellung entsprechen, dokumentiert sie einen Bestandteil der Sprachtradition ihres Landes:

> Tout le monde à Combray parla pendant vingt-cinq ans à Françoise de Mme Sazerat et Françoise continua à dire Mme Sazerin [...] parce qu'en réalité elle continua toujours d'entendre Sazerin. Cette perpétuelle erreur, qui est precisément la «vie», ne donne pas ses mille formes seulement à l'univers visible et à l'univers audible, mais à l'univers social, à l'univers sentimental, à l'univers historique, etc.(F 462)[50]

In ihren Sprachirrtümern zeigt sich wiederum Françoises Grundsehnsucht nach Stabilität und Ordnung. Ihre Sprache wird so von ihrem verinnerlichten althergebrachten Ordnungskodex des „ce qui se doit" regiert und weist darauf hin, daß die Trägerin selbst diesen Moment der Gewohnheit und Stabilität, nach der sich der Held sehnt, darstellt.[51] Becket zieht in der Frage der Gewohnheit ebenfalls eine Parallele zwischen Françoise und dem Erzähler:

---

[47] SG, II, n.3 de la page 736 (p.1192), zitiert bei: Tadié 1971, 170; cf. dazu die neue Version in SG 603: „Et ce reproche était particulièrement stupide, car ces mots français que nous sommes si fiers de prononcer exactement ne sont eux-mêmes que des «cuirs» faits par des bouches gauloises qui prononçaient de travers le latin ou le saxon, notre langue n'étant que la prononciation défectueuse de quelques autres. Le génie linguistique à l'état vivant, l'avenir et le passé du français, voilà ce qui eût dû m'intéresser dans les fautes de Françoise" (SG 603).

[48] cf. Tadié 1971, 170.

[49] Genette 1969, 227.

[50] cf. CG 40: „Nous nous demandâmes longtemps ma mère et moi qui pouvait être cette cousine d'Alger, mais nous comprîmes enfin que Françoise entendait par le nom d'Alger la ville d'Angers. Ce qui est lointoin peut nous être plus connu que ce qui est proche." Sowie Genette 1969, 228: „C'est la persévérance dans l'erreur et le refus obstiné de l'oreille à percevoir la forme 'correcte' refusée par l'esprit." Aus gleichem Grund wird so aus „Jupien" „Julien", der Name ihres Schwiegersohnes, den Françoise zwar nicht mag, dessen Name ihr aber vertraut ist (CG 37). Cf. auch ihre Einschätzung, daß die französische Sprache „moins riche qu'elle n'est" sei, JF 382: „Croyant la langue moins riche qu'elle n'est et ses propres oreilles peu sûres, sans doute la première fois qu'elle avait entendu parler de jambon d'York avait-elle cru – trouvant d'une prodigalité invraisemblable dans le vocabulaire qu'il pût exister à la fois York et New York – qu'elle avait mal entendu et qu'on avait voulu dire le nom qu'elle connaissait déjà. Aussi, depuis, le mot de d'York se faisait précéder dans ses oreilles ou devant ses yeux si elle lisait une annonce de : New qu'elle prononçait Nev'." Françoise hört das, was sie ihrer Vorstellung nach zu hören glaubt: „jambon de Nev'York", anstatt des wirklich Gesagten: „jambon d'York". Die Schwierigkeiten, die sie damit in der Kommunikation zeigt, sind von den Erfahrungen Marcels nicht allzu weit entfernt. Er glaubt zunächst, die Aussagen anderer über ihre eigene und seine Person zu verstehen, wird aber oft eines besseren belehrt.

[51] Cf. die Ausführungen zu Françoises Stolz, der auf ihrer Stellung im Haus und auch als Substitut der Mutter basiert (Kap. 3.2.1f.).

Gewohnheit ist wie Françoise, die unsterbliche Köchin des Proustschen Haushalts, die weiß, was zu tun ist, und lieber Tag und Nacht wie eine Verrückte arbeitet, als irgendeine überflüssige Aktivität in der Küche zu dulden.[52]

Françoise muß sich den veränderten Gewohnheiten erst anpassen, ihr „altes Ich" sterben lassen, genau wie der Erzähler, der in einem fremden Raum nicht schlafen kann (cf. CG 29f.). Die Gewohnheit der Vorliebe für eine bestimmte Umgebung und Sache muß unwirksam werden und sterben, bevor eine neue Vorliebe geboren werden kann.[53]

Liebt und bewundert Françoise Verwandte oder Freunde, bleibt dies nicht ohne Einfluß auf ihre Sprache: Es kommt zu einer „contagion de langage".[54] Darin offenbart sich ein Prinzip, daß sie bei allen von ihr bewunderten Personen zeigt.[55] Françoises abgöttische Liebe zu ihren Familienmitgliedern, speziell zu ihrer Tochter, läßt sie deshalb blind und gehörlos gegenüber kindischen Ausdrücken werden:

> Sa fille [...] dit [...] et patatipatali et patatatipatala», Françoise crut sans doute que son incomplète éducation seule l'avait jusqu'ici privée de ce bel usage. Et sur ces lèvres où j'avais vu fleurir jadis le français le plus pur j'entendis plusieurs fois par jour: «Et patatipatali et patatatipatala.» (TR 611)[56]

Nicht nur durch den Kontakt zu ihrer Tochter, sondern auch durch denjenigen zu anderen Dienern kommt es bei Françoise zu einer „contagion de langage".[57] Sie adoptiert die „vilain tour de langage" des von ihr verehrten 'maître d'hôtel' in Paris, in ihrer „humilité, dans son tendre admiration pour des êtres qui lui étaient infiniment inférieurs" (TR 611f.). Von ihm übernimmt sie den Ausdruck „enverjure" und teilt seine Überzeugung – die ihrer eigenen entspricht –, das Recht auf eine eigene Aussprache entspräche den „principes égalitaires" (TR 684), die 1789 zu denen von Saint-André-des-Champs hinzugekommen sind. Eine falsche Benutzung weiblicher und männlicher Artikel gründet ebenfalls auf diesem Recht:

> [...] elle ne réclamait qu'un droit du citoyen, celui de ne pas prononcer comme nous et de maintenir qu'hôtel, été et air étaient du genre féminin.(F 462)

---

[52] Becket, Samuel: Proust, Essay, Frankfurt/Main: Luchterhand, 1989, 17. – Françoise und Marcel teilen beide die gleiche Schwierigkeit, sich veränderten Gewohnheiten anzupassen, cf. CG 29f.: „Aussi, si je m'étais moqué d'elle qui, navrée d'avoir eu à quitter un immeuble où l'on était «si bien estimé de partout», avait fait ses malles en pleurant, selon les rites de Combray, et en déclarant supérieure à toutes les maisons possibles celle qui avait été la nôtre, en revanche, moi qui assimilais aussi difficilement les nouvelles choses que j'abondonnais aisément les anciennes, je me rapprochai de notre vieille servante quand je vis que l'installation dans une maison où elle n'avait pas reçu du concierge qui ne nous connaissait pas encore les marques de considération nécessaires à sa bonne nutrition morale, l'avait plongée dans un état voisin du dépérissement. Elle seule pouvait me comprendre [...] j'allais droit à Françoise [...] elle se montra glaciale à l'égard de ma tristesse, parce qu'elle la partageait."

[53] cf. Becket 1989, 19.

[54] Le Bidois 1939, 213. Damit ist ihre Sprechweise den gleichen Einflüssen ausgesetzt, die schon zu einer „altération" ihres Charakters geführt haben (CG 71).

[55] cf. TR 611f.: „Car dans son humilité, dans sa tendre admiration pour des êtres qui lui étaient infiniment inférieurs, elle adoptait leur vilain tour de langage. Ses fautes [gemeint ist der maître d'hôtel in Paris] de français corrompaient le langage de Françoise tout autant que les fautes de sa fille."

[56] cf. CG 75: „Et comme le démon du pastiche, et de ne pas paraître vieux jeu, altère la forme la plus naturelle et la plus sûre de soi, Françoise, empruntant cette expression au vocabulaire de sa fille, disait que j'étais dingo."

[57] Le Bidois 1939, 213.

Françoises Ordnungskodex führt dazu, daß sie übernommene Wörter umformt, auch die des ersten Dieners und sie ihrer „coutume" anpaßt, denn Ordnung heißt immer auch Gewohnheit schaffen.

> Il croyait que ce que M. de Rambuteau avait été si froissé un jour d'entendre appeler par le duc de Guermantes «les édicules Rambuteau» s'appelait des pistières. Sans doute dans son enfance n'avait-il pas entendu l'*o*, et cela lui était resté. Il prononçait donc ce mot incorrectement mais perpétuellement. Françoise, gênée d'abord, finit par le dire aussi [...]. Mais son humilité et son admiration pour le maître d'hôtel faisaient qu'elle ne disait jamais pissotières, mais – avec une légère concession à la coutume – pissetières.(TR 612)

Françoise als „personne humaine"[58] kann sich dem Einfluß der neuen Umgebung nicht entziehen. Nach einigen Jahren des Dienstes in Paris bei Marcels Familie teilt sie „les idées, les jurisprudences d'intérpretation des domestiques des autres étages" (CG 71). Sie wiederholt die vulgären Ausdrücke der Köchin aus dem vierten Stock, die sie ihren Arbeitgebern entgegenschleudert:

> Cette altération du caractère de Françoise était peut-être inévitable. Certaines existences sont si anormales qu'elles doivent engendrer fatalement certaines tares, telle celle que le Roi menait à Versailles entre ses courtisans, aussi étrange que celle d'un pharaon ou d'un doge, et, bien plus que celle du Roi, la vie des courtisans. Celle des domestiques est sans doute d'une étrangeté plus monstrueuse encore et que seule l'habitude nous voile.(CG 72)

Zéphir bemerkt dazu:

> Ainsi subissons-nous l'influence des gens qui nous entourent. Très souvent, consciemment ou inconsciemment, nous renonçons à notre façon d'agir, d'être et de penser, pour calquer notre personnalité sur celle des autres.[59]

Es ist davon auszugehen, daß seitens Françoise dies eher bewußt als unbewußt geschieht. Sie ist nicht einem passiven Einfluß ausgesetzt, sondern die Übernahme bestimmter Ausdrücke der sie umgebenden Diener ist sprechendes Zeugnis ihres gewachsenen Standesbewußtseins. Die Anpassung der Worte an ihre „coutume" schmälert nicht ihre Individualität. Françoises „sens artistique inné" kommt dem eines Schriftstellers fast gleich. Ihre Sprachgewandtheit zeigt sich in der Verwendung von „termes savants", beispielsweise von „rayons X" (CS 64) oder in der Aussprache von „Nev'York" statt „New York" (JF 382), um gebildeter zu erscheinen.[60] Françoises nostalgisches Schwärmen für Combray nach dem Umzug ins Hotel von Guermantes in Paris und ihr gehobener Tonfall lassen eher auf einen Schriftsteller als auf eine 'Dienstmagd' schließen.[61] Ihre Tendenz, Wörter nach ihrer

---

[58] Zéphir 1959, 105.
[59] ebd. 101.
[60] cf. Tadié 1971, 216: „L'affectation ironique avec laquelle sont prononcés les termes savants est partagée par Swann ou les Guermantes, comme par Françoise."
[61] cf. CG 36: „– Ah! Combray, quand est-ce que je te reverrai, pauvre terre! Quand est-ce que je pourrai passer toute la sainte journée sous tes aubépines et nos pauvres lilas en écoutant les pinsons et la Vivonne qui fait comme le murmure de quelqu'un qui chuchoterait." Ganz rein bleibt das Schwärmen dennoch nicht, da Françoise immer Flüche wie „misérable sonnette" oder „damnée" einwebt (ebd.). – In noch 'krasserem' Gegensatz zu Françoises nostalgischer Sprache steht ihr grammatikalisch völlig wirrer Satz, den sie in ihrer Entrüstung über Albertines unhöfliches Verschwinden aus Balbec hervorstößt, JF 766: „Elle n'a dit ni quoi ni qu'est-ce et puis elle est partie." Die grammatikalische Konfusion ist Ausdruck von Françoises innerem Zustand: Albertine hat gegen das „ce qui

eigenen Vorstellung umzuformen, zeugt von Kreativität und innerer Logik. In Balbec verwendet sie für Marie und Celeste – zwei von einer älteren Dame mitgebrachte Zimmermädchen – nicht den gleichen Begriff wie die Hotelangestellten:

> C'était ce que le langage des hôtels appelait deux courrières et celui de Françoise, laquelle s'imaginait qu'un courrier ou une courrière sont là pour faire des courses, deux «coursières».(SG 686)

Manche Wortveränderungen offenbaren sich in gewissen Situationen als unpassend. Françoise läßt die „serpents noirs" (CG 281) – Blutegel, die der Großmutter auf den Kopf gesetzt werden – zu „petites bébêtent" (CG 282) werden. Marcel empört sich über Françoises Respektlosigkeit. Die Konzentration auf ihre Sprachfehler mildert jedoch als positiven Effekt die Grausamkeit der Szenerie ab. Bekannte Ausdrücke erfahren durch Françoise ebenfalls eine unerwartete bzw. neue Bedeutung. Der Vergleich eines Mannes mit einem Löwen ist für Françoise kein Lob, sondern bedeutet das Gegenteil:

> [...] ces misérables guerres [...] ce n'est pas des hommes, c'est des lions. (Pour Françoise la comparaison d'un homme à un lion, qu'elle prononçait li-on, n'avait rien de flatteur.(CS 91)[62]

Konsequenterweise erfährt auch der Terminus „courageux" eine Uminterpretation bei Françoise, um die Männer Combrays zu bezeichnen: Er bedeutet einfach „travailleur" (CG 40). Françoises einfache und ausdrucksstarke Sprache besitzt häufig eine größere Deutlichkeit als die offizielle französische Sprache, die von Marcels Mutter gesprochen wird:

> [...] ma mère me dit [...]: «comme tu dépenses de l'argent! (Françoise, dans son langage simple et expressif, disait avec plus de force: «L'argent file»).(SG 815)

Die französische Sprache reicht ihr nicht aus, um ihre Gefühle und Gedanken in passende Worte zu kleiden, daher die Schwierigkeiten mit ihr.[63] Françoise besitzt, wie die Ausführungen zu ihren schauspielerischen Fähigkeiten noch zeigen werden, andere Ausdrucksmöglichkeiten, indirekte und künstlerische, um Abhilfe zu schaffen. In ihrer Sprechweise behält sie – trotz aller Einflüsse – ihre Eigentümlichkeit. Sie gehorcht ihren grammatikalischen und sprachlichen Regeln ähnlich streng wie den übrigen 'Artikeln' ihres Ehrenkodexes, erfindet neue Wörter bzw. Anwendungen. Darin und in dem Versuch, gleich einem Schriftsteller ihre Sprache anzureichern, offenbart sich ihre Kreativität. Am Ende der *Recherche* macht sich Marcel – eins geworden mit dem Erzähler – nicht mehr über Françoises Sprachfehler lustig:

---

se doit" verstoßen, indem sie sich nicht von den Hotelangestellten verabschiedet hat. Da Françoise sogar mit körperlichem Unwohlsein bei Nichteinhaltung ihres Ehrenkodexes reagiert, wird die sprachliche Konfusion als Reaktion auf das von ihr verlangte, aber nicht erfolgte Einhalten ihres Höflichkeitsgebots seitens Albertines nur zu verständlich.

[62] cf. Tadié 1971, 149: „[...] l'analyse [der „tics"] peut descendre jusqu'au simple mot, cellule du sens."

[63] cf. CS 141: „Si alors Françoise, remplie comme un poète d'un flot de pensées confuses sur le chagrin [...] s'excusait de ne pas savoir répondre à mes théories et disait: «Je ne sais pas m'esprimer» [...] si elle ajoutait: «Elle était tout de même de la parentèse [...]», je haussais les épaules et me disais: «Je suis bien bon de discuter avec une illetrée qui fait des cuirs pareils»."

«Tous ces gens-là, vous n'avez pas assez de méfiance, c'est des copiateurs.» Et Bloch se donnait en effet un alibi rétrospectif [...] chaque fois que je lui avais esquissé quelque chose qu'il trouvait bien.(TR 831)

Der Ausdruck „copiateurs" spiegelt ihren künstlerischen Sinn für Wortschöpfungen wider und wird von Marcel als Zeichen ihrer Kreativität ohne eine abfällige Bemerkung akzeptiert, denn zu diesem Zeitpunkt ist Françoise diejenige, die sein „énervement" (TR 830) versteht und seine Arbeit respektiert und fördert.

3.2 Stolz und Selbstbewußtsein

Im folgenden soll Françoises ausgeprägter Stolz in der Reihenfolge ihrer Bedeutungshierarchie thematisiert werden: der Stolz auf ihre eigene Familie, schließlich der auf diejenige Tante Léonies, ihre Familie und Klasse als auch der auf ihr Vaterland. Zu ergänzen wäre im Bereich des Stolzes auf die „Ersatzfamilie" – gemeint ist die Familie von Tante Léonie bzw. später diejenige von Marcel – der Stolz auf die eigene Stellung im Haus und ihre Dienerklasse sowie das Selbstbewußtsein, das sie aus ihrer Rolle als Substitut der Mutter bezieht. Damit einhergehend ergeben sich die anderen Eigenschaften fast wie selbstverständlich: Um ihrer individuellen Ordnungsliebe gerecht zu werden, tritt Françoise als strenge Erzieherin auf, verteidigt eifersüchtig das Geld und Ansehen des Hauses und fordert Höflichkeit und Taktgefühl von allen mit ihr in Kontakt tretenden Personen.

3.2.1 Stolz auf eigene Familie

Françoises Selbstbewußtsein, die Wertschätzung ihrer eigenen Person rührt nicht zuletzt von ihrer relativ unabhängigen Position her. Über ihre Herkunft und Familie liefert die *Recherche* verschiedene Informationen. So ist zu erfahren, daß ihre Mutter aus einem Dorf namens „Bailleau-le-Pin" (CG 597), ihre Tochter aus einem „pays qui était tout voisin de celui de sa mère" (CG 596) kommt. Françoise selbst hat ein Häuschen von ihren Eltern geerbt:

> Elle [...] avait de la famille, une petite maison qui lui venait de ses parents et où son frère élévait quelques vaches.(JF 572)

Ihre angeblich verarmten Eltern waren damals verpflichtet, Françoise „en condition" zu geben (CG 71). Der geerbte Besitz stellt für Françoise eine wichtige 'Verwurzelung' mit ihrem Land dar. Die „petite femme de chambre" im Hotel von Balbec ist für Françoise trotz aller Freundschaft eine „déracinée", da sie Waise ist und kein Häuschen ihr eigen nennen darf (JF 572). Ihre Verwandten sind reich, darunter ihre Cousins, die sie oft besucht und nach Aussage von Marcels Mutter „plus riches" als ihr eigener Sohn sind (TR 686). Auch die Cousins aus dem Midi sind relativ wohlhabend bzw. waren es bis zum Tode ihrer Tochter:

> [...] dans le Midi des cousins – riches relativement – dont la fille, tombée malade en pleine adolescence, était morte à vingt-trois ans; pendant ces quelques années le père et la mère s'étaient ruinés en remèdes, en docteurs différents, en pérégrinations d'une «station» thermale à une autre,

jusqu'au décès.[...] Eux-mêmes, si affligés qu'ils fussent, tiraient une certaine vanité de tant de dépenses. [...] Le père, enorgueilli dans sa douleur par une espèce de gloire, en arrivait quelquefois à parler de sa fille comme d'une étoile de l'Opéra pour laquelle il se fût ruiné.(CG 279)

Sieht man vom ironischen Ton einmal ab, offenbart diese Textstelle sehr anschaulich, daß sich die Mitglieder von Françoises Familie, ohne Rücksicht auf materielle und gesundheitliche Verluste, für ihre Familienangehörigen aufopfern. Françoise bildet darin keine Ausnahme. Sie zeigt vor allen verwandtschaftlichen Beziehungen einen weihevollen Respekt:

> [...] elle avait pour les liens invisibles que noue entre les membres d'une famille la circulation d'un même sang, autant de respect qu'un tragique grec.(CS 63)

Zu einem wesentlichen Grundzug von Françoises Wesen gehört ihr sehr französischer Familiensinn. Auch in dieser Hinsicht findet die Tradition ihres Landes bzw. ihrer Region Eingang in ihren Ehrenkodex. Die Besuche, die sie ihrem Bruder, ihrer Nichte oder Tochter in Paris abstattet, führen gezwungenermaßen zu einer Vernachlässigung Marcels. Sie weiß, was sie sich selbst schuldet und ihren verinnerlichten Gesetzen von Saint-André-des-Champs. Die Besuche gehören zu den Dingen „dont on ne peut se dispenser, selon les lois enseignées à Saint-André-des-Champs" (CG 136). Françoise tritt mit diesem Verhalten nicht unbedingt in Widerspruch zum Respekt, den sie ihrem Herrn schuldet. Gemäß der nur ihr verständlichen Logik ihres Kodexes ist es natürlich, die verwandtschaftlichen Beziehungen zu achten und sich *danach* um die Herrschaften zu kümmern. Jeder kommt zu seinem 'Recht', entsprechend der individuellen Rangfolge der 'Artikel'.

Treffender noch als von einem reinen Stolz auf ihre Herkunft und ihre Familie zu sprechen, ist es von tiefer Liebe zu den ihrigen auszugehen. Darin steht sie auf einer Stufe mit Marcels Mutter. Letztere versteht es, Françoise über ihre eigene Familie sprechen zu lassen, was zu einer Annäherung beider Frauen führt. Auch Marcels Mutter verwindet nicht den Tod der eigenen Mutter, verschmilzt nach deren Tod mit ihr zu einer Person.[64] Durch diese Parallele, bzw. durch Françoises Zugehörigkeit zum engsten Kreis der Familie, der durch den Erzähler eine besonders positive Schilderung erfährt – gemeint sind vor allem Mutter und Großmutter – wird Françoise selbst auf einen höheren Rang innerhalb der Figuren der *Recherche* gehoben.[65]

3.2.2. Stolz auf „Ersatzfamilie" und ihre Klasse

Françoise fühlt sich selbst zur Familie Tante Léonies, später zu derjenigen Marcels zugehörig, so daß sie im Krankheitsfalle die gleiche selbstlose Aufopferung bei der Pflege unterschiedlicher 'Familienmitglieder' zeigt. Ihr Stolz auf diese Zugehörigkeit drückt sich in ihrer Ordnungsvorstellung aus, „qui fut de ne jamais laisser un seul s'implanter chez ma

---

[64] cf. SG 628: „[...] ce n'était plus ma mère que j'avais sous les yeux mais ma grand'mère."
[65] Die Mutter gehört zu den ausgewählten Figuren der *Recherche*, die in einem durchweg positiven und liebevollen Licht gezeigt werden; cf. Krotz 1990, 87: „Die Mutter besonders scheint für den Erzähler die reine Liebe zu verkörpern."

tante" (CS 118). Sie bevorzugt sogar bei eigenem Unwohlsein, ihre Herrin selbst zu pflegen.[66] Diese Beharrlichkeit Françoises wird sich später auch im Dienste Marcels zeigen. Als die Großmutter im Sterben liegt, verzichtet Françoise überdies auf ihren Schlaf, um sich um sie zu kümmern:

> Françoise nous rendait un service infini par sa faculté de se passer de sommeil, de faire les besognes les plus dures.(CG 271)

Nur im Rahmen der Familie ist eine derartige Fürsorge möglich und liefert die Erklärung für Françoises Verhalten. Tadié sieht „les parents du narrateur, sa grand'mère [...] Françoise du même «côté» que lui".[67]

Françoises, vor allem auf den Reichtum sich gründende Liebe zu ihrer Herrin Tante Léonie bewirkt eine Übertragung des damit verbundenen Prestiges auf ihre Dienerin. Zu ergänzen bei Françoises Bewertung von Armen und Reichen wäre das implizite Fleiß-Postulat. Arme ruhen sich in ihren Augen auf dem Nichtstun aus und sind auch deshalb zu verachten:

> Françoise [...] aimait peu toute personne qui n'avait rien à manger chez soi, qui «crevait la faim» et venait ensuite, comme une propre à rien, grâce à la bonté des riches, «faire des manières.»(CG 42)

Wenn Françoise ihre Tochter in Paris bewirtet und dabei von ihrem jungen Herrn überrascht wird, betont sie, daß ihre Tochter ihren Herrn nichts koste, von Entbehrungen lebe und sich „au travail" (SG 595) für ihn aufopfere. Dies entspricht Françoises Vorstellungen einer idealen Dienerin. In dieser Begründung kommt wieder Françoises Code zum Vorschein, der die Aufrechterhaltung einer bestimmten Ordnung zum Inhalt hat. Dazu zählt, das Ansehen des Herrn zu wahren, keine unnützen Ausgaben zu tätigen und das eigene Prestige zu erhalten. Ihre Enttäuschung über Marcels Familie, die auf entsprechende Zeichen des Luxus verzichtet, geht damit Hand in Hand. Jupien meint zu Françoise gewandt, daß Marcels Familie sich von den Guermantes einiges 'abschneiden' könnte. Françoise verteidigt dagegen den eigenen Haushalt.

> «Vous aussi vous pourriez en avoir si vous vouliez, et même peut-être plus qu'eux, mais vous n'aimez pas tout cela.» Et Françoise, après un signe modeste, évasif et ravi dont la signification était à peu près: «Chacun son genre; ici c'est à la simplicité», refermait la fenêtre de peur que maman n'arrivât.(CG 36f.)

Da Françoise sich mit der Familie identifiziert, fühlt sie sich persönlich beleidigt und tritt für das Ansehen des Hauses ein. Allerdings glaubt sie, trotz aller Identifikation, daß ein bißchen mehr 'Inszenierung' der Familie nicht schaden könnte, selbst in Fragen der Krankenpflege, um auf den eigenen Luxus und Reichtum aufmerksam zu machen.[68]

---

[66] Im Kapitel 3.1.1 habe ich schon einiges zur Treue Françoises zu ihrer Herrin ausgeführt, so daß ich mich hier nicht wiederholen möchte.
[67] Tadié 1971,72.
[68] Aimé zeigt das gleiche Verhalten wie Françoise. Beide identifizieren sich mit den Gütern und dem Ansehen ihrer Herrschaften. Sie glauben, daß es den Wert der eigenen Person steigert. Aimé – mittlerweile zum „maître d'hôtel à Paris" (CG 140) aufgestiegen und einen „rang éminent" (SG 798) innehabend – nimmt zwar nur vorübergehend Dienste für den Erzähler wahr, dies hindert ihn aber nicht daran, die eben festgestellte Charaktereigenschaft zu zeigen, die insgesamt der 'race des domestiques' eigen ist. Obwohl Aimé Albertine nicht mag und sie als

Françoises Cousins im Midi, die ihr ganzes Geld für die Pflege, sei es für Kuren, Ärzte oder Medikamente ihrer sterbenskranken Tochter aufgebraucht haben, werden deshalb von ihr bewundert:

> Or cela paraissait à Françoise, pour ces parents-là, une espèce de luxe, comme s'ils avaient eu des chevaux de courses, un château. [...] Françoise n'était pas insensible à tant de mise en scène. Celle qui entourait la maladie de ma grand'mère lui semblait un peu pauvre, bonne pour une maladie sur un petit théâtre de province.(CG 279)[69]

3.2.3 Stolz auf Stellung im Haus und ihre Dienerklasse[70]

Françoise ist „imbue de la tradition" (P 28), d.h. unlösbar mit ihrer Vergangenheit verschmolzen. Ihr Ordnungsprinzip von Saint-André-des-Champs wird dabei mit den „principes égalitaires" von 1789 angereichert. Der 'maître d'hôtel' ist Combrayer und „bon Français selon la règle de Saint-André-des-Champs"(TR 684). Da er entgegengesetzt zu Françoise keinen individuellen Namen trägt, gehört er zu den „figurants", die den Roman bevölkern und die die „divers milieux sociaux que traverse le narrateur ou qu'il évoque par la mémoire"[71] darstellen. Im vorliegenden Fall ist er ein „figurant" für „le personnage principal"[72] Françoise, der ihre „principes égalitaires" (F 462) widerspiegelt:

> [...] le maître d'hôtel [...] était heureux de montrer à son maître que, bien qu'ancien jardinier de Combray et simple maître d'hôtel, tout de même bon Français selon la règle de Saint-André-des-Champs, il tenait de la Déclaration des droits de l'homme le droit de prononcer «enverjure» en toute indépendance, et de ne pas se laisser commander sur un point qui ne faisait pas partie de son service, et où par conséquent, depuis la Révolution, personne n'avait rien à lui dire puisqu'il était mon égal.(TR 684)

Dieses Zitat verdeutlicht – neben dem eingeforderten Recht auf eine eigene Aussprache – vor allem eines: Das Wissen um den Wert der eigenen Person führt dazu, daß Françoise nicht nur weiß, was sie ihren Herren schuldet, sondern daß das „ce qui se doit" zunächst einmal neu formuliert bedeutet: 'ce qui se doit à soi-même'. So zeigt Françoise zwar ein „devouement jaloux"[73] im Verhältnis zu ihren 'maîtres'. Dieses wird aber nicht bis zur Absolutheit, das heißt bis zur Selbstaufgabe gesteigert. Die Rangfolge von Freunden, Verwandten und Herren ist genau festgelegt und wird von Françoise unter welchen

---

„mauvais genre" betrachtet (P 79), ist er 'stolz' auf Albertines Kleid: „Et comme Aimé, quoique n'ayant pas personnellement de sympathie pour Albertine, était à cause de moi fier de la toilette qu'elle portait, il glissa au chauffeur: «T'en conduirais bien tous les jours, hein! si tu pouvais, des princesses comme ça!»" (SG 798).

[69] cf. TR 682: „Françoise [...] enviait les riches qui peuvent s'offrir le spectacle de pareils trésors."

[70] Über das Verhältnis Prousts zum Dienstpersonal schreibt Fürstin Clermont-Tonnerre: „Und zum Schluß können wir nicht verschweigen: Proust berauschte sich am Studium des Dienstpersonals. War es, weil hier ein Element, dem er sonst nirgend begegnete, seinen Spürsinn reizte, oder neidete er es ihnen, daß sie die intimen Details von Dingen, die sein Interesse erregten, besser beobachten konnten? Wie dem auch sei – das Dienstpersonal in seinen verschiedenen Figuren und Typen war seine Leidenschaft" (zitiert aus: Benjamin, Walter: „Zum Bilde Prousts", in: Illuminationen. Ausgewählte Schriften, Frankfurt/Main: Suhrkamp 1961, 355-370, 363).

[71] Tadié 1971, 196.

[72] ebd. 198.

[73] Bonnet sieht darin Françoises ausgeprägtesten Charakterzug: „Le caractère dominant de Françoise est le dévouement, un dévouement inné, obstiné, jaloux, «impérialiste»" (Bonnet 1946, 62).

Umständen auch immer eingehalten. Infolgedessen erträgt sie zwar keine Hilfe „quelconque dans son travail" (CG 271) und betrachtet „même sa besogne en quelque sorte comme un bien propre, une prérogative sur laquelle elle veille avec une jalousie féroce"[74], ihr Gebot der „délicatesse" verlangt aber von ihr und allen anderen strikte Einhaltung. Dieses für Combray charakteristische und stark ausgeprägte Taktgefühl offenbart sich im Herr-Diener-Verhältnis zwischen den Mitgliedern von Marcels Familie und Françoise häufig in Extremsituationen und unterstreicht somit den Stolz Françoises auf ihren eigenen Stand und ihr Ehrgefühl. Als Françoise von der Ankunft des Elektrikers während der 'agonie de la grand'mère' hört, empfängt sie ihn:

> Mais le protocole de Françoise ne le permettait pas, elle aurait manqué de délicatesse envers ce brave homme, l'état de ma grand'mère ne comptait plus. Quand au bout d'un quart d'heure, exaspéré, j'allai la chercher à la cuisine, je la trouvai causant avec lui sur le «carré» de l'escalier de service [...] Françoise quitta donc l'ouvrier, non sans lui avoir encore crié quelques compliments, qu'elle avait oubliés, pour sa femme et son beau-frère.(CG 278)

Françoises absoluter Gehorsam gegenüber diesem besonderen 'Artikel' führt dazu, daß sie selbst im Endstadium der Krankheit der Großmutter ihre „couturière" (CG 282) aufsucht. Messe und Frühstückszeiten hält sie ebenfalls ein (cf. CG 271). Françoises Kodex ist wesentlich älter als die Bekanntschaft mit Marcel und seinen Eltern und reicht zurück zu den Traditionen von Saint-André-des-Champs. Deshalb kann sie ihm auch in einer solch heiklen und ernsten Situation, wie es die Krankheit der Großmutter darstellt, nicht untreu werden, denn „selon le code de Françoise tel qu'il est illustré dans les bas-reliefs de Saint-André-des-Champs [...] il est horrible de ne pas faire ce qui se doit, de ne pas rendre une politesse" (P 28). Zudem stehen in Françoises Bedeutungshierarchie die Wünsche ihrer Freunde höher als diejenigen ihrer Arbeitgeber.

> Les prolétaires s'ils avaient quelque peine à être traités en personnes de connaissance par Françoise [...] une fois qu'ils y étaient arrivés, étaient les seules gens qui comptassent pour elle. Son vieux code lui enseignait qu'elle n'était tenue à rien envers les amis de ses maîtres, qu'elle pouvait si elle était pressée envoyer promener une dame venue pour voir ma grand'mère. Mais envers ses relations à elle, c'est-à-dire avec les rares gens du peuple admis à sa difficile amitié, le protocole le plus subtil et le plus absolu réglait ses actions.(JF 571)[75]

Respekt vor den 'maîtres' ist zwar notwendig, der Code muß allerdings soweit flexibel sein, nicht den Respekt, den man seiner eigenen Person schuldet, zu schmälern. Dies kommt deutlich auch in der Frühstücksszene zum Ausdruck. Als Françoise im Haushalt von Marcels Familie tätig ist, weiß diese, daß sie das Essen des Dienstpersonals nicht stören

---

[74] ebd.

[75] Als Françoise die Bekanntschaft mit dem „cafetier" und einer „petite femme de chambre" des Hotels macht, vernachlässigt sie die zu erledigenden Arbeiten für die Großmutter und wird erst der „délicatesse" gerecht, die sie diesen Arbeitern schuldet: „Françoise [...] ne remontait plus préparer les affaires de ma grand'mère tout de suite après déjeuner, mais seulement une heure plus tard parce que le cafetier voulait lui faire du café ou une tisane à la caféterie, que la femme de chambre lui demandait de venir la regarder coudre et que leur refuser eût été impossible et de ces choses qui ne se font pas" (JF 571). Cf. CG 135: „Elle sortait infailliblement tous les jours où j'avais besoin d'elle. C'était toujours pour aller voir son frère, sa nièce, et surtout sa propre fille arrivée depuis peu à Paris [...] elle parlerait de chacune comme d'une de ces choses dont on ne peut se dispenser, selon les lois enseignées à Saint-André-des-Champs."

darf. Selbst der offizielle Hausherr, Marcels Vater, fügt sich dem Ordnungssinn Françoises, falls er nicht gerade die Zeit vergessen hat:

> C'était habituellement peu de temps après que nos domestiques avaient fini de célébrer cette sorte de [...] leur déjeuner, et pendant laquelle ils étaient tellement «tabous» que mon père lui-même ne se fût pas permis de les sonner.(CG 35)

Françoise teilt das ausgeprägte Standesbewußtsein ihrer Klasse, wobei sie trotz allem „moins domestique que les autres" bleibt. Dies will heißen: Sie hat nicht alle Vorurteile ihrer Herrschaften übernommen und läuft nicht Gefahr, nach einiger Zeit wie die „race générale des domestiques" nur noch „une sorte d'épreuve negative" (CG 72) des Helden darzustellen. Die Erklärung dafür liefert erneut ihre bäuerische Ader, die sich samt der damit verbundenen Tradition des Landes erhalten hat.[76] Das Standesbewußtsein führt allerdings nicht zu einer Distanzierung gegenüber den Herren, sondern vielmehr zu einer Identifizierung mit dem Prestige des Hauses und Vereinnahmung der positiven Seiten desselben. Daher verwundert es auch nicht, wenn das Dienstpersonal in der ersten Person Plural spricht, tauscht es Neuigkeiten des Hauses aus:

> Nous allons quelquefois à l'Opéra, quelquefois aux soirées d'abonnement de la princesse de Parme, c'est tous les huit jours; il paraît que c'est très chic ce qu'on voit: il y a pièces, opéra, tout. Madame la Duchesse n'a pas voulu prendre d'abonnements mais nous y allons tout de même une fois dans une loge d'une amie à Madame, une autre fois dans une autre, souvent dans la baignoire de la princesse de Guermantes, la femme du cousin à Monsieur le Duc. C'est la soeur au duc de Bavière...Et alors vous remontez comme ça chez vous, disait le valet de pied qui, bien qu'identifié aux Guermantes, avait cependant des *maîtres* en général une notion politique qui lui permettait de traiter Françoise avec autant de respect que si elle avait été placée chez une duchesse.(CG 48)[77]

Respekt in der Behandlung ihrer Person ist eine der obersten Forderungen Françoises. Den hat sie sich auch redlich verdient. Schließlich hört alles auf ihr Kommando, da sie sich durch den langjährigen Dienst in und für die Familie des Erzählers eine Stellung und eine Achtung erarbeitet hat, den ihr niemand mehr streitig machen kann.[78] Françoise steht innerhalb der Angestelltenhierarchie an oberster Stelle. Sie ist „la vérité", die über „l'erreur" (CS 86) – gemeint ist das Küchenmädchen – triumphiert. Gegenüber ihren in ihrem Ehrenkodex verankerten Regeln verlangt sie absoluten Gehorsam, nicht nur von den ihr untergebenen Personen. Sie stellt nicht allein an sich einen hohen Anspruch in der Pflichterfüllung ihres Dienstes, sondern an das gesamte Dienstpersonal. Schon im Haus von Tante Léonie erscheint Françoise als „bonne si intelligente et active" (CS 64), die wie ein

---

[76] Françoise erfährt in Paris eine neue Nuance in ihrer Stellung als Dienerin. In Combray war sie noch „en service", erst in Paris tritt sie „en condition"; cf. Grandsaigne 1981, 107: „Dans Combray, Françoise est encore la seule de son espèce; elle n'a pas encore développé cet esprit de corps qui, à Paris, lui fera partager les rancoeurs, les mesquineries, les médisances de ses semblables. A Combray, Françoise est encore en service; ce n'est qu'à Paris qu'elle entrera en condition."

[77] cf. Françoises Aussage in Balbec, JF 572: „Mais on paye assez cher pour ça, comme si elle avait payé elle-même."

[78] Der Erzähler sieht ein, daß es unsinnig ist, Françoise ersetzen zu wollen, denn alle Diener besitzen die gleichen „défauts généraux des domestiques" (CG 72). Françoise hat sich unentbehrlich gemacht, so daß die Familie des Erzählers nicht auf sie verzichten kann; cf. CG 271: „Françoise nous rendait un service infini par sa faculté de se passer de sommeil, de faire les besognes les plus dures."

Pferd arbeitet (das genaue Gegenteil stellt wohl Morel dar).[79] Mit bestem Beispiel geht sie voran, wird darüberhinaus regelrecht zur „éducatrice" der anderen Diener. Sie legt ihnen ein 'Gesetz' auf, um einen gewissen Standard in der Arbeitserfüllung zu gewährleisten. Ihr hoher Anspruch an das Dienstpersonal – absolute Pflichterfüllung und Befriedigung der herrschaftlichen Erwartungen – rührt von Combray her und bleibt in Paris gültig:

> Certes elle avait apporté de Combray une idée très haute des devoirs de chacun envers nous; elle n'eût pas toléré qu'un de nos gens nous «manquât». Cela avait fait d'elle une si noble, si impérieuse, si efficace éducatrice, qu'il n'y avait jamais eu chez nous de domestiques si corrompus qui n'eussent vite modifié, épuré leur conception de la vie jusqu'à ne plus toucher le «sou du franc» et à se précipiter – si peu serviables qu'ils eussent été jusqu'alors – pour me prendre des mains et ne pas laisser me fatiguer à porter le moindre paquet.(CG 271)

Tante Léonie bzw. später die Familie Marcels kann sicher sein, daß unter ihrer Führung der Haushalt läuft. Sie wacht über alle Dinge und Menschen, die ihr anvertraut werden mit Argusaugen.[80] Das anfangs erwähnte strenge Ordnungsgebot von Françoise wird – berücksichtigt man ihre Stellung als Dienerin, Köchin und Kindermädchen im Haus – selbst zur Pflicht. Von Dienstpersonen erwartet man eine gute Haushaltsführung, das heißt sich um die Ordnung im Haus zu kümmern und sie zu garantieren. Der für ihren Stand nötige Ordnungssinn ist Bestandteil ihres persönlichen Ehrenkodexes.

Françoise wird aber nicht nur zur Erzieherin der übrigen Dienstboten, sondern auch ihrer Herrschaften und Gäste. Sie schreitet immer dann ein, wenn die Betroffenen den nötigen Respekt gegen ihre Arbeitgeber fehlen lassen, denn sie ist „de ces domestiques de Combray sachant la valeur de leur maître et que le moins qu'elles peuvent est de lui faire rendre entièrement ce qu'*elles jugent qui lui est dû*" [meine Hervorhebung] (P 27). Alle Personen, die mit Françoises dominanter, fast majestätischer Art, Befehle zu erteilen, Bekanntschaft

---

[79] Als krassestes Negativbeispiel zu Françoise kann man wohl Morel heranziehen, der in der *Temps retrouvé* bewußt mit Françoise in Zusammenhang gebracht wird. Der Erzähler betrachtet ihn der Dienerklasse zugehörig, wenn er die verschiedenen Zweige von Saint-André-des-Champs bespricht, die zusammengesetzt sind aus: „[...] seigneurs, bourgeois et serfs respectueux des seigneurs ou révoltés contre les seigneurs, deux divisions également françaises de la même famille sous-embranchement Françoise et sous-embranchement Morel, d'où deux flèches se dirigeaient, pour se réunir à nouveau dans une même direction qui était la frontière" (TR 603). Zwischen Françoise und Morel entsteht aufgrund ihres gemeinsamen Hintergrundes eine Art Familiengeschichte eine Verbindung, gleichzeitig stehen sie aber, durch die Trennung in zwei Zweige, nebeneinander, was ihre Verschiedenartigkeit unterstreicht. Obwohl Morel nicht selbst zu dem in der *Recherche* auftauchenden Dienstpersonal gehört und nur der Sohn des „valet de chambre" von Marcels Onkel Adolphe ist, scheint bei ihm das Proustsche Leitmotiv der „hérédité" durch – hier das Erbe der Dienerklasse, das Morel in sich trägt; cf. Mein 1979, 159: „[...] on devine l'importance que Proust attache à l'hérédité en tant que force déterminante contre laquelle il ne nous servirait à rien de lutter". Sowie CG 227: „Le jeune Morel avait beau chercher à s'évader de ses origines, on sentait que l'ombre de mon oncle Adolphe, vénérable et démesurée aux yeux du vieux valet de chambre, n'avait pas cessé de planer, presque sacrée, sur l'enfance et la jeunesse du fils." Er besitzt immer noch „une prudence héréditaire de domestique" (SG 807). Mit seinem Karrierestreben steht er in der Tradition – genauso wie Françoise – von einer „Wertehierarchie" leiten läßt: der des skrupellosen Ehrgeizes, der über Leichen geht, um zum Erfolg zu kommen – jedermann dabei ausnutzend (cf. SG 826, SG 733ff., P 139). Er ist extrem faul und darauf angewiesen, sich wie eine Maitresse unterhalten zu lassen (P 55). Am Ende schafft er allerdings den Aufstieg und ist ein „homme considérable" (TR 771). Mit seinem Karrierestreben steht er in der Tradition derjenigen Diener, die Franzbecker in seinem Ausblick beschreibt. Durch die „soziale Anpassung nach oben" (Franzbecker 1983, 210), ihrer Emanzipierung in der Traditionslinie eines Marivaux heben sie letztendlich ihre alte Basis auf und liefern so den Grund für das Verschwinden der Bediensteten alter Manier.

[80] Egal ob dies „précieux fauteuils" sind, die Françoise vor Durchnässung bewahrt (CS 31) oder Marcel, der ihr ähnlich wertvoll wird und den sie ebenso vor Schaden schützen möchte.

machen, beugen sich ihr als Lehrmeisterin. Françoise versteht es, selbst Albertine ihren Ordnungssinn und die Respektierung ihres Herrn zu oktroyieren:

> Pourtant elle finit par se plier à mes heures de sommeil, à ne pas essayer non seulement d'entrer dans ma chambre, mais à ne plus faire de bruit avant que j'eusse sonné. C'est Françoise qui lui imposa ces règles.(P 27)[81]

Françoise beurteilt selbst, was ihrem Herrn gebührt und was nicht – „ce qu'elles jugent qui lui est dû" hieß es. Ein Urteil lautet, daß es zu Françoises Pflichten gehört, Ausgaben zum Wohle des Hauses zu verhindern. Dies hat sich schon im Haus von Tante Léonie in Combray gezeigt[82] und überträgt sich auf das von Marcels Eltern. Françoise muß vor Albertine warnen, da sie ihrer Meinung nach ihrem Herrn nur das Geld aus der Tasche zieht (cf. SG 644).[83] Françoises erzieherische Fähigkeiten und Durchsetzung ihres Willens zeigen

---

[81] An anderer Stelle beklagt Françoise die Störung der Essensordnung durch Albertine, cf. CG 300: „C'était Françoise qui le préparait [le dîner], elle n'aimait pas qu'il attendît et devait déjà trouver contraire à un des articles de son code qu'Albertine, en absence de mes parents, m'eût fait une visite aussi prolongée et qui allait mettre tout en retard." Ebenso schimpft sie mit und über sie, verhält sie sich in ihren Augen nicht angemessen gegen ihren Herrn, P 131: „«Il ne manquerait plus que cela qu'elle ne soit pas contente de venir voir Monsieur, répondit Françoise. [...] il faudrait qu'elle soit bien ingrate», reprit Françoise [...]. Ignorant que la situation d'Albertine auprès de moi n'avait pas été cherchée par elle mais voulue par moi [...] elle admirait et exécrait son habileté, l'appelait quand elle parlait d'elle aux autres domestiques, une «comédienne», une «enjôleuse» qui faisait de moi ce qu'elle voulait."

[82] cf. CS 105: „Ce n'est pas que l'argent que ma tante donnait à Eulalie, Françoise l'eût voulu pour elle [...]. Elle n'était avare que pour ma tante; si elle avait géré sa fortune, ce qui eût été son rêve, elle l'aurait préservée des entreprises d'autrui avec une férocité maternelle." Françoise gehört zur selbstlosen, alten, treuen und ehrlichen Gruppe des Dienstpersonals.

[83] Aimé – „maître d'hôtel" des Grand-Hôtel in Balbec (JF 559) und damit einer der hochstehenden Mitglieder der 'Dienerklasse', wie sie in der *Recherche* erscheint – stellt das Negativpendant zu Françoise dar. Er gehört zur Kategorie derjenigen Diener, die nur eine Hierarchie kennen, nämlich die des Geldes – „l'argent qu'on a, ou plutôt celui qu'on donne" (SG 671). Dies bestätigt sich durch Aimés gierigen Blick auf die vom Erzähler vergebenen Trinkgelder: „Aimé sur le premier degré de l'hôtel ne pouvait s'empêcher, avec des yeux passionnés, curieux et gourmands, de regarder quel pourboire je donnais au chauffeur. J'avais beau enfermer ma pièce ou mon billet dans ma main close, les regards d'Aimé écartaient mes doigts. [...] l'argent qu'un autre recevait excitait en lui une curiosité incompressible et lui faisait venir l'eau à la bouche. [...] Il avait l'air [...] pour attacher [...] un regard que font sourire l'amour et l'envie" (SG 820). - Eine Steigerung in dieser 'Wertschätzung' des Geldes stellt Morel dar. Noch höher als das Geld schätzt Morel dennoch sein persönliches Vorwärtskommen und seinen Erfolg als Violinist und Mitglied in der hohen Gesellschaft ein, cf. SG 826: „Ce garçon qui, pour peu qu'il y trouvât de l'argent, eût fait n'importe quoi, et sans remords – peut-être pas sans une contrariété bizarre, allant jusqu'à la surexcitation nerveuse, mais à laquelle le nom de remords irait fort mal – qui eût, s'il trouvait son intérêt, plongé dans la peine, voire dans le deuil des familles entières, ce garçon qui mettait l'argent au-dessus de tout, et sans parler de bonté, au-dessus des sentiments de simple humanité les plus naturels, ce même garçon mettait pourtant au-dessus de l'argent son diplôme de 1er prix du Conservatoire et qu'on ne pût tenir aucun propos désobligeant sur lui à la classe de flûte ou de contrepoint." – Von Françoises Selbstlosigkeit ist Aimé weit entfernt. Er gehört zu der Françoises Klasse entgegenstehenden „catégorie de gens du peuple soucieux de leur intérêt, fidèles à ceux qu'ils servent, indifférents à toute espèce de morale et dont (car ils se montrent, si nous les payons bien, dans leur obéissance à notre volonté, supprimant tout ce qui l'entraverait d'une manière ou de l'autre, aussi incapables d'indiscrétion, de mollesse ou d'improbité que dépourvus de scrupules) nous disons: «Ce sont de braves gens»" (F 399). Aimé ist somit – ähnlich den Guermantes – zu einer leeren, nicht auf persönliche Loyalitätsprinzipien basierenden – Hülle erstarrt. Er glaubt, sein Beruf bestünde in der Pflicht, anderen zu gefallen, „de faire bon visage aux souverains plus généreux qu'authentiques" (JF 560) und daß es unhöflich sei, „de ne pas sourire jusqu'aux oreilles" (SG 643) bei einer Person, die das gleiche tut. Er gehört, im Gegensatz zu Françoise, zur „race agréable et pleine de bonhomie" (JF 574) – eine, wie sich herausstellt, halbironische Bemerkung, da Françoise mit ihren Diensten ernster meint als Aimé mit seinen, ohne dafür eine materielle Entschädigung zu erhalten. Der Erzähler ist für Aimé ein „client préféré" (SG 864), da er Marcels gerechte Natur schätzt (cf. SG 793). Von wirklicher Treue einer Françoise kann allerdings nicht die Rede sein: „Je crus qu'Aimé lui avait, selon son expression, «passé son consigne» d'avoir des égards pour moi. Mais je vis au

sich schon im Haushalt von Tante Léonie, in dem sie den Zeitplan aller Personen ändert, um ihren nachmittäglichen Einkauf auf dem Markt von Roussainville-le-Pin am Samstag weiter zu garantieren. Deshalb serviert sie einfach eine Stunde früher das Frühstück. Alle Hausmitglieder halten sich an diesen „samedi assymétrique", das heißt an Françoises neu etablierter Ordnung:

> Et ma tante avait si bien pris l'habitude de cette dérogation hebdomadaire à ses habitudes, qu'elle tenait à cette habitude-là autant qu'aux autres. Elle y était si bien «routinée», comme disait Françoise, que s'il lui avait fallu un samedi, attendre pour déjeuner l'heure habituelle, cela l'eût autant «dérangée» que si elle avait dû, un autre jour, avancer son déjeuner à l'heure du samedi.(CS 107f.)

Im Namen ihrer Herren ist Françoise schließlich auch Gastgeberin. In ihrer Bedeutungshierarchie steht der Respekt gegenüber dem Gast auf gleicher Ebene mit dem, den sie „professait non seulement pour les parents – comme pour les morts, les prêtres et les rois" (CS 45).[84] Françoise fordert somit nicht nur absoluten Respekt, vielmehr spendet sie ihn auch denjenigen, die in ihrer Bedeutungsskala als legitime Empfänger vorkommen. Marcel und seine Familie besitzen selbst diesen Status, als sie zu Besuch bei Tante Léonie in Combray sind. Sie sind zu dieser Zeit noch Gäste ihrer Herrin Tante Léonie und gehören zu den „préférés" von Françoise, denn sie fügen zum „prestige de faire partie de la famille [...] le charme de n'être pas ses maîtres habituels" (CS 63). Während Swann bei der Familie Marcels ißt, verlangt Marcel von Françoise eine Nachricht seiner Mutter zu überbringen. Damit stört er die „cérémonie" (CS 45) des Essens und bringt Françoise in Kollision mit dem Respekt, den sie sich selbst schuldet. Abgesehen davon, würde es auch Swann gegenüber nicht höflich erscheinen, sein Gastmahl zu stören. Marcel und Swann besitzen aber beide den gleichen Status: Sie sind zu Gast bei Tante Léonie – Françoise ihnen beiden gegenüber in der Pflicht. Schließlich findet sie eine Lösung, allen gerecht zu werden, auch ihrem Gewissen: Den Brief „aux rinces-bouches" (CS 45) zu überreichen, scheint Françoises Ordnungsprinzip nicht zuwiderzulaufen. Kurzum: Der Gast ist bei Françoise König. Der Respekt ihm gegenüber drückt sich im guten Mahl aus. Für Marcel stellt das Diner jedesmal ein Fest dar:

> [...] je descendis à la cuisine demander le menu du dîner qui tous les jours me distrayait comme les nouvelles qu'on lit dans un journal et m'excitait à la façon d'un programme de fête.(CS 114)

Françoises Höflichkeitsprinzip den Gästen gegenüber impliziert ein wechselseitiges Verhältnis. Der Eingeladene muß genauso bestimmte Höflichkeitsregeln beachten wie derjenige, der einlädt – das tut sie im Namen ihrer Herren. Eine Zurückweisung des Essens,

---

même moment que, pour une autre personne qui rentrait, il l'enleva de nouveau. La vérité était que, dans la vie, ce jeune homme ne savait qu'ôter et remettre sa casquette, et la faisait parfaitement bien. Ayant compris qu'il était incapable d'autre chose et qu'il excellait dans celle-là, il l'accomplissait le plus grand nombre de fois qu'il pouvait par jour, ce qui lui valait de la part des clients une sympathie discrète mais générale" (SG 680f.).

[84] Den Respekt, den Françoise „pour l'étranger à qui on donne l'hospitalité" (CS 45) hegt, führt zu den Traditionen von Saint-André-des-Champs zurück. Auch Albertine weist – als Mitglied der „famille mentale" (Deleuze, Gilles: Proust et les signes, Paris: Presses universitaires de France, 1971, 100) um Saint-André-des-Champs – die „courteoisie envers l'hôte et l'étranger" auf, denn sie ist „une des incarnations de la petite paysanne française dont le modèle est en pierre à Saint-André-des-Champs" (CG 307).

zu frühes Aufstehen vom Tisch oder das Übriglassen einer Speise „eût témoigné de la même impolitesse que se lever avant la fin du morceau au nez du compositeur" (CS 77). Befindet sich Françoise in der Rolle des Gastes, hält sie auch strikt das Gebot der Höflichkeit ein:

> Françoise, quand elle avait cru, sans avoir soif, devait accepter avec une gaité décente le verre de vin que Jupien lui offrait, n'aurait pas osé partir aussitôt la dernière gorgée bue, quelque devoir impérieux qui l'eût rappelée.(CG 307)

Als fleißige Dienstmagd scheut sie keinerlei Mühen und Strapazen, den Gästen ihrer Herrschaften bzw. 'ihren Gästen' ein opulentes Mahl zu bereiten. Der angestrebte Lohn dieses Fleißes sind der Erhalt von Komplimenten. Françoises Stolz steigert sich bis zu einer ausgesprochenen Eitelkeit. In der Anfälligkeit und Vorliebe, sich mit bestimmten Titeln anreden zu lassen, wird dies besonders deutlich:[85]

> Mais de tous ses mots, le plus goûté, le fut par Françoise, qui encore plusieurs années après, ne pouvait pas «tenir son sérieux» si on lui rappelait qu'elle avait été traitée par l'Ambassadeur de «chef de premier ordre».(JF 411)

In Paris schätzt Françoise den 'valet de pied' der Guermantes, da er sie nicht als Köchin behandelt:

> Et Françoise, qui faisait la grimace quand on la traitait de cuisinière, avait pour le valet de pied qui disait en parlant d'elle «la gouvernante», la bienveillance spéciale qu'éprouvent certains princes de second ordre envers les jeunes gens bien intentionnés qui leur donnent de l'Altesse.(CG 41)

Der 'valet de pied' und Jupien werden für Françoise unentbehrlich, da sie ihr beide das mit Combray verlorene Ansehen ersetzen. Dies besaß sie im Haus der Tante, bezog es auf sich selbst und ließ sie die ärmeren Klassen verachten. Darin ist Françoise eine Art Snob.[86] Nach dem Umzug in ein neues Haus in Paris muß Françoise zwangsläufig 'dahinsiechen', denn:

> Françoise vivait avec nous en symbiose; c'est nous qui, avec nos vertus, notre fortune, notre train de vie, notre situation, devions nous charger d'élaborer les petites satisfactions d'amour-propre dont était formée [...] la part de contentement indispensable à sa vie.(CG 37)

Im neuen Haus sind „tous les titres honorifiques" (CG 37) des Vaters noch nicht bekannt, auf die Françoise so stolz war.[87] Jupien wird Françoise „indispensable", weil er den Wert

---

[85] Wie Françoise Komplimente über ihre Essenskunst liebt bzw. gerne mit „gouvernante" (CG 41) oder einem anderen Titel angesprochen wird, schmeichelt es Aimés Eitelkeit, seinen Namen zu hören: „Et le maître d'hôtel lui aussi, chaque fois que revenait son nom, souriait d'un air attendri et fier, montrant qu'il ressentait l'honneur et comprenait la plaisanterie."(JF 570) Was bei Françoise aber wahrer Stolz ist – „elle était fière" (JF 574) – reduziert sich bei Aimé zur Eitelkeit; cf. Pierre-Quint, Léon: Marcel Proust, sa vie, son oeuvre, Paris: Kra, 1976, 281: „Une pensée dominante obsède tous les personnages sans exception [...] c'est la vanité."

[86] cf. Krotz 1990, 106 sowie Zima, Pierre V.: Le désir du mythe. Une lecture sociologique de Marcel Proust, Paris: Nizet 1973, 123: „On voit que le snobisme en tant que poésie de la féodalité n'est pas, dans l'oeuvre proustienne un phénomène isolé, produit de l'imagination du narrateur, mais une création culturelle, caractéristique de la société des snobs, composée de personnages aussi hétérogènes que Cottard, Legrandin, les Guermantes, Charlus, le narrateur et Françoise."

[87] Der Verlust Combrays, der einer 'Landentwurzelung' gleichkommt sowie der vorübergehende Ortswechsel nach Balbec führen beide bei Françoise zu einer gewissen Wandlung ihres Charakters, ähnlich derjenigen, die sie durch den Kontakt mit neuen Menschen erfährt. Als dritter Faktor ihrer sich dennoch in Grenzen haltenden Metarmorphose und „altération" (CG 71) ihres Charakters kommt die Zeit hinzu: Françoise wird älter.

ihres Hauses und Françoises Erklärungen für den Verzicht auf äußeren Luxus ihrer Herrschaften weiterträgt:

> Jupien sut en effet comprendre et enseigner à tous que si nous n'avions pas d'equipage, c'est que nous ne voulions pas.(CG 37)

Da Françoise in Paris mit Marcels Familie „en symbiose" lebt, ist es gegen ihren Stolz und ihr Selbtwertgefühl, bestimmte Dinge zu verrichten. Ihr „passé noble et mal compris" (CS 45) fördert nur ihre Weigerung, „de faire certaines commissions" (ebd.).[88] Es bedeutet für Françoise eine Qual, Sandwiches für die jungen Mädchen in Balbec vorzubereiten – nicht nur wegen ihres Stolzes, sondern weil sie extrem eifersüchtig auf sie alle ist. Sie stellen für Françoise potentielle Konkurrentinnen gegen die von ihr ausgeübte 'Macht' über den Helden dar (cf. JF 726). Françoises Eifersucht wird durch ihr Alter noch verstärkt. Sie fühlt sich erniedrigt, in die „foule plébéienne" (P 103) geschickt zu werden, um bestimmte Dinge für Albertine zu kaufen.[89] Fühlt sich Françoise nicht adäquat durch ihre Herrschaften behandelt und glaubt sie sich in ihren persönlichen Rechten verletzt, läßt sie sie ihre Verachtung spüren. Zwar besteht sie auf Trennung der verschiedenen Klassen gemäß ihrer Vorstellung einer hierarchisch gegliederten Gesellschaftsordnung, allerdings dürfen die 'Oberen' nicht spüren lassen, daß sie etwas 'Besseres' sind, bzw. den Rang eines „maître" besitzen.

> Il est vrai qu'elle aimait encore moins quand je parlais en maître. Elle savait que cela ne m'était pas naturel et ne me seyait pas, ce qu'elle traduisait en disant que «le voulu ne m'allait pas».(CG 75)[90]

Wenn auch Marcels Familie, insbesondere die Mutter ein liebevolles Verhältnis zu Françoise besitzen, können sie ihre Stellung und das Gefühl dafür wohl nicht ganz verdrängen. Sie sagen sich schließlich „que peut-être, en effet, nous étions des maîtres."(CG 71) Ebensowenig kann Françoise die Zugehörigkeit zu ihrer Klasse verleugnen. Unabhängig davon fühlt sie sich als Familienmitglied. Ihr Stolz und ihre Eitelkeit offenbaren, daß sie eine Eigenschaft mit allen Figuren der *Recherche* teilt:

> Each one has a certain vision of herself as being important in her social sphere.[91]

---

[88] Françoise findet viele Aufgaben absurd, die wir als normal für eine Dienerin ansehen würden, so zum Beispiel „de faire bouillir l'eau en temps d'épidemie, de laver une chambre avec un linge mouillé, et d'en sortir au moment où on avait justement l'intention d'y entrer" (F 457).

[89] Das 'handlungsherausfordernde Situationsmotiv' (cf. Wolpers 1992, 214.) der Rivalität/Eifersucht ist in der Relation 'Marcel-Albertine-Françoise' stark ausgeprägt (wie bei ähnlichen Konstellationen der auffällig possessiv konzipierten Liebe in der *Recherche*.)

[90] cf. F 457: „[...] ma mère avait forcé Françoise à rebrousser chemin et l'avait entraînée dehors effarouchée et surprise, car elle considérait que sa charge comportait le privilège de pénétrer à toute heure dans ma chambre. Mais déjà sur son visage l'étonnement et la colère avaient disparu sous le sourire noirâtre et gluant d'une pitié transcendante et d'une ironie philosophique, liqueur visqueuse que sécrétait pour guérir sa blessure son amour-propre lésé. Pour ne pas se sentir méprisée, elle nous méprisait." Françoise sieht im Verhalten der Mutter, sie aus dem Zimmer zu schicken, nur einen Beweis für die Launenhaftigkeit ihrer „maîtres", die sich unbedingt als solche zu erkennen geben wollen. Genau das läuft Françoises eigenem Selbstwertgefühl aber zutiefst zuwider. Die Mutter wird soweit wohl gar nicht gedacht haben. Ihr Anliegen war nur, ihrem Sohn die Möglichkeit zu geben, sich ganz ungestört der Freude über das Erscheinen seines Artikels hingeben zu können.

[91] Kopp 1971, 89.

Françoises Vision ist von der Realität nicht allzu weit entfernt. Die Vergleiche mit Aimé und Morel in den Anmerkungen sollten zeigen, daß sie als Dienerin außer Konkurrenz für Marcel bleibt. Aber nicht nur in ihrer eigenen „social sphere" nimmt sie eine wichtige Rolle ein, sondern insbesondere in ihrer Beziehung zum Helden der *Recherche*.

3.2.4 Stolz auf Ersatzmutterrolle

Tadié nennt Françoise ein „substitut de la mère"[92]. Während der Abwesenheit der Mutter übernimmt Françoise ihre 'Aufgaben':

> Au début, elle règle la vie du narrateur, à la fin, lui apprend le départ d'Albertine, et entre-temps elle est le miroir de sa liaison.[93]

Die „vieille servante" ist „la seule personne qui «dure» auprès du narrateur [...]. Elle survit à l'amour, à l'affection familiale, à l'amitié [...] Le temps, pour eux, n'est pas dissociable, et les différences extremes [...] de la culture, de l'orientation spirituelle se fondent dans une sorte d'unité formée par l'habitude".[94] „Habitude", also Gewohnheit, ist auch hier wieder das Stichwort. Françoise schafft diese für jeden Menschen notwendige Gewohnheit für den Helden Marcel. Sie ist das sinnstiftende Element für den Erzähler, da sie mit seinem früheren Leben in Combray verknüpft ist. Diese sympathiegeladene Vertrautheit reißt den Helden aus seiner inneren Unruhe.[95] Françoise wird zu einem Punkt der Stabilität und zu einer Bezugsperson des Helden. Nicht unwesentlich dürfte dabei das Faktum sein, daß Françoise „âgée et pourtant sans âge, modeste et immortelle"[96] bleibt – trotz der omnipräsenten Bedrohung durch den Tod am Ende der *Recherche*.[97] Innerhalb der Figuren der *Recherche*, die alle „vers la mort"[98] streben und „ces transformations physiques", die „un vrai „changement de personnes'"[99] provozieren, entkommt sie der vollständigen Metamorphose, die die meisten Gäste der Matinée bei der Prinzessin von Guermantes in der *Temps retrouvé* durchlaufen.[100]

---

[92] Tadié 1971, 277.
[93] ebd.; zu dem letztgenannten Aspekt, daß Françoise Spiegel seiner „liaison" sei, cf. das noch folgende Unterkapitel 3.7: „Françoise als Lehrmeisterin in Menschenkenntnis".
[94] Fernandez, Ramon: Proust, Paris 1943, 139.
[95] cf. Poulet 1966, 11. Poulet stellt fest, daß der aufwachende und sich bewußt werdende Mensch in der *Recherche* sich ängstlich fragt, wer er ist – d.h. sinnstiftende Elemente fehlen zunächst.
[96] Tadié, Jean-Yves: „Portrait de Françoise", in: Revue d'Histoire Littéraire de la France 71/5-6 (1971), 753-764, 754.
[97] Wolpers Motivklasse „(9) motifs of time" findet sich hier. Festzuhalten bleibt, daß Françoise außer ein paar kleineren Alterserscheinungen relativ stabil alt bleibt. In den Fallstudien wird auch diese Kategorie berücksichtigt.
[98] Brée 1950, 55.
[99] cf. Zéphir 1959, 78: „[...] ces transformations physiques avaient provoqués un vrai «changement de personnes», à un point tel qu'on ne pouvait plus les reconnaître." Diese Transformationen können zu einem „véritable changement de personnalité" führen, der Françoise meiner Ansicht nach jedoch nicht vollständig unterworfen ist (ebd. 79).
[100] Man wird das Gefühl, daß in diesem Roman, in dem die Zeit eine essentielle Rolle spielt, Françoise viel langsamer altert als alle anderen Figuren. Der Grund mag vielleicht darin liegen, daß sie im Gegensatz zu den mondänen Bekanntschaften des Erzählers schon alt ist, als er sie zum ersten Mal in Combray trifft (cf. CS 64). Nach der Rückkehr von der ersten Reise nach Balbec bemerkt Marcel in Paris ihre krumme Haltung (JF 725). Nach dem

Leriche zählt Françoise zu den „figures maternelles" und hebt ihre Beschützerrolle hervor:

> [...] une ligne de démarcation séparant les figures maternelles et ... les autres. Les premières: la mère, la grand'mère, et les figures qui leur sont liées par un lien de contiguïté très étroit (Françoise, en raison de sa fonction protectrice).[101]

Françoise ist von Anbeginn der *Recherche* eng mit den Mütterfiguren – Mutter und Großmutter – verbunden. Die Autoritäten, die sie für Marcel darstellen, gehen sukzessive auf Françoise über und in ihr auf. Die Stationen auf dem Weg ihrer Entwicklung einer Ersatzmutter bis zur Überschreitung dieser Funktion hin zu einem „better self"[102] des Helden, lassen sich wie folgt skizzieren: Zu Beginn der *Recherche* spielt sie das Kindermädchen für den Erzähler in Combray. Dies bleibt nicht ohne Wirkung auf ihren Stolz und ihr Selbstbewußtsein.[103] Schließlich geht diese Aufgabe über das bloße Saubermachen und Kochen hinaus. Vielmehr wird ihr das ganze Wohl der Familie anvertraut, das durch das Kind und die Sorge um sein Wohlbefinden verkörpert ist. Das Vertrauen, das die Familie damit zu Françoise zeigt, ist schon allein gerechtfertigt durch ihren Ordnungskodex des „ce qui se doit". Er spiegelt nichts anderes als eine klassische Elternautorität wider. Wenn auch die Mutter zu dieser Zeit noch anwesend ist, nimmt Françoise ihr mit dieser Aufgabe einen wesentlichen Part ihrer originären Rolle ab. Als sie in den Dienst der Familie nach dem Tod Tante Léonies übernommen wird, avanciert Françoise zur engsten Begleiterin des Helden. Sie wird zur Botin seiner Briefe an die Mutter (CS 44f.), zur Informantin der Neuigkeiten über das herzogliche Paar von Guermantes (CG 39ff.), zur Begleiterin seiner Ausflüge in die Champs-Elysées, wo er sich mit Gilberte trifft (CS 325ff.) und zu seinem verlängerten, starken Arm, wenn sie, ihrer Verachtung zum Trotz, Albertine für Marcel aus dem Casino holt (SG 642).

Vergleicht man den Einsatz der Mutter und der Großmutter für das Wohl Marcels mit demjenigen von Françoise, so muß man feststellen, daß nur Françoises starke Willenskraft zu einem erfolgreichen Ergebnis für den Helden führt. Dies mag damit zu erklären sein, daß sie gerade als nicht leibliche Mutter die nötige Distanz besitzt, um ihn zwar auf ihre Weise zu schätzen und lieben, nicht aber seine Bestimmung und die praktische Erreichung seines Ziels darüber aus den Augen zu verlieren. Zur konkreten Veranschaulichung: Mutter wie Großmutter gleichen Françoise in gewissen Ordnungs- bzw. Erziehungsprinzipien besitzen. Die Mutter pflegt „des habitudes d'ordre" (P 27), die Großmutter „principes d'éducatrice" (CG 126). Beide versuchen allerdings, ihre Wünsche Marcel auf sanfte Art beizubringen –

Umzug ins neue Haus in Paris erwähnt er das graue Haar dieser „vieille femme" (CG 35). Sie hat die Augen einer „femme déjà âgée" (CG 39) und trägt „de grosses lunettes", da sie kaum mehr klar sieht (P 292f.). Am Ende der *Recherche* ist sie fast blind (TR 830). Außer einer „maladie de coeur" (SG 604), die Marcel eine Herzattacke befürchten läßt (cf. P 288), hat sie Schwierigkeiten beim Gehen (TR 611).

[101] Leriche, Françoise: „La seule femme c'est la femme peinte", in: BMP 36 (1986), 486-504, 489.
[102] Robertson 1971, 439.
[103] Den man ihr auch nicht mehr nehmen kann. Einmal zugestandene Rechte erhalten nach Françoises Überzeugung eine ewige Gültigkeit. Deshalb sieht sie es als normal an, „que sa charge comportait le privilège de pénétrer à toute heure dans ma chambre" [d.h. von Marcel] (F 457). Als die Mutter sie einmal auffordert, sein Zimmer zu verlassen, reagiert sie konsequenterweise äußerst sensibel.

z.B. nach mehr Selbstdisziplin und Willenskraft. Doch sie kapitulieren vor Marcel, der vor allem letzte Tugend nicht zu besitzen glaubt:

> [...] ce défaut de volonté que ma grand'mère et ma mère avaient redouté pour moi, à Combray, et devant lequel l'une et l'autre, tant un malade a d'énergie pour imposer sa faiblesse, avaient successivement capitulé, ce défaut de volonté avait été en s'aggravant d'une façon de plus en plus rapide.(P 275)

Anders Françoise, was sich besonders während der Albertine-Affäre zeigt. Als die Mutter „de longs mois" (P 27) in Combray verbringt, um die Großtante zu pflegen, nimmt der Held Albertine ganz bei sich auf.[104] Françoise füllt nun die Lücke, die durch die Abwesenheit der Mutter und Großmutter entstanden ist und vertritt die 'wahren' Interessen des Helden, d.h. versucht ihn auf den für ihn bestimmten Weg zu bringen: den des Schriftstellers. Als sie Albertine und Marcel im Schlafzimmer überrascht, erscheint sie als Personifikation der Gerechtigkeit. Wenn auch das Verhalten aller Beteiligten auf satirische Art beleuchtet wird, so kommt dennoch Françoises Tugendsinn zum Vorschein:[105]

> En ce moment, tenant au-dessus d'Albertine et de moi la lampe allumée qui ne laissait dans l'ombre aucune des dépressions encore visibles que le corps de la jeune fille avait creusées dans le couvre-pieds, Françoise avait l'air de la «Justice éclairant le Crime».(CG 302)[106]

Täglich erinnert sie Marcel daran, daß Albertine nicht sein Typ sei,[107] schreckt nicht vor ihrer Eingebung zurück und traut sich, öffentlich auszusprechen, was sie von Albertine hält – im Gegensatz zur Mutter:[108]

---

[104] Schon nach dem Tod der Großmutter verlassen die Eltern für ein paar Tage Paris (CG 291). Aber auch während ihrer Anwesenheit, wird Françoise fast wie ein Familienmitglied behandelt. In Combray und Paris lebt sie eng und vertraut mit ihren Arbeitgebern zusammen und übernimmt oft mütterliche Pflichten. Wie schon erwähnt, kocht sie für Marcel und begleitet ihn in den Park. Er wiederum wendet sich an sie, um 'emotionale' Hilfe von ihr zu erhalten: Beide fühlen sich „en exil" (CG 29) nach dem Umzug, haben aber noch nicht die richtigen Verständigungsmittel gefunden, um sich blind zu verstehen, wie dies Mütter und ihre Kinder zu tun pflegen. Als Marcel krank wird, übernimmt Françoise – und nicht die leibliche Mutter – seine Pflege (cf. JF 423).

[105] Und das starke Gewicht der Motivklasse (6) der „motifs of expression and communication"; cf. vor allem Kap. 3.8.

[106] Albertine wird zur Konkurrentin für Françoise, da sie eine Mutterrolle für Marcel in sich trägt. Deshalb muß Françoise sie auch ausschalten und entsprechend streng gegen sie vorgehen. Cf. Jauss 140: „Albertines Gutenachtkuß [vermag] Marcel ein Viaticum zu gewähren [...] wie einst der Kuß der Mutter in Combray [...] auch hier wird der Zirkel der Subjektivität letzterdings nicht aufgehoben. Das Vermögen, für Marcel zugleich *maîtresse, soeur, fille* und auch *mère* zu sein, rührt nicht aus ihr selbst, sondern kommt ihr nur durch Übertragung aus verschiedenen, von ihr unabhängigen Projektionen seiner Vergangenheit zu."

[107] cf. P 90: „Il n'y avait pas de jour qu'elle ne me dît et que je ne supportasse en l'absence de ma mère des paroles telles que: «Certes vous êtes gentil et je n'oublierai jamais la reconnaissance que je vous dois [...]. Mais la maison est empestée depuis que la gentillesse a installée ici la fourberie, que l'intelligence protège la plus bête qu'on ait jamais vue, que la finesse, les manières, l'esprit, la dignité en toutes choses, l'air et la réalité d'un prince se laissent faire la loi et monter le coup et me faire humilier **moi qui suis depuis quarante ans dans la famille** [meine Hervorhebung], par le vice, par ce qu'il y a de plus vulgaire et de plus bas.»"

[108] Die Mutter versucht zwar auch, ihren Sohn von der falschen Verbindung zu überzeugen, wird aber nicht direkt; cf. SG 815: „Et puis je crois que tu es vraiment assez sorti avec Albertine. Je t'assure que c'est exagéré, que même pour elle cela peut sembler ridicule. J'ai été enchantée que cela te distraie, je te demande pas de ne plus la voir, mais enfin qu'il ne soit pas impossible de vous rencontrer l'un sans l'autre.»" Cf. ebd.: «Comme tu dépenses de l'argent! (Françoise, dans son langage simple et expressif, disait avec plus de force: «L'argent file.»). Die Mutter und Françoise stellen beide gleichermaßen fest, daß Marcel enorm viel Geld für Albertine ausgibt, jedoch jede in ihrer Sprache.

> «Monsieur ne devrait pas voir cette demoiselle. Je vois bien le genre de caractère qu'elle a, elle vous fera des chagrins».(SG 642)

Françoise fürchtet, daß Albertine ihren Herrn zutiefst in seinen Gefühlen verletzen könnte. Sie besitzt eine besondere Fähigkeit, Dinge und Menschen zu erkennen. Françoise drückt explizit das aus, was die Mutter nicht auszusprechen wagt und wächst damit über ihre Rolle als 'Mutterersatz' fast hinaus. Robertson meint:

> It seems that Françoise during the Albertine affair plays Oenone to the Hero's Phèdre with a reversal of roles: she voices the Hero's 'better self.'[109]

Anstatt Marcel zu der Beziehung zu ermutigen, zeigt sie, daß Albertine ein Hindernis darstellt: Sie hält ihn vom Schreiben ab. Françoise nimmt somit Marcels eigene Interessen indirekt wahr.[110] Als sich Françoises Warnungen am Ende der *Recherche* als wahr herausstellen, schätzt Marcel sie dafür:

> [...] je n'étais pas loin de croire Françoise supérieure à Bergotte et à Elstir parce qu'elle m'avait dit à Balbec: «Cette fille- là ne vous causera que du chagrin.»(P 100)

Marcel bewertet Françoises Intuition höher als die Instinkte von Bergotte und Elstir. Ihre Einsicht in bestimmte Gegebenheiten übertrifft die Wahrnehmungsweise dieser Künstler – sie macht ihnen Konkurrenz. Zwischen Marcel und Françoise kommt es im Laufe der *Recherche* zur Annäherung, teils wie zwischen Mutter und Sohn, teils wie zwischen Künstlern. Leriche läßt beide eins werden:

> [...] la création rend un peu *mère*, comme on sait.[111]

3.2.5 Stolz auf Vaterland

Françoises Vaterlandsliebe drückt sich nicht in einem klassischen Patriotismusdenken – 'Hingabe bis zum Tod' – aus. Weil sie ihr Land liebt, zusammengesetzt aus ihrer Familie und den französischen Bürgern und stolz darauf ist, ist sie eine ausgeprägt *pazifistische* Patriotin.[112] Im Haß gegen die Deutschen, aber auch gegen die eigenen Minister, die ihr geliebtes Land durch Krieg zerstören wollen, zeigt sich ihre Vaterlandsliebe:[113]

---

[109] Robertson 1971, 439.

[110] cf. Françoises Warnung vor Bloch, der Marcels Artikel kopiert und als seine eigene verkauft: „«Tous ces gens-là, vous n'avez pas assez de méfiance, c'est des copiateurs»" (TR 831).

[111] Lériche 1986, 502.

[112] In Friedenszeiten sieht Françoise nur mit Grauen dem „défilé" der „cuirassiers" und dem Durchzug der Truppen durch Combray bei ihren Manövern zu (cf. CS 90f.). Am Leben muß man festhalten, da Gott einem nur das eine geschenkt hat. Entsprechend dieser Überzeugung überkommt Françoise eine Wut auf die jungen Menschen, die keinen Wert darauf legen (CS 91). Françoise versucht aus dieser pazifistischen Grundhaltung heraus, ihren Neffen in Kriegszeiten zu 'reformieren' (cf. TR 610). Hierin zeigt sich die Liebe und Einsatzbereitschaft für ihre Familie. Ihr Pazifismus reicht aber über die Familienschranken hinaus und wird auf alle Bürger übertragen, so z.B. auch auf „son nouveau garçon boucher" (TR 612). Praktizierter Pazifismus bedeutet für Françoise auch das Gebot des 'Du sollst niemals töten' einzuhalten. Ihre pazifistische Einstellung läßt Françoise an den offiziellen politischen Vertretern – wie z.B. Clemenceau – zweifeln, nicht aber an ihrer Liebe zu und ihrem Stolz auf Frankreich.

[113] Im Gegensatz zu Saint-Loup und Morel, die ihre Vaterlandsliebe im kriegerischen Einsatz für Frankreich ausdrücken. Dabei treffen sich die Einwohner Combrays mit allen „nobles, bourgeois ou paysans, au visage

> Quant à Françoise, sa haine pour les Allemands était extrême; elle n'était tempérée que par celle que lui inspiraient nos ministres. Et je ne sais pas si elle souhaitait plus ardemment la mort de Hindenburg ou de Clemenceau.(TR 687)

Die übrigen Combrayer – deren Mentalität Françoise auch in diesem Fall ihrer eigenen inkorporiert hat – äußern ihre Liebe negativ, nämlich im Haß auf Dreyfus.[114] Die Verwurzelung in den Traditionen ihres Landes spiegelt sich in ihrer Liebe zu demselben, speziell zu ihrer Region. Nach dem Umzug innerhalb von Paris in die unmittelbare Nachbarschaft des herzöglichen Paares von Guermantes ruft sie voller Heimweh nach ihrer „pauvre terre" und fragt sich sehnsüchtig, wann sie Combray wohl endlich wiedersehen werde (CG 36). Noch deutlicher kommentiert der Erzähler Françoises Identifikation mit ihrem Heimatland kurz darauf:

> Oh! Méséglise, disait Françoise avec le large sourire qu'on amenait toujours sur ses lèvres quand on prononçait ces noms de Méséglise, de Combray, de Tansonville. Ils faisaient tellement partie de sa propre existence qu'elle éprouvait à les rencontrer au dehors, à les entendre dans une conversation, une gaieté assez voisine de celle qu'un professeur excite dans sa classe en faisant allusion à tel personnage contemporain dont ses élèves n'auraient pas cru que le nom pû jamais tomber du haut de la chaire. Son plaisir venait aussi de sentir que ces pays-là étaient pour elle quelque chose qu'ils n'étaient pas pour les autres, de vieux camarades avec qui on a fait bien des parties; et elle souriait comme si elle leur trouvait de l'esprit, parce qu'elle retrouvait en eux beaucoup d'elle-même.(CG 41f.)

3.3 Grausamkeit

Wallace Fowlie betrachtet Françoise als eine „devoted but tyrannical domestic".[115] Eine Reduzierung auf diesen speziellen Charakterzug wird ihrer Person – wie schon häufig

---

sculpté" von Saint-André-des-Champs und werden zum wahren „opus francigenum" (CG 339). Die Mentalität Combrays kann hier nicht unabhängig von der Tradition Saint-André-des-Champs betrachtet werden. Morel, „sous-embranchement" (TR 603) der 'Familie' von Saint-André-des-Champs, wird durch einen metaphorischen Vergleich als Vertreter der Combrayer gezeigt; cf. TR 627: „Morel qui était au bureau de la presse trouvait d'ailleurs, son sang français bouillant dans ses veines comme **le jus de raisins de Combray** [meine Hervorhebung], que c'était peu de chose que d'être dans un bureau pendant la guerre et il finit par s'engager." In seinem Wagemut steht er Saint-Loup in nichts nach, der an vorderster Front kämpfen will und schließlich fällt (cf. TR 603). Morels Charakter bleibt allerdings äußerst widersprüchlich. Ob eine überzeugte Vaterlandsliebe der Antriebsgrund für den Eintritt in die Armee gewesen ist – aus der er schon einmal desertierte, um zur „étoile"(TR 597) des Verdurinschen Salons aufzusteigen – bleibt fraglich. Vielleicht folgt er nur einer Mode. Fest steht, daß der Grund im Verborgenen verbleibt. Er scheint einem Gesetz zu folgen, das – wie die Erwähnung Combrays andeutet – in seiner Vergangenheit liegt. Morel ist sich des Beweggrundes seines Handelns wahrscheinlich selbst nicht bewußt; cf. SG 826f.: „[...] ce caractère n'était pas si uniformément laid et était plein de contradictions. Il ressemblait à un vieux livre du Moyen Age, plein d'erreurs, de traditions absurdes, d'obscénités, il était extraordinairement composite. [...] En réalité sa nature était vraiment comme un papier sur lequel on a fait tant de plis dans tous les sens qu'il est impossible de s'y retrouver."

[114] cf. CG 139: „Mme Sazerat seule de son espèce à Combray, était dreyfusarde." Umgekehrt gelesen heißt dies: alle anderen Combrayer sind 'anti-dreyfusards'. Mme Sazerat gehört in dieser Hinsicht nicht zu den typischen 'Combrayern' – gemeint sind auch die, die zu dieser Mentalitätsgruppe gehören: Morel und Saint-Loup. Der Vater des Erzählers ist dementsprechend „convaincu de la culpabilité de Dreyfus" (CG 139). Sein Großvater, der die Armee anbetet, „ne voyait jamais à Combray un régiment défiler devant la grille sans se découvrir quand passaient le colonel et le drapeau" (ebd.). Die Fahne symbolisiert das Vaterland, dem der Großvater – wie alle Combrayer – seinen Respekt und seine Liebe entgegenbringt.

[115] Fowlie, Wallace: „Prousts analysis of the Heart and Society", in: ders.: Climate of Violence, New York: Macmillan 1967, 105-121, 106.

unterstrichen worden ist – nicht gerecht.[116] Der Erzähler erlebt sich und die anderen als eine Summe zersplitterter „Ichs", als Abfolge unverbundener Zustände. Als Köchin, Bäuerin und Kind ihres Landes ist eine gewisse „rudesse" wohl nicht zu vermeiden, die sich je nach Charakteranlage des jeweiligen Menschen ins Extreme verschieben kann. Da Françoise viele Traditionen und 'Mentalitäten' in sich vereinigt und in jeder Hinsicht eine sehr extreme und absolute Persönlichkeit darstellt, läßt sich auch ihre 'sadistische Ader' besser verstehen, die auf „des tragédies d'arrière-cuisine"[117] verweist, also auf Sphären, die im Geheimnisvollen und in der Geschichte Frankreichs liegen. Auch sie ist ein Kind ihrer Region und der damit verbundenen Mentalität.[118]

Françoise praktiziert eine kaum zu überbietende Grausamkeit gegen ihre Untergebenen – speziell gegen ihre diversen Küchenmägde. Man muß sich nur die 'Spargelszene' in Erinnerung rufen. In Haushaltsfragen führt Françoise das Regiment. Sie manipuliert Menschen und Situationen gemäß ihren persönlichen Erwartungen, wie die Dinge sein sollten. Darin liegt mit ein Grund, warum Françoise die „Charité de Giotto" (CS 84), das Küchenmädchen in Combray, mit Spargeln quält: Sie will ihre bewährte Position in Tante

---

[116] cf. Köhler 1958, 32: „Die Diskontinuität des Innenlebens ist ein Hauptthema der *Recherche*."

[117] cf. CS 117: „[...] les vertus de Françoise cachaient des tragédies d'arrière-cuisine, comme l'histoire découvre que les règnes des Rois et des Reines qui sont représentés les mains jointes dans les vitraux des églises, furent marqués d'incidents sanglants."

[118] Der Kontakt zu den übrigen Combrayern kann daher nicht spurlos an ihr vorübergehen. Der Hang zur Grausamkeit ist Teil der Combrayschen Mentalität. Vertreter wie der Maître d'hôtel (der frühere „ancien jardinier de Combray"), die Großtante oder Tante veranschaulichen dies. Der erste Hoteldiener liebt es beispielsweise, Françoise mit seinen sadistischen Schilderungen des Krieges zu quälen, da er genau weiß, daß sie pazifistisch eingestellt ist. So hat er es niemals eilig, Françoise zu verlassen, „depuis que grâce à la guerre il avait trouvé un moyen, plus efficace encore que l'expulsion des soeurs et l'affaire Dreyfus, de la torturer" (TR 684). Er übertreibt maßlos die Grausamkeiten der Gegner und die Verluste, sowie die Schrecken, die noch auf Frankreich durch die Deutschen kommen werden. Er liebt es, sie an den Rand eines Nervenzusammenbruchs zu bringen und setzt sein grausames Spiel sogar bei guten Nachrichten über den Krieg fort (TR 865). Der gleiche Mann genoß es schon als Gärtner in Combray, Françoise zu sticheln; cf. CS 91: „‚– C'est beau, n'est-ce pas, madame Françoise, de voir des jeunes gens qui ne tiennent pas à la vie? disait le jardinier pour la faire «monter»." – Die Großtante offenbart nach Krotz die „wahre bodenständige Verkörperung dieser Stadt" (Krotz 1990, 91). Gemeint sind Engstirnigkeit und Grausamkeit – die stark ausgeprägten, wenn auch nicht einzigen Züge der Combrayer. Die sadistische Ader der Großtante zeigt sich gleich bei ihrem ersten Auftreten in ihrer tückischen Bosheit gegen die Großmutter. Der wunde Punkt Letztgenannter ist die Sorge um die Gesundheit ihres Mannes, dem der Konsum von Alkohol untersagt ist. Zur eigenen sadistischen Befriedigung stürzt sich die Großtante auf diese Schwäche, indem sie „grand'père" zum Alkohol verleitet, gleichzeitig nach der Großmutter ruft, die ihn am Verzehr doch hindern solle. Wie nicht anders zu erwarten, gelingt dies nicht, so daß die „grand'mère repartait, triste, découragée" (CS 31). – Für „Mme Octave", die Tante Léonie aus Combray, gilt nach Meinung Krotz' das bekannte Stichwort „Der Apfel fällt nicht weit vom Stamm" (Krotz 1990, 98). Nicht nur physisch, sondern auch moralisch sei sie eine echte Tochter der Großtante. Zunächst zwingt sie allen den Respekt vor ihrer eingebildeten Schlaflosigkeit auf. Françoise 'tritt' nur in ihr Zimmer ein, anstatt sie zu 'wecken' – dies wäre ja bei einer von Schlaflosigkeit Geplagten überflüssig (cf. CS 61f.). Seit dem Tod ihres Mannes hütet sie das Bett und empfängt außer dem kleinen Kreis ihrer Familie, einschließlich Marcel, nur Eulalie und den Pfarrer von Combray bei sich. Der Grund dafür liegt in ihrem tyrannischen Wesen. Eulalie und der Pfarrer sind die einzigen, die ihre eingebildete 'Krankheit' wunschgemäß einzuschätzen wissen (cf. CS 76). Den Eindruck, den Tante Léonie hinterläßt, ist der einer eingebildeten und dazu unglücklichen Kranken. Hier sei an die 'grausame Ader' der Tante erinnert, als sie aus reinem Müßiggang und Langeweile anfängt sich vorzustellen, Françoise und Eulalie bestehlten sie. Nur um etwas Abwechslung in ihr eintöniges Leben zu bringen, verdächtigt sie Françoise, ihre hingebungsvolle, tüchtige und treue Dienerin, der Unehrlichkeit. Die Seelenqual Françoises wird der Tante zum Genuß, zum „selbstzweckhaften Spiel" (Krotz 1990, 103).

Léonies Küche aufrecht erhalten – entsprechend ihrem Ideal der Ordnung, daß sie an oberster Stelle innerhalb der Dienerschaft zu stehen hat:

> Françoise trouvait pour servir sa volonté permanente de rendre la maison intenable à tout domestique, des ruses si savantes et si impitoyables que, bien des années plus tard, nous apprîmes que si cet été-là nous avions mangé presque tous les jours des asperges, c'était parce que leur odeur donnait à la pauvre fille de cuisine chargée de les éplucher des crises d'asthme d'une telle violence qu'elle fut obligée de finir par s'en aller.(CS 118)

In anderem Zusammenhang erscheint Françoise gleichermaßen erbarmungslos gegen dasselbe Küchenmädchen:

> Une de ces nuits qui suivirent l'accouchement de la fille de cuisine, celle-ci fut prise d'atroces coliques: maman l'entendit se plaindre, se leva et réveilla Françoise qui, insensible, déclara que tous ces cris étaient une comédie, qu'elle voulait «faire la maîtresse». «Elle n'avait qu'à ne pas faire ce qu'il faut pour ça! ça lui a fait plaisir! qu'elle ne fasse pas de manières maintenant!»(CS 117f.)

Kurz zuvor wird klar, daß zum Opfer von Françoises Haß auch ein einfaches Huhn werden kann:

> [...] elle était en train [...] de tuer un poulet qui, par sa résistance désespérée et bien naturelle, mais accompagnée par Françoise hors d'elle, tandis qu'elle cherchait à lui fendre le cou sous l'oreille, des cris de «sale bête! sale bête», [...] j'aurais voulu qu'on mît Françoise tout de suite à la porte.(CS 116f.)[119]

Schockiernd für Marcel ist vor allem die Tatsache, daß Françoise kein Mitleid mit dem toten Huhn zeigt und nochmals voller Wut „sale bête" ausruft. Kurz darauf wird aber klar, für wen Françoise diese Arbeit verrichtet, nämlich für Marcel und seine Familie, für die sie durch einen metaphorischen Vergleich zur fürsorglichen Mutter wird. So wird Françoise wie die Wespe eine um das Wohl ihrer Kinder bedachte Mutter.[120]

Seit ihrer Kindheit hat Françoise zwei „particularités" bewahrt, die dazu führen, daß sie immer das Schlimmste betrachten muß und u.a. auf die sterbende Großmutter einen „regard ébahi, indiscret et de mauvais augure" wirft:

> [...] le manque d'éducation des gens du peuple qui ne cherchent pas à dissimuler l'impression, voire l'effroi douloureux causé en eux par la vue d'un changement physique qu'il serait plus délicat de ne pas paraître remarquer, et la rudesse insensible de la paysanne qui arrache les ailes des libellules avant qu'elle ait l'occasion de tordre le cou aux poulets et manque de la pudeur qui lui ferait cacher l'intérêt qu'elle éprouve à voir la chair qui souffre.(CG 270)

Das Gegenstück zu Françoises grausamem Charakterzug des 'Sadismus' bildet ihre Herzensgüte, die sie gegenüber ihren Familienmitgliedern zeigt und die sich auch in ihrer Art zu trauern offenbart.

---

[119] Krotz sieht darin das soziologische Phänomen der „pecking order", der nach unten gerichteten Hackordnung (Krotz 1990, 109f.).

[120] cf. CS 118: „[...] la guêpe fouisseuse, qui pour que ses petits après sa mort aient de la viande fraîche à manger, appelle l'anatomie au secours de sa cruauté et, ayant capturé des charançons et des araignées, leur perce avec un savoir et une adresse merveilleuse le centre nerveux d'où dépend le mouvement des pattes, mais non les autres fonctions de la vie, de façon que l'insecte paralysé près duquel elle dépose ses oeufs, fournisse aux larves quand elles écloront un gibier docile, inoffensif incapable de fuite ou de résistance, mais nullement faisandé [...]."

3.4 Selbstlosigkeit, Herzensgüte, Mitleid

Françoise bringt ihren Verwandten eine kaum zu überbietende Güte entgegen, darin ganz Kind ihrer Familie und ihres Landes.

> Si, quand son petit-fils était un peu enrhumé du cerveau, elle partait la nuit, même malade, au lieu de se coucher, pour voir s'il n'avait besoin de rien, faisant quatre lieues à pied avant le jour afin d'être rentrée pour son travail, en revanche ce même amour des siens et son désir d'assurer la grandeur future de sa maison se traduisait, dans sa politique à l'égard des autres domestiques, par une maxime constante qui fut de n'en jamais laisser un seul s'implanter chez ma tante.(CS 118)

Der Enkel Françoises gehört zur Gruppe der „figurants", der im vorliegenden Fall „met en valeur l'amour de la cuisinère pour les siens".[121] Françoises selbstlose Aufopferung überträgt sich wie schon erwähnt auch auf Tante Léonie und die Familie Marcels, da sie auch zu ihrem Familienverbund zählen. In einem größeren Rahmen spiegeln Françoises „cousins millionaires" ihren selbstlosen Einsatz für ihre Verwandten wider. Nach dem Tod eines Neffen verlassen diese Cousins ihr Land, um der Witwe, die sie nicht näher kennen, beizustehen. Ohne finazielle Forderungen stehen sie von morgens bis abends hinter der Theke einer Cafeteria, obwohl sie selbst reich sind. Die Bewunderung des Erzählers – und Prousts – für diese Familie drückt sich in der Erwähnung ihres Namens aus und in der Feststellung, daß Frankreich dank ihrer überlebt habe (cf. TR 686f.).

Wie tief verwurzelt Françoise in den Traditionen ihrer Region und der Geschichte ihres Landes ist, zeigt sich besonders bei der Konfrontation mit dem Tod und der damit verbundenen Art des rechten Trauerns. In ihrer Haltung gegenüber dem Tod zeigt sich Françoise ebenfalls als waschechte, einfache Combrayerin, als fest verwurzelt in den Gebräuchen des einfachen französischen Volkes. Beim Tod der von ihr geliebten Tante Léonie, ihres „tout-puissant monarque" (CS 140), überkommt Françoise eine tiefe Trauer. Obwohl sie es nie leicht mit ihrer zum Teil despotischen Herrin hatte, liebt und verehrt sie sie dennoch aufrichtig:

> [...] cette sorte de crainte où Françoise avait vecu des mauvaises paroles, des soupçons, des colères de ma tante avait développé chez elle [...] de la vénération et de l'amour [...]. A côté d'elle nous comptions pour bien peu de chose. Il était loin le temps où quand nous avions commencé à venir passer nos vacances à Combray, nous possédions autant de prestige que ma tante aux yeux de Françoise.(CS 141)

Françoise erledigt die mit dem Tod der Tante einhergehenden Formalitäten, nimmt die Gespräche mit den Notaren und den Pächtern ihrer Ländereien wahr. Auch über den Tod hinaus vertritt Françoise so die Interessen ihrer Herrin und bekundet ihre Treue. Als der Erzähler auf seinen Spaziergängen „du côté de Méséglise" einen farbigen Umhang trägt, ist Françoise entsetzt. Zu ihrem Wertekodex gehört, schwarze Trauerkleidung zu tragen, wie dies wahrscheinlich alle Combrayer erwarten, darüberhinaus in einem andächtigen Ton von der Verstorbenen zu sprechen[122] – ein Ritus, den Françoise individuell zu ihrem persönlichen

---

[121] Tadié 1971, 198.

[122] cf. CG 307: „Françoise après la mort de ma tante, ne croyait pouvoir parler que sur un ton apitoyé, et dans les mois qui précédèrent le mariage de sa fille, eût trouvé choquant, quand celle-ci se promenait avec son fiancé,

Kodex hinzufügt – sowie einen großen Leichenschmaus zu veranstalten, welcher heute noch zu den dörflichen Zeremoniells gehören dürfte. Gegen all diese Regeln verstößt die Familie des Erzählers (CS 141).

Im Zusammenhang mit der „agonie de la grand'mère" wird vor allem in der Forschungsliteratur immer auf Françoises Grausamkeit hingewiesen, die auf ihre von Combray geerbte Taktlosigkeit, mangelnde Erziehung und Rohheit der Bäuerin zurückgeführt wird. An dieser „impitoyable description d'un être matériel et moral qui s'épuise et meurt"[123], enthüllt sich dagegen Françoises Prinzip des rechten Trauerns, zu dem das Weinen gehört:

> Tout d'un coup ma grand'mère se dressa à demi, fit un effort violent, comme quelqu'un qui défend sa vie. Françoise ne put résister à cette vue et éclata en sanglots.(CG 290)

Aber nicht nur sie selbst muß diesen Brauch einhalten, auch von allen anderen, die einen geliebten Menschen verloren haben, erwartet Françoise dieses sichtbare Zeichen der Trauer. Da Marcels Mutter einen „regard fixe et sans pleurs" (SG 628) nach dem Tod ihrer eigenen Mutter bewahrt, bedauert Françoise sie nur geringfügig. Tränen sind Voraussetzung, um bei Françoise Mitleid zu erzeugen und gehören zum Ritual des Trauerns, sowie zur Mentalität von Combray.[124] Ihr „coutumier de Combray" (F 391) erlaubt Françoise nicht, „de prendre légèrement les larmes, le chagrin, choses qu'elle jugeait comme aussi funestes que d'ôter sa flanelle ou de manger à contre-coeur" (ebd.). Deshalb versucht Françoise, die Tränen ihres Herrn nach Albertines Tod zu stoppen:

> «Oh! non, Monsieur, il ne faut pas pleurer comme cela, cela vous ferait du mal!» Et en voulant arrêter mes larmes elle avait l'air aussi inquiet que si c'eût été des flots de sang.(F 391)

Die „lois non-écrites de son antique Code et sa traditon de paysanne médiévale qui pleure comme aux chansons de geste" (F 390) sind älter und tiefer verwurzelt in Françoise als ihr Haß gegen Albertine oder Eulalie. Durch eine Art Konvention und Takt spielt Françoise ihrem Herrn beim Tod Albertines keine Traurigkeit vor. Der Tod Saint-Loups dagegen ruft

---

qu'elle ne le tînt pas par le bras." Françoise bleibt sich auch in der Trauer um einen geliebten Ort treu. Sie benutzt einen ähnlich besonderen Ton wie in der Trauer um einen geliebten Menschen: „Ah! Combray, Combray, s'écriait-elle. (Et le ton presque chanté sur lequel elle déclamait cette invocation eût pu chez Françoise, autant que l'arlésienne pureté de son visage, faire soupçonner une origine méridionale et que la patrie perdue qu'elle pleurait n'était qu'une patrie d'adoption. [...] Hélas! pauvre Combray! peut-être que je ne te reverrai que morte, quand on me jettera comme une pierre dans le trou de la tombe. Alors, je ne les sentirai plus, tes belles aubépines toutes blanches. Mais dans le sommeil de la mort, je crois que j'entendrai encore ces trois coups de sonnette qui m'auront déjà damnée dans ma vie" (CG 36). Combray stellt für Françoise eine Art „patrie perdue" dar. Über ihre Identifikation mit den Orten Méséglise, Combray und Tansonville (CG 41) habe ich schon gesprochen. Françoise fühlt sich bei der Ankunft im neuen Haus in Paris „en exil" (CG 29). Als sie die Koffer für den Umzug packt, weint sie „selon les rites de Combray" (CG 29). Egal ob es sich um den Verlust einer nahestehenden Person oder um einen Ort handelt, der Schmerz muß sich aufgrund der verinnerlichten Combray-Mentalität, inklusive seinen Ritualen, im Weinen ausdrücken.

[123] Brée 1950, 40.
[124] cf. die Aussage von Marcel, nachdem Françoise ihm die Augen über das in Balbec geschossene Photo seiner Großmutter geöffnet hat, SG 634: „Quelles déclamations apitoyées j'aurais éveillées en Françoise si elle m'avait vu pleurer! Soigneusement je me cachai. Sans cela j'aurais eu sa sympathie."

bei ihr größeres Mitleid hervor und drückt sich im Ritual des Weinens aus.[125] Zur Herkunft der „conception de deuil" meint der Erzähler:

> Je suis sûr que dans un livre – et en cela j'étais bien moi-même comme Françoise – cette conception de deuil d'après la *Chanson de Roland* et le portrait de Saint-André-des-Champs m'eût été sympathique. Mais dès que Françoise était auprès de moi, un démon me poussait à souhaiter qu'elle fût en colère.(CS 141)[126]

Im obigen Zitat zeigt sich ein bemerkenswertes Phänomen in der Beziehung des Helden zu Françoise. Marcel kann nur lesend Sympathie bzw. Mitleid mit Françoise empfinden. Sobald sie aber in seine Nähe kommt, reagiert er taktlos und grausam.[127] Darin scheint er nur Françoises Reaktion auf die Niederkunft des Küchenmädchens widerzuspiegeln.

> Françoise qui, insensible, déclara que tous ces cris étaient une comédie, qu'elle voulait «faire la maîtresse» [...] lisait la description clinique de la crise et poussait des sanglots maintenant qu'il s'agissait d'une malade-type qu'elle ne connaissait pas. A chaque symptôme douloureux mentionné par l'auteur du traité, elle s'écriait: «Eh là! Sainte Vierge, est-il possible que le bon Dieu veuille faire souffrir ainsi une malheureuse créature humaine? Eh! la pauvre!»(CS 117)

Auch Françoise kann nur lesend, d.h. in ihrer Vorstellung, Mitleid empfinden. Im konkreten Kontakt mit dem leidenden Küchenmädchen zeigt sie aber die Rohheit einer Bäuerin.[128] Häufig tritt der Charakterzug des tiefempfundenen Mitleids mit seiner Kehrseite auf. Er kann sich ins Gegenteil verkehren, stimmen gewisse Voraussetzungen für Françoise nicht. Mitleid ist wie alles bei ihr kodex- bzw. traditionsgebunden.

Ihre Selbstlosigkeit in Gelddingen wurde schon in anderem Zusammenhang angesprochen. Festzuhalten bleibt, daß sie nur geizig für andere ist, um ihnen dafür umso mehr bieten zu können (CS 105).

Die starke Prägung von Françoise durch die Gebräuche und Sitten Combrays führt bei vielen Proust-Kritikern häufig zur Schlußfolgerung, daß ihr das Leid anderer gleichgültig sei. Diese Auslegung wird ihr sicherlich nicht gerecht. Die rituelle Seite des Todes fasziniert Françoise zwar wirklich so sehr, daß sie sogar die Großmutter verläßt, um ihr Trauergewand, das sie bereits bestellt hat, anzuprobieren. Beim bevorstehenden Begräbnis der Großmutter ist es ihr wichtig, passend gekleidet zu sein (cf. CG 282). Obwohl der nahe Tod dieses Familienmitglieds ihrer Herrschaften Françoise schmerzt, freut sich die einfache Dienerin schon auf die Zeremonie des Begräbnisses und ist umso enttäuschter, daß ihre

---

[125] cf. TR 689: „Elle prît immédiatement son rôle de pleureuse et commenta la mémoire du mort de lamentations, de thrènes désespérés."

[126] Obwohl hier primär auf die mittelalterliche Tradition von Saint-André-des-Champs angespielt wird, dürfte die „conception de deuil" von Françoise auf fast alle einfachen Bauern von Combray zutreffen. Auch heute gehört der Leichenschmaus und das traditionelle Schwarz an der Tradition festhaltenden Dörfern zum Ritual der Trauer.

[127] cf. CS 141: „[...] je saisissais le moindre prétexte pour lui dire que je regrettais ma tante parce que c'était une bonne femme, malgré ses ridicules, mais nullement parce que c'était ma tante, qu'elle eût pu être ma tante et me sembler odieuse, et sa mort ne me faire aucune peine, propos qui m'eussent semblé ineptes dans un livre."

[128] Noch weiß Françoise sich nicht auszudrücken und wird somit zum Opfer von Marcels Verachtung. Nach dem Tod der Tante meint Françoise: „Je ne sais pas m'esprimer." Marcel triumphiert „de cet aveu avec un bon sens ironique et brutal" und sagt sich: „Je suis bien bon de discuter avec une illetrée qui fait des cuirs pareils" (CS 141). Françoise findet andere Mittel des Ausdrucks, wie Kap. 3.8ff. vorliegender Arbeit zeigen wird. Nur verbal scheitert der Ausdruck. Das Ende der *Recherche* (cf. Kap. 3.8 und 3.9) wird zeigen, daß diese gezogene Parallele nur der erste Hinweis auf ein ganz besonderes Verhältnis zwischen Françoise und dem Helden der *Recherche* ist.

Tochter höchstwahrscheinlich nicht kommen kann (cf. CG 286). Béhar zieht daraus den Schluß, daß „une simple querelle de valet ou la venue d'un ouvrier électricien [l'] émeuvent plus que le drame qui se joue à deux pas d'elle"[129]. Dies ist irrreführend, denn er berücksichtigt dabei nicht Françoises komplexen Charakter. Da sie ein Konglomerat verschiedenster Einflüsse, Traditionen und Mentalitäten darstellt, ist ihr Charakter widersprüchlich. Stünde Françoise dem Tod der Großmutter gleichgültig gegenüber, würde sie bestimmt nicht noch ihren Schlaf opfern, um sich ihrer Pflege anzunehmen (cf. CG 271). Diese Fürsorge allein mit der Achtung gegen ihre Herren zu erklären erscheint ungenügend.

3.5 Naivität

Ein erstes Beispiel für Françoises Naivität ist ihr absoluter Glaube an alles, was die Zeitungen schreiben. Sie glaubt ihnen sogar eher als den angesehensten Medizinern:

> Françoise elle-même n'aurait pu douter, quand elle l'avait lu dans un journal, qu'un prêtre ou un monsieur quelconque fût capable, contre une demande adressée par la poste, de nous envoyer gratuitement un remède infaillible contre toutes les maladies ou un moyen de centupler nos revenus.(CG 72)

Wie alle „hommes primitifs" (CS 45) bewahrt sich Françoise die Gutgläubigkeit einer einfachen Bäuerin. Françoises Irrtümer fußen auf „une fausse conception du monde et à des idées préconçues qu'à l'insuffisance des ressources matérielles" (CG 300). Dies ist zum Beispiel bei Albertine der Fall. Françoise täuscht sich über die wahre Beziehung zwischen ihr und ihrem Herrn hinweg:

> [...] cette vie, qu'eût reconnue si cruelle pour moi et pour Albertine quiconque eût connu mes soupçons et son esclavage, du dehors, pour Françoise passait pour une vie de plaisirs immérités que savait habilement se faire octroyer cette «enjôleuse».(P 291)

Nach Françoises festgefahrenem Weltbild muß es für Albertine einen Genuß bedeuten, so viele Geschenke von ihrem männlichen Verehrer zu erhalten. Die „personnalité sociale", die „une création de la pensée des autres" (CS 35) ist, führt bei Françoise zu der Vorstellung, daß Albertine ein aufstrebender gewinnsüchtiger Nichtsnutz ist. Françoise ist Opfer dieses intellektuellen Akts oder anders gesagt: 'intertextuelles' Opfer des gesellschaftlichen Codes ihrer Kaste – versteht man Traditionen und Brauchtum als Text in einem weitgefaßten Sinn.

Gemäß ihrem Weltbild verehrt sie den Adel, denn er besitzt die „condition nécessaire" für die „vertu": „la richesse" (CG 39) und verachtet Albertine, von der sie ein entsprechend festgefahrenes Bild besitzt. Eine blinde Unterwerfung unter alle gesellschaftlich über ihr stehenden Personen resultiert daraus allerdings nicht. Françoise glaubt keiner Aussage ihrer Herrschaften, sondern nur denen der „prolétaires", die in den seltenen Genuß ihrer Achtung gelangen. Darunter zählen der „valet de chambre", der „valet de pied" der Guermantes (CG

---

[129] Béhar, Serge: „L'univers médical de Proust", in: Cahiers Marcel Proust („Nouvelle série") 1, Paris: Gallimard 1970, 71.

48f.), der „maître d'hôtel" (TR 684) Jupien, sowie einige „cuisinières" oder „gouvernantes d'étage".[130]

> Comme (si elle ne croyait jamais ce que nous lui disions et que nous souhaitions qu'elle crût) elle admettait sans l'ombre d'un doute ce que toute personne de sa condition lui racontait de plus absurde [...] autant sa manière d'écouter nos assertions témoignait de son incrédulité, autant l'accent avec lequel elle rapportait [...] le récit d'une cuisinière qui lui avait raconté qu'elle avait menacé ses maîtres et en avait obtenu en les traitant devant tout le monde de «fumier» mille faveurs, montrait que c'était pour elle parole d'Evangile.(CG 301)

In dieser einfältigen und voreingenommenen Sicht der Welt manifestiert sich auch Françoises Selbstbewußtsein bzw. das ihrer gesellschaftlichen Klasse und ihr damit verbundener Widerstand gegen die „maîtres". Davon abgeleitet erklärt sich Françoises Glauben an alle Aussagen der mit ihr befreundeten Arbeiter über die Familie der Guermantes. Den „valet de chambre" sieht Françoise wegen seiner Zugehörigkeit zu Combray und zu ihrer Klasse als Freund an und erkennt nicht, „que les plus cruels de nos adversaires ne sont pas ceux qui nous contredisent et essayent de nous persuader, mais ceux qui grossissent ou inventent les nouvelles qui peuvent nous désoler" (CG 39).

Der „valet de pied" der Guermantes und der „maître d'hôtel" gehören beide zu den von Françoise geschätzten Persönlichkeiten – Grund genug für Françoise, ihnen unbegrenztes Vertrauen zu schenken. So läßt sich Françoise vom Haushofmeister überzeugen, daß der Krieg ein furchtbares Massaker ist und nimmt seine Übertreibungen für bare Münze. Da Françoise nur den – ihrem vorurteilsbehafteten Weltbild entsprechenden – Dingen Glauben schenkt, täuscht sie sich ebenfalls in der Beziehung, die Jupien und Charlus unterhalten:

> Ah! c'est un si bon homme que le baron, ajoutait-elle, si bien, si dévot, si comme il faut! Si j'avais une fille à marier et que j'étais du monde riche, je la donnerais au baron les yeux fermés.(SG 521)

Als die Mutter Françoise erinnert, daß sie die nur in ihrer Vorstellung existierende unverheiratete Tochter schon Jupien versprochen habe, bewertet Françoise beide gleich:

> Ah! dame, répondait Françoise, c'est que c'est encore quelqu'un qui rendrait une femme bien heureuse. Il y a beau avoir des riches et des pauvres misérables, ça ne fait rien pour la nature. Le baron et Jupien, c'est bien le même genre de personnes.(SG 521)

Françoises Aussage ist doppelt komisch, da sie einerseits recht hat: Beide gehören zum gleichen Genre, nämlich zu Sodom und Gomorrha. Der Leser weiß dagegen, daß Françoise diese Erkenntnis genau verschlossen bleibt. „Même genre" bezieht Françoise auf die praktizierte Höflichkeit der von ihr verehrten Männer, erkennt aber nicht, daß sie Ausdruck ihrer Homosexualität ist. Sie sind beide in ihren Augen „comme il faut", d.h. sie entsprechen Françoises Vorstellung eines Gentleman, die von ihrem Kodex diktiert wird. Die existierenden offiziellen gesellschaftlichen Regeln und Codes verurteilen homosexuelle Beziehungen. Dessen wird sich Françoise nicht bewußt. Sie glaubt in naiver Weise, es sei ein Brauch. Als sie am Ende die wahre Beziehung zwischen Charlus und Jupien, Saint-Loup und Morel erkennt, akzeptiert sie sie, weil sie denkt „que c'était une coutume que son

---

[130] cf. JF 571: „Mais envers ses relations à elle, c'est-à-dire avec les rares gens du peuple admis à sa difficile amitié, le protocole le plus subtil et le plus absolu réglait ses actions."

universalité rendait respectable" (TR 574). Françoise geht davon aus, daß diese „coutume" der Regel des „ce qui se doit" in der hohen Gesellschaft entspricht, fügt es damit in eine Ordnungsvorstellung und kann es akzeptieren. Die Inkonsequenz ihrer Einschätzung ist Françoise wohl selbst nicht bewußt. Die Komik der Szene unterstreicht ein weiteres Mal Françoises Individualität.

3.6 Mißtrauen, Neugierde, Wissensdurst – instinktives Wissen

Trotz aller Gutgläubigkeit bewahrt sich Françoise einen gesunden Schuß an Mißtrauen. Dieses erscheint wieder im Zusammenhang mit ihrem Dienerstand und bezieht sich u.a. auf den Postdienst: Als Françoise die Briefe der Familie auf der Poststelle in Balbec abholen soll, kommt ihre „méfiance de domestique" (JF 643) gegen den Postdienst zum Vorschein – ein Charakterzug also, der scheinbar allen Dienern eigen ist. Die naive Art, mit der sie an den Lippen des von ihr geschätzten 'maître d'hôtel' hängt, findet ebenso ihre Grenzen. Ihr „pacifisme de Combray" läßt Françoise schließlich an den „atrocités allemandes" zweifeln und führt sie zu der – vom ersten Diener beeinflußten – Schlußfolgerung: „Nous ne valons pas mieux qu'eux. Si nous étions en Allemagne, nous en ferions autant" (TR 686). Diese Stelle wirft natürlich die Frage auf, warum sich Françoise überhaupt mit den Schilderungen über den Krieg durch den 'maître d'hôtel' quälen läßt. Die Antwort liegt nahe: Ihre pazifistische Grundhaltung löscht nicht die zum Grundzug ihres Wesens gehörende und stark ausgeprägte Neugier aus. Françoise nimmt so in Kauf, vom ersten Diener mit seinen sadistischen Schilderungen des Krieges gequält zu werden. Ihre „rudesse insensible de la paysanne" (CG 270) läßt sie sie möglicherweise in selbstquälerischer Anlage sogar genießen. Ganz ähnlich verhält es sich bei Françoises Verhalten in Todesfällen bzw. im Angesicht des Todes. Allein bei der Vorstellung, wie sehr die Mutter Saint-Loups – Mme de Marsantes – leiden muß[131], überfällt Françoise großes Mitleid, welches eine „curiosité de la paysanne" allerdings nicht vertuschen kann:

> Sans doute Françoise plaignait la douleur de Mme de Marsantes de tout son coeur, mais elle regrettait de ne pas connaître la forme que cette douleur avait prise et de ne pas pouvoir s'en donner le spectacle et l'affliction.(TR 689)

Der Tod eines Bekannten ist trotz aller Traurigkeit immer ein interessantes Ereignis und ein willkommenes Konversationsthema. Auch der nahe bevorstehende Tod der Großmutter bietet Françoise die Möglichkeit, ihrer Tochter davon zu erzählen (cf. CG 286). Françoises Drang, alles über die ihr bekannten Todesfälle in Erfahrung zu bringen, ist ein Ausdruck ihrer extremen Neugier, die wiederum von der Combrayschen Mentalität herrührt. So akzeptiert kein Combrayer, daß sich in seinem Dorf eine Person aufhält, „qu'on ne connaissait point":

> [...] à Combray, une personne «qu'on ne connaissait point» était un être aussi peu croyable qu'un dieu de la mythologie, et de fait on ne se souvenait pas que chaque fois que s'était produite, dans la

---

[131] cf. Françoises Mitleid bei der Vorstellung der Qualen einer Niederkunft, die das Küchenmädchen erdulden muß (CS 117).

rue du Saint-Esprit ou sur la place, une de ces apparitions stupéfiantes, des recherches bien conduites n'eussent pas fini par réduire le personnage fabuleux aux proportions d'une «personne qu'on connaissait», soit personnellement, soit abstraitement, dans son état civil en tant qu'ayant tel degré de parenté avec des gens de Combray.[...] On connaissait tellement bien tout le monde à Combray, bêtes et gens que si ma tante avait vu par hasard passer un chien «qu'elle ne connaissait point» elle ne cessait d'y penser et de consacrer à ce fait incompréhensible ses talents d'induction et ses heures de liberté.(CS 66f.)[132]

Françoises Neugier wird zur „curiosité cruelle" im mortalen Bezug. Sie zeigt sich beim Tod Saint-Loups (TR 689). Zu ihr gesellt sich die schon erwähnte mangelhafte Erziehung des Volkes sowie die gefühllose Rauheit der Bäuerin.[133] Françoise neigt dazu, immer das Schlimmste zu befürchten und düstere Bemerkungen zu machen. Als der Erzähler krank ist, verkündet sie unheilvoll:

«Monsieur a une mine [...] on dirait un mort!» Il est vrai que si j'avais eu un simple rhume, Françoise eût prise le même air funèbre.(JF 423)[134]

Wenn Françoise auch manchmal zu Übertreibungen neigt, erkennt sie doch immerhin den Krankheitsfall und im Ernstfall auch seine Schwere, die sie nicht verheimlicht. Anders als bei ihrer Herrin aus Combray führt ihr Wissensdurst zu einer „compréhension instinctive" (TR 830). Um zunächst noch einmal bei den Krankheitsfällen zu bleiben: Françoise überblickt sofort – wenn auch dreist – die Lage der Großmutter. Während der Erzähler und seine Mutter nicht wahrhaben wollen, wie krank die Großmutter ist, realisiert Françoise sofort, wie schlecht es um die Kranke steht:

Ma mère et moi (desquels le mensonge était d'avance percé à jour par Françoise, perspicace et offensante); nous ne voulions même pas dire que ma grand'mère fût très malade.(CG 271)[135]

Die Combraysche Mentalität sowie die Zeit, die Françoise ihren Herren immer näher bringt, formen Françoises individuelle Eigenschaft, die gleich zu Beginn der *Recherche* in der „drame-du-coucher"-Episode erscheint[136]:

---

[132] Tante Léonie ist ein besonders beredtes Beispiel für diese Combraysche Neugier. Als der „curé de Combray" ihr einen Besuch abstattet, fragt sie ihn beispielsweise sofort, ob es ein zu Ohren gedrungenes Gerücht über einen Künstler stimmt, der sich in der Dorfkirche eingerichtet habe, um ein „vitrail" zu kopieren (CS 102). An anderer Stelle ist es von enormer Wichtigkeit für Tante Léonie zu erfahren, ob Mme Goupil ihr Kleid im Regen ruiniert habe (cf. CS 100) und ob sie zu spät zur Messe gekommen sei (cf. CS 106). Wenn Tante Léonie diese verinnerlichte Neugier nicht befriedigen kann, reagiert sie wie Françoise mit körperlichen Beschwerden und kann ihr „eau de Vichy" nicht verdauen (CS 100).

[133] cf. CG 270: „[...] elle avait un certain penchant à envisager toujours le pire, elle avait gardé de son enfance [...] le manque d'éducation [...] et la rudesse insensible de la paysanne."

[134] cf. F 391: „[...]quand j'étais malade [...] ma mauvaise mine [...] elle annonçait ensuite sur un ton funèbre et comme un présage de malheur."

[135] cf. CG 278: „[...] avec sa clairvoyance et son pessimisme elle la jugeait perdue."

[136] Eine andere, aus Françoises Neugier resultierende Eigenschaft, wird vom Erzähler als „défaut", der zu einer wahren Begabung wird, angesehen; cf. P 293: „Françoise avait peu de défauts, mais ces défauts avaient créé chez elle pour les servir de véritables dons qui souvent lui manquaient hors l'exercice de ces défauts. Le principal était la curiosité appliquée à l'argent dépensé par nous pour d'autres qu'elle." Aufgrund dieser Eigenschaft ist es dem Helden fast unmöglich, Trinkgelder oder Ausgaben, die er für Albertine tätigt, vor Françoise geheim zu halten (cf. ebd.).

Je pense que Françoise ne me crut pas, car, comme les hommes primitifs dont les sens étaient plus puissants que les nôtres, elle discernait immédiatement à des signes insaisissables pour nous, toute vérité que nous voulions lui cacher.(CS 45)

Françoise hat von ihren Vorfahren und Verwandten aus Combray nicht nur eine extrem ausgeprägte Neugier geerbt, sondern daraus eine Fähigkeit entwickelt, Lügen zu durchschauen und zur Wahrheit vorzudringen:

> [...] mes mensonges venaient inutilement se briser à son incrédulité respectueuse mais visible et à la conscience qu'elle avait de son infaillibilité. Car elle savait la vérité.(CG 72)

Françoise will alles wissen und, falls sie etwas nicht versteht, trotzdem niemals unwissend erscheinen:

> Françoise ne voulait pas avoir l'air étonné. On aurait dit devant elle que l'archiduc Rodolphe, dont elle n'avait jamais soupçonné l'existence, était non pas mort comme cela passait pour assuré, mais vivant, qu'elle eût répondu «Oui», comme si elle le savait depuis longtemps.(JF 574)

Durch das Zusammenleben mit dem Helden der *Recherche* und seiner Familie hat sich Françoise eine besondere 'Fertigkeit' angeeignet:

> [...] elle avait pu dédaigner de s'assurer par les yeux ce que son instinct avait dû suffisamment flairer, car à force de vivre avec moi et mes parents, la crainte, la prudence, l'attention et la ruse avaient fini par lui donner de nous cette sorte de connaissance instinctive et presque divinatoire qu'a de la mer le matelot, du chasseur le gibier, et de la maladie, sinon médecin, du moins souvent le malade.(CG 300)[137]

Françoise ist nicht auf das Belauschen ihrer Herren angewiesen. Ihr Instinkt hilft ihr die verschiedenen Mosaiksteinchen zusammenzusetzen, um an das nötige Wissen über ihre 'Gebieter' heranzukommen:

> Tout ce qu'elle arrivait à savoir aurait pu stupéfier à aussi bon droit que l'état avancé de certaines connaissances de chez les anciens, vu les moyens presque nuls d'information qu'ils possédaient (les siens n'étaient pas plus nombreux; c'était quelques propos, formant à peine le vingtième de notre conversation à dîner, recueillis à la volée par le maître d'hôtel et inexactement transmis à l'office).(CG 300)

Während der Beziehung ihres Herren zu Albertine, läßt sich Françoise im folgenden Punkt nicht täuschen und durchschaut Marcel:

> Et pourtant, ma jalousie, la surveillance que j'exerçais sur Albertine, et desquelles j'eusse tant voulu que Françoise ne se doutât pas, celle-ci ne tarda pas à le deviner, guidée, comme le spirite qui les yeux bandés trouve un objet, par cette intuition qu'elle avait des choses qui pouvaient m'être pénibles, et qui ne se laissait pas détourner du but par les mensonges que je pouvais dire pour l'égarer, aussi par cette haine d'Albertine qui poussait Françoise – plus encore qu'à croire ses ennemies plus heureuses, plus rouées comédiennes qu'elles n'étaient – à découvrir ce qui pouvait les perdre et précipiter leur chute.(P 292)

---

[137] Die durch das Zusammenleben mit Marcels Familie verfeinerte „connaissance instinctive et presque divinatoire" (CG 300) führt dazu, daß Françoise noch vor ihrem Herrn, der für Mme de Guermantes schwärmt und sie auf ihren Spaziergängen 'abfängt', erkennt, daß die Herzogin ihn lieber nicht mehr träfe; cf. CG 71: „Elle avait, pour savoir immédiatement tout ce qui pouvait nous arriver, à mes parents et à moi, de désagréable, un pouvoir dont la nature m'est toujours restée obscure."

Ihr Instinkt teilt Françoise mit, daß ihr Herr lügt, als er eine „allusion au prochain retour d'Albertine" (F 380) macht. Aus ihrem Haß und der damit verbundenen Angst heraus, Albertine – Françoises erbitterte Konkurrentin – könne nach ihrem Verschwinden wieder zurückkehren, zweifelt sie allerdings an der Richtigkeit ihrer Eingebung.[138] Dennoch schränkt ihr vorgefaßtes Bild von Albertine, das aus ihrem hierarchisch-traditionellen Weltbild resultiert, ihre instinktive Erkenntnis nur bis zu einem gewissen Grad ein, denn sie bemerkt:

> «Monsieur ne devrait pas voir cette demoiselle. Je vois bien le genre de caractère qu'elle a, **elle vous fera des chagrins**» [meine Hervorhebung]. (SG 642)

Ähnlich verhält es sich mit Françoises Einschätzung von Albertines Rolle für den Schriftsteller Marcel. Mag Françoise auch nicht Albertine als Objekt des künftig zu schreibenden Romans erkennen[139], so täuscht sie sich nicht in Marcels „vocation" und die Notwendigkeit, ihn zum Schreiben zu bewegen:

> [...] je pensais que sur ma grand table de bois blanc, regardé par Françoise, comme tous les êtres sans prétention qui vivent à côté de nous ont une certaine intuition de nos tâches [...] à force de vivre de ma vie, elle s'était fait du travail littéraire une sorte de compréhension instinctive, plus juste que celle de bien de gens intelligents, à plus forte raison que celle des gens bêtes.(TR 830)

3.7 Françoise als Lehrmeisterin in Menschenkenntnis

In ihren Widersprüchen und ihrem Verhalten gewinnt Françoise schließlich eine ganz neue Bedeutung als Erzieherin: Sie wird für Marcel eine Art Pädagogin, die ihm die Menschen verstehen lehrt. Grandsaigne bemerkt kurz und bündig: „Françoise est en effet un personnage qui lui donne à apprendre."[140] Zu Beginn des *Côté de Guermantes* glaubt Marcel noch, „que c'était au moyen de paroles qu'on apprend aux autres la vérité" (CG 72). Hier wiederum ist Françoise die erste, die dem Helden während seines mondänen Aufstiegs die für seine „apprentissage" so wichtige Erkenntnis liefert:

> Françoise me donna l'exemple (que je ne devais comprendre que plus tard quand il me fut donné de nouveau et plus douloureusement, comme on le verra dans les derniers volumes de cet ouvrage, par une personne qui m'était plus chère)[141] que la vérité n'a pas besoin d'être dite pour être manifestée, et qu'on peut peut-être la recueillir plus sûrement, sans attendre les paroles et sans tenir même aucun

---

[138] cf. F 380 : „Mais l'idée qu'elle se faisait de la nature intéressée d'Albertine, l'exagération avec laquelle, dans sa haine, elle grossissait le «profit» qu'Albertine était censée tirer de moi, pouvaient dans une certaine mesure faire échec à sa certitude."

[139] Denn das Bild, das sie sich von Albertine macht, täuscht Françoise ebenfalls über die Notwendigkeit der Beziehung des Helden zu ihr „au point de vue littéraire" hinweg, cf. TR 736: „Aussi quand Françoise, voyant Albertine entrer par toutes les portes ouvertes chez moi comme un chien, mettre partout le désordre, me ruiner, me causer tant de chagrins, me disait (car au moment-là j'avais déjà fait quelques articles et quelques traductions): «Ah! si Monsieur à la place de cette fille qui lui fait perdre tout son temps avait pris un petit secrétaire bien élevé qui aurait classé toutes les paperoles de Monsieur!» j'avais peut-être tort de trouver qu'elle parlait sagement. En me faisant perdre mon temps, en me faisant du chagrin, Albertine m'avait peut-être été plus utile, même au point de vue littéraire, qu'un secrétaire."

[140] Grandsaigne 1981, 162.

[141] Gemeint ist die Liebe Marcels zu Albertine.

compte d'elles, dans mille signes extérieurs, même dans certains phénomènes invisibles, analogues dans le monde des caractères à ce que sont, dans la nature physique, les changements atmosphériques.(CG 73)

Während seines Aufenthalts in Paris, als Marcel als Salonlöwe brilliert, versucht er diese Erfahrung umzusetzen und die „mille signes" zu erkennen und zu dechiffrieren. Françoise bzw. ihre Beziehung zu Jupien, vermittelt ihm aber noch eine weitere Erkenntnis:

> [...] ce fut elle qui la première me donna l'idée qu'une personne n'est pas, comme j'avais cru, claire et immobile devant nous avec ses qualités, ses défauts, ses projets, ses intentions à notre égard [...] mais une ombre où nous ne pouvons jamais pénétrer, pour laquelle il n'existe pas de connaissance directe, au sujet de quoi nous nous faisons des croyances nombreuses à l'aide de paroles et même d'actions, lesquelles les unes et les autres ne nous donnent que des renseignements insuffisants et d'ailleurs contradictoires, une ombre où nous pouvons tour à tour imaginer, avec autant de vraisemblance, que brillent la haine et l'amour.(CG 74)[142]

Mit der Aussage „notre personnalité sociale est une création de la pensée des autres" (CS 35) nimmt der „Erzähler schon die Quintessenz all jener Erfahrungen voraus, die Marcel bevorstehen, während er die Hierarchie der Salons durchläuft".[143] Die von Marcel durch Françoise gewonnenen Erfahrungen signalisieren dem Leser, daß der Weg des mondänen Aufstiegs nur als einer der Desillusionierung begangen werden kann.

Françoises Beharrungsvermögen auf der Aussprache von „Mme Sazerin" anstatt „Mme Sazerat" (F 462) spiegelt nicht nur ihr Selbstbewußtsein, alles so auszusprechen, wie sie es für richtig hält, sondern auch ein wesentliches Prinzip des Lebens wider: das des Irrtums. In Realität „elle continua toujours d'entendre Sazerin" (ebd.). Der Erzähler zieht eine Parallele zu Swann und seiner Liebe zu Odette, die auf einem Irrtum basiert und umso schmerzvoller wird, sobald der Irrtum als ein solcher erkannt wird. Der Erzähler zieht daraus die Lehre, daß wir „n'avons de l'univers que des visions informes, fragmentées et que nous complétons par des associations d'idées arbitraires, créatrice de dangereuses suggestions" (F 462). Bezeichnend ist, daß Françoise hier die 'Lehrmeisterin' Marcels darstellt. Überhaupt verbringt Marcel viel Zeit damit, Françoises Gefühle für ihn ausfindig zu machen. Er ist oft verwirrt und kann sie nicht auf einen Charakter festlegen, da sie viele Widersprüche in sich birgt. Diese haben unterschiedliche Ursprünge, denn unterschiedliche 'menschheitstypische Motive' wie den Esprit von Saint-André-des-Champs und Combray sind mit dem ihrem Stand und ihrer Herkunft gemäßen Ehrenkodex kombiniert. Diese anthropologischen Konstanten erfahren in der speziellen 'Makrostruktur' Françoise ihre spezifische Individualisierung. Viele Einflüsse, die Françoises Charakter prägen, bleiben im Dunkeln – wie ihr „passé noble et mal compris". Genau wie die französischen Bauern ihres Landes besitzt Françoise ihre guten und rauhen Seiten. Sie bleibt in der Stadt Paris trotz allem „une fille de la campagne".[144]

---

[142] cf. Jauss, Hans Robert: Zeit und Erinnerung in Marcel Prousts »A la recherche du temps perdu«. Ein Beitrag zur Theorie des Romans, (Heidelberger Forschungen, Heft 3), Heidelberg: Carl Winter Universitätsverlag 1955, 134: „Die Einsicht, daß der Andere für sich unkenntlich und für uns nicht mehr als ein Schatten ist [...], vermittelt ihm zuerst Françoises Beziehung zu Jupien [...]."

[143] ebd.

[144] Bonnet 1946, 63.

Der Held der *Recherche* lernt im Kontakt zu Françoise all das kennen, was er in den Beziehungen zu den von ihm geliebten Frauen – Gilberte, Mme de Guermantes und Albertine – noch erfahren soll, denn „l'incohérence et la complexité" sind die Gesetze aller Charaktere im Proustschen Werk.[145] Françoise nimmt mit ihrem widersprüchlichen Verhalten die Widersprüche der geliebten Frauen vorweg bzw. sensibilisiert den Helden dafür.[146] Als Beispiel soll Albertine dienen, über die der Held an einer Stelle sagt:

> Albertine ne m'était pas apparue ce jour-là, la même que les précédents, et que, chaque fois, elle devait me sembler différente.(JF 696)

Françoise ist die erste, die Marcel das Problem des charakterlichen Facettenreichtums offenbart, das die Basis seiner „apprentissage" in der *Recherche* bildet.[147] Der Held der *Recherche* wird der Geheimnisse und Täuschungen Albertines gewahr und erkennt ihr Leben als ein von ihm getrenntes, das niemals ganz an die Oberfläche gebracht und verstanden werden kann. Jedes Individuum stellt eine Ansammlung von „Ichs" dar:

> [...] chacun de nous n'est pas un, mais contient de nombreuses personnes qui n'ont pas toutes la même valeur morale.(F 428)[148]

Lehrmeisterin ist Françoise in dem Sinne, daß Marcel beginnt – durch den Widerspruch zwischen dem, was Françoise sagt und schließlich tut –, ihre Gefühle für ihn zu hinterfragen. Manchmal erscheint Françoise ihm wie transparent, und er glaubt in ihr die reine „bonté et la franchise" (CG 73) gespiegelt zu sehen. Marcel stellt sich vor, sie bete ihn an und versäume keine Gelegenheit, ihn zu „feiern".[149] Jupien offenbart schließlich die Ambiguität von Françoises Charakter mit folgender Eröffnung:

> Mais Jupien [...] revela depuis qu'elle disait que je ne valais pas la corde pour me pendre et que j'avais cherché à lui faire tout le mal possible.(CG 73)

---

[145] ebd. 85; cf. de Lattre 1984, 27: „Le vrai du personnage, c'est sa contradiction."

[146] cf. Grandsaigne 1981, 162: „Mais déjà, à Combray, les ambiguïtés du caractère de Françoise l'auront sensibilisé à cette complexité des êtres."

[147] Deleuze sieht die *Recherche* als lange „apprentissage", als langen Lernprozeß des Helden Marcel an, wie die „signes" zu interpretieren sind, die die Menschen, Gegenstände und „essences" der *Recherche* während des Verlaufs des Romans aussenden: „[...] apprendre, c'est d'abord considérer une matière, un objet, un être comme s'ils émettaient des signes à déchiffrer, à interpréter" (Deleuze 1971, 8). – Indem der Erzähler Marcels Geschichte erzählt, erkennt er – nach Deleuze – die Zeichen, von denen er weiß, daß sie später einmal anerkannt und wichtig werden und ihnen damit Bedeutung zukommt. Nur solche Zeichen bezeichnet Deleuze als „signes". Beispiele dafür sind nach Deleuze die Madeleine-Episode, der Verdurin-Salon, die Vinteuil-Sonate, das Leben mit Albertine u.v.m. Marcel bzw. der Erzähler spüren bei all diesen Beispielen, daß sich etwas selbst auszudrücken versucht. Die Interpretation oder Dechiffrierung erfolgt nur, nachdem ein Zeichen als ein solches vom Erzähler erkannt wurde. – Cf. auch die Definition eines Code in: Le Petit Robert 1, Dictionnaire alphabétique et analogique de la Langue Francaise, Paris: Le Robert, 1992, 330. Unter „code" ist nicht nur ein „ensemble des lois et des dispositions légales relatives à une matière spéciale" zu verstehen, sondern er kann ebenso als ‚code secret', als ein Zeichensystem, „une système de symboles destinés à représenter et à transmettre une information" verstanden werden. – Cf. auch meine Ausführungen zu den von Françoise ausgesendeten künstlerischen Zeichen in Kap. 3.8ff.

[148] Nach Bardèche ist das Hauptthema Prousts die „thèse fondamentale [...] sur la pluralité des divers moi en chaque être". In: Bardèche 1971 I, 294.

[149] cf. CG 73: „Françoise m'adorait et ne perdait pas une occasion de me célébrer."

Marcel fragt sich, ob diese Äußerung wirklich Françoises Überzeugung entspricht.[150] So liegt die einzige Sicherheit für ihn in der „impossibilité de savoir d'une manière directe et certaine si Françoise m'aimait ou me détestait" (CG 74). Françoises paradoxales Verhalten ist Teil ihres facettenreichen Charakters. Manche ihrer Fehler bleiben für Marcel immer unverständlich.[151] Auf einen Typ läßt sich Françoise nicht reduzieren, vielmehr entsteht aus den verschiedensten 'Einflüssen' ein sehr individuelles 'Konglomerat', namens Françoise.

3.8 Kunst

In der Forschungsliteratur trifft man vor allem auf kurze Artikel zu Françoises Sprache und ihrer Eßkunst. Die folgenden Kapitel werden sich mit Françoises künstlerischen Qualitäten befassen: den darstellenden – hier ihrer Mimik – sowie den handwerklichen – Nähen und Kochen.

3.8.1 Darstellend: Mimik[152]

Ohne Françoises stille Sprache würde Marcel manches Mal in einer irrtümlichen Annahme verharren, so auch bei Mme de Guermantes:

> Je n'aurais pas senti moi-même que Mme de Guermantes était excédée de me rencontrer tous les jours que je l'aurais indirectement appris du visage plein de froideur, de réprobation et de pitié qui était celui de Françoise quand elle m'aidait à m'apprêter pour ces sorties matinales. Dès que je lui demandais mes affaires, je sentais s'élever un vent contraire dans les traits rétractés et battus de sa figure. (CG 71)

Auch wenn sich Françoise falsch behandelt fühlt, ist ihre Mimik sprechender als tausend Worte:[153]

> [...] ma mère avait forcé Françoise à rebrousser chemin et l'avait entraînée dehors effarouchée et surprise, car elle considérait que sa charge comportait le privilège de pénétrer à toute heure dans ma chambre. Mais déjà sur son visage l'étonnement et la colère avaient disparu sous le sourire noirâtre et gluant d'une pitié transcendante et d'une ironie philosophique, liqueur visqueuse que sécrétait pour guérir sa blessure son amour-propre lésé. Pour ne pas se sentir méprisée, elle nous méprisait.(F 457)

---

[150] Bei anderen Anlässen scheint Françoises Anliegen, ihren Herrn glücklich zu sehen, jedoch unzweifelhaft, cf. SG 642: „Françoise avait, en la [Albertine] ramenant, eu l'air heureuse comme chaque fois qu' elle avait pris une peine pour moi et avait réussi à me faire plaisir."

[151] Wie etwa ihr „défaut particulier", niemals die richtige Uhrzeit angeben zu können, P 133: „Quant à savoir en quoi consistait l'impossibilité où était Françoise de dire l'heure exactement, ce n'est pas elle qui m'a jamais fourni aucune lumière à cet égard." Françoise kennt den Grund ihres Fehlers wohl selbst nicht genau, er gehört zu den Überbleibseln ihrer Vergangenheit. – Françoise will auch nie telefonieren lernen, warum bleibt Marcel verborgen, SG 598: „C'est ainsi que la découverte d'Edison avait permis à Françoise d'acquérir un défaut de plus, qui était de se refuser, quelque utilité, quelque urgence qu'il y eût, à se servir du téléphone."

[152] cf. Motivklasse „(6) motifs of expression and communication", in: Wolpers 1995, 36.

[153] Obwohl sie natürlich auch das Gegenteil der stummen Beschwerde beherrscht. Wenn Françoise sich über die Behandlung als Bedienstete ärgert, kommt eine Litanei von Klagen über ihre Lippen, die, je älter sie wird, desto heftiger ausfällt, cf. CG 35: „Françoise (qui depuis qu'elle était une vieille femme, se faisait à tout propos ce qu'on appelle une tête de circonstance) n'eût pas manqué de lui présenter toute la journée [...] le long mémoire de ses doléances et les raisons profondes de son mécontement. Elle les développaient d'ailleurs, à la cantonade, mais sans que nous puissions bien distinguer les mots. Elle appelait cela [...] nous dire toute la journée des «messes basses»."

So erstaunt es nicht mehr, wenn schließlich Marcel mit „admiration et fureur" feststellt, daß Françoise fähig ist, mit der gefeierten Schauspielerin la Berma zu konkurrieren in der Kunst „de faire parler les vêtements inanimés et les traits du visage, Françoise avait su faire la leçon à son corsage, à ses cheveux dont les plus blancs avaient été ramenés à la surface, exhibés comme un extrait de naissance, à son cou courbé par la fatigue et l'obéissance" (SG 602). Frisur, Arrangement der Kleidung und Françoises Gesichtsausdruck „la pleignaient d'avoir été tirée du sommeil et de la moiteur du lit, au milieu de la nuit, à son âge, obligée de se vêtir quatre à quatre, au risque de prendre une fluxion de poitrine" (SG 602). Wie eine wirkliche Schauspielerin besitzt Françoise das angeborene Bedürfnis, sich mitteilen zu wollen:

> Françoise [...] ne partageait rarement mes impressions mais éprouvait le besoin de faire connaître les siennes.(SG 603)

Dies gilt auch im Fall der Trauer und des Leidens. Wenn sie „un grand chagrin" hat, fühlt sie „le besoin si inutile, mais ne possédait pas l'art si simple, de l'exprimer" (CG 286). Marcels Einschätzung stellt sich als irrig heraus, denn Françoise wählt statt des verbalen einen mimischen Ausdruck und „„éclata en sanglots" (CG 290). Françoise beschwert sich nicht direkt, d.h. verbal, über die mitternächtliche Schlafstörung, sondern versteht es, durch Verwendung eines bestimmten Tonfalls die von ihr wiedergegebenen Aussagen Albertines auf Marcel verletzend wirken zu lassen (cf. ebd.). Glaubt sich Françoise in ihrer Stellung als Bedienstete beeinträchtigt, vermittelt sie ihre Gefühle ihren Arbeitgebern mittels einer bestimmten Vortragsweise und Haltung:[154]

> Sans doute Françoise ne négligeait aucun adjuvant, celui de la diction et de l'attitude par exemple. Comme [...] elle admettait sans l'ombre d'un doute ce que toute personne de sa condition lui racontait de plus absurde [...] autant sa manière d'écouter nos assertions témoignait de son incrédulité, autant l'accent avec lequel elle rapportait (car le discours indirect lui permettait de nous adresser les pires injures avec impunité) le récit d'une cuisinière [...] montrait que c'était pour elle parole d'Evangile.(CG 301)[155]

Françoises mimische Qualitäten erinnern stark an Stummfilm-Akteure. In Balbec setzt Françoise „un visage de reine" auf oder wirft Marcel „des regards enflammés" (JF 725) zu, um ihrer Beschwerde Ausdruck zu verleihen, niemals Ferien in Balbec zu haben und für die jungen Mädchen seiner Bekanntschaft Dinge erledigen zu müssen, die ihrer Ehre widersprechen. Dem Vater Marcels zeigt sie „une figure couverte de petites marques cunéiformes et rouges" (CG 35), wenn er gegen Françoises Kodex verstößt und das Dienstpersonal beim Essen stört.[156] Die Fertigkeit, eigene Gefühle, Urteile und

---

[154] Gleiches trifft für sie zu, wenn sie ihre positiven Gefühle gegenüber dem von ihr kultisch verehrten Adel ausdrückt. Vor ihr „on ne pouvait dire «le comte Un tel» sans que son visage s'assombrît et que sa parole devînt sèche et brève, ce qui signifiait qu'elle chérissait la noblesse, non pas moins que ne faisait Aimé, mais d'avantage" (JF 573).

[155] Françoises spezielle Weise des Zuhörens gibt von ihrer Ungläubigkeit Zeugnis. Der hinzukommende und von ihr verwendete Akzent bestätigen das vom Erzähler festgestellte Faktum: „Françoise ne pouvant nous répondre d'une façon explicite, parlait comme Tirésias et eût écrit comme Tacite" (CG 301).

[156] cf. Tadié 1971, 136: „Les expressions de physionomie sont la traduction irrationnelle et romanesque d'idées ou de sentiments, le narrateur par un mouvement inverse, s'efforce de retraduire ce langage obscur en paroles claires."

Vorstellungen durch indirekte, nonverbale Ausdrucksformen mitzuteilen, teilt Françoise, ebenso wie die Kunst der Anspielung, mit den berühmten Schauspielern Irving und Lemaître.[157] Wie sie beherrscht sie die Kunst des „faire parler un objet inanimé" (CG 301f.) und weiß „faire tenir tout se qu'elle ne pouvait exprimer directement, dans une phrase que nous ne pouvions incriminer sans nous accuser, dans moins même qu'une phrase, dans un silence, dans la manière dont elle plaçait un objet" (ebd.). In der Kunst des rechten Plazierens eines Gegenstands, der für sich spricht, brilliert Françoise regelrecht:

> Elle excellait à régler ces mises en scènes destinée à instruire si bien le spectateur, Françoise absente, qu'il savait déjà qu'elle savait tout quand ensuite elle faisait son entrée.(CG 301)

Der Leser fühlt sich durch das verwendete Vokabular – „mises en scène", „entrée"– wie im Theater, in dem Françoise die Hauptdarstellerin ist.[158] Aufgrund der zuvor erwähnten Eigenschaften darf davon ausgegangen werden, daß Françoise bewußt und nicht „par mégarde" eine Notiz Marcels bezüglich Swanns Unfähigkeit, sich von Odette zu trennen, ganz oben bzw. in Albertines Zimmer, liegenläßt:

> Françoise n'a certainement jamais fait des scènes à Albertine. Mais je connaissais son art de l'insinuation, le parti qu'elle savait tirer d'une mise en scène significative, et je ne peux croire qu'elle ait résisté à faire comprendre quotidiennement à Albertine le rôle humilié que celle-ci jouait à la maison [...]. J'ai trouvé une fois Françoise [...] qui fouillait dans mes papiers et en replaçait parmi eux un où j'avais noté un récit relatif à Swann et à l'impossibilité où il était de se passer d'Odette. L'avait-elle laissé traîner par mégarde dans la chambre d'Albertine?(P 292)

Françoises Sprachkreativität und ihre mimischen Ausdrucksmöglichkeiten lassen – neben Marcel – den Leser bemerken, welche Wichtigkeit die nonverbalen Ausdrucksformen am Ende der *Recherche* besitzen, um zum Kern eines menschlichen Wesens vorzudringen. Der sprachliche Ausdruck allein eröffnet niemals den Weg zur Wahrheit. Diese Erkenntnis ist Ergebnis von Marcels Lernprozeß: Das Wesen eines Menschen ist eher durch mimische statt durch sprachliche Zeichen *sicht*-bar, transparent. Das Auge gewinnt über das Ohr in der Sinnenskala – vom Betrachter aus gesehen; vom Darsteller aus hat die sichtbare *Zeichen*-Sprache vor der gesprochenen Vorrang. Zwingende Schlußfolgerung für Françoise: Am Ende ist sie als Meisterin der Zeichensprache ernst zu nehmen und nicht mehr wie am Anfang eine komische Figur. Dies war sie nur, solange Marcel diese Erkenntnis verborgen blieb.

3.8.1.1 Françoises und Marcels „Wesensverwandtschaft"

In Combray hat Marcel noch bei Françoises Aussage, sich nicht ausdrücken zu können – dabei noch „esprimer" statt „exprimer" sagt (CS 141) – seine Verachtung preisgegeben.

---

[157] John Henry Brodribb, Sir Irving (1838-1905): englischer Schauspieler, vor allem Interpret Shakespearescher Stücke. Antoine Louis Prosper, genannt Frédérick Lemaître (1800-1876): Interpret romantischer Melodramen.

[158] cf. Richardson Viti, Elisabeth: „Proust et le romanesque de la transformation: l'exemple féminin", in: Romance Notes 27/2 (1986), 155-162, 155: „[...] chaque personnage féminin principal a son propre théâtre." Richardson erwähnt zwar kein einziges Mal Françoise und zählt sie nicht zu den „personnages principaux", ihre Erkenntnisse lassen sich aber durchaus auch auf Françoise anwenden.

Marcel erkennt anfangs nicht, daß Françoise andere, gleichwertige Ausdrucksformen besitzt, die sich in ihrer „conception de deuil" (CS 141) wiederfinden.[159] Nach dem Umzug in das „hôtel de Guermantes" in Paris, wartet Marcel auf die ausbleibende „exhibition des malaises" (CG 30). Françoise bemitleidet ihn paradoxerweise nicht, weil sie seine Gefühle teilt:

> [...] elle se montra glaciale à l'égard de ma tristesse, parce qu'elle la partageait. Avec la «sensibilité» prétendue des nerveux grandit leur égoïsme; ils ne peuvent supporter de la part des autres l'exhibition des malaises auxquels ils prêtent chez eux-mêmes de plus en plus d'attention.(CG 30)

Sie verhält sich damit genauso wie Marcel, der kein Verständnis für ihre Tränen aufbrachte und sich nur über ihre Sprache lustig machte. Robertson stellt in ihrem kurzen, aber sehr aufschlußreichen Artikel über „The relationship between the Hero and Françoise in *A la recherche du temps perdu*" fest:

> [...] the relationship between the Hero and Françoise is an interesting one. From the beginning of the novel it is depicted with an increasing degree of comparison, ranging from contrast to complement and *rapprochement*.[160]

Der Antagonismus beider erscheint Robertson dabei mehr als „the animosity of like recognizing like from long proximity in master-subordinate relationship" und gewinne „a significance which contributes to the plot of the novel."[161] Françoise gibt ihren Gefühlen über den Umzug freien Lauf und nimmt damit die Leiden des Helden vorweg:

> Aussi, si je m'étais moqué d'elle qui, navrée d'avoir un immeuble où l'on était «si bien estimé de partout», avait fait ses malles en pleurant [...], en revanche, moi qui assimilais aussi difficilement les nouvelles choses que j'abandonnais aisément les anciennes, je me rapprochai de notre vieille servante [...]. Elle seule pouvait me comprendre, ce n'était certes pas son jeune valet de pied qui l'eût fait, pour lui qui était peu de Combray que possible, emménager, habiter un autre quartier, c'était comme prendre des vacances [...] sans songer à lui, j'allai droit à Françoise.(CG 29)[162]

Françoise sichert sich durch ähnliche Gefühle eine 'gleichrangige' Stellung mit dem Helden. Abgesehen von den nostalgischen Gefühlen, die sie wegen des Weggangs aus Combray spüren,[163] teilen sie auch die Faszination für Eigennamen und sind enttäuscht, wenn die Menschen, die dahinterstecken, nicht ihren Vorstellungen entsprechen.[164]

Bei der Agonie der Großmutter konzentriert sich der Erzähler vor allem auf Françoises Reaktionen. Sie bewirken einerseits durch ihre Komik eine Abschwächung der eigentlich grausamen und traurigen Szene und ermöglichen dem Leser ein erträgliches Weiterlesen.

---

[159] Er glaubt zunächst, daß sie nicht die Kunst besäße, ihr Leid auszudrücken (CG 286), übersieht dabei jedoch, daß sie „en sanglots" (CG 290) ausbricht, also einen mimischen Ausdruck gewählt hat.
[160] Robertson 1971, 437.
[161] ebd.
[162] Die kurz darauf von Françoise evozierten „aubépines" (CG 36) sieht Robertson eher als typischen Ausdruck des Helden an (Robertson 1971, 438).
[163] cf. Wolpers' Ausführungen zum Ereignismotiv (Wolpers 1992, 213); auf vorliegenden Gegenstand übertragen, wird der Umzug bzw. die Handlung des Umziehens für die Betroffenen zum Ereignis, das in ihr Leben einbricht.
[164] Marcel meint beim ersten Gewahrwerden von Mme de Guermantes in der Kapelle der Combrayschen Kirche: „C'était elle, ma déception était grande" (CS 157). Françoise reagiert ähnlich beim Kennenlernen Blochs: „«Comment, c'est cela, Monsieur Bloch!» s'écria-t-elle d'un air atterré" (JF 638).

Von diesem Aspekt abgesehen, erfüllt Françoise hier „an artistic role comparable to that of the chorus in a classical tragedy."[165] Sie drückt Marcels eigentliche Gefühle aus: „Françoise [...] éclata en sanglots" (CG 290), die er erst später in Balbec artikulieren kann[166]:

> [...] des sanglots me secouèrent, des larmes ruisselèrent de mes yeux [...].(SG 618)

Die Gefühle Françoises und des Helden gleichen sich nicht immer. Dennoch nähert sich Marcel seiner Dienerin schrittweise; aus anfänglicher Verachtung, die auf einer Fehlinterpretation der von Françoise ausgesendeten Zeichen bestehen, wird Bewunderung. Erinnert sei hier noch einmal an die für Marcels „apprentissage" essentielle Erkenntnis, die ihm Françoise als erste offenbart, nämlich „que ce n'est pas le monde physique seul qui diffère de l'aspect sous lequel nous le voyons que toute réalité est peut-être aussi dissemblable de celle que nous croyons percevoir directement et que nous composons à l'aide d'idées qui ne se montrent pas" (CG 73). Marcel erkennt „l'impossibilité de savoir d'une manière directe et certaine si Françoise m'aimait ou me détestait" (CG 74).

Mit ihren indirekten Ausdrucksmöglichkeiten – ihrer Mimik, Haltung und Diktion – setzt Françoise eigentlich genau den Anspruch des Künstlers um, den Marcel so schätzt, nämlich denjenigen Elstirs:

> Il n'y a pas d'homme si sage qu'il soit, me dit-il, qui n'ait à telle époque de sa jeunesse prononcé des paroles, ou même mené une vie, dont le souvenir ne lui soit désagréable et qu'il souhaiterait être aboli. [...] On ne reçoit pas la sagesse, il faut la découvrir soi-même, après un trajet que personne ne peut faire pour nous, ne peut nous épargner, car elle est un point de vue sur les choses.(JF 701)

Indem Françoise das, was sie zu sagen hat, nicht explizit sagt, sondern indirekt, läßt sie Marcel den nötigen Freiraum, eigene Schlußfolgerungen aus dem von ihr präsentierten menschlichen Verhalten zu ziehen. Das nonverbale Kommunizieren ist nur zugänglich, indem es erlebt wird und nicht zerredet wird. Der Lernerfolg ist schließlich abhängig vom Willen, den Menschen und sein Verhalten in den verschiedensten Situationen zu interpretieren.[167] Françoise konkurriert demnach nicht nur mit den vom Erzähler geschätzten Schauspielern, sondern lehrt Marcel durch ihre schauspielerischen Fähigkeiten des indirekten Ausdrucks wesentliche Dinge für seinen Lernprozeß. Eine schrittweise Annäherung beider Figuren, die in der schon erwähnten „compréhension instinctive" (TR 830) mündet und Françoise dem Status einer wirklichen kunstversierten Dienerin bzw. dienenden Künstlerin immer näher bringt, ist die Folge.

---

[165] Robertson 1971, 439.
[166] cf. „Les intermittences du coeur" (SG 614ff.).
[167] Laut Feststellung des Erzählers im *Temps retrouvé*, TR 713: „Ce que nous n'avons pas eu à déchiffrer, à éclaircir par notre effort personnel, ce qui était clair avant nous, n'est pas à nous. Ne vient de nous-même que ce que nous tirons de l'obscurité qui est en nous et que ne connaissent pas les autres."

3.8.2 Handwerklich: Nähen (3.8.2.1) und Kochen (3.8.2.2)

3.8.2.1 Nähkunst

Wie wichtig Françoise ihre Kleidung ist, zeigt sich in der vielzitierten 'Krankenszene' der Großmutter. Sie verläßt die todkranke alte Frau für kurze Zeit, um zu ihrer Schneiderin zu gehen, bei der sie ein Trauerkleid in Auftrag gegeben hat (cf. CG 282). Bei der „esthétique de Combray", bei der alle Dinge „en couleur" (CS 130) wertvoller und schöner als die farblosen gelten, ist zunächst irrelevant, ob Françoise diese Meinung teilt. Von Bedeutung ist lediglich, daß ihr ästhetisches Empfindungsvermögen von Combray herzurühren scheint. In der Küche trägt Françoise ein immer sorgfältig gestärktes Häubchen und erscheint dem Erzähler zu jeder Uhrzeit gleich schön. Françoise bügelt derart schmuckvoll ihr Häubchen zu einer 'Röhre', daß es wie „en biscuit" (CS 64) wirkt. Durch diesen metaphorischen Vergleich wird Françoises Fertigkeit des Bügelns – d.h. die Art, ihre Kleidung zu behandeln – in die Nähe ihrer Kochkunst gerückt, in der sie als wahre Künstlerin erscheint. Gleichzeitig hat ihre Person und Kunst einen sakralen Charakter, da sie sich dieselbe Mühe gibt, um in der Küche und in der Kirche gleich schön auszusehen (cf. Kap. 3.8.2.2). Tatsächlich gibt Françoises Spitzenhäubchen ihr ein adliges Aussehen:

> [...] des femmes de chambre [...] devant son beau bonnet de dentelles et son profil la prenaient pour quelque dame noble peut-être, reduite par les circonstances ou poussée par l'attachement à servir de dame de compagnie à ma grand'mère.(JF 572)

Françoise besitzt einen eigenen Geschmack, sich zu kleiden und weist die „coquetterie de femme" (F 378) auf. Sie bemängelt Albertines Aussehen. Abgesehen von der Tatsache, daß sie Albertine verachtet und lächerlich machen will, scheint sie wirklich nicht ihren Kleidergeschmack zu teilen.[168] Françoises guter Geschmack und ihre Kreativität kommen zum Ausdruck, als sie sich in Balbec aus einem häßlichen Mantel und einem kitschigen Hut eine schöne Kombination macht. Die Mutter erkennt nicht, daß besagte Kleidungsstücke früher Grauen in ihr hervorgerufen haben, als sie sie neu an der Großtante sah und macht Françoise Komplimente für ihren guten Geschmack. Françoises künstlerischer Sinn führt zu einer Transformation dieser Kleidungsstücke:

> Et de même qu'il est quelquefois troublant de rencontrer les raffinements vers lesquels les artistes les plus conscients s'efforcent, dans une chanson populaire, à la façade de quelque maison de paysan qui fait épanouir au dessus de la porte une rose blanche ou soufrée juste à la place qu'il fallait – de même le noeud de velours, la coque de ruban qui eussent ravi dans un portrait de Chardin ou de Whistler, Françoise les avait placés avec un goût infaillible et naïf sur le chapeau devenu charmant. (JF 538)

---

[168] cf. SG 603: „Elle est comique, elle a un petit chapeau plat, avec ses gros yeux, ça lui donne un drôle d'air, surtout avec son manteau qu'elle aurait bien fait d'envoyer chez l'estoppeuse car il est tout mangé. [...] c'est trois fois rien, dit Françoise en exprimant, franchement cette fois, son véritable mépris." – An anderer Stelle verachtet Marcel Françoises Kleid und will, daß seine Mutter Françoise neu einkleidet, damit er sich mit ihr nicht vor Gilberte schämen muß (CS 338). Entgegen seiner Erwartung erfährt er später, daß Gilberte entzückt von ihr gewesen ist und Françoise diejenige war, die ihm Zugang zu Gilbertes Mutter Odette verschafft hat. Für Letztere ist sie eine „nurse devouée" (JF 430).

Françoise kombiniert die Kunstfertigkeiten eines Chardin[169] mit denjenigen eines Whistler[170] und wird dadurch in den Stand einer wirklichen Künstlerin erhoben. Der naturalistische als auch der 'impressionistische' Maler haben mit Françoise die Wertschätzung des alltäglichen Lebens gemeinsam. Sie weiß der Schönheit der Formen, Farben und Linienführung ihre eigenen Vorzüge abzugewinnen. Liest man an derselben Stelle weiter, betrachtet der Erzähler nicht nur Françoises künstlerische Eigenschaften, sondern sie selbst als Objekt der Kunst. Diese Dienerfigur erscheint Marcel wie aus einem Stundenbuch der Anne de Bretagne erstanden. Es klingen darin die schon bekannten Vergleiche Françoises mit Heiligenstatuen sowie die häufigen vom Erzähler gezogenen Parallelen zwischen Françoise und mittelalterlichen Vorfahren an.[171] Die „modestie et l'honnêteté qui donnaient souvent de la noblesse au visage de notre vieille servante" hat ihre Kleider erfaßt. Sie erinnert nicht nur „à quelqu'une de ces images d'Anne de Bretagne peintes dans les livres d'Heures par un vieux maître, et dans lesquelles tout est si bien en place", sondern „le sentiment de l'ensemble s'est si également répandu dans toutes les parties[172] que la riche et désuète singularité du costume exprime la même gravité pieuse que les yeux, les lèvres et les mains" (JF 538f.). Die Gemeinsamkeit der zwei Frauen liegt durch diese Art des Vergleichs stärker im Geistigen statt im Körperlichen: Françoise agiert wie eine Figur aus einem Gleichnis – passend zu ihrer mittelalterlichen Vergangenheit bzw. Verkörperung. Wie in Heiligenlegenden das Vorleben der 'Saints' beispielhaften Wert besitzen, so tun dies auch Françoises Lehrstücke und ihr 'Vor-Leben' im doppelten Sinn für Marcel. Der von Françoise verwandelte Mantel macht deutlich, daß sie den „tour de main"[173] beherrscht – ein von ihr gebrauchter Ausdruck für ihre kunstvollen Soufflés bzw. die richtige Anwendung der „coupe", wie der vom Erzähler hochverehrte Maler Elstir zu sagen pflegt. Beides ist

---

[169] Jean-Baptiste Chardin (1699-1779). Chardin malte unter dem Einfluß der Niederländer des 17. Jahrhunderts vor allem Stilleben mit Früchten, Gegenständen und Personen des häuslichen Alltagslebens, die sich durch weiche Farbgebung und feine Licht- und Schattenabstufungen auszeichen. Proust hat ihm einen Artikel gewidmet („Chardin et Rembrandt", in: EA 1971, 372-382).

[170] James Abbott Mc Neill Whistler (1834-1903), amerikanischer Maler, der in London und Paris weilte. Whistler entwickelte in Landschaften, Bildnissen und Radierungen einen durch klare Flächengliederung und einfache Umrißführung gekennzeichneten Stil, der Einflüsse des japanischen Farbholzschnitts verarbeitete und in der zweiten Lebenshälfte vor allem impressionistische Formauflösungen umsetzte, um bestimmte Stimmungen zu erzeugen. Er war befreundet mit Manet, Courbet, Baudelaire und Mallarmé und malte ein Portrait von Montesquiou.

[171] Zum besseren Vergleich das volle Zitat aus JF 538f.: „Pour remonter à un temps plus ancien, la modestie et l'honnêteté qui donnaient souvent de la noblesse au visage de notre vieille servante ayant gagné les vêtements que, en femme réservée mais sans bassesse, qui sait «tenir son rang et garder sa place», elle avait revêtus pour le voyage afin d'être digne d'être vue avec nous sans avoir l'air de chercher à se faire voir – Françoise, dans le drap cerise mais passé de son manteau et le poils sans rudesse de son collet de fourrure, faisait penser à quelqu'une de ces images d'Anne de Bretagne peintes dans les livres d'Heures par un vieux maître, et dans lesquelles tout est si bien en place, le sentiment de l'ensemble s'est si également répandu dans toutes les parties que la riche et désuète singularité du costume exprime la même gravité pieuse que les yeux, les lèvres et les mains." Cf. auch CS 63: „C'était Françoise [...] comme une statue de sainte dans sa niche." Sowie die Figuren von Saint-André-des-Champs (CS 139).

[172] Damit spiegelt sich auch in ihrer Kleidung ihr Ordnungssinn wider: Alles ist am rechten Platz.

[173] Mme de Guermantes benutzt den gleichen Ausdruck, als sie Marcel Fortunys Kunst zu erklären versucht: „Mais vous savez bien que je ne sais rien expliquer [...] C'est une question de tour de main, de façon [...]" (P 48).

vonnöten, um einen gewöhnlichen Alltagsgegenstand in ein Kunstobjekt zu verwandeln.[174] Wie alle anderen Künstler-Gestalten der *Recherche* besitzt sie diese einmalig künstlerische Gaben. Françoises Beitrag zur Struktur von Marcels zu schreibenden Roman offenbart sich explizit am Ende der *Recherche* in den Anspielungen auf ihre Fertigkeiten als Näherin.

> Françoise me dirait, en me montrant mes cahiers rongés comme le bois où l'insecte s'est mis: «C'est tout mité, regardez, c'est malheureux, voilà un bout de page qui n'est plus qu'une dentelle» et l'examinant comme un tailleur: «Je ne crois pas que je pourrai la refaire, c'est perdu. C'est dommage, c'est peut-être vos plus belles idées. Comme on dit à Combray, il n'y a pas de fourreurs qui s'y connaissent aussi bien comme les mites. Ils se mettent toujours dans les meilleures étoffes.»(TR 831)

Françoise ist hier verantwortlich für die Bewahrung von Marcels Schriftstücken. Sie hat die Aufgabe, die beschriebenen Papierfetzen seines Notizbuches vor einem weiteren zeitlich bedingten Verfall zu retten. Françoises ausgesprochener Vergleich mit einem Kürschner, der aus verschiedenen Pelzstücken ein neues Kleidungsstück macht, wie Françoise aus Marcels „paperoles" (TR 831) ein literarisches Werk 'zusammenflickt' und den Motten verweist auf ihre instinktive Feinfühligkeit, ein literarisches Werk ohne entsprechende intellektuelle Vorbildung schätzen zu können. Marcel selbst weiß um Françoises Fähigkeit, Kleidungsstücke auszubessern, weshalb er ihre Hilfe bei seiner Arbeit erhofft:

> A force de coller les uns aux autres ces papiers que Françoise appelait mes paperoles, ils se déchiraient çà et là. Au besoin Françoise ne pourrait-elle pas m'aider à les consolider de la même façon qu'elle mettait des pièces aux parties usées de ses robes?(TR 831)

Schließlich kommt er zum Schluß, daß er sein Buch wie ein Kleid 'aufbauen' wird:

> [...] je travaillerais auprès d'elle et presque comme elle [...] car, épinglant ici un feuillet supplémentaire, je bâtirais mon livre, je n'ose pas dire ambitieusement comme une cathédrale, mais tout simplement comme une robe.(TR 830)

Der Autor muß seine Arbeit in der Weise planen, in der Françoise ein Kleidungsstück entwirft, nach den Worten de Lattres:

> [...] les robes de Françoise [...] se font sur le hasard et la nécessité, sur le hasard des déchirures et la nécessité de revauder [...] le livre se fabrique dans les déchirures de la phrase [...]. Un hasard d'impressions et de percales et de cretonnes, dont on fabrique une nécessité; de souvenirs et d'émotions où l'on construit un livre.[175]

Das Entscheidende liegt in der Verbindung, „dans ce qui tient, dans la solidité du lien [...]. Le fil qui court et qui traverse, dans les lambeaux de ce qui n'était pas, quelque chose qui est".[176] Diese Methode bleibt aber nicht die einzige, die Marcel von Françoise 'übernimmt'. Die Zubereitung des Essens dient ebenso als Vorbild.

---

[174] cf. JF 728: „«Mlle Léa avait un petit chapeau blanc et une petite ombrelle blanche, c'était ravissant. Je ne sais pas ce que je donnerais pour avoir cette petite ombrelle.» J'aurais tant voulu savoir en quoi cette petite ombrelle différait des autres [...]. Mais comme Françoise qui disait pour des soufflés: «C'est un tour de main», la différence était dans la coupe. «C'était, disait Elstir, tout petit, tout rond, comme un parasol chinois.»"

[175] de Lattre, Alain: La doctrine de la réalité chez Proust, Bd. 1: L'espace de la réalité et la règle du temps, Paris: Corti, 1978, 93.

[176] ebd. 93f.

3.8.2.2 Kochkunst

Die Wichtigkeit der Nahrung und des Essens in der ganzen *Recherche* wird durch die Tatsache deutlich, daß der Roman seit 'Combray' aus einer Kette von „déjeuners", „dîners", „soupers", „matinées" bis zur schließlichen Erkennung der „vocation" des Helden als Schriftsteller besteht. Richard stellt kurz und prägnant fest:

> On y mange beaucoup, et partout.[177]

„Le voyage autour d'une table"[178] reicht von den Dejeuners und Diners in Combray über die Diners Swanns und Blochs über das Diner für den Baron von Norpois, die Gouters, Dejeuners oder Diners bei Gilberte, Odette, in Rivebelle, Doncières, auf 'La Raspelière' bis zu denen bei Elstir, Mme Verdurin und Mme de Guermantes, einschließlich der Matinee der Prinzessin von Guermantes.[179] Der Erzähler macht klar, daß die *'Erinnerung über die Sinne'* – die „mémoire involontaire" – ganz Combray mit allen damit verlorenen Erfahrungsräumen seiner Kindheit vor seinen Augen wiedererstehen läßt. Wie damals das Kind, schmeckt nun der Erwachsene die in Tee getauchte Madeleine, und „aus der Erinnerung der 'unteren' Sinnesorgane entsteht, was bis dahin nur als Bewußtsein eines Mangels existierte – »tout Combray«"[180]:

> Et dès que j'eus reconnu le goût du morceau de madeleine trempé dans le tilleul que me donnait ma tante [...], aussitôt la vieille maison grise sur la rue, où était sa chambre, vint comme un décor de théâtre s'appliquer au petit pavillon, donnant sur le jardin, qu'on avait construit pour mes parents sur ses derrières [...] et avec la maison, la ville, depuis le matin jusqu'au soir et par tous les temps, la Place où on m'envoyait avant déjeuner, les rues où j'allais faire des courses, les chemins qu'on prenait si le temps était beau. [...] maintenant toutes les fleurs de notre jardin et celles du parc de M. Swann, et les nymphéas de la Vivonne, et les bonnes gens du village et leurs petits logis et l'eglise et tout Combray et ses environs, tout cela qui prend forme et solidité, est sorti, ville et jardins, de ma tasse de thé.(CS 59)

Der Geschmack – neben anderen Sinnen – ruft die Vergangenheit in Erinnerung, das Essen wird mit bestimmten Individuen oder Gefühlszuständen assoziiert. Combray ist der Ort der geliebten Kindheit und der familiären „cènes sociales"[181], geschaffen durch Françoises Kochkünste. Sie ist die Person, die am engsten mit dem Essen in der *Recherche* verbunden ist, was aufgrund ihrer Stellung als Köchin und Haushaltshilfe nur allzu natürlich ist. Alle Beschreibungen der verschiedenen Mahlzeiten oder Nahrungsmittel in der *Recherche*, die

---

[177] Richard, Jean-Pierre: Proust et le monde sensible, Paris: Seuil, 1974, 14.
[178] Cosnier, Colette: Gastronomie de Proust, in: Europe 48 (1970), 152-160, 152.
[179] cf. Collin, P.H.: „Food and Drink in *A la recherche du temps perdu*," in: Neophilologus 54/3 (1970), 244-257, 244: „The frequency of references to food is remarkable, particulary in the early parts of *A la recherche du temps perdu*: in the 185 pages of Combray in the Pléiade edition, there are 142 different references to food or drink, a total of 71 different dishes, foods or beverages being mentioned. (One may compare this with *Jean Santeuil*, which is approximately four times as long as Combray, and which contains a total of 250 individual references to 86 different items of food)."
[180] Corbineau-Hoffmann 1993, 144; cf. ebd. 143: „Wie ganz Combray aus einer Tasse Tee, entsteht mit oder aus diesem neuen Ich der Roman als *'Recherche'*."
[181] Cosnier 1970, 157: „[...] on assiste toujours à la célébration d'une véritable cène sociale."

sich nicht auf Françoises Küche beziehen, können in Ausmaß und in der Qualität nicht mit ihren Kochkünsten konkurrieren.

Bei der Betrachtung von Françoises Küche gibt es zwei Lesarten. Zum einen ist sie ein Ort der Arbeit und des Lukullischen – „une juste representation"[182] –, zum anderen eröffnen sich ganze „champs imaginaires"[183] für den Ästheten. Sie ist eine perfekte Köchin, die den erlesensten Geschmack zu befriedigen weiß. Marcel und seine Familie schätzen ihren unersetzbaren Dienst, durch den ihre Essenswünsche erfüllt werden.[184] Françoises künstlerische Qualitäten des Kochens sind mit religiösen und künstlerischen Metaphern aufgeladen.[185] Die von Françoise kreierten Familienessen gleichen einer Zeremonie, der Françoise „le caractère sacré" (CS 45) verleiht. Religiöse Metaphern begleiten Françoise, wenn sie selbst als Objekt der Kunst erscheint, um ihre übernatürlichen Qualitäten zu unterstreichen oder wenn ihre 'Produkte' beschrieben werden. Sie ist nicht nur „une sainte dans sa niche" (CS 63)[186], sondern transformiert ein gewöhnliches Huhn zu einem religiösen Objekt:

> [...] elle était en train [...] de tuer un poulet [...] des cris de «sale bête! sale bête!», mettait la sainte douceur et l'onction de notre servante un peu moins en lumière qu'il n'eût fait, au dîner du lendemain, par sa peau brodée d'or comme une chasuble et son jus précieux égoutté d'un ciboire.(CS 116)

Die gegrillte Haut des Huhns erscheint golden wie ein Meßgewand und sein wertvoller Saft tropft wie Blutstropfen aus dem Kelch – eine Anspielung auf die Leiden Christi bzw. die heilige Wandlung in der Kirche, in der Françoise zur 'Priesterin' wird.[187] Françoises zubereitete Mahlzeit verliert ihre ursprüngliche Materie und wird dadurch zu einem künstlerischen Werk, denn:

> L'art est une véritable transmutation de la matière. La matière y est spiritualisée, les milieux physiques y sont dématérialisés, pour réfracter l'essence, c'est-à-dire la qualité d'un monde original.[188]

---

[182] de Lattre, Alain: La doctrine de la réalité chez Proust, Bd. 2: Les réalités individuelles et la mémoire, Paris: Seuil, 1981, 116.

[183] Richard 1974, 14.

[184] Die Mutter mag ausschließlich Françoises Kaffee, keiner kann ihn so zubereiten wie sie (cf. CS 86). Die Vorfreude auf das Essen, die sich bei Marcel bei allen Diners einstellt, ist ein wesentliches Merkmal, das sich durch die ganze *Recherche* zieht (cf. Richard 1974, 17).

[185] cf. Wolpers Motivklasse „(8) objects and elements as motifs" (Wolpers 1995, 36). Die Assoziationen mit Heiligenfiguren u.ä. werden zu einem Motivstrang Françoises, der sie sakralisiert.

[186] Das Essen der Dienstboten wird als „pâque solennelle" und Françoise als „célébrant et un des fidèles" davon bezeichnet (CG 35).

[187] Das Essen ist nach Cosnier „une sorte de communion" (Cosnier 1970, 156).

[188] Deleuze 1971, 59; das Kunstwerk entspricht einer Welt von Zeichen, die immateriell sind (ebd. 62). Françoises ausgesendete Zeichen in ihren Diners gehören unter diese Kategorie. – Zum ergänzenden Verständnis: Deleuze unterteilt die Zeichen, die von den Personen der *Recherche* erzeugt werden, in folgende vier Abschnitte: in „signes mondains" (ebd. 10f.), „signes amoureux" (ebd. 11f.), „signes des qualités sensibles" (ebd. 16f.) und in „signes de l'art" (ebd. 19ff.). Die Charaktere teilt er gemäß der Zeichenarten ein, die sie aussenden. So bringen beispielsweise Norpois, Cottard und Mme Verdurin mondäne, Gilberte, Odette, Albertine und Mme de Guermantes amouröse Zeichen hervor. Aus Deleuzes Sicht dienen diese voneinander getrennten Kategorien von Zeichen dazu, Parallelen zwischen den einzelnen Charakteren aufzuzeigen. Er hat vorrangig die Welt des Faubourg Saint Germain und die von Marcel geliebten Frauen im Blickpunkt. Françoise fällt aus seinem System

Marcel lobt zunächst das Huhn als Emanation von Françoises Tugend und ihrem guten Herzen. Die „douceur" in seiner „conception spéciale de son caractère" dominiert, denn „l'arôme de cette chair qu'elle savait rendre si onctueuse et si tendre n'étant pour moi que le propre parfum d'une de ses vertus" (CS 116). Die Sanftheit und Zärtlichkeit, die Marcel aufgrund der Zubereitungsart des Hühnchens für Françoise empfindet, verwandelt sich ins Gegenteil, als er sieht, wie Françoise das sich wehrende Huhn tötet und in Wut über seinen Widerstand gerät.[189] Auch hier offenbart Françoises Verhalten ein historisches bzw. Lebens-Prinzip:

> Je m'aperçus peu à peu que la douceur, la componction, les vertus de Françoise cachaient des tragédies d'arrière-cuisine, comme l'histoire découvre que les règnes des Rois et des Reines qui sont représentés les mains jointes dans les vitraux des églises, furent marqués d'incidents sanglants.(CS 117)

Ausgehend von Françoises Charakter-Widersprüchen erinnert sich Marcel an historische Vorbilder, die wiederum in den religiösen Kontext der Kirchenfenster gestellt werden und damit selbst als Kunstobjekte erscheinen. Nicht nur der Mensch verbirgt hinter seinen guten Seiten grausame Charakterzüge, auch die Kunst kennt Positives wie Negatives. Kreatives, Neugeschöpftes kann aus Zerstörung erwachsen. Widersprüche im Kunst-Schaffen – Grausames und Kreatives – gehören genauso zum Leben wie die Widersprüche von Françoises Charakter. Die Kehrseite der Realität muß nicht immer schön sein. Mit dieser Erkenntnis nähert sich Françoise den 'offiziellen' Künstlergestalten Bergotte, La Berma, Vinteuil und Elstir. Die Vorstellung Marcels von ihnen, ihr „Mythos"[190], fällt oft nicht mit ihrer realen Erscheinung zusammen. Als Beispiel soll Marcels Enttäuschung bei der Erkenntnis dienen, daß Elstir der einfache Monsieur Biche ist:

> Serait-il possible que cet homme de génie, ce sage, ce solitaire, ce philosophe à la conversation magnifique et qui dominait toutes choses fût le peintre ridicule et pervers, adopté jadis par les Verdurin? Je lui demandai s'il les avait connus, si par hasard ils ne le surnommaient pas alors M. Biche. Il me répondait que si, sans embarras, comme s'il s'agissait d'une partie déjà un peu ancienne de son existence, et s'il ne se doutait pas de la déception extraordinaire qu'il éveillait en moi.(JF 701)

---

heraus, sie wird zumindest nicht explizit erwähnt. Deleuzes Ansatz richtet sich nach dem Verhalten Marcels und des Erzählers, die einzig schon produzierte Zeichen decodieren – wie sie bei den gesellschaftlichen Bekanntschaften auftreten. Da die Vertreter der elitären Welt der Pariser Zirkel eine höhere Attraktivität für Marcel besitzen als Françoise – schließlich will er Zugang zum Pariser Leben des Faubourg Saint Germain und seiner Gesellschaft erhalten statt in die Dienerwelt eintreten – studiert der Held zunächst die weltlichen Zeichen der Salons. Françoises Verhalten wird dabei allerdings schon beobachtend verfolgt. Da er sich z. B. das künstlerische Flair eines Elstir bei Françoise nicht zu eigen machen will, studiert Marcel seine „signes de l'art" usw. Der Schein, den Françoise mit den anderen nicht Maß halten kann, trügt. Schließlich wird sich Marcel bewußt, daß er von Françoise mehr lernen kann als von allen gesellschaftlichen Kontakten seiner 'Salonzeit', wie u.a. die mögliche Übertragung von Deleuzes Kategorie der „signes de l'art" auf Françoise noch zeigen wird. – Das Verhalten Marcels steuert meiner Ansicht nach auch das Rezeptionsverhalten des Lesers, der nicht nur wie Deleuze Françoises Zeichen vernachlässigt, sondern auch die damit verbundenen intertextuellen Signale.

[189] Trotzdem wird Marcel – wie schon Tante Léonie – Françoise aus einem einfachen Kalkül heraus behalten, CS 117: „Mais qui m'eût fait des boules aussi chaudes, du café aussi parfumé, et même ... ces poulets? ... Et en réalité, ce lâche calcul, tout le monde avait eu à le faire comme moi. [...] Malgré cela ma tante l'avait gardée, car si elle connaissait sa cruauté, elle appréciait son service."

[190] Schulz-Buschhaus 1989, 153.

Françoises „chefs d'oeuvre culinaires" werden zu einer „Apotheose des Lukullischen"[191]:

> Françoise, commandant aux forces de la nature devenues ses aides, comme dans les féeries où les géants se font engager comme cuisiniers [...] faisait finir à point par le feu les chefs-d'oeuvre culinaires d'abord préparés dans des récipients de céramiste [...] en passant par une collection complète de casseroles de toutes dimensions. [...] mon ravissement était devant les asperges, trempées d'outre-mer et de rose et dont l'épi, jusqu'au pied – encore souillé pourtant du sol de leur plant – par des irisations qui ne sont pas de la terre. Il me semblait que ces nuances célestes trahissaient les délicieuses créatures qui s'étaient amusées à se métamorphoser en légumes et qui à travers le déguisement de leur chair comestible et ferme laissait apercevoir en ces couleurs naissantes cette essence précieuse que je reconnaissais encore quand [...], elles jouaient, dans leurs farces poétiques et grossières comme une féerie de Shakespeare, à changer mon pot de chambre en un vase de parfum.(CS 115f.)

Françoise entsteigt als Köchin fast der irdischen Welt, scheint übernatürliche Kräfte zu besitzen bzw. sie zur Hilfe zu rufen. Die aus ihrer Hand kommenden Spargel schillern in Farben, die nicht von dieser Welt zu stammen scheinen. Einfache Naturalien machen eine Metamorphose durch und werden durch Françoises künstlerische Raffinessen poetisiert.[192] Hier geht es um mehr als nur um die Zubereitung einer wohlschmeckenden Mahlzeit, die in einem religiösen Kontext steht. Neben den religiösen Metaphern dominieren künstlerische, denn „Françoise ist im Amte der Köchin zugleich eine Künstlerin."[193] Sie fügt allen ihren Speisen ihr „propre génie" bei und ihr wird, gleich einem richtigen Künstler, schon in Combray eine eigene „signature" (CS 77) zugeschrieben. Françoise teilt nicht nur Züge mit einem mittelalterlichen Kirchenbaumeister (cf. ebd.), sondern kreiert einen Schokoladenpudding wie ein Komponist sein Musikstück, das einer bestimmten Person gewidmet ist:

> Quand tout cela était fini, composée expressement pour nous, mais dédiée plus spécialement à mon père qui était amateur, une crème de chocolat, inspiration, attention personnelle de Françoise, nous était offerte, fugitive et légère comme une oeuvre de circonstance où elle avait mis tout son talent.(CS 77)

Ihr Stolz gleicht jenem eines echten Künstlers, der von seinem Werk überzeugt ist. Genauso wie ein Komponist und Dirigent es gering schätzt, daß sein Publikum vorzeitig den Konzertsaal verläßt, empfindet es Françoise als Beleidigung, wenn ihre Gäste etwas von ihrem Essen zurücklassen (cf. ebd.). Komplimente empfängt Françoise mit „la fière simplicité, le regard joyeux et – fût-ce momentanément – intelligent, d'un artiste à qui on parle de son art" (JF 412). Sie besitzt alle Züge einer erfolgreichen Künstlerin – sei es einer Bildhauerin, Musikerin oder einer Künstlerin aus einer übrigen Sparte – aber ihre Beschreibung bleibt dem komischen 'Register' verhaftet. Sie als Künstlerin deshalb nicht

---

[191] Krotz 1990, 110.

[192] cf. Gilroy, James P.: „Food, Cooking, and Eating in Prousts *'A la recherche du temps perdu'*", in: Twentieth Century Literature 33/1 (1987), 98-109, 103: „[...] she seems a larger-than-life figure with supernatural powers [...]. She is a high priestess of cuisine, and her vocation is of an almost ecclesiastical nature."

[193] Schulz-Buschhaus 1989, 150; cf. auch Gourdeau-Wilson, Gabrielle: „L'immangeable repas proustien", in: BMP 36 (1986), 477-486, 484: „[...] de nombreuses descriptions de mets et de plats [...] contribuent à faire du repas proustien un repas de mots, un festin d'images, un banquet esthétique, bref un repas essentiellement impressioniste. Ainsi, le jambon d'York devient un marbre rose [...] le boeuf aux carottes de Françoise une oeuvre de Michel-Ange [...] ainsi Françoise n'est pas une cuisinière mais bien avant tout une artiste."

ernstzunehmen und sich nur auf die humorvolle, teils ironische Art der Beschreibung zu konzentrieren, wäre allerdings falsch. Die entsprechenden Ausschnitte weisen auch immer Ansätze zu einer „Gegensteuerung" auf, welche dem „potentiell Lächerlichen Seriosität verleihen sollen".[194] Am deutlichsten wird dies im Diner für den Baron von Norpois, der von Marcels Familie eingeladen wird. Françoise liebt es, die Perfektion ihrer Kunst unter Beweis zu stellen. Der Erzähler mißt ihr uneingeschränkt ein „don" für die „art de cuisine" bei (JF 382). Ihre Kompositionsmethoden werden nur von ihr selbst verstanden.[195] In ihrer Kochkunst zeigt sie die gleiche Genauigkeit, die sie bei allen ihren Erledigungen an den Tag legt. Das Zustandekommen eines „boeuf à la gelée" entspricht einem Schöpfungsakt:

> Françoise, heureuse de s'adonner à cet art de la cuisine [...] sachant qu'elle aurait à composer, selon des méthodes sues d'elle seule, du boeuf à la gelée, vivait dans l'effervescence de la création.(JF 382)

Sie verfügt über die „brûlante certitude des grands créateurs" (JF 382) und „l'ambition de réussir" (JF 392). Dabei muß sie einige „difficultés dignes d'elle" (JF 392) überwinden, die den Hindernissen und Herausforderungen, mit denen sich Künstler allgemein konfrontiert sehen, entsprechen. Sie sucht selbst die Rohmaterialien ihres Werkes aus, wie seinerzeit Michelangelo seine Marmorblöcke:

> [...] comme elle attachait une importance extrême à la qualité intrinsèque des matériaux qui devaient entrer dans la fabrication de son oeuvre, elle allait elle-même aux Halles se faire donner les plus beaux carrés de romsteck, de jarret de boeuf, de pied de veau, comme Michel-Ange passant huit jours dans les montagnes de Carrare à choisir les blocs de marbre les plus parfaits pour le monument de Jules II.(JF 382)[196]

Die Mutter fürchtet, daß Françoise durch ihren künstlerischen Arbeitseifer und die damit einhergehende Überbelastung krank werden könnte „comme l'auteur du Tombeau des Médicis dans les carrières du Pietrasanta" (JF 382).

3.8.3 Françoise und Marcel – künstlerische Schöpfer der gleichen 'Methodik'

Françoises Schöpfung wird durch die Beurteilung von Norpois – der als Maßstab der Kritik in kulinarischen Dingen durchaus ernstzunehmen ist, wenn er auch sonst nichts richtig tiefgründig versteht[197] – zu einem wirklichen Kunstwerk. Er nennt die Produzentin des

---

[194] Schulz-Buschhaus 1989, 151.
[195] cf. JF 412: „Elle [...] n'était pas beaucoup plus capable – ou désireuse de dévoiler le mystère qui faisait la supériorité de ses gelées ou de ses crèmes, qu'une grande élégante pour ses toilettes, ou une grande cantatrice pour son chant."
[196] cf. Françoises Liebe fürs Detail, F 378: „[...] à sa curiosité de domestique [...] habituée à noter les details avec une effrayante précision, s'était joint [...] ce même goût en effet qu'elle montrait dans la cuisine et qu'elle avivait [...] dans sa manière de s'habiller [...]."
[197] cf. Keller, Luzius: Proust lesen, Frankfurt/Main: Suhrkamp 1991, 241: „[...] in kulinarischen Fragen kann man dem Marquis von Norpois Vertrauen schenken. Für den kleinen Marcel und seine Eltern ist Norpois eine Respektsperson und eine Autorität in allen Lebensbereichen. Im weiteren Verlauf des Romans wird sich allerdings erweisen, daß er zwar zu allem und jedem seine Meinung äußert, jedoch von nichts etwas versteht – außer eben vom Essen."

„boeuf à la gelée" einen „chef de tout premier ordre" und auch Marcel stellt fest, daß sie ihre „manière incomparable de Combray" (JF 392) wiedergefunden habe. Das Essen ist eingebettet in Gespräche über Kunst und Literatur. Vor dem Diner stellt der Vater den Marquis seinem Sohn Marcel vor, der mit ihm über Literatur redet und danach gänzlich seine Lust am Schreiben verloren zu haben glaubt (cf. JF 387). Kurz bevor die Mutter die drei Herren zu Tisch bittet, weist Norpois ein von Marcel verfaßtes Prosagedicht zurück, ohne ein Wort darüber zu verlieren. Als die Mutter nach dem geglückten „boeuf à la gelée" noch einen Ananas-Trüffel-Salat reichen will, widerfährt Françoise als seiner Schöpferin ähnliches:

> Ma mère comptait beaucoup sur la salade d'ananas et de truffes. Mais l'Ambassadeur après avoir exercé un instant sur le mets la pénétration de son regard d'observateur la mangea en restant entouré de discrétion diplomatique et ne nous livra pas sa pensée. Ma mère insista pour qu'il reprît, ce que fit M. de Norpois, mais en disant seulement au lieu du compliment qu'on espérait: «J'obéis, Madame, puisque je vois que c'est là de votre part un véritable oukase.»(JF 393)

Damit ist ein vernichtendes Urteil gesprochen. Setzt man es in Beziehung zu Norpois' Reaktion auf Marcels Prosagedicht, weiß der Leser, daß implizit die gleiche Bewertung erfolgt ist. Die „exaltation", von der Marcel glaubt, sie müsse auf jeden Leser seines Gedichts überspringen, bleibt daher bei Norpois aus:

> [...] un petit poème en prose .[...] Je l'avais écrit avec une exaltation qu'il me semblait devoir communiquer à ceux qui le liraient. Mais elle ne dut pas gagner M. de Norpois, car ce fut sans me dire une parole qu'il me le rendit.(JF 389f.)

Die Gleichbehandlung von Françoise und dem Helden führt zu einer psychologischen Annäherung beider als Künstler und bildet ein weiteres Indiz für die besondere Beziehung von Françoise zu Marcel, die sich am Ende der *Recherche* endgültig offenbart. Dort ruft 'Marcel-Erzähler' erneut die Erinnerung an Françoises „boeuf mode" hervor:

> D'ailleurs, comme les individualités (humaines ou non) sont dans un livre faites d'impressions nombreuses qui, prises de bien des jeunes filles, de bien des églises, de bien des sonates, servent à faire une seule sonate, une seule église, une seule jeune fille, ne ferais-je pas mon livre de la façon que Françoise faisait ce boeuf mode, apprécié par M. de Norpois, et dont tant de morceaux de viande ajoutés et choisis enrichissaient la gelée?(TR 831)

'Marcel-Erzähler' vergleicht seine eigene Schöpfung – seinen Roman – mit Françoises Arbeitsweise. Die Charakterzüge seiner Figuren wird er auswählen und zusammensetzen wie Françoise die Fleischstücke und Zutaten zu ihrem „boeuf mode", um daraus ein kohärentes Ganzes zu schaffen. Die „lente métamorphose des substances"[198] trug schon zum Erfolg des für Norpois zubereiteten 'boeuf mode' bei. Prousts Satzbau „se rêve bien avec les mêmes qualités que l'aliment heureux: onction, douceur, glissante, épaisseur liée, faculté de réunir le paradoxal, ou l'inconséquent, ou l'indéfiniment divisé, dans un seul nappement imperturbable".[199] Darüberhinaus konstruiert Proust die *Recherche* wie den garnierten Rinderbraten Françoises, „couché [...] sur d'énormes cristaux de gelée pareils à des blocs de

---

[198] Richard 1974, 25.
[199] ebd. 34.

quartz transparent" (JF 392). Der Gelee kristallisiert und 'reinigt' das ursprünglich Unzusammenhängende der Saucen. Den Faden, den Françoise benutzt, um aus einzelnen Stofffetzen ein Ganzes zu schaffen und das 'Marcel-Erzähler' ebenfalls als Metapher für die Komposition seines Romans ansieht, stellt nur *eine* Bedingung dar.

> Il faut peut-être la solidité du lien, il faut en même temps [...] le *fondu* de l'ensemble [...]. C'est le fondu qui fait la robe et qui en atteste l'unité: le *fondu* et le *lien* [...] que Françoise, à petit feu, sur un coin de fourneau, laissait gonfler lentement dans la chaleur humide de sa gourmandise.[200]

Das Fließende wird fest, die verschiedenen Erinnerungen fließen zu einem Ganzen zusammen, individuell aneinandergereiht durch einen Faden, der wie das ganze Ensemble dennoch transparent bleibt. Am Ende der *Recherche* zeigt sich, daß alle bisher aufgetretenen Charaktere und Erlebnisse Teile eines Ganzen gewesen sind und die Suche nach der Zeit erfolgreich war: Schließlich erkennt 'Marcel-Erzähler', daß er sie mit den Methoden Françoises wiederherstellen kann bzw. dies schon getan hat. Françoise inspiriert folglich nicht nur den Helden zu der Kreation seines Romans – wie dies die anderen weiblichen Figuren der *Recherche* zu tun pflegen[201] – sondern wird selbst zur künstlerischen Schöpferin.

Es reicht nicht aus, Françoise in eine Gruppe von „personnages plus modestes" zu stellen, die „encore les artistes"[202] evozieren, sondern sie muß im Rahmen der „spezifisch Proustschen Rangordnung des latenten Künstlertums"[203] noch stärker hervorgehoben werden. Robertson stellt sinnfällig fest:

> When the Hero finds his true vocation in art, he and Françoise are in harmony as they are nowhere else in the novel – almost, indeed, as though that part of the Hero's consciousness is at rest.[204]

Man kann noch weiter gehen und Françoises Rolle nicht nur auf eine „practical assistance in the writing of his novel"[205] reduziert sehen, sondern ihre von 'Marcel-Erzähler' erkannte Bedeutung als gleichwertige Künstlerin – in ihrem Bereich – herausstreichen.

---

[200] de Lattre 1978, 94; cf. Deleuze 1974, 62: „L'art a donc un privilège absolu [...]. Dans l'art, les matières sont spiritualisées, les milieux, dématérialisés. L'oeuvre d'art est donc un monde de signes mais ces signes sont immatériels et n'ont plus rien d'opaque [...]. En second lieu, le sens de ces signes est une essence, essence affirmée dans toute sa puissance. En troisième lieu, le signe et le sens, l'essence et la matière transmuée se confondent ou s'unissent dans une adéquation parfaite. Identité d'un signe, comme style, et d'un sens comme essence: tel est le caractère de l'oeuvre d'art. Et sans doute, l'art lui-même a fait l'objet d'un apprentissage." Françoise paßt – ihre künstlerisch ausgesendeten Zeichen betreffend – hier in Deleuzes System.

[201] cf. Richardson-Viti, Elisabeth: „Proust et le romanesque de la transformation. L'exemple feminin", in: Romance Notes 27/2 (1986), 155-161, 160: „Essentielle, bien entendu, au grand thème de l'Amour, la femme l'est aussi au thème de l'Art car, même si elle n'est pas artiste elle-même [...] elle inspire la création [...] elle la transmet." Richardson-Viti erwähnt kein einziges Mal Françoise, obwohl sie eine wesentliche Rolle der Inspiration und als Lehrerin für Marcel übernimmt.

[202] Tadié 1971, 247.

[203] Schulz-Buschhaus 1989, 150.

[204] Robertson 1971, 441.

[205] ebd. 440.

3.9 Zusammenfassung ihrer 'intratextuellen' Rolle

Als Resultat der Ausführungen, die sich mit Françoises Rolle als Wahrerin der französischen Volkstradition, Substitut der Mutter und schließlich als Künstlerin beschäftigt haben, bleibt festzuhalten: Françoise ist eine komplexe und widersprüchliche Persönlichkeit. Sie wächst über ihre Rolle als einfache Dienerin hinaus, wird zur Vertrauten, Lehrerin und schließlich zur Künstlerkameradin, wenn sie auch niemals ihren Stand als 'Diener ihrer Herren' aufgeben möchte. Gerade dies spricht für sich – sie dient 'Marcel-Erzähler' in ganz anderer Weise: In ihrem Verhalten und ihren Reaktionen nimmt sie häufig Marcels eigene Erlebnisse vorweg bzw. präsentiert ihm die Unmöglichkeit, eine andere Person vollständig zu erfassen. Benjamin weist auf die Wichtigkeit des Dienstpersonals hin, dessen Spuren er in Prousts eigener Person zu erkennen glaubt. Als profiliertestes Wort qualifiziert er daher Barrès' Ausspruch, Proust sei „un poète persan dans une loge de portière."[206]

Françoises intratextuell zu destillierende Bedeutung liegt in ihrer Beziehung zu Marcel und zur Kunst. Sie zieht sich in ihre Küche zurück, um kreativ tätig zu sein wie Marcel auf das gesellschaftliche Leben der Pariser Salons verzichtet, um seinen Roman zu schreiben. Beide folgen dem gleichen Prinzip:

> La création ne peut se faire que loin d'elle [gemeint ist die „société"], dans la solitude.[207]

Moine denkt zwar nicht an Françoise bei dieser Aussage, nach den bisherigen Ausführungen kann Françoise allerdings darunter subsumiert werden. Françoise transformiert in der Einsamkeit ihrer Küche, in der sie unbeobachtet sein will, banale alltägliche Gegenstände des Lebens – Nahrungsmittel – zu Kunstobjekten. Marcel erkennt sein Leben und die bisher gemachten Erfahrungen als Objekte der Kunst, d.h. seines Romans und transformiert es, indem er es poetisiert[208]; Françoise macht das Leben zur Kunst, da dies ihrem Wissensspektrum entspricht. Nicht nur Françoises Essen kann eine „nouvelle clef" darstellen, um ins „univers proustien"[209] vorzudringen, sondern Françoises ganze künstlerische Persönlichkeit samt ihrem Verständnis von Kunst bzw. dasjenige, welches ihr vom Erzähler zugeschrieben wird. Schließlich sind die offiziellen Künstlergestalten der *Recherche* – insbesondere Elstir –, die durch sie angeregten Reflexionen über Musik, Literatur, Bildhauerei und Malerei, die ausschlaggebenden Faktoren, die Marcels eigenes Bild der wahren Kunst formen. Die Gedanken des Erzählers über Kunst sollen daher in ihrer Gesamtheit auf Françoise bezogen werden mit dem Ziel, eine Definition ihres 'Künstlergenres' zu finden, hinter der letztendlich Prousts Vorstellung der 'wahren Kunst' verborgen liegt. Der Erzähler meint, daß „l'effort intellectuel [...] seul peut produire

---

[206] Maurice Barrès, zitiert in: Benjamin 1961, 363.
[207] Moine 1970, 51; cf. Gilroy 1987, 108: „In many ways society dinners represent the antithesis of the Mass." Dadurch steigert sich der Wert von Françoises zubereitetem Essen, da sie zur letzten Kategorie gehört.
[208] cf. Richard, Jean-Pierre: „Proust et l'objet alimentaire", in: Littérature 6 (1972), 3-19, 7: „[...] l'écrivain ne possède, ou ne recrée verbalement ce monde qu'à la condition de s'en écarter, d'accepter de le perdre, c'est à dire de le transformer en signes, en écriture."
[209] Cosnier 1970, 152.

l'oeuvre" (JF 692) und daß dieses Wissen – eine künstlerische schulische Vorbildung – mit dem „instinct" kombiniert werden müsse:

> Car l'instinct dicte le devoir et l'intelligence fournit les prétextes pour l'éluder. Seulement les excuses ne figurent point dans l'Art, les intentions n'y sont pas comptées, à tout moment l'artiste doit écouter son instinct, ce qui fait que l'art est ce qu'il y a de plus réel, la plus austère école de la vie, et le vrai Jugement dernier.(TR 713)

Die „habitude d'être laborieux" bringt ein künstlerisches Werk hervor.[210] Die Genialität und Meisterschaft, die einen gewöhnlichen Menschen zu einem Künstler erhebt, definiert der Erzähler überraschenderweise wie folgt:

> Mais le génie, même le grand talent, vient moins d'éléments intellectuels et d'affinement social supérieurs à ceux d'autrui, que de la faculté de les transformer, de les transposer. [...] ceux qui produisent des oeuvres géniales ne sont pas ceux qui vivent dans le milieu le plus délicat, qui ont la conversation la plus brillante, la culture la plus étendue, mais ceux qui ont eu le pouvoir, cessant brusquement de vivre pour eux-mêmes, de rendre leur personnalité pareille à un miroir, de telle sorte que leur vie, si médiocre d'ailleurs qu'elle pouvait être mondainement et même, dans un certain sens, intellectuellement parlant, s'y reflète, le génie consistant dans le pouvoir réfléchissant et non dans la qualité intrinsèque du spectacle reflété.(JF 466)

Ein Merkmal scheint des weiteren allen Künstlern eigen:

> [...] chaque artiste semble ainsi comme le citoyen d'une patrie inconnue, oubliée de lui-même, différente de celle d'où viendra, apareillant pour la terre, un autre grand artiste.(P 209)

Auch von Françoise heißt es, sie habe eine „patrie perdue" hinter sich gelassen:

> Ah! Combray Combray, s'écriait-elle. (Et le ton presque chanté [...] eût pu, chez Françoise, [...] faire soupçonner [...] que la patrie perdue qu'elle pleurait n'était qu'une patrie d'adoption.(CG 36)

Das Land, dem Françoise nachweint, ihre geographische Heimat, scheint nach dieser Feststellung nur eine adoptierte gewesen zu sein und nicht mit ihrer 'geistigen' übereinzustimmen. Zu Françoises „passé noble et mal compris", der am Anfang der *Recherche* erwähnt wird, gehören auch die Züge einer Künstlerin – wie am Ende der *Recherche* klar wird. Sie hat ein „sentiment juste de son art" (JF 413), ihre Erkenntnis beruht jedoch auf ihrem Herz und ihren Instinkten:

> Elle ne savait rien dans ce sens total où ne rien savoir équivaut à ne rien comprendre, sauf les rares vérités que le coeur est capable d'atteindre directement. Le monde immense des idées n'existait pas pour elle. [...] privés de lumière, mais pourtant plus naturellement, plus essentiellement apparentés aux natures d'élite que ne le sont la plupart des gens instruits [...] il n'a manqué, pour avoir du talent, que du savoir.(JF 539)[211]

---

[210] cf. JF 665: „[...] l'habitude d'être laborieux qui nous permet de produire une oeuvre, ce n'est l'allégresse du moment présent, mais les sages reflexions du passé, qui nous aident à préserver le futur."

[211] cf. Prousts „Projets de préface" in: CSB 1971, 211-218, 211: „Chaque jour j'attache moins de prix à l'intelligence. Chaque jour je me rends mieux compte que ce n'est qu'en dehors d'elle que l'écrivain peut ressaisir quelque chose de nos impressions, c'est-à-dire atteindre quelque chose de lui-même et la seule matière de l'art."; cf. ebd. 216: „Car si l'intelligence ne mérite pas la couronne suprême, c'est elle seule qui est capable de la décerner. Et si elle n'a dans la hierarchie des vertus que la seconde place, il n'y a qu'elle qui soit capable de proclamer que l'instinct doit occuper la première." Françoise erfüllt diese 'Voraussetzung' eines Künstlers.

Dieses Wissen oder den „effort intellectuel" (JF 692) eines Elstir kann Françoise aufgrund ihrer fehlenden Vorbildung und sozialen Stellung nicht besitzen. Ihre ästhetischen Vorstellungen kommen aus ihrem Leben – nicht aus einer Kunstschule. Daher ist Françoise weder Schriftstellerin, Bildhauerin noch Malerin. Ihre Kunstwerke sind anderer Art. Sie besitzt eine „compréhension instinctive" (TR 830), also ein instinktives Verständnis für Kunst. Obwohl ihr anfangs in *Du côté de chez Swann* Intelligenz zugeschrieben wird – sie erscheint als „bonne intelligente" (CS 64), ebenso „momentanément intelligent" (JF 412) beim Diner für Norpois – darf man, mit dem Wissen, daß ihre „compréhension" instinktiv ist, Intelligenz nicht mit „Vielwisserei" oder „Schulwissen" verwechseln.[212] Durch ihre mit ihrem Beruf einhergehende, „habitude d'être laborieux" wird Françoise zur künstlerischen Schöpferin und zur Vertreterin eines „art populaire" (TR 719), der Gegenstände des alltäglichen Lebens zu Kunst transformiert. Marcel erkennt, daß der „art véritable" genau darin liegt, das eigene Leben als Kunstobjekt zu erkennen:

> La grandeur de l'art véritable [...] c'était de retrouver, de ressaisir, de nous faire connaître cette réalité loin de laquelle nous vivons, de laquelle nous nous écartons de plus en plus au fur et à mesure que prend plus d'épaisseur et d'imperméabilité la connaissance conventionnelle que nous lui substituons, cette réalité que nous risquerions fort de mourir sans avoir connue, et qui est tout simplement notre vie. La vraie vie, la vie enfin découverte et éclaircie, la seule vie par conséquent réellement vécue, c'est la littérature.(TR 725)

Françoise zur Schriftstellerin à la Marcel zu machen, würde ihrem Kunstverständnis, ihrer traditionellen Verhaftung in ihrem Stand und ihrer instinktiven Bildung, die sich nicht in Worten, sondern in nonverbalen Schöpfungsakten ausdrückt, zuwiderlaufen. Trotzdem oder vielleicht gerade deshalb erkennt 'Marcel-Erzähler' sie in der *Temps retrouvé* als bessere Hälfte seiner selbst, die zuvor seine Interessen wahrgenommen hat, wo ihm der Wille fehlte und ihn zu seiner Schriftstellerlaufbahn führt.[213] In einer Werkstattnotiz Prousts über 'François le Champi' findet sich eine wichtige Verknüpfung mit Françoise:

> P.S. Sur François le Champi [...] qui pourtant m'avait souvent [fait] trouver du plaisir à remarquer tant des façons de parler paysannes dans le langage de Françoise qui le remettait soigneusement en place quand ma mère l'avait lue et qui me la faisait paraître, en cela du moins, comme un personnage au dialecte amicalement noté de George Sand, tenant dans sa main l'oeuvre dont elle est sortie, comme on voit dans la niche de certaines porches une petite sainte tenir dans sa main un objet minuscule et ouvragé qui n'est autre que toute la cathédrale qui l'abrite (Cahier 57, f. 6 r).[214]

Roloff schreibt dazu:

---

[212] cf. Krotz 1990, 112f.: „Wie wir sehen, vermag unser Autor Intelligenz und Genialität auch dort an Menschen und deren Aktivitäten sehr wohl wahrzunehmen, wo sie der Vertreter unseres Kulturkreises nicht zu erwarten pflegt und oft auch gar nicht zu sehen vermag oder willens ist. Keinesfalls setzt Proust Intelligenz mit studierter Vielwisserei, mit „historischer Bildung" (Nietzsche) oder überhaupt mit Schulwissen gleich."

[213] Harder Markland sieht Françoise als „literary sage-femme" an, die Marcel in die Künste des Lebens einweist bzw. ihn darüber aufklärt, daß das Leben zum Kunstobjekt werden kann (Harder Markland 1992, 196).

[214] zitiert bei: Roloff, Volker: Werk und Lektüre. Zur Literaturästhetik von Marcel Proust, Baden Baden: Insel, 1984, 183.

Die Figur der Françoise wird hier als Produkt der Lektüre von G. Sands *François le Champi* („l'oeuvre dont elle est sortie") dargestellt.[215]

Mit Françoise als mittelalterlicher Statue, die ihre eigene Kathedrale als „objet minuscule et ouvragé" in der Hand hält, verweist Proust meiner Meinung nach nicht nur auf ein Darstellungsprinzip der *Recherche* – desjenigen des „Werks im Werk"[216] –, sondern auf eine Allegorie für den Schriftsteller und sein Werk. Françoise wird zum 'Autor' bzw. Schöpfer der *Recherche*, die sie in Gestalt der Kathedrale in den Händen hält. Proust identifiziert sich mit Françoise, mit ihren Methoden der Erbauung seiner 'Kathedrale' – der *Recherche*.

Eine neue Rangordnung bzw. Einordnung Françoises in die Reihe der Künstlergestalten muß überdacht werden. Nach den bisherigen Untersuchungen geht die Behauptung, Françoise stehe mit an oberster Stelle im Ansehen Marcels und Prousts, sicherlich nicht zu weit. Folgende Fragen erscheinen berechtigt: Elstir, Bergotte, Vinteuil – anfangs hochgeschätzt, am Ende vielleicht hinter Françoise zurückstehend? Françoise – anfangs 'mißachtet' und lächerlich gemacht, schließlich hochgeschätzt von 'Marcel-Erzähler'? Die *Recherche* ist ein Roman der Umwälzungen, am Ende wird die bürgerliche Madame Verdurin zur Prinzessin von Guermante – dies ein negatives Resultat der 'Zeit'. Françoise avanciert parallel dazu zu einer gleichrangigen Künstlerin, die ihren individuellen Voraussetzungen und Prinzipien treu bleibt – dies ein positives Resultat der Suche, der „*recherche*", welche mit der „vocation" des Helden zusammenfließt und uns erneut zur Lektüre des Romans *A la recherche du temps perdu* auffordert, nun mit dem Wissen um Françoises bedeutende intratextuelle Rolle. Nicht vergessen werden darf die Tatsache, daß ihr Dienerstand eine elementare Voraussetzung für ihr Kunstschaffen darstellt.

Folgende Fallstudien sollen zeigen, daß Proust sich bei Françoises Rolle nicht nur von intratextuellen Gesichtspunkten hat 'leiten' lassen. Um ihre Rolle richtig bewerten zu können, muß ihre interfigurale Traditionslinie zurückverfolgt, sie in dem ihr eigenen intertextuellen Rahmen betrachtet werden. Das ihr zukommende Gewicht läßt sich erst dann richtig 'abwiegen', nicht nur für 'Marcel-Erzähler', sondern auch für Proust, der die weibliche Bedienstete in ihrer Person zur völligen 'Emanzipation' und Gleichberechtigung führt.

3.9.1 Françoise und die „clefs"

Aus der bisherigen Annäherung an Françoise ergeben sich weitere Fragen: Inwiefern hat sich Proust bei der Niederschrift seines Romans von realen Vorbildern leiten lassen und in welchem Maße hat dies eine Bedeutung für das Verständnis der einzelnen Figuren in der *Recherche*? Im Anschluß muß in dieser synchronen Blickrichtung die Frage gestellt werden, inwiefern Proust einer Beeinflussung von literarischen Vorbildern ausgesetzt ist bzw. ob und wie ein intertextueller Dialog stattgefunden hat. Die erstgestellte Frage läßt sich schnell lösen. Für das Verständnis der Figuren – im vorliegenden Fall für dasjenige Françoises – ist

---

[215] ebd.
[216] ebd.

es völlig nebensächlich, ob jemand bzw. wer als Vorbild oder Anregung gedient haben könnte, es steht den Intentionen Prousts wahrscheinlich sogar entgegen. De Lattre bemerkt dazu:

> On cherche des modèles, on demande des clefs. Rien n'est moins opportun; rien ne va mieux à contresens des intentions de Proust.[217]

Der Erzähler der *Recherche*, dessen Ansichten sich in diesem Punkt mit denen Prousts decken dürften, unterstreicht in *Le Temps retrouvé*:

> Dans ce livre [...] il n'y a pas un seul fait qui ne soit fictif, il n'y a pas un seul personnage «à clef», [...] tout a été inventé par moi selon les besoins de ma demonstration.(TR 687)

Die Frage nach realen Vorbildern ist somit müßig, diejenige nach literarischen umso sinnvoller, denn in den von Proust selbst hervorgehobenen fiktiven Bereich fallend. Proust ist ein „visionary artist"[218], der kein historisch getreues, alle Klassen umschließendes Gesellschaftsbild mit real lebenden Portraits seiner Zeit liefern will. Alle Figuren der *Recherche* haben einen „composite origin" und durchlaufen Prousts „creative imagination", die wiederum die Bedingung darstellt, alle „hidden possibilities", d.h. alle möglichen Facetten der Proustschen Figuren, zur Anschauung zu bringen – was im vorliegenden Fall bedeutet, den motivgeschichtlichen Rahmen für Françoise mitzudenken.[219] Die Aussagen über Proust als „visionary artist" gelten ebenso motivgeschichtlich. Auch literarische Vorgängerinnen Françoises durchlaufen seine „creative imagination" und sind ein Teil der „hidden possibilities".

Man kann zwar feststellen, daß Ernestine Gallou – Dienerin von Prousts Onkel Jules Amiot väterlicherseits und seiner Frau, die immer in Illiers (Vorbild für Combray) blieb – als „modèle" diente. Gleiches trifft für einige „domestiques" zu, die im Dienste Prousts standen, z.B. Félicie Fitau, Céline Cottin und Céleste Albaret.[220] George Painter verwebt in seiner Biographie ebenso Leben und Werk Marcel Prousts und stellt fest:

> Ernestine wurde ihm zum Symbol für ein versunkenes Frankreich [...], mit einem Stammbaum, der sich mit dem jedes Guermantes messen konnte. Sie war die erste in der langen Reihe der Dienstboten der Familie, die zur Gestalt der Françoise zusammengeflossen sind.[221]

Ein Gewinn für das tiefere Verständnis Françoises als Romanfigur und damit für ihre Bedeutung im Verhältnis zum Helden der *Recherche* resultiert aus dieser Methode allerdings nicht – sehr wohl aber aus einer intra- und intertextuell-motivgeschichtlich

---

[217] de Lattre 1978, 111.
[218] Schneider, Marcel: „The Faubourg Saint Germain", in: Quennell, Peter: Marcel Proust 1871-1922, A Centenary Volume, London: Weidenfeld and Nicolson, 1971, 41.
[219] Quennell, Peter: „Introduction" in: Quennell 1971, 18.
[220] cf. Michel-Thiriet, Philippe: „Quid de Marcel Proust", in: RTP 1987, 1-313, 180f.; cf. Albaret, Céleste: Monsieur Proust. Souvenirs recueillis par Georges Belmont, Paris: Robert Laffont, 1973.
[221] Painter 1962, 43; cf. Quennell 1971, 5: „Here Aunt Elisabeth, prototype of the novelist's Tante Léonie, obstinately kept her bed, served by the devoted Ernestine Gallou, who gave the novelist numerous hints for Françoise."

angelegten. Der Grund liegt in der anfangs schon von mir angedeuteten und von de Lattre explizit formulierten Tatsache:

> [...] les personnages n'ont pas des clefs; ce sont les personnages qui sont des clefs: qui ouvrent une lecture, une compréhension des choses; qui lancent sur le monde un grand registre de réseaux sensibles.[222]

Das Resultat und damit die Antwort der eingangs gestellten Fragen lautet, daß Françoise die „possibilité d'être"[223] Ernestine Gallou, Félicie Fitau, Céline Cottin und Céleste Albaret darstellt,[224] ihre Bedeutung innerhalb der *Recherche* aber darin liegt, welche Lesart sie intra- und intertextuell öffnet, was sie 'Marcel-Erzähler' und den Leser *lehren* kann. Françoise als „personnage" ist die „clef", die die in den folgenden Fallstudien exemplifizierte „lecture" öffnet.

---

[222] de Lattre 1978, 113.
[223] cf. ebd. 112: „Swann est la possibilité d'être Charles Ephrussi, Paul Hervieu ou n'importe quel autre."
[224] cf. Naturel 1999, 221: „La seule certitude qu'on puisse avoir à ce sujet, c'est qu'il n' y a jamais une seule «clé». Ainsi, en ce qui concerne Françoise, il a été très facile de voir à travers elle une transposition des différentes domestiques qui ont été au service de la famille de Proust et de l'auteur lui-même [...]." Speziell zu Prousts Verhältnis zu Flaubert schreibt Naturel weiter: „les références intertextuelles – en l'occurence, le souvenir de Flaubert – transforment le biographique en littérature, ainsi Ernestine et Félicie rejoignent Félicité pour donner naissance à Françoise" (ebd.).

4. Intertextuell-motivwissenschaftliche Vergleiche

4.1 Proust und Molière

Warum Molière als erster intertextueller Bezug zu Françoise betrachtet wird und sich aus dem grundsätzlichen „Universum der Texte" für Proust hervortut, liegt im folgenden begründet: Molière stellt einen Höhepunkt einer Entwicklung dar, die die weibliche Bedienstete aufwertet und erst voll zur Geltung bringt, indem sie einen eigenen Charakter er- sowie häufig die Intrige in der Hand behält und in die richtigen Wege leitet. Im Vergleich zu ihm gehören die 'Vorläuferinnen' von Françoise[1] – von Aristophanes über Menander, Plautus und Terenz in der Antike bis zu denen in der italienischen Renaissance und Spanien und in der französischen Farce – zum allgemeinen Universum der Texte, die bei der Lektüre Prousts 'mitrauschen'. Franzbeckers Studie zu den weiblichen Dienerfiguren in der französischen Komödie des 16.-18. Jahrhunderts liefert einen kompakten quellenhistorischen Abriß zu den genannten 'Vorläuferinnen' Molièrescher Figuren – von der Antike bis zur französischen Farce.[2]

Prousts Affinitäten zu Molière beschränken sich nicht intratextuell auf den Textkorpus der *Recherche*. Auch extratextuelle Nebentexte weisen Relationen zu Molière auf. Prousts Äußerungen in seiner *Correspondance* in der Ausgabe Kolbs wurden schon erwähnt. Neben diesen 'autotextuellen' Nebentexten finden sich weitere extratextuelle 'Quellen' von Bedeutung: Äußerungen der Biographen Prousts, die für die synchrone Ausleuchtung seines Lebensraumes von Bedeutung sind. Sie lassen darauf schließen, daß Molières Werke Proust von klein auf bekannt waren. Die engste Vertraute Prousts – seine Mutter – zitiert ihm noch auf dem Sterbebett aus Molière[3], wobei die Gewohnheit des Zitierens aus Stücken dieses Komödienautors sicherlich zu ihren lebenslangen Gepflogenheiten gehört haben mag.

---

[1] Es finden sich bei Prousts eigenen, vor der *Recherche* entstandenen Werken Vorläuferfiguren von Françoise. In *Journées de lecture* erscheint die Dienerfigur 'Félicie' am Rand: „Le matin, en rentrant du parc [...] je me glissais dans la salle à manger, où, jusqu'à l'heure encore lointaine du déjeuner, personne n'entrerait que la vieille Félicie relativement silencieuse" (PM 1971, 161). Im „Préface" zu *Contre Sainte-Beuve* tritt in einer an die Madeleine-Episode der *Recherche* erinnernde Szene eine „vieille cuisinière" auf, die Proust „une tasse de thé" und „quelques tranches de pain grillé" bringt (CSB 1971, 211). Als er die Stückchen Toast in den Tee taucht, ersteht vor ihm seine ganze Kindheit, die er durch einen intellektuellen Akt nicht in seiner Erinnerung hervorrufen konnte. Das Auftreten der Dienerfigur just an dieser Stelle gleicht einem Vorboten für Françoise und ihrer wichtigen Funktion innerhalb der *Recherche*. Die Dienerinnen versorgen den jeweiligen Helden mit den notwendigen Naturutensilien, die die Kindheitserinnerungen voll wiedererstehen lassen. In *Jean Santeuil* schließlich kommt die Dienerfigur Félicité selbst zu Wort, die ihrem Herrn, dem Schriftsteller C., Vorhaltungen über sein Nichtberücksichtigen ihrer Person macht und die Vorteile ihrer Teilnahme an dem noch zu schreibenden Roman aufzeigt: „«Puisque vous écrivez sur tant de choses, pourquoi n'écrivez-vous jamais sur Félicité, sur votre cravate qu'elle est obligée de vous passer au cou pour que vous ne sortiez pas en chemise? Je suis bien sûr que plus d'une fois cela ferait plus rire les gens que bien des choses qu'on écrit», il se contentait de sourire et de lui dire: «Mais oui, bien sûr [...].» [...] la petite fille continuait à terre à jouer avec le chien et Félicité à apporter les plats, comme dans le tableau de Rembrandt qui représente les pèlerins d'Emmaüs" (JS 1952 I, 44f.). Darin kann man ebenfalls einen Hinweis Prousts sehen, der die wichtige Rolle Françoises in seinem Roman – der *Recherche* – vorwegnimmt.

[2] Franzbecker 1983, hier vor allem 10-32.

[3] cf. Notiz aus den 'Cahiers' Prousts: „Maman [...] est morte en me faisant une citation de Molière et de Labiche" (zitiert in: Maurois, André: A la Recherche de Marcel Proust. Avec de nombreux inédits. Préface de Jean Dutourd, Paris: Hachette, 1985, 119).

Dadurch hat sie ihrem Sohn diesen Autor – neben weiteren wie beispielsweise Labiche, George Sand u.a. – nahe gebracht. Painter schreibt, daß Proust schon als kleiner Junge die gesammelten Werke Molières in der Buchhandlung von Calman-Lévy erstanden habe.[4]

Seine Liebe für das französische Theater drückt er als 14-Jähriger in der Beantwortung des Fragenkatalogs aus dem „Wahrheitsbuch" seiner „Spielgefährtin" Antoinette Faure aus. Zum „höchsten Glück" zählt Proust ein „französisches Theater in der Nähe".[5] In Schulaufsätzen zitiert Proust aus dem Gedächtnis aus Molières Stücken – wenn er dies auch manchmal inexakt tut, so zeugt dies doch von seinem vertrauten Umgang mit Molière und seinen Komödien.[6] Im Gegensatz zu den anderen von Proust geachteten oder gering geschätzten Autoren, wie Baudelaire, Vigny oder der zu letzter Gruppe gehörende Sainte-Beuve, gibt es keine kritische Schrift zu Molière. De Chantal hält fest:

> Proust a abondamment cité Molière, mais malheureusement il ne nous a laissé aucune page de critique sur lui, tout au plus insiste-t-il à trois reprises sur «la cruauté qu'il y aurait à préférer ses premières oeuvres aux grands chefs-d'oeuvre comme le Misanthrope.»[7]

Womöglich liegt es daran, daß kaum einer der Kritiker in Zusammenhang mit Proust auf Molière zu sprechen kommt. Proust schätzt, nach de Chantals Aussage zu schließen, Molières 'reife Werke' höher ein als seine frühen. Sie umfassen Molières berühmt gewordene Charakterkomödien vom *Tartuffe* über die *Femmes savantes* bis zum *Malade imaginaire*, in denen die weiblichen Bediensteten und ihre Charakterzüge breiten Raum einnehmen.[8]

Molière und Proust weisen bestimmte Ähnlichkeiten auf, die sie, unabhängig von der Gattung, die sie vertreten – Charakterkomödie und 'psychologischer Roman' – zusammenführen. Molière ist „divers, varié comme la vie"[9] und besitzt „le don d'observation"[10] – alles Eigenschaften, die genauso auf Proust zutreffen. Die Art der schöpferischen Kreation beider Autoren weist ebenfalls Gemeinsamkeiten auf: Keine der Figuren Molières gleicht exakt der anderen, seine Beobachtungen durchlaufen auf ähnliche Weise wie bei Proust seine „imagination":

---

[4] Painter 1962, 80.

[5] ebd. 90.

[6] Als 15-Jähriger zitiert Proust folgende Stelle aus den *Femmes savantes*: „Et ce n'est pas, ma soeur, imiter notre mère/Que de tousser et de cracher comme elle." Richtig heißt der Ausschnitt aus dem 1. Akt, 1. Szene: „Et ce n'est point du tout la prendre pour modèle,/Ma soeur, que de tousser et de cracher comme elle" (cf. Maurois 1985, 35).

[7] de Chantal, René: Marcel Proust. Critique littéraire, 2 Bde., Montréal: Les Presses de l'université de Montréal, 1967, 385; cf. Lucien Daudets Erkenntnis in: CMP 5 (1931), 5: „Peut-être, sans lui [Proust], je n'aurais jamais compris Molière."

[8] cf. Mornet, Daniel: Molière, Paris: Hatier 1962, 147: „Molière est d'abord l'auteur de *l'Ecole des Femmes*, de *Tartuffe*, du *Misanthrope*, des *Femmes savantes* et que son génie est d'avoir créé, au-dessus de la comédie de l'intrigue romanesque, de la farce et de la fantaisie galante, la comédie de caractère, celle qui est conforme à la «nature» et à la raison."

[9] ebd. 158.

[10] Sharon d'Obremer, Marguerite Anne: Les rôles des femmes dans la comédie française de Molière à Marivaux, Paris 1941, 4; cf. Mornet 1962, 159.

Il ne suffit pas de retrouver dans sa mémoire les souvenirs de ses observations. Il faut que ces souvenirs s'organisent, par un mystérieux travail d'imagination, et succitent dans la vie intérieure de l'écrivain un être aussi réel que s'il existait. [...] Dès lors, quand Molière conçoit qu'il faut dans sa pièce une servante, il n'y introduit pas „la servante". Selon son sujet, [...] selon les apports inconscients de ses souvenirs vécus ou aussi bien de ses lectures, il voit une servante dont la physionomie et l'allure lui sont propres.[11]

Molières Verdienst besteht in „à avoir su substituer l'étude des caractères au jeu des types".[12] Seine Charaktere, insbesondere seine weiblichen Bediensteten, weisen eine 'Komplexität' auf, die zwar nicht an die Proustscher Figuren heranreicht, hinter der sich aber auch Molière als Mensch verbirgt:

> Il y a souvent, dans les caractères de Molière, une complexité [...]. Il y a des complexités de caractères qui ont été, sans aucun doute, voulus par Molière, parce que son expérience de la vie lui avait enseigné que les hommes et la vie étaient ainsi faits [...]. Molière, parce qu'il est un homme, à plus forte raison, un génie [...] ne pourrait pas entrer dans l'âme d'un personnage, se confondre avec lui, sans lui prêter quelque chose de lui-même, sans lui donner des aspirations multiples."[13]

Dies ruft Prousts bzw. das Verhältnis des 'Erzähler-Ichs' zu den übrigen Figuren der *Recherche* in Erinnerung:

> Le Je du Narrateur [...] ne contient les personnages, tous, que l'on peut voir et que l'on peut nommer, que comme le principe originel de leur alterité.[14]

Beide Autoren lassen viele Domestiken auftreten, da sie beide bürgerliche Familien zeichnen, die damals, wie zu Prousts Zeiten, mindestens einen Dienstboten besaßen:

> C'est que Molière a peint la bourgeoisie de son temps. Or chaque famille bourgeoise employait des valets et des servantes en nombre variable, selon ses moyens. [...] les servantes pouvaient avoir été les nourrices des enfants.[15]

Ende des 19. Jahrhunderts gibt es über eine Million Domestiken in Frankreich, denn:

> Un certain mode de vie caractérise aussi la bourgeoisie et la frange supérieure des classes moyennes: l'emploi au moins d'un domestique – en 1881, il y a 1 200 000 domestiques en France – l'usage d'un salon où l'on reçoit et où la jeune fille de la maison joue du piano.[16]

Die Formen der Bediensteten reichen auf weiblicher Seite vom Küchenmädchen und der Haushaltshilfe bis zur Erzieherin und wirklichen Vertrauten. Proust darin gleichend – wenn auch irrelevant für die intratextuelle Rolle der betreffenden Figuren –, hat Molière verschiedene „clefs" für seine Bedienstetenfiguren aus der Realität erhalten:

---

[11] Mornet 1962, 160.
[12] Sharon d'Obremer 1941, 8.
[13] Mornet, Daniel: Histoire de la Littérature française classique, Paris 1940, 270.
[14] de Lattre 1984, 30; cf. Tadié, Jean-Yves: Proust, Paris: Belfond 1983, 49: „Tous les personnages du roman sont soumis au point de vue central du Narrateur-observateur. Ils se regardent aussi les uns les autres, pour se critiquer ou s'analyser." – Dieses Zitat unterstreicht, daß die Motivklasse der „interpersonal relations" nach den Wolperschen Kategorisierungen ein großes Gewicht besitzt. Es wird zu untersuchen sein, ob dieses strukturelle Merkmal Proust aus den Molièreschen Komödien in seine *Recherche* 'übersetzt' hat.
[15] Ribaric-Demers, Maria: Le valet et la soubrette de Molière à la Révolution, Paris: Nizet 1970, 23.
[16] Carpentier, Jean/Lebrun, François: Histoire de France, Paris: Seuil 1987, 308.

Molière avait coutume de lire ses comédies à sa vieille nourrice avant de les jouer. Il connaissait donc par lui-même ces femmes simples [...]. Il a mis de son coeur dans leur peinture.[17]

Eine direkte Linie von Françoise zu Molière zieht schon Bardèche:

> La découverte de Françoise, ce mélange si juste, si vigoureux, de sensibilité à l'usage du public et de cruautés toujours couvertes de sophismes dans les cas particuliers, est une image si forte du peuple que pour la première fois, on prononce un nom [...] à propos de Proust: c'est du Molière.[18]

'Typen' mit den ihnen eigenen Charakterzügen im Molièreschen Sinn findet man nicht bei Proust:

> [...] les types comiques que Proust a le plus volontiers dépeints, il ne faut pas oublier que ces types n'existent pas véritablement tels quels dans l'oeuvre. Ils sont toujours complétés, étoffés, soutenus par une conscience complexe et profonde. Ce sont donc, non pas à proprement parler des caractères, mais plutôt des *traits de caractère* comiques que Proust a décrits et fondus dans l'analyse psychologique la plus grave.[19]

Françoise ist kein eindimensionaler 'Typ'. Die bisher herauskristallisierten, sie 'typisierenden' charakteristischen Züge von Françoise können dagegen als Basis für den intertextuellen Dialog mit Molièreschen weiblichen Dienerfiguren dienen.[20] Dabei ist ein Phänomen festzuhalten: Die weiblichen Bediensteten Molières gehören nicht zu der Gruppe, wo „le défaut absorberait le personnage"[21], sondern steuern durch ihren 'bon sens' diesen Extremen entgegen. Sie besitzen einen facettenreicheren Charakter als z.B. die Protagonisten 'Tartuffe', der 'Geizige' o.ä. und nähern sich darin der Makrostruktur Françoises.

4.1.1 Molières Dienerinnen

Den Personenverzeichnissen zufolge unterscheidet Molière selbst die sehr individuell gestalteten Dienerinnen in 'confidentes', 'suivantes' und 'servantes'. Sie alle nehmen inhaltlich die Funktion der Vertrauten und Helferin in der Liebesintrige ihrer Herrinnen wahr und damit eine besondere Stellung in den Komödien Molières ein.[22] Als „femme de tête et de coeur"[23] intrigieren sie mit Vorsicht und Kühnheit mit dem Ziel, der Wahrheit und

---

[17] Ribaric-Demers 1970, 34.

[18] Bardèche 1971 I, 260; cf. Fernandez 1943, 377: „Françoise et M. de Charlus sont sans doute les deux grands types du Temps Perdu."

[19] Pierre-Quint 1925, 281; cf. Tadié 1971, 208: „Proust [...] semble parfois parler de ses personnages comme de types."

[20] cf. Bardèche 1971 I, 185: „Ces «grandes formes» que Proust évoque, ce n'est donc pas seulement les cadres d'une typisation des personnages et d'une analyse particulière des sentiments, c'est encore l'appareil tactile qu'un grand écrivain porte en lui comme un organe surnuméraire, le mécanisme de sélection dont il dispose et qui fonctionne à tous les stades de la création littéraire." Proust wählt bestimmte Charakterzüge seiner Figuren aus, gehorcht dabei einem inneren Gesetz der ihm eigenen Kreation.

[21] Pierre-Quint 1925, 280.

[22] Die 'klassische' für die Untersuchung relevante Motivklasse der „interpersonal relations" (Wolpers 1995, 47) ist demnach die zur Herrin, daraus folgend zum Vater/zur Mutter der Herrin als auch in der Rangfolge nachstehend die zum Liebhaber und anderen Familienmitgliedern, Bekannten der Familie etc.

[23] Moraud, Yves: La conquête de la liberté de Scapin à Figaro. Valets, servantes et soubrettes de Molière à Beaumarchais, Paris 1981, 37.

Gerechtigkeit zum Triumph zu verhelfen. Immer gut gelaunt, mischen sie sich in Familienangelegenheiten ein und nehmen auf der inhaltlichen als auch formalen Ebene beim Ablauf der Handlung eine aktive Rolle ein. Persönliche Interessen sind niemals der Motor ihrer Handlungen, sondern die Gedanken an das Wohl der Familie, in deren Diensten sie stehen. Vor allem der Herrin und den Kindern im Haus sind sie ergeben und greifen zu ihren Gunsten ein, um im häufigsten Fall Heiratspläne zu regeln. Ihnen ist eine besondere Auffassungsgabe gemein, die sie Probleme vor anderen Personen erkennen lassen. Zielstrebig und oft unkonventionell bewältigen sie diese Sorgen. Sie verkörpern den gesunden Menschenverstand und sind in formaler Hinsicht Trägerinnen der Komik.[24]

Eine Trennungslinie kann man zwischen den 'confidentes' und 'suivantes' einerseits und den 'servantes' andererseits ziehen. Während die ersteren sich in Sprache, Benehmen und Sitte ihren Herrinnen angleichen, sind letztere eher urwüchsig, derb und bäuerlich grob. Franzbecker zieht eine Zweiteilung und bezeichnet die Dienerinnen von der Mitte des 16. bis zur Mitte des 17. Jahrhunderts als 'servante-Typ', diejenigen der verbleibenden Zeit bis zur Französischen Revolution als 'suivante-Typ'.[25] Innerhalb der 'servante'-Gruppe muß man trotzdem differenzieren. Die 'servante'[26] Toinette aus dem *Malade imaginaire* ähnelt so z.B. stark den 'suivantes'[27]. Die Übergänge zwischen den einzelnen Kategorien sind demnach bei Molière fließend.

---

[24] Die Motivklassen „(4) motifs of consiousness, motifs relating to states of mind", „(5) motifs of ideas and concepts, objects of thought", die häufig mit „(6) motifs of expression and communication" (Wolpers 1995, 48) in Konjunktion erscheinen, da „processes of consciousness and ideas have to be expressed or communicated" (ebd., FN 35), finden hier dialogisch bezogen Anwendung – wie in der noch folgenden Fallstudie ausgeführt. – Cf. auch die deutsche Formulierung Wolpers seiner Motivklasse (4) in: „Zum Verhältnis von Gattungs- und Motivinnovation. Einzelergebnisse und eine Systematik motivwissenschaftlicher Typenbildung" (Wolpers 1992, 211). In dem darin befindlichen Kapitel „B.2.3.b Motivklassen als inhaltlich fundierte Struktureinheiten und Übergänge zwischen ihnen" führt er als Motivklasse „inhaltlich-struktureller Art" unter „(3) Befindlichkeits- (Bewußtseins-)motive" auf, die wie jede andere Motivklasse vielfältig unterteilbar sei. „So gehört zu den unter (3) genannten Befindlichkeits- (Bewußtseins-)motiven das breite Spektrum der Haltungs-, Reflexions-, Gefühls-, Stimmungs-, Wahrnehmungs- und Eindrucks- sowie der Anmutungsmotive, die in unterschiedlicher Akzentuierung in der Gestaltung von »Erlebnissen« eine Rolle spielen, besonders (und zunehmend) in der Literatur der Neuzeit" (ebd.).

[25] Franzbecker 1983, 49; cf. ebd. 48: „Die Tendenz im 18. Jahrhundert geht dahin, die *servantes* fast ganz zurückzudrängen bei gleichzeitiger quantitativer Aufwertung der *suivantes* [...]. Dem Terminus *servante* haftet im hierarchischen Ständedenken [...] zu sehr die pejorative Konnotation von Hausarbeit und sozialer Inferiorität an, als daß ihn besonders das 18. Jahrhundert mit seiner zur Verfeinerung neigenden Komödienliteratur schätzen würde. Der Klang des Wortes *suivante* hat demgegenüber nur die positiven Assoziationen von Freundin, Begleiterin beim Zeitvertreib und Helferin in Liebesangelegenheiten." Cf. auch den Petit Robert 1, 1992, 2082: „servir" rührt vom lateinischen „servire" her, das „être esclave, être soumis" bedeutet.

[26] In der Realität bestand die Arbeit der 'servante' aus Hausarbeiten wie z.B. Putzen, in größeren Häusern auch aus Kochen und Servieren des Essens. Dem Arbeitgeber war sie vollkommen unterworfen, der sie auch einmal körperlich strafen durfte, wenn sie nicht seinen Vorstellungen entsprechend ihren Dienst verrichtete (cf. Gaines, James F.: Social structures in Molière's theatre, Columbus 1984, 31).

[27] Der Terminus 'suivante' wird allgemein für einen Typ der Dienerin gebraucht, der einer einzelnen Herrin diente. Ihre Pflichten bestanden im Ankleiden, in der Unterhaltung und Begleitung ihrer Herrin. Ihr Status bewahrte sie vor körperlicher Züchtigung. Die 'confidente' gleicht diesem Typ (cf. Gaines 1984, 32 sowie Emelina, Jean: Les valets et les servantes dans le théâtre comique en France de 1610 à 1700, Grenoble 1975, 55f.).

4.1.2 Françoise und Martine

Bonnet weist explizit auf die 'Vorläuferrolle' Martines für Françoise hin, führt seinen Ansatz aber leider nicht näher aus:

> Les domestiques sont nombreux dans l'oeuvre de Proust [...] c'est enfin Françoise. Ces domestiques ne jouent pas le rôle abstrait de confident comme dans la tragédie classique. Ils sont étudiés pour eux-mêmes et vivent d'une vie propre comme la Martine de Molière.[28]

Chronologisch gesehen müßte 'Dorine' aus dem *Tartuffe* eigentlich vor Martine behandelt werden. Da Bonnet ausdrücklich Martine zum Vergleich heranzieht, sollen die Fallstudien aber mit ihr beginnen. Dies hat zudem den Vorteil, daß sie aufgrund ihrer geringeren Komplexität den Einstieg in die anzuwendende Methodik erleichtert.

Um Françoises interfigurale Traditionslinie verfolgen zu können, seien hier die Motivelemente der Makrostruktur Françoise entsprechend der Reihenfolge der Unterteilungen des Kapitels 3 zusammengefaßt vorgestellt. Dabei wird von den Wolperschen Kategorisierungen ausgehend eine eigene Aufteilung in 'Motivklassen' des Figurenmotivs der weiblichen Bediensteten auf der Basis von Françoise versucht.

Kapitel 3.1: 'Tradition' korrespondiert mit der Motivklasse „(7) motifs of place and localities" von Wolpers, Kapitel 3.1.1: 'Traditionsbewußtsein: Feudales Hierarchiedenken' mit „(5) motifs of ideas and concepts," Kapitel 3.1.2: 'Sprachtradition und -veränderung' mit „(6) motifs of expression and communication".[29] Das komplette Kapitel 3.2: 'Stolz und Selbstbewußtsein' steht in Relation zur Wolperschen Motivklasse „(4) motifs of consciousness, motifs relating to states of mind". In der dazugehörigen Fußnote macht er auf die „subdivisions" aufmerksam, deren Punkt „(c) mental states (moods, attitudes, and the like)" übertragbar auf vorliegende Studie ist.[30] Als weitere Unterabteilungen bzw. Motiveinheiten der Wolperschen Motivklasse (4) gelten entsprechend gestrafft meine Überschriften der Kapitel 3.2 bis 3.6: 'Stolz/Eitelkeit', 'Grausamkeit', 'Selbstlosigkeit/ Mitleid', 'Naivität, instinktives Wissen/Neugierde'. Innerhalb der Kapitel 3.2 bis 3.6 gibt es Überschneidungen mit der Motivklasse „(9) motifs of time", wenn Françoises Alter und ihre Rolle als Stabilitätspunkt im Kapitel zu ihrer Ersatzmutterrolle (Kap. 3.2.4) zur Sprache kommt. Kapitel 3.7: 'Françoise als Lehrmeisterin' kreuzt Motivklasse „(4) motifs of consciousness" und „(6) motifs of expression and communication", denn Françoise lehrt Marcel 'moderne Menschen-Psychologie' nicht nur durch – verbale – Denk-Prozesse, sondern auch durch solche ihres Verhaltens: durch die des Ausdrucks und der Kommunikation im nonverbalen Bereich. Das ganze Kapitel 3.8. zur Kunst fällt in die Motivklasse „(6) motifs of expression and communication", wobei sie von Klasse „(8) objects and elements as motifs" bei der sakralen und künstlerischen Metaphorik (Kap. 3.8.2) gekreuzt wird. Quer zu allen Motivklassen müssen natürlich (1.2) bis (1.3): „interpersonal

---

[28] Bonnet 1946, 61f.
[29] cf. Wolpers 1995, 47ff. Auch die folgenden Ausführungen beziehen sich auf seine Ausführungen auf den Seiten 47-49.
[30] ebd. 48, FN 33.

relations and groups"; „societal relations" als Rahmen mitgedacht werden – zusätzlich zu bestimmten 'vorgegebenen' strukturellen Handlungs- bzw. Situationsmustern. Diese Kategorisierungen stellen nicht sich ausschließende starre Muster dar, die nur in diesem oder jenem Kapitel auftauchen. Sie ergänzen bzw. überschneiden sich vielmehr in den einzelnen Kapiteln, die nur als Ausgangspunkt für eine Begriffsfindung dienen sollten. Die Numerierung der vorhandenen Motivklassen mit ihren Motivelementen der Makrostruktur Françoise[31] lauten neu wie folgt:

(1) Lokalitäten/ Örtlichkeiten (Land, Dorf, Stadt, Familienheim, etc.)[32]
(2) Denkkonzepte/ Maxime (Traditionsverbundenheit/Feudales Hierarchiedenken)
(3) Ausdruck/ Kommunikation – über:
(3.1) Mimik
(3.2) Sprache
(3.3) Kochen
(3.4) Nähen
(4) Eigenschaften/ Bewußtseinszustände[33]
(4.1) Stolz/ Eitelkeit – gegründet auf:
(4.1.1) Familien-/ Landesherkunft
(4.1.2) Rolle im Familien-/ Haus-/ Klassenverbund
(4.2) Grausamkeit
(4.3) Selbstlosigkeit/ Mitleid
(4.4) Naivität
(4.5) instinktives Wissen/ Neugierde
(4.6) Kunstfertigkeit
(5) Alter/ Lebenszeit
(6) Gegenstände/ Symbole

---

[31] Wolpers Kategorie (1.1) „types of people, figures" ist – wie im Kapitel 2 ausgeführt – in der Makrostruktur der weiblichen Bediensteten aufgehoben.

[32] cf. Wolpers 1995, 49, FN 36 zu „(7) motifs of place, localities".

[33] cf. Wolpers 1992, 211 mit der Aufführung der „Motivklassen inhaltlich-struktureller Art", die ihre jeweilige Fundierung in der „dominanten Inhaltsdimension" haben oder durch „einfache Strukturprinzipien gekennzeichnet" sind: „Es handelt sich hauptsächlich um (1) Situations-, (2) Handlungs- und Ereignis-, (3) Befindlichkeits- (Bewußtseins-), (4) Figuren- (Typen)motive, (5) Institutionen, Sozialstrukturen, Gruppen- und Kollektivverhalten, (6) Örtlichkeits-, (7) Gegenstands-, (8) Zeitphasen- und (9) Tier- und Pflanzenmotive. Jede dieser Motivklassen ist **vielfältig unterteilbar** [meine Hervorhebung]. So gehört zu den unter (3) genannten Befindlichkeits- (Bewußtseins-)motiven das breite Spektrum der Haltungs-, Reflexions-, Gefühls-, Stimmungs-, Wahrnehmungs-, und Eindrucks- sowie der Anmutungsmotive, die in unterschiedlicher Akzentuierung in der Gestaltung von »Erlebnissen« eine Rolle spielen, besonders (und zunehmend) in der Literatur der Neuzeit. [...] Als zusätzliche Klasse lassen sich – gewissermaßen quer zum Einteilungsprinzip der anderen – noch (10) Genrebild- oder Eigenschaftsmotive nennen. Sie berühren sich mit den Eindrucks- und Anmutungsmotiven und mit den Figuren und Örtlichkeitsmotiven, sind aber stärker auf die wahrnehmbaren Eigenschaften und Qualitäten konzentriert." Wolpers versteht unter den Eigenschaftsmotiven „essentielle" Qualitäten wie z.B. das Politische bei Shakespeare (ebd. 212). Meine Kategorisierung hat damit natürlich nichts mehr zu tun, sondern bezieht sich als sinnstiftendes Element auf das Figurenmotiv der jeweiligen weiblichen Bediensteten an sich. Deshalb erscheint es mir auch gerechtfertigt, die Eigenschaften mit den Bewußtseinszuständen – die bei Wolpers als eigene Motivklasse (3) erscheinen – zu kombinieren.

Quer zu diesen Einteilungsprinzipien:

(A) interpersonale und soziale/ gesellschaftliche Bezüge
(B) Handlungen/ Situationen ('Übernahme' strukturell vorgegebener Muster)

Die neuen Kategorisierungen zeigen in der methodischen Wortwahl zwar die Orientierung an Wolpers, durch die neuen Ein- und Unterteilungen im Ergebnis aber ein relativ eigenständiges Konstrukt, das zur besseren Strukturierung der interfiguralen Vergleichsuntersuchungen herangezogen wird. Die aufgelisteten Motivklassen von Françoise sollen als Maßstab für die weiteren Untersuchungen der 'intertextuellen Folien' dienen. Zunächst die formale Betrachtung des Auftretens von Martine: Sie nimmt die Funktion der Köchin im Haus wahr. Im Personenverzeichnis wird sie als die „servante de cuisine" aufgeführt. Durch diese Bezeichnung scheint ihr Wirkungsfeld eingeschränkt, die fast logische Konsequenz davon ist ihr seltenes Auftreten: Martine taucht nur am Anfang und Ende des Stücks *Les Femmes savantes* auf, genauer: erst in der fünften Szene des zweiten Akts im interpersonalen Bezug zu Chrysale, ihrem Herrn. In der nächsten Szene desselben Aktes, der die personalen Bezüge Martines auf Bélise und Philaminte – Schwester und Frau von Chrysale – ausdehnt, wird ihr Abtritt besiegelt. Nichtdestoweniger bleibt Martine präsent, denn in der siebten Szene des zweiten Akts sprechen die drei verbleibenden Figuren der vorherigen Szene über ihre Eigenschaften. Erst ab der zweiten Szene des fünften und letzten Akts des Stücks tritt sie wieder auf, bleibt bis zur letzten Szene auch physisch präsent und 'verschmilzt' mit ihrem Herrn zu einer Person. Obwohl Martine anfangs von ihrer Herrin weggeschickt wird, scheint sie mit dem Haushalt und seinen Familienmitgliedern vertraut zu bleiben. Ihre Wiedereinsetzung durch Chrysale am Ende gleicht einem formalen Akt, der als Zustand schon vorher de facto herrschte.[34] Françoise bleibt ebenso während der ganzen *Recherche* präsent, wenn auch im 'Mittelteil' etwas seltener. Rein strukturell gesehen, tritt sie allerdings – den Gesamtverlauf des Werks betrachtet – früher in Erscheinung als Martine. Ihre erste Erwähnung erfolgt während der Beschreibung der „tours de jardin" (CS 31) der Großmutter zu Beginn *Du Côté de chez Swann*. Welche Bedeutungen lassen sich nun auf inhaltlicher Ebene der formalen zuordnen?

Martines Rolle im Handlungsablauf ist nicht von allzu großer Relevanz, ihre Aussagen und ihr Verhalten sagen dagegen genügend über ihre Stellung im Haus aus. Wie fast alle „soubrettes" Molières ist auch sie „une fille de la campagne"[35]. Sie verkörpert eine typisch Molièresche 'servante' sowie „porte-parole"[36] dieses Autors. In der sechsten Szene des zweiten Akts antwortet sie im Streitgespräch mit Bélise und Philaminte, daß sie geradewegs so spreche „comme on parle cheux nous", kurz darauf ruft sie Bélise – verzweifelt über ihre unkorrekte Sprechweise – eine „âme villageoise".[37]

---

[34] cf. FS, 5. Akt, 2. Sz., v. 1568, 1060.
[35] cf. Miceli, Salvatore: La Soubrette dans les Oeuvres de Molière, Trapani 1961, 66: „La soubrette de Molière est toujours une fille de la campagne. Elle a été conduite à la ville par un parent qui l'a placée dans une bonne famille. Souvent on peut supposer qu'elle est née dans les terres des bourgeois."
[36] Sharon d'Obremer 1941, 18.
[37] FS, 2. Akt, 6. Sz., v. 486, 1008 und v. 497, 1009.

Martine ist Trägerin des menschheitstypischen Motiv-Zugs des 'gesunden Menschenverstands', eine Art archetypisches Verhaltensgesetz oder 'Code', das bzw. der ihr als „fille de campagne" aus ihrem traditionellen Verhaftetsein in naturnahe Zustände in ihren Stand als Dienerin mitgegeben wird. Allerdings erfährt dieses 'Primärmotiv' keine konkrete Verortung wie bei Françoise in den zwei Traditionssträngen von Combray und Saint-André-des-Champs. Der 'villageoise' Teil ihrer Seele bleibt unbenannt. So adelt sie zwar ihr von ihrer bäuerlichen Herkunft herrührender gesunder Menschenverstand, Spuren zu einem „passé noble et mal compris" wie bei Françoise finden sich allerdings nicht bei ihr (MK 1).[38] Ein Kodex des 'was sich gehört' hat auch Martine, der allerdings nicht explizit auf ein Kastendenken gerichtet ist – die Beibehaltung der Standesgrenzen wird als selbstverständlich impliziert[39] –, sondern aus ihrer Stellung im Haus und Familienverbund erwächst. Sie ist auf das engste mit ihrem Herrn verbunden, „dont le bon sens terre à terre s'accorde avec le sien."[40] Wenn sich Martine auch sehr gut mit ihrem Herrn versteht und er zufrieden mit ihren Diensten als Köchin ist, schafft er es dennoch nicht, seiner Frau Widerstand gegen die Entlassung Martines zu leisten.

Motivklasse (2), (3) und (4) sind naturgemäß eng miteinander verwoben. So lassen sich Martines Denkkonzepte ebenfalls über ihr Kommunikationsverhalten herausfiltern, das wiederum viel über ihre Bewußtseinszustände und Charaktereigenschaften aussagt. Der Rauswurf aus dem Haus gründet auf der Tatsache, daß sie nicht die Sprache der Preziösen spricht. Martine ist einfach und derb; Charakterzüge, die ebenso bei Françoise auftauchen.[41] Françoises „rudesse" trägt allerdings auch grausame Züge, die bei Martine noch vollständig ausgeblendet sind. Martine nimmt kein Blatt vor den Mund und sagt jedem offen, was sie denkt. An ihren groben Manieren und ihrer Ausdrucksweise merkt man, daß sie vom Land kommt. Sie beurteilt und kommentiert ungeniert die Handlungen der anderen.[42] Sie besitzt keinerlei schulische Bildung[43] und beherrscht nicht die offiziellen Regeln der Grammatik bzw. will sie nicht beherrschen – darin ist sie ganz 'Vorläuferin' Françoises.[44] Martine

---

[38] Die auftretenden Motivklassen mit ihren gleichen/veränderten Kombinationen bei Françoise werde ich insgesamt am Ende des Kapitels bewerten.

[39] Da ein Standesproblem – in synchroner Ausleuchtung des Lebensraums von Molière, dessen „porte-parole" Martine darstellt –, noch nicht der Problematisierung würdig angesehen wird. Proust unterstreicht – angesichts der Umwälzungen des ersten und zweiten Standes – auch Françoises Verhaftung in den dritten Stand und läßt sie bewußt für den 'Klassenerhalt' eintreten. Grund: Der Wert ihrer Klasse steht der anderen in nichts nach, im Gegenteil, die Mitglieder der anderen Klassen können noch von ihren Qualitäten lernen. Aufgrund ihrer Herkunft haben die Dienstboten eher einen natürlichen Bezug zu den kulturellen Traditionen ihres 'Bodens' bewahrt, die auch die zwischenmenschlichen Relationen umfassen. – Eine Problematisierung von 'Klassenkämpfen' erfolgt nicht, da Prousts Denken sich nicht auf Klassenkämpfe richtet, sondern das Ganze der Gesellschaft als ein Faktum sich gegenseitig durchdringender und sich individualisierender Gruppen auffaßt und erspüren will.

[40] Ribaric-Demers 1970, 70.

[41] cf. „rudesse de la paysanne" (CG 270).

[42] cf. Sharon d'Obremer 1941, 18: „Martine a la langue bien pendue et dit à chacun, très rondement, ce qu'elle pense et ne se gêne pas pour censurer leurs actions."

[43] cf. Mornet 1962, 157: „La Martine des 'Femmes savantes' n'est plus qu'une pauvre fille qui n'est sans doute pas sotte, qui est dévouée, qui fait fort bien son métier de servante, mais que les exigences grammaticales et linguistiques de Philaminte ont réduite à l'ahurrissment et à la stupidité."

[44] cf. CG 270, sowie vor allem Kap. 3.1.2, 3.2.1.1, 3.2.3.1, 3.8.1.

wertet die Sprache ihrer preziösen Herrinnen als „jargon"[45] ab und plädiert für eine einfache und natürliche Sprechweise:

> Quand on se fait entendre, on parle toujours bien,/Et tous vos biaux dictons ne servent pas de rien.[46]

Françoise drückt in ihrer selbstbewußten Sprechweise und Einhaltung der ihr eigenen Grammatikregeln indirekt dieselbe Botschaft aus (z.b. als sie fortwährend Mme Sazerat mit Mme Sazerin bezeichnet). Sie weiß, daß sie verstanden wird, darüberhinaus drückt sich in der von ihr eingeforderten Sprechweise ihr Stolz auf dieselbige aus. In diesem selbstbewußten Verhalten steht sie Martine in nichts nach. Wenn sie kund gibt, sich nicht ausdrücken zu können (CS 141), dabei noch „esprimer" statt „exprimer" sagt, so bezieht sich dies nur auf die „biaux dictons" der Salons oder der für Marcel zunächst faszinierenden Ausdrucksweise einer Mme de Guermantes. Tatsächlich beherrscht sie diese Art des Sprechens nicht. Wie sich einhergehend mit der Erkenntnis des Helden am Ende der *Recherche* offenbart, entspricht diese Art einem gekünstelten Sprechen, einer leergelaufenen Mechanik, die wirklich zu nichts 'dient'. Françoises Sprache dagegen leistet ihm den Dienst, Zugang zur wahren Tradition seines Landes zu erhalten. Martines direkte Aussage findet sich so als nicht markierte intertextuelle Folie in Françoises Aussage und Verhalten wieder. Françoise spricht ähnlich wie diese „âme villageoise"[47] nach eigenen Regeln und kann ihre ländliche Herkunft nicht leugnen.[48] Martines Herr Chrysale empfindet die Mißachtung der „Vaugelas"– Sprachregeln nicht anstößig.[49] Schlimm wären für ihn typische Untaten einer Dienerin, wie z.B. Porzellan zerbrechen, Geld stehlen oder in anderer Weise untreu gegen den Herrn zu sein.[50] Alle diese negativen Eigenschaften sind Martine fremd, sie ist im Gegenteil äußerst fleißig und brilliert in der Küche, was viel wichtiger für Chrysale ist:

> Qu'importe qu'elle manque aux lois de Vaugelas,/ Pourvu qu'à la cuisine elle ne manque pas?/ J'aime bien mieux, pour moi, qu'en épluchant ses herbes,/ Elle accomode mal les noms avec les verbes,/ Et redise cent fois un bas ou méchant mot,/ Que de brûler ma viande, ou saler trop mon pot./ Je vis de bonne soupe, et non de beau langage./ Vaugelas n'apprend point à bien faire un potage;/ et Malherbe et Balzac, si savants en beaux mots,/ En cuisine peut-être auraient été des sots.[51]

Gemäß der im Personenverzeichnis aufgeführten Rolle Martines kommt dem Bereich der Küche ein besonderer Wert zu. Sie ist Martines Reich. Die von Chrysale hochgelobte „bonne soupe" dürfte meisterhaft zubereitet sein, sonst würde er ihre Kochkunst nicht über die der Dichtkunst stellen. Durch den Vergleich mit den Dichtern Malherbe und Balzac kommt zum Ausdruck, daß er persönlich die Dichtkunst zwar schätzt, allerdings Martines

---

[45] FS, 2. Akt, 6. Sz., v. 474 , 1008.
[46] FS, 2. Akt, 6. Sz., v. 477-478, 1008.
[47] Ribaric-Demers 1970, 35.
[48] cf. insb. Kap. 3.1.2, 3.2.1.1, 3.2.3.1, 3.8.1.
[49] Marcel stößt sich am Ende der *Recherche* auch nicht mehr an Francoises Sprachfehler, nachdem er sich anfangs über sie lustig gemacht hat.
[50] FS, 2. Akt, 6. Sz., v.446-467, 1006f.
[51] FS, 2. Akt, 7. Sz., v.525-534, 1010f.

Kochkunst einen höheren Wert für sein Leben besitzt. Sicherlich meint er mit seiner Aussage, daß er von guter Suppe lebe, nicht nur den reinen physischen Erhalt; dieser wäre durch eine versalzene Suppe ebenso gesichert. Chrysale legt aber auf gute Koch-Fertigkeiten wert. Dies macht schließlich den Wert einer Köchin und Dienstmagd zum Großteil aus. Sie muß in ihrem Bereich brillieren und kann dies – wie Françoises Beispiel zeigt – soweit steigern, daß sie selbst zur wahrhaften lebensversöhnenden Künstlerin wird. Eine solche Kunst kann nur entstehen, wenn die Verwurzelung des so Tätigen in seinen ureigensten Ursprüngen – Land, Tradition, Klasse – noch existent sind, wenn der Baum, aus dessen Stamm der blühende Wipfel hervorgebracht wird, in seinem nährhaften Boden verbleibt.[52] Ein „bas und méchant mot" wird dann gerne akzeptiert, wenn der Herr um den Wert der eigentlich erforderlichen Dienstqualitäten weiß. Proust übernimmt die in Martine angelegten Implikationen und führt Molières Ansätze wie eben beschrieben mit der ihm eigenen Intention in der Figur der Françoise weiter aus.

In seiner Aussage „je vis de bonne soupe, et non de beau langage" unterliegt Chrysale einer Fehleinschätzung. Sie impliziert, daß Martine zwar eine gute Suppe kochen, einen „beau langage" allerdings nicht sprechen kann. Daß Martines Rolle in der Familie allerdings über die Kunst „d'éplucher les herbes" hinausgeht, zeigt ihre 'poetische' Sprache und das, was sie damit inhaltlich als ihre Lebensmaxime zum Ausdruck bringt. Wenn sie auch unwissend in Fragen der Grammatik ist, weiß sie, worin das Glück einer Frau besteht und findet im letzten Akt die dafür passenden Worte:

> Les savants ne sont bons que pour prêcher en chaise;/ Et pour mon mari, moi, mille fois je l'ai dit,/ Je ne voudrais jamais prendre un homme d'esprit./ L'esprit n'est point du tout ce qu'il faut en menage;/ Les livres cadrent mal avec le mariage;/ et je veux, si jamais on engage ma foi,/Un mari qui n'ait point d'autre livre que moi,/ Qui ne sache A ne B, n'en déplaise à Madame,/ Et ne soit en un mot docteur que pour sa femme.[53]

So ist Martine durchaus in der Lage, eine gehobene Sprache zu sprechen, die mit ihrem einfachen Stand scheinbar in Kontrast steht. Ihr Selbstbewußtsein ist jedoch so ausgeprägt, daß sie den Beweis dafür nicht für nötig hält und ihrem „langage populaire" freien Lauf läßt. Martine lehnt die zur Schau gestellte Gelehrsamkeit ab. Sie bedauert Chrysale, da sie erkennt, daß er samt seiner Kinder durch das übertriebene Streben seiner Frau nach Bildung vernachlässigt wird. Dies läßt sich nicht mit ihrer Ordnungsvorstellung vereinbaren, die von derjenigen Françoises nicht allzu weit entfernt ist: Das Wohl der herrschaftlichen Familie, die sie als ihre eigene betrachtet, steht im Vordergrund. Bei Martine heißt das, daß die Frau ihren Aufgaben als Ehefrau und Mutter nachzukommen und sie nicht durch Bildungsstreben als Selbstzweck zu vernachlässigen hat. Sie zählt zu den pragmatischen Frauen, die sich nach den praktischen Erfordernissen des Lebens richten. Weder für sich persönlich, noch für

---

[52] Cf. auch den „sens initial" von „code", der im *Dictionnaire historique de la langue francaise* (Paris 1992) mit „tronc d'arbre" bezeichnet wird. Françoises Kodex ist wie ein Baumstamm im Boden der Traditionen ihres Landes verankert. Er stellt mithin den Quell ihrer Kunst dar, im Sprach- als auch im Koch-Bereich. Einen Teil davon bildet auch ihre bäuerliche und dienende Herkunft.

[53] FS, 5. Akt, 3. Sz., v.1662-1670, 1067. Moraud entdeckt durch ihren „langage populaire", ihre „ignorances" und ihren „esprit savoureusement conservateur" Poesie in Martines Sprache; ein weiterer Punkt, den sie mit Françoise gemeinsam hat (Moraud 1981, 39; cf. meine Kap. 3.1.2 und 3.8.1).

die sie umgebenden Personen hält sie wissenschaftliche Bildung für erforderlich, um die Aufgaben, die das Leben an sie stellt, zu meistern. Ähnlich wie Martine besitzt Françoise eine geringe Schulbildung, die sie persönlich nicht zu vermissen scheint. Sie hat alle Eigenschaften, um den praktischen Anforderungen des Lebens gerecht zu werden und kennt ihren Herrn manchmal besser als er selbst – genau wie Martine. Die Dienerin als Verkörperung des 'bon sens' und Wahrerin der Sprachtradition übernimmt Proust in gleicher struktureller Kombination.

Interessant ist Martines Aussage in Vers 1665, die den „esprit" als kontraproduktiv für die „ménage" ansieht. Man darf nicht nur von den direkten Aussagen Françoises ausgehen, sondern muß auch betrachten, wie die direkten Aussagen Martines in nonverbale von Françoise überführt werden. Auch muß die Aussagekraft der über die interpersonalen Bezüge festzumachenden Denk- und Verhaltensweisen der jeweiligen Personen Berücksichtigung finden. Bei Oriane de Guermantes ist der „esprit" genau das Muß, um Eintritt in ihren Salon zu erhalten. Françoise wird intratextuell als Verkörperung des gesunden Menschenverstandes mit dem entleerten Esprit von Oriane kontrastiert.[54] In intertextueller Sicht dient Martine als Vorlage nicht nur zur inhaltlichen Analogiebildung mit Françoise, die auf Parallelitäten in den direkten Aussagen abzielt, sondern ist durch Prousts intertextuelles Spiel im Netz der interpersonalen Bezüge aufgehoben. Bei Molière wird die Trägerin der Aussage dem Inhalt derselben als auch der Person, auf die sie sich bezieht, als positiver Kontrast entgegengesetzt. Proust veranschaulicht den negativen Esprit u.a. in der Hauptvertreterin desselben, Mme de Guermantes, die über den Zweig von Saint-André-des-Champs durch die Vermittlung des Erzählers in direktem Bezug zu Françoise gesetzt wird. Letztere muß dann nicht mehr persönlich auf ihre Kontrastperson treffen und sich explizit mit Verbalinjurien gegen einen Oberflächen-Esprit abgeben, wie dies noch bei Martine der Fall ist. Die Aussage, die aus dem Bezug Oriane-Françoise resultiert, ist auch so klar. Die verschiedenen Erzähltechniken bzw. Darbietungsformen – die der Komödie bzw. des psychologischen Romans – wirken stark auf die Motiveinheiten ein, was die Veränderung erklärt.[55]

Der Einsatz Martines für das Wohl der Familie reicht bis zur Einmischung in Heiratsangelegenheiten. Als sie Partei für die Tochter Henriette ergreift – bei dem Versuch der Mutter Philaminte, sie mit dem hohlen Schönredner Trissotin zu verheiraten –, offenbart sich ihr gesunder Menschenverstand in der gleichen Szene kurz zuvor:

---

[54] cf. auch meine Ausführungen in Kap. 3.1- 3.1.2.
[55] cf. Wolpers Kapitel „B.2.8: Darbietungstechnische (dramen- und erzähltechnische) Gestaltung der Motive" (Wolpers 1992, 225); cf. ebd.: „Dasselbe Motiv erscheint, was als eine Selbstverständlichkeit hier nicht weiter auszuführen ist, in jeweils anderer Darbietung, je nachdem ob es in einem Drama, einem Erzähltext oder einem lyrischen Gedicht verwendet wird. Auch innerhalb dieser Grundformen wechseln die Darbietungsverfahren vielfach [...]. Der szenische Aufbau im Drama beispielsweise kann mehr oder weniger dramatisch und auch wieder mehr episch reihend sein. [...] Entsprechend stark wirken die verschiedenen Erzähltechniken auf die Motiveinheiten ein."

Par quelle raison, jeune et bien fait qu'il est,/ Lui refuser Clitandre? Et pourquoi, s'il vous plaît,/ Lui bailler un savant, qui sans cesse épilogue?/ Il lui faut un mari, non pas un pédagogue.[56]

Weniger die transportierte Aussage als vielmehr die durch dieses Verhalten vermittelten Eigenschaften der Senderin sowie die strukturellen situationsbedingten Parallelen sind hier interessant. Martine spricht das aus, was der willensschwache Chrysale denkt, aber nicht wagt, seiner Frau zu sagen. Françoises Rolle als Mutterersatz weist ähnliche Parallelen auf. Sie spricht das aus, was die Mutter sich nicht über Albertine ihrem Sohn zu sagen traut (cf. P 90). Jeweils sind drei Personen am Geschehen beteiligt, wenn auch die Herrin (Mutter Marcels) nicht im direkten Dialog Françoises Aussage gut heißt wie Chrysale. Sie ist ja gerade nicht anwesend, um Françoises Rolle als Mutterersatz umso sinnfälliger und absoluter zu gestalten (MK 4.1.2). Die entsprechenden Passagen über ihre Bemühung, die „volonté" ihres Sohnes zu stärken, lassen jedoch keinen Zweifel daran, daß sie im Falle der Anwesenheit stillschweigendes Einverständnis mit Françoise zeigen würde.[57] Der Erfolg, den das Engagement der Dienerin zeitigt, läßt auf ihre Autorität und den Respekt, den sie im Familienverbund inne hat, rückschließen. Ihr ausgepägtes Selbstbewußtsein und ihr Stolz gehen damit einher (MK 4.1).

Die zweite und dritte Szene des fünften Aktes verdeutlichen zudem noch weitere wesentliche strukturelle Analogien Prousts zu Molière in der Relation Dienerin-Herr. So fängt die zweite Szene des fünften und vorletzten Aktes mit der Wiedereinsetzung Martines durch Chrysale mit der an seine Frau gerichteten Herausforderung an:

„Et, pour la [Philaminte] mieux braver, voilà, malgré ses dents,/ Martine que j'amène, et rétablis céans."[58]

Chrysale gesteht noch nicht offiziell ein, daß er Martines elementar bedarf, die seine 'bessere', nämlich willensstärkere Seite darstellt und für ihn jederzeit eintritt, wo er scheitert. Folglich äußern seine Tochter Henriette und ihr Liebhaber Clitandre ihre gerechtfertigten Zweifel an dem von ihm intendierten Durchsetzungsvermögen gegen seine Frau. Zu diesem Zeitpunkt glaubt er noch, daß sein Wille „en tout suivie"[59] werde und daß „Aucun, hors moi, dans la maison,/ N'a droit de commander"[60]. Daß die Zweifel der Tochter gerechtfertigt sind, bestätigt Chrysale selbst am Ende der zweiten Szene, als er seine Frau erblickt. Voller Entsetzen erbittet er Hilfe:

Chrysale: Secondez-moi bien tous./ Martine: Laissez-moi, j'aurai soin/ De vous encourager, s'il en est besoin.[61]

Das Ende der zweiten Szene verdeutlicht sehr schön, daß Chrysale zwar alle anspricht, eigentlich aber nur Martine meint. Diese fühlt sich auch als Adressatin erkannt und ersetzt

---

[56] FS, 5. Akt, 3. Sz., v.1655-1658, 1066.
[57] cf. Kap. 3.2.4.
[58] FS, 5. Akt, 2. Sz., v.1567-1568, 1060.
[59] FS, 5. Akt, 2. Sz., v.1586, 1061.
[60] FS, 5. Akt, 2. Sz., v.1587-1588, 1062.
[61] FS, Ende 5. Akt, 2. Sz., Ausruf zwischen v.1598-1599, 1063.

mit ihrer Fähigkeit, die Dinge so zu manipulieren, daß sie in die ordnungsgemäße Richtung verlaufen, „tous". Nur sie ist als Chrysales bessere Hälfte überhaupt imstande, 'sein Werk' in die vorbestimmte Richtung zu lenken. So übernimmt sie in der darauffolgenden dritten Szene das Ruder, als Chrysale – wie erwartet – schwächelt[62]. Chrysale approbiert nur noch mit kurzen Kommentaren die jeweiligen an Philaminte gerichteten Aussagen Martines, die in der schon erwähnten abschätzigen Bemerkung über den leeren Esprit münden. Als darauf Philaminte endlich mit einer Erwiderung zum Zuge kommt, fragt sie, ob Martine die „digne interprète"[63] ihres Mannes sei. Er bestätigt dies. Als Chrysale daraufhin allein das Zepter gegen seine Frau übernimmt, läßt er sich dann doch auf den faulen Kompromiß ein, Clitandre mit der älteren Schwester Henriettes zu vermählen, um seinem 'Versprechen' genüge zu tun. Es bedarf noch einmal der Strategie Aristes in der darauffolgenden letzten Szene, um den von Martine schon erreichten Zustand – die Zusammenführung der Liebenden – auch mit den richtigen Partnern Henriette-Clitandre und nicht Clitandre-Armande (ältere Schwester Henriettes) zur Geltung zu bringen. In der letzten Szene wird Martine zwar aufgeführt, ihr aber kein handelnder verbaler Part mehr zugeschrieben. So erscheint denn Ariste als verlängerter Arm Martines, als er durch die bewußte Falschmeldung des verlorenen Prozesses als auch der Bankrotterklärung Trissotins wahres geldgieriges Gesicht sowie die davon unbeeindruckte wahre Liebe Henriettes und Clitandres offenbart. Daß Martine wirklich Chrysales „digne interprète" ist, bestätigt sich in Zusammenschau mit der letzten Szene. Herr und Dienerin verschmelzen zu einem „Ich", wie Françoise und Marcel am Ende der *Recherche*. Martines verbaler Einsatz ist nicht mehr vonnöten, da ihr Herr zu seinem Willen, seiner 'Bestimmung' der Glücksgewährung für seine Tochter gefunden hat. Am Ende der 'Femmes savantes' triumphiert Chrysale:

> Allons monsieur, suivez l'ordre que j'ai prescrit,/ et faites le contrat ainsi que je l'ai dit.[64]

Dabei weiß man, daß sich insbesondere Martines Vorstellung vom richtigen „ordre" auch im Sinne von Ordnungsvorstellung erfüllt hat. Gemeint ist der Heiratsvertrag zwischen den Liebenden Clitandre und Henriette, der ohne Martines Intervenieren nicht recht zustande gekommen wäre. Dies gesteht sich Chrysale nicht offiziell ein; er weiß aber – wie der Hilferuf zeigte –, daß er auf seine Dienerin angewiesen ist. Auch 'Marcel-Erzähler' ist von Françoises Hilfe beim Gelingen seines Zieles – das Schreiben seines Buches – abhängig (cf. TR 830f.). Martine führt ihren Herrn zu seiner wahren Bestimmung und damit einhergehend die Liebenden schließlich zusammen. Françoise schafft es, den Held der *Recherche* ebenfalls mit seiner wahren Liebe zu vereinigen – der Schreibkunst. Sie warnt ihn stetig vor Albertine, die ihn ihrer Meinung nach vom Schreiben abhält und handelt gewissermaßen dann an seiner statt, wenn sich sein „défaut de volonté" zeigt.

Das Motiv des Hilfe-Suchens (B) und der eingestandenen Schwäche ist in gleicher Kombination auch in der Relation Françoise-Marcel zu finden. Chrysale als auch Marcel

---

[62] FS, 5. Akt, 3. Sz., v.1640-1670, 1065ff.
[63] FS, 5. Akt, 3. Sz., v.1671, 1067.
[64] FS, 5. Akt, letzte Sz., v.1777-1778, 1072.

erflehen sich Hilfe von ihrer Dienerin. Allerdings gesteht sich Chrysale zuguterletzt dann doch nicht direkt ein, daß er es ohne die Hilfe Martines niemals geschafft hätte, sein Glück – das in der Glückserfüllung seiner Tochter begründet liegt – zu gewährleisten. Anders Marcel: Er weiß, daß er ohne Françoise nicht seinen Roman schreiben, also sein für ihn bestimmtes Glück erfüllen kann. Der Grund in der unterschiedlichen Gestaltung dieses Bewußtseinsmotivs liegt in der für die Molièresche Komödie notwendigen Aufrechterhaltung der relativ eindimensionalen Überzeichnung der Charaktere. Diese garantiert den komischen Effekt für das Komödienende. In der *Recherche* ist die komische Konnotation, die Françoise als Figur während der *Recherche* durchaus besessen hat, bewußt aufgehoben, denn Marcel meint es ernst mit seinem Angewiesensein auf ihre Hilfe und der Bewertung ihrer Qualitäten. Es liegt damit intertextuell eine identische Personen-/Figurenrelation vor, die inhaltlich in diesem 'Bewußtseinsmotiv' kontrastiv ausfällt.

Was die darbietungstechnische Form in der Komödie angeht, nimmt sie die Proustsche Technik der subjektiven Charakterspiegelung soweit vorweg, als in der Relation Chrysale-Martine die Stärke Martines aufgrund der ausgeprägten Schwäche Chrysales enthüllt wird. Die kontrastive Technik der Personenkonstellationen in den Molièreschen Komödien verwandelt Proust zu seiner psychologisch ausgefeilten Charakterspiegelungstechnik (A).[65]

Die bisherigen Ausführungen als auch die noch folgenden zu Dorine und Toinette werden im Kapitel 4.1.5 noch einmal explizit den jeweiligen Motivklassen zugeordnet und in Relation zur Makrostruktur Françoise gestellt. Dann wird zusammenhängend offenbar, welche Klassen in welcher Art Proust in Françoise kombiniert hat.

4.1.3 Françoise und Dorine

Im Personenverzeichnis erscheint Dorine als „suivante de Mariane" und wird ebenso von Mme Pernelle, der Mutter Orgons, gleich in der ersten Szene als „fille suivante" tituliert.[66] Ihr Gewicht liegt formal – die Häufigkeit des Auftretens in Betracht gezogen – auf den ersten zwei bis drei Akten. Bis zur zweiten Szene des dritten Aktes ist sie ununterbrochen am Agieren – abgesehen von zwei kleineren Szenen (1. Akt, 5. Szene; 2. Akt 1. Szene). Dann erfolgen zwei größere Abwesenheitseinschnitte ab der dritten Szene des dritten Aktes bis zur zweiten Szene des vierten Akts und von der vierten Szene desselben Akts bis zur dritten des fünften und gleichzeitig letzten Akts. Dorine ist immer dann anwesend, wenn sie als Warnerin vor Gefahren, Ermahnerin im Familieninteresse sowie Bewahrerin des Familienwohls erscheint und eine Situation auf den rechten Weg gebracht werden muß. Da sie ihrer Herrin Mariane aufs engste verbunden und zugeordnet ist und die Beziehung zu ihrem Geliebten Valère im ersten Teil der Komödie behandelt wird, ist es nachvollziehbar, warum Dorine in diesem Teil häufiger auftritt. Darüberhinaus sind diese Akte und Szenen den Gesprächen über Tartuffe vorbehalten, mit denen alle Parteien ihm – pro oder contra –

---

[65] Zur Erinnerung: Bei dieser Technik wird nach Krotz (Krotz 1990, 86) „weniger die bespiegelte als vielmehr die bespiegelnde Person in ihrer jeweiligen Eigenart enthüllt."

[66] T, 1. Akt, 1. Sz., v.13, 896.

zugeordnet werden. Der erste Akt stellt Dorine als klarsichtigen Gegenpart von Tartuffe, der zweite in ihrem entsprechenden Einsatz gegen ihn und seinen Fürsprecher Orgon dar. Verschwindet sie von der Bühne, bleibt sie trotzdem omnipräsent: Sie behält die Übersicht und die Fäden der Handlung in der Hand. Ihr ist der gute Ausgang für die Liebenden zu verdanken – aber auch die Versöhnung zwischen Elmire und ihrem Mann Orgon hat sie mit auf den Weg gebracht. Ihr eigentlicher Dienstherr Orgon, der Vater Marianes, erteilt ihr regelmäßig ein Redeverbot und verschließt sich – im Gegensatz zur Herrin Mariane – den weisen Einsichten Dorines. Sie wird nicht müde, vor Tartuffe zu warnen und Orgon einen Spiegel seines Irrglaubens an Tartuffe vorzuhalten. Die eben erwähnten Szenen und Akte der zweiten Komödienhälfte (ab dem ersten Einschnitt mit der dritten Szene im dritten Akt) sind der Zeichnung des heuchlerischen Charakters Tartuffes gewidmet, der den ganzen Familienverbund spaltet. Er tritt in der zweiten Szene des dritten Akts zum ersten Mal persönlich auf und bezeichnenderweise das erste Mal auf Dorine, nachdem er zuvor nur in aller Munde war. Um die Zerstörung der Familieneintracht zu veranschaulichen, finden sich im dritten Akt Elmire (Mutter), Damis (Sohn) und Orgon (Vater) mit Tartuffe in personaler Relation gesetzt und Dorine ausgeblendet. In der ersten Szene des vierten Akts versucht schließlich der Bruder Orgons, Cléante, die verfahrene Situation zu retten und Tartuffe mit wohlwollenden Worten dazu zu bewegen, Orgon von der Rücknahme der Verstoßung seines Sohnes zu überzeugen. Als er damit scheitert, kehrt Dorine in der darauffolgenden Szene (4. Akt, 2. Szene) zurück auf die Szene, um sich mit der Ermahnung des vollen Einsatzes, „de force ou d'industrie"[67] – denn nach ihrer Erkenntnis nützen gute Worte bei Tartuffe nichts – für Marianes bzw. aller Glück an Elmire und Cléante zu wenden. Elmire wird in der darauffolgenden Szene ihrem Mann einen Trick vorschlagen, um Tartuffes wahres Gesicht zu entblößen. Sie führt Dorines – schon in der ersten Szene des dritten Akts und der zweiten Szene des vierten Akts intendierten – Vorschlag somit aus.[68] Nur Elmire ist dazu befähigt, da es sich um falsches Liebesgeflüster handelt, auf das Tartuffe – von Beginn an in Elmire verguckt – hineinfällt.[69] Am Ende des vierten Akts ist Dorines Ziel zwar erreicht: die Versöhnung der Ehepartner sowie damit auch die Erfüllung der Bestimmung ihrer Herrin

---

[67] T, 4. Akt, 2. Sz., v.1274, 955.

[68] Sie behält – wie diese und die folgenden Sequenzen verdeutlichen – ganz deutlich die Fäden der Handlung in der Hand; cf. 3. Akt, 1. Sz., v.833-846, 937: „Ha! tout doux! Envers lui, comme envers votre père,/Laissez agir les soins de votre belle-mère./Sur l'esprit de Tartuffe elle a quelque crédit;/Il se rend complaisant à tout ce qu'elle dit,/Et pourrait bien avoir douceur de coeur pour elle./Plût à Dieu qu'il fût vrai! la chose serait belle./Enfin votre intérêt l'oblige à le mander;/Sur l'hymen qui vous trouble elle veut le sonder,/Savoir ses sentiments, et lui faire connaître/Quels fâcheux démêlés il pourra faire naître,/S'il faut qu'à ce dessin il prête quelque espoir./Son valet dit qu'il prie, et je n'ai pu le voir;/Mais ce valet m'a dit qu'il s'en allait descendre./Sortez donc, je vous prie, et me laissez l'attendre."; cf. auch T, 2.Akt, 4. Sz., v.795, 935: „Nous en ferons agir de toutes les façons." Dorine beruhigt damit die auf ihre Hilfe angewiesenen Liebenden Mariane und Valère. Cf. auch Dorines Aussage kurz darauf, v.813-814: „Nous allons réveiller les efforts de son frère [gemeint ist Orgons vernünftiger Bruder Cléante],/Et dans notre parti jeter la belle-mère."

[69] In der zweiten Szene des dritten Akts macht Tartuffe zwar schon anzügliche Bemerkungen an die Adresse Dorines, die ihre Brüste bedecken solle. Dorine realisiert, daß er „tendre à la tentation" (v.863) ist und „la chair" auf seine Sinne „grande impression" macht (v.864). In der darauffolgenden Szene, als er sich mit Elmire in einem Zwiegespräch befindet, bewahrheitet sich dies. Mit diesem Wissen ausgestattet können schließlich die Frauen Tartuffe in die „Liebes"-Falle locken und Orgon die Augen öffnen, daß sein Heiliger nicht vor der Verführung seiner Ehefrau zurückschreckt (T, 4. Akt, 2.-4. Sz.).

Mariane in der Hochzeit mit Valère (Tartuffe ist als Heiratskandidat zwangsläufig abgeschrieben), das Geschehen hat sich allerdings mittlerweile verselbständigt. Tartuffe hat mit der Drohgebärde der Rache das Haus verlassen und Elmire und Orgon bleiben ängstlich zurück. Im fünften Akt wird er sie einlösen, dazu durch Orgon selbst befähigt. Er hat ihm zu Zeiten seines vollsten Vertrauens eine Kassette mit nur ihm anvertrauten Papieren eines Freundes überlassen, die nun zu seinem Verhängnis werden könnte.[70] Als Dorine in der Mitte dieses letzten Aktes auftritt, hält sie Orgon nochmals den Spiegel vor sein Gesicht, indem sie mit der ihr eigenen Klugheit in ironischer Weise die schlechten Charakterzüge Tartuffes beschönigt und – wie früher Orgon – das Gute darin sieht.[71] Damit hält sie ihm seinen ursprünglichen Irrglauben radikal vor und beweist, daß es niemals so weit gekommen wäre, wenn er auf ihre sybillinischen Worte, das heißt ihre Ratschläge gehört hätte. Bei soviel Sturheit aber versagen selbst ihre Kräfte, zumal sie keine Kontrolle über die Weitergabe geheimer Papiere hatte. Orgon bleibt bis zum Ende uneinsichtig und verbietet ihr abermals das Wort. So ist es konsequent, daß der sich verselbständigte Lauf des Schicksals nur noch durch die gottähnliche Kraft des Prinzen, übermittelt durch einen „exempt", aufgehalten werden kann. Tartuffe wird arretiert und Orgons Familie darf ihren Besitz behalten und in ihrem Haus verbleiben. Durch das gemeinsam erlittene Leid sind alle Familienmitglieder nur noch enger verbunden worden. Erleichtert über das endgültig gute Ende kann auch Dorine nun den Himmel loben.[72]

Setzt man die Relation Françoise-Marcel in formale Relation zu diesem Molièreschen Werk, so ist festzustellen, daß sie auffällige Ähnlichkeiten mit der Personenkonstellation Dorine-Mariane-Orgon aufweist. Orgon und Mariane werden beide in Marcels Ich überführt. Zunächst aber noch einmal zur formalen Betrachtung, die eng mit dem Inhalt korreliert. Dorine wie Françoise treten im Mittelteil des Werks in den Hintergrund, um nichtsdestoweniger omnipräsent zu bleiben. Die Gründe sind inhaltlich ähnlich motiviert: Der Held der *Recherche* versucht in die elitären Kreise des Faubourg Saint Germain aufzusteigen und beschäftigt sich intensiv mit dem Verhalten seiner Vertreter und den von ihnen ausgesendeten Zeichen. Darauf folgt die Phase der Enttäuschung, des Rückzugs und der Einsicht, daß seine Dienerin ihm wesensnäher als alle anderen Protagonisten ist. Orgon versucht Zutritt zu der frommen Welt Tartuffes zu erhalten, sich sein Verhalten zu eigen zu machen, um dahinter schließlich doch nur eine hohle Fratze zu erkennen. Er kehrt zurück in den Schoß der Familie und anerkennt durch sein Verhalten, daß Dorine im Recht war. Die verbale Distanz zu seiner Dienerin hält er allerdings aufrecht, weil ihn seine Dummheit ärgert, einem Heuchler ins Netz gegangen zu sein und dadurch nur die Richtigkeit von

---

[70] cf. T, 5. Akt, 1. Sz.
[71] T, 5. Akt, 5. Sz., v.1815-1820, 979: „Vous vous plaignez à tort, à tort vous le [Tartuffe] blâmez,/Et ses pieux desseins par-là sont confirmés:/Dans l'amour du prochain sa vertu se consomme;/Il sait que très souvent les biens corrompent l'homme,/Et, par charité pure, il veut vous enlever/Tout ce qui vous peut faire obstacle à vous sauver." Orgon antwortet auf die ironisch gemeinten und primär an ihn gerichteten Worte Dorines grimmig, v.1821: „Taisez-vous: c'est le mot qu'il vous faut toujours dire."
[72] T, 5. Akt, letzte Sz., v.1944, 984: „Que le ciel soit loué". Man könnte hinzufügen, daß die von ihr erstrebte und – hätte es Orgons Dummheit nicht gegeben – auch schon praktisch herrschende Ordnung nun dauerhaft durch eine höhere Gewalt – die als einzige noch einschreiten konnte – in die Tat umgesetzt wurde.

Dorines Weissagungen bestätigt zu haben. Die Einsicht in Dorines Klugheit äußert sich nur in seinem Verhalten, bleibt aber verbal aus. Dies liegt – wie schon am Ende von Kapitel 4.1.2 ausgeführt – an der unterschiedlichen Intention der Komödie und des psychologischen Romans. Die Zeichnung Orgons muß in Molières Komödie derart sein, daß sie am Ende immer noch einen komischen Effekt garantiert. Daher verläuft die Katharsis nicht vollständig wie bei Marcel, der sich den durch seine Dienerin verursachten Lerneffekt eingesteht. Damit ist aber auch die geringere Intensität von Dorines Auftritten am Ende erklärt. Schon erwähnt wurde, daß in der Relation zu Mariane ihre Aufgabe mit dem vierten Akt erfüllt ist. Die Bestimmung ihrer Herrin (Heirat mit Valère) wurde durch die Versöhnung der Eltern erfüllt. Damit ist das Ende der *Recherche* auf den vierten Akt – als eigentliches Ende – formal bezogen und das Erscheinen Dorines und Françoises strukturell ähnlich im Verlauf beider Werke gewichtet. Um Marianes und Orgons Rolle als Marcelsche Folie als auch die von Dorine als Françoisesche vollständig bewerten zu können, soll der Blick nun auf den Inhalt gewendet werden.

Dorine kann man in Hinsicht auf ihre 'Komplexität' als Resümee der weiblichen Bediensteten Molières betrachten. Sie weist im intertextuellen Bezug zur Dienerfigur Françoise die umfangreichsten Parallelen mit ihr auf. Die als „fille suivante" von Mme Pernelle bzw. von den Familienmitgliedern als „mamie"[73] Bezeichnete nimmt eine bedeutende Stellung im Haus ihres Herrn Orgon ein. Sie hat schon die Kinder der Familie großgezogen – auch Françoise kümmert sich als Kindermädchen um Marcel in Combray. Wie Françoise ist Dorine sehr früh in den Dienst der Familie getreten, jedoch wohl als sehr junges Mädchen, um die kleine Mariane zu versorgen.[74] Als Françoise den jungen Marcel kennenlernt, hat sie schon lange Jahre bei Tante Léonie gedient und könnte altersmäßig seine Großmutter sein. Dorine dagegen ist alles andere als eine alte Amme (MK 5), wie manche Kritiker vermuten, sonst kämen Tartuffe wohl kaum „coupables pensées" beim Anblick ihrer 'halb entblößten' Brüste.[75] Trotz ihres jungen Alters hat sie ihrem Herrn Orgon wahrscheinlich große Dienste während der Fronde und in der Zeit nach dem Tod seiner ersten Frau geleistet.[76] Einige Kritiker sehen in Dorine eine Art Mutter, ein Ansatz,

---

[73] z.B. im gleichen Vers 13 von Mme Pernelle sowie Vers 458 oder Vers 477 von Orgon. Das Alter Dorines entspricht aber sicherlich nicht das einer Oma; wenn man vom heutigen Sprachgebrauch ausgeht, ist „mamie" laut *Petit Robert* eine aus dem Englischen stammende familiäre Bezeichnung „donné par les enfants à leur grand-mère". Dieser Bezeichnung entspricht vielmehr der Respekt, den man einer Oma entgegenbringen würde. Im 17. Jahrhundert ist „mamie" laut Gaston Cayron in seinem *Le français classique. Lexique de la langue XVII.e siècle* (Paris: Henri Didier, ²1924, 543) eine „terme de tendresse qui est dans l'usage du peuple, et dont quelques maris se servent en parlant à leurs femmes". In diesem Sinne ruft auch Argan seine Ehefrau Béline wiederholt „mamie" (cf. *Le malade imaginaire*). Dieser Titel bezieht sich somit auf das Mütterliche. Bezeichnend ist, daß auch Cayron in seinem Lexikon Vers 477 (2. Akt, 2. Sz.) aus dem *Tartuffe* anführt, in dem Orgon mit „mamie" „s'adresse à sa servante Dorine". Unter Nota bene fügt Cayron mit Hinweis auf P. Richelets „Dictionnaire français" von 1680 hinzu: „Il ne se dit guère qu'en parlant a des servantes" (R. 80). On avait dit régulièrement au moyen âge «m'amie» pour «ma amie», c.-à.d. «mon amie»; l'usage des ignorants a depuis maladroitement séparé les mots."

[74] cf. Ribaric-Demers 1970, 36.

[75] T, 3. Akt, 2. Sz., v.862, 938. Dorine trägt wie eine junge Frau Rouge und Schönheitspflästerchen auf: T, 1. Akt, 2. Sz., v.206, 903; cf. Gaillard, der sie höchstens auf 35 Jahre einschätzt (Gaillard, Pol: Tartuffe de Molière, Paris: Hatier 1978, 71).

[76] cf. Descotes, Maurice: Les grands rôles du théâtre de Molière, Paris 1960, 196.

der zu verstärken ist.[77] Die Bezeichnung „mamie" bezieht sich auf das Mütterliche. Sie wurde im 17. Jahrhundert gerne von Ehemännern als zärtliche Bezeichnung für ihre Frauen verwandt. Wenn Orgon damit Dorine tituliert, spricht dies für sich. Dorines Rolle als Mutterersatz ist sehr ausgeprägt. Sie füllt die Lücke, die durch den Tod der ersten Frau Orgons entstanden ist, vollständig aus. Die Mutter verschwindet physisch und psychisch bis schließlich durch die Wiederverheiratung Orgons Elmire an ihre Stelle tritt. Dies ruft die Ausblendung von Marcels Mutter in Erinnerung, während ihrer langen Abwesenheit, in der Françoise zu seiner 'Mutter' wird.[78] Sie stirbt zwar nicht wie bei Molière, die Zeit des Abschieds wird aber nicht umsonst heute noch wie eine Art Sterben bezeichnet. In beiden Werken kommt die Mutter wieder zurück, wenn auch bei Molière in physisch gewandelter Form. Marcels Mutter durchläuft gleichfalls eine Metamorphose und nähert sich immer mehr ihrer eigenen Mutter, Marcels Großmutter, an. Diese Verwandlung bezieht sich nicht nur auf die Einstellung, sondern auch auf die Physis bei Proust. Der Stolz bzw. das Selbstbewußtsein sind bei beiden Dienerfiguren auf diese Stellung einer Mutter im Haus begründet. Die Autorität, die Dorine als auch Françoise im Familienverbund inne haben, ist aufgrund ihrer analogen Stellung im Haus ebenso gleich gewichtet. Beide haben schließlich einen größeren Einfluß auf das Kind bzw. die Kinder als die eigentliche (Stief-)Mutter (MK 4.1.2). Dorines Stellung im Haus erklärt ihre Vertrautheit mit ihrem Herrn Orgon und die Autorität, die sie insbesondere gegenüber seiner Tochter, aber auch dem Sohn Damis besitzt. Darüberhinaus liefert sie eine Erklärung für ihre Fähigkeit, alle und alles zu durchschauen und für die Zurückhaltung von Orgons zweiter Frau Elmire gegenüber ihrer Person.

Zunächst aber noch einmal zu Damis' Beziehung zu Dorine. In der ersten Szene des dritten Akts sind beide unter sich. Dorine spricht offen und hart mit Damis über sein überschäumendes Temperament. Seinen begründeten Haß gegen Tartuffe versucht sie zu kanalisieren und weiß, daß er durch seine „transports ordinaires" nur „les affaires" verdirbt.[79] Obwohl er beim darauffolgenden Zusammentreffen mit Tartuffe anwesend bleiben möchte, schafft es Dorines Durchsetzungsvermögen, ihn zum Rückzug zu bewegen. Als Elmire ganz ähnliches versucht, nämlich ihren Sohn davon abzubringen, seiner überschäumenden Wut gegen Tartuffe vor seinem Vater freien Lauf zu lassen (nachdem er das an Elmire gerichtete und sie in ihrer Ehre beleidigende Liebesgesäusel Tartuffes heimlich belauscht hat), versagt Elmire:

> [...] vous n'auriez rien dit,/ Damis, si j'avais eu sur vous quelque crédit."[80]

Wie Dorine zuvor richtig bewertet hat, erweist sich Damis' Aktion als kontraproduktiv. Orgon glaubt ausschließlich an Tartuffes heiligen Charakter, der sich selbst erniedrigt, um desto mehr erhöht zu werden: Orgon verstößt seinen Sohn. Marcels Mutter kapituliert vor

---

[77]   ebd. 196.
[78]   cf. mein Kap. 3.2.
[79]   T, 3. Akt, 1. Sz., v.849-850, 937.
[80]   T, 3. Akt, 5. Sz., v.1071f., 946.

dem „défaut de volonté" ihres Sohnes wie Elmire vor dem überschäumenden Temperament ihres eigenen. Nur die Dienerinnen schaffen es jeweils, sich gegen ihre jungen Herren durchzusetzen. Françoise stärkt den Willen Marcels, wie Dorine es schafft, Damis im Zaum zu halten. Die Analogien sind somit struktureller Art: Absicht des Herrn – Einschreiten der Dienerin, um diese in die richtige Bahn zu lenken (Absicht stärken bzw. schwächen, dadurch inhaltlich kontrastiv durch Proust verwertet) – positives Ende nur bei Folgeleistung der Dienerin durch den Herrn (B).

Dorine wendet sich mit einer ihr eigenen Intelligenz und Esprit gegen jeden, der das Wohl der Familie und damit die gewohnte Ordnung stört. Sie ist willensstark, intelligent, natürlich und durchweg sympathisch. Ihr 'bon sens'[81], gestärkt durch den 'Zwang' und die Gewohnheit, mit den Herrschaften zusammenzuleben, führt – wie bei Françoise – zu einem instinktiven Wissen und einer Kenntnis um alles, was ihre Herren betrifft (MK 4.5).[82] Sie können ihr nichts vormachen und ordnen sich ihren Regeln unter. Dorine tritt als Warnerin und Beraterin aller Familienmitglieder auf, insbesondere aber als enge Vertraute Marianes, der schüchternen Tochter Orgons. Mariane weiß, daß sie existentiell auf die Hilfe Dorines angewiesen ist. Im Zwiegespräch zwischen Dorine und Mariane in der dritten Szene des zweiten Akts kommt dies besonders klar zum Vorschein in ihrem Hilferuf und der Antwort Dorines:

> Mariane: De tes conseils plutôt songe à me secourir./ Dorine: Je suis votre servante.[83]

Die schon im Fall Martine-Chrysale (Angewiesensein auf die Hilfe der Dienerin) gemachten Aussagen im Kapitel 4.1.2 treffen auch hier in entsprechender Weise zu. Im Unterschied zu Chrysale bleibt Mariane offiziell bei ihrer Einsicht, daß sie ohne Dorines Hilfe nicht zu ihrem Ziel – der Vermählung mit Valère – gelangt bzw. gelangt wäre. Als Dorine von den Hochzeitsplänen Orgons hört, Mariane mit Tartuffe zu verheiraten, ergreift sie sofort entschlossen Partei für ihren Schützling. Sie verteidigt an ihrer Stelle ihre Interessen, da Mariane selbst zu schwach dazu ist und Angst vor ihrem Vater hat.[84] Der erste Satz in der dritten Szene des zweiten Akts kann daher als Leitmotiv in der Relation Dorine-Mariane gelten:

> Avez-vous donc perdu, dites-moi, la parole,/ Et faut-il qu'en ceci je fasse votre rôle?[85]

Die Antwort lautet: ja, bis Mariane selbst so stark geworden ist, sich nicht mehr von ihrer Bestimmung – mit dem Namen Valère – trennen zu lassen, so wie Marcel sich in der *Recherche* nicht mehr vom Schreiben seines Romans abbringen läßt. Proust hat die in der interpersonalen Relation Mariane-Dorine angelegten Konnotationen entsprechend umgesetzt: in Françoises stetige Bemühung, Marcel gegen seine 'Willensschwäche' ankämpfen

---

[81] cf. Ribaric-Demers 1970, 37: „[...] elle incarne la vie, le bon sens et l'esprit."
[82] cf. CS 45, CG 72, CG 300, sowie mein Kap. 3.6.
[83] T, 2. Akt, 3. Sz., v.668f., 925.
[84] cf. T, 2. Akt, 3. Sz., 922ff.
[85] T, 2. Akt, 3. Sz., v.585-586, 922.

zu lassen, d.h. sich wie eine Mutter um ihn zu kümmern und seine wahren Interessen zu fördern.

Zieht man in Betracht, daß Dorine zu Mariane als auch zu Orgon ein Dienstverhältnis hat und damit in intertextueller Sicht Marcel zwei 'Einflüsse'[86] besitzt (erinnert sei hier an die Ausführungen im formellen Betrachtungsteil zu Anfang des Kapitels), stünde Orgon dann stellvertretend für einen Teil seines Ichs, das sich gegen seine Bestimmung als Schriftsteller widersetzt bzw. noch daran zweifelt. Noch verkehrt dieses Ich lieber in den Salons und pflegt Beziehungen zu Frauen, anstatt sich dem Schreiben zu widmen – seiner eigentlichen Liebe und Bestimmung. Orgon versucht seine Tochter zunächst mit Tartuffe zu verkuppeln, statt sie ihrer eigentlichen Bestimmung Valère, dem er schon seine Tochter versprochen hatte, zuzuleiten.

Dorine muß die Liebenden aber auch vor sich selbst schützen, dann wenn sie in falsche Höflichkeitsextravaganzen verfallen. Sie entlarvt das höfliche Gerede als hohl und kontraproduktiv, da es zur Trennung statt zur Zusammenführung von Menschen führt. So schreitet sie in der vierten Szene des zweiten Akts noch rechtzeitig ein, als Valère und Mariane – allein den Worten Glauben schenkend[87] – sich trennen wollen und entwirft in ihrem gesunden Menschenverstand verbal und handelnd ein positives Gegenbild zur leeren Mechanik der Höflichkeitsfloskeln.

> Pour moi je pense/ Que vous perdez l'**esprit** [meine Hervorhebung] par cette extravagance:/ Et je vous ai laissé tout du long quereller,/ Pour voir où tout cela pourrait enfin aller./ Holà! seigneur Valère./ *Elle va l'arrêter par le bras, et lui fait mine de grande resistance.*

Françoises gesunder Menschenverstand, der auf einem natürlich gewachsenen Kodex und ernst zu nehmenden Prinzipien basiert, ist auf ähnliche Weise dem leeren Gerede der Salons entgegengesetzt. Dorine drückt explizit aus, was sich in der interpersonalen Relation Françoise-Mme de Guermantes-Mme Verdurin über die Vermittlung des Erzählers wiederfindet. Die Ausführungen zu dieser Proustschen Technik, im vorherigen Kapitel 4.1.2 – im Zusammenhang mit Martines Wendung gegen einen gekünstelten Esprit in Vers 1665, der jeder „ménage" schädlich ist – beschrieben, treffen auch hier zu.

Als beide fragen, was sie vorhabe, antwortet sie folgerichtig, sie aus der „affaire" ziehen zu wollen. Sie tituliert sie mit „fou" und „folle" und schreibt ihre, der Höflichkeitskonvention Genüge tuenden Aussagen der „Sottise de deux parts" zu.[88] Sie öffnet ihnen die Augen, daß hinter den Aussagen des sich Trennen-Wollens und des Überlassen-Wollens des Partners an einen Dritten genau das Gegenteil als Wahrheit steckt:

---

[86] Im aktiv, nicht passiv verstandenen Sinn, cf. mein methodisches Kapitel 2.
[87] Als Valère erfährt, daß Mariane Tartuffe nach dem Willen ihres Vaters heiraten soll und er sie fragt, wie der Wille ihrer Seele aussehe, antwortet sie mit „Je ne sais". Sie fragt ihn, was sie tun solle. Er rät ihr aus verletztem Stolz ein Ja – sie gestehen sich darauf ein, daß sie dies nur gesagt haben, um gegenseitig zu gefallen, können aber auch nicht mehr zurück und verletzen sich durch ihre Aussagen ununterbrochen im tiefsten Innern.
[88] T, 2. Akt, 4. Sz., v.770-775, 933f.

Sottise des deux parts. Elle n'a d'autre soin/ Que de se conserver à vous, j'en suis témoin./ Il n'aime que vous seule, et n'a point d'autre envie/ Que d'être votre époux; j'en réponds sur ma vie.[89]

Dorine läßt sich in dem Beziehungsverhältnis Mariane-Valère durch nichts täuschen. Inhaltlich kontrastiv steht dazu die Relation Françoise-Marcel in der Weise, als daß Françoise durchaus manchmal an den Aussagen ihres Herrn zweifelt bzw. sich über sein wahres Verhältnis zu Albertine hinwegtäuscht – Marcel ist auf die Erfahrung mit Albertine für die Entstehung seines Werks angewiesen.

Als kurz darauf Valère und Mariane sich erneut fragen, warum sie so reagiert haben, würgt sie Dorine ab. Sie ermahnt sie, sich jetzt auf das Wesentliche zu konzentrieren und gemeinsam zur Tat zu schreiten:

Pour une autre saison laissons tout ce débat,/ Et songeons à parer ce fâcheux mariage.[90]

Dorines Verständnis des „esprit", der bei Valère und Mariane zeitweilig verloren gegangen ist, entspricht dem, was man allgemein unter gesundem Menschenverstand subsumiert. So wird er positiv besetzt und durch die Aussagen sowie das Verhalten Dorines mit Leben gefüllt. Der bei Martine noch als negativ aufgefaßte Esprit entspricht im vorliegenden Fall den „extravagances" eines Valère bzw. einer Mariane sowie dem heuchlerischen Getue eines Tartuffe. Die schon im Fall Martine gemachten Aussagen zur Dienerin als Trägerin des menschheitstypischen Motivzugs des 'bon sens', der als Verhaltenskodex den Maßstab für die jeweilige Dienerin bildet, ist auch auf Dorine übertragbar.[91]

Die angeführten Zitate machen deutlich, daß Dorine Mariane gegenüber „totalement dévouée"[92] ist, indes ihre „vigeur gauloise"[93] zeigt, störrisch und tadelnd wird, wenn man sich ihrem Willen widersetzt. Auch dies passiert nur, um Mariane aus ihrer Lethargie zu reißen und Widerstand gegen ihren Vater und seine Heiratspläne zu zeigen, also aus einem guten und selbstlosen Zweck heraus.[94] Dorines zupackende Art läßt auf eine ländliche unverzärtelte Herkunft schließen. Diese erfährt genausowenig wie bei Martine eine konkrete Lokalisierung (MK 1). Françoise zeigt ein ähnliches Verhalten bei Mißachtung ihres Willens und ihrer Ordnung. Im Gegensatz zu Dorine tut sie es allerdings auch dann, wenn man ihre eigenen Rechte mißachtet.[95] Dorine dagegen stärkt mit der Durchsetzung ihres eigenen Willens nur den geschwächten ihrer Herrin, der mit ihrem eigenen identisch ist.

Auch in der Relation Dorine-Orgon trifft Dorines Überzeugung zu – wie weiter oben schon angedeutet –, daß sie seinen „rôle" übernehmen muß, wo er versagt: Dorine sagt

---

[89] T, 2. Akt, 4. Sz., v.775-778, 934.
[90] T, 2. Akt, 4. Sz., v.792f., 935.
[91] Was natürlich mit der Komödienkonzeption Molières zusammenhängt. Er will durch einseitige Überzeichnung bestimmter Negativeigenschaften in einer Person die notwendige Läuterung derselben exemplifizieren sowie durch eindeutig positive Charaktere der Dienerinnen wie Dorine eine Kontrastfolie bilden. Daher findet sich die Relation schwacher Herr/Herrin-starke Dienerin mit gesundem Menschenverstand fast durchweg als Molièresche Personenkonstellation bei den Stücken, in denen eine Dienerin auftritt.
[92] Ribaric-Demers 1970, 36.
[93] Gaillard 1978, 71.
[94] cf. T, 2. Akt, 3. Sz., v.636ff., 924 und v.679, 926.
[95] cf. Störung der Frühstückszeremonie durch den Vater (CG 35).

immer offen, was sie denkt und gehört zu den „parfaites servantes des familles bourgeoises"[96] der Molière-Zeit, eine Bezeichnung, die auch noch auf Françoise zutrifft. Durch die Tatsache, daß sie zur Familie gehört und die oberste Sorge diejenige des Schicksals dieser Familie ist, werden Dorine und ihre 'Schwestern' Martine und Toinette zu „défenseurs d'un ordre qui s'identifie à leurs yeux avec la vérité, la raison, la nature, les convenances."[97] Wenn Orgon nicht die Familieninteressen bewahrt, so muß Dorine als Hüterin der Ordnung auftreten:

> Je n'en parle, Monsieur, que pour votre intérêt.[98]

Sein „honneur" ist ihr „cher"[99], und es geht gegen ihre „conscience"[100], ihn eine Allianz zwischen Tartuffe und Mariane stiften zu lassen. Das Ansehen des Hauses fällt auf das ihrige genauso zurück wie im Falle Françoises und ist deshalb entsprechend zu verteidigen. Dorines 'compréhension instinctive' verhindert, daß sie sich weder vom Heuchler Tartuffe, noch von der Frömmelei Orgons oder Mme Pernelles hinters Licht führen läßt. Gleich zu Beginn des Stücks verteidigt Dorine die Familieninteressen und wird deswegen von Mme Pernelle als „un peu fort en gueule, et fort impertinente"[101] zurechtgewiesen. Ihr Selbstbewußtsein ist jedoch so ausgeprägt, daß sie weiter auf ihrem Standpunkt verharrt. Sie weiß, daß sie sich dies leisten kann und deswegen nicht entlassen wird – Françoise gründet ihr Selbstbewußtsein ebenfalls auf ihre hohe Stellung im Haus und fühlt sich zur Familie gehörig, die auf sie angewiesen ist.[102] Dorine empfindet es als Skandal, „de voir qu'un inconnu céans s'impatronise,/ Qu'un gueux qui, quand il vint, n'avoit pas de souliers/ Et dont l'habit entier valoit bien six deniers,/ En vienne jusque-là que de se méconnaître,/ De contrarier tout, et de faire le maître."[103] Proust übernimmt die Molièresche personale und inhaltliche Anlage, die in der Struktur 'Eindringling in Familienverbund – Verbrüderung des Eindringenden mit Hausherrn – Abwehr durch Bewahrerin der Ordnung' gegeben ist (A/B). Tartuffe stört die Familieneintracht durch sein Eindringen, gleiches empfindet Françoise bei Albertine. Françoise verachtet ebenfalls die armen 'Dahergelaufenen', wozu ihrer Meinung nach Albertine gehört. Beide kämpfen für das in ihren Augen Beste für ihre Herren. Dorine weist Orgon verschlüsselt, d.h. ironisch, auf den wahren heuchlerischen Charakter Tartuffes und sein unfrommes Verhalten hin:

> Et fort dévotement il mangea deux perdrix,/ avec une moitié de gigot en hachis.[104]

---

[96] Moraud 1981, 36.
[97] ebd. 37. Dies entspricht dem Ideal Molières und seiner Zeit des „juste milieu", d.h. Extreme zu vermeiden und ein vernunftmäßiges natürliches Leben zu führen.
[98] T, 2. Akt, 2. Sz., v.543, 918.
[99] T, 2. Akt, 2. Sz., v.547, 919.
[100] T, 2. Akt, 2. Sz., v.549, 919.
[101] T, 1. Akt, 1. Sz., v.14, 896.
[102] cf. insb. meine Kap. 3.2.2 und 3.2.3.
[103] T, 1. Akt, 1. Sz., v.62-66, 898; cf. Françoises Tirade gegen Albertine (P 90).
[104] T, 1. Akt, 4. Sz., v.238-239, 905.

Orgon versteht oder will die Warnungen Dorines nicht verstehen und auch der Held der *Recherche* verschließt sich häufig vor Françoises „paroles sibyllines" (P 89f.), die die Lügen Albertines aufdecken.

Dorine bedauert aufrichtig die gestörte Familieneintracht:

> Mais il est devenu comme un homme hébété,/ Depuis que de Tartuffe on le voit entêté;/ Il l'appelle son frère, et l'aime dans son âme/ Cent fois plus qu'il ne fait mère, fils, fille, et femme.[105]

Dorine spürt, daß die natürliche Ordnung der Familienliebe auf den Kopf gestellt ist. In einem Gespräch mit ihrem Herrn bedauert dieser den vor Gesundheit strotzenden Tartuffe, findet aber kein Wort des Mitleids für seine kranke Frau Elmire. Die sarkastisch-ironische Bemerkung Dorines am Ende der Unterhaltung müßte Orgon eigentlich die Augen über seine eigene Verblendung öffnen:

> Et je vais à Madame annoncer par avance/ La part que vous prenez à sa convalescence.[106]

Dorine drückt explizit aus, was Françoise wahrscheinlich in der *Recherche* ähnlich denkt, wenn sie meint, daß Albertine Marcel noch „des chagrins" (SG 642) bereiten wird:

> Vous n'en feriez que mieux de suivre mes leçons.[107]

Françoises Lektionen bestünden dann in ihrem Rat an Marcels Adresse, sich von Albertine zu trennen. Dorine warnt stetig vor Tartuffe – wie Françoise vor Albertine –, bis schließlich genau das eintritt, was sie vorhergesagt haben: Marcels Leiden, zugefügt durch Albertine, sowie fast ein lebenslanges Leid zugefügt durch Tartuffe, das gerade noch verhindert werden konnte. Dorines uneigennütziger Einsatz für das Wohl der Familie und für die gewohnte Ordnung korreliert mit Françoises Widerstand gegen Albertine, die Marcel vom Schreiben abhält. Ganz so uneigennützig wie Dorine ist Françoise jedoch nicht. Sie ist eifersüchtig auf Albertine, ein Gefühl, das Dorine nicht kennt. Schließlich gehört letztere zur Welt der Charakterkomödie und nicht zu der des 'psychologischen' Romans eines Proust. Sie besitzt deshalb einen kohärent positiven Charakter. Durch das Rivalitätsmotiv schafft Proust eine qualitativ neue Vorstellungseinheit und stattet Françoise mit Widersprüchen aus. Der Grund dafür liegt in dem Lehreffekt, den Françoise dem Helden zu vermitteln hat. Wie Dorine ist sie durch ihr beispielhaftes 'Vor-Leben' dazu befähigt, ihre Rolle als Lehrmeisterin ist aber ausgedehnt auf psychologische Feinheiten; denn durch ihr eigenes widersprüchliches Verhalten wird sie erst zur wirklichen Lehrmeisterin in Menschenkenntnis.

In welcher Sprache verleiht Dorine nun ihren schon vorgestellten Denkkonzepten und Maximen Ausdruck (MK2/MK3.2)? Wie sich gezeigt hat, kennt Dorine den Charakter jedes einzelnen Familienmitglieds genau und findet die jeweils passende Sprache, ohne wie ihre

---

[105] T, 1. Akt, 2. Sz., v.183-186, 902.
[106] T, 1. Akt, 4. Sz., v.257-258, 906, cf. 1. Akt 5. Sz., v.259: In Cléantes Augen macht sich Dorine „avec justice" über Orgon lustig, das heißt der vernünftige Bruder Orgons schätzt ihren 'bon sens'.
[107] T, 2. Akt, 2. Sz., v.519, 917.

Herren ausfallend zu werden. Sie beherrscht neben ihrer Sprache, die „le plus naturel"[108] ist, auch eine kultivierte, die an Françoises poetische Sprechweise und Sprachkreativität erinnert.[109] Dorines Motivklasse (3.2) ist in ihrer Makrostruktur inhaltlich auf den positiven, noch natürlichen Sprachzustand beschränkt, der noch keinerlei Metamorphose durch den Einfluß anderer Diener, durch Herren oder Verwandte wie bei Françoise erfahren hat. Auch hier liegt der Grund in der unterschiedlichen Darbietungstechnik der Figurenmotive. Dorines Umfeld bleibt das Haus Orgons – ohne Familien-, Arbeitgeber- oder Ortswechsel. Diese äußeren Einflüsse verhindern bei Françoise eine einheitlich gleichbleibende Sprache. Die kreative Dorine formuliert Orgons „Sans être damoiseau"[110] zu „c'est un beau museau"[111] um, bezeichnet Mariane als zukünftig „tartuffiée"[112], gesetzt den Fall, sie heirate ihn. Bei Monsieur Loyal entlarvt sie „un air bien déloyal".[113] Aber auch ihre mimische Sprache – natürlicher Bestandteil der Komödie – scheint ähnlich vielsagend wie diejenige von Françoise:

> [...] les commentaires de ses moues et de ses oeillades sont aussi éloquents que des paroles [...] elle réintervient juste au moment où il le faut pour empêcher entre les deux amoureux la bêtise irréparable.[114]

4.1.4 Françoise und Toinette

Toinette, einfache *'servante'* im Haus des „Malade imaginaire" Argan, ist weniger „riche" bezüglich des Facettenreichtums ihrer „sentiments"[115] als Dorine, jedoch ähnlich intelligent und ihrer Herrin ergeben wie diese. Sie spielt eine entscheidende Rolle beim Handlungsablauf. Außer in der ersten und siebten Szene des ersten sowie der dritten Szene des zweiten Akts ist sie ununterbrochen bis zur siebten Szene des zweiten Akts in Aktion. Danach wird sie in den darauffolgenden drei Szenen bis zur neunten und letzten Szene dieses mittleren Akts ausgeblendet und tritt zu Anfang des dritten und letzten Akts dann auf, wenn sie ihren Verbündeten – z.B. dem Bruder Argans, Béralde – Anweisungen geben muß, wie sie am besten für ihren Schützling Angélique eintreten können (2. Szene, 3. Akt). Nachdem sie Béralde für kurze Zeit das Feld überläßt, der an Argans Vernunft zu appelieren und ihm die Sinnlosigkeit irgendwelcher Spritzen klar zu machen versucht, taucht Toinette wieder auf. Sie muß den Gang des Geschehens wieder in die Hand nehmen und wird ihn nicht mehr loslassen (ab der 7. bis zur 14. und gleichzeitig letzten Szene des 3. Akts), da

---

[108] Gaillard 1978, 71.
[109] cf. insbes. die Kap. 3.1.2, 3.2.1.1, 3.2.3.1, 3.8.1, sowie Dussane, Béatrix: Reines de théâtre, Lyon: Lardanchet 1944, 98: „Elle [Dorine] a peint au 1er acte la goinfrerie de Tartuffe avec une hardiesse que Rabelais n'eût pas désavouée, et dès le 2e acte elle va parler à Orgon de sa responsabilité paternelle avec les mêmes arguments qu'employie Bourdaloue."
[110] T, 2. Akt, 2. Sz., v.559, 920.
[111] T, 2. Akt, 2. Sz., v. 560, 920.
[112] T, 2. Akt, 4. Sz., v.674, 926.
[113] T, 5. Akt, 4. Sz., v.1772, 977.
[114] Gaillard 1978, 72; cf. T, 2. Akt, 4. Sz., nach v.757, 932, sowie ebd. nach v.821, 936.
[115] Descotes 1960, 195.

Argan völlig verzweifelt über den Rückzug seines Arztes Purgon ist und ihn sein Bruder nicht beruhigen kann. Die schon im Fall der Stücke *Tartuffe* und *Les Femmes Savantes* festgestellten, wenn auch unterschiedlich stark gewichteten Auftrittsfolgen der Dienerin im zeitlichen Verlauf der Stücke lassen sich in der Struktur auch hier wieder erkennen: der Rückzug bzw. die Verlagerung auf andere Protagonisten, die mit dem Held in Berührung treten, erfolgt im Mittelteil des Stücks. Daß Proust diese Struktur ebenfalls umsetzt, wurde schon erwähnt.

Dank Toinette werden Argan die Augen geöffnet und die Liebenden Angélique und Cléante zusammengeführt. Ihre Inhaltsdimesion beginnt biographisch früh: Toinette zieht die Kinder Argans groß, weilt somit schon längere Zeit im Haushalt. Aufgrund des dadurch aufgebauten Vertrauensverhältnisses zur Tochter Angélique hält sich die junge Herrin an Toinette, als ihr Vater sie mit dem Arzt Thomas Diafoirus vermählen will, obwohl sie Cléante liebt. Ihr Hilferuf ist in ähnlicher Form schon aus den zuvor besprochenen Stücken bekannt:

> Ne m'abandonne point, je te prie, dans l'extrémité où je suis.[116]

Toinette versichert ihr daraufhin ihre absolute Treue und Ergebenheit. Sie unterstreicht, daß sie immer auf ihrer Seite stünde und „toute chose pour vous servir" anwende.[117] So will sie auch nur zum Schein die Vertraute Bélines spielen, um ihr Ziel zu erreichen. Dazu gehört, Angélique ihr Erbe zu erhalten, das letzterer zwar egal ist, solange sie mit ihrem Cléante vereint ist, das aber nach Toinettes Ordnungsvorstellung Bestandteil ihres Glückes ist (MK 2). Der Eintritt für den Erhalt materieller Güter der Familie findet sich ebenso bei Françoise, erfährt allerdings eine neue Qualität. Der Besitz ihrer Herrschaften befriedigt Françoises eigenes Bedürfnis nach Hervorzeigen des Reichtums, das ihr Ansehen nur desto heller in den Augen anderer Diener erscheinen läßt. Toinette dagegen denkt in keinster Weise an sich selbst bzw. an eine eventuelle Rückwirkung auf ihr Prestige, sondern nur an Angéliques natürliches Recht auf ihr Besitztum.

Der erste Akt macht Toinettes Stellung im Haus klar, die Autorität, die sie darin inne hat und den Respekt, den die Familienmitglieder ihr entgegenbringen. Das Verhältnis zu ihrem Herrn ist Gegenstand der zweiten Szene, nachdem sein erster Hilferuf am Ende der ersten Szene, in der er die Kosten für seine Spritzen u.ä. zusammenrechnet, ihr galt. Im Vergleich zu Dorine hat Toinette ihrem Herrn gegenüber keinen Respekt. Sie versorgt ihn zunächst nicht mit den Mittelchen, die er zur Abhilfe seiner Leiden zu benötigen glaubt, denn sie teilt nicht sein eingebildetes Leid. Am Ende des Stücks hilft sie ihm dadurch, daß sie ihn – mit Hilfe des Bruders Béralde – von seinen falschen Ärzten befreit, nachdem sie schon die Hohlheit derselben offengelegt hat. Noch hört Argan nicht auf die ironischen, dennoch verständlichen Worte Toinettes. Indem sie sich als falscher Arzt als viel fähigeren 'Heiler' entpuppt, erlöst sie ihn schließlich vom durch die schlechten Ärzte verursachten wirklichen Leid. Sie eröffnet ihm dadurch die Möglichkeit, sich durch eigene Kraft zu helfen. Er geht

---

[116] MI, 1. Akt, 8. Sz., 1115.
[117] ebd.

auf den Vorschlag des Bruders ein, selbst Arzt zu werden. Auch der Held der *Recherche* wendet sich an Françoise, als er Trost nach dem Umzug ins neue Haus in Paris sucht. Françoise tröstet ihn jedoch nicht, da sie sein Leid teilt (cf. CG 29f.). Weint allerdings ihr Herr, zeigt sie Mitleid. Am Ende der *Recherche* verweigert sie ihm keinerlei Hilfsdienste mehr, da sie mittlerweile mit ihm als sein ergänzender Part zu einem 'Ich' verschmolzen erscheint. Wenn auch ihre verbalen Aussagen nicht immer davon zeugen, so zeigen ihre Handlungen, daß ihr das Wohl ihres Herrn am Herzen liegt. Darin gibt es auch bei Toinette keinen Zweifel. Die Motivationsgründe für das zeitweilige offizielle Verweigern der Hilfe nunciert Proust feiner und gestaltet sie kontrastiv, nämlich psychologisch neu. Die interpersonalen Relationen fallen bei ihm in ihrer inhaltlichen Aussage bewußt nie eindimensional aus, sondern entsprechend der Technik der subjektiven Charakterspiegelung widersprüchlich. So gibt die Handlung Françoises in der interpersonalen Relation zu Marcel Aufschluß über den Beweggrund ihres Handelns und macht ihr widersprüchliches Wesen offenbar. Durch das Paradox herausgefordert, begibt sich der Beobachter – u.a. der Leser – auf die Spurensuche der dahinter liegenden Ursachen wie Traditions-/Kodexgebundenheit. Die in der Relation Toinette-Argan angelegte Struktur des Hilfesuchens und Ablehnens füllt Proust mit einem Paradoxon, das bei Toinette inhaltlich nicht existent ist. Toinette hilft Argan aus dem einfachen Grund nicht, weil sie sein Gehabe lächerlich findet. Sie versucht nicht die psychologischen Gründe für sein Verhalten zu verstehen. Françoise dagegen fühlt ähnliches wie Marcel und hilft ihm deshalb paradoxerweise nicht.

Toinette macht sich rein zum Selbstzweck der Schadenfreude über Argan lustig. Dennoch handelt und intrigiert sie zu seinem Wohl, vor allem zugunsten seiner Tochter, um die „cellule familiale solide"[118] zu erhalten. Dabei verfährt sie noch listiger als Dorine. Toinette ist zwar weniger gebildet, aber dennoch intelligent – im Sinne des natürlichen Erkennens. Sie benötigt keine Schulbildung, um zu begreifen, was gut oder schädlich für 'ihre' Familie ist. „Ignorante"[119] – ein von Argan gemachter Vorwurf an ihre Adresse – mag Toinette vielleicht im wissenschaftlichen Bereich sein, ihr – Françoise gleichender – natürlicher Instinkt läßt sie indes alle Personen und Situationen durchschauen. So warnt sie Argan vor den Apothekern und Ärzten, die ihn nur ausnutzen, ihn nur als „bonne vache à lait"[120] betrachten, die solange gemolken wird, bis sie keinen Profit mehr bringt. Sie nennt auch den Grund, warum sie nicht ihre Nase in diese Art von wissenschaftlicher Beschäftigung stecken möchte: „c'est à Monsieur Fleurant à y mettre le nez, puisqu'il en a le profit".[121] Die mit reinem Schulwissen ausgestatteten Ärzte erkennen nicht die wahre Krankheit Argans[122] – im

---

[118] Moraud 1981, 38.
[119] MI, 1. Akt, 2. Sz., 1102.
[120] ebd.
[121] ebd.
[122] Was auch gar nicht ihr Ziel darstellt, wie die 5. Szene des 2. Akts (MI, 1135) sehr schön unterstreicht. Monsieur Diafoirus führt aus, daß er nicht zum Heilen der Kranken da sei – die Reichen würden das immer verlangen, deshalb ziehe er auch den „public" vor, der „commode" sei. Toinettes schlagfertige und ironische Antwort lautet: „[...] ils sont bien impertinent de vouloir que vous autres messieurs vous les guérissiez [...] vous n'y êtes que pour recevoir vos pensions, et leur ordonner des remèdes." Mit anderen Worten: die Wissenschaft kann im praktischen Leben gar nichts nützen.

Gegensatz zu Toinette, die ihm offen sagt, daß sie gerne seine Ärzte einmal fragen würde, welches Übel er denn besäße, daß er so viele Mittelchen brauche. Sie erkennt demnach mit ihrem angeborenen Wissen, daß seine Krankheit nur in seiner Einbildung existiert. Françoises Fähigkeit, den gesundheitlichen Zustand einer Person sofort richtig zu analysieren und auch in der ihr eigenen Art klar kundzugeben, läßt den Bezug zu dieser inhaltlichen Konnotation der Motivklasse des natürlichen instinktiven Wissens (MK 4.5) der Martineschen Makrostruktur erkennen. Ein angelerntes Wissen ist bei beiden Figuren nicht vonnöten, um mit den praktischen Erfordernissen des Lebens klar zu kommen.

Toinette kaschiert nicht ihre Verachtung gegen den jungen Arzt Diafoirus, macht sich über ihn lustig, um ihn bei Argan in Mißkredit zu bringen und ihrer Herrin Angélique damit dienlich zu sein. Ihre Reaktion auf die geschwollene unsinnige Rede von Diafoirus-Sohn fällt entsprechend aus:

> Vivent les collèges, d'où l'on sort si habile homme.[123]

Nachdem Thomas Diafoirus Angélique seine auswendig gelernten Komplimente vorgebracht hat, meint Toinette spöttisch, daß das also studieren heiße: „on apprend à dire des belles choses".[124] Das angeeignete Gelehrtenwissen ist ohne Herz und steht Toinettes natürlich-angeborener 'Erkenntnis' und ihrem Weltverständnis diametral entgegen. Die leeren Reden funktionieren nur, wenn das Gegenüber mitspielt, sonst wird nur umso schneller die dahinter stehende leere Mechanik offenbar. Als Béline Thomas Diafoirus in seinem gekünstelten Redeschwall unterbricht, also nicht mitspielt, stockt er:

> Puisque l'on voit sur votre visage... puisque l'on voit sur votre visage... Madame, vous m'avez interrompu dans le milieu de ma période, et cela m'a troublé la mémoire.[125]

Die Reden in den aristokratischen und bürgerlichen Salons in der *Recherche* sind ähnlich sinnentleert und nur außerhalb dieser Kreise gibt es so etwas wie 'natürliches Wissen' – repräsentiert durch Françoise. Toinette ergreift ausschließlich – und personifiziert selbst – die Partei der positiven und natürlich-vernünftig gebliebenen Charaktere des Stücks. Françoise verfährt ähnlich schonungslos mit den von ihr verachteten Leuten, insbesondere mit Albertine, die sie als „tire-sous" (SG 644), „comédienne" und „enjôleuse" (P 131) bezeichnet. Die von Toinette eher ironisch gehaltenen Worte, die den Adressaten der Lächerlichkeit preisgeben, erhalten bei Françoise eine grausame Note und damit eine neue Qualität (MK 4.2).

Toinettes instinktives Wissen – gestärkt durch die Zeit des Zusammenlebens mit ihren Herren und ihre mütterliche Verbindung zu Angélique – führt dazu, daß sie ohne Worte errät, wovon das Herz ihrer Herrin überquillt. Die Identifizierung mit ihr in ihren Anliegen geht soweit, daß Toinette von „notre jeune amant" spricht. Die schon bekannte Relation der Dienerin als bessere Hälfte ihrer Herrin/ ihres Herrn findet sich auch hier wieder. In der

---

[123] MI, 2. Akt, 5. Sz., 1132.
[124] MI, 2. Akt, 5. Sz., 1133.
[125] MI, 2. Akt, 6. Sz., 1139f.

Relation Toinette-Argan heißt dies, daß sie sich für die Aufrechterhaltung des Wohls aller Familienmitglieder im Hausverbund verantwortlich fühlt. Eigentlich ist es die Aufgabe des Hausherrn, dieser Pflicht nachzukommen. Ist die gewohnte Ordnung nicht mehr im Lot, beeinträchtigt das auch ihre Identifizierung mit den veränderten Zuständen. Deshalb muß sie sie wieder in Ordnung bringen. Ihre gefestigte Stellung im Haus berechtigt sie nicht nur dazu, sondern ein Nichteinschreiten käme auch einer Beraubung ihrer eigenen Basis gleich. Françoises Handeln ist ähnlich motiviert. So kombiniert Proust die mit der Figur Toinette konnotierten Motivationsstrukturen spielerisch mit Françoise, besetzt sie aber mit neuen Inhalten und einem neuen Kommunikationsverhalten, mit dem Françoise ihr Ziel zu erreichen versucht.

Argan macht Toinette ihre Autorität selbst in seinen wütendsten Ausfällen nicht streitig. Als der Irrtum der Tochter und des Vaters offenbar wird, daß beide von einem anderen potentiellen Ehepartner für Angélique schwärmten, schreitet Toinette sofort ein und erklärt Argan ihren Grund:

> Est-ce que nous ne pouvons pas raisonner ensemble sans nous emporter. Là parlons de sang-froid. Quelle est votre raison, s'il vous plaît, pour un tel mariage.[126]

Argan übergeht bezeichnenderweise nicht ihre Frage, sondern antwortet ihr ehrlich[127] – ein klares Zeichen ihrer Autorität in der Familie. Toinette spricht in der ersten Person Plural – wie auch Françoise dies in der *Recherche* tun wird, wenn sie von 'ihrer' Familie spricht. Die vollständige Identifikation mit der Familie und dem Haus kommuniziert sich bei beiden auf gleiche Weise. Im weiteren Verlauf dieser fünften Szene zeigt sich – wie schon ähnlich im Fall Dorine in den *Femmes savantes* –, daß sie die Familieninteressen bewahren muß, wenn Argan sich auf Abwegen befindet. Als Argan seiner Tochter den Befehl erteilt, den Arztsohn Thomas Diafoirus zu heiraten, antwortet ihm Toinette in ihrer „sagesse vitaliste"[128] auf dreiste Art:

> Et moi, je lui défends absolument d'en faire rien.[129]

Toinette ist frech und vorlaut gegen ihren Herrn, im Grunde aber nur auf sein Wohl bedacht. Da er dies selbst nicht erkennt, muß sie sich dafür einsetzen, denn wenn „un maître ne songe pas à ce qu'il fait, une servante bien sensée est en droit de le redresser".[130] Damit rechtfertigt sie ihr Verhalten und in der Tat dient es als Legitimation: Der Zweck heiligt die Mittel. Eigentlich entspricht Toinettes Aussage der Überzeugung Françoises, allerdings setzt diese andere Mittel ein, um zum Ziel zu kommen. Toinettes Rechtfertigungskatalog für ihr Handeln geht noch weiter. Sie sieht es als ihren „devoir" an, „de m'opposer aux choses qui

---

[126] MI, 1. Akt, 5. Sz., 1107.
[127] Argans Antwort bringt seine egoistischen Beweggründe zum Vorschein; cf. MI, 1. Akt, 5. Sz., 1107: „Ma raison est que, me voyant infirme et malade comme je suis, je veux me faire un gendre et des alliés médecins, afin de m'appuyer de bons secours contre ma maladie, d'avoir dans ma famille les sources des remèdes qui me sont nécessaires, et d'être à même des consultations et des ordonnances."
[128] Moraud 1981, 37f.
[129] MI, 1. Akt, 5. Sz., 1109.
[130] ebd.

vous peuvent deshonorer".[131] Toinette sieht es als ihre oberste und verinnerlichte Pflicht an, Schaden von der Familie abzuwenden. Auch Françoise versucht dies – sei es bei Tante Léonie oder in der Familie des Erzählers. Ihre eifersüchtige Hingabe an ihre Herren und die Verteidigung ihrer Interessen, die sie als ihre eigenen ansieht, da sie sich mit dem Haus identifiziert, kann indes schon einmal 'tyrannisch' ausfallen. Egal, ob sie die Ausgaben 'überwacht' oder Marcel vor Albertine oder Bloch warnt, der seine Artikel kopiert (cf. TR 831), immer handelt sie aus innerer Überzeugung für das Wohl der Familie – so wie sie es sich erstrebenswert vorstellt.

Toinettes abschließende Bemerkung im ersten Akt, daß Angélique eher ihr als ihm gehorchen würde, indem sie Diafoirus nicht heirate,[132] schätzt den Wert ihrer Autorität genau richtig ein. Alle Familienmitglieder beugen sich letztendlich ihren Befehlen und Regeln, auch Argan, wie das Ende beweist: Er überläßt seine Tochter ihrem Geliebten Cléante. Damit tut er genau das, was Toinette zu Anfang für sie vorgesehen hat: sie mit ihrer Bestimmung (Cléante) zu vereinen. Die Familienmitglieder in den von Françoise geführten Haushalten richten sich ebenso nach ihren Regeln, wenn Françoise es auch nicht auf eine direkte Konfrontation in ihren verbalen Aussagen mit ihren Herren abgesehen hat. Die Art ihres entschiedenen Auftretens, gefestigt durch die gewachsene Autorität im Familienverbund, reicht schon aus, sie zur Erzieherin werden zu lassen. Das Ende der *Recherche* läßt ein weiteres analoges Handlungsmuster erkennen: Marcel tut das, was seine Dienerin als gut für ihn, als seine Bestimmung erachtet: Nach der Trennung von Albertine widmet er sich mit ihrer Hilfe dem Schreiben seines Romans.

Bélines folgende Aussage über die Qualitäten einer guten Dienerin – die Toinette darstellt – lassen stark ähnliche Kommentare einer Tante Léonie bzw. eines Marcel aus der *Recherche* 'mitrauschen' (aus antizipatorischer Sicht):

> Mon Dieu! mon fils, il n'y a point de serviteurs et de servantes qui n'ayent leurs défauts. On est contraint parfois de souffrir leurs mauvaises qualités à cause des bonnes. Celle-ci est adroite, soigneuse, diligente, et surtout fidèle [...].[133]

Bélines Drohung: „Ecoutez, Toinette, si vous fâchez jamais mon mari, je vous mettrai dehors"[134], wird weder von Toinette, noch von Béline selbst ernst genommen. Sie wissen beide, daß Toinette zum Familienverbund gehört; auch Argan käme nicht auf die Idee, seinen eventuell fiktiven Wunsch wirklich in die Tat umzusetzen, denn letztendlich gilt:

---

[131] ebd.
[132] MI, 1. Akt, 5. Sz., 1110: „Et elle m'obéira plutôt qu'à vous."
[133] MI, 1. Akt, 6. Sz., 1111; cf. CS 117: „Car ma tante Léonie savait [...] que Françoise [...] était pour d'autres êtres d'une dureté singulière. Malgré cela ma tante l'avait gardée, car si elle connaissait sa cruauté, elle appréciait son service." Sowie CG 72: „Mais je dois dire que la raison pourquoi je n'avais pas lieu de souhaiter de remplacer Françoise par quelque autre est que cette autre aurait appartenu tout autant et inévitablement à la race générale des domestiques."
[134] MI, 1. Akt, 6. Sz., 1111.

Dans les comédies de Molière, les valets et surtout les servantes, tiennent l'équilibre entre l'indépendance et la fidelité pour leurs maîtres. Ils représentent une époque où la hierarchie sociale était tempérée par la bonhomie des rapports personnels.[135]

Toinettes an Angélique gerichtete Versicherung: „Reposez-vous sur moi"[136] und die Tatsache, daß ihre Herrin sie wirklich mit gutem Gewissen als dieses Ruhekissen benutzt, unterstreicht die hohe Stellung Toinettes und enge Beziehung beider sowie das Angewiesensein der Herrin auf ihre „confidente".[137] Dank Toinette werden Argan die Augen geöffnet und Angélique mit ihrer Liebe Cléante zusammengeführt.

Die von Toinette erwähnte Tätigkeit des „raisonner" und ihr „sang-froid"[138] stellen beides Eigenschaften ihrer Person dar und stehen stellvertretend für ihren 'bon sens' sowie die selbstbewußte Verfolgung des von ihr als richtig befundenen Wegs (MK 2). Hier lassen sich qualitativ neue Einheiten bei Françoise beobachten: Ihr instinktives und aus dem Leben schöpfendes Wissen ist zum Teil durch ihr starres Kastendenken (z.B. im Fall Albertine) bzw. durch ihre Naivität (MK 4.4) eingeschränkt. Molièresche Figuren weisen nicht diese Widersprüchlichkeit auf, da dies der Intention der Stücke zuwiderliefe. Was das positive Gegenstück – die Klarsicht (MK 4.5) – betrifft, so schöpft Toinette aus ihrer Lebenserfahrung und weiß, daß sich beispielsweise hinter Bélines Gehabe nicht die aufrichtige Liebe zu ihrem Mann Argan verbirgt, im Gegensatz zu Cléantes Verhalten, bei dem die „grimaces d'amour" stark „à la vérité" gleichen. Sie kann dies einschätzen, da sie schon „de grands comédiens là-dessus" gesehen hat.[139] Auch Françoise durchschaut Albertines Lügen und denkt, daß sie Marcel nicht wirklich liebt (P 89f. ; P 131). Im Gegensatz zu Toinette schöpft Françoise weniger aus Liebes- denn aus Lebenserfahrung. Proust thematisiert nicht ihr persönliches Liebesumfeld zu einem Mann. Toinette dagegen hat den „vieux usurier Polichinelle" zum „amant".[140]

Toinettes Verkleidungskünste als Doktor, mit der anschließenden Rückverwandlung in eine Dienerin, die Argan empfiehlt, sich tot zu stellen, um die Liebe seiner Frau und seiner Tochter zu prüfen, zeugt von ihrem Phantasiereichtum und ihrer Kreativität.[141] Ihre Sprachgewandtheit (MK 3.2/ MK 4.6) in der zehnten Szene als verkleideter Arzt umschmeichelt selbst die Ohren Argans. Ihre Sprache ist flüssig und angenehm im Klang.

> Je suis médecin passager, qui vais de ville en ville, de province en province, de royaume en royaume, pour chercher d'illustres matières à ma capacité, pour trouver des malades dignes de m'occuper, capables d'exercer les grands et beaux secrets que j'ai trouvés dans la médecine. Je dédaigne de m'amuser à ce menu fatras de maladies ordinaires, à ces bagatelles de rhumatismes et défluxions, à ces fièvrottes, à ces vapeurs, et à ces migraines.[...] je voudrais, Monsieur, que vous eussiez toutes les maladies que je viens de dire, que vous fussiez abandonné de tous les médecins, désespéré, à

---

[135] Ribaric-Demers 1970, 38.
[136] MI, 1. Akt, 8. Sz., 1115.
[137] Selbstbezeichnung Toinettes ebd.
[138] MI, 1. Akt, 5. Sz., 1107.
[139] MI, 1. Akt, 4. Sz., 1104.
[140] MI, 1. Akt, 8. Sz., 1115.
[141] MI, 3. Akt, 8.-14. Sz., 1161ff.

l'agonie, pour vous montrer l'excellence de mes remèdes, et l'envie que j'aurais de vous rendre service.[142]

Die lyrisch gehobene, grammatikalisch korrekte Sprache kontrastiert – bewußt – mit dem eigentlich absurden Inhalt, jemanden alle Krankheiten zu wünschen, damit man selbst besser seine medizinischen Fertigkeiten demonstrieren kann. Auch erstaunt es, daß eine einfache Dienerin sich in diese Sprechweise unproblematisch hineinfindet. Ähnliches läßt sich auch bei Françoise feststellen. Sie ist imstande, die Sprache eines Schriftstellers zu sprechen, beipielsweise bei ihrem Schwärmen für Combray nach dem Umzug ins Hotel de Guermantes in Paris, baut aber Flüche ein. Auch hier garantiert der Inhalt – die absurd erscheinenden Flüche – den Kontrast und komischen Effekt (CG 36).

Toinettes Sprache ist zudem äußerst schlagfertig. Sie versucht immer in direkten klaren Aussagen an die Vernunft ihres Herrn zu appelieren. Ausnahme: Seine Frau Béline zieht sie nicht offiziell vor Argan in den Schmutz, sondern versucht durch die folgende List am Ende des Stücks ihm die Augen zu öffnen. So zählt sie das Gegenteil von dem an Eigenschaften Bélines auf, das eigentlich ihrer Überzeugung und der Wahrheit entspräche. Der Grund liegt in dem dafür umso effektiver gestalteten Reinigungsprozeß ihres Herrn. Durch ihren listigen Vorschlag, sich tot zu stellen, soll Argan nach Toinettes offizieller Darstellung den guten Charakter seiner Frau dokumentiert bekommen, in Wahrheit natürlich genau ihren schlechten. Hätte sich Toinette nicht verstellt, hätte Argan nicht eingewilligt. Das Ergebnis verläuft genau so, wie Toinette es intendiert: Nicht Béline bricht in Trauer aus, sondern nur seine Tochter, die ihn wahrhaft liebt. Françoise benutzt neben teils sehr direkten Aussagen („elle vous fera des chagrins") auch häufig indirekte Mittel des Ausdrucks, um ihre Anliegen zu kommunizieren bzw. ihrem Herrn zu lehren. Ihre 'List' besteht lediglich darin, durch ihre Arbeitsweise im Nähen oder Kochen ihm neue Ausdrucksarten des eigenen Könnens zu zeigen. Eher unbewußt als bewußt kommuniziert sie ihm dadurch den Gegenstand seines noch zu schreibenden Romans und auch die mögliche Vorgehensweise für sein Entstehen. Interessant bei diesen zwei vorletzten Szenen des Stücks ist die Art des Trauerns von Toinette. Sie bricht in Tränen aus angesichts ihres toten Herrn. Wenn sie auch weiß, daß er sich auf ihr Geheiß nur tot stellt, so ist doch davon auszugehen, daß sie auch im wirklichen Todesfall Tränen zeigen würde. Ein Ritus, der ein Muß für die aus dem bäuerlichen Stand kommende Dienerinnen bedeutet, folglich auch für Françoise. Toinette begleitet ihre Tränen allerdings mit einem lautstarken Klagegeschwall, das bei Françoise ausbleibt. Dies unterstreicht die Verlagerung von direkten auf indirekte Ausdrucksmöglichkeiten durch Proust, die nicht nur mit der unterschiedlichen technischen Darbietung – in der Komödie bzw. im psychologischen Roman –, sondern natürlich auch mit der synchron anders vorbedingten Intention der Autoren zu erklären ist. Françoise ist Teil der Proustschen imaginären Welt, die mit ihren Facetten (oder 'Motiveinheiten') dem Helden Marcel einerseits den Zugang zum widersprüchlichen menschlichen Wesen eröffnet, andererseits auch das ihm selbst eigene sensible Wesen zeigt. Françoise und Marcel finden gleiche Möglichkeiten des Ausdrucks und gehen am Ende der *Recherche* respektvoll miteinander

---

[142] MI, 3. Akt, 10. Sz., 1162.

um. Ihre Wesenverwandtschaft ist erkannt – auch vom Leser. Toinette und Argan ähneln sich ebenfalls, wenn auch inhaltlich kontrastiv zu Françoise und Marcel, in ihren Ausdrucksmöglichkeiten: nämlich in ihrer polternd-schlagkräftigen Art, wie die vielen Schlagabtausche im Verlauf des Stücks zeigen, wobei die Dienerin Toinette als letztendliche Siegerin daraus hervorgeht.

Eine ständig wechselnde Maskerade: Arzt-Dienerin-Arzt-Dienerin in einer Person wäre bei Proust natürlich unmöglich. Interessant ist aber die schauspielerische Begabung der Dienerin, die damit transportiert wird (MK 3.1/ MK 4.6). Françoises mimische Fertigkeiten und ihr Sich-in-Szene-Setzen-Können verraten ihre 'Erbschaft' dieser Dienerfigur – eine Erbschaft, die Proust den veränderten Umständen anpaßt.[143]

4.1.5 Zusammenfassung

Die Einwände gegen eine bewußte intertextuelle Inbezugsetzung der *Recherche* zu Werken Molières durch Proust, die auf der Tatsache begründen, daß Molière ein Komödienautor, Proust dagegen ein Schriftsteller mit psychologischer Tiefe sei, räumt schon Wolpers beiseite. Seine Aussage, daß dasselbe „Motiv" in „jeweils anderer Darbietung" erscheine, „je nachdem ob es in einem Drama, einem Erzähltext oder einem lyrischen Gedicht verwendet"[144] werde, läßt sich auch auf den Bereich der interfiguralen Motivgeschichte von Françoise übertragen. Die Häufigkeit des Auftauchens gleicher Relationsfelder – struktureller und inhaltlicher Art – sowie die Aussage Prousts, daß er die reifen Komödien Molières bevorzugt habe, lassen auf einen intendierten Bezug zu den behandelten Dienerfiguren schließen. Proust greift in seiner Liebe zu Molière auf seine weiblichen Dienerfiguren in der Gestaltung seiner Françoise zurück. Alle drei Werke kann man als über- bzw. ineinander verwobene Folien erkennen. Die darin vorkommenden Motivklassen und Relationen finden sich in entsprechender Neukombination in der *Recherche* wieder. Dabei hat man sich die Figuren Martine, Dorine und Toinette als sich überlappende Makrostrukturen vorzustellen. Diese Molièreschen Figuren sind nach einem ähnlichen Muster strukturiert, so daß sich bestimmte Motivklassen überall gleich finden. Daneben sind je nach Aussage des Molièreschen Stücks weitere strukturell und inhaltlich neue Einheiten in den Motivklassen zu erkennen. Da alle drei Werke zum geschätzten literarischen Material Prousts gehören, greift er auf alle drei Molièreschen 'Vorbilder' in Françoise zurück. Prousts intertextuelles Spiel mit den 'Ahninnen' seiner Françoise erschöpft sich aber nicht allein in den Bezügen zu Molière.[145]

Formal lassen sich bei allen drei Stücken ähnliche Auftrittsfolgen im zeitlichen Verlauf beobachten, wobei der Moment des Rückzugs im Mittelteil des Stücks erfolgt – eine Struktur die sich in der *Recherche* mit Françoises formaler Gewichtung ebenso beobachten läßt. Donzé spricht von der Figur Françoise als „type comique", deren Reichtum in der

---

[143] cf. meine Kap. 3.8.1 und 3.8.1.1.
[144] Wolpers 1992, 225.
[145] cf. folgende Fallstudien.

„habile combinaison de cet esprit de province et des déformations liées à l'état de domestique" bestünde.[146] Dorine, Toinette und Martine gehören zu den typischen 'servantes-suivantes', die „d'origine campagnarde" und in den „familles modestes" „bonne à tout faire" sind.[147] Diese Familien betrachten sie als „partie de la famille" aufgrund ihrer langjährigen Tätigkeit in ihren Diensten.[148] Sie teilen damit die Voraussetzungen mit Françoises Dienerstand. Proust übernimmt dabei die implizite Motivklasse (1): Örtlichkeiten (Land), die allen drei Molièreschen Dienerfiguren eigen ist, fügt ihr jedoch eine inhaltlich neue Qualität hinzu: Françoise wird konkret in Ortschaften ihres Landes verankert: in den Traditionen von Combray und Saint-André-des-Champs, die sich im neuen Familienverbund niemals ausblenden lassen. Diese intentionalen inhaltlich neu hinzugefügten Qualitäten in den Vorstellungseinheiten lassen sich allenthalben auch bei den folgenden Motivklassen beobachten. Alle drei Molièreschen Dienerinnen sind Trägerin des menschheitstypischen Motiv-Zugs des gesunden Menschenverstands, des 'bon sens'. Er ist einer Art Kodex vergleichbar – im Sinne von Verhaltensgesetz –, der durch den bäuerlichen Ursprung aller drei Bediensteten seine Prägung erfährt. Der Code des „ce qui ce doit" von Martine, Dorine und Toinette – wie er dann bei Françoise heißt – ist allerdings klar nachvollziehbar und beinhaltet keinerlei Paradox. Sie wissen alle, was sich für ihre Familie gehört. Ihre Hingabe an die Herren ist absolut, aber nicht selbstnegierend. Sie treten äußerst selbstbewußt auf, dabei niemals aus eigennützigen Gründen (MK 4.3). Eifersuchtsgefühle gegen Eindringlinge in die Familieneintracht kennen sie nicht. Sie wenden sich aus dem einfachen Grund gegen die Fremden, weil sie ganz offensichtlich das Unglück der geliebten Herrin oder des Herrn darstellen und auch der Hilferuf an sie ergeht, für die Interessen ihrer Herren einzustehen. Die eigene Kraft der Herren reicht dazu nicht aus. Durchweg erscheinen sie als der willensstarke Gegenpart, wo ihre komplementäre Herrschaft schwächelt (A). Das Situationsmuster: Hilferuf des Herrn – Beistand durch die Dienerin hat Proust auch in der Relation Françoise-Marcel umgesetzt, jedoch in bestimmten inhaltlichen Nuancen (wie beispielsweise in manchen Bewußtseinsmotiven) kontrastiv zum ursprünglichen Muster gestaltet (B).[149]

Ihrer Ordnungsvorstellung entprechend muß die Familienordnung im „juste milieu" aufrecht erhalten werden – wohinter man natürlich die Überzeugung Molières und das Ideal seiner Zeit erkennt. Nicht ohne Grund sind die natürlich denkenden Dienerinnen seine „porte-parole". Gerät die gewohnte Ordnung aus den Fugen, wackelt auch die eigene Basis der Dienerinnen. Ihre Stellung im Haus und Familienverbund erweist sich allerdings gefestigt: Sie besitzen eine Autorität, die zum Gehorsam und zur Unterordnung unter ihre Regeln der Familienmitglieder führt (MK 4.1.2). Sie betrachten ihre Stellung als

---

[146] Donzé, Roland: Le comique dans l'oeuvre de Marcel Proust, Neuchâtel/Paris: Ed. Victor Attinger 1955, 66.
[147] Abensour, Léon: La Femme et le Féminisme avant la Révolution, Paris 1923, 224.
[148] ebd..
[149] Wolpers meint, daß „grundlegend für neuartige Motivkombinationen", die „Einordnung von Motiven in vorgegebene Handlungs- und Situationsmuster" sei. Dadurch entstünden neue Einheiten, die mehr als die „Summe ihrer Teile" wären (Wolpers 1992, 222).

„Lebensstellung"[150] und haben keine Angst, ihren Dienst gekündigt zu bekommen; dies ist eine neue Dimension, die bei Françoise trotz ihres Selbstbewußtseins hinzukommt. Der Inhalt der Denkkonzepte und Maxime (MK 2) der 'Martines' (Dorine und Toinette darin eingeschlossen, da die Motivklassen behandelt werden, die alle drei Figuren gleichermaßen aufweisen), ist zum Teil schon in den bisherigen Ausführungen angedeutet (Pflicht des Ordnungserhalts, deswegen Einsatz zum Wohl der Familie). Er kann sich wie folgt zusammenfassen lassen: Jeder hat an seinem ihm zugewiesenen Platz seine Pflicht zu erfüllen (klingt noch in Françoises Kastendenken an), tut er dies nicht, muß die Dienerin ihren Herrn oder ihre Herrin auf den rechten Weg bringen. Daher muß – nach Überzeugung aller drei Frauen – Liebe auf natürlicher Neigung beruhen. Eine Mutter oder ein Vater, der sich aus egoistischen Gründen dagegen wendet, wird entsprechend bekämpft. Der Inhalt steht hier hinter der übergeordneten Aussage zurück. Sie ist wie folgt zu paraphrasieren: Die Dienerin ist dafür verantwortlich, daß ihre Herrin oder ihr Herr ihre bzw. seine Bestimmung erkennt und dementsprechend handelt. Der Herr löst das ein, was seine Dienerin als notwendig herrschende Ordnung vorhersagt. Diese Struktur findet ihre mit entsprechend neuen Inhalten gefüllte Übernahme in der Relation Françoise-Marcel.

Motivklassen (3), (4), und (5) lassen sich wieder in der Zusammenschau vorstellen: Die Motivklasse (3) weist bei allen drei Molière-Dienerinnen die Einheit (3.1) und (3.2) auf – eine Selbstverständlichkeit für Komödienfiguren. Wenn die mimischen Fertigkeiten (MK 3.1) auch natürlicher Bestandteil der Komödie sind, so fallen sie dennoch unterschiedlich stark aus. Toinette ist explizit als Verwandlungskünstlerin dargestellt: Sie spielt Theater im Theater. Wenn auch alle drei Dienerinnen Fürsprecherinnen einer natürlich und wahrheitsgemäßen Sprache (MK 3.2.) sind, kann sie – bei Bedarf – auch ins gehobene Metier dringen.. Die Eigenschaften und Bewußtseinszustände (MK 4), die sich im Bereich dieser Motivklassen-Einheit, insbesondere bei Betrachtung der interpersonalen Relationen der Dienerinnen finden, sind so auch die Verachtung der hohlen Sprachkunst. Dabei ist es egal, ob es sich um die Preziösen-/Vaugelas-Sprache (*Femmes Savantes*), die Heuchelei-/Falsche Höflichkeits-Sprache (*Tartuffe*) oder die hohle Wissenschaftssprache der Ärzte (*Malade imaginaire*) handelt. Das Eintreten für das Gegenteil dokumentiert den begründeten Stolz (MK 4.1.1) der Molièreschen Figuren auf ihre eigene gewachsene Sprachfähigkeit und das dahinterstehende Menschenverständnis (MK 2). Das alle drei Dienerfiguren auszeichnende instinktive Wissen ist durch das Zusammenleben mit ihren Herrschaften so gestärkt, daß sie sich nie etwas vormachen lassen (MK 4.5). Eine Beeinträchtigung oder Täuschung durch die Herren ist undenkbar, so daß der jeweils paradoxale Gegenzug als Motiveinheit nicht

---

[150] Franzbecker 1983, 51; cf. Abensour 1923, 224: „[...] si le théâtre du XVIIe siècle nous montre des servantes ignorantes et balourdes, tout au plus animées d'un gros bon sens rustique, le théâtre du XVIIIe siècle nous fait voir, lui des servantes plus fines, plus distinguées et souvent fort instruites. Leurs portraits doivent correspondre en partie à la réalité. Dans les familles modestes de la bourgeoisie provinciale, la servante [...] levée tôt, couchée tard, souvent rudoyée, elle fait néanmoins partie de la famille, à laquelle elle s'attache par de longues années, parfois pour la vie [...]. Le dévouement de ces servantes est absolu; elles sont aimées, repectées de la famille, un peu craintes, car elles parlent haut et donnent des conseils, même lorsqu'on ne les leur demande pas. Elles rappellent les servantes de Molière [...]."

existiert (MK 4.2 und MK 4.4.).[151] Dies liegt – wie wiederholt unterstrichen – an der intentional bedingten andersartigen technischen Vorstellung der Figureneinheit in der Molièreschen Komödie. Die Unterstreichung des Stabilitätsfaktors der Dienerin durch ihr Alter (MK 5) bleibt weitgehend außen vor. Alle drei Figuren sind relativ jung, zwischen Ende zwanzig (Argan schätzt Toinette als verkleideten 'alten' Arzt auf Ende zwanzig, also auf 'sein' echtes Alter)[152] und etwa vierzig. Mithin ein Grund, warum diese konträr ausfallende Motiveinheit – Françoise ist alt – zur Nichtthematisierung des Liebesumfeldes zu einem Mann bei ihr führt. Wobei festzuhalten ist, daß diese Thematisierung sich auch bei Molière nur auf die Erwähnung eines Liebhabers beschränkt. Motivklasse (6) findet sich bei keiner der drei Molièreschen Makrostrukturen. Eine metaphorische Aufladung der Figuren zur Unterstreichung ihres Wesens erfolgt in den Molièreschen Komödien nicht, da sie zur Erklärung ihres eindeutig positiven Charakters nicht als nötig erachtet wird.

Aufgrund der unterschiedlich stark gewichteten Auftrittsfolgen der Molièreschen Dienerinnen ist besonders Dorine, aber auch Toinette in der Inhaltsdimension voller gestaltet als Martine, so daß sich zusätzliche Motiveinheiten der Motivklassen finden, die nicht von allen drei geteilt werden, die aber auch in Françoises Makrostruktur eine Rolle spielen. Es sind dies bei Martine der Kochbereich (MK 3.3) und die starke Gewichtung des bäuerlichen Teils ihrer Sprache (MK 3.2). Diese besondere Gewichtung des „villageoisen" Teils ihrer Sprache ist intratextuell bedingt: Sie bildet den greifbaren Kontrast zur Preziösen-Sprache der *Femmes savantes*. Die Intention des Autors besteht letztendlich darin, über das Vehikel der nicht deformierten freien Sprechweise das dahinter steckende natürliche Wissen der Senderin klar hervortreten zu lassen und als gut zu heißen. Martines Beschränkung im Personenverzeichnis auf den Bereich der Küche hängt in gewisser Weise auch mit dem Inhalt des Stücks zusammen. Gerade weil sie eine natürlich denkende – das Denken äußert sich über die Sprache – und handelnde Dienstmagd ist, beherrscht sie die Verpflegung ihrer Familie in perfekter Manier. Sie hat sich um den leiblichen Erhalt und das Wohl ihrer Familie zu kümmern und sich nicht widernatürlich mit der Wissenschaft zu beschäftigen. Sie erfüllt die originären Aufgaben einer idealen Dienstmagd, indem sie in den ihr eigenen Lebensbereichen tätig wirkt. So sind ihre Sprechweise und Tätigkeit aufs engste in der Aussage miteinander verwoben.

Die zusätzlichen mit Françoise intertextuell verwobenen Motiveinheiten Dorines – die Dienerin, die das in der Inhaltsdimension aufgrund ihrer häufigen Auftritte am vollsten gestaltete Figurenmotiv der weiblichen Bediensteten darstellt, weshalb auch die umfangreichsten Analogien zu ihr auftauchen – sind situativ-struktureller und inhaltlicher Art. Bei Dorine ist – wie schon bei Martine – ihre Sprechweise hervorzuheben. In ihren Wortschöpfungen, die Assoziationen an den Klang der durch ihr Gegenüber ausgesendeten Worte darstellen, kommt ihre Kunstfertigkeit zum Vorschein (MK 3.2 kombiniert mit MK

---

[151] Desweiteren ist beispielsweise bei Françoise das natürliche Wissen entweder durch ihre Naivität (MK 4.4) oder ihr starres Kastendenken (Einheit von MK 2), ihre Selbstlosig- und Gutmütigkeit durch Eifersuchts- und Rivalitätsgefühle zu den Frauen Marcels sowie durch ihre Grausamkeit eingeschränkt (MK 4.2).

[152] MI, 3. Akt, 10. Sz., 1162: „Je crois que tout au plus vous pouvez avoir vingt-six ou vingt-sept ans."

4.6). In ihren sibyllinischen Warnungen an ihren Herrn, lieber ihren „leçons" zu folgen, kommt ihr ganzes seherisches und instinktives Wissen zum Ausdruck (MK 3.2. kombiniert mit MK 4.5). Dorines zum Teil angewandte Ironie bleibt frei von jeder Art des grausamen Wütens gegen ihren Herrn oder ihrer Herrin – wie auch bei Toinette (inhaltlich kontrastiv zu Françoise). Die Aussagen zum fehlenden Paradox in den Eigenschaften treffen auch hier zu. Die übrigen Besonderheiten betreffen strukturell (B) Handlungs- und Situationsmotive.[153] Die Mutterrolle Dorines ist besonders stark gewichtet. Sie schafft es, den Willen ihrer Herrin zu stärken bzw. den des jungen Herrn (Damis) in die richtigen Bahnen zu lenken – im Gegensatz zur (Stief-)Mutter (Elmire). Dieses Handlungsmotiv ist in der Relation Françoise-Marcel 'aufgehoben'. Das Streben nach Zugang in 'feine' Kreise außerhalb der Familie durch den Herrn sowie die folgende Enttäuschung und der Rückzug in den Schoß der Familie – verursacht durch die Lehrstücke der Dienerin – ist die nächste relevante Handlungskette, die mit der Makrostruktur Dorine verbunden ist. Diese Handlungskette ist vom Standpunkt des Herrn ausgegangen. Damit geht parallel die nächste Kette einher: Eindringen des Fremden in den Familienverbund – Verbrüderung des Eindringenden mit Hausherrn – Abwehr durch Bewahrerin der Ordnung (Dienerin). Proust verlagert diese Handlungsketten auf mehrere Ebenen seines Romans und damit auf zahlreiche interpersonale Relationen, mit denen Françoise immer in einem irgendgearteten Bezug verbleibt: nämlich auf die Ebenen der Welt der Salons und auf die der Liebenden Marcel-Albertine.

Bei Toinette taucht in der Verkleidungsszene in ihrer Sprechweise (MK 3.2) ein wichtiger Modus auf, der in seiner technischen Realisierung in ganz ähnlicher Variante bei Françoise angewendet wird: Die gehobene Sprache kontrastiert mit dem Inhalt der Aussage und wirkt so auf die Figur zurück. Proust unterstreicht die Theatralik des Auftretens von Françoise und bricht sie gleichzeitig ironisch durch diesen – besonders der Molièreschen Komödie eigenen – Modus.[154]

Motivklassen (2) und (4.1.2) weisen bei einigen der Molièreschen Dienerinnen weitere Nuancen auf. Es sind zu nennen der Ritus des Tränen-Zeigens im Angesicht des Todes (MK 2) als auch der Eintritt für den Erhalt des Reichtums der Familie (MK 4.1.2). Der Reichtum der Herren stellt bei Françoise die Grundbedingung ihres Adelskultes als auch für die Steigerung des eigenen Prestiges dar – eine neue inhaltliche Qualität, die mit der uneigennützigen eindimensionalen Denkweise Toinettes nicht kompatibel ist, bei Françoises vielschichtigem Charakter aber eine innere Logik aufweist. Abschließend hervorzuheben bleibt die Tatsache, daß Toinettes instinktives Wissen (MK 4.5) auf den Bereich der Krankheitserkenntnis ausgedehnt ist; eine Eigenschaft, die ebenso Françoise sehr gut beherrscht.

---

[153] Wolpers zieht noch eine Trennung zwischen „Handlungsmotiven (äußere und innere)" und Situationsmotive (Wolpers 1992, 213), weist gleichzeitig aber auch auf den immer leicht möglichen Übergang zwischen beiden hin. Frenzel zieht es deshalb in der Tradition W. Kaysers stehend vor, auf diese Unterscheidung zu verzichten und nur von Situationsmotiven zu sprechen. Ich schließe mich Frenzel an (cf. auch Wolpers' ähnliche Ausführungen in : Wolpers 1995, 60).

[154] cf. meine Ausführungen zu den Wolperschen Modi im Methodikkapitel 2.2.

Rein oberflächlich zeigen schon die Dienereigenschaften wie Einsatz zum Wohl der Familie, Hingabe an die Herrschaften, Betrachtung der Stellung als Lebensstellung, einschließlich der selbstbewußten Betrachtung ihres Standes, Françoise als Proustsche 'Replik' auf die Molièreschen 'Martines'. Daß in intertextueller Hinsicht mehr dahinter steckt, dürfte die bisherige Darstellung gezeigt haben. Da Françoise ihren facettenreichen Charakter auch als Dienerfigur behält, teilt sie mit allen drei Molièreschen Dienerfiguren Motivklassen mit den darin auftauchenden inhaltlichen Konnotationen, reicht über sie letztendlich aber hinaus. Sie gehört nicht zu den Molièreschen Bedienstetenfiguren eindimensionaler Art, die nur positive Eigenschaften besitzen. Ihre Herkunft und Verhaftung in der Tradition macht aus ihr einen komplexen Charakter, der in das imaginäre Figuren-System der *Recherche* paßt. Dies aus einem rein intratextuellen Gesichtspunkt bewertet. Die Sprengung der Eindimensionalität ist aber auch intertextuell begründet: Im Textuniversum rauschen diachron zwischen den 'Eckpunkten' Molière und Proust weitere – mit Bediensteten angereicherte – Werke, die gleichfalls in das herausgehobene Rezeptionsrepertoire Prousts dringen. Die folgende Beschreibung der 'Martine-Gruppe' trifft aufgrund des Proustschen intertextuellen Spiels mit oben beschriebenen Motivklassen, die er in qualitativ neue Vorstellungseinheiten überführt, auch auf Françoise zu:

> Elles *sont*, à l'image de leurs maîtres respectifs, et comme ceux-ci elles se satisfont de ce qu'elles sont et il ne leur viendrait pas à l'idée de remettre en question leur statut.[155]

In der Entwicklung der weiblichen Bediensteten kommt bald eine neue Nuance hinzu: Die Emanzipation der weiblichen Bediensteten, die von ihrer inneren Einstellung her theoretisch den Haushalt ihrer Herren verlassen können. Franzbecker nennt den Grund: Sie sehen ihre Stellung nicht unbedingt als Lebensstellung, wie dies noch bei den Molièreschen Figuren der Fall ist. Die „verfeinerte suivante" Marivauxs, die zur „Komplementärfigur auf geistiger und psychologischer Ebene"[156] statt auf der handlungsmäßigen wie bei Molière wird, weist in ihren Motivklassen auch verschiedene Relationen zu Françoise auf.

---

[155] Moraud 1981, 36.
[156] Franzbecker 1983, 208f.

4.2 Proust und Marivaux

Die meisten der namhaften Marivaux-Forscher ziehen immer wieder eine Parallele zwischen Marivaux und Proust[1], wenn dies nach Miething auch „sehr impressionistisch" geschieht.[2] Dabei gehen alle von dem Romancier und nicht dem Dramaturgen Marivaux aus. Ruff[3] und Arland[4] sprechen von Marivaux als „précurseur" Prousts, wobei beide ihre Aussagen nicht näher ausführen. Lagrave hält fest, daß „Marivaux enfin est de la famille de certains écrivains contemporains, qu'il s'agisse de Proust, de Giraudoux ou des dramaturges de «l'inexprimé»"[5] und daß alle Kritiker, die die „parenté de Proust et de Marivaux" erkannten, dennoch nicht die Frage der Verwandtschaft zwischen beiden erschöpfend behandelt hätten.[6] Lagrave selbst listet in seiner Bibliographie unter *„IX Marivaux et ..."* Kapitel zu Shakespeare, Molière, Fontenelle, England, Beaumarchais, Hegel, Alfred de Musset, Stendhal, Italien, Giraudoux und Montherlant auf, nicht aber zu Proust.[7] Aber auch noch 30 Jahre nach Lagrave ist das Urteil Miethings der impressionistischen Annäherung an die Beziehung zwischen Proust und Marivaux aktuell. In der Bibliographie zur Französischen Literatur von Klapp 1956-1998 finden sich keine Aufsätze bzw. Arbeiten, die ausschließlich

---

[1] cf. Kap. 1.2: Es finden sich in der Recherche nur zwei explizite Stellen zu Marivaux, den Proust als hohen Autor schätzt.

[2] Miething schreibt in seinem gleichzeitig als Forschungsbericht konzipierten Marivaux-Buch – im Zusammenhang der Besprechung des Coulet-Buchs – über Marivaux als Romancier: „Diese Überlegungen [Miething meint, daß der „alles umfassende Subjektivismus des Erzählers (...) im geheimen Bemühen um die Komplizenschaft des Lesers im Akt des «regard» latent auch jene viel grundlegendere Objektivation verflüchtigt, welche die Trennung von Schreiben und Lesen bedeutet"] sind von Coulet angedeutet, ansonsten aber noch nicht weiterverfolgt worden, waren aber überall dort bereits im Spiel, wo – meist sehr impressionistisch – eine Parallele zwischen Marivaux und Proust hergestellt wurde" (Miething, Christoph: Marivaux, Darmstadt: WBG, 1979, 86).

[3] cf. Ruff, Marcel A.: L'esprit du mal et l'esthétique baudelairienne, Paris: Librairie Armand Colin, 1955, 21: „Marivaux, le plus grand romancier du siècle, le précurseur génial, non seulement du médiocre Richardson, mais de Balzac et de Proust, le premier qui ait conçu le roman sous cette forme *pure*, dont Gide poursuit la définition et qu'il a une fois tenté de réaliser, est naturellement celui des trois qui va le plus loin et le plus profondément."

[4] Arland, Marcel: Marivaux, Paris: Gallimard, 1950, 92: „[...] un écrivain qui, [...] ami de Fontenelle et familier des salons, mais précurseur de Diderot et de Sterne, de Richardson et de Fielding, de Jean-Jacques et de Restif, de Balzac et de Stendhal, et même de Marcel Proust [...]."

[5] Lagrave, Henri: Marivaux et sa fortune littéraire, Bordeaux: Ducros, 1970, 133.

[6] ebd. 134; Lagrave hebt desweiteren hervor, daß eine präzisere Parallele von R. Johannet unternommen worden sei, „qui, désirant rabaisser Proust, n'est tendre ni pour l'un ni pour l'autre: Si l'on considère comme proustien par excellence le souci des nuances, surtout des nuances fugaces et tout le menu peuple du subconscient, Marivaux a devancé Proust sur toute la ligne (...). Il n'est pas jusqu'à la composition molle et interminable de Marivaux et du *Paysan parvenu* qui ne rappelle la manière floue, désossé de M. Proust. L'abondance des portraits, la discussion affairée des demi-teintes, leur sont communs" [Lagrave zit. aus: Revue universelle, 15 août 1925, 488-489]. Nach Meinung Lagraves habe der „goût très vif de nos contemporains pour Giraudoux et pour Proust" dazu beigetragen „à faire apprécier Marivaux." In seiner anschließenden indirekten Frage zieht er eine direkte Parallele zwischen Marivauxs *Marianne* und der *Recherche* von Proust: „Comment critiquer le style «précieux» de Marivaux après avoir applaudi *Intermezzo*, comment se plaindre des «réflexions» de Marianne lorsqu'on vient de savourer les analyses d'*A la recherche du temps perdu*?" (ebd. 134). – Cf. auch Greene, E.J. H.: Marivaux, Toronto: University of Toronto Press, 1965, 314: „Moreover these merits did not all become perceptible until the work of Stendhal, Proust and Joyce had been assimilated by at least part of the novel-reading public." Greene glaubt wie später Lagrave, daß erst der Gefallen an Autoren wie Proust eine Wiederentdeckung des Romanciers Marivaux entfacht hat.

[7] ebd. 230f.

Marivaux und Proust zum Thema haben.[8] Der Titel von B. Dorts Aufsatz über den Versuch der Bestimmung eines Marivauxschen Systems läßt ebenfalls Prousts Romanwerk anklingen: *A la recherche de l'amour et de la vérité*.[9] Inhaltlich finden sich jedoch wider Erwarten keine Ausführungen zur Beziehung Marivaux-Proust.

Roy sieht in der Neigung Marivauxs zum Pasticheur bzw. Parodisten in den Anfängen seiner literarischen Karriere eine direkte Analogie zu Proust,[10] gleiches trifft für den Moralisten Marivaux zu:

> C'est Marianne qui parle, et s'appesantit sur ses aventures, s'attarde sur un visage, un mot, un trait. Et derrière elle, c'est Marivaux qui moralise et commente, juge et critique. Il pressent cette vérité que Proust, Montherlant, et quelques autres, illustrent désormais avec éclat: cette soi-disant impossibilité créatrice du romancier est une radicale impassibilité. Si le romancier est un démiurge que ce démiurge ne soit ni impossible ni indifférent n'ôte rien à la vérité, à la vie et à l'efficacité de ses créatures et de ses inventions.[...] Mais en marge de ces épisodes si vivants [bezogen auf *Marianne*], si adroits et souvent si forts, Marivaux tresse des variations, des réflexions, des monologues, devant lesquels on songe invinciblement à Proust.[11]

Neben dem Moralisten und Pasticheur verbindet Marivaux eine weitere Gemeinsamkeit mit Proust: die journalistische Neigung. Roy erkennt in seinen journalistischen Arbeiten, „dans les métaphores psychologiques dont sont parsemées les pages du *Spectateur*, le coup de griffe d'un précurseur de Proust".[12] Am Rande sei eine weitere biographische Gemeinsamkeit vermerkt, nämlich die Wahl in die Académie Française, die beiden zuteil wird. Gilot liefert eines der besten Beispiele für die schon erwähnte impressionistische

---

[8] Klapp, Otto/Klapp-Lehrmann, Astrid (Hg.): Bibliographie der Französischen Literaturwissenschaft, Frankfurt: Vittorio Klostermann, 1956-1998.

[9] Dort, Bernard: „A la recherche de l'amour et de la vérité. Esquisse d'un système marivaudien", in: Les Temps Modernes 17/189 (1962), 1058-1087. Der Artikel entspricht dem Nachwort in der von Dort im 'Club français du livre' herausgegebenen Ausgabe der Theaterwerke Marivauxs.

[10] Roy, Claude: Lire Marivaux, Paris/Neuchatel: Seuil, 1947, 29ff.: „Proust, avant d'être lui-même, fait ses gammes dans les *Pastiches et Mélanges* [...]. Marivaux n'échappe point à cette pente. Il parodie une Parodie, et son premier roman est intitulé *Pharsamon ou les Folies romanesques, ou le Don Quichotte moderne*.[...] Il écrit une *Iliade travestie*, et, en vertu de la vitesse acquise [...] un *Télémaque travesti*.[...] Mais les parodies achèvent de libérer Marivaux, et de le purger des tentations qui sont en lui. D'avoir tiré la langue aux vénérables maîtres, il se sent plus léger. A vrai dire, le *Télémaque travesti* n'est pas tout à fait une parodie. [...] Et malgré la volonté de burlesque et de caricature, le romancier perce ici sous le masque du pasticheur." – Cf. auch Rousset, Jean: Forme et signification, Essais sur les structures littéraires de Corneille à Claudel, Paris: José Corti, 1962, darin vor allem Kapitel III: „Marivaux ou la structure du double registre", 45-64, 48: „Pour commencer, c'est par une série d'exercices romanesques de jeunesse qu'il prépare non seulement ses romans de maturité, mais son oeuvre dramatique. Il débute par un long roman à épisodes enchâssés, dans la grande manière du XVIIe siècle, où je vois moins une parodie qu'un de ces pastiches dont Proust se servait pour se désintoxiquer d'un auteur, mais un pastiche beaucoup moins volontaire."

[11] Roy 1947, 85f.

[12] ebd. 107; cf. auch Gazagne, Paul: Marivaux, Paris: Seuils, 1954, 6: „Quand, à dix-huit ans, Marivaux écrit *Le Père prudent et équitable*, il pastiche maladroitement tantôt Molière, tantôt Regnard et il versifie comme un écolier, mais dans les cent premiers vers de sa pièce, se trouve indiquée sa conception juvénile de l'amour." Sowie Carbonell, Agnès: Marivaux, Paris: Nathan, 1994, insbes. ihr Kapitel: „Le démon de la parodie", 11ff., in dem Carbonell auf die „trois romans parodiques", d.h. auf *Pharsamon, ou les folies romanesques, Les Aventures de ***, ou les effets surprenants de la sympathie* und *La Voiture embourbée* und die „deux ouvrages burlesques, une *Iliade travestie* et un *Télémaque travesti*" (ebd. 11) eingeht. Sie résumiert, ebd. 12: „Au marge de ce genre convenu qu'est le pastiche, se révèle de manière inattendue, un vrai talent d'écrivain. Certes, ne sont que les débuts d'un style à la recherche de lui-même. Mais dans le souci constant de vérité, dans la finesse de certaines notations psychologiques, dans le trait précis et léger d'une silhouette, dans la vivacité du ton toujours éloignée de la vulgarité, se devine déjà le génie de la maturité."

Inbezugsetzung beider Autoren. So gibt es für ihn keinen „écrivain, Balzac et Proust non exceptés, pour qui l'apprentissage littéraire ait compté davantage". Desweiteren sei Marivaux „un moraliste d'un type si nouveau qu'aucun mot reconnu ne peut le qualifier"[13]. Die Moralisten Marivaux und Proust verbinde „la joie d'observer des «façons» ou des «airs», d'épier des signes, de découvrir des tactiques et des feintes, mais plus encore de déceler les menus incidents d'où jaillira bientôt toute une vue dramatique des relations humaines. [...] Une certaine forme d'absence, un mouvement, un mot sont ici les équivalents de ces «vers donnés» d'où naît le poème, selon Valéry: saissants raccourcis, moments fulgurants où le moraliste (comme Proust à Montjouvain, mais avec plus d'impatience) tombe en arrêt devant une réalité soudain hallucinante, un regard, puis une étreinte."[14] Das Romanwerk *Marianne* habe Marivaux „comme un roman de longue haleine, peut-être nécessairement inachevé, inépuisable comme le monde intérieur, immense jeu de patience toujours renouvelé" konzipiert. Gilot bewertet diesen Roman als „ancêtre de la *Recherche* de Proust".[15] Der Philosoph aus *Le Cabinet du Philosophe* speziell „tient à insister, et à insister en termes crus, sur les besoins propres du coeur dans des lignes qui peuvent faire songer au Proust d'*Un Amour de Swann*"[16]. Abschließend bemerkt Gilot, daß der „«Spectateur français» met la curiosité, l'ingéniosité au service de qualités ou de vertus plus rares: l'attention, la vigilance. Comme Proust (moraliste méconnu parce qu'il l'est immédiatement, dans l'exercise de son activité d'écrivain), il «remplit sa charge en transmettant une forme, une certaine qualité, d'intelligence du réel.»."[17] Kurz zuvor hält er es für sinnvoll „d'étudier les affinités qui le lient à des écrivains aussi différents que Proust, Giraudoux et Camus", um Marivauxs Situation im 20. Jahrhundert richtig einschätzen zu können. Er glaubt, „sans avoir lu ses journaux, il leur arrive si souvent d'en perpétuer l'esprit, et parfois même la lettre."[18] Schließlich ist das intensive Salonleben als biographische Gemeinsamkeit mit Proust festzuhalten, die Gilot – nicht an Proust denkend – besonders anschaulich beschreibt:

> Marivaux avait certainement déjà fréquenté ce que le peuple de Riom pouvait nommer „du beau monde", mais à Paris, il a hanté enfin des salons où se côtoyaient et dialoguaient parfois des gens de milieux, de métiers et d'âges très divers: lieux de rencontre et d'accueil, creusets de sociabilité; société plus mêlée que l'extrêmement bonne compagnie des romans de Claude Crébillon. Comme on

---

[13] Gilot, Michel: Les journaux de Marivaux. Itinéraire moral et accomplissement esthétique, 2 Bde., Lille/Paris 1975, 95.

[14] ebd. 153; cf. auch ebd. 190: „On est tout de suite frappé par la passion qui nourrit cette oeuvre: une indiscretion aussi voyante que celle de Crébillon le romancier ou bien encore de Proust quand ils s'acharnent à guetter, derrière une charmille, un talus ou quelque palissade, des scènes où s'exprimera la part d'eux mêmes qui leur est secrètement la plus proche." Sowie ebd. 317: „[...] réapparaît la vieille hantise [im *Spectateur*], déjà si frappante dans les *Lettres contenant une aventure*, d'épier, de guetter, de partager le secret des autres en le leur arrachant. Obsession proustienne?"

[15] ebd. 551.

[16] ebd. 649.

[17] ebd. 871.

[18] ebd. 816.

peut le sentir dans *La Vie de Marianne*, c'est sous cette forme tempérée qu'il a découvert 'le monde'.[19]

Den „esprit" Marivauxs glaubt auch Coulet bei Proust wiederzufinden, merkt aber im Zusammenhang mit der „mémoire" bei Marivaux mit Blick auf Proust kritisch an:

> Le rapprochement que fait si souvent la critique entre Marivaux et Proust risque d'être trompeur: les narrateurs de Marivaux ne vont pas, comme le narrateur de Proust, «à la *Recherche* du temps perdu», leur bonheur n'est pas de se retrouver tels qu'ils furent grâce à la magie du souvenir préservé, mais de pouvoir mieux se comprendre. [...] Le *moi* lui-même est oeuvre de la mémoire et du temps.[20]

Zu Beginn seiner Arbeit über den Romancier Marivaux gibt er zu bedenken, daß die „historiens de la littérature pourraient voir en Marivaux romancier [...] un frère ainé de Proust parce que l'analyse d'une âme par elle-même est la matière de ses romans, et que cette âme met toute son attention actuelle à retrouver son passé, il ne serait pas impossible [...] de voir une ressemblance entre Marivaux et tels de nos romanciers [...] pour qui les lois de la vie intérieure sont essentiellement des lois du langage: mais ni Flaubert, ni Gide, ni Proust ne se sont réclamés de Marivaux [...]."[21] Letztere Hervorhebung Coulets ist in ihrer Absolutheit inkorrekt. Die Behauptung, Proust rekurriere in den seltensten Fällen explizit auf Marivaux wäre treffender. Zitate aus seinen Stücken erscheinen zwar nur geringfügig in der *Recherche*, ebenso ist Prousts *Correspondance* nur spärlich mit Marivaux-Anspielungen gespickt. Nichtsdestoweniger sind sie vorhanden und dokumentieren inhaltlich den Wert,

---

[19] ebd. 78f.; cf. auch Arland, der Marivaux einen „familier des salons" (Arland 1950, 92) nennt sowie Macchia, Giovanni: „La Pudeur et la Surprise", in: Europe 811/812 (nov.-déc. 1996), 6-12, 6: „Parmi les habitués du salon de Madame de Tencin, Marivaux fut l'un des plus assidus. Il avait fréquenté un autre salon parisien réputé, celui de Madame de Lambert, et c'est dans ces milieux qu'il passa une bonne partie de sa vie. Quand ces deux salons furent sur le point de clore, il devint l'hôte de Madame du Deffand et de Madame de Geoffrin. Marivaux mena une existence à tonalité mondaine [...]. Son imagination et son style sont comme un gage de fidélité au climat des salons qu'il affectionnait." – Cf. auch Culpin, D. J.: Marivaux and Reason. A Study in Early Enlightenment Thought, New York u.a.: Peter Lang, 1993. Darin vor allem: „Conclusion: The Context of Reason" (ebd. 99-114), insbes. 105: „It is possible to speak of direct influence with greater certainty in the case of Madame de Lambert and her salon, which Marivaux attended between about 1713 and 1733. He was also an assiduous guest in other leading salons, notably those of Madame de Tencin and Madame Geoffrin, each of which had its own distinctive atmosphere. But of these groups and their respective hostesses, Marivaux was, intellectually, closest to the first. It is easy to understand that Marivaux should have felt ill at ease in the circle around Madame Geoffrin which included many of the leading *philosophes*, men like Diderot, d'Alembert, and Helvétius, with whose philosophic outlook Marivaux had little in common. But the claim that he was intellectually closer to Madame de Lambert than to Madame de Tencin may appear to require greater justification, given the well known warmth of Marivaux's feeling towards his second great protectress." Sowie ebd. 113: „Marivaux was neither a systematic philosopher nor an originator of new ideas. His thought is an amalgamation of many sources, including almost certainly the oratorians, Madame de Lambert, Fénelon and Cicero. But it does possess a coherence and a vigour it has often been denied." – Cf. auch Gilots Ausführungen zu den Frauen und seinen literarischen Kontakten (Gilot 1975, 83-93).

[20] Coulet, Henri: Marivaux Romancier. Essai sur l'esprit et le coeur dans les romans de Marivaux, Paris: Armand Colin, 1975, 458f.; cf. auch ebd. 249: „on aperçoit bien quelquefois chez Jacob et surtout chez Marianne une nostalgie du passé et des surgissements, de mémoire affective immédiate, mais leur récit n'a pas pour but des ressusciter le passé ou de métamorphoser le présent par le souvenir. S'il y a une poésie dans les romans de Marivaux, elle n'est pas créée par la magie de la mémoire, il n'est pas le précurseur de la lignée d'écrivains qui va de Rousseau à Proust. Pour ces derniers, le souvenir est un but: ils n'existeraient pas s'ils n'écrivaient pas leur livre. Pour Jacob et Marianne, le souvenir est une satisfaction d'amour-propre, ils jouissent d'eux en donnant à leur passé sa vérité et sa valeur définitives, dévoilant ce qu'il avait eu de caché, dissipant ce qu'il avait eu de faux."

[21] ebd. 7.

den Proust Marivaux als Theaterautor zugesteht.[22] Mit der alleinigen Festellung, daß „Proust n'a jamais nommé Marivaux"[23] und damit implizit eine detaillierte Untersuchung seiner Werke (wo Coulet überhaupt nur seine Romane und nicht seine Theaterwerke im Blickfeld hat) in Relation zur *Recherche* als nicht ertragskräftig vorauszusetzen, ist der falsche Weg.[24] Erst eine solche Analyse kann Gründe liefern für das relative Schweigen Prousts gegenüber Marivaux bzw. die verbindenden und trennenden Elemente zu Tage fördern. Coulet zieht wie andere Kritiker vor ihm auf versprengte Weise eine Linie von Marivaux zu Proust, betont aber im Gegensatz zu den bisher erwähnten Marivaux-Forschern mehr die Differenzen, die zwischen den Eckpunkten dieser Linie liegen.[25] Wenn Marivaux bestimmte stilistische Merkmale Prousts anzukündigen scheine, wie beispielsweise „la dislocation du temps objectif qui caractérise le roman depuis Proust [...] laissant à la réflexion une totale liberté d'allure et en soumettant à ses caprices le temps raconté, dans lequel le lecteur n'est guidé que par des repères chronologiques", legt Coulet einem nahe, gleichzeitig auf die ihn mit Proust differenzierenden Nuancen zu achten. So dürfe man nicht „oublier la place

---

[22] cf. Corr. II (1896-1901), Brief Nr. 81 der Mutter an Marcel Proust; Corr. IV (1904), Brief Nr. 152 von Marcel an seine Mutter; Corr. IX (1909), Brief Nr. 31 von Marcel Proust an Porto-Riche. Die Auflistung des letzten Briefs ist im Index der Proustschen *Correspondance* vergessen worden. Dank Cottins Artikel über die Briefe Prousts an Porto-Riche (Cottin, Madeleine: „Lettres à Porto-Riche", in: La Table Ronde 78 (juin 1954), 93-101, 96), konnte ich den Brief Nr. 31 vom Samstag, den 20. März 1909 in Corr. IX (1909), 66f. lokalisieren. Darin gibt Proust seiner Empörung Ausdruck, daß Porto-Riche nicht in die Académie française gewählt wurde. Sein Platz sei „entre Racine et Marivaux", und er hofft, daß „la cité réelle" [also der Sitz in der Akademie] nicht mehr lange „soit en désaccord aussi profond avec la cité idéale et véritable", die Porto-Riche schon erreicht habe. Auch wenn er glaubt, daß Porto-Riche in die Académie française „passerez la prochaine fois", so bleibe doch von diesem ersten Mißerfolg „une cicatrice à mon amour propre de Français et de lettré", schreibt Proust. Der Briefwechsel mit Porto-Riche zeigt durch den Vergleich mit Marivaux und Racine, in welchem Maß Proust den Theaterautor des „Théâtre d'amour" (Cottin 1954, 100), der die Bibliothek Mazarine ab 1906 verwaltete, geschätzt hat. Vice versa dokumentiert er aber auch den Wert, den er Racine und Marivaux zugesteht. – Wie de Chantal in seinem Werk über Proust aufführt, hatte der junge Marcel den „Plan de dissertation sur les tragédies de Racine (1887-1888)" (de Chantal 1967, 652) sowie eine „Dissertation" verfaßt über „le jugement de Sainte-Beuve: «Celui qui aime passionément Corneille peut n'être pas ennemi d'un peu de jactance ... aimer passionément Racine, c'est risquer d'avoir trop de ce qu'on appelle en France le goût, et qui rend parfois si dégoûtés.» (1887-1888)" (ebd.). Der Dissertationsplan über Racine bzw. die Auseinandersetzung mit seinem Wert in der 'Erwiderung' auf Sainte Beuves Urteil läßt erahnen, wie hoch auch Marivaux als literarische Norm in Prousts Wertschätzung steht, da er Racine und Marivaux auf eine Stufe und Porto-Riche als notwendig mit ihnen auf eine Höhe stellt.

[23] Coulet 1975, 458, FN 121.

[24] Eine kritische Schrift existiert ebensowenig zu Molière, dennoch gibt es starke intertextuelle Bezüge zwischen den in den vorherigen Kapiteln untersuchten Stücken dieses Autors zur *Recherche*.

[25] So unterscheidet z.B. Marivaux von Proust „la part d'improvisation" beim Schreiben; cf. Coulet 1975, 418f.: „Certains écrivains comme Proust et Rousseau arrivent par le jeu minutieux des convergences, des correspondances secrètes et profondes, à une grâce où toute trace d'effort a disparu; d'autres, comme Stendhal, ont besoin, une fois aperçue l'idée génératrice, de se jeter dans l'invention: Marivaux est de ceux-là." Sowie Rousset 1962, 46: „[...] il reste que Marivaux se dit et se veut improvisateur, et ceci porte déjà signification." – Cf. auch Coulets Aussage, daß Marivaux nicht der „precurseur de la lignée d'écrivains qui va de Rousseau à Proust" sei (Coulet 1975, 249). Nach Coulets Bemerkungen etwas zuvor scheinen sie wiederum doch auf einer Linie zu liegen: „Le Monde vrai s'appelle pourtant aussi le Nouveau Monde: quand on reproche à Marivaux ses néologismes et son style obscur et affecté, il répond que ce style lui est imposé par la nature de ce qu'il décrit. Ce que ses ennemis prennent pour de l'ingéniosité dans l'expression n'est que la traduction fidèle de ce qu'aperçoit l'acuité de son regard. Il aurait pu prendre d'avance à son compte le mot de Flaubert que le style est une manière absolue de voir les choses, ou celui de Proust, que le style est une question non de technique, mais de vision" (ebd. 136).

capitale qu'il [Marivaux] réserve à la raison universelle dans la subjectivité, ni l'ambition qu'il a eue de peindre le monde réel, celui de l'expérience commune".[26]

Nicht wegzuleugnen bleibt die Tatsache, daß sich viele Parallelen zwischen Marivauxs und Prousts Leben als auch ihren Anliegen in ihren literarischen Werken ziehen lassen können. Der Einwand, daß diese Gemeinsamkeiten primär auf der Ebene der Romanciers liegen, ist nach Sichtung der bisherigen Kritiken zunächst gerechtfertigt. Rousset hält aber meiner Ansicht nach das für vorliegende Arbeit Wesentliche fest, nämlich:

> Entre le théâtre de Marivaux et ses romans, il y a des communications et des échanges.[27]

Rousset fühlte sich schon bei den Parodien Marivauxs an die Pastiches eines Proust erinnert.[28] In seinem Proust-Kapitel, das bezeichnenderweise mit dem zu Marivaux in seinem Werk über literarische Strukturen zusammengefaßt ist, zieht er nochmals explizit eine direkte Linie von *Un Amour de Swann* zur *Marianne* von Marivaux:

> *Un amour de Swann* est un roman dans le roman, ou un tableau dans le tableau, comme certains artistes ont aimé en insérer dans leurs oeuvres pour leur donner un effet de perspective et de profondeur; il rappelle [...] ces histoires intérieures qui se lisent dans la *Vie de Marianne*, chez Balzac ou chez Gide. Proust place à l'une des entrées de son roman un petit miroir convexe qui le reflète en raccourci.[29]

Unweigerlich wird man dabei an Roussets Aussage über das Spiegel-Motiv bei Marivaux erinnert:

> On sait que le motif du miroir, du regard qui se retourne sur soi, est partout chez Marivaux.[30]

Wie sieht es nun aber mit den „échanges" und „communications" zwischen Prosa- und Theaterwerk bei Marivaux aus? Zunächst hält Rousset fest, daß Marivaux eine „tendance constante" besitze, „à présenter en double registre un regard et l'objet de ce regard" und der autobiographische Roman das logische Ergebnis dieser Tendenz darstelle. Dabei erlaube ihm „le récit à la première personne [...] de les unir [gemeint sind: „le regardant" und „le regardé"] en un même être tout en leur interposant la distance qui sépare son présent de son passé".[31] Die Frage ist, wie Marivaux die von Rousset als „double registre" beschriebene Struktur auf das Theater übertragen hat, zumal „le théâtre lui interdisait aussi bien les interventions d'auteur que la perspective du passé et l'analyse introspective à la première personne".[32] Die Antwort liefert Rousset wie folgt:

> Ce qui était jusqu'à présent la fonction de l'auteur spectateur ou du narrateur témoin va être transféré à certains personnages ou groupes de personnages, jetés eux aussi sur la scène et dans l'action mais évoluant en marge des personnages centraux: les amoureux [...]. C'est aux personnages latéraux que sera réservée la faculté de «voir», de regarder les héros vivre la vie confuse de leur coeur. Ils

---

[26] Coulet 1975, 463.
[27] Rousset 1962, 48.
[28] ebd.
[29] Rousset, Jean: „Proust. À la recherche du temps perdu", in: Rousset 1962, 135-170, 146.
[30] Rousset 1962, 47.
[31] ebd. 53.
[32] ebd. 54.

ausculteront et commenteront leurs gestes et leurs paroles, ils interviendront pour hâter ou retarder leur marche, faire le point d'une situation toujours incertaine, interpréter des propos équivoques. Ce sont les personnages témoins, successeurs de l'auteur-narrateur des romans et délégués indirects du dramaturge dans la pièce.[33]

Die in der Forschung aufgespürten Parallelen und Analogien zwischen Marivaux und Proust als Romanciers schwingen nach den erkannten Wechselbeziehungen zwischen Prosa- und Romanwerk bei Marivaux konsequenterweise auch bei der Beziehung zwischen Marivaux als Dramaturg und Proust als Romancier strukturell mit. Die Marivauxschen Diener scheinen nicht nur in den Stücken, sondern gerade in dieser Beziehung eine zentrale Rolle zu spielen, wie obiges Zitat anklingen läßt.

4.2.1 Marivauxs Dienerinnen

Bevor die Merkmale der Marivauxschen Dienerinnen im allgemeinen Thema sind, zunächst zur Wahl der Stücke von *La Surprise de l'amour*, *L'École des mères* und *Les Sincères* als Vorlage für die intertextuellen Vergleiche. Herausgefallen sind alle Stücke, die zur „utopischen" Kategorie gehören wie die Inselstücke, darüberhinaus die historischen Stücke bzw. diejenigen, die keine Dienerin im eher 'klassischen' Haushalts-/ Familienverbund aufweisen, auch solche Stücke, in denen die Dienerin eine eher marginale bzw. dem starken Diener untergeordnete Rolle spielen.

Die erste *Surprise* ist gleichzeitig das Stück, in dem „nous voyons pour la première fois le changement opéré par Marivaux dans le système comique traditionnel", d.h. in dem die „vieux" wegfallen, die noch in den Moliéreschen Stücken das äußere Hindernis der Zusammenkunft der Liebenden darstellten. Der Konflikt wird ins Innere verlagert: „chez les Jeunes". Außerdem legt die erste *Surprise* „le rôle des Valets dans le théâtre de Marivaux"[34] fest. Mit den „valets" meint Greene auch die Dienerinnen, um die es hier geht. Nachdem dieses Stück auf mehreren französischen Bühnen während der Revolutionszeit gespielt wird, verschwindet es vom Spielplan des Théâtre-Français während des 19. Jahrhunderts, „quoique Gautier y vît le chef-d'oeuvre de Marivaux".[35] 1911 kommt es dagegen in einer auf einen Akt reduzierten Form zur Aufführung. Zweifelsohne war es für Proust nicht vonnöten, das bekannteste Stück Marivauxs auch auf der Bühne zu sehen, um Kenntnis von ihm zu erlangen. Bei den zwei übrigen ausgewählten Stücken spielt dieses Faktum eine gewichtigere Rolle. Alle sich um die Rolle der Diener und Dienerinnen vedient gemachten Marivaux-Kritiker betonen die Ähnlichkeit zwischen Colombine aus der ersten *Surprise* und den Lisettes und den 'Soubretten' aus den übrigen Komödien Marivauxs. So schreibt beispielsweise Moraud, daß „Colombine, dans *La Première Surprise*, donne le ton à toutes les Lisettes qui lui succéderont".[36] Descotes geht sogar so weit von Willkür zu sprechen,

---

[33] ebd.
[34] Greene, E. J. H.: „Vieux, Jeunes, Valets dans la comédie de Marivaux", in: Cahiers de l'association internationale des études françaises 25 (mai 1973), 177-190, 183.
[35] cf. Deloffres Einleitung zur ersten Surprise, in: Marivaux 1968 I, 180.
[36] Moraud 1981, 117.

„d'établir une distinction caractérisée entre la Colombine de la première *Surprise* et les Lisettes des comédies ultérieures". Grund: „la Colombine de la *commedia dell'arte* était déjà, comme la Lisette française, une fille malicieuse, alerte, pleine de verve, mais d'une verve moins drue que celle des Toinette ou des Dorine de Molière."[37] Damit hält Descotes zwei weitere wesentliche Merkmale des Marivauxschen Theaters fest. Marivaux schreibt einerseits für die italienische und von Luigi Riccoboni geleitete Truppe, die 1716 wieder durch den Regenten nach Paris zurückgeholt wird, andererseits für die Kompagnie des Théâtre-Français. Außerdem macht Descotes auf die Differenz zwischen den Molièreschen und Marivauxschen Dienerinnen im allgemeinen aufmerksam.

Die Früchte aus der „collaboration" mit der italienischen Truppe hängen mit der Konzeption der Figuren unmittelbar zusammen, nicht nur bei den Dienergestalten, um die es hier geht. Deloffre schreibt dazu:

> Ignorante du répertoire et même de la langue française, la compagnie dirigée par Luigi Riccoboni n'en possédait pas moins, aux yeux de Marivaux, outre une docilité peu coutumière aux comédiens-français, un fonds de qualités inappréciables: naturel du jeu, perfection du geste, sens de l'improvisation. On verra [...] ce que les acteurs ont pu apporter à l'auteur dans le domaine de l'expression des sentiments. Mais il faut déjà signaler un des fruits les plus singuliers de leur collaboration. Dans le jeu à l'impromptu tel qu'on le pratique dans la commedia dell'arte, le dialogue s'enchaîne autour des mots-repères apparaissant à la fin des repliques. En exploitant au maximum ce procédé, le marivaudage innove sur le dialogue de la comédie classique, dans lequel les tirades ou les repliques sont ordinairement juxtaposées ou alignées plutôt qu'enchaînées. Chez Marivaux, c'est avant tout sur le mot qu'on réplique, et non sur la chose. [...] Le langage n'est plus le signe de l'action, il en devient la substance même.[38]

Die weiblichen Dienergestalten zeichnet nun ein Wegfall der Differenz aus, die noch die Arlequins bzw. die italienischen und französischen Diener Marivauxs aufweisen.[39] Aber zurück zu den Unterschieden, die zwischen den Molièreschen Bediensteten und denen bei Marivaux bestehen und schon von Greene angedeutet wurden. Miething konkretisiert sie wie folgt:

> Im Unterschied etwa zu Molière's Dorine aus „Le Tartuffe" oder Regnard's Nerine aus „Le Joueur", um nur zwei der profiliertesten Soubretten zu nennen, die sich um das Schicksal ihrer verliebten Herren verdient machen, sind die Lisette und Colombine bei Marivaux nicht mit der Analyse einer feindlichen Außenwelt, sondern mit der Deutung der Verhaltensweise ihrer Herren und den Widersprüchen in deren Selbstverständnis beschäftigt. Die Folge ist, daß ihnen das ganze Repertoire subtiler moralistischer Menschenkenntnis zur Verfügung stehen muß und sie sich sprachlich damit auf das Niveau ihrer Herren bewegen.[40]

---

[37] Descotes, Maurice: Les grands rôles de théâtre de Marivaux, Paris: Presses Universitaires de France 1972, 132f.

[38] Deloffre, Frédéric: „Introduction", in: Marivaux 1968 I, I-XXX, IV.

[39] Ein Grund, weshalb Descotes auch nicht mehr den französischen und italienischen Varianten ein eigenes Kapitel widmet, wie er dies noch bei den männlichen Pendants getan hat; cf. Descotes 1972, 92ff.: „Les valets italiens" sowie ebd. 108ff. „Les valets français". Die weiblichen Bediensteten sind einfach unter „Les soubrettes" gefaßt (ebd. 132ff.).

[40] Miething, Christoph: Marivaux' Theater – Identitätsprobleme in der Komödie, München: W. Fink, 1975, 120; cf. dazu Meyer, Marlyse M.: La Convention dans le théâtre d'amour de Marivaux, São Paulo, 1961, 108f.: „Mais en modifiant la direction de leur attaque, puisque ce n'est plus „contre des vieillards" mais contre les amoureux eux-mêmes que les valets dirigent leurs batteries, Marivaux doit également modifier les traits que lui offre la tradition: la subtilité du champ dans lequel ils exercent leurs talents exige des valets des qualités plus profondes que la seule

Marivaux erfindet somit die weibliche Bedienstete nicht neu, sondern stattet sie mit tieferen Zügen aus. Franzbeckers Aufwertung des 'suivante'-Typus in der zweiten Hälfte des 18. Jahrhunderts bestätigend[41], bezeichnet Marivaux Colombine als auch die Lisette aus der *École* bzw. aus den *Sincères* im jeweiligen Personenregister der Stücke als „suivante". So folgert Descotes richtig, daß Colombine „n'est pas une soubrette, elle est une dame de compagnie, une «suivante» [...] de la Comtesse avec laquelle elle peut s'entretenir en toute familiarité."[42] Er folgert weiter, daß bis auf „quelques variantes de détail près, le rôle de la Soubrette, chez Marivaux, se définit par rapport à deux situations fondamentales: celle qui la place en face de son amoureux, un valet d'esprit moins délié que le sien et qu'elle amène sans grand-peine à se jeter à ses genoux; celle qui la place aux côtés d'une maîtresse qu'elle contribue à éclairer sur ses véritables sentiments et qu'elle aide à surmonter ses hésitations ou ses préjugés."[43] Mit diesen Bemerkungen Descotes' soll das allgemeine Bild der Dienerinnen bei Marivaux abschließen. Die durch Marivaux mit Blick auf die Konvention bzw. speziell zu Molière (gegen dessen 'Schule' er sich explizit wendet) eingeführten Neuerungen – verfeinerte Psychologie, Auftreten der Dienerinnen fast ausschließlich mit männlichem Gegenpart aufgrund des „double registre" der Konstellation Mann-Frau, die den Spiegel der Liebeskonstellation der verliebten Protagonisten darstellen[44] – haben ihre Klärung erfahren.

Neben der ersten *Surprise*, die in der Kritik manches Mal zur mißverständlichen Aussage führt, daß alle Stücke Marivauxs eine einzige Surprise der Liebe wären, so daß die Nuancenvielfalt außer Acht gelassen wird, gehört die *École des mères* zu Marivauxs erfolgreichsten Stücken, verzeichnet am 18. Dezember 1878 einen „succès exceptionnel" im Odéon und bleibt daraufhin im Repertoire dieses Theaters.[45] Es ist sehr wahrscheinlich, daß Proust dieses Stück in jungen Jahren sah.

---

[41] ruse. Ils doivent avoir une intelligence perçante et toujours en éveil, doublée d'une intuition psychologique aiguë – c'est ce qui va leur assurer l'élan vital indispensable."
Franzbecker 1983, 48.

[42] Descotes 1972, 137; cf. ebd. 135: „Et sans aucun doute doit-on bien voir que, au total, ces personnages ne sont des Soubrettes que par la volonté de l'auteur et pour satisfaire à une convention du genre. Jamais elles ne sont présentées dans l'exercice de leurs fonctions, recevant des ordres relatifs à la marche de la maison (de toute évidence, Dorine, Toinette, Martine, elles, fréquentent l'office)." Ein weiterer Unterschied zwischen Marivauxschen und Molièreschen Bediensteten ist damit festgehalten. Descotes versteht unter 'Soubrettes' ein traditionelles Bild der weiblichen Bediensteten, die Franzbeckersche Bezeichnung des „suivante-Typus" ist daher m.E. sinnfälliger.

[43] Descotes 1972, 133; cf. auch Meyer 1961, 107: „Or, ce rôle c'est la propre convention du genre qui le leur attribue [Meyer meint: „sauver et unir les amants malheureux"]. Cette intervention est justifiée également par une autre donnée traditionnelle: les valets de comédie épousent toujours les soubrettes, mais pour cela, il faut que les maîtres se marient aussi; le mariage de ceux-ci doit donc être provoqué à tout prix." Der von Meyer geäußerte Absolutheitsanspruch stimmt natürlich nur insofern, als daß auch nicht anwesende Partner gemeint sind bzw. stimmt fast immer. Schließlich sind die Diener Lisette und Frontin in den *Sincères* nicht aneinander interessiert, ihr Heiratswille somit nicht der ausschlaggebende Beweggrund für ihr Handeln im Interesse ihrer Herren.

[44] cf. Rousset 1962, 59: „Un duo valet-soubrette n'est jamais là pour lui-même [...]; il est là comme l'ombre qui précède le corps: le prochain duo entre les héros. Il est un élément de structure."

[45] cf. Deloffres Vorwort zur *École* in: Marivaux 1968 II, 10: „Mais la création de la pièce de Marivaux à l'Odéon, le 18 décembre 1878, eut un succès exceptionnel. *L'École des mères* resta au repertoire de ce théâtre, et fut jouée fréquemment, au moins jusqu'à la fusion de l'Odéon et de la Comédie-Française."

Das Stück *Les Sincères* gehört schließlich wie die erste *Surprise* zu Marivauxs „seven favourites. One can understand why. Apart from the fact that the theme of sincerity was one of his constant preoccupations, in this particular embodiment of it he had carried one of his abilities to the extreme limit, that of writing pure psychological comedy", so das Urteil Greenes. Die *Sincères* sind zu Lebzeiten Marivauxs niemals populär, obwohl die Premiere ein Erfolg ist. Dieses Stück verschwindet bald vom Spielplan. 1891 – also im zwanzigsten Lebensjahr von Proust – gibt es dennoch im Odéon eine erneute Aufführungsreihe dieses Stücks von 33 Aufführungen.[46]

Alle drei ausgewählten Stücke sind für die „comédiens italiens" geschriebene, die darin auftretenden weiblichen Bediensteten können aber stellvertretend für ihre französischen Varianten aus den schon erwähnten Gründen stehen. Zudem haben sie den Vorteil, daß sie verschiedene 'Klassifikationen', die natürlich immer etwas von einer Hilfskonstruktion behalten, abdecken. Nach Deloffres Einteilung gehört die *Surprise* zur Kategorie 5: „La surprise de l'amour".[47] Sie ist Teil der sieben Stücke, die Marivaux dem Zeugnis Lesbros de la Versane nach am meisten schätzt. Deloffre findet dies „significative", denn: „Si la surprise de l'amour n'est pas le sujet éternel chez Marivaux, c'est du moins son sujet favori."[48] Die *École* gehört zur Kategorie 11: „Les Écoles, ou pièces d'éducation".[49] Die *Sincères* schließlich können unter der Kategorie 6: „L'inconstance: la formule du chassé-croisé"[50] als auch unter der Kategorie 12: „Comédies de caractère" gefaßt werden.[51]

4.2.2 Françoise und Colombine

Wie im vorherigen Kapitel schon herausgestrichen, liefe eine strikte Differenzierung nach unterschiedlichen individuellen Eigenschaften bei den Dienerinnen den Gegebenheiten in den Marivauxschen Stücken zuwider. Da die 'suivantes' statt dem ganzen Haushalt nur

---

[46] cf. Greene 1965, 222.

[47] cf. Deloffres „modes de classement", in: Marivaux 1968 I, V-XI. Hier speziell VI: „*5. La surprise de l'amour*. Ce genre procède du précédent: il s'agit de montrer comment des êtres, non plus neufs, mais avertis, et même expressément en garde contre les pièges de l'amour, se laissent pourtant surprendre par lui."

[48] ebd. VII.

[49] cf. ebd. IXf.: „*11.Les Écoles, ou pièces d'éducation*. Les pièces de cette série sont reliées chez Marivaux à une ancienne réflexion sur l'éducation des enfants (voir la seizième feuille du *Spectateur français*). Le succès inespéré de *l'École des mères* (juillet 1732), petite pièce où les considérations sérieuses sur les rapports entre mère et fille étaient balancées par des éléments traditionnels empruntés à Dancourt [...]."

[50] cf. ebd. VII: „*6. L'inconstance: la formule du chassé-croisé*. À peine inventé le type «surprise de l'amour», Marivaux complète son système dramatique par l'étude complémentaire de la «mort de l'amour» en faveur d'un nouvel amour, c'est-à-dire de l'inconstance."

[51] cf. ebd. X: „*12. Comédies de caractère*. L'idée d'écrire une comédie de caratère, *le Legs* (juin 1736), n'a sans doute pas procédé chez Marivaux d'une intention délibérée. Il se méfiait au contraire un genre qui, après la mort de Molière, avait produit des oeuvres innombrables, et [...] souvent médiocres. [...] Peu après *le Legs*, Marivaux donna une autre pièce en un acte, *les Sincères* (janvier 1739), que son titre présente comme une comédie de caractère. C'en est une, dans une certaine mesure. Nous l'avons déjà rencontrée et classée, d'un autre point de vue, comme une pièce de l'inconstance et du chassé-croisé." Cf. zum Problem der doppelten Klassifizierung Deloffre selbst, ebd. V: „Bien entendu, des hybridations se produiront aussi, surtout lorsque les genres se seront multipliés, et telle pièce pourra considérée sous deux aspects différents. Au risque de durcir un peu la réalité, nous éviterons autant que possible de le faire, pour manifester à quel point il est faux de prétendre que Marivaux tourne sans cesse dans le même cercle d'idées."

noch einer Person verpflichtet sind und Marivaux die Handlung als solche völlig auf die Gefühlsebene verlagert, fallen notwendigerweise häusliche Bestimmungen wie Köchin oder ähnliches und die damit einhergehenden Motivklassen von vornherein weg.[52] Wenn keine „distinction caractérisée"[53] mehr zwischen der Colombine aus der ersten *Surprise* und den Lisettes aus den darauf folgenden Stücken existiert, erscheint natürlich die Frage berechtigt, ob eine strikte Trennung zwischen diesen Dienerinnen in der Analyse noch sinnvoll erscheint. Die Ergebnisse des vorliegenden Kapitels werden sich aller Voraussicht nach auch auf die Lisette aus der *École* und den *Sincères* übertragen lassen. Daher soll auch dieses Kapitel zur ersten Klärung dienen und auf die folgenden vorausweisen, deren Analyse ergänzende Nuancen zu liefern versucht.

Was aber noch viel wesentlicher erscheint, ist folgende Frage: Wenn die Dienerinnen nicht mehr individualisiert erscheinen wie noch bei Molière und man so gut wie keine aus dem Handlungsablauf sich ergebende, mit inhaltlichen Einheiten aufgeladene Motivklassen zu erwarten hat – denn die Handlung ist auf die Psyche verlagert und die Sprache selbst der Gegenstand –, welche Berechtigung hat dann überhaupt eine Fallstudie zu Marivaux in Bezug zur Proustschen Françoise? Die Antwort wurde schon im einleitenden Kapitel dieses Abschnitts vorweg genommen: Der Gehalt bzw. das Anliegen des Autors in seinen Stücken sind zunächst ausschlaggebend bzw. liefern die Legitimation der Untersuchung. Für vorliegende Studie heißt dies der Frage nachzugehen, was die interpersonale Relation zur Herrin über die Funktion der Dienerin aussagt und in welcher Weise eine Übernahme vorgegebener struktureller Situations- und 'Funktions'-muster stattgefunden hat. Motivklassen (A) und (B) nehmen voraussichtlich einen breiteren Raum ein als die übrigen Einteilungsprinzipien – wenn sie denn überhaupt auftreten. Zur Veranschaulichung auch hier vorweg die formale Analyse.

Betrachtet man strukturell das formale Auftreten von Colombine und den zwei Lisettes wird man feststellen, daß es im formalen Auftreten der Dienerinnen eine unterschiedliche Gewichtung gibt. Gemeinsam ist allen drei, daß sie jeweils dann in den Hintergrund treten, wenn sie der von ihnen selbst angestoßenen psychologischen Entwicklung der Protagonisten die Möglichkeit zur Entfaltung geben, die zeitlich allerdings sehr gering ausfallen kann – unabhängig von der Tatsache, daß es sich im ersten Fall um einen Dreiakter, in den zwei folgenden um Einakter handelt. Konkret für die *Surprise* sieht dies wie folgt aus: Colombine tritt zusammen mit ihrer Herrin in der sechsten Szene des ersten Akts auf, nachdem zuvor die Liebeskonstellation der Protagonisten expositorisch mit dem Paar Jacqueline-Pierre auf der emotional am einfachsten gestrickten Ebene vorweggenommen wurde. Deren Bitte um

---

[52] cf. Descotes 1972, 135, der schreibt, daß die Dienerinnen die „convention du genre" und den Willen des Autors befriedigen und daher niemals in Ausübung ihrer Dienstfunktionen anzutreffen sind.

[53] ebd. 132; cf. auch Lüthi, Käthy: Les femmes dans l'oeuvre de Marivaux, Bienne: Les Editions du Chandelier, 1943, 53: „Il n'y a pas de personnage féminin qui représente une catégorie ou qui soit l'incarnation d'une idée ou le type d'un caractère." Man könne daher nicht wie im Fall Molière die weiblichen Figuren nach Typen wie die Preziösen, die Koketten etc. einteilen, wenn überhaupt nur nach „tous les rangs sociaux possibles, d'âges différents et dans les situations morales les plus diverses" (ebd. 53f.). Da die suivantes zum „alter ego im Sinne einer strukturell unabdingbaren Bewußtseinsvariante" (Miething 1975, 125) ihrer Herrin werden, trifft die Aussage Lüthis auch auf die weiblichen Bediensteten zu.

Heiratserlaubnis wird die Begründung für das notwendige Zusammentreffen der liebesfeindlichen Protagonisten Lélio (Herr von Jacqueline und von Arlequin) und der Comtesse (Herrin von Pierre und von Colombine) liefern. Colombine gewinnt in ihrem ersten Auftritt, bei dem sie auf ihren männlichen Gegen- bzw. Liebespart Arlequin trifft, sofort selbstbewußt die Oberhand. Ausgenommen der achten Szene im ersten Akt bleibt Colombine bis zur einschießlich vierten Szene des zweiten Akts präsent, in der sie in prophetischer Weitsicht Lélio mit der Bemerkung zurückläßt, daß er sich zwar „leste et gaillard" glaubt, in Wahrheit er aber alles andere als dies sei, denn: „ce que vous êtes est caché derrière tout cela".[54] In der Szene zuvor äußert sie an die Adresse Arlequins ihren Willen, daß „tu me dises franchement que tu m'aimes"[55] und nimmt damit ihre zentrale Aussage über die Comtesse zu Beginn des dritten Akts vorweg, daß sie will „qu'elle sache qu'elle aime, son amour en ira mieux, quand elle se l'avouera."[56] Ab der letzten (achten) Szene des zweiten Akts bis zum Ende des dritten Akts agiert Colombine mit Ausnahme der fünften Szene des dritten Akts ununterbrochen auf der Bühne und begleitet ihre Herrin und Lélio bis zur Provokation des finalen Geständnisses ihrer gegenseitigen Liebe. Im Gegensatz zu den Molièreschen Stücken weist die formale Struktur der ersten *Surprise* zunächst keine greifbare Parallelität mit derjenigen des Françoiseschen Auftretens auf. Colombine ist relativ omnipräsent, läßt ihre Herrin nur einmal mit Lélio allein, nämlich in der siebten Szene des zweiten Akts, also ungefähr in der formalen Mitte ihres eigenes Auftretens.

Die *Sincères* sind näher an der *Surprise*, was das strukturelle Auftreten Lisettes und ihre inhaltliche Gewichtung betrifft, so daß ich sie hier zuerst behandeln möchte, wenn auch chronologisch die Lisette aus der *École* zuerst kommen müßte. Die *Sincères* zeichnet gleich zu Beginn eine singuläre Tatsache aus, wie es schon die Besprechung des Stücks im *Mercure* vom Februar 1739 festhält:

> [...] au lieu que dans la plupart des autres comédies, les domestiques veulent marier leurs maîtres, pour être plus à la portée de se marier eux-mêmes, ceux-ci commencent par s'assurer entre eux une indifférence réciproque, pour se mettre hors d'intérêt, et pour agir plus conformément à leurs intentions.[57]

So versichern sich Lisette und Frontin in der ersten Szene ihre gegenseitige Gleichgültigkeit, was die Voraussetzung für ihr Ziel bildet: „rompre l'union" ihrer Herren.[58] Sie handeln beide völlig selbstlos aus dem einfachen Beweggrund, daß sie besser wissen, was für ihre Herren gut ist und erkannt haben, daß die Marquise und Ergaste es mit ihrer Hochzeit nicht ehrlich (im Sinne von gefühlsecht) meinen. Sie sollen mit ihren alten Partnern Dorante und Araminte wieder zusammengeführt werden. Nachdem die Voraussetzung der gegenseitigen Zusammenarbeit gewährleistet ist, geben Lisette als auch

---

[54] SA, 2. Akt, 4. Sz., 211.
[55] SA, 2. Akt, 3. Sz., 210.
[56] SA, 3. Akt, 1. Sz., 225.
[57] cf. „Notice" zum Einakter *Les Sincères* in: Marivaux 1968 II, 462.
[58] S, 1. Sz., 470.

Frontin ein Porträt ihrer Herren. Die dritte und vierte Szene, in denen Lisette samt ihrem männlichen Gegenpart verschwindet, dienen der praktischen Veranschaulichung dieser zuvor durch die Diener theoretisch dargestellten Charakterporträts. Sie sind folglich Araminte und Ergaste sowie in der darauffolgenden vierten Szene der Marquise und Ergaste vorbehalten. In der jeweils sehr kurzen zweiten und fünften Szene erinnern Lisette bzw. Frontin die Marquise nur an einen Brief, den sie Ergastes Diener mitgeben will (mit dem Inhalt der bevorstehenden Hochzeit und der Festlegung auf den Partner). In der sechsten Szene verabreden Frontin und Lisette, wie die Provokation zur Selbstkonfrontation vonstatten gehen soll (sie brechen einen Streit vom Zaun, wer die Schönere sei: die Marquise oder Araminte und verwickeln den 'ehrlichen' Ergaste hinein), um sie in der siebten Szene auch gleich umzusetzen. Von der achten bis zwölften Szene wird der gespannten Intrige und der psychologischen Entwicklung bzw. Gefühlsverwirrung der Protagonisten die Möglichkeit zur Entfaltung gegeben. Erst in der dreizehnten Szene erscheint wieder Lisette um die schon in Verwirrung und Unmut geratenen Gefühle der Marquise am Brodeln zu halten. Ihre Rechnung geht wiederum in der darauffolgenden Szene zwischen der Marquise und Ergaste auf, sodaß sie in der fünfzehnten Szene die verwirrte, aber noch nicht sich selbst gegenüber vollständig ehrliche Marquise in Empfang nimmt. In der nächsten, der sechzehnten Szene ist Lisette schließlich am Ziel angelangt: Die Marquise will mit Dorante ihren Heiratsvertrag abschließen statt mit Ergaste. In den folgenden Szenen bis zum Ende des Stücks tritt Lisette somit nur auf, wenn sie wie in der neunzehnten Szene Ergaste die Nachricht seiner „disgrâce"[59] durch ihre Herrin übermitteln muß oder in der einundzwanzigsten und letzten Szene nach erfolgreich erledigter Mission sich von ihrem männlichen Gegenstück Frontin wieder trennt. Die dazwischen liegenden Szenen sind der Vereinigung Aramintes mit Ergaste vorbehalten. Letzterem ist bekanntlich Frontin als Diener zugeordnet, der jedoch auch erst wieder in der letzten (21.) Szene auftritt.

In dem Einakter *L'École des mères* führt Lisette durch ihren Dialog mit Éraste, der ihre Herrin Angélique liebt, gleich mitten ins Geschehen; Érastes Vorgeschichte wird dabei aus dem Dialoginhalt für den Zuschauer ersichtlich. Alle Fäden der Intrige liegen zunächst in der Hand Lisettes, die von der ersten bis zur neunten, mit Ausnahme der fünften Szene ununterbrochen präsent ist. Nach ihrem Abtritt eröffnet sich ein neuer Handlungsstrang: der sich um den ältlichen Bewerber Damis – Érastes Vater – drehende. Frontin wird von Damis gegen Bezahlung zur Mitarbeit bewogen, ohne daß Lisette davon erfährt. Ab der 15. Szene erscheint Lisette wieder auf der Bühne bis zur vorletzten Szene. Das formale Auftreten Lisettes scheint dem Colombines gleich, inhaltlich lassen sich aber durchaus Nuancen erkennen. Das Geständnis zwischen den Liebenden ist hier nicht auf die gleiche Weise wie in der *Surprise* der Kulminationspunkt des Stückes. Angélique gesteht gegenüber Lisette sofort freimütig entsprechend ihrer naiven Erziehung ihre Liebe zu Éraste. In der siebten Szene provoziert ein durch Lisettes Vorschlag geschriebener Brief von Éraste an Angélique nun auch das naive Liebesgeständnis letzterer vor dem sich dann demaskierenden Éraste (der bis dahin als Diener La Ramée auftrat). Das Stück gehört zu einer anderen Kategorie,

---

[59] S, 19. Sz., 497.

nämlich zu den 'Écoles'. Daher ist zwar auch die Zusammenführung der Liebenden das Ziel, weniger aber durch eine Konfrontation der Liebenden mit sich selbst, um sich ihrer Liebesgefühle gegenüber dem jeweiligen Geliebten klar zu werden. Vielmehr ist es das Ziel der Dienerin, ihre Herrin soweit zu stärken, daß sie mit diesen Gefühlen auch die gegnerischen Parteien emotional für sich gewinnt. Dabei wird sie selbst ihre Herrin nach vollen Kräften unterstützen. Lisettes Intention erfüllt sich in der zwölften Szene im Dialog zwischen Angélique und M. Damis. Die darauffolgende Intrige läuft ohne ihr Wissen ab. Ihre Auftritte in der fünfzehnten, siebzehnten und achtzehnten Szene sind schließlich nur noch formaler statt inhaltlich ausschlaggebender Art.[60] Damis will nach dem Gespräch mit Angélique wissen, wen sie statt seiner liebe. Er handelt aus einem Gefühlsadel heraus und wird sie freigeben, denn – wie er erfahren soll – ist sein Sohn der Auserwählte. Durch ein Versteckspiel öffnet er auch die Augen der Mutter, die er durch seinen Verzicht und die Empfehlung seines Sohnes als Schwiegersohn zur Freigabe seiner selbst und zur Einwilligung der Verheiratung ihrer Tochter mit seinem Sohn zwingt. Damit sind Lisette und Damis die 'meneurs de jeu' – erstere für das innere Happy-End, letzterer auch für das äußere Happy-End zuständig. Damis provoziert durch seinen Gefühlsadel das vollständig glückliche Ende, das in der Heirat von Angélique und Éraste ruht. Dieses wiederum wurde jedoch nur ermöglicht durch Lisettes Stärkung der Gefühle Angéliques, die Angélique im Dialog mit Damis verschlüsselt und doch eindeutig verteidigt. Bei genauem Hinsehen erinnert die Marivauxsche *École* nur noch im Titel an diejenige Molières. Die Handlung als solche ist auch hier psychologisch subtiler gestaltet und die Emotionen (Damis' Liebesverzicht ausgelöst durch zuvorige Gefühlswahrheit Angéliques) letztendlich der ausschlaggebende Faktor für das auch äußerlich glückliche Ende der jungen Liebenden.

Wie sehen nun die Korrespondenzen zwischen formaler Struktur und den Inhalten der Stücke aus? Zunächst bei der *Surprise*? Da die Handlung auf die Gefühlsebene verlagert wird, eine für „Marivaux charakteristische Verinnerlichung der Handlung"[61] vorliegt, sind die Marivauxschen Herren noch elementarer auf die Diener angewiesen als ihre Molièreschen Vorgänger – was nicht im Sinne von Vor- oder Abbildern mißzuverstehen ist. Die Diener – weibliche und männliche – sind anscheinend die einzigen, die die differenzierte Psychologie ihrer Herren durchschauen, besser als ihre Herren selbst und zwar mit Hilfe ihrer durch die Tradition geprägten Menschenkenntnis. Daß die Dienerin Trägerin des menschheitstypischen Motivs des 'bon sens' ist, entspricht der ästhetischen Tradition. Für Miething legitimiert sich allein daraus die „Fähigkeit zur Konfliktlösung". Außerdem vergegenwärtige der „dienerhafte »bon sens« die Sphäre sinnlicher Daseinsfreude in den Komödien" und sei im „Theater Marivauxs zur Vernünftigkeit der Affekte sublimiert".[62] Aufgrund dieser ästhetischen Tradition wird eine Ursprungsbestimmung dieses Motivzugs des gesunden Menschenverstandes überflüssig, nicht jedoch eine Differenzierung desselben.

---

[60] In der 15. Szene führt sie Éraste zum Treffpunkt, in der 16. Szene bringt sie schließlich Angélique dorthin und in der 18. Szene ist sie nur noch im Personenregister aufgeführt, hat aber keinen handelnden Part mehr.
[61] Miething 1975, 119.
[62] ebd. 131.

Da Colombine Teil der Möglichkeit in der Gattungsgeschichte für die Gestaltung der Herr-Diener-Beziehung wird, in der ein mehr oder weniger hilfloses Liebespaar umso listenreicheren Dienern zur Verteidigung seiner Interessen gegenüber steht, die Konflikte der Herren sich dabei aber nach innen verlagern, bedarf es bei ihr „neuer Erkenntnisqualitäten, die sie zur Reaktion auf das Verhalten der Herren" befähigt.[63] Colombine zieht zwar noch die Fäden, „mais à l'intérieur des personnages".[64] Colombine steht daher – wie auch den Lisettes – „das ganze Repertoire subtiler moralistischer Menschenanalyse zur Verfügung"; sie bewegt sich somit sprachlich „auf dem Niveau ihrer Herren."[65] Eine dialektgefärbte Sprache bzw. sprachliche Verbäuerlichung wird man bei Colombine vergeblich suchen. Diese sprachliche Besonderheit ist Jacqueline, der „servante" Lélios vorbehalten, die den „jardinier de la Comtesse", Pierre heiraten will und der sich auf dem gleichen sprachlichen Niveau bewegt wie sein weiblicher Gegenpart. Colombines Sprache ermangelt trotz oder auch wegen (im Vergleich zu den Herren) seines Niveaus' nicht der Aussageklarheit und der Natürlichkeit. Wichtiger als ihre Strategie, ihre Herrin bzw. ihre Herren (Lélio eingeschlossen) in eine Situation hineinzumanövrieren, in denen sie selbst „auf die Diskrepanz zwischen der Intention ihrer Selbstdarstellung und der Realität ihrer Befindlichkeit stoßen müssen"[66], mag sein, daß Colombine – wie die Diener allgemein in Marivauxs Stücken – ihre Herren unmittelbar auf den „Widersinn ihres Verhaltens hin ansprechen".[67] Colombine nimmt in Gefühlsfragen kein Blatt vor den Mund und hält ihren Herren damit einen Spiegel ihrer selbst vor. Ein erstes Beispiel für ihre Menschenkenntnis und Ideale ist ihre abschließende Rede in der siebten Szene des ersten Aktes, die eine Reaktion auf den Schlagabtausch zwischen dem aus enttäuschter Liebe zum Frauenverachter gewordenen Lélio und der Comtesse darstellt, die aus denselben Gründen der Männer überdrüssig geworden ist:

> Le joli commerce! on n'a qu'à vous en croire; les hommes tireront à l'orient, les femmes à l'occident; cela fera de belles productions, et nos petits-neveux auront bon air. Eh morbleu! pourquoi prêcher la fin du monde? Cela coupe la gorge à tout: soyons raisonnables; condamnez les amants déloyaux, les conteurs de sornettes, à être jetés dans la rivière une pierre au col; à merveille. Enfermez les coquettes entre quatre murailles, fort bien. Mais les amants fidèles, dressez-leur de belles et bonnes statues pour encourager le public. Vous riez! Adieu, pauvres brébis égarées; pour moi, je vais travailler à la conversion d'Arlequin. À votre égard, que le ciel vous assiste, mais il serait curieux de vous voir chanter la palinodie, je vous attends.[68]

In Colombines Bezeichnung ihrer Herren als „pauvres brébis égarées" kommt sehr deutlich ihre beschützende Rolle zum Vorschein, von deren Aufgabe sie selbst überzeugt ist, die aber auch als Zeichen der Intimität zwischen Herr und Diener nötig für die Dramaturgie

---

[63] ebd. 119f.
[64] Rigault, Claude: Les domestiques dans le théâtre de Marivaux, Sherbrooke 1968, 14. – Rigault schreibt weiter, daß der „valet", worunter sie auch die weibliche Variante subsumiert, „est encore un élément moteur, mais dans une comédie où il s'agit d'arriver à la vérité et à l'amour, par un aveu difficile. Le rôle dramatique des domestiques a donc pris un tour nouveau". (ebd.).
[65] Miething 1975, 120.
[66] ebd. 121.
[67] ebd. 122.
[68] SA, 1. Akt, 7. Sz., 201.

Marivauxs ist. Als ästhetisch tradiertes Element übernimmt Proust diese Funktion strukturell auch in seiner Makrostruktur Françoise, deren Art der Verteidigung der Familieninteressen schon ausführlich beschrieben wurde (A/B). Colombines Sprache im obigen Zitat weist mehrere Merkmale auf. Zum einen benutzt sie Flüche wie „morbleu", zum andern verwendet sie Ausdrücke religiösen Ursprungs: Sie findet, „qu'il ne faut pas prêcher la fin du monde" und zu Anfang der gleichen Szene, daß „tous les renégats font mauvaise fin."[69] Sie hat Spaß am Demontieren fester Ausdrücke, ein Phänomen, das einem „type d'esprit qui pourrait passer pour purement français et populaire" gleich kommt.[70] Der „jeu sur les mots" ist es noch viel mehr, an dem Colombine ebenso Gefallen findet. So verlangt sie von Arlequin in der ersten Szene des dritten Akts, daß er ihrem „corps" Satisfaktion zu geben habe. Auf Knien soll er um Verzeihung bitten. Mit dieser Geste soll er symbolisch seinen Respekt für alle „suivantes de France" ausdrücken, die sie in ihrem „corps" repräsentiere.[71] Colombines bildreiche und populäre Sprache erinnert an Françoises Ausdrucksweise, die gerade mit Hilfe dieser Ausdrucksformen manches plastischer und klarer vermittelt als die durch den jeweiligen gesellschaftlichen Code geprägte. Motivklasse (3.2) weist Züge auf, die von Marivauxs Dienerinnen herrühren. Linkische Ausdrücke wird man nur bei Marivauxs männlichen Varianten – insbesondere bei seinen Arlequins – finden. Die 'suivantes' zeichnet durchweg eine über der männlichen Sprechweise stehende feinere Sprache aus, was sie in gewisser Weise über sie erhebt. Aber auch für Colombine und einhergehend mit ihr für die Lisettes trifft sicherlich zu, daß ihre Sprachen direkter und aussagekräftiger sind als die ihrer Herren. Die Marivauxschen 'suivantes', die durch Colombine in mehr als nur einem Sinn repräsentiert werden, sind geschwätzig und redegewandt sowie derart anpassungsfähig an alle Situationen, daß sie immer passende Ausdrucksformen finden. Voraussetzung für die 'Schwatzsucht' ist natürlich die Neugierde. Schließlich braucht die Mitteilungssucht auch 'Futter'. Alles, was ihre Herren betrifft, möchte Colombine in Erfahrung bringen, d.h. ihre innersten Gefühle. Aufgrund der „vie permanente avec les mêmes êtres"[72] können sich die Marivauxschen Herren gar nicht dem familiären Umgang mit ihren Dienern entziehen. Das führt bei Colombine soweit, daß sie beispielsweise bestimmte Ausdrücke ihrer Herrin oder Lélios übernimmt und verdreht. In der siebten Szene des ersten Akts, nach dem Schlagabtausch zwischen der Comtesse und Lélio, in dem die Comtesse zuerst an Lélio gerichtet äußert: „vous m'allez donner la comédie" und er antwortet: „mais s'il n'y a que la comédie dont vous parlez qui puisse vous réjouir, en ma consience, vous ne rirez de votre vie", entgegnet Colombine ungezwungen-

---

[69] cf. SA, 1. Akt, 7. Sz., 198f.: „Colombine. – Mort de ma vie, Madame, est-ce que ce discours-là ne vous remue pas la bile? Allez, Monsieur, tous les renégats font mauvaise fin: vous viendrez quelque jour crier miséricorde et ramper aux pieds de vos maîtres, et ils vous écraseront comme un serpent. Il faut bien que justice se fasse." Cf. auch Rigault, die im „emploi d'images ou d'expressions d'origine religieuse" ein „phénomène général à l'époque" sieht und glaubt: „Ces formules étaient sans doute passées dans le langage courant." (Rigault 1968, 74)

[70] Rigault 1968, 71f.

[71] SA, 3. Akt, 1. Sz., 224.

[72] cf. Rigault 1968, 197: „Une vie permanente avec les mêmes êtres interdit d'ailleurs une „façade", impossible à garder parce qu'elle serait perpétuelle: on peut se contraindre à devenir objet huit heures par jour; on ne supporterait pas cette situation vingt-quatre heures sur vingt-quatre."

vertraulich und absolut scharfsinnig: „En ma conscience, vous me la donnez tous les deux, la comédie."[73] Françoises Neugierde kennt auch keine Grenzen und Marcel stellt ebenso fest, daß sie Ausdrücke von ihm übernimmt und abwandelt. Ihr Zusammenleben führt schließlich zu einem ähnlich instinktiven Wissen, das dem der psychologischen Klarsichtigkeit einer Colombine gleich kommt (MK 4.5).[74] Daneben übersetzt Colombine die Isolierung des Paares Comtesse-Lélio „en langage familier et physique",[75] nachdem der Baron das Paar in einen symbolischen Kreis eingeschlossen hat:

> Colombine, *arrivant*. – Bonjour, monsieur le Baron. Comme vous voilà rouge, Madame? Monsieur Lélio est tout je ne sais comment aussi: il a l'air d'un homme qui veut être fier, et qui ne peut pas l'être. Qu'avez-vous donc tous deux?[76]

Colombine ist wie ihre Kolleginnen „très dévouées, peu respectueuses"[77]. Letzteres Adjektiv trifft nur insofern zu, als daß sie sich zwar nicht ihren Mund verbieten lassen, letztendlich aber ihr Respekt gegenüber den Herren ihre Äußerungen motiviert. Sie möchten den für sich selbst als ideal erkannten Zustand auf ihre Herren übertragen wissen; ihr eigenes Wohlbefinden setzt das emotionale ihrer Herren voraus.

Auf Colombines seherischen Appell (in Zusammenhang mit ihrem früher erwähnten „joli commerce") reagiert die Comtesse mit dem Dementi, daß Colombine „folle" sei. Der Baron verfolgt in der darauffolgenden Szene die gleiche Strategie wie Colombine und sagt beiden ins Gesicht, daß sie sich schon lieben würden, worauf die Angesprochenen mit einer Verneinung und Abwehr reagieren. In der zehnten und letzten Szene des ersten Akts kündigt schließlich Colombine Arlequin an, daß er nicht lange vor ihr flüchten wird und nimmt damit das Ende zwischen Lélio und der Comtesse vorweg. Colombines Aussage in der vierten Szene des zweiten Akts hält Lélio noch aussagekräftiger den Spiegel vor und konfrontiert ihn mit seinem wahren Ich:

> Écoutez, je vous parle en amie. [...] Vous vous croyez leste et gaillard, vous n'êtes point cela; ce que vous êtes est caché derrière tout cela: [...] Vous vous agitez, vous allez et venez, vous riez du bout des dents, vous êtes sérieux tout de bon; tout autant de symptômes d'une indifférence amoureuse.[78]

Lélios Reaktion steht der der Comtesse in nichts nach: Er will in Frieden gelassen werden, da ihn „ce discours-là [...] ennuie".[79] Worauf Colombine sich nicht von ihrer Meinung abbringen läßt und in die Zukunft gerichtet verkündet:

> Je pars; mais mon avis est que vous avez la vue trouble: attendez qu'elle s'éclaircisse, vous verrez mieux votre chemin; n'allez pas vous jeter dans quelque ornière, vous embourber dans quelque faux pas. Quand vous soupirerez, vous serez bien aise de trouver un écho qui vous réponde: n'en dites

---

[73] SA, 1. Akt, 7. Sz., 199.
[74] Motivklasse (4.5) weist Züge auf, die bis zu Molière zurückreichen. Durch die Züge der psychologischen Verfeinerung der Marivauxschen Dienerinnen bekommt die Motivklasse (4.5) als Ganzes neue Aussagekraft, die in Françoise umgesetzt ist.
[75] Rigault 1968, 242.
[76] SA, 1. Akt, 9. Sz., 204.
[77] Larroumet, G.: Marivaux, sa vie et ses oeuvres, Paris: Hachette, 1882, 217.
[78] SA, 2. Akt, 4. Sz., 211.
[79] ebd.

rien, ma maîtresse est étourdie du bateau; la bonne dame bataille, et c'est autant de battu. Motus, Monsieur. Je suis votre servante.[80]

Den letzten Satz kann man paraphrasiert wie folgt übersetzen: Sie dient ihrem Herrn als Interpretin seiner Gefühle. Aus allen vorgestellten Aussagen wird ersichtlich, daß es für Colombine – stellvertretend auch für die übrigen Marivauxschen Dienerinnen – eine Selbstverständlichkeit und ein natürliches Muß darstellt, daß Frau und Mann einander lieben und daher alles dafür tun müssen, auf ihre Gefühle zu hören und sie dialogisch zum Ausdruck zu bringen. Dabei verleiht sie diesem ihrem Lebensideal in selbstbewußter und unbeirrter Art Ausdruck. Anders ausgedrückt: Zum Inhalt des Colombineschen Kodex des 'was sich gehört' zählt, daß der Diener seinen Herrn auf den rechten Weg seiner Gefühle zu bringen hat (MK 2). Dabei ist Colombine nicht ganz selbstlos: ihr *emotionales* Interesse ist mit dem ihrer Herrin identisch. Dem verliebten Protagonistenpaar entspricht das Paar der Bediensteten – soweit nicht neu, da der Diener traditionell häufig ein komisches Abbild seines Herrn darstellt. Neu ist, daß Colombine und Arlequin eine Vereinigung ihrer Herren wünschen, da sie selbst heiraten wollen. Liebe und Eigenliebe gehören notwendigerweise für die Diener zusammen. Miething unterstreicht, daß die „Bejahung der Eigenliebe einen wesentlichen Bestandteil des dienerhaften 'bon sens'"[81] darstellt. Eigenliebe könnte mit eigener Liebe bzw. mit Françoises Motivzug des 'ce qui se doit à soi-même' ersetzt werden. Proust behält die traditionelle Kombination der Motivklassen der Eigenliebe, des Stolzes und des reichen Erfahrungshorizontes insbesondere in Menschenkenntnis bei. Die Zielrichtung der Liebe ist allerdings nicht mehr die gleiche. Nicht mehr auf einen Liebhaber, sondern auf die Familie als ganzes ist Françoises Liebe gerichtet – wohl nicht nur aus Altersgründen. Schließlich erfährt Françoises Liebe damit eine neue Qualität. Aus der Ichbezogenen Liebe in einer Zweierbeziehung wird die altruistische Liebe einer Françoise, die sich für ihre Familienmitglieder aufopfert, zu denen sie auch die Marcelschen zählt. So erfährt die Marivauxsche Struktur inhaltlich eine völlig neue Aufladung, wenn sie auch ebenso spiegelhaft für mehrere Ebenen gilt: So wie Colombine ihren Arlequin liebt, soll auch ihre Herrin ohne Einschränkung ihrem Geliebten verbunden sein. So wie Françoise ihre Familienmitglieder liebt, soll auch innerhalb Marcels Familie, als deren Teil sie sich betrachtet, gegenseitige Liebe hochgeachtet werden. Daher will Françoise auch in ihren Gefühlen ernst genommen werden. Gleiches trifft für Colombine zu. Nicht nur in ihrer persönlichen Liebesbeziehung gilt dies, sondern auch in ihrer Beziehung zu ihrer Herrin und – als Teil ihrer Herrin angesehen –, in ihrer Beziehung zum Liebespartner ihrer Herrin. Nicht umsonst benutzt Colombine im Dialog mit ihrer Herrin die Formulierungen Respekt und Liebe und mit Lélio die einer Freundin und betont, daß sie nur das Beste für die

---

[80] ebd.
[81] Miething 1975, 134; Miething macht darauf aufmerksam, daß dabei jedoch die in „der Kunstwelthaftigkeit der Dienerfiguren aufgehobene „Natürlichkeit" sich nicht auf den Bereich der vornehmen Gesellschaft übertragen läßt" (ebd.) und die Diener erst eine Sphäre der Privatheit ihren Herren bewußt machen, die als „Ort der Bestätigung der Gefühlswahrheit eine neue Form der Realitätserfahrung antizipiert" (ebd. 139). Ich werde noch näher in den weiteren Ausführungen auf diese durch die Diener verkörperte Bewußtseinsvariante der Herren eingehen.

Comtesse anstrebe. Das Ende der zweiten Szene des dritten Akts stellt die Schlüsselszene zwischen Colombine und der Comtesse dar, an deren Ende das Quasi-Liebesgeständnis der Comtesse vor Colombine steht:

> Colombine. – [...] Oui, vous l'aimez./ La Comtesse, *d'un ton froid.* – Retirez-vous./ Colombine: Je vous demande pardon./ La Comtesse. – Retirez-vous, vous dis-je, j'aurai soin demain de vous payer et de vous renvoyer à Paris./ Colombine. – Madame, il n'y a que l'intention de punissable, et je fais serment que je n'ai eu nul dessein de vous fâcher; je vous respecte et je vous aime, vous le savez./ La Comtesse. – Colombine, je vous passe encore cette sottise-là: observez-vous bien dorénavant./ Colombine, *à part les premiers mots.* – Voyons la fin de cela. Je vous l'avoue, une seule chose me chagrine: c'est de m'apercevoir que vous manquez de confiance pour moi, qui ne veut savoir vos secrets que pour vous servir. De grâce, ma chère maîtresse, ne me donnez plus ce chagrin-là, récompensez mon zèle pour vous, ouvrez-moi votre coeur, vous n'en serez point fâchée. *(elle approche de sa maîtresse, et la caresse.)*/ La Comtesse. – Ah!/ Colombine. – Eh bien! voilà un soupir: c'est un commencement de franchise; achevez donc!/ La Comtesse. – Colombine!/ Colombine. – Madame?/ La Comtesse. – Après tout, aurais-tu raison? Est-ce que j'aimerais?/ Colombine. – Je crois que oui: mais d'où vient vous faire un si grand monstre de cela? Eh bien, vous aimez, voilà qui est bien rare!/ La Comtesse. – Non, je n'aime point encore./ Colombine. – Vous avez l'équivalent de cela./ La Comtesse. – Quoi! je pourrais tomber dans ces malheureuses situations, si pleines de troubles, d'inquiétudes, de chagrins? moi, moi! Non, Colombine, cela n'est pas fait encore, je serais au désespoir. Quand je suis venue ici, j'étais triste; tu me demandais ce que j'avais: ah Colombine! C'était un pressentiment du malheur qui devait m'arriver.[82]

Mehrere zentrale Punkte in der Relation Herrin-Dienerin treten hier klar zu Tage: Colombine nimmt die Position einer Freundin und Vertrauten ein. Da sie jung ist, hat sie Erfahrungen in Liebesdingen und ist des Vertrauens schon allein deshalb würdig – abgesehen von ihrer Menschenkenntnis, die sie ganz allgemein besitzt. Symbolkraft erhält insbesondere die Bedeutung der Dienerin als Dialogpartnerin der Herrin (A). Die Vertrautheit und Zuneigung zwischen der Comtesse und Colombine erhält im mitmenschlichen Bereich grundsätzliche Bedeutung, da sie zur Voraussetzung affektiver Kommunikation wird – was für Marivaux gleichbedeutend mit wahrhafter bzw. unverstellter Kommunikation ist. Die Relation Marcel-Françoise transportiert am Ende der *Recherche* die gleiche Aussage. Mit Hilfe der von beiden geteilten, künstlerisch-methodisch verwandten Ausdrucksformen finden sie ebenso zu einer wahrhaften Kommunikation, die fernab der gesellschaftlichen Sphäre stattfindet. Proust behält diese zwar bei Molière schon angelegte, bei Marivaux aber mit neuer pychologischer Symbolkraft im zwischenmenschlichen Bereich aufgeladene strukturell-funktionale Bedeutung der Dienerin als unverstellt-wahrhafter Dialogpartner des Herrn bei.

Eine alte Dienerin wäre bei Marivaux aufgrund seiner inhaltlichen Intention, nach der das Dienerpaar der Spiegel der Herren sein muß, damit die Doppelperspektivik von Erleben und Betrachten gewährleistet bleibt, ausgeschlossen. Nach Rousset entspricht der „structure du double registre" diese Doppelperspektivik von Erleben und Betrachten, von Handlungsvorgang und Reflexion über das sich Ereignende. In den für ihn zentrale Bedeutung erlangenden Szenen zwischen Herr und Diener erfolgt die Vereinigung der beiden Register.

---

[82] SA, 3. Akt, 2. Sz., 228f.

Da dort die Liebenden sich mit den ihre Erfahrungen analysierenden Dienern verständigen, bilden diese Szenen den zentralen Verflechtungspunkt.[83] Der Herr hat gemäß Colombines Menschenideal einen harmonischen Zustand der Gefühle anzustreben, der das affektive mit dem 'äußeren' Subjekt in Einklang bringt. Die Diener demonstrieren nicht nur beispielhaft diesen Zustand, sondern stellen für die Herren die unverzichtbare Hilfe für die Erreichung desselben dar. Sie sind bewußtseinsmäßig ihren Herren überlegen, da sie die Liebe natürlich und unverfälscht von gesellschaftlichen Zwängen zu erleben und zu beurteilen imstande sind. Damit gewinnt Colombine aber eine ganz neue Qualität als Dienerin. Ihre Teilnahme am Geschick ihrer Herrin betrifft die gefühlsmäßige Selbstverwirklichung der Comtesse. Colombine vermittelt eine Erkenntnis, die „die Identität der Herren selbst, zwar nicht in seinem Herrsein, wohl aber in seiner sentimentalischen Selbstverwirklichung betrifft".[84] Colombine wird so zur notwendigen Dialogpartnerin, zum „alter ego im Sinne einer strukturell unabdingbaren Bewußtseinsvariante".[85] Deshalb verwundert es auch nicht, daß die Comtesse den Colombine angedrohten Rauswurf sofort wieder zurücknimmt. Die Reaktion verdeutlicht, daß die Comtesse außer Stande ist, sich von ihrer 'besseren Hälfte' zu trennen. 'Besser' müßte dahingehend konkretisiert werden, daß es sich hier um den Teil ihres Bewußtseins handelt, zu dem sie nur durch ständige Konfrontation – personifiziert in Colombine – Zugang gewinnt und der ihren emotionalen Selbstbetrug zerstört sowie eine neue Realitätserfahrung für sie gewinnen läßt. Genau diese strukturelle Funktion übernimmt ebenso Françoise in der Relation zu Marcel. Mithin ein Grund, warum er sich unfähig zur Trennung von Françoise erweist. Wie das Ende der *Recherche* offenbart, liegt dies nicht nur darin begründet, daß keiner so gut kochen kann wie sie. Vielmehr stellt die Wesensnähe zu seiner Dienerin für Marcel die Unmöglichkeit dar, sich von seinem Teil-Ich – nämlich Françoise – zu trennen. Dies käme einer Selbstzerstörung des vollkommenen Bei-Sich-Seins des Subjekts ähnlich dem Zustand der Comtesse gleich.

Die Stücke Marivauxs streben alle „vers l'aveu".[86] Dabei ist das Geständnis vor der Dienerin das eigentlich wichtige, da es einem Selbstgeständnis gleich kommt. Nirgends ist die Comtesse so unverstellt und ehrlich wie vor ihrem 'better self'. Erst im Dialog mit Colombine findet sie zu sich selbst.[87] Proust wandelt dabei die Struktur des „double

---

[83] cf. auch Rousset 1962, 58.
[84] Miething 1975, 124.
[85] ebd. 125.
[86] Rousset 1962, 57: „Les personnages témoins ne se bornent pas à regarder les héros aller leur train, ils interviennent pour diriger leur progression quand elle menace de stagner. Toute pièce de Marivaux est une marche vers l'aveu; elle est faite d'aveux graduels et voilés; la scène dominante de chaque acte est toujours la scène d'aveu, c'est autour d'elle que l'acte s'organise."
[87] Miething sieht darin ein strukturelles Merkmal des Marivauxschen Theaters. Im Gespräch mit den Dienern, das jeweils kurz vor Schluß der Komödien stattfindet und in dem die Herren zu sich selbst finden, finden „dialogisches Geschehen und kompositorischer Handlungszusammenhang ihren Höhepunkt" (Miething 1975, 123). Die abschließende Veröffentlichung der Liebesentscheidung vor Eltern, Freunden und das Eingeständnis der Liebe vor dem Partner käme dann nur noch einem „Erfüllungscharakter" gleich, für eine Lösung, deren „wesentlicher Teil sich bereits vollzogen hat in dem Bekennen der Liebe vor sich selbst", das heißt also „vor dem Diener" (ebd. 124). Alle diese Feststellungen erinnern an die Formulierung Robertsons, die Françoise als „better self" von Marcel beschrieben hat, weshalb ich den gleichen Ausdruck gewählt habe.

registre", von Erleben und Betrachten in dem Maße ab, daß der 'Dienerblick' vice versa auswechselbar wird. Das Ziel Marivauxs des „rencontre du coeur et du regard" in dem Moment, in dem „le groupe des héros regardés se voit comme les voyaient les personnages spectateurs",[88] also im vorliegenden Fall dann, wenn die Comtesse sich wie Colombine sieht, setzt Proust in der Relation Marcel-Françoise praktisch um. Marcel beobachtet wie Françoise nicht nur die Vertreter des mondänen Lebens, sondern immer mehr auch seine Dienerin selbst. Dadurch muß sie selbst alle jene Widersprüche aufweisen, derer Marcel zur Erkennnisgewinnung in menschlicher Psychologie bedarf. Erst dann wird sie zur wahren Lehrmeisterin. Sie sensibilisiert ihn für die Maskenhaftigkeit in den zwischenmenschlichen Beziehungen. Ihre eigene 'bewußtseinsmäßige' Überlegenheit rührt von ihrem Wissen um diese verstellte Sprache her wie von ihrer Fähigkeit, sich nicht täuschen zu lassen, um zu Marcels wahren Gefühlen vorzudringen. Ihre in diesem Zusammenhang gemachten direkten Aussagen und Zukunftsprognosen wie beispielsweise ihre gegen Albertine gerichteten „paroles sibyllines" werden so auch zutreffen. Der Motivzug dieser bewußtseinsmäßigen Überlegenheit basiert wiederum auf der in einer 'naiven Unschuld' und Natürlichkeit verankerten Herangehensweise, die schon die Dienerin Colombine – wenn auch hier ausschließlich auf den Bereich der Liebe bezogen – in der Bewertung der Beziehung ihrer Herrin aufweist. Colombines Stellung im Haus und ihr Stolz (MK 4.1.2) leiten sich aufgrund der inhaltlichen 'Handlungsverarmung' fast ausschließlich daraus ab. In gewisser Weise dürfte sich ihre Superiorität aber auch aus ihrer Position selbst ergeben. Colombine ist nicht mehr vom einfachsten Volk, für das stellvertretend Jacqueline und Pierre stehen.[89] Colombines 'naive' Eigenschaft steigert sich keineswegs bis zu einer Art antagonistischer Motivzug ihrer Intelligenz. Sie ist sogar soweit mit 'gelehrter' Intelligenz gesegnet, daß sie das Zeugnis von Philosophen anruft, um Lélio durcheinanderzubringen.[90] Daß Colombine keine Züge der Motivklasse (4.4) der Naivität aufweist, ist logisch stringent, denn „le problème essentiel du théâtre de Marivaux étant sans doute la recherche de la vérité, la lucidité des valets est d'autant plus importante."[91]

Im Gegensatz zu Marcel ist die Comtesse nicht einfach nur willensschwach, sondern erst gar nicht ihres Willens bewußt ist, befindet sich somit auf einer früheren Stufe. Der Erkenntnisprozeß vollzieht sich dann allerdings ähnlich graduell wie bei Marcel, angestoßen durch außen: durch die Dienerin. Die von Molière her bekannte Struktur der schwachen Herrin-starken Dienerin ist bei Marivaux zu psychologisch nuanciert, als daß sie sich auf einfache Weise auf die Marivauxschen Stücke übertragen ließe. Es geht nicht allein um das Eingreifen der starken Dienerin, scheitert der Herr gegenüber einem Dritten, sondern um die

---

[88] Rousset 1962, 58.

[89] cf. auch Rigault 1968, 215: „La «supériorité» des valets trouve son origine dans leur position même. Les gens de maison ne sont plus du peuple; ils ne sont pas non plus du monde servi, situation précaire, mais qui présente aussi des avantages. En effet, les domestiques sont les interprètes rêvés des grands auprès du peuple, comme du peuple auprès des grands."

[90] Rigault stellt schon fest, daß manche Diener „se piquent parfois de littérature" (ebd. 144). Selbst wenn die männliche Variante, nämlich Arlequin, in verschiedenen Marivauxschen Stücken naives Verhalten oder naive Redeweisen zeigen würde, zeuge dies häufig von falscher Naivität.

[91] ebd. 139.

Versöhnung des zweigeteilten Ichs zu einem Individuum, wenn der Herr gegen sich selbst untreu ist. Genau diese Nuancierung im zwischenmenschlichen Bereich findet sich in der Relation Marcel-Françoise. Marcel agiert lange Zeit gegen sich selbst, indem er sich aus freien Stücken mit Gilberte und Albertine abgibt, ohne äußeren Zwang. Erst durch ständige Konfrontation mit Françoise als seines 'Gewissensteils' versöhnt er sein in einen 'gesellschaftlichen' und 'privaten' Teil aufgespaltenes Ich mit sich selbst. Als Schriftsteller zieht sich Marcel in die private Sphäre zum Schreiben seines 'Gesellschaftsromans' zurück. Beide Sphären bedingen sich somit gegenseitig, der kreative Prozeß kann allerdings nur mit Blickrichtung auf den gesellschaftlichen Teil aus der Position der privaten Umgebung heraus vonstatten gehen.

Die Erfahrungen der Herrin und der Dienerin, die im identischen Bereich verankert sind, nämlich in dem der Partner-Liebe lassen sich als strukturelles Moment in der Relation Marcel-Françoise wiederfinden. Der Erfahrungsgegenstand ist allerdings entsprechend verändert: Françoise und Marcel teilen gleiche Erfahrungen als Künstler. Dort wo er noch verwirrt ist und nicht recht weiß, welchem Partner bzw. welcher Liebe er sich zu zuwenden soll, bringt sie ihn auf den rechten Weg des zu schreibenden Romans. Zuneigung und Vertrautheit wächst in dem Maß, in dem Marcel erkennt, daß Françoise ähnliche Erfahrungen in ihrer Liebe zu Gegenständen der Alltagswelt, die sie in Kunst zu transformieren weiß, aufweist.

Zwischen den Liebenden wird Colombine neben bzw. in ihrer Funktion als unabdingbare Bewußtseinsvariante zur Dolmetscherin der Gefühle und verhindert ein Scheitern der affektiven Kommunikation. Am Ende der siebten und zentralen Szene des zweiten Akts zwischen Lélio und der Comtesse läßt die Comtesse nach einem völligen Scheitern der affektiven Kommunikation verlautbaren, daß sie dennoch – wenn sie Colombine Glauben schenken möge – in den Augen Lélios durchaus etwas Wertschätzung verdiene. Lélio klärt sie daraufhin auf:

> Un moment; vous êtes de toutes les dames que j'ai vues celle qui vaut le mieux; je sens même que j'ai du plaisir à vous rendre cette justice-là. Colombine vous en a dit davantage; c'est une visionnaire, non seulement sur mon chapitre, mais encore sur le vôtre, Madame, je vous en avertis. Ainsi n'en croyez jamais au rapport de vos domestiques.[92]

Letzter Satz ist die direkte Reaktion Lélios auf das von ihm als abweisend interpretierte Verhalten der Comtesse. Die Comtesse reagiert entsprechend entsetzt, als sich Colombine zur Interpretin ihrer Gefühle macht und Lélio gegenüber ihre Liebe andeutet. Der Selbstbetrug dauert also an. Sie ruft Colombine und stellt sie in der achten Szene des zweiten Akts zur Rede. Auf ihre Frage, was Colombine Lélio hinsichtlich ihrer Person berichtet habe, antwortet sie selbstbewußt, daß sie nur „des discours très sensés, à mon ordinaire" gehalten habe. Die Comtesse findet sie „bien hardie d'oser [...] tirer de folles conjectures des mes sentiments" und sie will wissen, woraus sie verstanden habe, daß sie Lélio liebe, was sie ihm wohl offensichtlich berichtet habe. Auch hier antwortet Colombine selbstbewußt und provoziert folgende bezeichnende Reaktionen der Comtesse und Lélios:

---

[92] SA, 2. Akt, 7. Sz., 221.

Colombine. – N'est-ce que cela? Je vous jure que je l'ai cru comme je l'ai dit, et je l'ai dit pour le bien de la chose; c'était pour abréger votre chemin à l'un et à l'autre, car vous y viendrez tous deux. Cela ira là, et si la chose arrive, je n'aurai fait aucun mal. À votre égard, Madame, je vais vous expliquer sur quoi j'ai pensé que vous aimiez./La Comtesse, *lui coupant la parole*. – Je vous défends de parler./ Lélio, *d'un air doux et modeste*. – Je suis honteux d'être la cause de cette explication-là, mais vous pouvez être persuadée que ce qu'elle a pu me dire ne m'a fait aucune impression. Non, Madame, vous ne m'aimez point, et j'en suis convaincu; et je vous avouerai même, dans le moment où je suis, que cette conviction m'est nécessaire. [...][93]

Wichtig festzuhalten in der gleichen Szene bzw. eine Szene davor sind die mimischen Reaktionen bzw. tonalen Einfärbungen des Dialogs zwischen den Liebenden, die über die wahren Gefühle mehr Aufschluß geben als die direkte Sprache. Die Comtesse schneidet Colombine just in dem Moment, in dem ihre intimsten Gefühlsregungen betroffen sind, das Wort ab. Lélio antwortet mit einem zärtlichen und bescheidenen Gesichtsausdruck. In der vorhergehenden siebten Szene des gleichen Akts treffen die Comtesse und Lélio allein aufeinander und sind unfähig in der Sprache des „monde", d.h. des gesellschaftlichen Scheins, ihren Gefühlen richtigen Ausdruck zu verleihen. Ganz im Gegenteil drücken sie sich so aus, daß der jeweilige Partner es dahingehend mißversteht, er werde verabscheut. Die folgenden Ausschnitte sollen zeigen, in welcher Art und Weise die „langue à part" als Sprache der Wahrheit nur „in jenen kaum wahrnehmbaren Spuren verständlich wird, die sie – als mimisch-gestische Zeichen oder Intonation – in und an der »langue« hinterläßt".[94]

La Comtesse. – Qu'appelez-vous, Monsieur, vous ne songez à rien? mais du ton dont vous le dites, il semble que vous vous imaginez m'annoncer une mauvaise nouvelle? Eh bien, Monsieur, vous ne m'aimerez jamais, cela est-il si triste? Oh! je le vois bien, je vous ai écrit qu'il ne fallait plus nous voir, et je veux mourir si vous n'avez pris cela pour quelque agitation de coeur; assurément vous me soupçonnez de penchant pour vous. Vous m'assurez que vous vous n'en aurez jamais pour moi: vous croyez me mortifier, vous le croyez, monsieur Lélio, vous le croyez, vous dis-je, ne vous en défendez point. J'espérais que vous me divertiriez en m'aimant: vous avez pris un autre tour, je ne perds point au change, et je vous trouve très divertissant comme vous êtes./ Lélio, *d'un air riant et piqué*. – Ma foi, Madame, nous ne nous ennuierons donc point ensemble; si je vous réjouis, vous n'êtes point ingrate: Vous espériez que je vous divertirais, mais vous ne m'aviez pas dit que je serais diverti. Quoi qu'il qu'en soit, brisons là-dessus; la comédie ne me plaît pas longtemps, et je ne veux être ni acteur ni spectateur./ La Comtesse, *d'un ton badin*. – Écoutez, Monsieur, vous m'avouerez qu'un homme à votre place, qui se croit aimé, surtout quand il n'aime pas, se met en prise?/ Lélio. – Je ne pense point que vous m'aimiez, Madame; vous me traitez mal, mais vous y trouvez du goût. [...]/ Lélio. – Eh! je vous prie, point de menace, Madame: vous m'avez tantôt offert votre amitié, je ne vous demande que cela, je n'ai besoin que cela: Ainsi vous n'avez rien à craindre./ La Comtesse, *d'un air froid*. – Puisque vous n'avez besoin que cela, Monsieur, j'en suis ravie; je vous l'accorde, j'en serai moins gênée avec vous.[95]

Der Ausschnitt macht deutlich, daß die Comtesse und Lélio durch die gesprochene Sprache nicht zu-, sondern eher weg-von-einander finden. Die Sprache beider, die Ausdruck des gesellschaftlichen Scheins bleibt, muß durch den „Code einer sie stumm begleitenden langue à part"[96] entschlüsselt werden. Wie ersichtlich, bleibt dieser Code zunächst den

---

[93] SA, 3. Akt, 8. Sz., 222.
[94] Altenhofer, Norbert: „Das Labyrinth der Zeichen. Sprache und Psychologie bei Marivaux", in: Kortländer, Bernd/Scheffel, Gerda (Hg.): Marivaux: Anatom des menschlichen Herzens. Vorträge des Düsseldorfer Kolloquiums, Düsseldorf: Droste, 1990, 61-73, 70.
[95] SA, 2. Akt, 7. Sz., 219f.
[96] Altenhofer 1990, 65.

Liebenden verschlossen, Colombine jedoch ist dazu befähigt, ihn zu dechiffrieren, was sie in der darauffolgenden achten Szene auch tut. Die vorherigen Ausführungen über die Vermittlungsdienste der Diener lassen sich nun auf die zwischen der Sprache des „monde vrai" („langue à part") und des „monde" („langue") beziehen. Beide bilden die untrennbaren Teile der affektiven Kommunikation. Altenhofer bemerkt mit Blick auf Marivauxs Stück *L'Épreuve*, daß die „langue à part" immer der „Vermittlung durch die »langue« der Konvention" bedarf und diese wiederum „der Belebung und Erneuerung durch die „»langue à part« des Herzens." Marivaux hat sein komplexes Sprachverständnis u.a. präzise in seinem Prosawerk *Le Voyageur dans le Nouveau Monde* dargelegt und die darin gemachten Überlegungen des 'Voyageur' in psychologisch-dramaturgische Praxis in seinen Komödien umgesetzt, denn naturgemäß „ist es die Komödie, das sprachlich-mimische Szenenspiel, in dem langue und langue à part am virtuosesten engggeführt werden können".[97] Daß Gestik und Mimik traditionell schon elementare Bestandteile der Komödie sind, ist eine Selbstverständlichkeit. Worauf es hier nun ankommt, ist die qualitativ neue Bedeutung, die diese „signes" – ein Ausdruck, den Marivaux selbst gebrauchte[98] – innerhalb der handlungsarmen, das Gefühl und deren Sprache zum Handlungsgegenstand erhebenden Komödien, als affektiver „langue à part", als Ausdruck des wahren Seins inne haben. Und ganz speziell in diesem Zusammenhang ist bedeutsam, welche Funktion der Dienerin zukommt, der die Entschlüsselung und Vermittlung dieser Sprache mit derjenigen der „langue" obliegt; gerichtet auf das eine Ziel: die Herren mit ihrem affektiven Sein zu versöhnen, zu identifizieren und damit die Möglichkeit der Vereinigung mit dem Partner zu offenbaren.

Das Unvermögen der Sprache bleibt immer mit der gesellschaftlichen Sphäre verbunden. Die Diener selbst stehen nicht in dem Spannungsfeld, in dem ihre Herren verhaftet sind. Eine einfache Übertragung der Liebesbereitschaft, der „Natürlichkeit" der Liebesbejahung bzw. des „amour-propre" der Diener auf das Verhältnis zwischen den Herren ist nicht möglich, da erstere unabhängig vom gesellschaftlichen Urteil im Gegensatz zu ihren Herren

---

[97] ebd.; cf. auch Scheffel, Gerda: „Weiß ich überhaupt, was das ist, ein Stil?", in: Kortländer/Scheffel 1990, 54-59. Scheffel hält in ihren Ausführungen über *La Vie de Marianne* und *Le Paysan parvenu* als auch über Marivauxs Komödien fest, daß Marivaux statt Handlungen, Gedachtes und Gefühltes darzustellen bestrebt war. Er wollte Unbewußtes durch Sprache bewußt machen, woraus sich eine reflektierende, handlungsarme Literatur ergäbe. Sie zitiert eine Stelle aus dem *Paysan parvenu*, in der Jacob von der verliebten Mademoiselle Haberd berichtet und feststellt, daß „ihr Gesicht, ihre Augen, ihr Ton noch mehr sagten als ihre Worte, oder zumindest dem ursprünglichen Sinn ihrer Wendungen viel hinzufügten" (ebd. 57). Noch deutlicher weist für Scheffel Marianne auf das hin, was jenseits des Ausdrückbaren liegt: „Es gibt Dinge in den Menschen, die ich nicht genügend erfasse, um sie ausdrücken zu können, oder wenn ich sie ausdrückte, würde ich sie schlecht ausdrücken. Sie betreffen das Gefühl und sind so kompliziert, so wenig deutlich, daß sie sich verwirren, sobald sich mein Verstand einmischt; ich weiß nicht, wo ich sie fassen soll, um sie darzustellen; so daß sie zwar in mir sind, ich aber nicht über sie verfüge" (ebd.). Marivaux versuchte somit Nicht-Ausdrückbares auszudrücken, weshalb er auch neue Wörter erfand. Dies blieb allerdings auch für ihn ungenügend. Er selbst schrieb in seinem Essay „Über den Stil", daß es „neue Wörter, neue Zeichen" geben müsse, um die neuen Vorstellungen auszudrücken (ebd. 58). Diese „signes" sind in seinen Komödien die von Altenhofer als Ausdruck der „langue à part" erkannten Gesten, Mimiken und tonalen Einfärbungen der Dialoge.

[98] cf. vorherige Fußnote.

agieren.[99] Letztere unterliegen aufgrund ihrer „konkreten gesellschaftlichen Fixierung ihrer Existenz" dem Zwang, sich um das zu kümmern, was die anderen von ihnen denken.[100] Die bei Marivaux angelegte Ambivalenz in der Herr-Diener-Beziehung behält auch Proust strukturell bei (A/B). In der *Recherche* lassen sich Françoises Erfahrungen zwar methodisch auf diejenigen Marcels übertragen, inhaltlich bleiben ihre Arbeitstechniken aber auf andere Bereiche bezogen: Sie wird nicht zur Schriftstellerin. Marcel bleibt seiner, auch standesgeprägter Erfahrungswelt verflochten, wie Françoise der ihren. Dahinter kann man ebenso eine Analogie in den Überzeugungen der Autoren erkennen. Weder Marivaux noch Proust streben einen 'Klassenkampf' an, vielmehr bleibt die Intelligenz der Marivauxschen Dienerinnen darauf ausgerichtet, „den Sinn der bestehenden Ordnung zu prüfen und neu zu begründen", nicht aber aufzulösen.[101] Gleiches trifft auf Françoise zu.

Jedoch können die Dienerinnen ihren Herren eine private Sphäre der Selbsterfahrung eröffnen und werden so zu der schon erwähnten notwendigen Bewußtseinsvariante. Sie führen die Sprache des Scheins und Seins zusammen, denn sie wissen, daß der „monde vrai" nur durch eine unbarmherzige Anatomie des „monde" zugänglich ist. Colombines Ziel: „je veux qu'elle sache qu'elle aime" bezieht sich ja genau darauf, daß ihre Herrin ihre „langue à part" über die „langue" zum Ausdruck bringen soll.[102] Wenn der Lösungsansatz zu demjenigen auch differiert, den Françoise transportiert – vieles ist nicht über die Sprache zum Ausdruck zu bringen und verbleibt deshalb auf der Ebene des gestisch-mimischen Ausdrucks als sprechende Aussage – so läßt sich doch als Bestandteil der Motivklasse (2) das Ideal des unverfälschten Sprechens erkennen. So wie schon die Molièreschen Dienerinnen sich gegen einen hohlen Esprit gewendet haben, streben die Marivauxschen Dienerinnen in psychologisch verfeinerter Form eine Demaskierung der Kommunikation bzw. eine absolute Kommunikation an, in der das Gefühl unverfälscht über die gesprochene Sprache seine Äußerung erfährt. Françoise besitzt, ähnlich den Marivauxschen Dienerinnen, ihrem Wesen entsprechend wahrhafte Ausdrucksformen, insbesondere im Kontrast zum

---

[99] cf. Miething 1975, 134: „[...] diese in der Kunstwelthaftigkeit der Dienerfiguren aufgehobene „Natürlichkeit" [läßt] sich nicht auf den Bereich der vornehmen Gesellschaft übertragen [...]."

[100] Miething 1975, 135. Die Diener würden eine „Naivität voller Unschuld" verwirklichen, für die Herren dagegen gäbe es „keine Möglichkeit, dem Zwang zu entrinnen, sein eigenes Verhalten auf die Wirkung auf andere hin zu reflektieren und damit die Uneigentlichkeit überall dort zu riskieren, wo nicht klar ist, daß sich das Handeln auf einen selbst bezieht" (ebd.).

[101] ebd. 139; cf. Bürger, Peter: „Herr und Knecht bei Marivaux", in: ders.: Studien zur französischen Frühaufklärung, Frankfurt/Main: Suhrkamp, 1972, 133-150, 145: „Es gilt zu präzisieren: eine humanere Behandlung des *valet* liegt durchaus im Bereich dessen, was Marivaux intendiert, nicht jedoch eine reale Aufhebung der *condition du valet*, die er bei dem Stand der ökonomisch-gesellschaftlichen Entwicklung auch nicht anstreben konnte. Marivaux argumentiert auf zwei Ebenen, einmal auf der des »Allgemeinmenschlichen«, auf der die Standes- und Vermögensunterschiede aufgehoben sind; zum anderen auf der Realität, wo der Unterschied zwischen *nobles* und *riches* einerseits und dem *peuple* andererseits ein nicht zu leugnendes Faktum ist. So sehr er bemüht ist, die Beziehung zwischen den oberen und unteren Schichten der Gesellschaft zu humanisieren, so wenig kommt ihm der Gedanke der revolutionären Veränderung einer Situation, die er als gegeben akzeptiert."

[102] Nach Altenhofer ist für Marivaux die „Aufspaltung in »langue« und »langue à part« Teil der irdischen Existenz des Menschen; das heißt: sie ist eine Folge des Sündenfalls. Marivaux setzt ihn voraus, beschreibt ihn aber nur in seinen realen historisch-gesellschaftlichen Erscheinungsformen: als ein Grundübel der menschlichen Gemeinschaft, dessen Symptom der doppelzüngige Charakter der Sprache ist. Ihn interessiert nicht der mythische Ursprung des Sündenfalls, sondern seine Gegenwärtigkeit in tausendfach individualisierten Formen; das, was in allen menschlichen Beziehungen immer wieder der Fall ist" (Altenhofer 1990, 71).

leeren Oberflächenesprit einer Oriane wird dies deutlich, wodurch sie zur Sprachvermittlerin zwischen den zwei Welten für Marcel wird.

Marivauxs Komödien sind in gewisser Weise „regelrechte Inquisitionsverfahren, in denen die Liebe Rechenschaft über Wahrheit und Schein abzulegen hat".[103] Gegen Marivauxs Figuren wird immer wieder der Vorwurf der psychischen Grausamkeit erhoben.[104] Es mag zunächst grausam erscheinen, daß Colombine ihre Herrin immer wieder mit ihrem Selbst konfrontiert, bis diese schließlich sich selbst erkennt – als sie sich selbst verzweifelt die indirekte Frage stellt, ob sie wirklich wieder zum Opfer der Liebe geworden ist und Colombine dies besänftigend bestätigt. Die Komödie, die die Diener ihre Herren spielen lassen, erscheint allerdings nie als eine, die sie sich auf deren Kosten leisten. Das von ihrer naiven Unschuld – was nicht ausschließt, daß sie sich der Konsequenz ihrer Redeweise bewußt sind – herrührende sympathische Element verhindert dies und die Leichtigkeit, mit der die Diener die Liebe ihrer Herren auf ihrer Ebene wiederholen, führt darüberhinaus dramentechnisch zu einer Entspannung des psychologischen Geschehens.[105] Ist die Dienerin an ihrem Ziel des erfolgreich abgelegten Rechenschaftsberichts ihrer Herrin angelangt, so hat sie eine Privatheit zu verwirklichen geholfen, die nicht ihre eigene Existenz, sondern die ihrer Herrin betrifft. Genau darin sieht Miething die Bedeutung der Marivauxschen Diener:

> Die eigentliche Bedeutung der Marivauxschen Diener liegt deshalb in der Vergegenwärtigung von Privatheit, die ihrerseits als Ort der Bestätigung der Gefühlswahrheit eine neue Form der Realitätserfahrung antizipiert.[106]

Dabei trägt diese Privatheit unter einem gesellschaftlichen Aspekt „privative Züge", denn die Sphäre der Privatheit, die die „Intimität mit dem seine Eigenschaften, seine Vorlieben wie seine Schwächen kennenden Diener" für den Herrn bedeutet, charakterisiert sich „als Rückzug aus der Öffentlichkeit und damit primär negativ aus der Abwesenheit der in ihr geltenden Gesetze."[107] Das strukturelle Moment der „privativen Züge" zeichnet auch die Bedeutung von Françoise aus. So wie sie sich in ihre Küche zurück zieht, um alltägliche Gegenstände in Kunst zu verwandeln, so tritt Marcel den Rückzug aus seinem öffentlichen Leben als Salon- und Gesellschaftsfrequentierer an, um seinen Roman zu schreiben. Damit

---

[103] ebd. 66.

[104] cf. beispielsweise Mason, Haydn T. in seiner Studie: „Cruelty in Marivaux's theatre", in: Modern Language Review 62/2 (April 1967), 238-247 oder Haac, Oscar: „Violence in Marivaux", in: Kentucky Romance Quarterly, 14/3 (1967), 191-199.

[105] cf. Meyer 1961, 37.

[106] Miething 1975, 139. Die Diener leisten nach Miething desweiteren eine Vermittlung zwischen gesellschaftlicher Wirklichkeit und Affektrealität, die das aristokratische Publikum betrifft, denn was sich in der „privaten" Gattung des Romans von selbst ergebe, „bedarf in den Komödien, die als sichtbare Darstellung von Wirklichkeit sehr viel enger an den Erfahrungshorizont ihres Publikums gebunden sind, der Vermittlung. Und diese leisten die Diener." Die Diener führen nämlich jene neuen Erfahrungselemente in das Geschehen ein, die „als Veränderung der Protagonisten" bezeichnet wurden. „Die Diener als Bewußtseinsvariante des aristokratischen Bewußtseins verstanden, gehören somit zur Konstitution des Selbst unter dem Aspekt seiner gesellschaftlich-normativen Illegitimität, seines tabuisierten Andersseins. Und der Dialog zwischen Herr und Diener repräsentiert dementsprechend den gesellschaftlich noch nicht sanktionierten Teil experimentierender aristokratischer Selbstbesinnung" (ebd. 143).

[107] ebd. 130.

hat ihm Françoise eine neue Form der Realitätserfahrung eröffnet, die strukturell, wenn auch inhaltlich unterschiedlich, schon in der Relation Colombine-La Comtesse angelegt ist. Gehaltliche und strukturelle Parallelen erscheinen resümierend wesentlicher als inhaltliche. Marivauxs Ideal, neue Ausdrucksformen für die Vielfalt der Gefühlsregungen zu finden und seine Technik, sie durch gestisch-mimische Zeichen seiner Komödien-Protagonisten vorzuführen sowie durch die beobachtenden Diener entschlüsseln zu lassen, führt Proust in der Person der Françoise zusammen und kehrt den 'Dienerblick' schon im Laufe seines Werks um. „Signes" sendet Françoise in unterschiedlichster Variation aus, läßt Marcel sie beobachten und gibt ihm Lehrstücke an die Hand, die ihn für die Dechiffrierung der von den einzelnen Gesellschaftsvertretern ausgesendeten Zeichen sensibilisieren. Gleichzeitig beobachtet sie selbst und demaskiert mit Hilfe ihres 'bon sens' Marcels direkte Aussagen, die häufig mit dem wahren Sein nicht zusammenfallen, als unwahr. Indem sie ihn direkt auf sein 'Fehlverhalten' anspricht, versucht sie ihn zu einem ihrem Ideal entsprechenden wahrhafteren Sein zu erziehen. Proust steigert die bei Marivaux angelegten Konnotationen in der Figur der Françoise dahingehend, daß die Dienerin zum zentralen Vertreter des „monde vrai" als Ort einer absoluten Kommunikation wird. Das heißt eines „monde", in der sich das Auszudrückende aller nur möglichen „signes" bedient, um eine vollständige Kommunikation zu ermöglichen. Im Gegensatz zu Marivaux demonstriert allerdings Proust, daß selbst dieses Ziel unerreichbar ist. Trotz der engsten Annäherung, die zwischen Marcel und Françoise am Ende der *Recherche* erfolgt und der Umsetzung aller nur möglichen Ausdrucksformen durch Françoise, bleiben gewisse, auf tiefer in die Vergangenheit hinausweisende Verhaltensformen von Françoise letztendlich unergründlich.

4.2.3 Françoise und die Lisette aus den *Sincères* und der *École des Mères*

Marivauxs zentrales Anliegen der Wahrhaftigkeit in der Liebesbeziehung kommt hier schon im Titel der *Sincères* zum Ausdruck. Es sind Lisette und Frontin, die die Überwindung des Scheinkonsenses der 'aufrichtigen' Marquise und Érgaste in Gang setzen.[108] Mit ihrem verbalen Porträt fixiert Lisette ihre Herrin auf eine Rolle, von der sie sich nicht wird befreien können. Gleiches gilt für die durch Frontin zugewiesene Rolle Ergastes. Wie schonungslos Lisettes Einschätzung ausfällt, an der sich die Handlung und mithin ihre Bewertung insgesamt orientieren wird, soll folgender Ausschnitt verdeutlichen:

> Il y a bien des choses dans ce portrait-là: en gros, je te dirai qu'elle est vaine, envieuse et caustique; elle est sans quartier sur vos défauts, vous garde le secret sur vos bonnes qualités; impitoyablement muette à cet égard, et muette de mauvaise humeur; fière de son caractère sec et formidable qu'elle appelle austérité de raison; elle épargne volontiers ceux qui tremblent sous elle, et se contente de les entretenir dans la crainte. Assez sensible à l'amitié, pourvu qu'elle y prime: il faut que son amie soit sa sujette, et jouisse avec respect de ses bonnes grâces: c'est vous qui l'aimez, c'est elle qui vous le permet; vous êtes à elle, vous la servez, et elle vous voit faire. Généreuse d'ailleurs, noble dans ses

---

[108] cf. ihre Absprache in der ersten und in der sechsten Szene. Frontin macht zwar in der sechsten Szene den Vorschlag, sie sollten sich zerstreiten, Lisette versteht aber blind ohne weitere Erklärungen. Frontins Vorschlag hätte ebenso von ihr selbst kommen können, denn er entspricht ihrer Zielsetzung, der sie in der ersten Szene Ausdruck verleiht: „[...] profitons de leur marotte pour les brouiller ensemble; inventons, s'il le faut; mentons: peut-être même nous en épargneront-ils la peine" (S, 1.Sz., 472).

façons; sans son esprit qui la rend méchante, elle aurait le meilleur coeur du monde; vos louanges la chagrinent, dit-elle; mais c'est comme si elle vous disait: Louez-moi encore du chagrin qu'elles me font. [...] Quant à moi, j'ai là-dessus une petite manière qui l'enchante; c'est que je la loue brusquement, du ton dont on querelle; je boude en la louant, comme si je la grondais d'être luable; et voilà surtout l'espèce d'éloges qu'elle aime, parce qu'ils n'ont pas l'air flatteur, et que sa vanité hypocrite peut les savourer sans indécence. C'est moi qui l'ajuste et qui la coiffe; dans les premiers jours je tâchai de faire mon mieux, je déployai tout mon savoir-faire. Eh mais! Lisette, finis donc, me disait-elle, tu y regardes de trop près, tes scrupules m'ennuient. Moi, j'eus la bêtise de la prendre au mot, et je n'y fis plus tant de façons; je l'expédiai un peu en dépens des grâces. Oh! ce n'était pas là son compte! Aussi me brusquait-elle; je la trouvais aigre, acariâtre: Que vous êtes gauche! laissez-moi; vous ne savez ce que vous faites. Ouais, dis-je, d'où cela vient-il? je le devinai: c'est que c'était une coquette qui voulait l'être sans que je le susse, et qui prétendait que je le fusse pour elle; son intention, ne vous déplaise, était que je fisse violence à la profonde indifférence qu'elle affectait là-dessus. Il fallait que je servisse sa coquetterie sans la connaître; que je prisse cette coquetterie sur mon compte, et que Madame eût tout le bénéfice des friponneries de mon art, sans qu'il y eût de sa faute.[109]

Das Porträt ist klarsichtig und zeugt von Lisettes 'bon sens'. Ein hartes Urteil, das nicht der feinen Ironie und ihrer Menschenkenntnis entbehrt, wird Lisette auch über Ergaste äußern, nachdem ihre Herrin dank Lisettes Strategie seiner schon langsam überdrüssig geworden ist. Für Lisette ist er ein „hypocondre". Wenn man nur ihm Glauben schenke, müßten alle anderen blind sein, die einhellig der Meinung sind, daß die Marquise schön sei (dies erheben die Diener zum Streitgegenstand und sehen es als Möglichkeit, Dorante und Ergaste in ihrer Liebe zur Marquise einer Bewährungsprobe zu unterziehen; je nachdem, wie ihre Meinung zu diesem Thema ausfällt, wird sich auch die Marquise zu ihren zwei Verehrern positionieren). In ihrer gespielten Entrüstung über Ergaste stößt Lisette ebenso Flüche aus, wie dies schon Colombine zu tun pflegte („que diantre!").[110]

Die von Lisette im obigen Zitat beschriebenen Aufgaben einer „amie" der Marquise erfüllt sie selbst. So scheint sie scheinbar ihre „sujette" zu sein, ihre scharfsinnige Porträtzeichnung läßt jedoch den richtigen Rückschluß zu, daß sie die treffenden Verhaltensweisen kennt und praktizieren wird, um ihrer Herrin die Maske, ihre „façons" zu entreißen. Aufgrund des Zusammenlebens und der Tatsache, daß sie wie Colombine außerhalb des „cercle" steht, in dem die Protagonisten verwickelt sind, ist sie ihrer Herrin bewußtseinsmäßig überlegen. Explizit wendet sich Lisette gegen den falschen Esprit ihrer Herrin, ohne den sie die liebenswürdigste Person sei. Um sie zu dieser unverstellten Person werden zu lassen, bedarf es der Trennung von Ergaste. Aufgrund ihres Erfahrungsreichtums weiß sie genau, wie sie sich selbst, aber auch zu welchem Verhalten sie Ergaste gegenüber ihrer Herrin antreiben muß, damit es zum Bruch zwischen beiden kommt.

Beachtenswert ist, daß sie ihre Qualitäten in Menschenkenntnis und entsprechend erforderlichen Verhaltensformen selbst als Kunst erkennt. Ein ganz ähnliches Bewußtsein schimmert auch bei Françoise durch, wenn sie wie eine Schauspielerin ihre Auftritte inszeniert, um bestimmte erwünschte Reaktionen zu provozieren. Lisettes verbale Unnachsichtigkeit verhindert trotzdem nicht ihre Hilfe. So ist ihre vermeintliche 'Grausamkeit' nur eine Seite der Medaille, hinter der immer die positive Intention steht und

---

[109] S, 1. Sz., 471.
[110] S, 15. Sz., 490f.

– gerade in diesem Stück sehr klar – völlig selbstlos ist: Kein Heiratswunsch mit Frontin steht dahinter. Die Liebenden spielen die von Lisette und Frontin in Bewegung gesetzte Komödie „letztlich nur vor sich selbst – und als invertierter Form affektiver Kommunikation für sich selbst".[111]
Das Porträt ihrer Herrin, insbesondere ihre Aussagen über die Koketterie ihrer Herrin, machen zudem deutlich, daß „Lisette mit der aristokratischen Vorstellungswelt vertraut ist, ja, daß sie als Dienerfigur eine Erkenntnis vermittelt, die im Grunde nur dem Angehörigen der vornehmen Gesellschaftsschicht zur Verfügung stehen kann und gemäß ist".[112] Françoises Klarsichtigkeit nimmt dort ihre Grenzen. Sie versucht die Verhaltensweisen z.B. eines Charlus als Vertreter der aristokratischen Gesellschaft in ihren Kodex zu inkorporieren, um ihn akzeptieren zu können. Françoises eigener Kodex hat demnach Vorrang vor dem Verständnis der Kodizes anderer Gesellschaftsschichten, verhindert aber so auch ein vollständiges Eindringen. Dies mag in der Tatsache begründet liegen, daß der Liebeskonflikt bei Marivaux schließlich auch zu einem zwischen Herrin und Dienerin werden kann, weil beide nur noch in ihrem Frau-Sein funktionieren.[113] Diese Funktion ist bei Françoise vollständig ausgeblendet, da sie eine alte Dienerin ohne Partner ist. Strukturell läßt sich dennoch ein analoges Paradox erkennen: Lisette als auch Françoise besitzen Qualitäten, die über ihren einfachen Stand als solchen hinausreichen. In diesen Bereich fällt auch Françoises Verwendung einer Literaten-Sprache. Die von Marivauxs Dienerinnen angewendete gehobene und – trotz aller Flüche und Beiflechtungen des Gesprochenen wie „là" und häufige „c'est" – niveauvolle Sprache provoziert nicht das gleiche Paradox zwischen Stand und Sprechweise, wie es dies bei Françoise tut. Das Dienermilieu als solches erscheint bei Marivaux relativ ausgeblendet. Um die Aussage zu unterstreichen, daß die Dienerin als 'suivante' auf emotional gleich ernst zu nehmender Ebene weilt wie ihre Herrin, spricht sie eine ähnlich niveauvolle Sprache ohne Dialekteinschlag – dieser ist den unteren Domestiken wie Gärtnern und einfachen Dienstleistern aus dem Volk vorbehalten, deren Liebesgefühle zwar nicht verachtet werden, die aber keinesfalls eine derart vertraute Stellung zur jeweiligen aristokratischen Herrin oder dem aristokratischen Herrn inne haben. Letztere bedürfen teilweise in ihren Liebesanliegen der Vermittlungsdienste durch die 'suivantes' bzw. Arlequins. Marivaux interessiert sich nicht primär „für den Menschen als gesellschaftliches Wesen, sondern für den »Menschen an sich«".[114] Das heißt, daß er die Tatsache unter Beweis stellen will, daß die Liebe „ein Gefühl ist, das sich unabhängig von gesellschaftlichen Schranken entfalten kann".[115] Dazu bedarf Marivaux zwar innerhalb der Komödien der Aufrechterhaltung des Gegensatzes von Herr-Diener-Ebene, in seiner

---

[111] Miething 1975, 136.
[112] ebd 138.
[113] cf. *Les Fausses Confidences* von Marivaux, in dem Marton, „suivante d'Araminte", von Monsieur Rémy in seinem Interesse benutzt wird: Er verlangt von seinem Neffen Dorante, daß er Marton Liebe vorspiegelt, um zu seinem eigentlichen Ziel, nämlich der jungen Witwe Araminte vorzudringen. Deloffre hält folgerichtig fest, daß Marton „une suivante" sei, „qui serait une rivale pour son héroine" (Marivaux 1968 II, 345). Dorante könnte ebenso gut Araminte als auch Marton heiraten, die „fille d'un procureur" ist (ebd. 342).
[114] Bürger 1975, 146.
[115] ebd. 148.

sprachlichen Annäherung bei der Kommunikation emotionaler Realitätserfahrungen hebt er aber den gesellschaftlich noch existierenden Gegensatz auf einer höheren Ebene auf. Proust wendet ein ähnliches Verfahren an: über das Mittel der – noch mehr Arten als bei Marivaux umfassenden – sprachlichen Ausdrucksformen löst er eine Wertehierarchie der affektiven Bewußtseinszustände zwischen Françoise und Marcel auf.

Die siebte Szene zwischen den verschmähten Liebespartnern Marquise/ Ergaste sowie Dorante/ Araminte und den Dienern Lisette und Frontin ist noch einmal ein besonders sprechendes Zeugnis für das ausgeprägte Selbstbewußtsein der Marivauxschen Dienerinnen. Lisette sagt dem darüber erfreuten Dorante ins Gesicht, daß er immer noch ihre Herrin liebe, was sie zu folgender Äußerung veranlaßt:

> [...] dans le fond elle ne vous haïssait pas, et c'est vous qui l'épouserez, **je vous la donne** [meine Hervorhebung].[116]

In Zusammenschau mit dem Geständnis der Marquise am Ende des Stücks, sie habe „un plaisant détour pour arriver-là" genommen, zeigt sich, daß alle selbstbewußten Voraussagen der Dienerin eingetroffen sind. Nachdem ihre Mission der Zusammenführung der wahrhaft zueinander gehörenden Partner erledigt ist, trennen Lisette und Frontin sich wieder. Ein Selbstzweifel am Gelingen ihrer Voraussagen plagt Lisette weder zu Anfang noch zeigt sie Überraschung am Ende. Sie kann sich komplett auf ihr Menschenverständnis verlassen. Anders Françoise, bei der durchaus auch einmal Zweifel an ihrer eigenen Bewertung von Marcels Verhalten durchschimmern kann. Die Molièresche Struktur der Eindimensionalität hinsichtlich der widerspruchslosen Charakterzüge tradiert sich bis zu Marivaux, so daß Proust von beiden Vorläufern für seine Dienerfigur nur von Motivklasse (4.5) schöpfen kann: Proust lädt Françoises instinktives Wissen (MK 4.5) mit den bei beiden Autoren angelegten Konnotationen auf. Bei der dazugehörigen antagonistischen Motivklasse (4.4) greift er aus gleichen Gründen, wie schon in den Molièreschen Fallstudien ausgeführt, nicht auf diese Autoren zurück: Motivklasse (4.4) ist bei diesen Autoren nicht existent, da die Intention der Stücke differieren (Kontrast zwischen Klarsichtigkeit des Dieners und Verworrenheit des Herrn) nicht existent. Wie die noch folgenden Fallstudien zeigen werden, werden die in den Romanen zu 'vollwertigen' Menschen mit all' ihren Widersprüchen gestalteten Dienerinnen dafür Material liefern.

Abschließend sei die starke Betonung von Lisettes Funktion als Freundin und Vertraute in der *École* festgehalten. Schon in der Aussage der Mutter kommt dies sehr deutlich zum Ausdruck:

> Madame Argante. – Ma fille vous dit assez volontiers ses sentiments, Lisette; dans quelle disposition d'esprit est-elle pour le mariage que nous allons conclure? Elle ne m'a marqué, du moins, aucune répugnance.[117]

Madame Argante weiß um das Vertrauensverhältnis ihrer Tochter zu Lisette und steht selbst dahinter zurück – aus eigener Schuld. Der folgende Dialog zwischen der Mutter und Lisette

---

[116] S, 7. Sz., 480.
[117] Éc., 4. Sz., 17.

ist ebenso aussagekräftig. Die Mutter sieht nur das, was sie sehen will, Lisette gibt ihr frank und frei Auskunft über die wahre Stimmungslage ihrer Tochter. Nachdem Lisette Madame Argante mitteilt, daß ihre Tochter traurig ist, obwohl sie doch angesichts einer Hochzeit frohe Gefühle empfinden müßte, ihr das Alter des von Madame auserkorenen Gatten vorhält (60 Jahre!) und sie ermahnt, nicht „la vertu des gens à son aise" zurechtzulegen, wischt Madame Argante Lisettes Einwendungen mit der Bemerkung beiseite, daß sie „de sottes idées" habe und sich überhaupt frage, warum sie ihr zuhöre. Darauf erwidert Lisette wahrheitsgemäß: „Vous m'interrogez, et je vous réponds sincèrement."[118] Madame Argante hätte sich auch selbst die Antwort geben können, schließlich fragt sie nicht umsonst Lisette nach den Launen ihrer Tochter: Sie hat selbst keinen emotionalen Zugang dazu. Die sechste Szene zwischen Angélique und Lisette unterstreicht schließlich nochmals die Differenz in der Rolle Lisettes und Madame Argantes gegenüber Angélique: Angélique vertraut Lisette ihr Innerstes, was sie gegenüber der Mutter nicht kann. Wenn ihre Mutter mit ihr spricht, hat sie nach eigener Aussage „plus d'esprit", will heißen, nicht mehr die von Lisette zuvor festgestellte „vivacité étonnante", die sie im Gespräch mit Lisette ans Tageslicht legt. Lisette ermuntert sie deshalb auch mutig, „avec ces sentiments-là" Damis zurückzuweisen. Nichtsdestoweniger empfiehlt Lisette ihrer jungen Herrin nach dem mehrmaligen Eingeständnis ihrer Liebe zu Éraste vor ihr, daß sie ihren Überschwang ein klein wenig zurücknehmen solle, falls er zufällig auf sie trifft. Dies ist wahrhaft freundschaftlich gemeint, denn Lisette weiß genau, daß Angélique in der nächsten Szene auf den verkleideten Éraste treffen wird.[119] Sie soll zwar mit ihrem Liebsten vereint werden, aber alles im geziemenden Rahmen. Damit vertritt sie eine Position, die der einer Mutter zukommt. Lisettes dominierende Funktion in dieser 'mütterlichen' Rolle bleibt die einer Freundin. Gibt es Zweifel an der Aufrichtigkeit der freundschaftlichen Gefühle der wirklichen Mutter, so hat die Dienerin dieses emotionale Vakuum zu füllen. Daß Lisette dies tut, zeigt Angéliques Verhalten ihr gegenüber, das wahrhaft unverstellt ist; ihr naives Wesen ist vollkommen eins mit ihrer Ausdrucksweise. Strukturell entspricht dieses Merkmal der Funktion Françoises während und am Ende der *Recherche*: Françoise ist dort das Substitut der Mutter (MK 4.1.2), wo die reale Mutter unfähig in der Kommunikation ist – was sie im Gegensatz zu Marivauxs Mutter nicht aus einer eigennützigen, negativen Intention heraus ist. Sie erfüllt dann eine Mutterrolle, wenn die physische Mutter nicht imstande ist, ihrem Anliegen den richtigen Ausdruck zu verleihen, damit er bei ihrem Sohn Fuß faßt.

4.2.4 Zusammenfassung

Die Ausführungen zu Anfang des zusammenfassenden Kapitels der Molièreschen Motivklassen-Einheiten gelten entsprechend auch für den Komödienautor Marivaux: Die interfigurale Motivgeschichte Françoises umfaßt nicht nur Roman-, sondern auch

---

[118] Éc., 4. Sz., 17f.
[119] Éc., 6. Sz., 21ff.

Komödientexte. Im Gegensatz zu Molière treten allerdings inhaltliche Relationsfelder zugunsten solcher struktureller Art in den Hintergrund. Die Ursache dafür ist in Marivauxs andersgearteter Intention zu suchen: Da die Konfliktverlagerung ins Innere zu einer 'Handlungsverarmung' führt, ist folglich die in diesen Strukturen immanente Aussagekraft gewichtiger. Eine inhaltliche Differenz zwischen allen drei Dienerinnenfiguren ist aus den gleichen Gründen nicht gegeben, so daß sie prinzipiell relativ identisch in ihren Funktionen sind - mit geringfügigen Detailveränderungen in der Gewichtung der einen oder anderen Funktion.

Schon bei der formalen Betrachtung lassen sich Unterschiede zu Molière im expliziten intertextuellen Bezug feststellen. Die Struktur der Marivauxschen Stücke mit den Auftrittsfolgen der jeweiligen Dienerin läßt sich nicht als einheitlich gestaltet definieren. Vielmehr ist allen Stücken gemeinsam, daß das Geständnis vor dem Diener den Höhepunkt des dialogischen Geschehens darstellt und im allgemeinen kurz vor Ende des Stücks liegt oder wie im Fall der *École* in der Mitte. Die nachfolgenden Geständnisse vor dem Partner, der Mutter oder sonstigen Freunden stellt nur noch die Erfüllung der eigentlichen Lösung dar, das heißt die Repräsentation der Selbstfindung nach außen vor dem betreffenden außerhalb des eigenen Subjekt stehenden Individuums (Bewußtsein des Dieners als Teil desjenigen des Herrn fällt mit dem des Herrn zusammen; 'Geständnis vor einem selbst'). Das Abtreten der Dienerin bedingt daher nicht zwangsläufig eine Abwertung der inhaltlichen Bedeutung, ebensowenig wie bei Françoise ihr zeitweiliges 'Verschwinden'. Im Beispiel der *École* tritt Lisette deshalb in der Mitte des Stücks ab, weil sie ihre Funktion gegenüber ihrer Herrin erfüllt hat. Ihr Auftreten danach ist nur noch inhaltlich marginal motiviert. Auch Colombines 'Rückzug' in der Mitte des Stücks beschränkt sich auf eine Szene, so daß es eher berechtigt erscheint, von einer Omnipräsenz zu sprechen. Die formalen Bezüge zwischen Françoise und den Mariauxschen Dienerinnen erlauben nicht, auf einen intendierten Bezug Prousts zu schließen. Sie sind vielmehr marginaler Natur.

Die Motivklasse (1) fällt erwartungsgemäß bei Marivaux deshalb weg, da die Dienerinnen als psychologische Bewußtseinsvariante der Herren keiner konkreten Verortung in Örtlichkeiten bedürfen, um ihre Funktion als Freundin und Vertraute erfüllen zu können. Ihre Mittelposition zwischen dem einfachen Volk und dem aristokratischen Stand hat für die Aussagekraft ihrer Beziehung zur Herrin nur insofern Bedeutung, als sie logisch stringent erscheint: Wenn sie eine gehobenere Sprache beherrscht, wird sie als Dialogpartnerin für die Herrin ernst genommen. Die bewußtseinsmäßige Superiorität über ihre Herrin begründet sich negativ: Da die 'Colombines' nicht zur aristokratischen Gesellschaft gehören, gewinnen sie automatisch die mit ihrem Dienerstand verbundene 'naive Unschuld', die zur Bewertung der trügerischen oder wahrhaften Gefühle befähigt.[120] Alle drei Marivauxschen Dienerinnen sind folglich ebenso wie die Molièreschen Bediensteten Trägerin des menschheitstypischen Motivs des 'bon sens', der nun aber primär durch die ästhetische

---

[120] Eine konkrete Verortung als Gärtner o.ä. wie bei anderen Rollen Marivauxs ist im interpersonalen Bezug zur Herrin daher für die 'Colombines' überflüssig und auch nicht definiert. Die oben beschriebene intendierte Aussagekraft wird ohne sie erreicht.

Tradition seine Prägung erfährt. Der Inhalt der Denkkonzepte und Maxime (MK 2) heißt paraphrasiert für Marivauxs Dienerin, ihre Herren auf den richtigen Weg der Gefühle zu bringen. Gemäß ihrem Ideal muß der Herr sein affektives mit dem äußeren Sein versöhnen und zusammenführen, womit das Postulat des unverfälschten Sprechens als auch die Suche nach wesenskonformen Ausdrucksformen einhergeht. Denn alles das, was wesenskonform ist, ist auch wahrhaft. In struktureller Analogie steht die Dienerin Françoise dem „monde vrai" nicht nur näher als ihr Herr, sondern wird letztlich ebenso zu einer Vermittlerin zwischen der 'langue' und der 'langue à part' für ihn.

Das Auftreten der Marivauxschen Dienerinnen ist wie das ihrer Molièreschen Vorgängerinnen gleichermaßen selbstbewußt, allerdings nicht mehr ganz so uneigennützig. Marivaux gibt seinen Dienern und Herren ein identisches emotionales Interesse mit. Damit dokumentiert er die Möglichkeit einer standesunabhängigen Liebe, die ebenso wertvoll ist. Das Eigeninteresse bzw. den Wert des Eigennutzes der Diener darf man allerdings nicht negativ bewerten, wenn auch der „amour-propre" ein wesentlicher Bestandteil des dienerhaften 'bon sens' darstellt. In den *Sincères* streben Lisette und Frontin überhaupt nicht ihre eigene Verheiratung an, ihre Partner befinden sich außerhalb des Handlungsgeschehens. Aber auch in den zwei anderen Stücken, in denen die Diener ihre eigene Verheiratung erstreben, fühlen sich die Marivauxschen Dienerinnen derart ihren Herren emotional verbunden, daß das eigene Wohl das der Herren voraussetzt. Somit ist der Eigennutz der Dienerinnen letztendlich wieder uneigennützig, da zielgerichtet auf die Erreichung des emotionalen Wohlbefindens ihrer Herren. Durch die Sympathie Colombines (MK 4.3) mit ihren Herren ist ihr Einsatz trotz des eigenen Nutzes dahingehend selbstlos, daß er auch ohne diesen vorstellbar ist. Mit Françoise teilen sie die Eigenschaft, auf Selbstnegation zu verzichten, um ihren Herren vollends dienlich zu sein. Dies würde auch ihrem Ideal widersprechen: Warum sollten sie selbst ihrer Liebe entsagen, wo sie nun einmal zum Leben gehört und niemanden Schaden bringt. Françoise ermöglicht Marcel und seiner Familie ebenso eine Ordnung, die gleichermaßen ihrem Ideal des eigenen Wohlbefindens entspricht, als auch durch das Wohl 'ihrer' Familie motiviert bleibt.

Ein Passus des Colombineschen 'bon sens' lautet, die Liebe zwischen Mann und Frau als das Natürlichste auf der Welt zu betrachten und die Liebenden zu einer Übernahme dieser Erkenntnis mit dem damit einhergehenden Verhalten zu bewegen. Die Dienerin als Verantwortungsträgerin für den Herrn, der durch ihre Hilfe seine Bestimmung zu erkennen und dementsprechend zu handeln hat und die es schafft, daß ihre Voraussagen über zukünftige wünschenswerte Bindungen auch eintreffen, findet ihre gleiche strukturelle Verarbeitung in der interpersonalen Relation Marcel-Françoise. Dieses typische Merkmal der Komödien – das schon bei Molière auftaucht – bleibt auch in den Stücken Marivauxs existent. Bei Marivaux ist der Gegenstandsbereich auf das Erkennen der wahren Gefühle ausgedehnt bzw. eingeschränkt. Eine Konnotation, die in der Relation Marcel-Françoise eine nicht unwesentliche Rolle spielt.

Motivklassen (3), (4) und (5) lassen sich aufgrund ihrer inhaltlichen Verflechtungen kaum getrennt voneinander betrachten, sodaß sie im folgenden zusammenhängend behandelt werden sollen. Nicht nur Lisette aus der *École* erkennt ihre Qualitäten in Menschenkenntnis und ihre für die jeweilige Situation erforderlichen Verhaltensformen – wozu Mimik, Ton, ernste oder traurige Miene u.ä. zählen und die bei den Aufführungen noch klarer zu Tage treten als nur im geschriebenen Stück (MK 3.1 und 3.2.)[121] – selbst als Kunst an, sondern auch bei Colombine und der zweiten Lisette aus den *Sincères* weiß man durch ihr Verhalten und die zur Seite gesprochenen Kommentare, daß sie sie sich selbst als „gens d'esprit"[122] ansehen und sich ihrer Überlegenheit gegenüber ihren Herren bewußt sind. Dies bedingt ihren Stolz, der besser mit selbstbewußtem Auftreten umschrieben ist. Neben der Motiveinheit (3.1.) weist die Motivklasse (3) auch die Einheit (3.2) auf. Beide gehören in der Komödie – nicht nur eines Molière – grundsätzlich unverzichtbar zusammen. Die Sprache selbst unterscheidet sich bei den Marivauxschen Dienerinnen (MK 3.2) hinsichtlich derjenigen ihrer „maîtresses" nur „par des différences de vocabulaire et d'expression".[123] Ihre Sprache ist niveauvoll, dennoch weniger domestiziert als die ihrer Herrinnen, bildreich, voller Lebendigkeit, die noch nicht 'gesellschaftlich' deformiert ist, das heißt unverfälscht und ihrem Wesen konform sowie flink in dem Sinne, daß sie in allen Situationen die passenden Ausdrucksformen bietet. Bestandteil der bildreichen Sprache sind Flüche, „les formules familières ou relâchées",[124] in denen ein typisch französisch-volkstümlicher Esprit zum Ausdruck kommt. Zu diesem Esprit gehört auch der Spaß an Wortspielen und die Abwandlung oder Verdrehung bestimmter Ausdrücke, die von den herren benutzt werden, was wiederum Zeugnis von ihrer Sprach- und Redegewandtheit und in gewisser Weise auch von ihrer Sprachkreativität ablegt. Die 'Colombine' (die Lisettes sind darin eingeschlossen) ist nicht nur redegewandt, sondern auch äußerst redewillig oder mit anderen Worten mitteilungsbedürftig: Sie möchte genau die Gefühlsregungen der Herren in Erfahrung und zur Sprache bringen und sich darüber kund tun. Indem die Dienerin die 'abstrakte Sprache' der Freunde ihrer Herren oder ihrer Herren selbst in eine familiärere Sprache übersetzt, verstärkt sie die Aussage, indem sie sie veran*schau*licht und plastisch greifbarer, also verständlicher macht. So besitzt die bildreiche und populäre Sprache der Marivauxschen Dienerin eine direktere Wirkung als die ihrer Herren. Ihr stolzes Selbstbewußtsein, das sie in keinster Weise unzugänglich für die Herzensprobleme ihrer Herren macht, fußt auf dieser Ausdrucksfähigkeit, die sie auch zu einem bewußtseinsmäßig ihrem Herrn überlegenen Geschöpf macht (A/B). Die Marivauxsche Dienerin kann aufgrund ihrer dialogischen Fähigkeiten die Liebe natürlich bewerten und einordnen und trägt dadurch zur Gefühlsentwirrung und Selbstfindung der Herren bei. Die motivlichen Einheiten der Motivklasse (4.1) stellen sich wie folgt dar: Die 'Colombine' ist ihrer Herrin emotional eng verbunden und in dieser Hinsicht auch ergeben, aber zeigt wenig Respekt in ihrer

---

[121] In allen Besprechungen über Marivauxs Stücke wird immer besonders auf den italienischen Einfluß eingegangen, mit dem auch eine große Rolle der Gestik und Mimik der Schauspieler, vor allem der Domestiken einhergeht. Wenn auch die 'Colombine-Lisette' nicht die „lazzis" eines Arlequin aufweist, so dürfte ihre Mimik nicht weniger sprechend sein und kann vom Text allein nie wirklich voll erfaßt werden. – Cf. dazu auch Rigault 1968, hier vor allem 61ff. und Descotes 1972.

[122] S, 1. Sz., 473.

[123] Descotes 1972, 134.

[124] ebd.

Vorgehensweise vor dem sich widersträubenden Verhalten ihrer Herren gegen ihre Liebes-Bestimmung. Das natürliche Verhältnis zum 'amour-propre' als Bestandteil des „ce qui ce doit" will sie auch auf ihre Herren angewandt wissen. Legitimation für ihre Einsätze zum Wohl ihrer Herren erhält sie wiederum durch ihren 'bon sens', der sie dazu befähigt, schon längst vor ihren Herren ihre eigentlichen wahren Gefühle zu erkennen. Dementsprechend 'verteilt' sie selbstbewußt die Partner wie die Lisette aus den *Sincères*, die ihrer Herrin Dorante 'schenkt'. Das stolze Selbstbewußtsein der 'Colombine' leitet sich neben ihrem 'bon sens' implizit auch von ihrer Position im Volk selbst ab. Sie gehört nicht mehr zu den einfachsten Ständen, die Dienerinnen lassen sich allerdings selbst nicht über ihre Herkünfte explizit aus, vielmehr schimmern sie durch ihr Verhalten und ihren Duktus durch (MK 1/ MK 4.1.1).

Ihre Rolle im Familienverbund (MK 4.1.2) ist die einer Freundin und Vertrauten, die aufgrund der „vie permanente" mit ihren Herren ein psychologisches Feingefühl entwickelt hat, das sie zusammen mit ihrem 'angeborenen' 'bon sens' zwangsläufig zur Beschützerin ihrer Herren werden läßt. Die Herren können sich aufgrund dieses fortwährenden Zusammenlebens gar nicht mehr dem familiären Umgang mit ihren Dienern entziehen. Da die Dienerin selbst jung ist und gleiche Erfahrungen in Liebesdingen gesammelt hat, wird ihre enge Vertrauensstellung zu den jungen Liebenden nur noch verstärkt und ihre eigene Gefühlswelt ebenso ernst genommen – was die Dienerin auch erwartet – wie vice versa sie dies mit den Gefühlen ihrer Herrschaften tut. Selbst dann, wenn die 'Colombine' die Position der Mutter okkupiert, tut sie dies als Freundin, denn eine Mutter hat eine Freundin zu sein und nicht umgekehrt. Die Intimität zwischen Herrin und Dienerin führt soweit, daß die Dienerin zum indispensablen 'better self' im Sinne einer Bewußtseinsvariante wird, die affektives und gesellschaftliches Sein der Herren miteinander versöhnt. Ihre Funktion in der interpersonalen Relation zu ihrer Herrin ist demnach die einer allerengsten Vertrauten, die als Teil des eigenen Bewußtseins an-*erkannt* wird – genauso wie Françoise durch Marcel.

Züge von Naivität (MK 4.4) wird man – intentional begründet – bei der 'Colombine' nicht finden, denn für die Wahrheitssuche der Protagonisten und ihre Gefühlsverwirrung wird die Klarsichtigkeit der Dienerin umso wichtiger. Wenn auch die Marivauxschen Dienerinnen psychologisch verfeinerter als ihre Molièreschen Vorgängerinnen erscheinen – und in dieser Funktion für die interpersonale Relation zwischen Marcel und Françoise eine neue Gehaltsdimension eröffnen, auf die Proust nicht verzichtet hat –, so bleiben sie dennoch eindimensional in der Hinsicht, daß sie keine charakterlichen Widersprüche aufwerfen. Ähnliche Gründe gibt es für das Nichtvorhandensein der Motivklasse (6): Eine metaphorische Aufladung der Marivauxschen Bediensteten erfolgt ebensowenig wie die der Molièreschen, da beide charakterlich positive eindimensionale Figuren in ihren jeweiligen Funktionen zum Wohl der Herren bleiben.

Mit den Ausführungen zum 'bons sens' (MK 2) hängen auch die folgenden zum instinktiven Wissen und der Neugierde der Marivauxschen Dienerinnen zusammen (MK 4.5). Schließlich befähigt der 'bon sens' die Dienerinnen zur Konfliktlösung und zu Reaktionen, die instinktiv aus der jeweiligen Situation heraus das richtige Verhalten im Menschenumgang sowie die richtigen Interpretationen der Gefühle der von ihnen

Beobachteten provozieren. Eine Ursprungsbestimmung dieses instinktiven Wissens, das zum Bestandteil des ästhetisch tradierten 'bon sens' geworden ist, erfolgt nicht mehr. Die ästhetische Verankerung allein wird von Marivaux als ausreichend qualifiziert. Seine 'Colombine' ist mit seherischen Qualitäten ausgestattet, die retrospektiv als auch antizipatorisch Geltung erlangen. Auch hier ist das ständige und engste Zusammenleben mit ihren Herren der Grund für das Interesse an allem, was ihre Herren betrifft und für ihre Neugierde, die erst dann zur Ruhe kommt, wenn die 'Colombine' die diffizilsten Gefühlsregungen ans Tageslicht gebracht hat und damit ihre Voraussagen bestätigt bekommt. Ihr reicher Erfahrungshorizont als auch ihre 'naive Unschuld' und natürliche Herangehensweise beim Begehen der verworrenen Seelenpfade hilft ihr, daß sie sich niemals täuscht und alle sich offenbarenden Probleme bewältigt, die die Welt ihrer Herren betreffen bzw. ihre eigene als eine Teilmenge davon. Wie ein guter Psychologe sich in verschiedene Rollen versetzen muß, um zur Psyche seiner Patienten vorzudringen, so hat auch umgekehrt ein Schauspieler ein guter Psychologe zu sein. 'Colombine' ist sowohl eine psychisch versierte Schauspielerin als auch eine schauspielernde Psychologin (MK 4.6). Sie besitzt entsprechende Qualitäten des Ausdrucks, die durch ihre sprachlichen ergänzt werden.

Motivklasse (5) ist nicht identisch – 'Colombine' ist jung, Françoise alt. Der Grund dafür liegt dennoch ähnlich gewichtet: Beide bilden durch ihr junges bzw. altes Alter einen Stabilitätspunkt, der der Intention der jeweiligen Werke entspricht. Wegen der „structure du double registre" muß die 'Colombine' jung sein, um ihre Intimität mit der Herrin bzw. die Darstellung ihrer Bewußtseinsvariante glaubhaft erscheinen zu lassen. Als die Verschmelzung mit Françoise zu einem Ich mit Marcel erfolgt, ist auch Marcel – nicht nur erfahrungsmäßig – gealtert. Dadurch daß Françoise von Anfang an alt ist, besitzt sie den Erfahrungshorizont, den Marcel erst nach seiner Ansammlung von Erfahrungen im Verlauf der *Recherche* erlangt. Am Ende der *Recherche* stehen somit beide auf gleicher Stufe in Menschen- und Lebenskenntnis, was mit eine Voraussetzung dafür bildet, daß Françoise von Marcel als gleichwertiger Partner bzw. als Teil seiner selbst anerkannt wird. Die Marivauxschen Protagonisten als auch Marcel übernehmen schließlich beide den 'Beobachterblick' und die Bewältigungsmethodik anstehender Probleme von ihren Dienerinnen.

Die in der interpersonalen Relation Marcel-Françoise aufgehobenen strukturellen Muster (A/B), die sich in der Marivauxschen interpersonalen Relation Dienerin-Herrin vorfinden, lassen sich wie folgt zusammenfassen. Die Dienerin ist als anerkannte und vertrauenswürdige Dialogpartnerin nicht nur eine Freundin, sondern wird zur besseren Hälfte des Herren-Ichs. Eine Trennung von ihr ist den Herren aus diesem Grund unmöglich, denn wie das Geständnis vor dem Diener zeigt, kommt es einem Selbstgeständnis gleich, eine Trennung folglich einer emotionalen wesenshaften Selbstzerstörung. Das Geständnis vor dem Diener als Teil des Herren-Ichs und Darstellung als Knotenpunkt des Stücks zeugt von der Bewertung dieser Rolle durch den Autor. Marivaux räumt seiner Dienerin damit die höchste Funktion ein, die man sich in der interpersonalen Relation zum Herrn vorstellen kann. Diesen Wert übernimmt und steigert Proust in Françoise. Die Funktion der Dienerin ist dementsprechend nicht mehr ausschließlich die einer Eingreiferin gegen äußere Mißstände, sondern sie muß dort tätig werden, wo es um das zweigeteilte Ich des Herrn geht. Diese psychologisch nuancierte Funktion tritt stark in der Relation zwischen Marcel und seiner Dienerin hervor. Dienerin und Herrin/Herr teilen bei Marivaux als auch bei Proust den gleichen Erfahrungshorizont, wenn auch im ersten Fall auf den Gegenstand der Liebe beschränkt, im zweiten auf den der Kunst bezogen. Eine weitere – einen intertextuellen Bezug aufweisende – Funktion der Dienerin liegt im Bereich der Entschlüsselung und Vermittlung der Sprache des 'monde' (als Sprache des gesellschaftlichen Scheins) und der Sprache des 'monde vrai' (als unverstellte, wahrhafte Sprache) für den Herrn. Diese Lehrstücke für den Herrn obliegen jeweils der Dienerin. Sie sind die Personen, die dem 'monde vrai' am nächsten stehen, da sie einen natürlicheren Zugang bzw. eine natürlichere Verhaftung mit ihm verkörpern. Die 'signes' der Dienerinnen umfassen dabei alle denkbaren Ausdrucksmöglichkeiten für eine 'absolute', das heißt wahrhafte, das emotionale Wesen voll umfassende Kommunikation. Im Gegensatz zu Marivaux geht Proust jedoch nicht so weit, in der Person seiner Dienerfigur die reale Möglichkeit dieser vollständigen emotional-unverstellten Kommunikation bis zum Ende, das heißt bis zum vollständigen Verstehen durch das Gegenüber durchzuspielen. Dennoch ist beiden Dienerinnen gemeinsam, daß ihre Lösungsansätze letztendlich privative Züge tragen. Die Sphäre der von ihnen offenbarten Realitätserfahrung für das vollständige Beieinandersein des Herren-Subjekts besitzt jeweils die Nuance des Rückzugs aus der Öffentlichkeit für den Herrn, um seiner Bestimmung gerecht werden zu können. Eine Wertehierarchie der affektiven Bewußtseinszustände hebt Proust ähnlich der bei Marivaux vorexerzierten Möglichkeit zwischen Herr und Diener über das Mittel der sprachlichen Ausdrucksformen auf. Dahinter ist die identische Intention beider Autoren zu erkennen, denen es nicht um einen Klassenkampf oder den Erhalt egoistischer Interessen von Klassen geht. So bleibt der Beweggrund für das Handeln der Dienerinnen immer durch ihre „pure affection pour leur maître"[125] motiviert.

---

[125] Rigault 1968, 216.

4.3 Proust und Balzac

Im Gegensatz zu Marivaux ist das Verhältnis Prousts zu Balzac alles andere als ein rein impressionistischer Forschungsgegenstand. Proust wird schon zu Lebzeiten häufig mit Balzac verglichen. Rivière schreibt ihm am 13. Oktober 1921, daß er von jetzt ab „l'auteur, le créateur d'une société aussi complète et complexe que celle de la *Comédie humaine*" sei und weiter, daß er „sur Balzac" den Verdienst habe, „de ne l'avoir pas seulement présentée, décrite", sondern ihn darüber hinaus noch „explorée, expliquée" habe.[1] Duvernois unterstreicht schon 1927 in seinem Artikel in der Hommage-Sammlung an Marcel Proust, daß beide zwar „historiens d'une société" seien, er dennoch nicht so naiv sei, eine vereinfachte Parallele zwischen beiden Autoren ziehen zu wollen.[2] Engler hält in diesem Zusammenhang richtig fest, daß es nicht ausreiche festzustellen, „es handle sich beim Werk von Balzac und Proust um die Schaffung von Zyklenromanen, von denen der ältere ein Panorama der vorwiegend mondänen Welt der Restauration sowie der Julimonarchie und der spätere ein Bild der ersten Generation der Dritten Republik" gestalte.[3] Curtius nennt Proust einen der „größten neueren Balzacverehrer"[4] oder wie Guyon es ausdrückt, ist die „comparaison des ces deux grands «patrons» du roman français [...] une sorte de lieu commun de la critique proustienne"[5] geworden. So stellt M. Mein treffend fest, daß Prousts Beziehung zu Balzac ein Thema sei „as absorbing as it is complex"[6]. Aufgabe dieser Arbeit soll es daher nicht sein, hier alle Nuancen dieser Beziehung zu wiederholen. Ein kurzer Überblick will auf einzelne Autoren verweisen, die sich mit dem Thema Proust und Balzac beschäftigen und die Hauptthesen zusammenfassen.

Rein oberflächlich reicht ein Blick in den Index der *Recherche* aus, um auf zahlreiche Balzac-Bezüge zu stoßen, gleiches gilt für Prousts *Correspondance* im Laufe seines Lebens. Mit Ausnahme des elften und siebzehnten Bandes in der Ausgabe Kolbs sind die übrigen neunzehn Bände mit Briefen angehäuft, die Anspielungen auf Balzacs Leben und Werk enthalten.[7] Von der Quantität zur Qualität: Es ist bekannt, daß Proust ein gründlicher

---

[1] zitiert aus: Raimond, Michel: „Le Balzac de Marcel Proust", in: BMP 18 (1968), 742-769, 742.

[2] Duvernois, Henry: „Proust historien d'une société", in: Hommage à Marcel Proust (Les Cahiers de Marcel Proust I), Paris 1927, 115-117, 115; cf. Borel, Jacques: Proust et Balzac, Paris: José Corti 1975, 13: Borel macht Proust zum „Balzac du XXe siècle."

[3] Engler, Winfried: „«Contre Balzac» oder die Suche nach dem Romandiskurs", in: Oeuvres & Critiques 11/3 (1986), (Sondernummer „Honoré de Balzac"), 277-286, 277.

[4] Curtius, Ernst-Robert: „Wiederbegegnung mit Balzac", in: Kritische Essays zur Europäischen Literatur, Bern ^{2}1954, 169-188, 175.

[5] Guyon, Bernard: „Proust et Balzac", in: Entretiens sur Marcel Proust sous la direction des Georges Cattaui et Philip Kolb, Paris: Mouton 1966, 129-146, 129.

[6] Mein, Margaret: „Proust and Balzac", in: Australian Journal of French Studies 9 (1972), 3-22. In ihrer ersten Fußnote gibt Mein einen guten Überblick über die Arbeiten zum Thema Proust und Balzac bis 1972, auf die ich hier verweisen will, ohne sie alle noch einmal im Einzelnen aufzulisten (ebd. 3). Auf einige der in dieser bibliographischen Liste enthaltenen Forschungsarbeiten bzw. -aufsätze werde ich noch in meinen folgenden Ausführungen eingehen.

[7] In seinem Artikel über „Proust, lecteur de Balzac" hält Tadié fest: „Les critiques qu'il a adressées à son style, ou à la lecture historique et réaliste que l'on peut faire de *La Comédie humaine*, lui permettent d'améliorer le sien, et de prendre ses distances par rapport au roman social. Mais la lecture de la *Correspondance* de Proust (qui, lui-même, faisait son profit de celle de Balzac) marque un amour constant, une connaissance profonde, une mémoire

Balzac-Leser ist und nicht nur in der *Recherche* bzw. in seiner *Correspondance* an vielen Stellen über Balzac spricht.[8] Die wichtigsten Stationen seiner Balzac-Auseinandersetzung reichen von seinem Balzac-Pastiche *Dans un roman de Balzac* über die Lemoine-Affäre, das sein Pastiches-Bändchen von 1908 eröffnet,[9] über die einzelnen 'Balzac-Stücke' des *Contre Sainte-Beuve*: *Le Balzac de M. de Guermantes*, *Conversation avec Maman* und *Sainte-Beuve et Balzac*, über sein Romanfragment *Jean Santeuil*, das neben einzelnen, bestimmte Figuren der *Recherche* vorwegnehmenden Gestalten auch ein eigenes Balzac-Kapitel enthält: *Les Quartiers d'Hiver de Balzac*, bis hin zu seinem Hauptwerk *A la recherche du temps perdu*. Zahlreiche Situationen und Figuren der *Recherche* – auch schon des *Jean Santeuil* – stellen ein Echo von Passagen aus den verschiedenen Romanen der *Comédie humaine* dar.[10] Alle Forscher betonen, trotz aller Analogien zwischen Balzac und Proust, immer gleichzeitig die Differenzen beider Autoren, dabei würde eine „étude de leurs différences [...] beaucoup plus instructive"[11] sein als die der oberflächlich festzustellenden Analogien.[12] Bardèche faßt die Unterschiede gerafft – ausgehend von seiner These, daß „il n'y a guère d'oeuvres plus dissemblables, à première vue, que celles de Proust et de Balzac"[13] – wie folgt zusammen: Balzacs Werk sei „solide, bien construite, elle a des

---

fidèle. Proust cite d'autant plus Balzac qu'il écrit davantage. La genèse de ses propres oeuvres entraîne un regain d'évocations, jusqu'au jour, qu'il a commencé à connaître sans l'avoir espéré, où l'on a commencé d'évoquer le nom de Balzac à propos du sien" (Tadié 1993, 319f.).

[8] Guyon sieht Proust als „imprégné de Balzac" an (Guyon 1966, 134), der „ne laissait rien échapper de ce qui touchait à Balzac" (ebd. 140), wobei er „impregnation" durch „fecondation" (ebd. 141) ersetzt haben will. – Cf. auch Bardèche als ein Beispiel, der wie viele Proust-Forscher betont: „Il le connaît admirablement" (Bardèche, Maurice: „Balzac et Proust", in: La Revue des deux mondes 12 (Déc. 1971), 568-577, 570). – Cf. auch Jauss 1955, vor allem seine Ausführungen zum Verhältnis Prousts zu Balzac (ebd. 291ff.).

[9] Prousts ausgedehnte Balzac-Kenntnis läßt sich schon von seinen Pastiches ablesen, die die enge Auseinandersetzung mit diesem Autor widerspiegeln; cf. dazu den wissenschaftlichen Band zur Lemoine-Affäre von Pabst/Schrader 1972.

[10] cf. Milly 1970, 61: „D'abord les deux oeuvres [das Balzac-Pastiche und die *Recherche*] témoignent d'une connaissance de Balzac totale et en profondeur. Les citations et allusions faites à cet écrivain dans le roman de Proust sont extrêmement nombreuses [...]."

[11] Levin, Harry: „Balzac et Proust", in: Hommage à Balzac, Paris: Mercure de France, 1950, 281-308, 299.

[12] Unter den Arbeiten, die detailliert die Beziehungen zwischen Proust und Balzac untersuchen, ist vor allem die von Borel zu nennen (Borel 1975). Borel geht u.a. den „personnages", „situations", bestimmten „images", der Konzeption des „amour", der „amitié", der „mémoire", des „art" u.v.m. bei beiden Autoren nach und kommt zu folgendem Schluß: „Ainsi bien des liens se sont tissés entre les oeuvres de Balzac et de Proust. Dans une démarche propre à chacun, on peut dire qu'ils ont à peu près suivi le même chemin et qu'ils ont arrêté leur regard, à droite et à gauche, sur les mêmes perspectives, sociales, philosophiques, morales, esthétiques. Balzac est passé le premier, mais des mêmes paysages Proust a rapporté une vision nouvelle. Leurs tempéraments furent fort dissemblables et leur vie n'eut guère pour points communs que le travail dans la nuit, le silence et la solitude. Il en est un dernier toutefois, plus frappant: le temps, sous l'égide duquel ils ont tous deux placé leur oeuvre, leur avait imparti la même durée d'existence: ils mourûrent à cinquante et un ans, l'oeuvre inachevée. Ils reposent non loin l'un de l'autre, tout en haut du Père Lachaise, dans un ultime rapprochement" (ebd. 173). – Cf. auch Bardèche, der sich fragt, worin die Faszination Prousts für Balzac liege, wo doch beide eigentlich so unterschiedlich seien. Er beantwortet seine Frage damit, daß beide auf der Basis des gleichen Menschenbildes ruhen würden. Sie hätten beide erkannt, daß wir „prisonniers de nous-mêmes", d.h. unserer „imagination" wären (Bardèche 1971, 574). So sei schließlich das Werk Prousts „la traduction philosophique" dessen, was heute Phänomenologie heiße, Balzacs Werk dagegen „la traduction sociologique" des gleichen Phänomens und: „c'est par là peut-être que ces deux oeuvres dissemblables, si opposées en apparence, sont apparentées et se réfèrent à cette même image de l'homme et à une même lecture de la vie" (ebd.).

[13] Bardèche 1971, 568.

contours nets et même des traits un peu trop appuyés, elle est tout extérieure, descriptive, nerveuse: elle est construite comme un meuble". Balzac evoziere „les traits durs et précis de la gravure, ses reliefs, ses oppositions". Seine Figuren seien „des personnages âpres et calculateurs, des negociants, des débutants courageux ou faibles, des ambitieux dont les échéances sont difficiles, les hommes y sont jugés sur leur energie et leur réalisme", ihre Rivalitäten spielten sich in genau definierten Konturen und Umgebungen ab. Prousts Werk dagegen sei „toute intérieure, diaprée, vaporeuse et en même temps, complexe, touffue, profonde". Man denke zunächst an das Werk eines Träumers. Man finde die „brumes de Whistler et la lumière de Claude Monet". Prousts Figuren und ihr Milieu seien kaum definiert, „on voit des jeunes filles au bord de la mer, des calèches, des bicyclettes, une plage dont on ne sait pas où elle commence et où elle s'arrête, un milieu mondain aussi peu defini [...], on ne participe à aucun drame." Dieser „incompatibilité totale", dieser „différence de peau" sei sich Proust bewußt gewesen. Daher würde er Balzac auch trotz aller Faszination kritisieren. Auf den Punkt gebracht, sei Balzac für Proust eigentlich der Schriftsteller, „qu'il ne faut pas être". Bardèche sieht den Grund dafür in Prousts Erkenntnis, daß es einen Punkt gäbe, bei dem beide niemals zusammenkämen, gemeint ist der „drame". Balzac glaube daran und erfinde entsprechende Dramen. Wenn dahingegen eine Peripetie bei Proust eintrete, dann deshalb, weil „elle découvre un paysage psychologique inattendu", wie beispielsweise der Tod der Großmutter oder Albertines. Die Wendepunkte erlauben „des découvertes, mais elles ne sont pas un élément de drame". Das unterschiedlich gelagerte Interesse an den „signes extérieurs" faßt Bardèche als „différence du clinicien au naturaliste" auf: „Balzac sélectionne des espèces sociales dont il montre le combat, Proust étudie des malades."[14] Gesellschaft spielt bei beiden Autoren eine wesentliche Rolle, Tadié hält hier den wesentlichen Unterschied fest, den Proust von Balzac trennt:

> Les bouleversements sociaux sont au service du temps du recit: ascension ou déchéance de héros, de salons rythment le temps et donnent l'impression du passage [...].[15]

Daher sei es auch widersinnig im Vergleich mit und im Gegensatz zu Balzac zu bedauern, daß er nur äußerst limitierte Milieus ausgewählt habe. Auch hierfür läge der Grund in Prousts „critique psychologique", er suche keine „critique sociale" der „groupes sociaux"[16]. Konsequenz:

> Plutôt que de trouver chez Proust la peinture des classes dont nous connaissons bien, sans littérature, la nature et l'existence, nous suggérons en effet que la diversification des images a besoin de se nourrir de la diversification sociale.[17]

---

[14] ebd. 568ff.
[15] Tadié, Jean-Yves: „Le roman de Proust et la société", in: Roman et Société, Colloque, 6 novembre 1971 (Publications de la Société d'Histoire Littéraire de la France), Paris: Armand Colin, 1973, 99-105, 102; cf. mit Zéraffa, Michel: Roman et société, Paris: PUF, 1971, insbesondere 46-49, der eine gegenteilige, soziologisch-(marxistische) Gesellschaftsanalyse bei Proust verfolgt.
[16] Tadié 1973, 99.
[17] ebd. 101.

Mit anderen Worten, seien die „schèmes stylistiques et romanesques de Proust" derart, daß sie nur „peuvent être comblés que par la recréation d'une société. Loin de ne composer son roman qu'avec des élus, il veut, [...] ramasser ses héros sur la place publique: princes et giletiers, ambassadeurs, cuisinières et garçons bouchers sont les invités de son festin formel."[18] So gäbe es bei Proust zwar Balzacsche „Rastignac", aber diese irrten sich im Gegensatz zum Romancier:

> Pour le romancier, en revanche, comme le montre une biographie littéraire qui, de *Jean Santeuil* à *La Recherche*, va de l'ambition mondaine au refus de l'intégration et au regard froid, la société est cette matière déjà pénétrée d'esprit qui s'accorde à un esprit déjà matériel, le langage romanesque de Marcel Proust.[19]

Anders als bei Balzac strukturieren die Bezüge zur extraliterarischen Welt – bei Proust zu der der Dritten Republik – nicht mehr die Konflikte, die Proust erzählt. Prousts Enthüllungen über „Personen und Namen sind mit den Verfehlungen eines Vautrin, Grandet oder Goriot" daher nicht mehr „zu vergleichen"[20]. Auerochs, der Gesellschaft auffaßt als „kein innerweltlich Seiendes, sondern ein Transzendentale, das durch historisch wandelbare und kulturell verschiedene Vorstellungssysteme erfaßt wird"[21] und somit selbst zur Beschreibung des „Horizonts" der erzählten Gesellschaft[22] findet, meint:

> Einen Horizont erschließen aber hat den Charakter einer ursprünglichen Einsicht. Diese prägt sich zwar, wird sie einem Autor von Romanen zuteil, in literarischen Formen aus, kann aber in ihnen nicht tradiert werden, sondern muß von jedem nachfolgenden Autor als ursprüngliche Einsicht wiedergewonnen werden.[23]

Engler sieht Balzac ebensowenig als „normierendes Muster", denn vielmehr als „historischen Auftakt"[24] und erklärt damit schon in dieselbe Richtung wie Auerochs weisend, warum die Erschließung der Gesellschaft in literarischer Form individuell anders bei Proust und Balzac ausfällt.

Painter erkennt in Prousts Weg zu „Titel und Thema seines Romans" die Frucht der Auseinandersetzung mit Balzac.[25] Im einzelnen heben die Proust- bzw. Balzac-Forscher immer wieder die negativen als auch positiven Aussagen hervor, die Proust in seiner

---

[18] ebd. 105.

[19] ebd.

[20] Engler 1986, 282. Wobei es natürlich trotzdem auf die Art und Weise ankommt, nach welcher Methode beide Werke in Relation gesetzt und welche Rückschlüsse gezogen werden. Ganz so pauschal sollte man daher keine Vergleichsstudien verneinen. Engler „vergleicht" schießlich selbst die Narrativik Balzacs mit derjenigen Prousts, den jeweiligen kulturellen Kontext sowie die Reaktion beider auf ihre Zeit.

[21] Auerochs, Bernd: Erzählte Gesellschaft, München: Fink, 1994, 61.

[22] ebd. 62.

[23] ebd. 120f.

[24] Engler 1986, 284.

[25] cf. Painter 1968, 214: „An dieser Stelle [Painter bezieht sich auf die Aussagen Prousts in seinem Aufsatz über „Sainte Beuve et Balzac"] beklagt Proust sich darüber, daß Balzac die beiden Titel *Les Illusions Perdues* und *La Recherche de l'absolu* nicht in ihrem eigentlichen metaphysischen Sinn, sondern ganz aufs Diesseitige bezogen benutzt. Wenn man nun als Bindeglied noch das – im Proustschen Sinne unzutreffende – französische Sprichwort hinzunimmt: *Temps perdu ne se retrouve point*, dann läßt sich Prousts Weg zu Titel und Thema seines Romans vielleicht erkennen."

kritischen Auseinandersetzung mit Balzac tätigt, vor allem seine Bemerkungen in der im Fragment gebliebenen und posthum veröffentlichten Studie über Sainte-Beuve und Balzac. Beilharz sieht in der für das eigene Werk gewählten „Form des Romanzyklus eine Huldigung an Balzac"[26] und bezieht sich damit auf eine Aussage Prousts, die Köhler als die Balzacsche und von Proust faszinierend empfundene „idée de génie" festhält: die plötzliche Erkenntnis Balzacs der „Idee des Zyklusroman a posteriori"[27] als auch die Wiederkehr der Figuren.

Raimond faßt anschaulich die beständige Faszination Prousts für diese dem Balzacschen Romanzyklus eine nachträgliche Einheit gebende Idee zusammen:

> Déjà, dans *Jean Santeuil*, le romancier expliquait à son jeune admirateur que, pour bien parler de Balzac, il fallait le lire tout entier; et que, chez lui, «la beauté n'est pas dans un livre, elle est dans l'ensemble». Même idée dans le *Contre Sainte-Beuve*: Proust déclarait que chez Balzac, «c'est rarement le roman qui est l'unité, le roman est constitué par un cycle dont un roman n'est qu'une partie». L'idée du retour des personnages était liée, dans l'esprit de Proust, à l'«immensité même» du dessin de Balzac, à la «multiplicité de ses peintures». A l'encontre de Sainte-Beuve, Proust professait que c'était cela «la grandeur même de l'oeuvre de Balzac».[28]

Prousts positive und für sein eigenes Werk fruchtbar gemachte Kritik an Balzac findet sich in einer Passage in *La Prisonnière*:

> [...] du XIXe siècle dont les plus grands écrivains ont manqué leurs livres, mais se regardant travailler comme s'ils étaient à la fois l'ouvrier et le juge, ont tiré de cette **auto-contemplation** une beauté nouvelle extérieure et supérieure à l'oeuvre, lui imposant **rétroactivement une unité, une grandeur qu'elle n'a pas**. Sans arrêter à celui qui a vu après coup dans ses romans une *Comédie humaine* [...]. L'autre musicien, celui qui me ravissait en ce moment, Wagner, tirant de ses tiroirs un morceau délicieux pour le faire entrer comme thème rétrospectivement nécessaire dans une oeuvre à laquelle il ne songeait pas au moment où il l'avait composée, puis ayant composé un premier opéra mythologique, puis un second, puis d'autres encore et s'apercevant tout à coup qu'il venait de faire une Tétralogie, dut éprouver un peu de la même ivresse que Balzac quand celui-ci, jetant sur ses ouvrages le regard à la fois d'un étranger et d'un père, trouvant à celui-ci la pureté de Raphaël, à cet autre la simplicité de l'Évangile, s'avisa brusquement, en projetant sur eux une illumination rétrospective, qu'ils seraient plus beaux **réunis en un cycle où les mêmes personnages reviendraient** et ajouta à son oeuvre, en ce raccord, un coup de pinceau, le dernier et le plus sublime. **Unité ultérieure, non factice**, sinon elle fût tombée en poussière comme tant de systématisations d'écrivains médiocres qui à grand renfort de titres et de sous-titres se donnent l'apparence d'avoir poursuivi un seul et transcendant dessein. **Non factice, peut-être même plus réelle d'être ultérieure, d'être née d'un moment d'enthousiasme** où elle est découverte entre des morceaux qui n'ont plus qu'à se rejoindre, **unité qui s'ignorait, donc vitale et non logique**, qui n'a pas proscrit la variété, refroidi l'exécution. Elle est (mais s'appliquant cette fois à l'ensemble) comme tel morceau composé à part, **né d'une inspiration**, non exigé par le développement artificiel d'une thèse, et qui vient s'intégrer au reste [meine Hervorhebungen].(P 135f.)

Schließlich läßt sich nicht verleugnen – und ist auch Gegenstand der Vergleichsstudien zwischen den beiden Autoren geworden –, daß eine Reihe Proustscher Gestalten an die Menschliche Komödie erinnern. Abgesehen von Charlus, der als gesteigerter Vautrin in der Forschung qualifiziert wird und zum Thema der Inversion überleitet, das Proust von Balzac

---

[26] Beilharz, Richard: Balzac, Darmstadt: WBG, 1979, 245.
[27] Köhler 1958, 17.
[28] Raimond 1968, 768.

'übernimmt' und weiter psychologisch ausführt,[29] sind viele der Balzacschen Figuren Balzac-Leser, u.a. Gilberte und Swann oder Balzac-Verehrer wie der Duc de Guermantes und Baron de Charlus, der sogar Autographen von ihm besitzt, oder sie sind Balzac-Kritiker wie z.B. Mme de Villeparisis. Raimond schreibt zu diesem Punkt:

> Ce qui est frappant, c'est la multiplicité des images de Balzac qu'on trouve dans l'oeuvre proustienne: on pourrait presque dire que chaque personnage a la sienne. Cela est vrai dans *La Recherche du Temps perdu*, où Swann, Mme de Villeparisis, Saint-Loup, Gilberte, Charlus, Brichot, Les Guermantes, et le Narrateur lui-même ont leur mot à dire sur Balzac. [...] Pour un peu, Proust paraissait, comme le notait Bernard de Fallois, s'intéresser moins à Balzac qu'à son influence sur ses lecteurs [...]. Chacun de ses personnages voit Balzac à sa façon, représente un certain type de lecteurs.[30]

Die weiteren negativen Kritikpunkte, auf die die Forscher immer wieder rekurrieren, beziehen sich auf die Vulgarität der Balzacschen Sprache und des nicht vorhandenen Stils bei Balzac – im Gegensatz zu Flaubert. Ort dieser grundsätzlichen Reflexion ist wiederum *Contre Sainte-Beuve* bzw. der Textkorpus, den die kritische Ausgabe unter diesem Titel versammelt und der die schon erwähnten Essays zu Balzac enthält.[31] Doch bei allem rettet Proust die „Morphologie des Zyklenromans", indem „er ihre Elemente verselbständigt" und die „Romanidee durch eine neue Botschaft" ersetzt, die auch die Erzählhaltung revidiert.[32] Proust teilt der zyklischen Form eine veränderte Funktion zu, indem sein Held sich nicht mehr aus Ehrgeiz auf den Weg nach Paris macht. Sein 'Reiseziel' gilt seiner Innenwelt. Diese „Umkehrung der Balzacschen Kompositon" funktioniert unter der Voraussetzung, daß die Zeit, wie weiter oben ausgeführt, „neu vorgestellt wird". Mit den Worten Englers, Proust zitierend:

> Sein Weg führt Marcel vom «livre intérieur de signes inconnus» zum Opus, das er verfassen wird, wenn er die komplexe Chiffre Welt narrativ auflöst.[33]

So hat „die *Recherche* mit der *Comédie humaine* immer noch Strukturelemente, aber nicht mehr die Funktion einer Bauform gemeinsam":

> Balzac hat erzählt, wie Figuren das sind, wie sie und ihre „espèce sociale" geschichtlich geworden sind; Proust erzählt den Wertverlust jedes in der Mentalität seiner Leser gesicherten sozialen Status und gleicht ihn durch eine Metaphysik der poetischen Praxis aus. Sein Kunstmythos liest sich als Replik auf die beschwörenden Worte des biblischen Schöpfungsmythos und als Aufhebung jener

---

[29] Zur Inversion und Beziehung Charlus-Vautrin cf. neben den Biographien über Proust bzw. Balzac und den einzelnen Themen-Studien „Balzac et Proust" von Borel, Bardèche u.a. auch Murray, Jack: „Proust, Montesquiou, Balzac", in: Texas Studies in Literature and Language. A Journal of the Humanities 25/1 (Spring 1973), 177-187, der sich zum Ziel setzt „to show that Proust's association of Charlus with Balzac does rely on certain associations he made between Montesquiou and Balzac, but that the associations are more literary and aesthetic than personal and anecdotal" (ebd. 177).

[30] Raimond 1968, 760.

[31] cf. CSB 1971, darin vor allem: „Sainte Beuve et Balzac" (ebd. 263-298), „L'Affaire Lemoine, Dans un roman de Balzac" (ebd. 7-11). Da diese Ausgabe eine andere Auswahl enthält als die von Bernard de Fallois, cf. auch CSB 1954, darin vor allem: „Conversation avec Maman" (ebd. 135-149).

[32] Engler 1986, 281.

[33] ebd. 282.

angestrebten und partiell doch verfehlten Eindeutigkeit, auf der die Romanwelten von Balzac und Zola errichtet sind.[34]

Mit Blick auf Prousts Stilkritik unterstreichen weitere Forscher Prousts Abwehr gegen Balzacs Manie, alles erklären zu wollen sowie seine Bewunderung für Balzacs „dessous"[35]. Diese Bewunderung leitet Proust auf direktem Weg zu Flauberts „blancs", womit das Merkmal seines eigenen Stils in Abgrenzung zu Balzac anschaulich umrissen werden kann.[36]

Engler schreibt zu Anfang seines Artikels über Prousts speziellen Rekurs auf Balzac, daß „Prousts Bewältigung der ästhetischen Hinterlassenschaft Balzacs" ein „reizvolles Kapitel im Buch der Intertextualität" sei, ohne daß „daraus die restlose Erhellung des Mysteriums Proust zu erhoffen wäre."[37] Da diese restlose Erhellung nicht leistbar ist, scheint es auch nachvollziehbar, warum trotz vielfacher Skizzierung des Verhältnisses Prousts zu Balzac keine Studie über das Verhältnis der Bedienstetenprotagonisten aus *Eugénie Grandet* und der *Recherche* existiert. Das Balzac und Proust umfassende Forschungsfeld ist derart weit gefächert, daß sich wohl immer wieder aufzufüllende Lücken finden werden – ausgelöst durch das jeweilige Leser-Verhalten. Wenn unter narrativen und gehaltlichen Gesichtspunkten auch wesentliche Unterschiede zwischen Balzac und Proust existieren, so bleibt es dennoch zulässig in intertextueller-Sicht nach den Motivklassen Eugénies zu suchen und sie in Relation zu Françoise zu setzen. Dabei muß man schauen, wie und aus welchen Gründen sich diese Einheiten strukturell in die funktional unterschiedlich ausgerichtete „Bauform" der *Recherche* einfügen.

4.3.1 Literarische Menschendarstellung bei Balzac[38]

Ein Brief an Mme Hanska aus dem Jahr 1834 beinhaltet eine der ersten Darstellungen Balzacs des Aufbaus der *Comédie humaine* mit seiner 'Typenkonzeption':

> Les *Etudes de Moeurs* représenteront tous les effets sociaux sans que ni une situation de la vie, ni une physionomie, ni un caractère d'homme ou de femme, ni une manière de vivre, ni une profession, ni une zone sociale, ni un pays français, ni quoi que ce soit de l'enfance, de la vieilleisse, de l'age

---

[34] ebd. 284f.
[35] cf. u.a. Milly 1970, 62: „Tout aspect «explicatif» est évité."
[36] cf. u.a. Kablitz, Andreas: „Erklärungsanspruch und Erklärungsdefizit im *Avant-Propos* von Balzacs *Comédie humaine*", in: Zeitschrift für französische Sprache und Literatur 99 (1989), 261-286.
[37] Engler 1986, 277.
[38] Da die Dienerin Nanon Teil von Balzacs Konzeption der Menschendarstellung ist und bei ihm die Gruppe der Dienerinnen – mit Ausnahme von Nanon – eine ephemere Rolle einnimmt (Levin hebt schon hervor, daß die Klasse der Domestiken bei Proust im Vergleich zu Balzac eher zu ihrem Recht der Darstellung käme: Levin 1950, 286), wurde der Titel „literarische Menschendarstellung" statt 'Balzacs Dienerinnen' in Anlehnung an das Werk von Thomas Koch gewählt. Cf. Koch, Thomas: Literarische Menschendarstellung: Studien zu ihrer Theorie und Praxis, Tübingen: Stauffenberg, 1991, cf. darin vor allem das Unterkapitel zu „3: Das literarische Porträt": „3.2.4: Das Porträt in den Romanen Balzacs" (ebd. 99-117); das Unterkapitel zu „4: Romanfigur und Figurencharakterisierung in der vorstrukturalistischen Literaturtheorie": „4.1.2: Metonymische und metaphorische Charakterisierung: Namen, Interieurs, Landschaften" (ebd. 128-134); die Unterkapitel zu „5: Theorie des Erzählens (Narratologie) und literarische Menschendarstellung – die erzähltechnischen Modalitäten der Figurencharakterisierung": „5.1: Figurencharakterisierung und Erzählsituation" (ebd. 156-177) sowie „5.2: Erzählzeitstrukturen und »Lebensdarbietung«" (ebd. 178-183).

mûr, de la politique, de la justice, de la guerre, ait été oublié./ Cela posé, l'histoire de coeur humain tracée fil à fil, l'histoire sociale faite dans toutes ses parties, voilà la base. Ce ne seront pas des faits imaginaires; ce sera ce qui se passe partout./ Alors la seconde assise est les *Etudes philosphiques*, car après les *effets* viendront les *causes*. Je vous aurai peint dans les *Et[udes] de Moeurs* les sentiments et leur jeu, la vie et son allure. Dans les *Et[udes] philosoph[iques]*, je dirai pourquoi les sentiments, sur quoi la vie; quelle est la partie, quelles sont les conditions au delà desquelles ni la société, ni l'homme n'existent; et après l'avoir parcourue (la société), pour la décrire, je la parcourrai pour la juger. Aussi, dans les *Etudes de Moeurs* sont les *individualités* typisées; dans les *Etudes philosoph[iques]* sont les *types* individualisés. **Ainsi, partout j'aurai donné la vie – au type, en l'individualisant, à l'individu en le typisant. J'aurai donné de la pensée au fragment; j'aurai donné à la pensée la vie de l'individu** [meine Hervorhebung]./ Puis, après les *effets* et les *causes*, viendront les *Etudes analytiques*, dont fait partie la *Physiologie du mariage*, car après les *effets* et les *causes* doivent se rechercher *les principes*. Les *moeurs* sont le *spectacle*, les *causes* sont les *coulisses* et les *machines*. Les principes, c'est *l'auteur* [...].[39]

Die Darstellungen dieses Aufbaus, die Balzac der oben zitierten noch folgen läßt[40], ändern sich noch in Einzelheiten, auch die Titelgebung der *Comédie humaine* erfolgt erst später. Zudem kommen noch weitere Aufbauprinzipien hinzu.[41] Alle Aussagen zusammen überkreuzen und verwirren sich schließlich gegenseitig. Die Probleme, „vor die ein solcher Aufbau den Interpreten der *Comédie humaine* stellt"[42], haben schon anschaulich Engler,[43] Kablitz,[44] Koch[45] und Auerochs thematisiert. Letzterer rekurriert auf Kablitz und hält Balzacs Widersprüche zunächst wie folgt fest:

---

[39] Brief an Mme Hanska vom 26. Oktober 1834, in: Honoré de Balzac: Lettres à Mme Hanska, hg. von Roger Pierrot, Paris: 1967-1971, Tome I, 269f.

[40] In seinen „Introductions" von Felix Davin von 1835 und in seinem „Avant-Propos" von 1842 sowie in den Gesamtinhaltsverzeichnissen, die er immer wieder umstellt.

[41] z.B. das Lebensalterschema bei Davin, sowie die weitere Unterteilung der „Etudes de moeurs" in die verschiedenen „Scènes" – u.a. : „Scènes de la vie de province", zu denen auch innerhalb der *Comédie humaine* Eugénie Grandet zugerechnet wird (cf. Auerochs 1994, 77).

[42] Auerochs 1994, 77.

[43] cf. Engler 1986, vor allem 283f.: „Es gehört zum Auftrag des mit natur- und gesellschaftsgeschichtlichen Erklärungsversuchen antretenden Erzählers, daß er Unbestimmtheitsstellen im Text, die durch Vergleich oder Metapher entstanden sind, ausräumt und dem Leser eindeutige Antworten gibt. Balzac wie Zola schaffen sich selbst diese Aufgabe und lösen sie. «Tout est dans tout, mots qui signifient: tout dans la nature est analogie». Daß die «Balzacsche Vollständigkeit», seine als lückenlos vorgestellte Narration ohne Rest selbst ein Mythos geblieben ist, hat die Narrativik bald entlarvt." Cf. dazu: Dällenbach, Lucien: „Das brüchige Ganze", in: Gumbrecht, Hans-Ulrich/Stierle, Karlheinz/Warning, Rainer: Honoré de Balzac, München: Fink, 1980; darin vor allem seine Aussage im Unterkapitel „Die Lesbarkeit Balzacs", 4f.: „Ist es denn nicht an der Zeit, daran zu erinnern, daß »man Vollständigkeit nirgends vorfindet« und daß dasjenige, was sich als Vollständigkeit ausgibt, nichts anderes ist als der *Anspruch* darauf? In diesem Zusammenhang muß vielleicht zunächst sichergestellt werden, daß Balzac diesen Anspruch stets geltend gemacht hat. In der Literaturwissenschaft wird dies verschiedentlich geleugnet, und zwar unter Berufung auf Proust; dieser spricht bekentlich in bezug auf die letzte Szene der Illusions perdues von den »dessous dont Balzac n'avertit pas le lecteur et qui sont d'une profondeur admirable« [Dällenbach zitiert aus CSB 1971, 273; das Zitat in seinem Kontext gesehen, gesteht Proust zu, daß diese „dessous" vor allem dann wahrnehmbar sind, wenn Balzac auf das Tabu der Homosexualität trifft]. Es wird dann behauptet, Balzac lasse gar nicht so selten einen Teil seiner Allwissenheit fallen, um dem Leser die Initiative zu überlassen, etwa beim Aufdecken eines Geheimnisses, beim Herauslesen einer verborgenen Wahrheit oder der individuellen Interpretation eines Ereignisses. Genau gesehen sind das nur Ausnahmen, welche die Regel bestätigen. [...] Im allgemeinen ist Balzac jedoch kaum geneigt, auf die narzißtische Befriedigung des Geheimnisaufdeckens zu verzichten. Er könnte dies übrigens nur um den Preis tun, mit seinem eigenen Programm in Widerspruch zu geraten." Was Balzac häufig auch tut, cf. dazu nächste Fußnote.

[44] Kablitz 1989, der in seinem schon erwähnten Artikel über „Erklärungsanspruch und Erklärungsdefizit im Avant-Propos von Balzacs *Comédie humaine*" die Widersprüche aufzeigt, in die sich Balzac als Erzähler und als Theoretiker selbst verwickelt; cf. zusammenfassend dazu ebd. 284f.: „Die Erklärungen, mit denen der allgegenwärtige Erzähler in unaufhörlicher Weise aufwartet, treten zum Teil in den Widerspruch zu Theoremen,

Das erste Problem ergibt sich daraus, daß Balzac keine Sammlung von Erzählungen, sondern eine empirische Wissenschaft zu beschreiben scheint. Die *Etudes de Moeurs* liefern das Datenmaterial, das erklärt werden muß. Die Erklärungen, selbst schon weniger reichhaltig als das Datenmaterial, können noch weiter auf Prinzipien zurückgeführt werden, ganz im Einklang mit dem Reduktionsgedanken, der in der Wissenschaft des 19. Jahrhunderts in Gestalt der Hoffnung auf die immer allgemeinere und knappere Formulierung immer weniger werdender Naturgesetze eine so große Rolle spielte. Das Gesellschaftsmodell Balzacs existiert sozusagen in zwei Schichten: in den *Etudes de moeurs* als *repräsentatives*, in den *Etudes philosophiques* und den *Etudes analytiques* als *erklärendes*. Nun läßt sich zwar leicht zeigen, daß der von Balzac skizzierte Aufbau schon auf die Beispiele aus seinem Werk, die er selbst anführt, nicht zutrifft und die einzelnen Komplexe der *Comédie humaine* sich nicht wie »effets«, »causes« und »principes« zueinander verhalten. Auch die *Etudes de moeurs* sind voller Erklärungen, die der Erzähler freigebig verteilt; auch die *Etudes philosophiques* berichten von »effets sociaux«, die selbst wieder der Erklärung bedürfen [...].[46]

Balzac eröffnet seinen *Avant-Propos* im Habitus des Wissenschaftlers mit einer Theorie der Gesellschaft.[47] Die Grundkonzeption seiner *Comédie humaine* beruht nach eigener Aussage auf einer Analogie zwischen der menschlichen Gesellschaft und dem Tierreich, „entre l'Humanité et l'Animalité"[48]. Seine zoologische Sehweise rührt von der biologischen Theorie Geoffroy Saint Hilaires her, die er kurz umreißt und als Leitfaden für sein Gesellschaftsbild nimmt:

---

[45] die im Vorwort entwickelt werden, und wir konnten zeigen, wie es gerade Postulate des Narrativen waren, die diese Theoreme problematisch werden ließen. Aber auch in den Beziehungen zwischen einzelnen Erklärungen innerhalb des Romans selbst ergeben sich Aporien, die die jeweiligen Erklärungen in ihrem Geltungsanspruch in Frage stellen. Nicht nur die Manie des Erklärens, nicht nur die Eigenart des Wissens, das in diese Erklärungen Eingang findet, auch die Strukturen der Erklärung, und d.h. *in concreto* die Aporien innerhalb des theoretischen Diskurses, der die eigentliche Narration innerhalb und außerhalb des einzelnen Romans begleitet, machen offenbar, daß sie genau das nicht zu leisten vermögen, was sie garantieren sollen: die Plausibilität des Dargestellten." Abschließend stellt sich Kablitz folgende Frage und beantwortet sie selbst, ebd. 285f.: „Stellt sich die Wirklichkeit, die Balzacs Romanwerk zu erfassen sucht, nicht gerade als das Widerspenstige heraus, wenn der Erzähler sich ständig zu Erläuterungen genötigt sieht, die genau das nicht zu leisten vermögen, was ihnen aufgetragen zu sein scheint? Gewiß, hier wird das Paradox noch nicht bewußt in Kauf genommen, aber erscheint nicht gerade in dem scheiternden Bemühen, die Plausibilität – oder anders gesagt: den stimmigen Kontext – dennoch herzustellen, die Grenze eines entsprechenden Wirklichkeitsbegriffs? Vielleicht begegnet uns in der *Comédie humaine* gerade eine Umbruchstelle zwischen den beiden von Blumenberg unterschiedenen Konzeptionen des Wirklichen, vielleicht beginnt sich schon hier eine epistemologische Konstellation zu formieren, in der der Wirklichkeitsanspruch eines 'Realismus' längst destruiert ist und zum letztlich scheiternden Bemühen wird, das wiederherzustellen, was für die klassische Mimesispoetik so selbstverständlich war: die Abbildung des Wirklichen."

[45] Koch 1991, cf. darin vor allem 113f. zu Balzacs *Ut-pictura-poesis*-Ästhetik, hinter dem der von Koch zitierte Vannier den Wunsch des Romanciers sieht, „die prinzipielle Unmöglichkeit mimetischer Beschreibung zu kaschieren" sowie Kochs Ausführungen zu Balzacs Vorliebe der auf physiognomischen Prinzipien basierenden Menschendarstellung, ebd. 115: „Auch bei Balzac wird häufig im Porträt das Betrachten und ein „mouvement heuristique" thematisiert. Dadurch, daß die Einsicht in das Wesen, in die „Innenwelt" einer Figur den Umweg über die äußere Erscheinung nimmt, daß außerdem die Bedingung, über wissenschaftlich oder durch Lebenserfahrung fundierte physiognomische Kenntnisse zu verfügen, daran geknüpft wird, begibt sich der Erzähler seiner „olympischen" Souveränität über die fiktive Welt. Er postuliert eine begrenzte, wenn auch durch physiognomische Einsichten überschreitbare Außenperspektive. Die Inkonsequenz der physiognomischen Darstellung im Rahmen einer auktorialen Erzählhaltung wird dann dadurch überspielt, daß die physiognomische Deutung einem fiktionsinternen oder hypothetischen Beobachter untergeschoben bzw. die Beschreibung als physiognomische Demonstration inszeniert wird."

[46] Auerochs 1994, 77.

[47] cf. Balzacs „Avant-Propos" zur *Comédie humaine* in: CH I, 7-20; Kablitz sieht darin den Versuch Balzacs, in „einer Theorie des gewählten Objekts ein Strukturmuster für den literarischen Text" zu finden, um „ihm eben dadurch seinen Abbildcharakter zu gewinnen" (Kablitz 1989, 264).

[48] CH I, 7.

Il n'y a qu'un animal. Le créateur ne s'est servi que d'un seul et même patron pour tous les êtres organisés. L'animal est un principe qui prend sa forme extérieure, ou, pour parler plus exactement, les différences de sa forme, dans les milieux où il est appelé à se développer. Les Espèces Zoologiques résultent de ces différences. [...] Pénétré de ce système bien avant les débats auxquels il a donné lieu, je vis que, sous ce rapport, la Société ressemblait à la Nature. La Société ne fait-elle pas de l'homme, suivant les milieux où son action se déploie, autant d'hommes différents qu'il y a de variétés en zoologie? Les différences entre un soldat, un ouvrier, un administrateur, un avocat, un oisif, un savant, un homme d'Etat, un commerçant, un marin, un poète, un pauvre, un prêtre, sont, quoique plus difficiles à saisir, aussi considérables que celles qui distinguent le loup, le lion, l'âne, le corbeau, le requin, le veau marin, la brebis, etc. Il a donc existé, il existera donc de tout temps des Espèces Sociales comme il y a des Espèces Zoologiques.(CH I, 8)

Balzac versucht den Menschen in „Espèces Sociales" zu klassifizieren und schließlich in dem der Wirklichkeit nachgebildeten – so zumindest sein Anspruch – Modell der *Comédie humaine* passend darzustellen, wie er am Ende seines *Avant-Propos* kund gibt:

> Mon ouvrage a sa géographie comme il a sa généalogie et ses familles, ses lieux et ses choses, ses personnes et ses faits; comme il a son armorial, ses nobles et ses bourgeois, ses artisans et ses paysans, ses politiques et ses dandies, son armée, tout son monde enfin![49]

Balzacs Unterteilung der seine fiktive Welt bevölkernden Personen, funktioniert hier als Klassenbildung. Sie differenziert den als solchen ungreifbar bleibenden *homme* in eine Menge von Typen.[50] Der klassifikatorische Ansatz wird von Balzac selbst jedoch gleich wieder relativiert, denn er führt nun einen „Etat social" an, der „des hasards" habe, „que ne se permet pas la Nature, car il est la Nature plus la Société". Im Gegensatz zum Zoologen hat der Schilderer der menschlichen Gesellschaft mehr Unterscheidungen bei seiner „description des Espèces Sociales" zu berücksichtigen: „drames" und „confusions" stellen sich ein.[51] Die „espèces sociales" unterliegen einer historischen Dynamik, das Individuum kann in seiner Zuordnung zu einem sozialen Typus durch die Möglichkeit der „hasards"[52] Veränderungen unterliegen: „l'épicier devient certainement pair de France, et le noble

---

[49] CH I, 18f.
[50] Kablitz 1989, 265.
[51] CH I, 9; cf. dazu Auerochs 1994, 82: „Scheint also mit der Analogie zum Tierreich die *Comédie humaine* zunächst streng deskriptiv, als ein Tableau, angelegt, so finden sich bei näherem Hinsehen plötzlich »drames« und »confusions« ein. Sie lassen es plausibel erscheinen, daß die *Comédie humaine* eben doch kein wissenschaftliches Werk, sondern eine Sammlung von Erzählungen ist; denn das Narrative hat sein Lebenselement im Ereignis, in der Sujethaftigkeit, die in einer Grenzüberschreitung besteht." Cf. auch Kablitz 1989, 268: „Auch das Erzählen bedeutet bereits eine bestimmte Strukturierung von Wirklichkeit, die in eine Konkurrenz zu dem zunächst skizzierten Gesellschaftsmodell gerät. [...] Gerade weil die Erzählung es mit außergewöhnlichen Veränderungen zu tun hat, geraten Erklärungssysteme in Schwierigkeiten, die auf die Kausalität der Normalität abzielen. Diese Probleme aber bezeichnen die Nahtstelle divergierender Ansprüche. Balzacs Programm der Gesellschaftsdarstellung verlangt zum einen nach einer Theorie des Gegenstandes der *peinture*, es erfordert aber auch die Vermittlung dieser Theorie mit den Implikationen des Mediums, in dem die Darstellung erfolgt. So mischen sich in seinem Modell der Gesellschaft beide Aspekte. Als eine Resultante aber erscheint der *hasard*, der nur ein anderes Wort für ein Erklärungsdefizit der zunächst präsentierten Theorieskizze ist und den wir im vorliegenden Fall als die Grenze der Determination durch ein *milieu* präziser fassen können."
[52] cf. auch CH I, 11: „Le hasard est le plus grand romancier du monde: pour être fécond, il n'y a qu'à l'étudier. La Société française allait être l'historien, je ne devais être que le secrétaire. En dressant l'inventaire des vices et des vertus, en rassemblant les principaux faits des passions, en peignant les caractères, en choisissant les événements principaux de la Société, en composant des types par la réunion des traits de plusieurs caractères homogènes, peut-être pouvais-je arriver à écrire l'histoire oubliée par tant d'historiens, celle des moeurs."

descend parfois au dernier rang social"⁵³. Balzacs Dienerin Nanon als Teil einer Balzacschen „espèce sociale" unterliegt dem gleichen sozialen Mobilitätsprinzip.⁵⁴ Aufgabe des Schriftstellers sei es nun nach den Ursachen der „effets sociaux" zu suchen.⁵⁵
Es wird klar, daß das Avant-propos keine verläßliche Auskunft über die „Relation von *homme* und *société*"⁵⁶ liefert, denn letztlich ist es gerade der „eklektische Theorieaufwand, der zum Symptom eines Erklärungsdefizites wird, weil er in einen Synkretismus von

---

⁵³ CH I, 9.

⁵⁴ Balzac greift im Avant-Propos nicht nur auf das „tableau" (CH I, 12) als Erklärungsebene der „société" zurück, sondern „die Dimension des *homme*" wird „virulent", so daß sich im Avant-Propos eine „doppelte Bewegung" vollzieht: von „der *Société* zum Menschen als eine Differenzierung, aber sie führt auch vom Menschen zu dieser Gesellschaft zurück, weil er die Ursache der Dynamik in sich trägt" (Kablitz 1989, 270). Balzac sieht in den Erklärungen der bisher beschriebenen Wirkungen die eigentliche Aufgabe des Beobachters, verglichen mit den „causes" und „principes" (CH I, 17) sei die Arbeit des Beobachters dagegen „noch nichts" (Auerochs 1994, 81): „Ce travail n'était rien encore. S'en tenant à cette reproduction rigoureuse, un écrivain pouvait devenir un peintre plus ou moins fidèle, plus ou moins heureux, patient ou courageux des **types humains** [meine Hervorhebung], le conteur des drames de la vie intime, l'archéologue du mobilier social, le nomenclateur des professions, l'enregistreur du bien et du mal; mais, pour mériter les éloges que doit ambitionner tout artiste, ne devais-je pas étudier les raisons ou la raison de ces effets sociaux, surprendre le sens caché dans cet immense assemblage de figures, de passions, d'événements." (CH I, 11) Zu Balzacs Schaffensprinzip gehöre es nach Auerochs, daß er „Milieus so dialektisch" anlege, daß sie „milieusprengende Sujets gebären" (Auerochs 1994, 84); cf. auch Auerochs Entdeckung der interessanten Affinität, „die sich zwischen negativistischer Theorie der modernen Gesellschaft und Sujethaftigkeit des Narrativen, zwischen Balzacs kulturellen Deutungsmustern von Gesellschaft und seiner literarischen Praxis ergibt." Denn wäre „die Analogie zum Tierreich das für die *Comédie humaine* maßgebliche gesellschaftstheoretische Konstrukt Balzacs, so wäre die geeignete literarische Form dafür das Tableau, in dem die »espèces sociales« abgeschildert werden. Die unableitbaren Ereignisse, von denen Balzac *erzählt*, wären dann wirklich nicht gesellschaftstheoretisch einzuholen. Sind hingegen der Individualismus und die ihm ungehindert ihr Zerstörungswerk verrichtende »passion« die Kennzeichen der modernen Gesellschaft, so entsprechen ihr narrative Sujets am besten, in denen Individuen die Grenzen von sozialen Sphären immer wieder überschreiten" (ebd. 90f.).

⁵⁵ Balzac erhebt bei seiner Suche nach der Ursache der „effets sociaux" die soziale Mobilität zum Prinzip der modernen Gesellschaft, [die Gesellschaft trägt also in sich gleichzeitig „la raison de son mouvement" (CH I, 12); bei den Erklärungen der Ursachen greift Balzac auf die Wirkungen zurück, weshalb sein Modell nach Kablitz auch an „Erklärungswert" verliere, so daß letztlich der Avant-propos der *Comédie humaine* zum „Synkretismus von Theoremen" bilde, die „sich nicht mehr zu einem konsistenten Modell fügen" (Kablitz 1989, 272)] wobei das Subjekt der individuellen sozialen Mobilität in einen anthroplogischen Kontext und das soziale Element unter seine „passion" gestellt werde: „Quant au sens intime, à l'âme de cet ouvrage, voici les principes qui lui servent de base./L'homme n'est ni bon ni méchant, il naît avec des instincts et des aptitudes; la Société, loin de le dépraver, comme l'a prétendu Rousseau, le perfectionne, le rend meilleur; mais l'intérêt développe alors énormément ses penchants mauvais. [...] En lisant attentivement le tableau de la Société, moulée, pour ainsi dire, sur le vif avec tout son bien et tout son mal, il en résulte cet enseignement que si la pensée, ou la passion, qui comprend la pensée et le sentiment, est l'élément social, elle en est aussi l'élément destructeur. En ceci, la vie sociale ressemble à la vie humaine. On ne donne aux peuples de longévité qu'en modérant leur action vitale." (CH I, 12); cf. auch ebd. 16: „La passion est toute l'humanité. Sans elle, la religion, l'histoire, le roman, l'art seraient inutiles." – Leidenschaft kann einmal aufbauend und einmal zerstörend wirken. Die „Funktion der sozialen Ordnung" ist es schließlich, „zwischen den Aufbau und die Zerstörung zu treten, die Leidenschaft zu kanalisieren und zu bändigen" (Auerochs 1994, 84). In Balzacs weiteren Ausführungen im Avant-Propos geben folglich der Katholizismus und die Monarchie die ewige Regel an, sind „le plus grand élément d'Ordre social" (CH I, 12). – Balzacs Einstellung als Beobachter der Verfolgung der „passion" des einzelnen kann dabei die der Kritik oder der Identifizierung einnehmen: „Vom Standpunkt seiner Willensmetaphysik kann sich Balzac mit dem Aufstiegswilligen identifizieren; vom Standpunkt der ganzen Gesellschaft muß er die »confusion«, die eine generelle soziale Mobilität erzeugt, verurteilen. Damit ist ein zentrales Prinzip Balzacschen Schreibens angesprochen: die Erzeugung von Ambivalenzen durch die Wahl verschiedener Perspektiven im Blick auf ein und denselben Vorgang." (Auerochs 1994, 92f.); cf. auch ebd. 119: „[...] Balzacs Grundbegriffe [sind] nicht sozialer Natur [...] und Sozialität [ist] darum in seinem Denken auf Energetik und Willensmetaphysik reduzierbar".

⁵⁶ Kablitz 1989, 272.

Modellen führt, deren Relation zueinander problematisch bleibt"⁵⁷. Letzlich geht es aber Balzac auch um Sinn, um den „sens caché"⁵⁸ und nicht um „– empirische – Wahrheit"⁵⁹. Bei der nicht gerade kleinen Aufgabe, „de peindre les deux ou trois mille **figures saillantes** [meine Hervorhebung] d'une époque, car telle est, en définitif, la somme des types que présente chaque génération et que *La Comédie humaine* comportera"⁶⁰, geht Balzac von einem „reduzierten Personeninventar"⁶¹ aus – im Vergleich zur abgebildeten Epoche. Darüberhinaus formulieren sich „non seulement les hommes, mais encore les événements principaux de la vie [...] par des types"⁶²:

> Il y a des situations qui se représentent dans toutes les existences, des phases typiques, et c'est là l'une des exactitudes que j'ai le plus cherchées.⁶³

Balzacs „Verfahren der Typisierung" strebt eine modellhafte Abbildung der Wirklichkeit an. Im Vordergrund steht dabei die „Typisierung der Figuren". Das „Verfahren der sozialtypologischen Klassifikation" erkennt Jung als das „charakteristische Merkmal der Erzählweise Balzacs". Wenn Balzac auch die direkte oder „semantische" Typisierung in „bewußter Analogie zu zoologischen Klassifikationsverfahren" vornähme, mache die „Klassifikation nach den unterschiedlichsten Bestimmungskriterien wie Beruf, Alter, Herkunft, Aussehen usf." aber schon deutlich, daß „Balzac kein einheitliches typologisches Konzept" verfolge⁶⁴. Neben soziologischen Typen interessiere sich Balzac vor allem für diejenigen Typen, die „Träger einer sozialen oder philosophischen Idee" sind. Der Typ werde „als Personifikation Sinnbild abstrakter Begriffe oder Vorstellungssysteme. Typisieren heißt dann so viel wie allegorisieren."⁶⁵ Jung spielt auf die „Neubearbeitung traditioneller Idealtypen" an, die „ihre literarische Weihe längst erhalten" hätten und führt

---

⁵⁷ ebd. 273.
⁵⁸ CH I, 11.
⁵⁹ Kablitz 1989, 274.
⁶⁰ CH I, 18.
⁶¹ Jung, Willi: Theorie und Praxis des Typischen bei Honoré de Balzac, Tübingen: Stauffenberg, 1983, 87.
⁶² CH I, 18.
⁶³ ebd.
⁶⁴ Jung 1983, 175; neben dieser direkten „semantisch-soziologischen Typisierung" gäbe es eine Reihe von Verfahren der „indirekten Typisierung", die Jung als rhetorische Verfahren bezeichnet und Metaphern, worunter er insbesondere die große Bedeutung der Tiermetaphern bei Balzacs Menschenbeschreibung zählt. Jung geht in der folgenden noch auf die „grammatischen Typisierungen" ein (ebd. 176). So kann auch der Tempus-Gebrauch der grammatischen Typisierung dienen. Er unterstreicht Balzacs Vorliebe für die zwei Tempora des Présent und Imparfait und stellt fest: „Beide Tempora [...] werden vom Autor zur Typisierung des Milieus und der Geschichte eingesetzt" (ebd. 177). Einen weiteren „integrierenden Bestandteil seines Porträtverfahrens" sieht Jung in der „Darstellung zeitlicher und räumlicher Rahmenbedingungen der im Roman auftretenden Figuren" (ebd. 169). – Zu den einzelnen Kriterien der Typenbildung – wie Arbeit und Besitz – sowie zu den Konstituenten von Balzacs Sozialtypologie, der Klasse, die idealtypisch durch den „type de classe" repräsentiert wird, cf. die Ausführungen zu den entsprechenden Zitaten Balzacs aus der *Comédie humaine* von Jung (ebd. 87ff.); cf. auch Koch 1991, 99ff.
⁶⁵ Jung 1983, 88. – Die dichterische Absicht und Leistung Balzacs gehe „über eine lediglich soziologisch-historische, empirische Qualität der Typisierung entschieden" hinaus, denn „die Menschenbeschreibung bei Balzac erstreckt sich nicht nur auf die Darstellung soziologischer Typen, sie bezieht durch die Form der Personifikation vielmehr auch die Darstellung von Abstrakta, Ideologien, Mythen etc. mit ein." Entscheidend sei auf jeden Fall „der Blick für das Aktuelle bzw. der Wille zur Aktualisierung dort, wo scheinbar zeitlose Erscheinungen in den Blick geraten" (ebd.).

als Beispiel den Baron Nucingen an.⁶⁶ Diese Neubearbeitung trete neben die „Neuschöpfung zeitgenössischer Realtypen" bei Balzac, so daß in diesem Fall Typisierung „Aktualisierung, zeitgeschichtliche Einordnung tradierter Typen" bedeute.⁶⁷ Für die hier relevante Dienerfigur der Nanon ist folgende Schlußfolgerung Jungs interessant:

> Wie Nucingen lassen sich im übrigen viele der Balzacschen Typen unter diesem Aspekt einer literarischen Typentradition zuordnen.⁶⁸

Zur Erinnerung: im Brief an Mme Hanska schreibt Balzac über den Prozeß der Typisierung:

> Ainsi, partout j'aurai donné la vie – au type, en l'individualisant, à l'individu en le typisant. [...] J'aurai donné à la pensée la vie de l'individu.⁶⁹

Grundsätzlich unterscheide „der Autor der *Comédie humaine* Haupttypen (*principaux personnages d'un siècle, grands types*) und Nebentypen (*types secondaires, types oubliés*)". Diese blieben aber nicht „eng epochengebunden", sie würden „oft genug auch in literarische, historische, mythologische, philosophische u.a. Traditionen und damit in einen geschichtlichen Prozeß gestellt." „Kennzeichnend für Balzacs spezifische Porträttechnik und Typendarstellung" sei darüber hinaus „der Rückgriff auf real existierende Vorbilder". Doch schränkt Jung gleich ein, daß „befriedigende Lösungen hier kaum je zu erzielen" seien, denn „unbestritten stellen die Porträts zumeist Amalgame aus Einzelelementen verschiedener Herkunft dar, wobei zu den realen Vorbildern aus der Lebenswelt Balzacs Reminiszenzen an Menschengestalten aus der Geschichte, der Literatur und der Kunst hinzutreten"⁷⁰. Mit den „Amalgamen aus Einzelelementen" könnte man auch Prousts 'Porträts' bezeichnen, bei denen die Frage nach den 'realen Vorbildern', ähnlich frühzeitig wie bei Balzac, die Leserschaft bewegte.⁷¹ Die Bedeutung der realen Vorbilder und „clefs"

---

⁶⁶ ebd. 89; Jung bezieht sich auf eine Aussage Balzacs aus den *Illusions Perdues*: „Le Turcaret de Lesage, le Philinte et le Tartuffe de Molière, le Figaro de Beaumarchais et le Scapin du vieux théatre, tous ces types s'y trouveraient agrandis de la grandeur de notre siècle ..." [Jung zitiert aus den *Illusions perdues* in der Ausgabe von A. Adam, Paris: Classiques Garnier, 1963, 763].

⁶⁷ ebd.

⁶⁸ ebd.

⁶⁹ Balzac 1967 I, 269f. – Jung meint, durch den Prozeß der Typisierung erhalte „die literarische Figur mithin erst ihr Leben". Die Typisierung sei „eine soziale und psychologische, d.h. den Sozial- und Individualcharakter gleicherweise verstärkende Durchgestaltung jeder einzelnen Figur." (Jung 1983, 89f.); Bezugnehmend auf Balzacs Ausführungen zum Typus in der Pléiade-Ausgabe von M. Bouteron (CH 1950ff.) schreibt er, daß der Typus nach Balzac als „das Modell einer Art zu verstehen" und „das Ergebnis eines Abtraktionsprozesses, »verdichtete« Wirklichkeit" und „in dieser Form nicht in der Realität auffindbar" sei. (ebd. 90); cf. CH 1950ff., XII, 407f.:„[...] un type, dans le sens qu'on doit attacher à ce mot, est un personnage qui résume en lui-même les traits caractéristiques de tous ceux qui lui ressemblent plus ou moins, il est le modèle du genre. Aussi trouvera-t-on des points de contact entre ce type et beaucoup de personnages du temps présent; mais qu'il soit un de ces personnages, ce serait alors la condamnation de l'auteur, car son auteur ne serait plus une invention".⁶⁹ „Typisieren bzw. »typisch« schreiben" heiße für Balzac „zugleich Verzicht auf jegliches Schönen der Wirklichkeit." Das Typische habe „Abbildfunktion, nicht mehr." Desweiteren kennzeichne die „Zuordnung zeittypischer Attribute formal die Methode Balzacscher Typenkonstitution" (ebd. 91f.).

⁷⁰ ebd. 92f.

⁷¹ cf. das schon 1928 von Charles Daudet verfaßte „Répertoire des personnages de *A la recherche du temps perdu*" («Cahiers Marcel Proust» 2, Paris: Gallimard, 1928), das am Beginn der Forscher-Suche nach Prousts „clefs" steht sowie die Aussage Jungs, Balzacs Rückgriff auf real existierende Vorbilder habe „eine förmliche Who's-who-Forschung ausgelöst" (Jung 1983, 92).

für Proust wurden schon im Kapitel 3.9.1 geklärt, hier sollen sie nun mit Blick auf das Balzacsche Verfahren beleuchtet werden. Ramón Fernandez hebt den „genre de plaisir" hervor, den Proust beim Lesen des „Gotha" sowie bei seinen Investigationen habe, die die sogenannte „Société" beträfen. Lucien Daudet habe diese Vorliebe Prousts schon in seiner „Hommage à Marcel Proust" ganz exakt ausgedrückt:

> Il y avait en Marcel Proust un généalogiste, et plus encore, un entomologiste. Il rangeait les êtres par groupes et par familles, avec une délicatesse et des scrupules de savant, comme s'il avait eu une pince et une loupe, mettant chacun à sa place spéciale, s'inquiétant d'une erreur possible, rectifiant quand il le fallait un premier classement. [...] Pour un grand nombre de gens, la duchesse de Guermantes, Mme de Sainte-Euverte ou Mme de Cambremer sont trois «femmes du monde» différenciées simplement par les générations. Pour Marcel Proust, elles étaient trois personnalités aussi dissemblables que le sphinx, le phalène et le papillon blanc, et, transposées par lui, elles deviennent trois exemples sociaux sans rien de commun entre eux.[72]

Natürlich lassen sich hinter der Herzogin von Guermantes sowie den anderen „femmes du monde" verschiedene reale Vorbilder ausmachen, allerdings werden diese ebenso von Proust 'transponiert', so daß sie nichts mehr mit der Figur identisch sind, die das Ergebnis seiner Imagination ist. Borel findet in der „manière des deux auteurs une différence importante", die „composition des personnages" betreffend. Balzac versuche kohärente Modelle zu finden, Proust dagegen „accouple deux êtres moralement discordants, opposés, contradictoires"[73]. Borel führt schließlich in bezug auf Balzacs Rückgriff auf reale Vorbilder, seiner Porträttechnik und Prousts Verhältnis dazu aus:

> Ainsi les modèles plus ou moins reconnu des personnages de roman ne font qu'apporter un certain habillement au seul vrai modèle, tout intérieur, celui que l'écrivain a conçu d'avance dans son esprit, et qui constitue leur partie dure, leur squelette. [...] Balzac agrandit ses personnages, les élève au-dessus d'eux-mêmes; il tient que des dimensions exagérées sont nécessaires à l'art même du roman, à sa beauté, à sa vérité même, au-delà de la banale réalité. [...] C'est par là qu'ils deviennent des types, chacun étant le symbole d'une manière d'être sociale, le chef de file idéal d'une catégorie morale d'individus. Proust paraît d'abord fort loin de ces principes. Il examine son monde à travers une optique personnelle, que ce soit au microscope ou au télescope, et découvre les défauts, les vices, les petitesses des personnages, pour en offrir une image riche en détails.[74]

Obwohl auf den ersten Blick Proust weit entfernt von Balzac erscheine, gäbe es bei genauerem Blick auch lächerliche bzw. exzentrische Figuren, so daß Borel zum Schluß kommt:

> À l'inverse, quoique d'une façon à première vue moins visible, Proust crée aussi des types.[75]

So sei zum Beispiel Odette der Typus der Frau, die unterhalten werde, Swann der Typus des intelligenten Mannes, der sich in der Oberflächlichkeit des mondänen Lebens verliere u.ä. Im Entstehungsprozeß der Romane findet Borel ebenfalls Gemeinsamkeiten zwischen Proust und Balzac. Beide hätten ihre Schreibfahnen neu arrangiert, bestimmte Szenen deplaziert und an einen anderen Ort transferiert. Beide Autoren konfrontierten ihre Figuren

---

[72] Fernandez 1979, 140f.
[73] Borel 1975, 54ff.
[74] ebd. 57.
[75] ebd.

untereinander in Gesprächen, in denen sie sich gegenseitig enttarnten. Die Schlußfolgerung Borels lautet:

> La conception générale du roman de Proust laisse donc transparaître sa relation avec l'oeuvre de Balzac. [...] Mais surtout ces personnages qui sont les mêmes du commencement à la fin de ce très long récit, qui se retrouvent partout, disparaissent, reparaissent, ayant changé d'âge, d'aspect, représentent bien la reparition des personnages balzaciens d'un livre à l'autre, que Proust a saluée, on s'en souvient, comme un remarquable découverte.[76]

Womit sich der Kreis wieder zu den Anfangsausführungen der Gemeinsamkeit zwischen Proust und Balzac schließt. Abschließend soll noch auf Balzacs Affinität zur Malerei sowie auf die Komik, die eng mit der Typik zusammenhängt, eingegangen werden. Balzacs Porträts haben – „entsprechend seiner Selbstdefintion als peintre littéraire" die „für die gesamtfranzösische Literatur des 19. Jahrhunderts typische Affinität zur Malerei und verweisen insofern auf das *ut pictura poesis*-Prinzip seiner Darstellungstechnik."[77] Die „Verweisfunktion von Landschaft, Milieu, Vestignomonie, Physiognomie, Name, die Korrespondenz von Äußerem und Innerem, die Physiognomik Lavaters und die Phrenologie Galls, die zoologische Sehweise Saint-Hilaires" tragen alle zur „deduktiven Formung der einzelnen Figur auf der Basis bestimmter typologischer Systeme" bei.[78] Das Porträt hat für Balzac über die Funktion der „evidentia" hinaus diejenige, die „Figur via *descriptio superficialis* in ihrem Wesen zu charakterisieren"[79]:

> Evidentia bedeutet für Balzac weniger die sprachliche Mimesis des Körpers, als die Stimulation visueller Eindrücke: Balzacs Porträts zeichnen sich nicht durch ihre illusionistische Wirkung, sondern durch ihre Sinnlichkeit aus. Diese kommt einmal durch eine – die auktoriale Quelle der Information enthüllende – große Fülle von Details zustande, weiterhin durch die Deskriptivität der Merkmalsbezeichnungen [...]. Schließlich spielt die visuelle Kraft der vielen bildhaften Analogien, der Metaphern und Vergleiche, eine wichtige Rolle.[80]

Balzac charakterisiert seine Figuren mit den Werken großer bildender Künstler bzw. mit dem von diesen bevorzugt dargestellten Menschentyp. So greift er beispielsweise auf die üppigen Schönheiten von Rubens oder die alten Männer von Rembrandt zurück. Prousts Affinität zur Malerei ist in der *Recherche* offenkundig, seine Art der Evokation von Werken großer Maler bzw. Bildhauern sowie die metaphorische Aufladung seiner Figuren jedoch eine völlig andere als bei Balzac. Bei Balzac bleibt sie explikativ. Der Bezug zwischen Figurencharakterisierung und Erzählsituation bzw. die Art und Weise, wie die Figuren

---

[76] ebd. 60; cf. Bardèche: Balzac, Paris: Julliard, 1980, 382: „Balzac découvre ses personnages secondaires, il les visualise progressivement, leur donnant en se relisant un relief qu'ils n'avaient pas d'abord, un passé, un caractère, des traits individuels qui apparaissent peu à peu. Ce travail sur les épreuves révèle chez Balzac une accomodation de la vue du romancier qui ne se fait pas du premier coup, mais peu à peu. C'est comme un projecteur qui éclaire mieux la scène à mesure que le romancier, en la relisant, le revit. On dirait un conteur auquel des détails reviennent qu'il avait oubliés: et qui s'empresse de les dire, comme des fragments de souvenir que le récit lui-même réveille. Il est remarquable qu'on trouve le même genre d'additions chez Marcel Proust, lui aussi conteur qui suscite en lui, en même temps qu'il évoque."
[77] Jung 1983, 93.
[78] ebd.
[79] Koch 1991, 114.
[80] ebd.

erzähltechnisch charakterisiert werden, ist zunächst zweitrangig. Von Interesse ist in dieser Untersuchung nur, welche Komponenten der Motivklassen vorkommen, also das Ergebnis der wie auch immer gearteten erzähltechnischen Präsentation.[81] Gemeinsam bleibt beiden Autoren, daß ihre 'Typen' keine bloßen Kopien der Wirklichkeit darstellen und nicht nur bei Balzac, Typik und Komik eng zusammenhängen. Es versteht sich von selbst, daß „auch die Komik für Balzac ein wichtiges Verfahren der Typisierung ist", denn „seine Romankonzeption übernimmt nicht nur den Titel *Comédie*, sondern ganz bewußt Darstellungsverfahren der Komödie"[82]. Daß auch die Figur der Françoise ihre komischen Nuancen hat, wurde schon an anderer Stelle ausgeführt.[83] Painter sieht schon in den „Parodien auf Lemoine [...] ein Bindeglied zwischen Prousts einstiger Vorliebe für »Imitationen« [...] und den Worten der Gestalten in der *Recherche*. Charlus, Mme Verdurin, die Herzogin, Françoise und andere sprechen nicht einfach so wie ihre Vorbilder, ihre Unterhaltungen sind eine konzentrierte Übertreibung, eine Parodie, von Worten und Wesen der Menschen, die für sie Modell gestanden haben."[84] Wenn man entsprechende Abstriche bei Painters Methode macht, Leben und Werk bei Proust zu durchmischen, deutet die Aussage dennoch auf Prousts Verfahren der Übertreibung bestimmter Züge einer Figur hin. Ob dies Übertreibungen einer realen Person sind, ist zweitrangig; jedenfalls resultiert aus diesem Verfahren eine bestimmte Figuren-Komik. Jung meint, Balzacs Verknüpfung von Typik und Komik führe „konsequent zur Aktualisierung literarischer Typen, beispielsweise des lächerlichen Alten aus dem Typeninventar der klassischen Komödie, den er etwa mit Nucingen aufgreift." Der so „dargestellte Typ" bewahre „– auch in der aktualisierten Form – seine universelle Komik".[85] Ähnlich wie Engler, der bemerkt, daß mit Hilfe intertextueller Verfahren keine restlose Erhellung des Mysteriums Prousts zu erhoffen sei, kapituliert auch teilweise Jung, indem seine Arbeit nicht den Anspruch erhebt, „Theorie und Praxis des Typischen" bei Balzac „erschöpfend dargestellt" zu haben. Sie zeige vielmehr „die »Arbeit am Typischen«, der noch „zahlreiche Arbeiten, beispielsweise zu einzelnen Typen Balzacs", folgen könnten. Für Balzacs Typologie gelte „grundsätzlich – wie auch für alle anderen Typologien –, daß sie fragmentarisch" sowie „offen, nicht geschlossen" sei. Die Typisierung stelle den „subjektiven Versuch einer Zusammenfassung von Aspekten der

---

[81] cf. ebd. Kochs Unterkapitel des Kapitels 5: „Theorie des Erzählens (Narratologie) und literarische Menschendarstellung – die erzähltechnischen Modalitäten der Figurencharakterisierung" (ebd. 156ff.). Daß sich Balzac und Proust in ihrem 'Erzählstil' unterscheiden, ist bekannt; cf. ebd. 179: „während die Einführung der Figuren in *A la Recherche du temps perdu* ganz vom subjektiven Blickwinkel des Erzählers bzw. dem seines früheren Ichs bestimmt ist, findet man bei Balzac die „klassische" Technik der Figureneinführung." Auch in der auktorialen und figuralen Charakterisierung (Kap. 5.1.2, ebd. 163ff.) der Figuren unterscheiden sich beide Autoren. Proust bevorzugt „implizite Eigenkommentare" statt „explizite Fremdkommentare" einer außerhalb der fiktionalen Welt stehenden Erzählinstanz (ebd. 169f.). Die „figural-subjektive Charakterisierung" kann dabei „in erzähltechnischer Hinsicht als besonders »mimetisch«" und *A la recherche du temps perdu* als Beispiel dafür angesehen werden (ebd. 168).

[82] Jung 1983, 177.

[83] cf. hier noch einmal zur Erinnerung u.a. Brées Kapitel „La Comédie humaine" (Brée 1950, 116-149) bzw. dasjenige von Pierre-Quint über „Le comique et le mystère chez Proust" (Pierre-Quint 1976, 199-269).

[84] Painter 1968, 162f.

[85] Jung 1983, 177.

Wirklichkeit" dar, den „Versuch, das Chaos der Wirklichkeit in einem typologischen Kosmos zu überwinden."[86]

Balzacs erklärter Anspruch einer systematischen Typologisierung bleibt in seiner Praxis – die sich durch Widersprüche und eine uneinheitliche Typologisierung auszeichnet – dennoch von einem „Erklärungsdefizit" begleitet. Wahrscheinlich entspricht dies aber einem 'realeren Abbild' der Wirklichkeit als ein systemkonformes unwirkliches und zeugt von einem gemeinsamen Ausgangspunkt Balzacs und Prousts. Eine literarische Zuordnung Nanons zu einer 'Typentradition' hat, ebensowenig wie Françoises Verhältnis dazu, bisher noch kein Forscher versucht.

4.3.2 Françoise und Nanon

Neben der Aristokratie und dem Bürgertum ziehen gleichermaßen die Domestiken „l'attention des deux écrivains" an.[87] Borel bezieht sich in seiner Erkenntnis nicht explizit auf die Dienerfigur aus *Eugénie Grandet* und erwähnt namentlich nur männliche Dienervarianten Balzacs:

> Il est un type de serviteur et de servante que Balzac traite avec une tendresse particulière, ceux qui sont attachés depuis toujours à une vieille famille dont ils font partie intégrante [...].[88]

Als Beispiele führt Borel den Diener des Baron du Guénic (Gosselin) sowie diejenigen von Séraphita (David), von Raphaël (Jonathan) und von Job (Nival) an. Er schlußfolgert im Anschluß:

> On devine chez l'écrivain une réelle admiration pour des êtres d'un dévouement aussi absolu et désintéressé qu'un amour maternel – et psychologiquement très mystérieux –. Dans la pensée de Balzac, il y a sans doute à l'arrière-plan son admiration pour la famille traditionelle d'autrefois capable de le susciter, et pour la forme de société où cette famille implantait ses racines et ses vertus.[89]

Wenn Borels Zitat auch auf die weiblichen Pendants zuträfe, könnte man direkt von einer Beschreibung der Vorliebe Prousts für Françoise ausgehen. Unmittelbar darauf zieht er auch den direkten Vergleich zwischen den männlichen Domestiken-Varianten Balzacs und Françoise. Die Inhalte von Françoises Sprache seien schon viel früher von Balzac geschätzt worden:

> Proust développe la même idée, à peu de chose près, en composant le personnage de Françoise, rivée aussi à ses maîtres. Mais signe de temps, il lui laisse une marge de liberté, c'est-à-dire de réflexions à sa manière, dont elle ne se prive point, en les exprimant avec son curieux franc-parler. Ce langage poétique, aux tournures imprévues et pittoresques, original, spontané, avec ses traces de terroir et ses archaïsmes, il faut dire que Balzac l'avait bien avant lui fort apprécié: «Aux yeux du poète,

---

[86] ebd. 177f.
[87] Borel 1975, 92.
[88] ebd. 93.
[89] ebd.

l'avantage restera aux classes inférieures, qui ne manquent jamais de donner un cachet de poésie à leurs pensées», a-t-il écrit dans *la Duchesse de Langeais*.[90]

Aber auch ohne diese 'extratextuelle' Legitimation dürften die bisherigen Ausführungen über das Verhältnis Prousts zu Balzac genügen, um eine Vergleichsstudie zwischen Nanon und Françoise als gerechtfertigt erscheinen zu lassen.

Da mittlerweile die Ebene der Komödienwerke mit ihren eindimensional positiv gestalteten Dienerinnen zurückliegt und diejenige der Romane beschritten wurde, ist zu erwarten, daß die Inhaltsebene der jeweiligen Figuren voller gestaltet ist, als es bisher der Fall war und die Formalanalyse dementsprechend kürzer ausfällt. Genau dies ist bei Nanon der Fall. Statt *Eugénie Grandet* könnte Balzacs Roman auch 'La Grande Nanon' heißen.[91] Wie dieser Balzacsche Roman die Geschichte der Eugénie Grandet ist, so ist er vor allem auch die ihrer Dienerin bzw. der Dienerin ihres Vaters, Nanon. Parallel zu ihrer jungen Herrin ist Nanon omnipräsent, in der Relation zum Père Grandet sogar noch gegenwärtiger als die Tochter, weil sie seine Vertrauensperson ist. Ein längeres Abtreten innerhalb des Handlungsverlaufs ist folglich nicht zu beobachten. Die formale Struktur des Auftretens von Françoise und Nanon läßt sich im Vergleich als konstrastiv festhalten.

Die große Bedeutung, die Nanon vom Autor eingeräumt wird, läßt sich schon an ihrer namentlichen Erwähnung gleich zu Beginn ablesen, nachdem die Ehefrau Grandets und seine Tochter nur namenlos als „fille d'un riche marchand de planches" (EG 10) respektive als „une fille unique" (EG 12) vorgestellt werden:

> Monsieur Grandet n'achetait jamais ni viande ni pain. Ses fermiers lui apportaient par semaine une provision suffisante de chapons, de poulets, d'oeufs, de beurre et de blé de rente. Il possédait un moulin dont le locataire devait, en sus du bail, venir chercher une certaine quantité de grains et lui en rapporter le son et la farine. La Grande Nanon, son unique servante, quoiqu'elle ne fût plus jeune, boulangeait elle-même tous les samedis le pain de la maison. [...] Ses seules dépenses connues étaient le pain bénit, la toilette de sa femme, celle de sa fille, et le paiement de leurs chaises à l'église; la lumière, les gages de la Grande Nanon, l'étamage de ses casseroles; l'acquittement des impositions, les réparations de ses bâtiments et les frais de ses exploitations.(EG 17f.)[92]

Nanon ist nicht nur die „servante", sondern individualisiert „la Grande Nanon", wobei sich das Adjektiv rein physisch auf ihre markante Größe bezieht. Sie ist die einzige Dienerin im Haus und wird in ihrer Funktion als Köchin bzw. Bäckerin eingeführt. Zudem erscheint sie als nicht mehr ganz junge Dienerin.

Nanon verschwindet nie von der Szene, da Grandet derart geizig ist, daß er alle Hausangehörigen nur in einer „salle" versammeln läßt.

> La salle est à la fois l'antichambre, le salon, le cabinet, le boudoir, la salle à manger; elle est le théâtre de la vie domestique, le foyer commun; là, le coiffeur du quartier venait couper deux fois l'an

---

[90] ebd. 93f.
[91] cf. Debray-Genette, die schon im Vornamen Nanons den Komödienbezug als gegeben betrachtet (dies.: „Simplex et simplicissima: de Nanon à Félicité", in: Mimesis et Semiosis. Littérature et représentation. Miscellanées offertes à Henri Mitterand, sous la direction de Philippe Hamon, Paris: Nathan, 1992, 229-246, 239).
[92] Eugénies Eigenname wird erst nach der Erwähnung von Nanons Namen genannt, bezeichnenderweise erscheint sie in ihrer Funktion und ihrem Wert, den sie für Grandet besitzt: als „sa fille Eugénie, sa seule héritière" (EG 20). Sie erbt sein Geld und ist daher das einzige Wesen, das ihm etwas bedeutet.

les cheveux de monsieur Grandet; là entraient les fermiers, le curé, le sous-préfet, le garçon meunier.(EG 27)

Die Frauen teilen sich folglich die gleichen Orte. Wo Eugénie ist, ist auch Nanon und findet entsprechende erzähltechnische Berücksichtigung. Viel interessanter als diese 'physische' Gemeinsamkeit ist allerdings der enge mentale Bezug Nanons in der interpersonalen Relation zu den zwei weiteren Frauen des Haushalts: zu Mutter und Tochter.[93] Nanon bildet mit ihrer jungen Herrin und ihrer Mutter eine untrennbare Einheit gegen die vom Geld dominierte Männerwelt des geizigen Grandet, dem Nanon ohngeachtet treu ergeben ist.[94] So ist Nanon Teil des Balzacschen Frauenbildes: „Sentir, aimer, souffrir, se dévouer, sera toujours le texte de la vie des femmes" (EG 184)[95] und nicht allein eine 'neutrale' Dienerfigur (in Bezug auf ihr vom Geschlecht abhängigen Verhalten). Nanons „coeur simple" (EG 32) findet seine geistige Entsprechung bei den „coeurs simples d'Eugénie et de sa mère" (EG 114). Diese „trois coeurs purs" teilen die gleichen „doux sentiments" und praktizieren gleichermaßen christliche Nächstenliebe. Sie sind duldsam, voller Hoffnung und materieller sowie immaterieller Großzügigkeit und bilden damit den genauen Gegenpart zu Grandets Welt. Bezeichnend ist die Aussage, daß die Tochter als auch die Mutter nichts vom Reichtum Grandets wissen.[96] Nanon wird nicht in diese Reihe eingeordnet, aus gutem

---

[93] cf. Andreoli, Max: „À propos d'une lecture d'«Eugénie Grandet»", in: L'Année balzacienne (1995), 9-38, 37: „Il est deux personnages [...] qui [...] tiennent une place importante dans le récit: madame Grandet, et la Grande Nanon assortie de Cornoiller. C'est qu'elles sont les créations naturellement achevées de la sphère instinctive dans toute sa pureté, les «belles âmes» goethéennes occupant spontanément, la place qu'Eugénie n'atteint qu'au terme d'une carrière où se trouve bouleversée la calme provinciale de Saumur [...] elles ne savent rien, elles ne sauront jamais rien de la révolte et du Mouvement – même si quelques indices permettent de nuancer un peu cette affirmation – et ne sont donc pas des personnages problématiques [...]."

[94] Der enge Bezug unter den Frauen kommt gleich zu Beginn deutlich zum Ausdruck, als der Alltag der Frauen im Grandetschen Haus erzählt wird: Depuis quinze ans, toutes les journées de la mère et de la fille s'étaient paisiblement écoulées à cette place, dans un travail constant, compter du mois d'avril jusqu'au mois de novembre. Le premier de ce dernier mois elles pouvaient prendre leur station d'hiver à la cheminée. Ce jour-là seulement Grandet permettait qu'on allumât du feu dans la salle, et il le faisait éteindre au trente et un mars, sans avoir égard ni aux premiers froids du printemps ni à ceux de l'automne. [...] La mère et la fille entretenaient tout le linge de la maison, et employaient si consciencieusement leurs journées à ce véritable labeur d'ouvrière, que, si Eugénie voulait broder une collerette à sa mère, elle était forcée de prendre sur ses heures de sommeil en trompant son père pour avoir de la lumière. Depuis longtemps l'avare distribuait la chandelle à sa fille et à la Grande Nanon, de même qu'il distribuait dès le matin le pain et les denrées nécessaires à la consommation journalière. (EG 28f.) Diese Stelle hält gleich mehrere wichtige Punkte im Verhältnis der Frauen untereinander bzw. zu Grandet fest: Grandet dominiert mit seinem Geiz den ganzen Haushalt und das Verhalten der Frauen. Sie sehen sich auf eine Stufe gestellt mit Nanon und dienen ihm als Arbeiterinnen. – cf. auch EG 57: „Eugénie, mue par une de ces pensées qui naissent au coeur des jeunes filles quand un sentiment s'y loge pour la première fois, quitta la salle pour aller aider sa mère et Nanon." Alle drei Frauen beziehen das Bett für Charles und richten sein Zimmer her. Ebenso müssen alle drei Frauen bei der Weinlese helfen, cf. EG 100: „Toujours, répondit Eugénie en le regardant, excepté pendant les vendanges. Nous allons alors aider Nanon, et logeons tous à l'abbaye de Noyers."

[95] cf. dazu das Männerbild als Pendant, EG 184: „L'homme a sa force et l'exercice de sa puissance: il agit, il va, il s'occupe, il pense, il embrasse l'avenir et y trouve des consolations." Cf. auch EG 131: „La misère enfante l'égalité. La femme a cela de commun avec l'ange que les êtres souffrants lui appartiennent." Sowie Balzacs 'Vice-Vertu'-Frauenbild, EG 122f.

[96] cf. EG 46f.: „La figure de Grandet [...] dominait ce drame et l'éclairait. N'était-ce pas le seul dieu moderne auquel on ait foi, l'Argent dans toute sa puissance, exprimé par une seule physionomie? Les doux sentiments de la vie n'occupaient là qu'une place secondaire, ils animaient trois coeurs purs, ceux de Nanon, d'Eugénie et de sa mère. Encore, combien d'ignorance dans leur naïveté! Eugénie et sa mère ne savaient rien de la fortune de Grandet, elles n'estimaient les choses de la vie qu'à la lueur de leurs pâles idées, et ne prisaient ni ne méprisaient l'argent, accoutumées qu'elles étaient à s'en passer. Leurs sentiments, froissés à leur insu, mais vivaces, le secret de leur

Grund: Sie ist in seine Geschäfte tatkräftig involviert, wenn auch ohne an einen eigenen Profit zu denken oder sich überhaupt über die rechtmäßige Handhabung des Vermögens Gedanken zu machen. Die enge Verbindung zwischen den drei Frauen verstärkt sich im Laufe des erzählten Geschehens und zieht sich immer enger. So sympathisieren alle drei Frauen nach der Ankündigung des Selbstmords von Charles' Vater mit dessen Sohn und teilen sein Unglück:

> Le lendemain, la famille, réunie à huit heures pour le déjeuner, offrit le tableau de la première scène d'une intimité bien réelle. Le malheur avait promptement mis en rapport madame Grandet, Eugénie et Charles; **Nanon elle-même sympathisait avec eux sans le savoir. Tous quatre commencèrent à faire une même famille** [meine Hervorhebung].[...] Dès lors commenca pour Eugénie le primevère de l'amour.(EG 167f.)

Nanon wird in der Folge Eugénies heimliche Komplizin, da sie so tut, als ob sie nichts mitbekomme, wenn sich die zwei jungen Liebenden heimlich im Garten zurückziehen:

> Il descendait dès le matin, afin de pouvoir causer avec Eugénie quelques moments avant que Grandet ne vînt donner les provisions; et, quand les pas du bonhomme retentissaient dans les escaliers, il se sauvait au jardin. La petite criminalité de ce rendez-vous matinal, secret même pour la mère d'Eugénie, et que Nanon faisait semblant de ne pas apercevoir, imprimait à l'amour le plus innocent du monde la vivacité des plaisirs défendus.(EG 169)

Ganz der – Marivauxschen – Tradition gemäß bildet Nanon die Verbündete der Liebenden. Ebenso entgeht ihr nichts von dem, was sich im Haus abspielt. Sie wird auch dann unbewußt zur heimlichen Helferin, wenn ihre Ecke den Liebenden als Rahmen für ihren Heiratsschwur dient. Dieser findet vor ihren Ohren und nicht vor den der leiblichen Mutter statt und wird von Nanon nachdrücklich approbiert:

> Eugénie ne résista plus; elle reçut et donna le plus pur, le plus suave, mais aussi le plus entier de tous les baisers./ – Chère Eugénie, un cousin est mieux qu'un frère, il peut t'épouser, lui dit Charles./ – Ainsi soit-il! cria Nanon en ouvrant la porte de son taudis./ Les deux amants, effrayés, se sauvèrent dans la salle, où Eugénie reprit son ouvrage, et où Charles se mit à lire les litanies de la vierge dans la paroissien de madame Grandet./ – Quien! dit Nanon, nous faisons tous nos prières.(EG 175)

Schließlich kommt der Tag, an dem Charles abfahren muß und Eugénie als auch Nanon ihrer Traurigkeit in gleicher Weise Ausdruck geben: Sie weinen (EG 177).[97] Wie wichtig Françoise Tränen als sichtbare Zeichen des Gefühlsausdrucks sind, ist bekannt. Da Marcel beim Tod der Großmutter zunächst nicht des Weinens befähigt ist, kann es vorerst keine gemeinsame Basis mit Françoises Trauer und damit auch kein Verständnis unter beiden geben (A/B). Nach Charles' Abschied wachsen alle drei Frauen emotional noch enger zusammen und werden zu Komplizinnen in Eugénies Kult um ihn. Sie erhalten gemeinsam

---

existence, en faisaient des exceptions curieuses dans cette réunion de gens dont la vie était purement matérielle." – cf. auch Yates, die hervorhebt, daß die Annäherung zwischen Herrin und Dienerin ein epochentypisches Merkmal des 19. Jahrhunderts ist (dazu vor allem: Yates 1991: „Introduction", 1ff. und „Chapter IV", 169ff.) sowie EG 38: „«Et toi, la mère, veux-tu quelque chose?» – Mon ami, répondait madame Grandet animée par un sentiment de dignité maternelle, nous verrons cela./Sublimité perdue! Grandet se croyait très généreux envers sa femme. Les philosophes qui rencontrent des Nanon, des madame Grandet, des Eugénie, ne-sont-ils pas en droit de trouver que l'ironie est le fond du caractère de la Providence?"

[97] cf. auch EG 108, wo alle drei Frauen ihr Mitleid in gleicher Weise über ihre Tränen kommunizieren: „Les trois femmes, saisies de pitié, pleuraient: les larmes sont aussi contagieuses que peut l'être le rire."

den „statu quo" (EG 185) seines Zimmers und sind die Gesprächspartner für Eugénie in ihrem Schwärmen für Charles. Gestärkt wird die Gemeinschaft noch dadurch, daß alles wie bisher vor Grandet verheimlicht werden muß:

> Cette vie domestique, jadis si monotone, s'était animée par l'immense intéret du secret qui liait plus intimement ces trois femmes. Pour elles, sous les planchers grisâtres de cette salle, Charles vivait, allait, venait encore.(EG 187)

Sie sind die ersten, die von Eugénies Geschenk (ihre Ersparnisse) an Charles erfahren, Quelle des späteren Leids. So einigt sie auch die Angst vor der zukünftigen Reaktion Grandets. Bei Nanon läßt sich allerdings vielmehr ein neugieriges Verhalten, statt ein eingeschüchtertes wie bei der Mutter, beobachten (EG 194f.). Nach dem Tod der Mutter füllt Nanon schließlich vollends das emotionale Vakuum für Eugénie auf und ist – nach dem Tode des Vaters – für die Verbliebene der Familie die Einzige, die sie voll und ganz versteht:

> Eugénie Grandet se trouva donc seule au monde dans cette maison, n'ayant que Nanon à qui elle pût jeter un regard avec la certitude d'être entendu et comprise, Nanon, le seul être qui l'aimât pour elle et avec qui elle pût causer ses chagrins. La Grande Nanon était une providence pour Eugénie. Aussi ne fut-elle plus une servante, mais une humble amie.(EG 224)

In der interpersonalen Relation zu ihrem Herrn hat Nanon die Position eines „premier ministre" (EG 84f.) bzw. eines „fidèle ministre" (EG 88) inne. Sie verwaltet nicht nur die Naturalien, deren Verbrauch in einer bestimmten Menge einzuhalten ist, sondern überwacht auch die 'menschlichen Besitztümer' Grandets, d.h. die Tochter beim Kirchgang, nachdem diese sein Vertrauen bricht und ihr eigenes 'Vermögen' Charles überläßt.[98] Nanon ist die einzige, die Einsicht in Grandets Geldtransfers erhält.[99] Sie muß heimlich mit ihm die mit Gold gefüllten Fässer des Nachts aus dem Haus bringen, damit Grandet sie in Paris zu flüssigem Geld machen kann. Nanon arbeitet zusammen mit Cornoiller, den „garde in partibus" (EG 147) von Grandet „comme un cheval",[100] schleppt die Fässer zum bereitgestellten Wagen und erhält den Auftrag, kein Wort über die Aktion zu verlieren, vielmehr solle sie seiner Frau erzählen, daß er für einige Zeit aufs Land gefahren sei. Den genauen Inhalt der Aktion, wie Ziel der Reise, Geldbeträge etc., erfährt sie allerdings auch nicht (EG 145ff.). Während der Abwesenheit von Grandet, müssen die drei Frauen die

---

[98] cf. EG 204: „Eugénie allait aux offices sous la conduite de Nanon." Nicht seiner Frau vertraut Grandet die Aufsicht seiner Tochter an, sondern seiner treuen Ministerin Nanon. Daß Nanon ihrer jungen Herrin gleichermaßen bedingungslos ergeben wie ihrem Herrn ist und versucht, beide Seiten glücklich zu machen, erkennt Grandet nicht.

[99] cf. EG 145: „Quand le père Grandet eut fermé sa porte, il appela Nanon./– Ne lache pas le chien et ne dors pas, nous avons à travailler ensemble. A onze heures, Cornoiller doit se trouver à ma porte avec le berlingot de Froidfond. Écoute-le venir afin de l'empêcher de cogner, et dis-lui d'entrer tout bellement. Les lois de police défendent le tapage nocturne. D'ailleurs le quartier n'a pas besoin de savoir que je vais me mettre en route./Ayant dit, Grandet remonta dans son laboratoire, où Nanon l'entendit remuant, fouillant, allant, venant, mais avec précaution. Il ne voulait évidemment réveiller ni sa femme, ni sa fille, et surtout ne point exciter l'attention de son neveu, qu'il avait commencé par maudire en apercevant de la lumière dans sa chambre." – Cf. auch EG 178.

[100] Völlig identisch in der Formulierung, d.h. direkt markierte Intertextualität aufweisend heißt es von Françoise, daß sie „travaillant comme un cheval" (CS 64).

Geschäfte erledigen. Dabei übernimmt Nanon wiederum die Funktion der Verwalterin der Abgaben:

> Nanon encaissait les redevances dans sa cuisine. Elle attendait toujours les ordres de son maître pour savoir ce qui devait être gardé pour la maison ou vendu au marché.(EG 164)

Um Nanons Ministertitel und enge Vertrauensstellung zu Grandet zu verstehen, muß man einen Blick auf ihre Vorgeschichte werfen. Im Alter von 22 Jahren kann sie keine Anstellung finden, da ihr riesenhaftes Aussehen abstoßend erscheint. Dieser Eindruck erscheint ungerechtfertigt: „sa figure eût été fort admirée sur les épaules d'un grenadier" (EG 30). Nachdem sie auf einem Bauernhof bis zu dessen Zerstörung durch einen Brand Kühe hütet, kommt sie nach Saumur, wo sie eine Anstellung sucht, „animée de ce robuste courage, qui ne refuse rien" (EG 29). Grandet, im Inbegriff zu heiraten, erkennt sofort ihre Vorzüge:

> Il avisa cette fille rebutée de porte en porte. Juge de la force corporelle en sa qualité de tonnelier, il devina le parti qu'on pouvait tirer d'une créature femelle taillée en Hercule, plantée sur ses pieds comme un chêne de soixante ans sur ses racines, forte des hanches, carrée du dos, ayant des mains de charretier et une probité vigoureuse comme l'était son intacte vertu. Ni les verrues qui ornaient ce visage martial, ni le teint de brique, ni les bras nerveux, ni les haillons de la Nanon n'épouvantèrent le tonnelier, qui se trouvait encore dans l'âge où le coeur tressaille. Il vêtit alors, chaussa, nourrit la pauvre fille, lui donna des gages, et l'employa sans trop la rudoyer.(EG 30f.)

Als sich Nanon derart aufgenommen sieht, weint sie heimlich vor Freude und „s'attacha sincèrement au tonnelier, qui d'ailleurs l'exploita féodalement" (EG 31). Nanons Hingabe und Dankbarkeit fällt völlig bedingungs- und grenzenlos aus. Sie bewältigt alle Aufgabenfelder mit gleichbleibender Energie und die Beschreibung dessen erinnert stark an Françoises aufopferungsvolle Tätigkeit im Haushalt Marcels:

> Nanon faisait tout: elle faisait la cuisine, elle faisait les buées, elle allait laver le linge à la Loire, le rapportait sur ses épaules; elle se levait au jour, se couchait tard; faisait à manger à tous les vendangeurs pendant les récoltes, surveillait les halleboteurs; défendait, comme un chien fidèle, le bien de son maître; enfin, pleine d'une confiance aveugle en lui, elle obéissait sans murmure à ses fantaisies les plus saugrenues.(EG 31)

Letzeres würde Françoise natürlich nicht tun, da sie weiß, was sie sich selbst schuldig ist. Proust greift zwar auf Nanons Motivklasse der selbstlosen Aufopferung zurück (MK 4.3), um Françoises fleißige und robuste Diensteigenschaft zu gestalten, füllt ihre Makrostruktur aber jeweils mit widersprüchlichen Konnotationen: hier mit dem Stolz, der bestimmte Dienste für die Herren aufgrund ihres eigenen Persönlichkeitsbewußtseins untersagt (MK 4.1).

Aus Not wird Nanon sparsam, so daß er sie schätzen lernt und sie als anhängliches Hündchen akzeptiert:

> La nécessité rendit cette pauvre fille si avare que Grandet avait fini par l'aimer comme on aime un chien, et Nanon s'était laissé mettre au cou un collier garni de pointes dont les piqûres ne la piquaient plus.(EG 31)

Tiermetaphern spielen bei Balzac eine große Rolle. Die physiognomische und zoologische Beschreibung Nanons läßt auf ihr Wesen schließen. Sie gehört zu der Gruppe der 'positiven

Tiere', die für Treue und Sanftheit stehen, gleichgültig wie rauh das 'Fell' ausfällt. Auch in der *Recherche* fallen die häufig verwendeten Tiermetaphern auf:

> À tous moments, Proust compare ses personnages à des bêtes, à des oiseaux. Le plus souvent, cette comparaison est suggérée, au lieu d'être indiquée complètement. Ou encore, l'auteur ne fait directement allusion à aucun animal particulier et se contente de faire naître en nous des impressions d'automatisme.[101]

Nanon ist ihrem Herrn wie ein treuer Hund ergeben. Die Hundemetaphern sind Ausdruck des engen Verhältnisses zwischen Herr und Dienerin. Grandet zwingt seine Dienerin sozusagen zu einem hundeähnlichen Verhalten, da er selbst wie ein dominantes Tier auftritt („tigre affamé", EG 95; „vieux chien", EG 132; „loup", EG 213). Nanons Hundequalitäten dehnen sich auf die eines Wachhundes aus, zudem schläft sie in einer Art Hundeecke:

> La servante couchait au fond de ce couloir, dans un bouge éclairé par un jour de souffrance. Sa robuste santé lui permettait d'habiter impunément cette espèce de trou, d'où elle pouvait entendre le moindre bruit par le silence profond qui régnait nuit et jour dans la maison. Elle devait, comme un dogue chargé de la police, ne dormir que d'une oreille et se reposer en veillant.(EG 33)

Zu den „créatures champêtres", zu denen sie selbst zählt, hat sie ein besonderes Verhältnis. Sie ist mithin die einzige, die deren 'Sprache' spricht:

> Nanon alla verrouiller la grande porte, ferma la salle, et détacha dans l'écurie un chien-loup dont la voix était cassée comme s'il avait une laryngite. Cet animal d'une notable férocité ne connaissait que Nanon. Ces deux créatures champêtres s'entendaient.(EG 72)

Deshalb ist es auch nicht verwunderlich, daß Nanon „ronflait à ébranler les planchers" (EG 73), Eugénie allmorgendlich ihre „tousserie" hört, wenn Nanon, „la bonne fille allant, venant, balayant la salle, allumant son feu, enchainant le chien et parlant à ses bêtes dans l'écurie" (EG 84) und Nanon bei schwerer körperlicher Arbeit wie ein Pferd stampft (EG 146).[102] Grandet hält Nanon nicht nur wie ein Tier, sondern bezeichnet sie auch in der direkten Konversation als „bête" (EG 89), womit er natürlich ihre Naivität und ihr Unwissen meint, hier im Zusammenhang mit den Raben, die sie als 'Wildbret' zubereiten soll:

> – Faudra que j'aille à la boucherie./– Pas du tout; tu nous feras du bouillon de volaille, les fermiers ne t'en laisseront pas chômer. Mais je vais dire à Cornoiller de me tuer des corbeaux. Ce gibier-là donne le meilleur bouillon de la terre./ – C'est-y vrai, monsieur, que ça mange les morts?/ – Tu es bête, Nanon! ils mangent, comme tout le monde, ce qu'ils trouvent. Est-ce que nous ne vivons pas de morts? Qu'est-ce que donc les succesions?(EG 89)[103]

---

[101] Pierre-Quint 1976, 205.

[102] cf. zur Verwendung der Tiermetaphern in Eugénie Grandet u.a.: Lynch, Lawrence W.: „People, Animals and Transformations in Eugénie Grandet", in: The International Fiction Review 10/2 (1983), 83-90. Darin vor allem 84: „The most brutal and the most bestial characterization in Eugénie Grandet is that of the domestic servant, Nanon. Much less a person than a thing, „La Grande Nanon appartenait à Grandet depuis trente-cinq ans", and is placed among his other posessions: wine casks, vineyards, and land." Sowie ebd. 90: „If a slight amount of animal behaviour is acceptable in humans, Grandet surpasses that limit considerably, and forces those who surround him into animal-like behavior."

[103] cf. auch die an Nanon gerichtete Aussage Grandets, als sie fast auf einer losen Stufe die Treppe heruntergefallen wäre, EG 38: „– Grande bête, lui dit son maître, est-ce que tu te laisserais choir comme une autre, toi?"

Balzac verankert Nanon in einer tierisch-instinktbezogenen Sphäre, wohingegen Françoise mit Metaphern aus der religiösen Sphäre assoziiert wird und ihr Wesen und ihre Werke damit transzendiert werden (MK 6). Es ist nicht zu erwarten, daß Balzac seine Dienerin aus dem prägnanten instinktgeprägten Tier-Milieu befreit. Damit bleibt aber – trotz aller positiven menschlichen Qualitäten – der Eindruck ihrer Minderwertigkeit zurück. Im Gegensatz zu Balzac mißt Proust seiner Dienerin einen neuen Wert über die Art der erzähltechnischen Präsentation zu und verliert den Eindruck der Überheblichkeit des Autors gegenüber seiner Diener-Figur.

Nanons schon angesprochene Naivität zeigt sich bei weiteren Situationen: Obwohl die Titulierung Nanons mit „pauvre Nanon" auch im reduzierten Wortschatz von Grandets Geiz zeugt und ihn von seinen humanitären Pflichten Nanon gegenüber dispensiert, reicht Nanon diese Mitleidsbekundung vollkommen aus, um vom gutmütigen Charakter ihres Herrn überzeugt zu sein (EG 33). Mme des Grassins Bezeichnung Nanons als „mademoiselle Nanon" (EG 45) spiegelt zwar den Respekt wider, den sie innerhalb des Hauses und gegenüber den wenigen zugelassenen Gästen besitzt, aber die vorgebliche Gleichbehandlung, die Nanon durch ihren Herrn erfährt und ihr ungeahnte Glücksmomente verschafft, gründet – von Nanon nicht erkannt – ausschließlich in seinem Geiz. Besonders anschaulich und humoristisch kommt dies beim Besuch der Familien Grassin und Cruchotin zum Vorschein, die beide auf Eugénie als künftige Schwiegertochter spekulieren. Grandet bittet Nanon auch ins Zimmer, die die Gäste mit den Herrschaften alleine lassen wollte:

> Par la porte du couloir, qui allait à la cuisine, il vit alors la Grande Nanon, assise à son feu, ayant une lumière et se préparant à filer là, pour ne pas se mêler à la fête. – Nanon, dit-il, en s'avançant dans le couloir, veux-tu bien éteindre ton feu, ta lumière, et venir avec nous? Pardieu la salle est assez grande pour nous tous./– Mais, monsieur, vous aurez du beau monde./– Ne les vaux-tu pas bien? ils sont de la côte d'Adam tout comme toi.(EG 42)

Nanon kennt die Eigenheiten ihres Herrn zwar genau, „elle connaissait son maître" (EG 59) und weiß auch die richtigen Verhaltensformen an den Tag zu legen, um ihn zufriedenzustellen, den Grund für Grandets nettes Verhalten erkennt sie jedoch nicht. Die Kombination der naiven Züge mit denen des instinktiven Wissens (MK 4.5) in der Figur der Nanon findet sich strukturell ähnlich bei Françoise wieder. Als vielschichtige Makrostruktur weist sie das Pendant zur Motivklasse (4.5) auf. Beziehen sich Nanons Aussagen auf Bereiche, die außerhalb ihres Erfahrungshorizontes liegen, sind sie eine Quelle der Komik und geben Zeugnis ab von ihrer Naivität (MK 4.4).[104] Am deutlichsten kommt dies in Zusammenhang mit dem für den Saumurschen Haushalt exotisch erscheinenden reich geschmückten Charles zum Ausdruck. Als sie ihm beim Auspacken hilft, ist sie von seinem üppigen Nachtgewand wie geblendet:

---

[104] cf. auch die 'Stiefelszene', EG 88: „– Voyez donc, monsieur, lui dit Nanon, les jolies bottes qu'a votre neveu. Quel cuir, et qui sent bon. Avec quoi que ça se nettoie donc? Faut-il y mettre de votre cirage à l'oeuf?/Nanon, je crois que l'oeuf gâterait ce cuir-là. D'ailleurs, dis-lui que tu ne connais point la manière de cirer le maroquin, oui, c'est du maroquin, il achètera lui-même à Saumur et t'apportera de quoi illustrer ses bottes. J'ai entendu dire qu'on fourre du sucre dans leur cirage pour le rendre brillant./– C'est donc bon à manger, dit la servante en portant les bottes à son nez. Tiens, tiens, elles sentent l'eau de Cologne de madame. Ah! C'est-il drôle."

Nanon fut tout émerveillée de voir une robe de chambre en soie verte à fleurs d'or et à dessins antiques./ – Vous allez mettre ça pour vous coucher, dit-elle./ – Oui./ – Sainte Vierge! le beau devant d'autel que ça ferait pour la paroisse. Mais, mon cher mignon monsieur, donnez donc ça à l'eglise, vous sauverez votre âme, tandis que ça vous la fera perdre. Oh! que vous êtes donc gentil comme ça. Je vais appeler mademoiselle pour qu'elle vous regarde./ – Allons, Nanon, puisque Nanon y a, voulez-vous vous taire! Laissez-moi coucher, j'arrangerai mes affaires demain; et si ma robe vous plaît tant, vous sauverez votre âme. Je suis trop bon chrétien pour vous la refuser en m'en allant, et vous pourrez en faire ce que vous voudrez./ Nanon resta plantée sur ses pieds, contemplant Charles, sans pouvoir ajouter foi à ses paroles./ – Me donner ce bel autour! dit-elle en s'en allant. Il rêve déjà, ce monsieur. Bonsoir.(EG 76)

Nanon träumt daraufhin von dem Mantel wie Eugénie von der Liebe. Beide verbindet ihre naive Religiosität. Den regelmäßigen Kirchgang teilen alle drei Frauen miteinander (EG 34; EG 204). Die Komik der Szene liegt natürlich auch darin begründet, daß Nanon in einem reichen Haus wohnt, das nur durch den Geiz Grandets einen der ärmsten Eindrücke hinterläßt. Nanon kommt nicht auf die Idee, ihrem Herrn ähnliche Opfer wie Charles vorzuschlagen. Auch hinsichtlich seines Charakters läßt sie sich von diesem „vieux chien" (EG 132) täuschen. Nicht nur glaubt sie ihn großzügig gegenüber Charles, wenn er nur die Reise nach Indien für ihn bezahlt, sondern schreibt sein verändertes Verhalten – „il tremblait tellement devant sa fille" (EG 218) – nach dem Tod seiner Ehefrau der Alterssenilität zu. Sie erkennt nicht, daß er nur Angst vor seiner Tochter hat, sie könne ihr Erbteil von ihm verlangen. Dies rührt zuallererst von ihrer nur das Gute denkenden Charaktereigenschaft her,[105] was sie aber dazu bringt, sich ein voreingenommenes Bild von ihrem Herrn zu machen. Ähnliches läßt sich bei Françoise beobachten: Françoises Irrtümer beruhen zwar zum Teil auf ihrem Neid gegenüber Albertine, ein Gefühl, das Nanon nicht kennt, bei beiden führt ihre Engstirnigkeit jedoch zum gleichen Ergebnis: Sie täuschen sich über den wahren Charakter der betreffenden Person hinweg. Daß Nanon es trotz ihrer Naivität nicht an Klarsicht ermangeln läßt, zeigt ihre Vorgehensweise mit Grandet in der Zuckerfrage bzw. Galette-Szene. Hier führt Nanon letztendlich das aus, was Eugénie sich zum Ziel gesetzt hat: ihrem Vater eine Galette für ihren Cousin abzuringen.[106] Nanon kennt ihren Herrn besser als die übrigen Familienmitglieder und weiß genau, wie sie sich verhalten muß, um zum Ziel zu kommen. Deutlich wird ihr Mut, Quelle ihres selbstbewußten Auftretens. Während Eugénie noch nach einem Kunstgriff sucht, die Galette zu erhalten, „s'élevait entre la grande Nanon et Grandet une de ces querelles aussi rares entre eux que le sont les hirondelles en hiver" (EG 85f.). Da Nanon weiß, daß sie nicht auf direktem Weg die Materialien für eine Galette von Grandet erhalten wird, benutzt sie eine List, die sie über Umwege zum gleichen Ziel führt: Sie gibt die Frage der Galette zunächst auf und verlangt von ihm acht statt der bisher sechs Stücke Zucker, da nun auch der Neffe mitzählt. Grandet antwortet völlig konsterniert: „– Ha! cà, Nanon, je ne t'ai jamais vue comme ca. Qu'est-ce

---

[105] cf. EG 33: „D'ailleurs le coeur simple, la tête étroite de Nanon ne pouvaient contenir qu'un sentiment et une idée."
[106] Da Eugénie selbst zu schwach ist – die mit ihr verbundenen Tiermetaphern sind u.a. die eines Vogels und einer eingeschüchterten Maus – ihren Vater zur Erfüllung ihrer Wünsche zu bewegen, muß dies Nanon übernehmen. – cf. auch Balzacs Beschreibung ihrer madonnenhaften Züge, die an eine „Vénus de Milo", an die Reinheit Mariens in Raphaelschen Darstellungen u.ä. erinnern (EG 82ff.).

qui te passe donc par la tête? Es-tu la maîtresse ici" (EG 86f.)? Die Antwort kann sich der Leser selbst geben: Natürlich ist Nanon die eigentliche Herrin des Hauses, denn die Mutter ordnet sich eingeschüchtert ihrem Mann unter und Eugénie ist noch nicht soweit gestärkt, daß sie sich gegen ihren Vater auflehnt. Wie Françoise durchschaut Nanon ihre Herrschaften. Auf Nanons Frage, womit denn der Neffe seinen Kaffee zuckern solle, bietet Grandet seine eigenen Zuckerstücke an. Das würde Nanon allerdings niemals akzeptieren und ihre Reaktion fällt entsprechend aus: „– Vous vous passerez de sucre, à votre âge! J'aimerais mieux vous en acheter de ma poche." Zu Nanons Grundüberzeugung gehört es, die Dienerin nicht besser als ihren Herren zu stellen. Ein Hierarchiedenken klingt hier an, das Proust für Françoises Denkkonzepte (MK 2) als Ausgangspunkt nehmen kann. Dementsprechend bietet sie ihrem Herrn an, aus ihrer Tasche die noch nötigen Zuckerstücke zu kaufen, als Grandet auf seine eigenen zugunsten Charles' verzichten will (EG 87). Grandet antwortet, sie solle sich um ihre Sachen kümmern. Genau dies tut sie ja, denn der Einsatz für das Wohl aller Familienmitglieder stellt ihr Aufgabengebiet dar. Nanon weiß, daß der Zucker trotz des Preisnachlasses für Grandet immer noch „la plus précieuse des denrées coloniales" darstellt, deshalb gibt sie die Zuckerfrage zugunsten der Galette auf und ist am Ziel (EG 87). Bezeichnend ist, daß Nanon mit dieser Frauenlist zum Ziel kommt und nicht Eugénie. Die tradierte Struktur schwache Herrin – starke Dienerin behält Balzac in gleicher inhaltlicher Konnotation bei, hinter der sich eine Motivklasseneinheit Françoises erkennen läßt.[107] Die Dienerin Nanon bzw. Françoise nehmen den Gang der Dinge in die Hand, um zum Ziel zu kommen: hier die Galette für Eugénie und Charles zu erhalten, dort um Marcel zum Schreiben seines Romans zu bringen (A/B). Eugénie überläßt es Nanon, zu ihrem gewünschten Ziel zu kommen, unterstützt sie nicht, bestreitet sogar aus Angst, eine Galette zu wollen. Auch Marcel erleidet immer wieder Rückschläge in seiner Willenskraft, die von Françoise regelmäßig neu angefacht und gestärkt wird, solange bis er es schafft, seine Ziele auch umzusetzen. Nanon läßt sich von Eugénies Feigheit aus Schwäche nicht beirren, denn sie kennt das wahre Anliegen ihrer Herrin und fordert auch noch schonungslos Holz vom geizigen Grandet:

> – Il faudra du bois pour chauffer le four, dit l'implacable Nanon./ – Eh bien! tu en prendras à ta suffisance, répondit-il mélancoliquement, mais alors tu nous feras une tarte aux fruits, et tu nous cuiras au four tout le dîner; par ainsi, tu n'allumeras pas deux feux./ – Quien! s'écria Nanon, vous n'avez pas besoin de me le dire. Grandet jeta sur son fidèle ministre un coup d'oeil presque paternel.
> – Mademoiselle, cria la cuisinière, nous aurons une galette.(EG 88)

Nanon ist froh, zwei Fliegen mit einer Klappe geschlagen zu haben, sie konnte es letztendlich ihrem Herrn wieder recht machen, indem sie an Sparsamkeit der Feuerverwendung denkt und Eugénie, die ihre Galette bekommt. Françoise kann ähnlich subtile Verhaltensweisen an den Tag legen, da sie wie Nanon allen Artikeln ihres persönlichen Kodexes gerecht werden will. Ebensowenig wie Eugénie ist Françoise aus egoistischen Gründen sparsam: Françoise ist nur für Tante Léonie aus einer „férocité

---

[107] Da Nanon – obwohl eine Partei mit den Frauen bildend – im physischen Kontrast zu ihrer zarten Herrin steht, nimmt sie eine Mittelposition zwischen Balzacs Männer- und Frauenbild ein; eine Grundvoraussetzung für ihre Zugehörigkeit zum handelnden (männlichen) Part.

maternelle" (CS 105) heraus geizig. Was Françoise von ihrem Gehalt erspart, würde sie selbstlos ihrer eigenen Familie bei Bedarf unterstützend zur Verfügung stellen (MK 4.3). Mit dem Geld ihrer Herren identifiziert sie sich allerdings derart, daß ihr das damit verbundene Prestige rückwirkend ein Wohlbefinden verschafft (MK 4.1). Nanon dagegen ahnt noch nicht einmal etwas vom Reichtum ihres Herrn. Eine Reaktion bzw. ein Gefühl des Stolzes, das dem einer Françoise ähnelt, unterbleibt.

Auch in der „Schatullen-Szene" zeigt sich, daß Eugénie auf die Hilfe ihrer Dienerin angewiesen ist, um ihr eigenes Handeln zum Erfolg zu führen. Als Grandet mit einem Messer ein Goldplättchen der Schatulle abbrechen will, stürzt sich Eugénie auf ihn, um die ihr geheiligte Schatulle von Charles an sich zu bringen. Er stößt sie brutal zurück; ein erneuter Schlag für die schon vom Tode gezeichnete Mutter. Kampf und Streit gehen weiter, bis Nanon ins Zimmer tritt:

> – Mon père, cria Eugénie d'une voix si éclatante que Nanon effrayée monta. Eugénie sauta sur un couteau qui était à sa portée et s'en arma./ – Eh bien? lui dit froidement Grandet en souriant à froid./ – Monsieur, monsieur, vous m'assassinez! dit la mère./ – Mon père, si votre couteau entame seulement une parcelle de cet or, je me perce de celui-ci. Vous avez déjà rendu ma mère mortellement malade, vous tuerez encore votre fille. Allez maintenant, blessure pour blessure./ Grandet tint son couteau sur le nésessaire, et regarda sa fille en hésitant./ – En serais-tu donc capable, Eugénie? dit-il./ – Oui, monsieur dit la mère./ – Elle le ferait comme elle le dit, cria Nanon. Soyez donc raisonnable, monsieur, une fois dans votre vie. Le tonnelier regarda l'or et sa fille alternativement pendant un instant. Madame Grandet s'évanouit. – Là, voyez-vous, mon cher monsieur? madame se meurt, cria Nanon./ – Tiens, ma fille, ne nous brouillons pas pour un coffre. Prends donc! s'écria vivement le tonnelier en jetant la toilette sur le lit. – Toi, Nanon, va chercher monsieur Bergerin. – Allons, la mère, dit-il en baisant la main de sa femme, ce n'est rien, va: nous avons fait la paix.(EG 215)

Erst durch Nanons schreiende und eindringliche Worte läßt Grandet von seinem Vorhaben ab, da ihm in Erinnerung kommt, daß er im Todesfall seiner Frau mit seiner Tochter gleich gestellt ist. Sie wird die Hälfte des Vermögens erben und muß daher gut behandelt werden. Er selbst ist sich nicht sicher, ob Eugénie ihre Selbstmorddrohung wahr machen wird. Die bestätigenden Worte der leiblichen Mutter überzeugen ihn ebensowenig, erst diejenigen Nanons rütteln ihn wach. Ein Beweis für Grandets Kenntnis, daß Nanon es ist, die seine Tochter in- und auswendig kennt. Die Szene zeigt, wie in der interpersonalen Relation Nanons zu Eugénie die positiven Beispiele und Unterstützungsaktionen der Dienerin bei der jungen Herrin mittlerweile gefruchtet haben. Eugénies Mut ist soweit gestärkt, daß sie gegen ihren Vater für ihre eigenen Interessen eintritt. Funktional behält die Dienerin bei Balzac als auch bei Proust die gleiche Funktion. Ihr Verhalten zeitigt das gleiche Ergebnis (B): Der junge Herr, die junge Herrin werden sich der Legitimität seiner, respektive ihrer subjektiven Anliegen bewußt und reagieren mit entsprechenden Handlungen (Eintreten dafür).

Das Bild der einfältigen bäuerlichen Bediensteten mit allen ihren nunmehr bekannten Qualitäten erinnert teils an Vertreterinnen des Molièreschen Komödientyps. Im Gegensatz zur Balzacschen Dienerin Servien Prudence alias Europe aus *Splendeurs et misères des courtisanes*, zieht Balzac aber keine direkte Verbindungslinie von Nanon zum Komödientyp der Kammerzofe. Jungs Aussage zu Europes Funktion innerhalb der Romanintrige trifft in abgewandelter Form aber sicherlich auch auf Nanon zu:

Bezogen auf ihre Rolle in der Nucingen-Intrige ist Europe denn auch, im Sinne Balzacs, eine durchaus komische Figur; unter dem Aspekt ihrer Biographie darf sie zugleich als Sozialtypus der Dienerin im 19. Jahrhundert gelten [...].[108]

Zu ergänzen wäre, daß Europe als der Sozialtypus einer Dienerin gelten kann, die in frühester Kindheit in ein industrielles Milieu kommt und eine entsprechende Milieuschädigung erhält, die sich in Paris fortsetzt. Nanon dagegen stellt einen anderen Sozialtypus einer Dienerin dar, nämlich denjenigen einer aus der Provinz kommenden und im provinziellen familiären Milieu verbleibenden Dienerin. Typisch proletarische Züge finden sich daher nicht bei Nanon, wodurch der enge Bezug zu Prousts Françoise zustande kommen kann. Nanon spielt die positive Hauptrolle im familiären Verbund der Grandets, da alle Personen auf unterschiedliche Weise auf ihre Hilfe angewiesen sind. Sie ist „a servant in the tradition of the seventeeth-century comic theatre, a down-to-earth figure whose naïveté and physicality are a source of humor and whose pragmatism serves to set off the idealism of the mistress."[109]

Wie eine uns von Molière bzw. Marivaux her bekannte Dienerin gehört es zu ihrer Grundüberzeugung, alles zum Wohl ihrer Herren zu tun. Dies umfaßt die pragmatische als auch die emotionale Seite: Sie sorgt für ihr physisches als auch psychisches Wohlbefinden. Im Gegensatz zur Dienerin aus Molières Geizigen urteilt sie allerdings nicht negativ über den alles dominierenden Charaktergrundzug des Geizes ihres Herrn. Für sie bleibt ihr Herr ein „ben parfait, un ben bon homme" (EG 190). Ihr Herr wird schon seine Gründe für seine Lebensführung haben. Durch das enge Zusammenleben und die aufgenötigte sparsame Haushaltsführung paßt sich Nanon ihrem Herrn zwangsläufig im Verhalten an. Auch Marcel fürchtet, daß bestimmte Eigenschaften bzw. Ausdrucksformen auf Françoise abfärben, was sie tatsächlich tun. Ihre Individualität wird dadurch nicht geschmälert. Nanon führt im Vergleich dazu zwar ihre Küche und den Haushalt unter absolut ökonomisch restriktiven Gesichtspunkten, bleibt aber großzügig, soweit dies ihr Rahmen zuläßt. Nichts ändert sich demnach an ihrem individuellen großmütigen Charakter. Ihr großes Ansehen, daß sie sich im Dorf erworben hat, fußt auf ihren idealen Dienerqualitäten, die darin bestehen, sich physisch als auch psychisch vollends für ihre Herren einzusetzen und darin sein eigenes Glück zu finden. Zudem verschafft sie sich durch ihr kleines Vermögen und ihren unbezwingbaren Mut entsprechenden Respekt.[110] Die so gewonnene und Nanon durchaus bewußte Autorität benutzt sie, um bestimmte Vorteile für 'ihre Familie' herauszuschlagen:

---

[108] Jung 1983, 156.
[109] Yates 1991, 156.
[110] Nach 35 Jahren Dienst bei Grandet hat Eugénie sich mit diesem Verhalten ein ansehnliches kleines Vermögen zusammengespart und wird von dem Dienstpersonal von Saumur beneidet: „La Grande Nanon était peut-être la seule créature humaine capable d'accepter le despotisme de son maître. Toute la ville l'enviait à monsieur et à madame Grandet. La Grande Nanon, ainsi nommée à cause de sa taille haute de cinq pieds huit pouces, appartenait à Grandet depuis trente-cinq ans. Quoiqu'elle n'eut que soixante livres de gages, elle passait pour une des plus riches servantes de Saumur. Ces soixante livres, accumulées depuis trente-cinq ans, lui avaient permis de placer récemment quatre milles livres en viager chez maître Cruchot. Ce résultat des longues et persistantes économies de la Grande Nanon parut gigantesque. Chaque servante, voyant à la pauvre sexagénaire du pain pour ses vieux jours, était jalouse d'elle sans penser au dur servage par lequel il avait été acquis." (EG 29f.) – Zur widersprüchlichen Altersangabe Nanons durch Balzac, cf. EG 30, FN 2.

> Nanon revint avec deux oeufs frais. En voyant les oeufs, Eugénie eut l'envie de lui sauter au cou./ – Le fermier de la Lande an avait dans son panier, je les lui ai demandés, et il me les a donnés pour m'être agréable, le mignon.(EG 98)

Da sich jeder gut mit ihr stellen möchte, bekommt sie häufig umsonst kleine Nahrungsmittel aus der Nachbarschaft. Ihre exakte Herkunft bleibt im Dunkeln, man erfährt nur, daß sie von klein auf in der Provinz aufgewachsen ist (MK 4.1.1). Das Ansehen, daß Grandet als reichster Mann in Saumur besitzt, überträgt sich schließlich auch auf seine Dienerin bzw. wird von ihr ebenso verinnerlicht, denn: „Nanon faisait partie de la famille" (EG 32).[111] Sie verteidigt die Hausinteressen dementsprechend. So spricht sie von „notre porte", als Charles bei seiner Ankunft zu fest klopft und sie um den Bestand der Tür fürchtet:

> – Peut-on cogner comme ça, dit Nanon. Veulent-ils casser notre porte./ – Quel diable est-ce? s'écria Grandet.(EG 47)

Diese Stelle zeigt nicht nur die identischen Interessen des Herrn und der Dienerin, sondern auch das Merkmal der verwandten Ausdrucksformen – ein Merkmal, das sich bei Marcel und Françoise wiederfinden wird –, wobei Nanons Aussage die abgeschwächte Form von Grandets Empörung darstellt. Nach Grandets Tod und der eigenen Haushaltsgründung, behält Nanon dennoch ihr Identifikationsgefühl mit ihrer Familie bei, die jetzt nur noch aus Eugénie besteht und vertritt weiter die Haushaltsinteressen in der Wir-Form (EG 247).[112] Nach außen verteidigt Nanon unter allen Umständen das Ansehen des Hauses. Dies gilt auch noch, als die Stadt die veränderten Umstände im Hause Grandet erfährt und über Grandet harte Urteile fällt. Wenn die treue Nanon auch intern nicht alles im rechten Lot sieht und die Haushaltsführung nicht ihren Überzeugungen entspricht, so findet sie dennoch entsprechende öffentliche Argumente zur Verteidigung ihres Herrn:

> Sa fidèle Nanon paraissait-elle au marché, soudain quelques lazzis, quelques plaintes sur son maître lui sifflaient aux oreilles; mais, quoique l'opinion publique condamnât hautement le père Grandet, **la servante le défendait par orgueil pour la maison** [meine Hervorhebung]./ – Eh bien! disait-elle aux détracteurs du bonhomme, est-ce que nous ne devenons pas tous plus durs en vieillisant? Pourquoi ne voulez-vous pas qu'il se racornisse un peu, cet homme? Taisez donc vos menteries. Mademoiselle vit comme une reine. Elle est seule, eh bien! c'est son goût. D'ailleurs, mes maîtres ont des raisons majeures.(EG 207)[113]

Wenn auch inhaltlich differenziert gestaltet, findet sich das gleiche Verhalten bei Françoise: nach innen kritisiert sie die Hauhaltsführung: hier den wenigen Wert, den man auf Prestigebekundungen legt; nach außen verteidigt sie aber das Ansehen des Hauses und findet Argumente, warum ihre Familie dies nicht nötig hat (MK 4.1.2). Stimmt das innere Gleichgewicht der Familie nicht, stellt Nanon die Ordnung nach ihren Vorstellungen wieder her. Z.B. kocht sie heimlich für Eugénie, weil ihre Herrin nicht weniger zu essen haben darf als sie selbst:

---

[111] cf. Debray-Genette 1992, 237: „[...] le personnage de Nanon vit, en tant que servante, à égalité avec les Grandet."

[112] cf. EG 247: „Madame, vous avez huit mille cent francs d'or à nous compter, lui dit Nanon."

[113] Mit dieser Aussage steht Nanon im Widerspruch zu derjenigen, die sie macht, kurz bevor Grandet von Eugénies Verrat erfährt, EG 190: „C'est un digne homme, tout de même. Il y en a qui, pus y devienent vieux, pus y durcissent; mais lui, il se fait doux comme votre cassis, et y rabonit." Mit dem Wissen um diese Aussage Nanons gewinnt der Leser der ganzen Szene noch eine extra komische Note ab.

– C'est-y vrai, dit Nanon effarée en arrivant, que voilà mademoiselle au pain et à l'eau pour le reste des jours?/ – Qu'est-ce que cela fait, Nanon? dit tranquillement Eugénie./ – Ah! pus souvent que je mangerai de la frippe quand la fille de la maison mange du pain sec. Non, non./ – Pas un mot de tout ça, Nanon, dit Eugénie./ – J'aurai la goule morte, mais vous verrez./ Grandet dîna seul pour la première fois depuis vingt-quatre ans./ – Vous voilà donc veuf, monsieur, lui dit Nanon. C'est bien désagréable d'être veuf avec deux femmes dans sa maison./ – Je ne te parle pas à toi. Tiens ta margoulette ou je te chasse. Qu'est-ce que tu as dans ta casserole que j'entends bouilloter sur le fourneau?/ – C'est des graisses que je fonds...(EG 201f.)

Nanons Hierarchiedenken, ihr Mut und Selbstbewußtsein (MK 4.1) äußert sich in einer individuellen und kreativen Sprache (MK 3.2). Sie sieht ihre Aufgabe und ihr Glück im Beschützen des Wohlbefindens aller Familienmitglieder und sich daher autorisiert, verbal und tatkräftig immer dann einzugreifen, wenn die Familienharmonie aus dem Gleichgewicht gerät (MK 2). Dabei schafft sie es, ihre Loyalität gegenüber beiden Seiten aufrecht zu erhalten. Das Redeverbot Grandets kann Nanon daher nicht beeindrucken. Dem Leser ist klar, daß Grandets Drohung ins Leere läuft. Er würde Nanon niemals aus dem Hause jagen, wo er genau weiß, was er an ihr hat. Eine Dienerin, die sogar bereit ist, sich ihren Arm zu brechen, nur um für ihn eine Cassis-Flasche zu retten[114] bzw. eine, die sich ohne Dauerbelastung langweilt (EG 166), ohne sich auch nur im geringsten zu beschweren, findet er kein zweites Mal. Marcel weiß ebensogut, was er an Françoise hat. Zu Beginn ist dies Wissen nur auf ihre Qualitäten als Köchin und Dienerin beschränkt, zu Ende seiner Suche auf ihre künstlerischen und menschlichen ausgedehnt.

Hinter der rauhen Schale Nanons, steckt ein absolut weicher, selbstloser und gutmütiger Kerl (MK 4.3). Ähnlich kontrastreich strukturiert Proust seine Françoise. Allerdings ist die rauhe Schale weniger auf ihr Äußeres als vielmehr auf ihr inneres Wesen verlagert. Wenn Wesenszüge kontrastieren, ergeben sich Widersprüche, die darauf hinweisen, daß damit der Grundzug des Menschen an sich in Françoise beispielhaft deutlich wird.

Nanons Sprache ist mit ländlichen Sprichwörtern und sentimentalen Adjektiven angereichert (MK 3.2). Ihre Herkunft und ihr Denken bestimmen ihre Sprache. Wiederholt bezeichnet sie ihren Herrn als „un ben doux, un ben parfait monsieur" (EG 75), gleiche Bezeichnung läßt sie auch Charles zukommen (EG 185). Daß Grandet nur als „un ben bon homme" (EG 190) von Nanon gedacht werden kann, sagt mehr über die Aussagende als den Bezeichneten aus (A/B). Gleiche Spiegelungstechnik findet sich auch in der *Recherche*. Charles ist für Nanon desweiteren „un pauvre gentil jeune homme" (EG 113), ihr eigenes Essen „ben bon, ben délicat" (EG 203). Schaut man nur auf die von ihr benutzten gleichbleibenden Adjektive, könnte man von einem reduzierten Wortschatz ausgehen, der Nanons begrenztem Auffassungsvermögen entspricht. In der Tat bleibt ihr Wortschatz ihrer lokalen bzw. religiösen Prägung verhaftet. Die Vergleiche Nanons, u.a. von Charles mit einem Kalb bzw. einer „Madeleine" (EG 113) als auch die Benutzung populärer Worte wie „frippe" (EG 86; EG 202) und „aveint" (EG 87) dokumentieren dies. Zudem ist ihre

---

[114] cf. EG 38: „– Tiens, dit Grandet à Nanon, puisque [...] tu as manqué de tomber, prends un petit verre de cassis pour te remettre./– Ma foi, je l'ai bien gagné, dit Nanon. A ma place, il y a bien des gens qui auraient cassé la bouteille; mais je me serais plutôt cassé le coude pour la tenir en l'air./– C'te pauvre Nanon! dit Grandet en lui versant le cassis." Grandet weiß genau, daß Nanon recht hat, was ihm dann schon mal ein billiges Glas Cassis zur Belohnung für Nanon 'wert' ist.

Sprache mit grammatikalischen Unkorrektheiten angehäuft.[115] Ihre aus dem ländlichen Leben stammenden und zum Teil biblische Bilder aufgreifende Vergleiche sind dennoch von einer Aussageklarheit, die ihre Wirkung nicht verfehlen und zudem von ihrem Humor zeugen.[116] Schon in ihrer Anspielung, daß es doch komisch sei, Witwer mit zwei Frauen im Haus zu sein, kommt ihre Ironie zum Ausdruck und das Ziel, ihren Herrn auf sein widernatürliches Verhalten hinzuweisen.[117] Françoises Sprache hat ihre Prägung ebenso durch ihre Herkunft erfahren und erzielt ähnliche Wirkungen wie diejenige Nanons (MK 3.2). Françoise steht mit ihrem weichen Kern in rauher Schale Nanon sehr nahe, die voller Mitleid für den „pauvre Charles" ist.[118] Françoise drückt ihr Mitleid häufig mit den Adjektiven aus, die auch Nanon benutzt. Sie bedauert beispielsweise die „pauvres enfants" als auch die „pauvre jeunesse qui sera fauchée comme un pré" (CS 90). Die „pauvres malades" (CS 139), die „pauvres laboureurs" und die „pauvres récoltes" (CS 150) erfahren die gleiche Qualifizierung und kommen in den Genuß ihres Mitleids (MK 3.2). Nach Dufour ist die Sprache für Balzac „un élément du décor", dem er „sa «couleur locale»" verleiht.[119] Als Nanon aus dem wenigen vorhandenen Material ein delikates Frühstück zaubert, ist es die Art ihrer Präsentation, die von ihrer Kreativität zeugt (MK 4.6):

> Tenez, mon cher monsieur, dit Nanon en apportant les oeufs, nous vous donnerons les poulets à la coque.(EG 101)

---

[115] Sie konjugiert beispielsweise falsch: „je le savons bien" (EG 147)

[116] cf. auch Françoises Vorliebe für Sprichwörter wie in CS 65: „– Mais non, madame Octave, mon temps n'est pas si cher; celui qui l'a fait ne nous l'a vendu. Je vais seulement voir si mon feu ne s'éteint pas."

[117] cf. auch Nanons Aussage, als Grandet nicht mehr mit seinen Frauen spricht, weil er sich nur noch um seine Geldgeschäfte kümmert und wenn er mit ihnen redet, ihnen nur die Geldverschwendung für Trauerkleidung vorhält, EG 119: „Nanon filait, et le bruit de son rouet fut la seule voix qui se fît entendre sous les planchers grisâtres de la salle./– Nous n'usons point nos langues, dit-elle en montrant ses dents blanches et grosses comme des amendes pelées./– Ne faut rien user, répondit Grandet en se réveillant de ses méditations." – Als Nanon für Eugénie frischen Kaffee holt, damit sie ihren Cousin damit verwöhnen kann, warnt Nanon sie trotzdem vor den Konsequenzen – wieder mit ihrem eigenen Schuß Humor, EG 97f.: „Je cours. Mais monsieur Fessard m'a déjà demandé si les trois Mages étaient chez nous, en me donnant de la bougie. Toute la ville va savoir nos déportements." – Cf. auch Nanons Entsetzen ausdrückende und an Eugénie gerichtete Bemerkung, nachdem Charles das Haus verlassen hat, EG 185: „Sainte Vierge, mademoiselle, vous avez les yeux à la perdition de votre âme! Ne regardez donc pas le monde comme ça." Sowie Debray-Genette 1992, 230: „[...] Nanon, déploiera des qualités de servante, au franc-parler moliéresque." Und ebd. 238: „[...] c'est qu'elle ne craint pas d'intervenir dans les dialogues, d'y soutenir l'action de son parler paysan et naïf."

[118] Nanon in „her distinctive use of language" weist nach Yates voraus „to Proust's Françoise, with her peasant dialect which is both picturesque and touching" (Yates 1991, 157).

[119] Dufour, Philippe: „Les avatars du langage dans «Eugénie Grandet»", in: L'année balzacienne (1995), 39-61, 39f.; cf. auch ebd. 40f.: „Élément du dialogue, du portrait ou du décor, le langage de l'autre apparaît aussi dans les discours du narrateur [...]. Le narrateur est philologue à ses heures. Dans ces phrases, la parole bascule vers la langue, le roman vers le dictionnaire, enregistrant les régionalismes. [...] les langages spécialisés, les différences de niveau de langue, tout comme les âges de la langue française, rappelant par exemple au lecteur d'Eugénie Grandet un mot naguère à la mode, dans le passé du fiction [...], mais remontant aussi bien [...] à des époques plus lointaines, et indéterminées [...] avant de rejoindre dans l'épilogue l'état de langue contemporain [...]. L'écriture balzacienne procède de la parole."

Selbstbewußt präsentiert sie ihre Kochkünste, in denen sie sich nicht hineinreden läßt, ebensowenig wie später Françoise.[120] Deshalb lehnt sie auch eine neue Weise des Kaffeekochens ab, die ihr Charles vorschlägt. Mit dem 'modernen Krams' kann sie nichts anfangen, zumal er auch ihrer praktischen Veranlagung widerspricht:

> – Qu'est-ce que c'est que cela? demanda Charles en riant./ Et il montrait un pot oblong, en terre brune, verni, faiencé à l'intérieur, bordé d'une frange de cendre, et au fond duquel tombait le café en revenant à la surface du liquide bouillonnant./ – C'est du café boullu, dit Nanon./ – Ah! ma chère tante, je laisserai du moins quelque trace bienfaisante de mon passage ici. Vous êtes bien arriérés! Je vous apprendrai à faire du bon café dans une cafetière à la Chaptal./ Il tenta d'expliquer le système de la cafetière à la Chaptal./ – Ah! bien, s'il y a tant d'affaires que ça, dit Nanon, il faudrait bien y passer sa vie. Jamais je ne ferai de café comme ça. Ah! bien, oui. Et qui est-ce qui ferait de l'herbe pour notre vache pendant que je ferais le café?(EG 103f.)

Nicht nur durch ihre Sprüche unterstreicht Nanon die Kraft ihrer Aussagen, sondern auch durch bestimmte Verwendungen eines Akzents, der unmißverständlich ist und an Reaktionen Françoises erinnert, wenn man gegen die Prinzipien ihres Codes verstößt (MK 3.2):

> – Il [Charles] dit qu'il ne veut pas manger, répondit Nanon. Ça n'est pas sain./ – Autant d'économisé, lui répliqua son maître./ – Dame, *voui*, dit-elle./ – Bah! il ne pleurera pas toujours. La faim chasse le loup hors du bois.(EG 118)

Es reicht Nanons „voui" aus, um Grandet Nanons ganze Verachtung spüren zu lassen und ihn zum Einlenken zu bewegen. Er mildert seine unpassende – wie immer allein aufs Geld gerichtete – Bemerkung etwas ab. An anderer Stelle unterstreicht Nanon ebenfalls durch ihren Akzent ihren Gemütszustand. So begleitet sie Charles' Beschreibungen mit einem „accent doux" (EG 95), um ihr Mitleid mit dem 'armen süßen' Charles kund zu tun. Zudem ist Nanon dazu befähigt, in ernsten Situationen, wo es wortwörtlich um Leben oder Tod geht, eine absolut klare und an die Vernunft appellierende Sprache zu sprechen, der sich selbst Grandet beugt (EG 215).[121] Ihre Sprachkreativität variiert innerhalb der vorgestellten Spanne und bildet eine Folie für Françoises Motivklassen (3.2) bzw. (4.6), die nur als Basis von Proust aufgegriffen und erst zur vollen Entfaltung gebracht werden.[122]

Nanons Kunstfertigkeit beschränkt sich auf ihre kreative aussagekräftige Sprechweise und ihre schauspielerischen Qualitäten (MK 3.1). Es gehört zum Grundprinzip der *Comédie humaine*, daß Balzac alle seine Figuren sich gegenseitig die Komödie des Lebens spielen läßt; in *Eugénie Grandet* ist explizit die „salle" das „théâtre de la vie domestique" (EG 27), womit auch Nanons Bühne bezeichnet wäre. Ihre schauspielerischen Qualitäten zeigen sich nicht nur in ihren Verstellungskünsten gegenüber Grandet, wenn sie bestimmte Ziele

---

[120] cf. als ein Beispiel für Françoises ökonomische Denkweise, CS 67: „Madame Octave, il va falloir que je vous quitte, je n'ai pas le temps de m'amuser, voilà bientôt dix heures, mon fourneau n'est seulement pas éclairé, et j'ai encore à plumer mes asperges."

[121] cf. EG 215: „Soyez donc raisonnable, monsieur, une fois dans votre vie. [...] – Là, voyez-vous, mon cher monsieur? madame se meurt, cria Nanon."

[122] So könnte man im übertragenen Sinne Millys Zitat hinsichtlich der Übernahme Balzacscher Themen auch im Bereich der Sprache gelten lassen, cf. Milly 1970, 62: „Tous ces thèmes, néanmoins, s'ils doivent à Balzac, sont toujours traités de façon beaucoup plus liée et dominée. Proust s'est, sur ce point capital, affranchi de son modèle. Il ne juxtapose pas, il fond ensemble [...]."

zugunsten ihrer jungen Herrin erreichen möchte, sondern auch nach dem Tode Grandets in ihrer Funktion als Intimvertraute Eugénies:

> Le bouquet présenté jadis à Eugénie aux jours de sa fête par le président était devenu périodique. Tous les soirs il apportait à la riche héritière un gros et magnifique bouquet que madame Cornoiller mettait ostensiblement dans un bocal, et jetait secrètement dans un coin de la cour, aussitôt les visiteurs partis.(EG 230f.)

Diese witzige Szene sagt gleich mehreres aus: Das Verhalten Nanons läßt auf dasjenige Eugénies schließen. Da sie die Blumen im stillen Einverständnis mit ihrer Herrin wegschmeißt, verachten sie beide gleichermaßen die Geste des Präsidenten und bedürfen keiner Worte, um sich darüber zu verständigen. Beiden ist klar, daß der Präsident mit diesen Geschenken Eugénie doch noch zur Ehe bewegen möchte. Zudem zeigt diese Szene, welche Schauspielfähigkeiten Nanon besitzt. Sie tut so, als ob der Strauß wertvoll aufbewahrt werde, sobald die Besucher aber verschwunden sind, läßt sie ihn heimlich verschwinden (MK 3.1). In Nanons Sprechweise zeigt sich eine weitere bemerkenswerte Kommunikationsart. Mit den emotional eng verbundenen Frauen des Haushalts verständigt sich Nanon schließlich „mutuellement et en silence" (EG 166f.), das heißt in einer 'langue vraie', die nicht mehr der Worte bedarf, um das Wesen des anderen und seine Denkweise zu verstehen.[123] Françoise und Marcel kommunizieren – als sie zu einer Einheit verschmolzen sind – ebenso über nonverbale Mittel und bilden damit einen Kontrast zu der unaufrichtigen Sprache der leergelaufenen Gesellschaft des Adels und Verdurin-Kreises. Durch Grandet wird das Wort zur „langage menteur"[124], da sie rein materiell verwandt wird. Damit kontrastiert sie mit der immateriellen Sprache Nanons, Eugénies und der Mutter.

Sprache und Inhalt sind bei Nanon identisch: Sie ist einfach und zeugt von ihrem gesunden Menschenverstand. Klarsichtig erkennt sie, daß man handeln muß, um seine Bestimmung zu erreichen. Ihr Wissen beruht auf einem jahrelang angehäuften Erfahrungshorizont. Ihr entgeht nichts im Haushalt. Dies liegt einesteils an ihrer gefestigten Vertrauensstellung zum alten Hausherrn als auch zu den Frauen, anderenteils aber auch an ihrer ausgeprägten Neugierde, die in *Eugénie Grandet* nicht nur als ein typisches Merkmal einer Dienerin, sondern als typisch weiblich päsentiert wird (MK 4.5).[125] Als Grandet von seinen Geschäften heimkehrt und alle noch beim verschwenderischen Frühstück mit Charles sitzen, beobachtet Nanon neugierig den gewachsenen Mut Eugénies: „Nanon avait quitté sa cuisine et regardait dans la salle pour voir comment les choses s'y passerait" (EG 105). Auch als Grandet von seiner Tochter das ihr geschenkte Vermögen zu sehen wünscht und Nanon weiß, daß sie es heimlich Charles vermacht hat, bleibt sie neugierig im Raum – des anstehenden Spektakels gewiß.[126] In Ansätzen läßt sich hier Françoises – rauh erscheinendes

---

[123] Auch die Sprache der Tränen, die Nanon mit den Frauen des Haushalts teilt, fällt in diesen Bereich.
[124] Dufour 1995, 58.
[125] cf. EG 107: „Eugénie, sa mère et Nanon, vinrent dans la cuisine, excitées par une invicible curiosité à épier les deux acteurs de la scène qui allait se passer dans le petit jardin humide, où l'oncle marcha d'abord silencieusement avec le neveu." Natürlich liegt die Neugierde der Frauen auch in ihrem gemeinsamen Mitleiden mit Charles' Schicksal begründet.
[126] cf. EG 194: „Hé bien! pourquoi nous écoutes-tu? Montre-moi tes talons, Nanon, et va faire ton ouvrage, dit le bonhomme. Nanon disparut." Als Grandet daraufhin explodiert, nachdem er von Eugénies Gabe an Charles

– Interesse an allem Spektakulären, selbst am Tod erkennen, das Teil ihrer unerforschten Wesenseite ist. Nanons Neugierde gründet dagegen nicht auf einem 'grausamen' Charakterzug, vielmehr auf ihren positiven Charaktereigenschaften: Sie will anwesend bleiben, nicht aus einem sadistischen Genuß für menschlich grausame Szenen heraus, sondern um sofort Beistand für die hilfesuchende und auf sie angewiesene Herrin leisten zu können.

Den Antagonisten zu ihrer Selbstlosigkeit und ihrem ausgeprägten Mitleid (MK 4.3) muß man bei Nanon vergebens suchen: Die Motivklasse (4.2) ist bezeichnenderweise ausgespart. Grausam kann Nanon in keinster Weise sein, sie ist ganz im Gegenteil selbslos und großzügig, hungert lieber, um ihren Herren etwas Gutes tun zu können und hilft mit ihrem Erspartem aus (EG 130), um ihren Herren Abhilfe zu schaffen. Mängel erleidet unter ihrer Haushaltsführung aufgrund ihres kreativen Managements keiner.[127] Dies würde auch ihrem Selbstverständnis als Beschützerin des Haussegens und der Familieneintracht (MK 2) und ihrer Rolle als Mutter widersprechen (MK 4.1.2). Diese Rolle, die sie im Familienverbund einnimmt, ist sehr stark ausgeprägt und kam schon in der interpersonalen Relation zu den Frauen deutlich zum Vorschein. Ihre Küche spielt in diesem Zusammenhang eine bedeutende Rolle. Obwohl „toujours propre, nette, froide, véritable cuisine d'avare où rien ne devait se perdre" (EG 33), von der keine Festmähler einer Françoise zu erwarten sind, spendet sie elementare Glücksmomente. Alles Gute für die Frauen scheint aus Nanons Küche zu kommen: der „bol de faïence plein de café", den Eugénie Charles bringen wird (EG 128f.) und der ihr die Gelegenheit bietet, mit ihrem Cousin in trauter Zweisamkeit innige Gespräche zu führen. Nanon schafft es, aus wenig viel zu zaubern (EG 101) und wartet immer dann mit Essen auf, wenn sie etwas Gutes tun will, was ihr auch gelingt. Nicht nur für den alten Grandet ist immer sofort ein Essen parat, wenn er von seinen Geschäften heimkehrt (EG 165), sondern in besonders harten Zeiten erleichtert Nanon ihrer Herrin das Leid, indem sie ihr etwas zu essen bringt (EG 201f.). So schleicht sie heimlich des Nachts zu Eugénie, als diese auf Wasser und Brot von ihrem Vater verurteilt wird, nachdem er herausbekommen hat, daß sie ihr eigenes kleines Vermögen ihrem Cousin Charles überlassen hat:

> Lorsque le vigneron fut couché, Nanon vint en chaussons à pas muets chez Eugénie, et lui découvrit un paté fit à la casserole./ – Tenez, mademoiselle, dit la bonne fille, Cornoiller m'a donné un lièvre. Vous mangez si peu, que ce paté vous durera bien huit jours; et par la gelée, il n'en risquera point de se gâter. Au moins, vous ne demeurerez pas au pain sec. C'est que ça n'est point sain du tout./ – Pauvre Nanon, dit Eugénie en lui serrant la main.(EG 203)

Damit benutzt Eugénie unbewußt die gleichen Worte wie ihr Vater, die so tröstend auf Nanon wirken. Tante Léonie verknüpft im übrigen den Namen ihrer Dienerin Françoise mit

---

erfährt, ist Nanon aber wieder sofort bei der Stelle. Sie ist also nur scheinbar verschwunden, bleibt aber präsent, EG 195: „Quand le tonnelier jurait ainsi, les planchers tremblaient/– Bon saint bon dieu! voilà madame qui pâlit, cria Nanon."

[127] Nanon schafft den frierenden Damen des Hauses Abhilfe durch ihren Erfindungsreichtum: Ihr gelingt es, noch etwas von der Kohlenglut abzuwacken, um den Fußwärmer der Damen mit Wärme zu versorgen (EG 28f.). Somit macht sie aus ihrer Not eine Tugend und wird zwangsläufig wegen der äußeren Verhältnisse selbst geizig - allerdings nur, um anderen damit Positives gewährleisten zu können.

dem gleichen Adjektiv, das Grandet und Eugénie für Nanon benutzen. Françoise wird so zu „ma pauvre Françoise" (CS 65) bzw. „ma pauvre fille" (CS 66). Nanon erwidert stolz, daß sie den „paté" „ben bon, ben délicat" gemacht habe und Grandet nichts bemerkt habe: „J'ai pris le lard, le laurier, tout sur mes six francs; j'en suis ben la maîtresse" (EG 203). Nanon ist stolz auf ihr Werk und strebt dafür nach Lob. Das gleiche Merkmal wird auch Françoise auszeichnen. Sie bereitet ihrem Herrn bzw. der ganzen Familie jedesmal Glücksmomente mit ihrem Essen. Proust übernimmt die Symbolkraft des Essens als Spender des Glücks im familiären Bereich, das die Dienerin ermöglicht und lädt das Essen mit einer neuen Metaphorik auf. Es verweist zurück auf seine Quelle, die Dienerin und charakterisiert ihr Wesen als Künstlerin. So erhält Françoise eine Dimension, die in Nanons Makrostruktur noch nicht angelegt ist. Nanons Essen bleibt Zeichen ihres guten Willens und zeugt lediglich von ihrer Rolle als Glücksfee, die versucht, mit ihren bescheidenen Mitteln auf rein menschlicher Ebene abzuhelfen.

Nanon ist nicht nur die „maîtresse" über ihr eigenes Geld, sondern Herrin des Hauses: Ihr gelingt es, das zu verbergen, was die einzelnen Familienmitglieder nicht mitbekommen sollen, je nachdem, wem sie gerade einen Dienst erweist. Sie will keinem untreu werden, daher backt sie den „paté" auch auf ihre Kosten bzw. auf die ihres Verehrers Cornoiller. Damit kann sie ihrem ganz persönlichen Kodex des 'was sich gehört', gerecht werden. Ähnliche Überlegungen bestimmen auch Françoises Makrostruktur in ihrer Motivklasse (2). Ihr Kodex erfordert immer entsprechende Rechtfertigungen, um es jedem – auch sich selbst – recht machen und vor sich selbst bestehen zu können.

Jeden Morgen, wenn Grandet das Haus verläßt und Eugénie sofort an das Bett ihrer Mutter geht, bringt Nanon das Frühstück für beide Frauen (EG 205). Die größten Glücksmomente schenkt sie aber den beiden Frauen, als sie sich mit ihnen verbündet, um den allseits geliebten Charles zu verwöhnen. Nanon wird bereitwillig zur Komplizin in Eugénies „folie" und schafft es – im Gegensatz zur Mutter – dem Ganzen auch noch seine humorvolle Note abzugewinnen, trotz der in Grandet personifizierten Gefahr, die ein solches Verhalten in sich birgt:

> – Nanon, tu auras bien de la crème pour midi./ – Ah! pour midi, oui, répondit la vieille servante./ – Hé bien! donne-lui du café bien fort, j'ai entendu dire à monsieur des Grassins que le café se faisait bien fort à Paris. Mets-on beaucoup./ – Et où voulez-vous que je prenne?/ – Achètes-en./ – Et si monsieur me rencontre?/ – Il est à ses prés./ – Je cours. Mais monsieur Fessard m'a déjà demandé si les trois Mages étaient chez nous, en me donnant de la bougie. Toute la ville va savoir nos déportements./ – Si ton père s'apercoit de quelque chose, dit madame Grandet, il est capable de nous battre./ Eh bien! il nous battra, nous recevrons ses coups à genoux./ Madame Grandet leva les yeux au ciel, pour toute réponse, Nanon mit sa coiffe et sortit. Eugénie donna du linge, [...]. Elle aurait bien voulu mettre à sac toute la maison de son père; mais il avait les clefs de tout. Nanon revint avec deux oeufs frais.(EG 97f.)

Das zweite Frühstück am Tag in Abwesenheit Grandets wird verschwenderisch für Charles hergerichtet, der nicht ahnt, welche Mühe dahinter steckt und 'anspruchslos' nur ein „rien, une volaille, un perdreau" zu sich nehmen möchte (EG 100). Auf diese Bemerkung kann Nanon nur ein „Sainte Vièrge" erwidern, meistert die Situation aber glänzend und bringt in kreativer Einfalt die Eier als „les poulets à la coque" dar (EG 101). Charles ist angesichts der frischen Eier entzückt und vergißt darüber sein Rebhuhn und Eugénie ist froh, daß sie mit Hilfe Nanons ihren Cousin beglücken konnte. Die mit positiven Emotionen aufgeladenen Familienszenen werden immer durch Nanons Essen begleitet bzw. erst ermöglicht. Selbst Grandet bildet darin keine Ausnahme. Wenn auch für ihn die einzige Quelle des Glücks ein gutes Geschäft und die Vermehrung seines Vermögens ist, so wird zum sichtbaren Zeugnis seines Glücks doch ein spendables Essen. Er beauftragt Nanon, einen Hasen, Rebhühner, Aale und Hechte zu Mittag zuzubereiten, als er weiß, wie er die „faillite" seines toten Bruders (des Vaters von Charles) liquidieren kann, ohne eigene Kostenbeteiligung und mit finanziellem Vorteil für sich selbst. Obwohl dieser Festschmaus erst zum dritten Mal seit der Hochzeit der Eltern Grandet vorkommt und sich die Frauen entsprechend verwundern, weiß doch Nanon ganz genau, was noch zum Gelingen des Essens an Zutaten fehlt. Es ist davon auszugehen, daß ein wohlschmeckendes Mahl von ihr zusammengezaubert wird.

Wenn Nanon ihren Abwasch erledigt, die Reste des Essens zusammengesucht und ihr Feuer gelöscht hat, verläßt sie ihre Küche, die nur durch einen Gang von der „salle" getrennt ist und „venait filer du chanvre auprès de ses maîtres" (EG 33). Nanons Fähigkeit des Nähens bleibt im Rahmen von Balzacs Typologisierungskonzept verhaftet und entfaltet nicht die Symbolkraft wie bei Françoise: Nanon spinnt mit Hanf (EG 32), also mit billigsten Mitteln – ein Zeugnis von Grandets Geiz. Außerdem verrichtet sie die Heimarbeit zusammen mit den zwei Frauen im Wohnraum – Zeichen ihrer Gleichstellung als Frauen und Dienerinnen Grandets. Ob aus Nanons Spinnerei kunstvolle Gegenstände entstehen, bleibt offen. Zu erwarten sind praktisch verwendbare Gegenstände für den Haushalt.

Es wird klar: Nanon ist mehr als nur eine Dienerin. Sie kümmert sich mütterlich um ihre 'Kinder' Eugénie und Charles, dessen Bett sie gleich mit einer Wärmflasche bestückt[128] und den sie regelrecht verhätschelt und vergöttert. Er ist für sie „un enfant", „un cherubin" (EG 94) und ein „roi de la terre" (EG 95). Die Sorge um ihn ist ihr naturgemäß als Dienerin anvertraut, sprengt in ihrer praktizierten Fürsorge aber das Herr-Diener-Verhältnis. Da Nanon auch von Eugénie wie eine mütterliche Freundin behandelt wird, ist es fast selbsverständlich, daß Nanon Charles als zweites Kind gleich mit adoptiert. Der Mutterstatus Nanons wird am Ende von Eugénies Geschichte noch einmal explizit, als Eugénie in den Status des Fräuleins zurückkehrt und Nanon in den der Madame Cornoiller, die die einzige Vertraute und Freundin sowie die Person ist, die sie liebt, wie ihre Mutter sie geliebt hat (EG 224ff.; EG 255). In der *Recherche* nimmt Françoise in der interpersonalen Relation zum Herrn gleich zu Beginn eine mütterliche Rolle ein, die ihr allerdings von der leiblichen Mutter noch streitig gemacht wird. Das Verhältnis der Dienerin und des Herrn ist noch von Mißverständnissen geprägt, so daß sich Françoise ihre 'psychologische' Vertrauensstellung erst erarbeiten muß. Dies zeugt von Prousts Menschenkonzeption. Er

---

[128] cf. EG 74: „En ce moment la Grande Nanon apparut, armée d'une bassinoire.– En voilà bien d'une autre! dit monsieur Grandet. Prenez-vous mon neveu pour une femme en couches? Veux-tu bien remporter ta braise, Nanon./– Mais, monsieur, les draps sont humides, et ce monsieur est vraiment mignon comme une femme./– Allons, va, puisque tu l'as dans la tête, dit Grandet en la poussant par les épaules, mais prends garde de mettre le feu. Puis l'avare descendit en grommelant de vagues paroles."

versteht Françoise als vollwertigen Menschen und gestaltet sie somit voller Widersprüche. Marcel erkennt erst mit seinem angereicherten Erfahrungshorizont, daß Françoise seine bessere Hälfte ist. Balzacs eindimensonale, rein positiv gestaltete, bestimmte Funktionen übernehmende Typen werden von Proust aufgebrochen und ihre breiten anthropologischen Schichten freigelegt.[129]

Wenn also jemand Grandet die Stirn bieten kann, dann Nanon. Sie allein besitzt diese „robuste courage" (EG 30), die sie dazu befähigt als Lehrmeisterin Eugénies aufzutreten (A). Die Mutter selbst ist dazu nicht geeignet, da sie aus ihrem Glauben heraus und mit ihrem engelsgleichen Charakter nur unterwürfig sein kann und Grandet ihre religiösen Tiraden nicht ernst nimmt.[130] Nachdem Nanon es durch ihren Mut und ihr selbstbewußtes strategisches Auftreten schafft, die gewünschte Galette von Grandet abzuringen, traut sich später Eugénie, demonstrativ vor den Augen des Vaters, Charles die Zuckerdose zu reichen und sogar noch ein Angebot an Trauben darauf zu setzen (EG 105). Es ist davon auszugehen, daß nicht allein die Liebe sie dazu befähigt, sondern das positive Beispiel Nanons. Auch in anderlei Hinsicht wird Nanon zur Lehrmeisterin für Eugénie. Als Eugénie vom Tod ihres Onkels erfährt und in Tränen ausbricht, aus Mitleid gegenüber Charles, ist Grandet darüber verärgert. Er fragt sie, warum sie weine, zumal sie seinen Bruder nicht einmal gekannt hätte. Nanon klärt ungefragt auf, was zur folgenden Reaktion führt:

> – Mais, monsieur, dit la servante, qui ne se sentirait pas de pitié pour ce pauvre jeune homme qui dort comme un sabot sans savoir son sort?/ – Je ne te parle pas, Nanon! tiens ta langue./ Eugénie apprit en ce moment que la femme qui aime doit toujours dissimuler ses sentiments. Elle ne répondit pas.(EG 95)

Der vorletzte Satz des Zitats klingt wie eine Aussage Marcels. Durch Nanons naives Eingeständnis ihrer Liebesgefühle – sie liebt Charles wie einen Sohn – und die abweisende Reaktion Grandets, lernt Eugénie ihre Gefühle vor dem verständnislosen Vater zu verbergen. So wird Nanon, ähnlich wie Françoise, Lehrmeisterin in Menschenkenntnis durch ihr vom Herrn beobachtetes Verhalten.

Nachdem Eugénie erfährt, daß sie siebzehn Millionen erbt, setzt sie als erstes Nanon eine jährliche Rente aus. Mit den selbstersparten sechshundert Francs wird die Dienerin eine gute Partie und heiratet schließlich Cornoiller, so daß sie vom „état de fille à celui de femme, sous la protection d'Antoine Cornoiller" wechselt. Cornoiller selbst wird von Eugénie zum

---

[129] cf. Pierre-Quints Ausführungen zu den Kennzeichen der Proustschen komischen 'Typen' (Pierre-Quint 1976, 210f.). Die traditionellen klassischen „types comiques" existieren nicht bei Proust, stattdessen habe er „des *traits de caractère* comiques" beschrieben. Darin kann man m.E. aber auch den Unterschied zu Balzac dingfest machen, der in der Eindimensionalität seiner Dienerfigur den klassischen Typen noch näher steht als Proust. Cf. dazu auch Brées Kapitel „La comédie humaine" (Brée 1950, 116-149) sowie Friedrich, Hugo: Drei Klassiker des französischen Romans. Stendhal, Balzac, Flaubert, Frankfurt/Main: Vittorio Klostermann, [6]1970. Darin vor allem seine Ausführungen zum Balzacschen Typus, ebd. 93: „So liegt das Kennzeichnende also im Typisieren, in einem exemplarischen Sehen, womit Balzac alles Einzelne (und nicht nur im menschlichen Bereich) an eine übergeordnete Form- und Werteinheit anknüpft und es aus dieser deterministisch herleitet. Indessen wird damit nicht, wie es scheinen möchte, im Balzacschen Werk das Individuum künstlerisch ausgelöscht."

[130] cf. Beschreibung der Mutter: EG 36f. und EG 205ff.

„garde-général des terres et propriétés de mademoiselle Grandet" ernannt. Nanons Vorzüge als Frau werden wie folgt beschrieben:

> Madame Cornoiller eut sur ses contemporaines un immense avantage. Quoiqu'elle eut cinquante-neuf ans, elle ne paraissait pas en avoir plus de quarante. Ses gros traits avaient résisté aux attaques du temps. Grâce au régime de sa vie monastique, elle narguait la vieillesse par un teint coloré, par une santé de fer. Peut-être n'avait-elle jamais été aussi bien qu'elle le fut au jour de son mariage. Elle eut les bénéfices de sa laideur, et apparut grosse, grasse, forte, ayant sur sa figure indestructible un air de bonheur qui fit envier par quelques personnes le sort de Cornoiller. – Elle est bien teint, disait le drapier.– Elle est capable de faire des enfants, dit le marchand de sel; elle s'est conservée comme dans la saumure, sous votre respect. – Elle est riche, et le gars Cornoiller fait un bon coup, disait un autre voisin. En sortant du vieux logis, Nanon, qui était aimée de tout le voisinage, ne reçut que des compliments en descendant la rue tortueuse pour se rendre à la paroisse.(EG 225f.)

Beide, Nanon und ihr Mann, würden sich für Eugénie zerreißen lassen und bleiben ihr auch weiterhin treu verbunden. Nanon bleibt die „femme de confiance" für Eugénie, weint mit ihr gemeinsam, als Charles nicht schreibt. Wobei auch hier immer wieder der Drang zur Tat bei Nanon durchscheint: Wenn sie Kenntnis von Charles' Aufenthalt hätte, würde sie ihn holen (EG 224). Das Ehepaar Cornoiller tritt schließlich das Erbe der Verwaltung der Güter, des Managements des Hauses usw. an und verschafft Eugénie durch seine Autorität gegenüber den eigenen Angestellten weitere anhängliche Dienerschaft:

> Devenue la femme de confiance d'Eugénie, madame Cornoiller eut désormais un bonheur égal pour elle à celui de posséder un mari. Elle avait enfin une dépense à ouvrir, à fermer, des provisions à donner le matin, comme faisait son défunt maître. Puis elle eut à régir deux domestiques, une cuisinière et une femme de chambre chargée de raccomoder le linge de la maison, de faire les robes de mademoiselle. Cornoiller cumula les fonctions de garde et de régisseur. Il est inutile de dire que la cuisinière et la femme de chambre choisies par Nanon étaient des véritables *perles*. Mademoiselle Grandet eut ainsi quatre serviteurs dont le dévouement était sans bornes. Les fermiers ne s'aperçurent donc pas de la mort du bonhomme, tant il avait sévèrement établi les usages et coutumes de son administration, qui fut soigneusement continuée par monsieur et madame Cornoiller.(EG 226)

Françoise hat innerhalb der 'Haushierarchie' ebenfalls durch ihre leitende und erzieherische Funktion, nicht nur unter den Angestellten, die oberste Position inne. Sie kann im Gegensatz zu Nanon allerdings äußerst despotisch gegenüber manchen Hausangestellten werden, wenn sie ihre Eifersucht plagt.

Nach der Enttäuschung über Charles' Liebesverrat, dem „épouvantable und complet desastre" (EG 242) für Eugénie, entschließt sich Eugénie zur Heirat mit dem Präsidenten Bonfons unter der Bedingung, Jungfrau bleiben zu können. Nach dem raschen Tod ihres Mannes, kommt es schließlich zu einem endgültigen 'Rollentausch' zwischen Eugénie und Nanon. Eugénie wird zur „mademoiselle", während Nanon die eigentliche Herrin und Beschützerin des ihr anvertrauten Wesens darstellt. Auch eine äußerliche Wandlung hat stattgefunden. Anfangs häßlich und fast abstoßend, erscheint Nanon am Ende fast begehrenswert, Eugénie dagegen ist, wenn auch noch schön, so doch von einer eingefrorenen Schönheit:

> Madame de Bonfons fut veuve à trente-trois ans, riche de huit cent mille livres de rente, encore belle, mais comme une femme est belle à près de quarante ans. Son visage est blanc, reposé, calme. Sa voix est douce et recueillie, ses manières sont simples. Elle a toutes les noblesses de la douleur, la sainteté d'une personne qui n'a pas souillé son âme au contact du monde, mais aussi la roideur de la vieille fille et les habitudes mesquines que donne l'existence étroite de la province. Malgré ses huit cent

mille livres de rente, elle vit comme avait vécu la pauvre Eugénie Grandet, n'allume le feu de sa chambre qu'aux jours où jadis son père lui permettait d'allumer le foyer de la salle, et l'éteint conformément au programme en vigueur dans ses jeunes années. Elle est toujours vêtue comme l'était sa mère. La maison de Saumur, maison sans soleil, sans chaleur, sans cesse ombragée, mélancolique, est l'image de sa vie. Elle accumule soigneusement ses revenues, et peut-être semblerait-elle parcimonieuse si elle ne démentait la médisance par un noble emploi de sa fortune. De pieuses et charitables fondations, un hospice pour la vieillesse et des écoles chrétiennes pour les enfants, une bibliothèque publique richement dotée, témoignent chaque année contre l'avarice que lui reprochent certaines personnes. Les églises de Saumur lui doivent quelques embellissements. Madame de Bonfons que, par raillerie, on appelle *mademoiselle*, inspire généralement un religieux respect. Ce noble coeur, qui ne battait que pour les sentiments les plus tendres, devait donc être soumis aux calculs de l'intérêt humain. L'argent devait communiquer ses teintes froides à cette vie céleste, et donner de la défiance pour les sentiments à une femme qui était tout sentiment./ – Il n'y a que toi qui m'aimes, disait-elle à Nanon./ La main de cette femme panse les plaies secrètes de toutes les familles. Eugénie marche au ciel accompagnée d'un cortège de bienfaits. La grandeur de son âme amoindrit les petitesses de son éducation et les coutumes de sa vie première. Telle est l'histoire de cette femme qui n'est pas du monde au milieu du monde, qui, faite pour être magnifiquement épouse et mère, n'a ni mari, ni enfants, ni famille. Depuis quelques jours, il est question d'un nouveau mariage pour elle. Les gens de Saumur s'occupent d'elle et de monsieur le marquis de Froidfond dont la famille commence à cerner la riche veuve comme jadis avaient fait les Cruchot. Nanon et Cornoiller sont, dit-on, dans les intérêts du marquis, mais rien n'est plus faux. Ni la Grande Nanon, ni Cornoiller n'ont assez d'esprit pour comprendre les corruptions du monde.(EG 255)

Eugénie wirkt mit dreiunddreißig wie eine Vierzigjährige, im Verhalten und der Kleidung nähert sie sich ihrem Vater bzw. ihrer Mutter an. Ihre Beschäftigungen entsprechen die einer christlichen ältlichen Jungfer. Eugénie ist gealtert, während Nanon sich verjüngt hat. Herrin und Dienerin nähern sich in der Altersstruktur an. Der Erfahrungshorizont verläuft allerdings gegenläufig. Bei Eugénie führt er von der (fast) erfüllten Liebe zur Enttäuschung, bei Nanon von dem Nichtwissen der Liebe zu einer pragmatischen Erfüllung. Strukturell identisch zur *Recherche* erscheint daher nur die Altersstruktur (MK 5) von Françoise und Marcel, während inhaltlich konstrastive Vorstellungseinheiten die interpersonale Relation zwischen Herr, respektive Herrin und Dienerin dominieren. Beides Mal wird allerdings die Dienerin zum tatkräftigen Selbst des Herren-Ichs, ohne die ein Leben im Rahmen der äußeren widrigen Umstände nicht denkbar ist. Nanon ist die einzige, die Eugénie bis zum Ende begleitet und gegen den allgemeinen Verfall und schließlichen Tod als Stabilitätspunkt verharrt.[131] Die gleiche Funktion nimmt Françoise in der *Recherche* ein. Nanon schreitet zur Tat und würde Eugénies Sehnsucht nach Charles' Anwesenheit umsetzen. Nanon will Eugénie schon kurz nach Charles' Abreise zur Tat bewegen. Damit ihre Wünsche und ihre Bestimmung mit ihrem Leben in Einklang geraten, rät ihr Nanon folgendes: „Si j'avais eu un homme à moi, je l'aurais ... suivi dans l'enfer. Je l'aurais ... quoi ... Enfin, j'aurais voulu m'exterminer pour lui; mais rin. Je mourrai sans savoir ce que c'est que la vie" (EG 186). Es ist bestimmt keine Ironie des Schicksals, daß genau das Gegenteil eintritt. Nanon schafft es doch, sich zu verheiraten, da sie zur Tat schreitet und – wenn auch sehr spät – Cornoillers Frau wird. Bei ihm weiß sie zwar genau, daß er sie nicht aus Liebe umgarnt, sondern weil sie eine gute Partie ist. Wäre sie allerdings nicht von seinem guten Charakter überzeugt, hätte sie sich sicherlich nicht für ihn entschieden. Eugénie folgt nicht Nanons Vorschlag und

---

[131] cf. Debray-Genette 1992, 231: „[...] Nanon comme servante. Elle est présente tout au long du roman, tantôt auxiliaire de Grandet, tantôt alliée d'Eugénie et de sa mère."

scheitert dementsprechend in ihrer Bestimmung der Ehefrau und Mutter. So kommt ihre Passivität einer Selbstverneinung gleich. Inhaltlich fällt die Gestaltung der interpersonalen Relation zwischen Françoise und Marcel in der Anlage identisch aus: Auch Françoise ist der willensstarke Part in der Beziehung und wird zum „better self" ihres Herrn, der – als er auf sie hört und sich der Identität mit seiner besseren Hälfte bewußt wird – auch zur Erfüllung seiner Bestimmung findet: den zu schreibenden Roman. Im Ergebnis fällt die Anlage somit konstrastiv aus, was an der inhaltlichen Intention beider Romane liegt. Eugénie bleibt im Typenschema Balzacs verhaftet und eine reine Seele, die auch körperlich unbefleckt bleibt. Françoises Weiblichkeit spielt dagegen in der Beziehung zu ihrem (männlichen!) Herrn keine Rolle. Ausschlaggebend ist, wie sie mit künstlerischen und Marcel anverwandten Methoden das Leben meistert. Das zweigeteilte Ich verschmelzt am Ende der *Recherche* zu einer Einheit. Françoises Willenskraft färbt auf Marcel ab und im gemeinsamen Arbeiten streben sie zur jeweiligen wesenskonformen Lebensweise. So wird nur formal das strukturell vorgegebene Muster „schwacher Herr-starke Dienerin" beibehalten.

Bezeichnenderweise gelten die letzten Zeilen in *Eugénie Grandet* Nanon und ihrem Mann, die als positive Beispiele gegen die korrupte Welt des Geldes und der Intrigen dastehen. Innerhalb der *Recherche* findet sich eine ähnliche Kontrastierung zwischen Françoises Welt und derjenigen des oberflächlichen Salonlebens des Adels und der Bourgeoisie. Nur in der der offiziellen „société" abgewandten Welt, repräsentiert durch Françoises Küche, ist ein wahrhaftes Zu-Sich-Selbst-Finden möglich. Im Gegensatz zu Félicité aus *Un Coeur simple* stirbt Nanon nicht. Im Präsens der Narration verewigt Balzac gleichzeitig seine Figur.[132] Auch Françoise zeichnet die Dauer der Präsenz – nicht nur als präsenter Gesprächspartner, der nicht das Wort in der Narration verliert – gegenüber 'Marcel-Erzähler' aus, während die anderen Bekanntschaften Marcels sterben.

Nanon ist ausdrücklich die Einzige, von der sich Eugénie als Mensch geliebt fühlt. Nanon kann nur das Positive denken und daher in keinerlei negative Beziehungshändel involviert werden. In dieser Hinsicht bleibt sie ein rein positiver Charakter und paßt so in den ästhetisch tradierten Typus der Dienerin eines Molière bzw. Marivaux. Daß sie trotzdem nicht einer eindimensional gestalteten Komödienfigur entspricht, haben ihre Motivklassen gezeigt.

4.3.3 Zusammenfassung

Balzac als Autor eines Romanwerks ist nicht mehr abhängig von den einschränkenden Kategorien des Ortes, der Zeit oder der Wahrscheinlichkeit, in denen sich seine Figuren zu bewegen haben und die noch die Komödien des 17. und 18. Jahrhunderts bestimmten. Er schafft sich nichtsdestoweniger als Autor der *Comédie humaine* mit seinem wissenschaftlichen Anspruch neue Grenzen der Darstellung für seine Figuren, die er als „espèces sociales" versteht und in Typen kategorisiert, die sich gegenseitig die Komödie des Lebens

---

[132] cf. ebd. 232: „Nanon [...] ne meurt pas. Elle rejoint le lecteur en ce présent de narration qui achève le roman et éternise les personnages."

spielen. *Eugénie Grandet* ist die Geschichte des geizigen Grandet, der alle und alles dominiert und durch diese Eigenschaft die Art der Haushaltsführung und den Ort des Geschehens bestimmt. Die Räume verweisen typisierend auf seinen Geiz und zwingen daher die übrigen Protagonisten in die von Grandet als einzigen Wohnraum beheizte „salle" und das enge Provinzstädtchen Saumur, die beide wie die Bühne einer Komödie oder Tragödie erscheinen. Nanon ist auf diesen Schauplatz festgelegt und erfährt keinen Ortswechsel, der Einfluß auf ihren Charakter ausüben könnte. Um den Geiz als „drame" zu verstehen, bedarf es starker Kontraste, die die Gruppe der Frauen bilden, inklusive Nanons. So bestimmt der Inhalt bzw. die Autorintention des zur Anschauung zu bringenden Gegenstands Nanons Auftritte. Sie ist immer präsent, weil auf eine Bühne – der „salle" – samt aller Mitglieder der Familie gebannt. Da Françoise in der Mitte der *Recherche* in den Hintergrund 'ausgeblendet' wird, läßt sich in formaler Betrachtung kein intendierter intertextueller Bezug Prousts auf Nanon in der Gestaltung der Auftrittsfolgen seiner Françoise erkennen.

Nanon gehört zu den „créatures champêtres", die wie ein verlorenes Schaf quer durch die Landschaft Saumurs umherirrt und mit Kühen aufwächst. So wird sie nur im Milieu dieser tierisch geprägten (MK 6) und engen Geisteswelt der Saumurschen Landschaft verortet (MK 1). Einen Grundbesitz, auf den sie ähnlich wie Françoise stolz sein kann, weist sie nicht auf, da es gegen ihre Funktion in der interpersonalen Relation zum Geizigen sprechen würde. Sie muß Hundequalitäten mitbringen, um sich an einen geizigen Haushalt voller Zutrauen anhängen und sich damit in der interpersonalen Relation zum geizigen Herrn eine Vertrauensstellung aufbauen zu können. Traditionsgemäß schaffen identische Eigenschaften mit dem Herrn bzw. der Herrin ein enges persönliches Verhältnis, im vorliegenden Fall zur jungen Herrin über ihre positiven Charaktereigenschaften, die alles andere als geizig – in materieller und immaterieller Hinsicht sind. Nanons Herkunft und Lebensweise hat sie für das Leben gestählt und ihr robuster Mut resultiert daraus, der vor nichts zurückschreckt und Quelle ihres Selbstbewußtseins ist (MK 4.1).

Ganz der ästhetischen Tradition entsprechend gehört es zu Nanons Diener-Grundüberzeugung, daß sie alles zum Wohl ihrer Herren tun muß (MK 2). Sie fühlt sich für ihr physisches und psychisches Wohlbefinden verantwortlich und tritt tatkräftig als auch wortgewaltig für die Bewahrung bzw. Wiederherstellung desselben ein. Dabei ist es es ihr wichtig, immer die Loyalität gegenüber allen Seiten aufrecht zu erhalten. So ist beispielsweise die Galette-Szene kein Exemplum der offenen Dienerrevolte, vielmehr ein Signum von Nanons subtiler Kunst, das gesteckte Ziel der Glückserfüllung für die junge Herrin zu erreichen, ohne ihren Herrn vollends vor den Kopf zu stoßen. Die heimlich für Eugénie zubereitete Pastete zahlt sie aus ihrer eigenen Tasche, um nicht ihre Pflicht gegenüber dem geizigen Grandet zu verletzen und um ihren persönlichen Kodex des 'Was-sich-gehört' gerecht werden zu können. Ein weiterer Bestandteil der Maxime Nanons (MK 2) ist ein gewisses Hierarchiedenken: Niemals darf es der Dienerin physisch besser gehen als ihren Herren. In ihrer Liebeskonzeption äußert sich schließlich nochmals explizit, was ihr Handeln schon zu Tage gefördert hat: ihre natürlich-realistische Denkweise, die zum Handeln auffordert. Die bisherige Auflistung der Motivklassen Nanons läßt sich wie eine

Beschreibung derjenigen Françoises lesen. Auch auf die folgenden Motivklassen-Einheiten trifft dies zu.

Es ist davon auszugehen, daß Nanon ihre Auftritte immer mit entsprechenden Mimiken (MK 3.1) begleitet. Große Augen bei Entsetzen oder ein entrüsteter Blick, die ihre verbale und durch bestimmte Akzente bzw. Betonungen ausgedrückte Entrüstung unterstützen. Ihre Mimik wird zwar nicht explizit ausgeführt, die Szenen, in denen ihre Betonungen Anwendung finden, lassen dies jedoch erwarten. So weiß sie, welchen tonalen Akzent sie setzen muß, um ihren Herrn ihre Verachtung seines an den Tag gelegten Verhaltens spüren zu lassen. Die übrigen Einheiten der Motivklasse (3) lassen sich wie folgt beschreiben: Nanons Sprache (MK 3.2) ist durch ihre Herkunft stark geformt, sie ist befähigt, mit Tieren zu kommunizieren. Ihre Sprache strotzt vor pastoralen Sprichwörtern und sentimentalen Adjektiven, die gleichbleibend verwandt werden und auf einen reduzierten Wortschatz hindeuten, der zu ihrem begrenzten Vorstellungsvermögen beiträgt. Sie achtet nicht auf die korrekte Anwendung der Grammatik. Dennoch sind ihre Aussagen klar und verfehlen nicht ihre Wirkung. Sie nimmt kein Blatt vor den Mund und führt in ironischer Weise ihrem Herrn sein falsches Verhalten gegenüber seiner Frau und Tochter vor. In ernsten Situationen wird ihre Sprache nicht getrübt von komischen Einsprengseln, sondern zeugt von ihrem klaren Verstand und natürlich begabter Vernunft. Schließlich beherrscht sie auch noch wie Françoise die nonverbale Kommunikation mit den ihr wesensverwandten Frauenfiguren.

Die in ihrer Küche entstandenen Werke benutzt sie als Medium ihrer Gefühle (MK 3.3). Medium ist auch das Essen bei Françoise. Nun allerdings für ihren Stolz und ihre Kunstfertigkeit, nicht mehr ausschließlich ihrer Gefühle. Nanon bietet immer dann ihrer Herrin etwas zu essen an, wenn sie ihr Mitleid und ihre Intention, dem Leid Abhilfe schaffen zu wollen, ausdrücken möchte. Eine künstlerische Begabung drückt sich bei Nanon allerdings nicht über das Essen aus. Kochen ist die Tätigkeit, die in ihr Aufgabenfeld fällt und die sie beherrscht, deshalb auch als unmittelbaren Ausdruck ihrer Eigenart ansieht, mit der sie ihren Mitmenschen Glück schenken möchte und kann – wie u.a. die 'bol de café'-Szene zwischen Nanon, Eugénie und Charles dokumentiert. Eine Rückwirkung auf ihre Person, das heißt eine Befriedigung ihrer Eitelkeit ist daher nur in sehr begrenztem Maße zu erkennen. Sie erwartet eher Lob für ihre nette Geste, statt für das Produkt selbst. So bleibt Nanon auch in dieser Hinsicht eine rein positive, charakterlich widerspruchslose Figur. Nanons Tätigkeit als Näherin (MK 3.4) sagt ebenfalls wenig über ihre Kunstfertigkeit in diesem Bereich aus. Sie typisiert sie lediglich in ihrer Eigenschaft als Dienerin und Arbeiterin sowie als gleichgestellte Person mit den übrigen Frauen des Haushalts, die wie sie Hausarbeiten für den geizigen Grandet verrichten. In Françoise gewinnt die Methodik dieser Handarbeit elementare Bedeutung für Marcels künstlerische 'Handarbeit' des Romanschreibens.

Nanons 'Eitelkeit' (MK 4.1) ist wirklich nur in einer Randnotiz zu vermerken. Ihr Stolz rührt in gewisser Weise von ihrer Fähigkeit des Sparens her, das ihr einhergehend mit ihrem kleinen angesammelten Vermögen Respekt und Ansehen im Dorf verschafft. Dieses Ansehen besitzt sie insbesondere aufgrund ihrer Anstellung im reichsten, wenn auch im Anschein ärmsten Haus des Ortes, mit dem sie sich selbst identifiziert und das sie in der

Öffentlichkeit gegen jegliche Anfeindungen verteidigt. In der Art ihrer Haushaltsführung läßt sie sich von Neuankömmlingen in nichts hineinreden. Sie spricht in der ersten Person Plural, wenn es um 'ihren' Haushalt geht. Ihr unbezwingbarer Mut verschafft ihr gleichfalls Respekt, dessen Nanon sich bewußt ist und den sie zum Vorteil ihrer 'Familienmitglieder' ausnutzt. Sie weiß, daß sich im Dorf jeder gut mit ihr stellen möchte und ist glücklich darüber. So behält ihr Stolz seine positive Note. Bei Françoise kann er allerdings auch einmal in Konflikt mit ihren eigenen Anliegen geraten und diejenigen des Herrn zurückstellen. Durchweg läßt sich erkennen, daß Proust die Eindimensionalität der psychisch subtileren Motivklasseneinheiten aufsprengt und ihnen ihre Antagonisten dazugesellt und damit eine neue Gehaltsdimension eröffnet.

Als verlorenes Schaf bleibt Nanons exakte Herkunft im Dunkeln und bietet keine Basis für einen 'Familien- oder Standesdünkel' (MK 4.1.1). Ihre Rolle im Familienverbund (MK 4.1.2) ist dagegen definiert als die einer mütterlichen Freundin, die die junge Herrin als Einzige während ihrer Geschichte bis zum Ende begleitet und das emotionale Vakuum am Ende vollends ausfüllt, das die leibliche Mutter und zweite Vertraute Eugénies durch ihren Tod hinterläßt. Ihre Stabilitätsfunktion wird dabei noch durch ihr Alter unterstützt (MK 5). Sie ist eine alte Dienerin wie Françoise. Nanon durchläuft ebenso wie Françoise eine Metamorphose, allerdings in gegenteiliger Richtung: Nanon wird zwar physisch älter, verjüngt sich aber psychisch und besitzt dadurch ausreichend Elan, das Leben ihrer physisch und auch seelisch gealterten Herrin mit in die Hand zu nehmen. Strukturell identisch bleibt, daß Herr und Dienerin sich in der Altersstruktur annähern und aufeinander angewiesen bleiben – wie in der interpersonalen Relation zwischen Marcel und Françoise (A/B).

Durch das enge Zusammenleben paßt sich Nanon ihrem alten Herrn im Verhalten an, was ihre Rolle als erste Ministerin des Herrn auslöst und zur Achtung dieser Rolle durch alle Familienmitglieder führt. Sie wird zur Verbündeten aller Familienmitglieder, die nicht mehr auf ihre physische Hilfe – wie Grandet – noch auf ihre psychische Unterstützung – wie Eugénie – verzichten können. Dadurch hat sie sich eine Machtstellung erworben, die ihre Lebensstellung im Haus sichert, die sie aber niemals zum eigenen Vorteil ausnützt (MK 4.1.2). Sie bleibt völlig selbstlos und großzügig (MK 4.3). Grausame Gedanken sind ihr fremd (MK 4.2). So bleibt bei Nanon nur der Kontrast zwischen äußerlich rauh aussehender Schale und weichem Kern übrig. Seelisch bleibt sie ein reines Herz. In Françoise wird dagegen durch das Gegensatzpaar Grausamkeit (MK 4.2) – Selbstlosigkeit (MK 4.3) der Grundzug des Menschen an sich, der in Widersprüchen verhaftet ist, beispielhaft deutlich. Erst dadurch kann sie zur Lehrmeisterin für Marcel in elementaren Lebensbereichen werden.

Das nächste Gegensatzpaar – Motivklassen (4.4) und (4.5) – hat ein Paradox zum Inhalt, nicht aber wie bei Françoise die pejorative Charakternote der Eifersucht. Nanon ist wie Françoise einerseits mit einem instinktiven Wissen ausgestattet, andererseits irrt sie sich, wenn sie bestimmte Verhaltensweisen Grandets ihr selbst gegenüber zu qualifizieren versucht. Durch ihre Engstirnigkeit – Nanon kann nur das Positive von ihrem Herrn denken – macht sie sich ein voreingenommenes Bild ihres Herrn und täuscht sich über seinen wahren Charakter hinweg. Subjektiv ist sie somit befangen, objektiv schätzt sie die

Beziehungen dennoch häufig richtig ein: z.B. daß sein strenges Verhalten gegenüber Eugénie fehl am Platz ist. Sie kennt die Schwächen ihres Herrn, ohne ihn deshalb zu verurteilen. Sie weiß: Will man etwas für sich erreichen, muß man ihn über sein 'ökonomisches' Denken zu packen versuchen. Nanon entgeht ebensowenig das heuchlerische Verhalten der Geldwelt. Sie ist neugierig (MK 4.5) und benutzt ihr neugewonnenes Wissen sofort, um aus dem Ruder gelaufene Situationen wieder in Harmonie zu bringen. Im Vergleich dazu ist Françoises Wissensdrang stark ausgeprägt und gesellt sich zu ihrem instinktiven Wissen. Dennoch täuscht sie sich bei der Beziehung Marcels zu Albertine ebenfalls in einigen Zügen der 'Rivalin'. Sie ist Opfer ihres vorgefertigten Bildes und ihrer Eifersucht. Trotzdem erfüllen sich ihre Worte, daß Albertine die Quelle von Marcels Leiden darstellen wird.

Nanons Kreativität (MK 4.6) beschränkt sich auf den pragmatischen Bereich: Sie besitzt die Kunst, das Leben zu meistern. So verschafft sie den Frauen Abhilfe durch ihren Erfindungsreichtum und kann mit wenigen Mitteln Großes leisten. Kohlenglimmer werden so zur Heizung, einfache Eier zu 'weichgekochten Hühnchen', lediglich durch ihre Idee bzw. die Art ihrer Präsentation. Ihre Kunstfertigkeit beruht auf ihrer aussagekräftigen Sprechweise und ihren schauspielerischen Fähigkeiten. In Françoises Makrostruktur findet sich die im pragmatischen Bereich verankerte Kreativität wieder, die Proust metaphorisch durch die spezielle Art ihrer Kunstfertigkeit um ein Vielfaches auflädt.

Die in der interpersonalen Relation von Marcel zu Françoise aufgehobenen strukturellen Muster (A/B), die sich in der Balzacschen Relation zwischen Nanon und ihrer jungen Herrin bzw. zum Herrn vorfinden, lassen sich wie folgt zusammenfassen. Die Dienerin wird zum unentbehrlichen Herren-Ich. Eine Trennung von ihr ist dem Herrn aus materiellen als auch immateriellen Gründen unmöglich. Marcels Beweggrund liegt ähnlich auf materieller Seite: Françoise versorgt ihn mit dem besten Essen und ist die fleißigste Dienerin, die es gibt. So stellt Grandet die strukturelle Folie für Marcels Teil-Ich dar, das auf materielles Wohlbefinden und typische Dienstboteneigenschaften wert legt, Eugénie dagegen die strukturelle Folie für den Teil seines Herren-Ichs, das die menschlichen Qualitäten der Dienerin erkennt und das auf sie lebenselementar angewiesen ist. Die Dienerin ist die Vertrauensperson und Hilfskraft in allen praktisch-problematischen Situationen des Herrn, andererseits die mentale Ergänzung aufgrund identischer seelischer Anlagen. Außerdem übernimmt sie in der als schwacher Herr – starke Dienerin strukturierten interpersonalen Relation die Aufgabe der Ermahnerin zur Tat, die die Schwäche des Herrn durch den eigenen Mut und Willen kompensiert und somit zur Lehrmeisterin des richtigen Handelns wird. Eugénie und Marcel sind gleichermaßen passive Helden. Proust bleibt aber nicht auf der Stufe Balzacs stehen. Im Gegensatz zu Eugénie wird sich Marcel im letzten Moment seiner Berufung zum Künstler durch die Hilfe Françoises bewußt und schreitet zur Tat. Eugénie bleibt passiv und überläßt es ihrer aktiven Hälfte (Nanon) pragmatisch ihr Leben zu führen. In Balzacs *Eugénie Grandet* geht es lediglich um die Kunst, das Leben zu meistern, nicht aber um die Berufung zum Künstler. Auf der menschlichen Ebene folgt Eugénie wie Christus einem Leidensweg, weshalb ihre Werke auch nur auf diejenigen der Nächstenliebe beschränkt bleiben. In ihrer eigenen Bestimmung – eine glückliche Ehefrau und Mutter zu werden – scheitert sie, da sie nicht aus ihrem Umfeld ausbricht und sich zur Tat entscheidet. Marcel nutzt dagegen seine Erfahrungen, zieht sich aus seinem alten Umfeld der Salons in die Abgeschiedenheit zurück, um seinen Roman – seine Tat – in Angriff zu nehmen. Proust führt das von Balzac inspirierte situativ-strukturelle Handlungs-/Situationsmuster zu einem kontrastiven Ergebnis und emanzipiert sich damit spielerisch-intertextuell von ihm.

Nanon kommuniziert mit der ihr wesensverwandten Herrin über nonverbale, also der 'monde vraie' näher stehenden Mitteln. Daß Eugénie nicht zur Tat (Umsetzung ihres Heiratswunsches mit Charles) findet, liegt in der Anlage des Balzacschen Romans begründet. So führt Proust kontrastiv das vorgefundene und in der Relation Marcel-Françoise aufgehobene Handlungsmuster zu einem positiven Ergebnis: Er befreit nicht nur Marcel aus seiner Passivität, sondern vereint zudem die Dienerin und den Herrn in einem Ich. Über das Mittel der Kommunikation kehrt Proust somit die Balzacsche Thesis des Romans um und verwandelt die implizite Negativität zur positiven Aussage für den Herrn. Die bisherigen Ausführungen über die zahlreichen situativ-strukturellen und inhaltlichen Gemeinsamkeiten lassen den Rückschluß zu, daß es sich bei dem intertextuellen Bezug zwischen Françoises und Eugénies Makrostruktur nicht um einen rein zufälligen seitens des Autors handelt – zumal wenn man sich ganz allgemein die intensive Auseinandersetzung Prousts mit dem breitgefächerten Werk Balzacs in Erinnerung ruft. Die zum Teil markierte Intertextualität in den von Françoise verwendeten Adjektiven legt die Vermutung nahe, daß Proust ganz bewußt dem Autor der *Comédie humaine* seine Reverenz erweisen wollte. Diese verbleibt in Françoise ebensowenig eine Kopie wie dies für die übrigen Balzac-Anspielungen in der *Recherche* gilt, sondern dokumentiert Prousts intertextuelles Spiel mit diesem Autor, das in einer eigenständigen Kreativität mündet. Françoise kann unter diesem Gesichtspunkt als Schlüssel für das Verhältnis Prousts zu Balzac gelten.

4.4 Proust und Flaubert

Flaubert gehört wie Balzac und das noch nachfolgende Autorenpaar Goncourt zu den von Proust pastichierten Autoren. Diese Tatsache allein läßt schon eine intensivere Beschäftigung Prousts mit Flaubert und ein dadurch ausgelöstes Interesse seitens der Literaturforschung erwarten.

Zu Prousts „critique en action,"[1] deren Ausdruck die Pastiches *Mondanité de Bouvard et Pécuchet*[2] und *L'Affaire Lemoine par Gustave Flaubert*[3] sind, kommen als sichtbare Zeichen seiner intensiven Beschäftigung mit Flaubert sein kritischer Artikel vom Januar 1920 *À propos du style de Flaubert*, sein Fragment gebliebener Artikel *À ajouter à Flaubert* und die im Balzac- und Baudelaire-Pastiche gemachten Aussagen über ihn hinzu. Damit gemeint sind insbesondere Prousts Aussagen im *Contre Sainte Beuve* sowie in den *Essais et articles* – u.a. über die Flaubertsche *Correspondance*. Die Forschung konzentriert sich folglich auf diese Proustschen Texte, die Flaubert zum Thema erheben und auf die damit einhergehenden Stilfragen, narrativen Strukturen,[4] die Bedeutung der Zeit bzw. die von Flaubert inspirierte „Sprungtechnik"[5] des „blanc".[6] Dabei ist als Ergebnis zusammenfassend festzuhalten, daß Proust ein „rapport ambigu" mit Flaubert unterhält: Er besitzt eine paradoxale Einstellung zu Flaubert, den er „a vénéré et renié".[7]

---

[1] Dreyfus, Robert: Souvenirs sur Marcel Proust, Paris 1926, 230 (Brief vom 18. März 1908).

[2] Zuerst erschienen in *La Revue blanche*, Juli-August 1893 und später in *Les Plaisirs et les Jours* unter dem Titel *Mondanité et Mélomanie de Bouvard et Pécuchet* aufgenommen (cf. Milly 1970, 83). – Milly schickt den einzelnen Pastiches jeweils eine detailliertere Analyse voraus. Sein Band stellt mit demjenigen über „L'Affaire Lemoine" von Pabst/Schrader das zu konsultierende Forschungswerk für die Proustschen Pastiches dar.

[3] In *Le Figaro* am 14. März 1908 erschienen und in *Pastiches et Mélanges* aufgenommen, wo es von der fünften an die zweite Stelle rutscht (Milly 1970, 83).

[4] cf. u.a. die Palimpsestes-Studien von Genette (Genette 1982). Auf den Seiten 112-131 kommentiert Genette den Proustschen Artikel von 1920 über Flauberts Stil. Genette betrachtet und behandelt ihn als „un commentaire justificatif a posteriori du pastiche de 1908, et accessoirement de celui de 1893-1895, «Mondanité et mélomanie de Bouvard et Pécuchet», repris dans *les Plaisirs et les Jours*" (ebd. 114).

[5] cf. Friedrich 1970, 145.

[6] cf. dazu als mittlerweile schon klassisches Standardwerk: Jauss 1955, insbesondere die Kapitel: „A) Das 'blanc' in seiner Funktion für den unmittelbaren Ausdruck der Zeit im Stil" (ebd. 87-96). Jauss zeigt, in „welch andrer Weise sich Proust diese Errungenschaft [Jauss meint das 'blanc', bei dem die Geschwindigkeit der Abfolge wechselt, nicht aber die Kontinuität des Geschehens unterbrochen wird] zunütze gemacht hat" und stellt als erste „Eigentümlichkeit des Proustschen Stils [...], die den Gegensatz zum Stil Flauberts am schärfsten hervorkehrt: das fortwährende 'ritardando' im Erzähltempo" fest (ebd. 89). Cf. auch ebd. 91: „Wir halten fest: während das 'blanc' in der *Education sentimentale* das reißende und ununterbrochene Strömen der Zeit nur desto mehr hervortreten läßt, dient es in der *Recherche*, wo alles dargestellte Geschehen als erinnertes Geschehen erscheint, umgekehrt dazu, in der Abfolge der Erinnerungsbilder die Diskontinuität der 'inneren Zeit' im Bewußtsein Marcels sichtbar zu machen." Und ebd. 127: „Die Perspektive des erinnernden Ichs vermag die dargestellte Zeit nur als 'temps écoulé' (E r s c h e i n u n g der Dauer), nicht aber als 'temps qui coule' zu bestimmen: hinsichtlich der D a u e r ihrer Erscheinung bleibt sie dem Bewußtsein Marcels immanent."– Cf. auch Mein, Margaret: „Flaubert, a precursor of Proust", in: French Studies 17 (1963), 218-237, insbes. ebd. 218: „[...] he acknowledges him as his precursor in respect of his power to give 'l'impression du Temps' [...] he and Flaubert shared the same spiritual landscape, as far as the conception of time is concerned". Mein unternimmt eine Vergleichsstudie zwischen *Madame Bovary* und der *Recherche*, um den von Flaubert und Proust gleichermaßen geteilten Zeitkonzeption nachzuspüren. – Cf. Proust selbst, EA 1971, 595: „A mon avis la chose la plus belle de l'Education sentimentale, ce n'est pas une phrase, mais un blanc."

[7] Naturel 1993, 72; Naturel bezeichnet in ihrem Band von 1999 über „Proust et Flaubert – un secret d'écriture" den Prozeß, der Proust an Flaubert bindet als „le processus admiration-profanation" und führt uns aus: „Il prend un malin

Geht man – wie im Fall Balzac geschehen – von der in der *Correspondance* und der *Recherche* auftretenden Quantität der Bezüge zwischen Proust und Flaubert aus, wird man feststellen, daß die *Correspondance* zwar mit zahlreichen,[8] die *Recherche* dagegen kaum mit expliziten Flaubert-Bezügen versehen ist.[9] Dies ließe sich damit erklären, daß Proust weniger *offensichtlich* auf die Thematik Flauberts zurückgreift. Vielmehr bezieht er sich auf seine Stilbesonderheiten und den damit transportierten Aussagegehalten, die sich wiederum in der *Correspondance* besser *explizit* reflektieren lassen als in einem eigenen Romanwerk. Von einer Gleichgültigkeit gegenüber der „thématique flaubertienne"[10] wird man dennoch nicht im absoluten Sinn sprechen können. Es ist zunächst nur festzustellen – was die oberflächliche Betrachtung beispielsweise des Flaubert-Pastiches betrifft –, daß die „références sont beaucoup moins anecdotiques, et beaucoup plus de l'ordre de la vision esthétique et du style"[11] und übertragen auf den Forschungsgegenstand Proust-Flaubert, daß die kritischen Studien zu diesem Verhältnis „ont essentiellement porté sur la conception du style".[12] Was die *Trois Contes* für sich betrifft, so erheischen vor allem zwei Aspekte die Aufmerksamkeit der Forscher: „le réalisme et le style",[13] also Genera- und Stilfragen und in letzter Zeit dominieren „les études de critique génétique" in den Arbeiten, die den *Trois Contes* gewidmet sind. Nach Lund sei dies begründet, denn „les manuscrits de Flaubert sont fascinants, et beaucoup de chercheurs ont entrepris des études portant sur la création et les transformations du texte".[14] All dies beeinflußt natürlich auch das auf Proust ausgedehnte Forschungsfeld um Flaubert.[15]

---

plaisir à montrer à son lecteur qu'il est capable de dédoublement, inscrivant une citation dans son texte et la dénonçant en même temps." (Naturel 1999, 268); cf. ebd. 14: „La relation de Proust à Flaubert – [...] rélation mi-affective, mi-intellectuelle, mais toujours passionnée que le premier entretenant avec le second – met en jeu, dans un équilibre instable, le dit, le caché, l'inachevé."

[8] Bis auf Band VII und XIV finden sich diese expliziten Flaubert-Bezüge in der Ausgabe von Philipp Kolb; cf. dazu auch Naturels zweites Kapitel: „Flaubert dans la *Correspondance* de Marcel Proust" (Naturel 1999, 25-42) sowie ebd. 11: „La *Correspondance*, trop souvent réduite à un rôle anecdotique, apporte des révélations fondamentales sur les projets de Proust."

[9] Insgesamt an nur acht Stellen: JF 456, wo die „princesse Mathilde" als „amie de Flaubert, de Sainte-Beuve, de Dumas" vorgestellt wird; CG 383f.; SG 663: „Il y a des morceaux de Turner dans l'oeuvre de Poussin, une phrase de Flaubert dans Montesquieu." In seiner Studie *A propos du style de Flaubert* von 1920 schreibt Proust: „Flaubert était ravi quand il retrouvait dans les écrivains du passé une anticipation de Flaubert, dans Montesquieu par exemple: «Les vices d'Alexandre étaient extrêmes comme ses vertus; il était terrible dans la colère; elle le rendait cruel»." (CSB 1971, 587); SG 805 (Anspielung an Mme Bovary); P 138: Charlus hat Morel „L'Education sentimentale" vorgelesen (vorletztes Kapitel), in dem Frédéric Moreau folgenden Satz: „Impossible, c'est une vieille peinture italienne" verlautbaren würde. Dies sei der Grund, warum seitdem Morel immer das Wort „impossible" mit den gleichen Worten begleite; TR 583; TR 720. – Cf. auch Naturel 1999, 265: „Le nom de Flaubert est très peu cité dans les différents volumes d'*À la recherche du temps perdu* et il ne l'est qu'à titre d'exemple ou à titre anecdotique." Sowie ebd. 267: „Les oeuvres de Flaubert sont aussi peu mentionnées que son nom."

[10] cf. Genette, der dies konstatiert (Genette 1982, 115).

[11] Milly 1970, 85; cf. ebd.: „[...] les thèmes sont en nombre assez restreint et ils sont mis en oeuvre plus pour le pastiche lui-même que pour leur référence aux oeuvres de Flaubert."

[12] Naturel 1993, 80.

[13] Lund, Hans Peter: Gustave Flaubert, Trois contes, Études littéraires, Paris: Presses Universitaires de France, 1994, 115.

[14] ebd. 120.

[15] Hier ist erneut die Arbeit von Naturel von 1999 zu nennen. Ihre Untersuchung über den „secret d'écriture" zwischen Proust und Flaubert konzentriert sich auf „le processus même de la création littéraire chez Proust" und

Leclerc hebt die „distance affective" hervor, die Proust von Flaubert trenne, wobei im Verhältnis dieser beiden Autoren zueinander Proust der Kritiker sei, von dem Flaubert geträumt habe und in diesem Sinne man sagen könne: „Flaubert crée Proust".[16] Leclerc unterteilt seine, eine Synthese des Verhältnisses Prousts zu Flaubert darstellende Studie in: „Vie de lecture: ce que Proust lit de Flaubert,"[17] als nächstes in: „Les trois Flaubert de Proust, 1893-1894: Mondanité de Bouvard et Pécuchet, Mélomanie de Bouvard et Pécuchet",[18] „14 mars 1908: L'Affaire Lemoine, par Gustave Flaubert",[19] „Janvier 1920: A propos du style de Flaubert"[20] sowie in: „Flaubert, que je n'aime pas beaucoup ..."[21] und „La Correspondance".[22] Die wichtigsten Ergebnisse aus seinen Artikel im *Bulletin Marcel Proust* sollen kurz vorgestellt werden. Die Kernaussagen zum ersten Part lauten wie folgt:

> Proust est un lecteur des oeuvres complètes de Flaubert, au moins des six „grands" livres de la maturité; tous sont présents, à des degrés divers, dans la *Recherche*, les *Essais* ou la *Correspondance*. L'article de 1920 prend ses exemples dans *Madame Bovary*, *Salammbô*, les *Trois Contes* et surtout *L'Education sentimentale*[23] qui paraît à Proust l'oeuvre vraiment flaubertienne de Flaubert.[24]

Die *Trois Contes*, deren einer *Un Coeur simple* darstellt, gehören also zu den engsten Lektüren Prousts, aus denen er frei aus dem Gedächtnis zitiert. Auf jeden Fall – so Leclerc – müsse man sich Proust vorstellen als „un lecteur continu de Flaubert au point que dans l'urgence, pressé par les circonstances, il puisse citer de mémoire, et sans trop d'erreurs littérales, un nombre non negligeable de phrases, qui dépasse la compétence d'un lecteur,

---

will nicht einen simplen Vergleich zwischen Flaubert und Proust ziehen, noch den Einfluß des Vorgängers auf den Nachfolger messen, sondern fragt sich „comment l'un a permis à l'autre de se construire, de s'affirmer, dans un double processus d'admiration et de profanation, de défense et de rejet, d'identification et de mise en distance" (ebd. 9). Dabei sei „le seul point commun", der wirklich interessant sei „l'abondance des manuscrits", die Proust und Flaubert hinterlassen haben (ebd. 13). Methodisch basiert ihre Arbeit auf „la génétique textuelle": „Nous tenons, en effet, à mettre en jeu le texte, l'avant-texte et le contexte" (ebd. 14). Unter „contexte" versteht sie „toutes les données extérieures à l'oeuvre qui constituent l'actualité littéraire et qui peuvent en expliquer l'apparition" (ebd. 14, FN 17). Deshalb sieht Naturel auch „l'actualité éditoriale, en tant que productrice d'éditions posthumes" als „influence déterminante sur l'intérêt de Proust pour Flaubert" an (ebd. 14f.). Cf. abschließend ebd. 11f.: „Il est vrai que dans les années 1910-1920, on s'intéresse beaucoup à Flaubert." Weshalb Naturel auch der Frage nachgehend, welche „traces la lecture de ces oeuvres mises en avant par l'actualité laissera-t-elle dans l'oeuvre proustienne."

[16] Leclerc, Yvan: „Proust, Flaubert: Lectures", in: BMP 39 (1989), 127-143, 127, cf. ebd.: „Proust est présicément ce critique futur auquel rêve Flaubert." – Cf. auch Popescu-Pampu, Mireille: „L'Avant-Proustianisme de Flaubert", in: Synthesis, 16 (1987), 78-80. Popescu-Pompu behauptet ebenso, daß die Ansicht über die Rolle der Kunst und ihren Erfordernissen, die Flaubert in seiner *Correspondance* zum Ausdruck bringe, die Erscheinung eines Marcel Proust favorisiere, ebd. 78: „Cette même conviction du rôle de l'art et de ses exigences, qui concernait pour la première fois le roman, genre n'ayant point encore visé à la perfection, allait favoriser l'apparition d'un Marcel Proust."

[17] Leclerc 1989, 128-132.

[18] ebd. 132-134.

[19] ebd. 134-136.

[20] ebd. 136-137.

[21] ebd. 137-139.

[22] ebd. 139-142.

[23] cf. EA 1971, 403: „Je suis peut-être un Gustave Flaubert, mais je ne suis peut-être que le Frédéric Moreau de *L'Education sentimentale*."

[24] Leclerc 1989, 128.

même averti".[25] Wenn Proust frei zitiere, so durchblättere er „le livre en esprit" und seine „mémoire (visuelle) lui redonne les phrases en même temps que le support matériel où elles s'inscrivent". Die Gedächtniskapazität „d'un lecteur tel que Proust" sei „considérable".[26] Hinsichtlich der Wirkung von Prousts Flaubert-Lektüre hält Leclerc als erstes Ergebnis fest:

> Quand Proust cite Flaubert de mémoire, il lui fait subir un travail déformant, un peu caricatural, qui rapproche dans le temps Proust-critique et Proust-pasticheur.[27]

Die drei „textes «flaubertiens»", die „ponctuent l'écriture proustienne, 1893, 1908, 1920, depuis son quasi commencement jusqu'en sa presque fin, en passant par l'année médiane, celle de l'origine, un peu mythique, de la *Recherche*"[28] sieht Leclerc im folgenden Bezug zueinander stehen: der Artikel von 1920 stelle die analytische Phase zum Flaubert-Pastiche dar.[29] Als Reaktion auf den im November 1919 geschriebenen Artikel von Thibaudet entstanden, sei die Verteidigung Flauberts vor allem auch eine „auto-défense" Prousts.[30] Leclercs Abschnitt „Flaubert, que je n'aime pas beaucoup" sucht nach Gründen für die „désaffection littéraire"[31], die sich im Artikel von 1920 wiederholt ausdrücke[32], angesichts der Tatsache, daß Proust Flaubert „a lu, retenu au point de le citer par coeur, pastiché, analysé, défendu brillamment et pourtant sans l'aimer". Er kommt zum Schluß, daß es „un faux semblant, une illusion" sei, Flaubert als „port d'arrivée" für Proust durchgehen zu lassen. Er sei vielmehr „le point de départ d'une recherche, non le terminus."[33]

Prousts Urteil über die Mittelmäßigkeit von Flauberts *Correspondance* ist ebenso bekannt, wobei sie „en singulière consonnance avec les articles critiques de Proust" sei. Leclerc sieht in ihr einen möglichen Ort einer „auto-contemplation" (P 137), wie sie von Proust in *La Prisonnière* angesprochen wird. Flaubert drücke in ihr „un certain nombre d'idées chères à Proust" aus.[34] Diese seien „la séparation de la vie et de l'oeuvre", „la différence entre la

---

[25] ebd. 132.
[26] ebd.
[27] ebd.
[28] Leclerc 1989, 132. Das „Bouvard et Pécuchet"-Pastiche von 1893 sieht Leclerc als „capital comme anticipation des idées du *Contre Sainte-Beuve* et de certains thèmes mondains de la *Recherche*" an (ebd. 133).
[29] cf. ebd. 137.
[30] ebd.; cf. auch Naturel 1993, 74: „Non seulement Flaubert est particulièrement présent dans les premiers écrits de Proust, mais on peut, de plus, constater que tout ce qu'écrit Proust au sujet de Flaubert est écrit en réaction contre, réaction contre ce qu'il a lu dans tel ou tel journal, réaction contre ce qu'il a lu dans tel ou tel ouvrage de critique littéraire." – Zu den charakteristischen Zügen des Flaubertschen Stils, die von Proust pastichiert werden, bzw. zum Flaubert-Pastiche von 1908 verweise ich auf die zahlreichen Studien u.a. von Milly, Pabst/Schrader und Leclerc. Letzerem will ich mich im folgenden Punkt anschließen: „De ce pastiche en particulier, du pastiche en général comme «activité permanente chez Proust» (Jean Milly), du mimétisme et de la création, de la purge, des rapports chronologiques et dialectiques entre pastiche, critique, roman, on a déjà tant dit qu'à parler après les autres, on prend le risque d'une forme honteuse de l'intertextualité: le plagiat, conscient ou non" (Leclerc 1989, 134).
[31] ebd. 137.
[32] cf.: Marcel Proust: „A propos du «style» de Flaubert", in: EA 1971, 586-600, 586: „Ce n'est pas que j'aime entre tous les livres de Flaubert, ni même le style de Flaubert." Und ebd. 595: „[...] Flaubert, que je n'aime pas beaucoup [...]."
[33] Leclerc 1989, 137.
[34] ebd. 139.

correction grammaticale et la beauté", „la continuité du style", „l'image même de la maçonnerie", „la phrase de Montesquieu", die sich in der *Correspondance* Flauberts finde und schließlich „l'allusion aux honneurs".[35] Er ergänzt, daß diese „rapprochements" nicht vollständig wären, wenn sie nicht „les noms, les noms de pays" umfaßten, denn „les géographies flaubertiennes et proustiennes" seien „superposables".[36] Naturel konstatiert gleichfalls, daß „le problème de la valeur de la correspondance de Flaubert" Prousts gesamtes Oeuvre durchziehe, sieht im – paradoxen – negativen Urteil über Flauberts *Correspondance* dagegen einen möglichen „dernier hommage affectueux à sa mère".[37] Angesichts der Tatsache, daß Prousts Mutter Flaubert nicht geliebt, sondern im Gegenteil vulgär empfunden hat – was aus der literarischen Konversation mit „Maman" hervorgeht[38] – erscheint diese Hypothese Naturels eine plausible Erklärung zu sein. Resümierend hält Leclerc die drei Etappen des Proustschen Weges in seiner Auseinandersetzung mit Flaubert wie folgt fest: Sie gehe über eine apokryphisch pastichierte Fortsetzung, gemeint ist das *Bouvard et Pecuchet*-Pastiche über ein reinigendes Pastiche (aus *L'Affaire Lemoine*) bis zu seinem kritischen Artikel:

> [...] il fallait passer par trois étapes: en trente ans, trois textes différents: une continuation apocryphe pastichée, un pastiche purgatif, un article critique à usage externe et interne, qui interviennent dans une stratégie d'écriture personnelle à la fois inconsciente et méditée.[39]

Das Resultat sei eine persönliche Schreibweise, die gleichzeitig unbewußt und überdacht sei. Dabei implizieren sich das Pastiche und die Kritik gegenseitig im dialektischen Bezug, sind untrennbar miteinander verbunden wie die Analyse und die Synthese.[40]

Naturel hebt hervor, daß Flaubert *die* Reverenz für Proust darstelle, obwohl er im Werke Prousts, „excepté dans les pastiches et dans les deux «articles» qui lui sont consacrés", eine „présence discrète" inne habe:

> Mais ce qui est tout à fait révélateur du rôle qu'il joue pour ce dernier, c'est que lorsqu'il est cité, il l'est très souvent à titre de comparaison, son nom se trouvant précédé de la préposition «comme»: il est donc *la* référence pour Proust, celle qu'il connaît parfaitement et qui lui permet de porter un jugement sur d'autres écrivains et cette constatation se vérifie aussi bien que dans la *Correspondance*.[41]

Eine weitere Gemeinsamkeit, die beide Autoren aus rezeptionsgeschichtlicher Perspektive verbindet, ist schließlich die Suche nach den 'clefs' aus dem historischen Kontext für die in ihren Romanwerken auftretenden Protagonisten, einschließlich für ihre Dienerinnen.

---

[35] ebd. 139f.
[36] ebd. 141.
[37] Naturel 1999, 287.
[38] cf. ebd. 352; cf. auch ebd. 12: „La *Correspondance* de Flaubert [...] aura sans doute une influence décisive sur l'identification de ce dernier avec son prédécesseur."
[39] Leclerc 1989, 141.
[40] cf. auch Genette 1982, 131: „Le pastiche n'est donc pas chez Proust une pratique accesoire, pure catharsis stylistique ou simple exercise pré-romanesque: il est, avec la réminiscence et la métaphore, l'une des voies privilégiées – et à vrai dire obligées – de son rapport au monde et à l'art."
[41] Naturel 1999, 272.

Flaubert, der „toujours estima ses modestes serviteurs"[42], hat sicherlich bei bestimmten Zügen seines 'coeur simple' Erinnerungen an seine Dienerinnen – u.a. an Caroline Hébert, genannt Julie – verarbeitet. Ein tieferes Verständnis für die intratextuelle Rolle der jeweiligen Dienerfigur ergibt sich durch die Anwendung dieses Verfahrens allerdings weder für Flauberts Conte noch für Prousts *Recherche*. Nur am Rande sei bemerkt, daß beide Autoren in ihrer Biographie sowohl das Merkmal der begleitenden Krankheiten teilen, als auch das der problematischen (Liebes-)Beziehungen.[43] Der Erwähnung wert ist sicherlich, daß beide Autoren gleichermaßen zu den intensiven Lesern Balzacs bzw. zu seinen 'Bewunderern' gehörten.[44] Und schließlich überrascht beide Autoren wie zuvor Balzac der Tod „avant qu'ils n'aient eu le temps de terminer leur oeuvre"[45].

Auch in der Art, wie Proust seine Dienerfigur literarisch konzipiert, ähnelt er Flaubert: Er greift auto-intertextuell auf seine im *Jean Santeuil* entwickelte Dienerfigur Félicité als Ausgangspunkt für Françoise zurück; im übrigen bleibt allein im Namen Félicités Flauberts Dienerin aus *Un Coeur simple* erkennbar. Flaubert „schließt den Conte mit offenkundigen wörtlichen Reprisen an jene Episode der Madame Bovary an"[46], in welcher es um die Dienerin in der 'Comices agricoles'-Szene geht. Er zeigt damit das gleiche auto-intertextuelle Verfahren wie Proust. Die „vénérable Catherine-Nicaise-Elisabeth Leroux"[47] hat einen „demi-siècle de servitude"[48] wie Félicité aus *Un coeur simple* hinter sich. Eine Serie weiterer Anklänge belegt schließlich in „wie hohem Maß Catherine Leroux die Félicité des CS präfiguriert."[49]

Da zum Flaubert-Pastiche von 1908 so gut wie jede Einzelheit aus unterschiedlichen Forschungsschwerpunkten bis zum heutigen Zeitpunkt beleuchtet wurde, sollen im folgenden nur einzelne Punkte hervorgehoben werden, die eine direkte Relation zu *Un Coeur simple* aufweisen und die das Feld abstecken, in dem sich Félicité bewegt. Prousts Anspielungen auf das Flaubertsche Werk fallen viel diffuser aus als diejenigen auf das Balzacsche. Nur manchmal „on peut rapporter un trait à un personnage précis"[50]. Dies ist für *Un Coeur simple* der Fall. So scheint Proust in seiner *Recherche* einen Vergleich fast wortwörtlich aus diesem Conte übernommen zu haben. Anstatt des Vergleichs „comme un écho disparaît", der zur Beschreibung der Herzschläge der sterbenden Félicité dient, findet sich „comme un écho qui s'affaiblit", um die Monotonie des Diskurses des „avocat de

---

[42] Andrieu, Lucien: „Les Domestiques de la Famille Flaubert", in: Les Amis de Flaubert 44 (mai 1974), 5-8, 8.
[43] cf. zu dieser Thematik, die bei Raitt aufgeführten Werke (Raitt, Alan W.: „Etat présent des études sur Flaubert", in: L'information littéraire 34 (1982), 198-206).
[44] cf. Debray Genette 1992, 233: „Il ne fait aucun doute que Flaubert a son Balzac près de lui ou en tête." – Cf. dazu auch: Raitt, Alan W.: „Le Balzac de Flaubert", in: L'Année balzacienne 12 (1991), 335-361.
[45] Naturel 1999, 13. Naturel bemerkt zusätzlich bei Proust eine Transformation der thematischen Hinterlassenschaft der Androgynie bzw. latenten Homosexualität Flauberts, die er „en thématique fondamentale verwandelt" (ebd.).
[46] Schulz-Buschhaus, Ulrich: „Die Sprachlosigkeit der Félicité – Zur Interpretation von Flauberts Conte *Un Coeur simple*", in: Zeitschrift für französische Sprache und Literatur 93 (1983), 113-130, 124.
[47] MB 1951, 429.
[48] ebd.
[49] Schulz-Buschhaus 1983, 124.
[50] Milly 1970, 85.

Werner" im Flaubert-Pastiche zu beschreiben.[51] Der Neger und der Papagei sind schließlich eine direkte Anleihe aus *Un Coeur simple*.[52] Beide Details unterstreichen nochmals Prousts frühe intensive Beschäftigung mit diesem Conte. Natürlich finden sich auch Reminiszenzen an *L'Education sentimentale* und *Mme Bovary*, bemerkenswert erscheint jedoch, daß unter den „souvenirs convergents de lectures distinctes" insbesondere diejenigen aus *Un Coeur simple* ins Auge stechen.[53] Dabei dürfte dieser Conte schon die gleiche Faszination für Proust wie für die nachfolgenden Forscher ausgeübt haben.[54] Trotzdem sind die neueren Kritiker gespalten in der Beurteilung der Flaubertschen Intentionen in diesem Conte.[55]

Das Verhältnis 'Proust und Flaubert' ist deshalb ein faszinierendes, da sie beide „le même culte de la beauté" besitzen: „beauté de la phrase, beauté de l'oeuvre d'art".[56] Das Beeindruckendste an diesem Verhältnis scheint Naturel auf den Punkt gebracht zu haben, für die „la présence de Flaubert" selbst „relève du processus de la mémoire involuntaire".[57] Prousts „jeu intertextuel" wird so zu „une mise en scène de création littéraire":

> À travers lui, Proust crée ses personnages, ses motifs, personnalise sa thématique, structure son oeuvre et se situe aussi dans un courant littéraire, dans une théorie de la littérature. L'intertextualité fait partie d'un processus d'écriture mais elle permet aussi d'intégrer une réflexion sur une esthétique.[58]

Proust war sicherlich nicht völlig indifferent gegenüber der „thématique flaubertienne" und hat „au contraire, retenu un certain nombre de thèmes flaubertiens", aber er hat sie „subtilement assimilés dans son ouvre, au point de ne plus rendre reconnaissable leur source"[59]. Naturels Ansatz sollte erweitert werden: Übertragen auf vorliegenden Forschungsgegenstand ist nicht primär die Spur von Flaubertschen Themen interessant, sondern diejenige der interfiguralen Motivgeschichte und die Frage, auf welche Weise makrostrukturelle Elemente von Félicité in Françoise Aufnahme finden. Dabei muß nicht alles Bedeutungsvolle explizit genannt werden.[60] Im vorliegenden Fall sprechen gerade psychologische Gründe für die nicht explizite Intertextualität. Proust hat sich bekanntermaßen in seiner Beschäftigung mit Flaubert auch von dessen Einfluß „reinigen" wollen:

---

[51] Sorhagen, Irina: „L'Affaire Lemoine, par Gustave Flaubert", in: Pabst/Schrader 1972, 40-54, 46f.
[52] cf. Milly 1970, 85 sowie: Haselbach, Cornelia: „L'Affaire Lemoine, par Gustave Flaubert", in: Pabst/Schrader 1972, 55-66, 63 und 66.
[53] Milly 1970, 90.
[54] cf. u.a. Naturels Ausführungen zu Félicité aus CoS, die zusammen mit dem Flaubertschen Théodore „transformés" im Werke Prousts erscheinen (Naturel 1999, 223ff.).
[55] cf. auch Yates 1991, 56.
[56] Naturel 1999, 354.
[57] ebd. 352.
[58] ebd. 13.
[59] Naturel 1993, 80f.
[60] cf. auch Naturels Ausführungen zu den in den Manuskripten Prousts noch vorhandenen expliziten Flaubert-Bezügen – hier ist vor allem der Conte *Saint Julien L'Hospitalier* relevant (cf. Naturel 1999, 231ff.) –, die später von ihm gelöscht werden. Liest man die *Recherche* „en filigrane" (ebd. 352), wie dies Naturel tut, findet man „signes derrière lesquels se dissimule la présence de Flaubert" (ebd. 224).

Aussi, pour ce qui concerne l'intoxitation flaubertienne, je ne saurais trop recommander aux écrivains la vertu purgative, exorcisante, du pastiche. Quand on vient de finir un livre, non seulement on voudrait continuer à vivre avec ses personnages, avec Mme de Beauséant, avec Frédéric Moreau, mais encore notre voix intérieure qui a été disciplinée pendant toute la durée de la lecture à suivre le rhythme d'un Balzac, d'un Flaubert, voudrait continuer à parler comme eux. Il faut la laisser faire un moment, laisser la pédale prolonger le son, c'est-à-dire faire un pastiche volontaire, pour pouvoir après cela, redevenir original, ne pas faire toute sa vie du pastiche involontaire. Le pastiche volontaire c'est de façon toute spontanée qu'on le fait; on pense bien que quand j'ai écrit jadis un pastiche, détestable d'ailleurs, de Flaubert, je ne m'étais pas demandé si le chant que j'entendais en moi tenait à la répétition des imparfaits ou des participes présents. Sans cela je n'aurais jamais pu le transcrire. C'est un travail inverse que j'ai accompli aujourd'hui en cherchant à noter à la hâte ces quelques particularités du style de Flaubert.[61]

4.4.1 Flauberts Dienerinnen

Die Anzahl der real existierenden Dienerinnen und Dienstboten Flauberts dürfte die seiner literarischen Dienstbotenfiguren in weitem übertreffen.[62] Viele von ihnen finden sich in erinnernden Anspielungen in Flauberts *Correspondance* wieder.[63] Félicité, die auf Caroline Hébert, genannt Julie, verweist,[64] ist die einzige Dienerin, die zur Protagonistin einer Erzählung Flauberts avanciert. Auto-intertextuelle Bezüge lassen sich zur schon erwähnten Catherine-Nicaise-Elisabeth Leroux aus *Mme Bovary* ausmachen, die allerdings nur eine 'Minirolle' in diesem Roman spielt. Davon abgesehen füllt 'Flauberts Félicité' das Thema 'Flauberts Dienerinnen' vollständig aus, sieht man von der 'Comices agricoles'-Szene aus Madame Bovary ab.

4.4.2 Françoise und Félicité

Die Dienerin Félicité wird in Flauberts Geschichte – explizit angedeutet im Titel – zur Protagonistin. Sie überlebt ihre junge und alte Herrin. Der Leser begleitet sie bis zu ihrem Ende, so daß dieser Conte wirklich ihre Geschichte darstellt. Schon Auerbach bemerkt treffend, daß Félicité nicht in ihren eigenen Voraussetzungen betrachtet werde – auf ihren Stand bezogen.[65] Flauberts Conte heißt nicht 'Félicité', sondern nach Félicités

---

[61] EA 1971, 594; cf. auch Sorhagen 1972, 40: „Das Pastiche ist also zu verstehen als eine Art exercitium, es ist ein Reinigungs- und Befreiungsakt, Befreiung von der Denk- und Aussageweise eines anderen „Meisters" und Rückkehr zu sich selbst, zu der eigenen Diktion."

[62] cf. Andrieu 1974, 5: „Comme dans toutes les familles bourgeoises, celle des Flaubert utilisa les services de domestiques, hommes et femmes [...]".

[63] cf. ebd.: „Il en est quelques-uns qui ont marqué leur passage à Croisset assez profondément pour qu'ils soient cités de nombreuses fois dans la *Correspondance*."

[64] ebd. 7.

[65] Auerbach schreibt in seinem Aufsatz über *Germinie Lacerteux*, daß das „eigentliche Volk" kaum „bei den großen Realisten des Jahrhunderts, bei Stendhal, Balzac und auch noch bei Flaubert" erscheine und „wo es erscheint, da wird es nicht aus seinen eigenen Voraussetzungen, in seinem eigenen Leben, sondern von oben her gesehen; noch bei Flaubert (dessen *Coeur simple* übrigens erst ein Jahrzehnt nach *Germinie Lacerteux* erschien, so daß zur Zeit unserer Vorrede fast nichts als die Szene der Preisverteilung bei den *Comices agricoles* aus *Madame Bovary* vorlag) handelt es sich meist um Dienstpersonal oder Chargenfiguren" (Auerbach, Erich: Mimesis. Dargestellte Wirklichkeit in der abendländischen Literatur, Bern/München: Francke, ³1964, 460-487, 462). Auerbach sieht die Dienerfiguren bei Flaubert primär unter der Nuance des „peuple", nicht unter ihrer 'Standes-conditio' der Domestiken, die sich eigene Verhaltensregeln aufgebaut haben.

Wesenseigenschaft synonymisch für ihre Person *Un Coeur simple*. In formaler Betrachtung schlägt sie in der Quantität des Auftretens Françoise. Im Gegensatz zu Félicité ist ihr nicht exklusiv die Geschichte, hier die *Recherche* gewidmet. Den Einwand, daß es sich bei *Un Coeur simple* nur um einen kürzeren Conte, bei der *Recherche* aber um ein mehrere tausend Seiten umfassendes Romanwerk handelt, wurde zugunsten der Betrachtung des Auftretens der jeweiligen Dienerfiguren in den Werken als Ganzes beiseite geschoben. Folglich erscheint es von dieser Prämisse ausgehend legitim, die kontrastive Gestaltung der formalen Struktur von Françoise und Félicité zu konstatieren.

Im Forschungsbericht zu *Un Coeur simple* wurde schon angedeutet, daß eine „vereindeutigende Bedeutungsbegrenzung"[66] in diesem Conte unmöglich ist. Der Text birgt vielmehr aufgrund seiner vielfältigen Spiegelungen oder 'mises en abymes' die Möglichkeit des „jeweils Anders-Gelesenwerdens"[67] in sich. Die zu beantwortende Frage lautet daher, wie sich der Text rückblickend aus der Sicht Prousts liest. Die Einfachheit des Herzens ist zudem unter diesem Blickwinkel nicht automatisch mit einer „simplicité textuelle" gleichzusetzen.[68] Wendet man sich der inhaltlichen Analyse von *Un Coeur simple* zu, so bleibt als erster Eindruck, daß „Félicités unbeweglich-hölzener Charakter, die Enge ihres Milieus und die Harmlosigkeit ihres Lebens" mit Françoise auf den ersten Blick nur wenig gemein zu haben scheinen.[69] Die Detailanalyse zeigt jedoch die Art und Weise des interfiguralen Bezugs. Zu Beginn des zweiten Kapitels von *Un coeur simple* erfährt der Leser mehr über Félicités Vorgeschichte und ihre Herkunft (MK 1). Ihr Vater, ein Maurer, verunglückt bei einem Arbeitsunfall in ihrer frühesten Kindheit tödlich, ihre Mutter folgt ihm bald in den Tod und die Schwestern schwärmen in alle Gegenden aus. So wird sie ganz jung als Waise von einem Bauern aufgelesen, zum Kühe-Hüten auf dem Land angestellt und ist völlig wurzel- und besitzlos. Sie lebt nicht nur im engsten Bezug zu Tieren, sonden verhält sich auch animalisch, „buvait à plat ventre l'eau des mares" (CoS 7), wird aus nichtigsten Gründen geschlagen und schießlich aufgrund eines von ihr gar nicht begangenen Diebstahls verjagt. Daraufhin wird sie „fille de basse-cour" (CoS 7) auf einem anderen Bauernhof in der Region Collevilles. Ihre Geschichte beginnt demnach mit einem Verlust, hier der Familie – ein Motiv, das ihr Leben auch weiterhin bestimmtl[70] – sowie mit ihrer

---

[66] Penzkofer, Gerhard: „«La chambre de Félicité» – Überlegungen zur Syntagmatik und Paradigmatik in Flauberts *Un Coeur simple*", in: Romanische Forschungen 101 (1989), 221-245, 241.
[67] ebd. 245.
[68] cf. ebd. 222 sowie Chambers, Ross: „Simplicité de coeur et duplicité textuelle. Etude d'*Un Coeur simple*", in: Modern Language Notes 96/4 (1981), 771-791, 772f.
[69] Aber nicht alles ist so einfach, wie es zunächst erscheint, cf. dazu auch Penzkofer 1989, 221: „Félicités unbeweglich-hölzener Charakter, die Enge ihres Milieus und die Harmlosigkeit ihres Lebens scheinen dabei die thematischen Vorgaben für eine geradlinige, rührend einfache Lebensgeschichte zu bilden. Der Eindruck trügt. Die Elemente des 'Baukastens' sind zwar unschwer identifizierbar, verweigern aber die unproblematische Verbindung zu einem kohärenten Ganzen. Vor allem das provozierende Ende der Geschichte, das Félicités halluzinierende Todeserwartung neben den Gedanken der Erlösung stellt, hebt den widersprüchlichen Auslegungsraum des Textes hervor, der sich jeder Vereindeutigung entzieht."
[70] Und das von Germinie Lacerteux' Biographie herrührt.

„aptitude à communiquer avec le monde animal",[71] die sich als komplexer Bezug zur Tierwelt – in den „mises en abymes" des Conte überall präsent als weitere signifikante Ebene von Félicité – erweisen und die die noch später folgende Stier-Szene (CoS 16) illustrieren wird.

Zieht man ihren sprechenden Namen Félicité hinzu, der auf das lateinische „felicitas", glücklich, hindeutet und nicht nur mit Zufriedenheit, sondern auch mit religiöser Glückseligkeit assoziert wird, so ergibt sich in Zusammenschau mit der Zweit-Bezeichnung als „coeur simple" Félicités ganze Inhaltsdimension und ihre geschichtsunabhängige Persönlichkeit.[72] Françoise ist – im ersten Cahier Prousts besonders deutlich – in einer bestimmten Region verankert. Sie ist eine „paysanne pyréenne" wie Félicité eine „paysanne normande" ist[73]. Proust verleiht seiner Dienerfigur einen ebenso sprechenden Namen, der nun aber im Gegensatz zu Flauberts Protagonistin auf ihre französische Vergangenheit verweist. Mit Proust erhält die Dienerin damit eine „dimension temporelle: de paysanne pyréenne ou normande elle devient paysanne médiévale".[74] Zur Erinnerung: Prousts Dienerin in *Jean Santeuil* heißt noch Félicité; ein Name, den sich Proust sicherlich von Flauberts Félicité geliehen hat. Mit der onomastischen Anleihe geht dennoch keine zwangsläufige inhaltlich identische Thematisierung einher. Wenn man jedoch Françoises auto-intertextuelle (oder auf das Proustsche Gesamtoeuvre bezogen: intratextuelle) Verweisung auf Félicité aus *Jean Santeuil* berücksichtigt,[75] bleibt dahinter Flaubert als – kontrastiver – Reverenzpunkt bestehen. Passend zu ihrem, in der Geschichte ihres Landes verwurzelten Namen leben Françoises Familienmitglieder im Gegensatz zu denjenigen Félicités noch. Sie sind zusammen mit ihrem Besitz die Quelle von Françoises Verbundenheit mit ihrem Land und ihres Stolzes. Die durch die Zweitbezeichnung Félicités als 'coeur simple' zusammengefaßte Wesenseigenschaft der Simplizität, die sich u.a. auf ihr Verhalten in den außerhalb ihrer häuslichen Zeit- und Raumsphäre liegenden gesellschaftlichen Bezüge erstreckt, läßt sich als Motivklasse (4.4) bei Françoise wiederfinden. Damit ist aber nur ein Motivzug beschrieben, nicht ihr ganzes Wesen, und die Aussagekraft im gesamten inner-makrostrukturellen Bezug ein anderer. Françoise hat ihr

---

[71] Matthey, Cécile: „Les langages de la servante silencieuse dans *Un Coeur simple*," in: Lendemains 20/78-79 (1995), 195-206, 196.

[72] cf. Wing, Nathaniel: „Reading Simplicity: Flaubert's «*Un Coeur simple*»", in: Nineteenth Century French Studies 21 (1992/93), 88-101, 91; cf. auch die Ausführungen von Schulz-Buschhaus zu Félicités Qualität des „automatique", die nach ihm mit Glück und „béatitude" in „einem Verhältnis oxymorisch gespannter Gleichzeitigkeit" steht. „Oder mit anderen Worten: wo Félicité im Innern 'glücklich'wird, 'scheint' beziehungsweise ist sie für die äußere, historische Welt immer auch 'unveränderlich' und – selbstentfremdet –, 'automatisch'" (Schulz-Buschhaus 1983, 122). Cf. auch: „Dienend und ausgebeutet, „immuable" und „automatique", existiert Félicité – anders als Mme Aubain, Sohn Paul oder M. Bourais – tatsächlich ohne eigene Geschichte, und was ihr widerfährt, erlebt sie stets abgeleitet und uneigentlich durch die Identifikation mit den Anderen: mit Mme Aubains Kindern, für die sie – laut Entwurf – „leur bete de somme, leur chien" ist [...]" (ebd. 126).

[73] Naturel 1999, 230; cf. ebd. 240: „Comme Félicité, Françoise représente le peuple."

[74] ebd. 241.

[75] cf. ebd. 242f.: „Déjà, dans *Jean Santeuil*, la servante *Félicité* est présenté dès les premières pages consacrées essentiellement à l'écrivain désigné par la lettre C., puis par B., que Jean et son ami rencontrent sur lieu de vacances, en Bretagne. Elle est, avec le pêcheur, son interlocuteur privilégié."

Hauptaktionsfeld zwar auch in der häuslichen Atmosphäre, ist aber durchaus fähig, sich auch außerhalb dieses Umfeldes auf ihre eigene Art zurechtzufinden. Wenn die Veränderungen ihr auch Schwierigkeiten bereiten, so zeugt dies nur positiv von ihrer tiefen Verwurzelung in den ihrem Wesen entsprechenden Regionen ihres Landes und nicht von dumm-einfältiger Eingeschränktheit. Die Situationen, in denen sie bestimmte gesellschaftlich kodierte Verhaltensweisen in der neuen Umgebung, z.B. zwischen Charlus und Jupien fehl interpretiert, sind nur Zeichen ihrer unverfälschten Natürlichkeit und ihres starken individuellen Kodexes. Félicité dagegen ist unfähig, eine aktive Rolle zu übernehmen in „narratives of socially effective action, of histoire, considered in the broad senses of the term, as knowing how or being able to do („savoir" or „pouvoir faire") in any arena other than that of domestic time and space."[76]

Die weiteren Stationen von Félicités Biographie sind: eine enttäuschende „histoire d'amour" (CoS 6), in der „la raison et l'instinct de l'honneur l'empêcherèrent de faillir" (CoS 9), denn sie ist nicht „innocente à la manière des demoiselles, – les animaux l'avaient instruite" (CoS 9). Danach verläßt sie ihre alte Anstellung und wendet sich nach Pont l'Evêque. Da Mme Aubain gerade eine Köchin sucht und Félicité zwar nicht viel zu wissen, dafür eine „bonne volonté" und „si peu d'exigences" zu haben scheint, akzeptiert sie Mme Aubain. Nachvollziehbar ist diese Anstellung durch Mme Aubain schon nach den ersten zwei Sätzen des Conte:

> Pendant un demi-siècle, les bourgeoises de Pont-L'Évêque envièrent à Mme Aubain sa servante Félicité./ Pour cent francs par an, elle faisait la cuisine et le ménage, cousait, lavait, repassait, savait brider un cheval, engraisser les volailles, battre le beurre, et resta fidèle à sa maîtresse, – qui cependant n'était pas une personne agréable.(CoS 1)[77]

Félicités Tagesablauf beginnt mit der Messe und endet mit dem Rosenkranz in der Hand. Desweiteren erfährt man über ihre Qualitäten, ihr Äußeres und ihre Erscheinung:

> Elle se levait dès l'aube pour ne pas manquer la messe, et travaillait jusqu'au soir sans interruption; puis, le dîner étant fini, la vaisselle en ordre et la porte bien close, elle enfouissait la bûche sous les cendres et s'endormait devant l'âtre, son rosaire à la main. Personne, dans les marchandages, ne montrait plus d'entêtement. Quant à la propreté, le poli de ses casseroles faisait le désespoir des autres servantes. Économe, elle mangeait avec lenteur, et recueillait du doigt sur la table les miettes de son pain, – un pain de douze livres, cuit exprès pour elle, et qui durait vingt jours./ En toute saison elle portait un mouchoir d'indienne fixé dans le dos par une épingle, un bonnet lui cachant les cheveux, des bas gris, un jupon rouge, et par-dessus sa camisole un tablier à bavette, comme les infirmières d'hôpital./ Son visage était maigre et sa voix aiguë. A vingt-cinq ans, on lui en donnait quarante. Dès la cinquantaine, elle ne marqua plus aucun âge; – et, toujours silencieuse, la taille droite et les gestes mesurés, semblait une femme en bois, fonctionnant d'une manière automatique.(CoS 5f.)

---

[76] Wing 1992/93, 93.
[77] Cf. EG 29: „Toute la ville l'enviait à monsieur et madame Grandet." – Auf den ins Auge stechenden intertextuellen Bezug zwischen der Balzacschen Nanon und Félicité hat schon Debray Genette in ihrer Studie über „Simplex et Simplicissima: de Nanon à Félicité" hingewiesen, die meines Erachtens zum richtigen Schluß kommt, daß die Homologien zwischen Balzac und Flaubert an der Oberfläche verbleiben und Ausdruck von Flauberts Hommage an Balzac sind, aber auch eine Anregung, um den Leser zum intertextuellen Lesen anzuregen.

Äußerlich passiert also zunächst nicht viel. Der Titel *Un Coeur simple* deutet schon die Zweiteilung der Protagonistin in ihre Funktion der 'servante' und die des Menschen mit seinen ins Innere verlagerten 'Abenteuern' an. Äußerlich automatisch funktionierend und monoton ist Félicités Leben innerlich umso bewegter, das heißt „des forces intérieurs"[78] sind die determinierenden Kräfte bei Félicité. Ihre wahre Geschichte ist „celle des palpitations d'un coeur simple".[79] Mit dem Eintreten in den Aubainschen Haushalt beginnt für Félicité „cette longue et lente passivité où le dévouement embrasse d'instinct l'humanité plutôt qu'il n'épouse une condition"[80]. Im zweiten Kapitel wird man Zeuge der glücklichen Existenz mit den Kindern Mme Aubains, Paul und Virginie. Félicité definiert sich ausschließlich im Bezug auf andere. Ihre stärkste Charaktereigenschaft ist ihr Liebesbedürfnis, das ihr aber immer wieder Verluste beschert. Zunächst verläßt Paul das Haus. Im dritten, längsten und wichtigsten Kapitel – das zusammen mit dem vierten dem Sterben der Anderen und ihrer Religiosität gewidmet ist – stürzt sie sich in ihrer Fürsorge auf ihren Neffen Victor, der ebenso stirbt, verliert die geliebte Virginie zunächst an den Konvent, schließlich an den Tod. Françoises Neffe stirbt wie derjenige von Félicité: In der Fremde, wenn nun auch der Krieg der Auslöser ist. Im Gegensatz zum Ausgang in *Un Coeur simple* bleiben die Verwandten aber diesem Tod gegenüber nicht gleichgültig. Es sei hier an die Szene der „parents millionaires" von Françoise erinnert. Naturel sieht im Auftreten des Neffen – der wie in *Un Coeur simple* mit einem exotisch klingenden Land in Verbindung gebracht wird – einen „clin d'oeil à Flaubert", in der Wendung zur positiven Reaktion der Verwandten Prousts intertextuelles Spiel der Inversion am Werk.[81] Das dritte Kapitel schließt mit der Ankunft des Papageis Loulou, der ihr im folgenden Kapitel das wertvollste Etwas und aufgrund ihrer Taubheit, das heißt „dans son isolement", fast „un fils, un amoureux" (CoS 57) wird. Nach seinem Tod läßt sie ihn ausstopfen und erhält die Erlaubnis des Pfarrers, ihn für die Fronleichnamsprozession zur Verfügung zu stellen. Als sie im letzten Kapitel nach ihrer Agonie langsam ihr Leben aushaucht, während draußen die Fronleichnamsprozession läuft, glaubt sie zu sehen, „dans les cieux entre'ouverts, un perroquet gigantesque, planant au-dessus de sa tête" (CoS 73).

Diese kurze Zusammenfassung ihres Werdegangs macht deutlich, daß Félicités Geschichte nicht als die einer Dienerin primär intendiert ist. Vielmehr stellt ihre Dienerschaft einen hilfreichen „cadre" dar, um die Geschichte einer Frau zu erzählen, die geistig immer einfacher, „simplicissima" wird.[82] Félicité geht jede Abstraktionsfähigkeit ab, die Welt der Gedanken ist nicht die ihre, sondern die der Einbildungskraft. Ihre auf ihrem religiösen Gefühl – „le surnaturel est tout simple" (CoS 44) für sie – und ihren Erinnerungen fußende Einbildungskraft sowie ihr Bezug zur außerhalb ihrer eigenen Realität des „imaginaire" liegenden Wirklichkeit verdeutlicht sich in ihrem Zimmer, „bazar" und

---

[78] Lund 1994, 102.
[79] Debray Genette 1992, 232.
[80] ebd. 236.
[81] Naturel 1999, 227.
[82] cf. Debray Genette 1992, 246.

„chapelle" (CoS 61) zugleich. Es entspricht einem „musée imaginaire"[83] und je mehr ihre geistigen Sinne abnehmen, desto zahlreicher werden ihre Erinnerungen. Das Leben zieht an ihr vorbei, durch die von ihr aufgehobenen Gegenstände bleiben ihr aber die geliebten Personen über den direkten metonymischen Bezug präsent (Hut Virginies etc.). Das vollgestopfte Zimmer zeugt gleichzeitig von dem „degré presque évanoui" bzw. dem Grad gegen Null ihrer Funktion als „servante".[84] Die äußere Realität entfernt sich im gleichen Maße von Félicité, wie sie sich von der Realität abwendet. Ihre eingebildete Vorstellungswelt wird schließlich zu der ihr einzig realen, der Papagei ist für sie wirklich der Heilige Geist, da er dem „image d'Épinal" gleicht. Ab ihrer Taubheit ist Félicité endgültig der Welt der Ideen und Begriffe entzogen und zur Kommunikations- und Realitätslosigkeit verurteilt.[85] „Toujours silencieuse" hieß es zu Beginn ihrer Vorstellung. In der Tat spricht sie selbst so gut wie nie, verfolgt man ihre 'Sprachgewandtheit' den ganzen Conte hinweg. Schulz-Buschhaus hat in seiner Studie über die „Sprachlosigkeit der Félicité" festgehalten, daß nur zehn mal die wörtliche Rede vorkommt und dann extrem kurz ausfällt. Ihre Worte sind durch „schiere Kargheit" geprägt und dienen fast nie der „Selbstthematisierung", vielmehr sind sie der Sorge um Andere vorbehalten.[86] Damit scheint Félicité, die „servante silencieuse"[87], der sprachgewaltigen Françoise fast diametral entgegen zu stehen und die Motivklassen (2) und (3) nicht viel erwarten zu lassen. Um diese Annahme bestätigen bzw. widerlegen zu können, bedarf es der Klärung, welche Sprache Félicité spricht und welche Aussagen sich davon ableiten lassen, auch vor dem Hintergrund, daß – wie die beiden zuerst angeführten Textstellen explizit deutlich machen – Félicité im Spannungsfeld zwischen der Sphäre des Animalischen und des Religiös-Sakralen steht, „moitié animale, moitié mystique" ist.[88]

Félicité scheint nicht ausschließlich Objekt ohne eigene Sprache zu sein,[89] denn sie benutzt neben der erworbenen Sprache, derer sie sich in den meisten Situationen nicht zu bedienen weiß,[90] eine ihr eigene Sprache. Wie ein „être de légende," eine Fee oder Hexe[91], besitzt sie

---

[83] Lund 1994, 61.
[84] Debray Genette 1992, 242; cf. ebd.: „On comprend donc que la chambre tienne une place narrative plus grande, dans *Un Coeur simple*, longtemps tenue en réserve pour que chaque être aimé y trouve sa place [...]."
[85] cf. Schulz-Buschhaus 1983, 127.
[86] Schulz-Buschhaus 1983, 120f.
[87] cf. den Aufsatz von Matthey 1995.
[88] Flauberts Notizen weisen diese Bezeichnung für Félicité auf, die Schulz-Buschhaus (1983, 121) zitiert; cf. auch Penzkofer 242: „Bereits Flauberts Notizen bezeichnen Félicité als „moitié animale, moitié mystique" und machen damit auf die Opposition von tierischem und sakralem Bereich, von Leben und Tod, aufmerksam, die ihr Leben unter ganz verschiedene Sinnperspektiven stellen." Sowie Lund 1994, 47f.
[89] cf. Schulz-Buschhaus 1983, 124f.: Schulz-Buschhaus sieht Félicité als gesellschaftliches Objekt der bürgerlichen Subjekte und die Sphäre des Bürgertums essentiell als eine „Welt des Besitzens und Neidens". Folglich ist Félicité Objekt, obwohl „vom Satzakzent hervorgehobene Protagonistin der Erzählung [...] zugleich gesellschaftlich kaum mehr als ein überaus rentabler Gegenstand im Besitz Mme Aubains".
[90] Bezeichnenderweise weiß Félicité nicht, was sie Théodore auf seine Entschuldigung antworten soll, CoS 8: „Elle ne sut que répondre et avait envie de s'enfuir."
[91] Matthey 1995, 197.

„un savoir d'origine mystérieuse",[92] wie die 'Stier-Szene' verdeutlicht. Als Félicité mit Madame Aubain und ihren Kindern eine Viehweide überquert, ereignet sich folgendes:

> Dans la troisième pâture quelques-uns [gemeint sind die „boeufs"] se levèrent, puis se mirent en rond devant elles-- «Ne craignez rien!» dit Félicité; et, murmurant une sorte de complainte, elle flatta sur l'échine celui qui se trouvait le plus près; il fit volte-face, les autres l'imitèrent. Mais, quand l'herbage suivant fut traversé, un beuglement formidable s'éleva. C'était un taureau, que cachait le brouillard. Il avança vers les deux femmes. Mme Aubain allait courir. – «Non! non! moins vite!» Elles pressaient le pas cependant, et entendaient par derrière un souffle sonore qui se rapprochaient. Ses sabots, comme des marteaux, battaient l'herbe de la prairie: voilà qu'il galopait maintenant! Félicité se retourna, et elle arrachait à deux mains des plaques de terre qu'elle lui jetait dans les yeux. Il baissait le mufle, secouait les cornes et tremblait de fureur en beuglant horriblement. Mme Aubain, au bout de l'herbage avec ses deux petits, cherchait éperdue comment franchir le haut bord. Félicité reculait toujours devant le taureau, et continuellement lançait des mottes de gazon qui l'aveuglait, tandis qu'elle criait: – «Dépêchez-vous! dépêchez-vous!»/ Mme Aubain descendit le fossé, poussa Virginie, Paul ensuite, tomba plusieurs fois en tâchant de gravir le talus, et à force de courage y parvint./ Le taureau avait acculé Félicité contre une claire-voie; sa bave lui rejaillissait à la figure, une seconde de plus il l'éventrait. Elle eut le temps de se couler entre deux barreaux, et la grosse bête, toute surprise, s'arrêta./ Cet événement, pendant bien des années, fut un sujet de conversation à Pont-l'Évêque. Félicité n'en tira aucun orgueil, ne se doutant même pas qu'elle eût rien fait d'héroïque.(CoS 16f.)

Die Szene verdeutlicht gleich mehreres: zunächst natürlich Félicités Mut und ihre Aufopferungsbereitschaft zum Wohl der Familie. Gleichzeitig dokumentiert sie aber auch Félicités instinktbezogenes richtiges Verhalten. Sie denkt nicht nach, sondern handelt sofort der Situation angepaßt. Dabei ist sie mit einer Sprachfähigkeit begabt, die sie mit Tieren kommunizieren läßt. Der Ursprung dieser Begabung verbleibt im Dunkeln, im Mystischen. Ihr „rapport privilegié" mit den Tieren erweist sich hier, wo eine gemeinsame Sprache impliziert ist, als Demonstration eines „réel échange" als einer „demonstration de sa maîtrise", der sie zum Subjekt macht:

> Nous avons, en résumé, d'abord un langage propre à Félicité, un langage qui lui permettrait de devenir un „personnage" (un sujet de conversation), d'être reconnue par son entourage, mais qu'elle va vite abandonner.[93]

Félicité bildet sich nichts auf ihren Erfolg ein, da es für sie ja natürlich ist, in ihrer Sprache mit ihren 'Sprachverwandten' zu kommunizieren bzw. durch entsprechendes Austricksen ihres tierischen Gegenübers, mit dessen Welt sie von klein auf vertraut ist, einen Erfolg davon zu tragen. Françoise besitzt auch unentschlüsselbare Quellen ihres instinktiven Wissens (MK 4.5), jedoch beziehen sie sich nicht auf den rein animalischen Bereich. Sie ist keine 'Märchengestalt', sondern wird durch die sakralen Metaphern, u.a. aus dem Bereich der geschichtsträchtigen französischen (Kirchen-)Skulptur, gleich einer Heiligenskulptur verewigt und mit der Geschichte ihres Landes eng verbunden (MK 6).[94] Die Nuance einer

---

[92] ebd. 200.
[93] ebd. 203f.
[94] Naturel sieht Françoise und Théodore, den „garçon épicier", als „deux personnages", die „gravitent autour du topos de «l'église»" (Naturel 1999, 221). Sie geht den Spuren nach, was Françoise den Flaubertschen Contes schulde und trifft dabei vor allem auf eine Szene des „vitrail". Diese stammt aber aus Flauberts zweitem Conte *Saint Julien l'Hospitalier*, von dem Françoise vor allem auch den Zug der Grausamkeit erbt und auf den Naturel sich in ihrer Untersuchung besonders konzentriert (cf. vor allem: „3. Le vitrail, Françoise et les poulets", ebd. 231ff.). Proust verwischt die ursprünglich vorhandenen Spuren dieses Contes auf dem Weg seiner Cahiers hin zur

'dümmlichen' Qualität ihrer Sakralität, die im Vergleich dazu Félicité durch ihre fantastisch-abergläubische Religiosität erhält, wird zum positiv historisch gewachsenen Geistlichen hin transzendiert. Félicité nimmt am Katechismus-Unterricht Virginies teil und sieht alle Geschichten des Pfarrers realistisch vor sich; bei der Passionsgeschichte weint sie. Sie kann sich nur schwer die Person Christus vorstellen, da er Vogel, Feuer und Atemhauch zugleich ist. Die Dogmen versteht sie gar nicht und schläft dabei ein. Félicités spirituelle Läuterung verläuft über ihr Gefühl und ihre Vorstellungskraft, nicht über ihren Verstand. Sie erfährt erst durch den Katechismus-Unterricht für Virginie ihre „éducation religieuse" und imitiert Virginies Praktiken. Sie fastet und beichtet mit ihr zusammen und beide machen einen Altar zu Fronleichnam. Virginies Kommunion versetzt Félicité schießlich in höchste Erregung und in den Glauben, sie selbst sei Virginie. Sie spürt allein aufgrund ihrer Einbildungskraft fast leiblich den Empfang der Hostie im Moment von Virginies erster Kommunion, was sie fast in Ohnmacht fallen läßt. Am nächsten Tag geht sie in die Sakristei, um selbst die Kommunion zu empfangen, spürt aber nicht die gleichen „délices" wie einen Tag zuvor in ihrer Imagination (CoS 25ff.). Dieses Paradoxon greift Proust im Aussagegehalt in der „Asperges-Szene" auf. Françoises Vorstellung der Leiden einer Schwangeren sind beeindruckender für sie als das hautnahe Erleben. Allein bei der Vorstellung, bei „chaque symptôme douloureux mentionné par l'auteur du traité, elle s'écriait: «Eh là! Sainte Vierge, est-il possible que le bon Dieu veuille faire souffrir ainsi une malheureuse créature humaine? Eh! la pauvre!» (CoS 117). Sobald sie aber ans Bett der „Charité de Giotto", der Küchenmagd, gerufen wird, hören abrupt ihre Tränen auf zu fließen, denn:

> [...] elle ne put reconnaître ni cette agréable sensation de pitié et d'attendrissement qu'elle connaissait bien et que la lecture des journaux lui avait souvent donnée, ni aucun plaisir de même famille, dans l'ennui et dans l'irritation de s'être levée au milieu de la nuit pour la fille de cuisine, et à la vue des mêmes souffrances dont la description l'avait fait pleurer, elle n'eut plus que des ronchonnements de mauvaise humeur, même d'affreux sarcasmes [...].(CoS 117)[95]

Signifikant ist, daß Proust in den Antagonismus 'Vorstellung versus realem Erlebem' die Nuance der Eifersucht hinein bringt und damit den paradoxalen Charakter Françoises auch im Bereich ihrer ausgeprägten Mitleids- und Aufopferungsbereitschaft hervorhebt. In rückwirkender Spiegelung auf die Makrostruktur als Ganzes heißt dies, daß nicht nur die Imaginationskraft eine hervorgehobene Rolle bei der Dienerin spielt, sondern daß sie in viel tiefer liegende Bewußtseinsschichten eingebettet ist, die sie zu einer individuellen widersprüchlichen Persönlichkeit formen. Aber auch reale zwischenmenschliche Relationen behalten bei Françoise ihre Bedeutung, wohingegen Félicité in ihrer relativ vom Realen losgelösten Welt der Einbildung und Vorstellung lebt (A).

Recherche. „Le vitrail" wird so für Naturel zu einer „allégorie de la pratique intertextuelle de Proust. C'est en lui que s'inscrivent les multiples références aux personnages flaubertiens mais c'est aussi à travers lui qu'elles s'effacent progressivement pour diffuser une lumière trouble qui trompe le lecteur ou plutôt qui l'incite à se demander ce qu'elle dissimule comme secret, secret non plus de tragédies anciennes mais secret d'écriture" (ebd. 243).

[95] cf. auch CS 65: „,– Eh là, mon Dieu, soupirait Françoise, qui ne pouvait pas entendre parler d'un malheur arrivé à un inconnu, même dans une partie du monde éloignée sans commencer à gémir."

In ihrem Zimmer sammelt Félicité religiöse und andere Anbetungsobjekte sowie bunt zusammengewürfelte Dinge ihres Lebens, die Gegenstand ihres „dévouement" werden und das Zimmer zum Basar und zur Kapelle zugleich werden lassen. Damit erfährt Félicités „Orthodoxie" „eine Trübung durch den einigermaßen heterodoxen Gegenstand" ihres Kultes. Der Papagei ist in dieser Basar-Kapelle nicht nur ein Bild des Heiligen Geistes, sondern „hat zugleich etwas von einem Fetisch an sich."[96] Die Ähnlichkeit ihres ausgestopften Papageis mit dem Heiligen Geist erscheint ihr in einer „image d'Épinal" noch manifester. Sie kauft diese Darstellung und platziert sie neben Loulou in ihrem Zimmer. Zunächst betet sie „en regardant l'image, mais de temps à autre se tournait un peu vers l'oiseau" (CoS 63). Schließlich geht sie zur „habitude idolâtre" über, „de dire ses oraisons agenouillée devant le perroquet" (CoS 66). Dabei gerät sie in Extase, wenn ein durch das Fenster fallender Lichtstrahl ins Glasauge Loulous fällt und sie berauscht. Wenn auch solche „Trübungen, die 'dévotion' und 'idolâtrie' ineinander verschwimmen lassen" keine direkte „Ironisierung" oder „Negation der religiösen Erfahrung" beinhalten,[97] so tragen sie dennoch zur „verdüsterten Hagiographie"[98] Félicités bei. Der Grund dafür ist in der „Selbstprojektion des Schriftstellers Flaubert"[99] zu suchen. Félicité wird vollständig dumm, bei gegenläufiger Entwicklung ihres Herzens: „La bonté de son coeur se développa" (CoS 49).[100] Auch die übrige Erziehung dokumentiert ihren „apriorischen Wissensverzicht", ihren „Verlust von Perzeption und Kommunikation"[101]: Paul erklärt Félicité die Stiche der „géographie en estampes", ihre einzige „éducation littéraire" (CoS 14), die ihrer „intelligence borné"(CoS 37) aber nicht adäquat ist[102] und zur Feststellung: „comme vous êtes bête" (CoS 56) durch Mme Aubain als Vertreterin der Bourgeois von Pont-l'Évêque

---

[96] Schulz-Buschhaus 1983, 117.
[97] ebd.
[98] ebd. 130.
[99] ebd.
[100] cf. auch die Skizzen Flauberts zu CoS, die Schulz-Buschhaus zitiert und die in einer Gliederung Flauberts den „wichtigsten Handlungsstichworten jeweils ein Adjektiv" zuordnet, „das begrifflich generalisierend die Hauptqualitäten des 'Coeur simple' bezeichnet" (Schulz-Buschhaus 1983, 116). Diese sind: „immuable", „automatique", „sensible, pudique, tendre", „brave", „maternelle", „patiente, resignée, vertueuse", „charitable" und „heureuse". Schulz-Buschhaus kommentiert: „Ohne Zweifel beschreibt die Reihe der Attribute – besonders im Aufstieg von den noch eher weltlichen Qualitäten „brave" oder „maternelle" zu den immer sublimer werdenden Wertungen „patiente", „vertueuse" oder „charitable" – den Weg einer progressiven spirituellen Läuterung und nähert sich dem typischen Entwicklungsschema der Hagiographie" (ebd.).
[101] ebd. 126.
[102] cf. auch Félicités Steigerung in die Erinnerung an ihren Neffen Victor, der zur Marine ging, ihre reiche Phantasie sowie ihr einziges „Bildungswissen", die dabei zu Tage treten, CoS 35: „En écoutant le vent qui grondait dans la cheminée et emportait les ardoises, elle le voyait battu par cette même tempête, au sommet d'un mât fracassé, tout le corps en arrière, sous une nappe d'écume; ou bien, – souvenir de la géographie en estampes, – il était mangé par les sauvages, pris dans un bois par des singes, se mourait le long d'une plage déserte. Et jamais elle ne parlait de ses inquiétudes." Ebenso geht der Atlas von M. Bourais über Félicités Verständnis hinaus, den sie über Victors Standort konsultiert, CoS 37: „Il atteignit son atlas, puis commença des explications sur les longitudes; et il avait un beau sourire de cuistre devant l'ahurissement de Félicité. Enfin, avec son porte-crayon, il indiqua dans les découpures d'une tache ovale un point noir, imperceptible, en ajoutant: «Voici.» Elle se pencha sur la carte; ce reseau de lignes coloriées fatiguait sa vue, sans lui rien apprendre; et Bourais, l'invitant à dire ce qui l'embrassait, elle le pria de lui montrer la maison où demeurait Victor. Bourais leva les bras, il éternua, rit énormément; une candeur pareille excitait sa joie; et Félicité n'en comprenait pas le motif, – elle qui s'attendait peut-être à voir jusqu'au portrait de son neveu, tant son intelligence était borné."

führt. Nach den Maßstäben einer bürgerlichen Erziehung stellt Félicité damit den Inbegriff der Dummheit dar. Schulz-Buschhaus sieht in dieser Darstellung Felicités Flauberts Versuch, seine Aversionen gegen das Bürgertum zu illustrieren. Er mache sie zum Objekt, zum „rentablen Gegenstand im Besitz Mme Aubains" und zum Ausdruck der „Nicht-Individuation", entziehe sie mit ihrer Taubheit vollständig der Welt der Ideen und Begriffe, um ihr damit erst Würde zu verleihen. In seiner *Correspondance* feiere Flaubert „Fanatismus und Aberglauben als das elementare, ja schlechterdings unaufhebbare Wesen des Religiösen".[103] Schon Sartre sieht die Geschichte des *Coeur simple* als Attacke der „organized religion" und als „glorification of the Christian virtues" an, die Félicité repräsentiere.[104] Schulz-Buschhaus findet Félicités Heil in einer „reinen, weltlosen Signifikanz", womit sie im Gegensatz zur Welt des Esprits im Sinne von aufklärerischer Intelligenz stehe. Angesichts der Abnutzung der leeren Worte wird das Verstummen Ziel der modernen Dichtung, womit neben den Aporien von Felicités Sprachlosigkeit deshalb auch an ihre Größe erinnert werden müsse, denn: „gleichzeitig ähnelt diese „poésie" Flauberts seliger Dienerin im Verzicht, mit dem das Heil reiner weltloser Signifikanz erkauft wird"[105]. In den Augen ihres Schöpfers behalte sie damit eine größere Dignität als die die weltlichen Zeichen beherrschenden Personen.

Proust übernimmt das Verfahren Flauberts, sich in seine Dienerfigur hineinzuprojizieren und seine Überzeugungen in ihrer Makrostruktur zu vermitteln. Im Ergebnis der Darstellung kommt er aber zu einem kontrastiven Ergebnis: Zunächst läßt sich zwar auch die ähnlich gelagerte Grundüberzeugung dingfest machen, daß nicht im Sinne eines hohlen Esprits wahre Kunst entstehen kann. Sie muß zunächst auf eine bestimmte Weise „dumm" sein, verstanden als Gegensatz zur entleerten, nicht originären Intelligenz. Nur in der Weltabgeschiedenheit können Marcel wie Françoise kreativ sein. Übersetzt heißt dies, daß der Künstler zunächst in der offiziellen Sprache verstummen muß – wie Félicité –, um zur „langue vraie" im Werk zu kommen. So dauert eine Sprachskepsis fort, jedoch wird ihr die erfolgreiche Suche nach der adäquaten Begriffsfindung bzw. Ausdrucksmöglichkeit beiseite gestellt. Keine völlige Kommunikationslosigkeit ist die Folge. Françoise ist nicht geschichtsloses Objekt, sondern kontrastiert positiv in ihren individuellen subjektiven Charaktereigenschaften mit den Vertretern der leeren Bürger- und Adelswelt. Im Gegensatz zu Flaubert führt diese Strukturierung der Dienerin-Rolle auch intratextuell zu einem positiven Ergebnis: Françoise stirbt nicht, sondern lebt und überdauert alles und alle. Sie schafft eine ihr eigene Sprache, die auch von anderen verstanden wird, sofern sie ihr wesensverwandt sind. Félicité dagegen wählt – unfreiwillig? – eine Sprache, die nur von ihr selbst verstanden wird, nur sie erkennt die Funktion des Papageis, der für sie den „Saint Esprit" darstellt und ihre Glückseligkeit begründet. Aber dieser Sieg über die „humilité de sa condition" wird letztendlich bezahlt „en contrepartie par la mort d'une Félicité créatrice

---

[103] Schulz-Buschhaus 1983, 118.
[104] Yates 1991, 56. Yates bezieht sich auf den Sartre-Artikel von 1966 in *Les Temps modernes*.
[105] Schulz-Buschhaus 1983, 130.

d'un langage que personne ne parlera jamais".[106] Françoise ist dagegen durch den Präsens der Narration verewigt. Damit verschlüsselt Proust in seiner Dienerfigur aber auch sein zu Flauberts unterschiedenes Zeitkonzept. Über die Kunst ist es möglich dem Ephemeren zu entkommen.

Einzuräumen wäre noch, daß Félicité durchaus auch einen „langage acquis" spricht, z.B. mit den Marktleuten und damit ihre Durchsetzungskraft dokumentiert sowie Respekt erheischt. Leider wird man nicht Zeuge von sprachlichen Kostproben dieser Marktszenen. Robelin und Liébard verlassen immer das Marktgeschehen „pleins de considération" für Félicité, da sie „invariablement déjouait leurs astuces" (CoS 12). Sie verhält sich alles andere als naiv bei den Markthändeleien. Diese Sphäre voller Tiere und Utensilien vom Land entspricht ihrem Erfahrungshorizont, womit sich auch diese Qualität erklären läßt. Auch schon vor der Tier-Szene managt sie selbstbewußt das Haus: Sie befördert höflich, aber bestimmt den stets dem Alkohol zusprechenden Onkel Marquis de Gremanville aus dem Haus (CoS 13). Allerdings wird diese Sprache von ihr bald aufgegeben zugunsten der Sprache, in der nur noch der Papagei zum Medium wird und Félicité damit jede Kommunikation interiorisiert.[107] Das sie gleich zu Anfang determinierende Attribut „automatique" bezieht sich auch auf ihre kommunikative Reaktionsfähigkeit. Meist reagiert sie mit mechanischen Bewegungen, wenn sie sich nicht auszudrücken weiß. So schlägt sie nach der Todesnachricht Victors in ihrer Trauer die Wäsche, statt ihren Tränen freien Lauf zu lassen und bewegt mechanisch ihren Kopf:

> Sa tête retomba; et machinalement elle soulevait, de temps à autre, les longues aiguilles sur la table à ouvrage.(CoS 39)

Mechanisch und automatisch ist hier aber auch gleichbedeutend mit nicht-individuell bzw. steht einem kreativen Schöpfungsakt entgegen. Die Außenwelt hat sie in gewisser Weise zu diesem Automatismus verurteilt. Die völlige Loslösung von dieser Welt im Monolog mit dem Papagei findet schließlich ihre Krönung in Félicités Apotheose, die nur von ihr allein als solche wahrgenommen wird.

Genausowenig wie im sprachlichen Bereich finden sich in den anderen häuslichen Sphären des Kochens oder Nähens Andeutungen auf eine kreative Schöpfungskraft (MK 3.3/Mk 3.4). Wie schon erwähnt ist die Darstellung der Funktionen der 'servante' Félicité auf ein Minimum reduziert zugunsten eines Maximums der Darstellung ihres emotionalen Fortgangs. Wenn wirklich einmal ein Spinnrad erwähnt wird, dann nur beiläufig als Beschäftigung Félicités in der Küche (CoS 48). Genauso wie ihr Vorhaben, die Spitzenarbeit auszuprobieren (CoS 30), dokumentieren diese Versuche allerdings ausschließlich Félicités Bestreben, das emotionale Vakuum zu füllen. Der Gegenstand ihrer Beschäftigung ist das Lieben, wozu es aber jeweils des passenden Liebesobjekts bedarf. Nachdem Virginie das Haus verlassen hat, ist es ihr Neffe Victor:

---

[106] Matthey 1995, 205f.
[107] cf. auch Matthey 1995, 197f.

> Le matin, par habitude, Félicité entrait dans la chambre de Virginie, et regardait les murailles. Elle s'ennuyait de n'avoir plus à peigner ses cheveux, à lui lacer ses bottines, à la border dans son lit, – et de ne plus voir continuellement sa gentille figure, de ne plus la tenir par la main quand elles sortaient ensemble. Dans son désoeuvrement, elle essaya de faire de la dentelle. Ses doigts trop lourds cassaient les fils; elle n'entendait à rien, avait perdu le sommeil, suivant son mot, était «minée.»/ Pour «se dissiper», elle demanda la permission de recevoir son neveu Victor.(CS 30)

Bezeichnenderweise hat Félicité gar keine Veranlagung zur Spitzenarbeit, also für häusliche Arbeiten, die man eigentlich von einer Dienerin erwartet. Damit steht sie ebenfalls im Kontrast zu Françoise. Dem Flaubertschen Stil gemäß ist Félicités Sprache nur im indirekten Stil wiedergegeben. Somit verliert sie in gewisser Weise ihr Kolorit und ihre 'Molièresche' Kraft, die bei Françoise vorhanden ist. Auch bei den übrigen Motivklassen dürften ebensowenige Homologien zutage treten. Im Einzelnen: Oberflächlich betrachtet ist Félicités Rolle als Mutter sehr stark ausgeprägt: Virginie und Paul werden von ihr verhätschelt, geküßt und von ihr „comme un cheval" (CoS 11) herumgetragen.[108] Françoise arbeitet „comme un cheval" (CS 64). Dieser Vergleich bleibt auf ihre Funktion als Dienerin bezogen – wie bei Balzac. Françoise avanciert nicht wie bei Flaubert zum Schoßhündchen ihrer Herren. Nachdem Mme Aubain ihre Kinder außer Haus zur Erziehung gibt, konzentriert sich Félicités ganze Liebe auf Victor, für den sie explizit „un orgueil maternel" fühlt. Im Vergleich zu Mme Aubain ist Félicité das eigentliche gefühlsbetont geleitete 'Muttertier'. Ihre Liebesfähigkeit und Bedürftigkeit muß man allerdings in einer Reihe sehen: Nacheinander wird der Verlust des Liebesobjekts durch ein neues Liebesobjekt ersetzt, bis sich schließlich Félicités ganze Liebe nach dem Sterben aller (Virginies, Victors etc.) auf den Papagei konzentriert.[109] Im gleichen Licht ist Félicités ausgeprägtes Mitleid zu sehen. Sie pflegt Hilfsbedürftige, die sie zum Teil ausnutzen. Wie der kranke „père Colmiche" illustrieren all diese Personen ihr Ganz-Herz-Sein bzw. ihren spirituellen Weg in der Nachfolge Christi:

> La bonté de son coeur se développa./ Quand elle entendait dans la rue les tambours d'un regiment en marche, elle se mettait devant la porte avec une cruche de cidre, et offrait à boire aux soldats. Elle soigna les cholériques. Elle protégeait les Polonais; et même il y en eut un qui déclarait la vouloir épouser. Mais ils se fâchèrent; car un matin, en rentrant de l'angélus, elle le trouva dans la cuisine, où il s'était introduit, et accomodé une vinaigrette qu'il mangeait tranquillement./ Après les Polonais, ce fut le père Colmiche, un vieillard passant pour avoir fait des horreurs en 93. Il vivait au bord de la rivière, dans les décombres d'une porcherie. Les gamins le regardaient par les fentes du mur et lui jetaient des cailloux qui tombaient sur son grabat, où il gisait, continuellement secoué par un catarrhe, avec des cheveux très longs, les paupières enflammées, et au bras une tumeur plus grosse que sa tête. Elle lui procura du linge, tâcha de nettoyer son bouge, rêvait à l'établir dans le fournil, sans qu'il gênât Madame. Quand le cancer eut crevé, elle le pansa tous les jours, quelquefois lui apportait de la galette, le plaçait au soleil sur une botte de paille; et le pauvre vieux, en bavant et en tremblant, la remerciait de sa voix éteinte, craignait de la perdre, allongeait les mains dès qu'il la voyait s'éloigner. Il mourut; elle fit dire une messe pour le repos de son âme./ Ce jour-là, il lui advint

---

[108] In Flauberts Notizen wird Félicité bezeichnenderweise als „chien" und „bete de somme" der Kinder bezeichnet (cf. Schulz-Buschhaus 1983, 126).

[109] cf. Yates 1991, 53: „Félicités obsessive attachment to this bird represents the *reductio ad absurdum* of the *perle's* need to devote herself to someone or something."

un grand bonheur: au moment du dîner, le nègre de Mme de Larsonnière se présenta, tenant le perroquet dans sa cage [...].(CoS 49ff.)[110]

Françoises Mitleid mit den vorbei defilierenden „cuirassiers" klingt wie eine entfernte Reminiszenz an den Anfang obigen Zitats:

> – Pauvres enfants, disait Françoise à peine arrivée à la grille et déjà en larmes; pauvre jeunesse qui sera fauchée comme un pré, rien que d'y penser j'en suis choquée, ajoutait-elle en mettant la main sur son coeur, là où elle avait reçu ce *choc*.(CS 90f.)

Das Mitleid mit den Soldaten steht bei Félicité in einer Linie mit dem für die Cholera-Kranken und ihre Reaktion ist die der praktischen caritativen Ab-Hilfe. Bei Françoise hingegen hängt dieses Mitleid eng mit ihrem pazifistischen Artikel ihres Kodex zusammen, den sie entsprechend anschaulich zum Ausdruck bringt.

Da sich die erzählte Wirklichkeit in „ihren eigenen Spiegelungen reflektiert" und „sich selbst zum Referenten setzt",[111] erhalten die syntagmatischen Strukturen weitere paradigmatische Bedeutungen, sind die sekundären Bedeutungen, die autoreferentiellen Beziehungen im Flaubertschen Text bezeichnend und mitzudenken.[112] Die „Interferenzen von sakralem Raum und banalem Alltag, von Leben und Tod"[113] lassen so in *Un Coeur simple* das „Thema einer tragisch-absurden Nachfolge Christi durchscheinen".[114] Damit steht aber Félicités Mitleidsbekundung und praktizierte Nächstenliebe in einem völlig anderen Kontext als dies bei Françoise der Fall ist. Françoises caritative Eigenschaft rührt von einer festen Familienverbundenheit und geschichtlich gewachsenen Tradition her, die aber nicht die antagonistische Eigenschaft der Grausamkeit ausschließt. Daß bei einem völlig simplen Herzen – einfach im Aufnahmevermögen, aber auch einfach in der Seelen-Struktur, das heißt eindimensional positiv – kein Platz für negative Gefühlswallungen im Bezug auf andere ist, ist klar. Selbst die bedeutungsgeladenen Flaubertschen Textstrukturen von *Un Coeur simple* lassen daran keinen Zweifel. So merkt Félicité nicht, wenn sie in ihrer Gutmütigkeit ausgenützt wird. Sie kauft der kinderreichen Matrosenfrau Mme Leroux, ehemalige Nastasie Barette, Hemden und einen Ofen. Ebenso wird ihr Neffe seitens seiner Familie beauftragt, aus Félicité „toujours d'en tirer quelque chose" (CoS 31). Ihre Simplizität im Umgang mit anderen wird dadurch noch unterstrichen. Gleichzeitig zeigt das Ausnützen durch die Verwandten – Félicités Fixierung als Waise im Hinterkopf –, daß Félicité willkürliche verwandtschaftliche Beziehungen unterhält und diese nicht mehr von einer gegenseitigen Achtung geprägt sind. Anders im familiären interpersonalen Bezug Françoises (A). Sie zeigt nicht nur ihre Selbstlosigkeit, hier noch identisch mit Félicité, bei

---

[110] Félicités Liebe zu dem Papagei offenbart, daß nicht der Gegenstand der Liebe von Wichtigkeit ist, sondern das Bedürfnis nach Liebe selbst, was sich auch im Verhältnis zur Herrin offenbart, cf. Yates 1991, 52: „Félicité's adoration of a mistress who treats her with barely disguised contempt underscores the fact that for the *perle* it is not the object of love that is important, but the act of loving itself."

[111] Penzkofer 1989, 230.

[112] cf. Lund 1994, 65: „En effet, il s'agit, reliant le début du second chapitre à la fin du conte, de tout un fonctionnement symbolique intérieur du texte qui échappe, bien sûr, au personnage principal."

[113] Penzkofer 1989, 243.

[114] Schulz-Buschhaus 1983, 129.

ihrem Einsatz für ihre Familienmitglieder, sondern auch das historisch gewachsene Prinzip: Es ist selbstverständlich, daß sich die in der Tradition und Geschichte ihres Landes stehenden Familienmitglieder vice versa für ihre Angehörigen ohne wenn und aber einsetzen, ohne auf einen eigenen Profit bedacht zu sein. Daraus erwächst Stolz, eine weitere signifikante Eigenschaft Françoises, den Félicité konsequenterweise nicht besitzt.

Weitere Ausführungen zur Motivklasse (4.4) und (4.5), zur Naivität und zum instinktivem Wissen dürften sich nach den bisherigen Ausführungen nur als Wiederholungen entpuppen. Zu diesem Punkt nur soviel: Félicités Simplizität bezieht sich insbesondere auf ihren geistigen Horizont und instinktives Wissen findet sich nur in den ihre Herkunft unmittelbar betreffenden Sphären: im Verhandeln mit Händlern über Tiere und Gemüse.[115] Ansonsten läßt sie sich rein von ihrer Emotion und ihrem Instinkt leiten, wenn sie in Kontakt zu den Mitmenschen tritt. Sie denkt nicht über bestimmte Hierarchien nach, sondern hilft dort, wo Not am Mann ist. Ihre Simplizität schließt ein einfaches Hierarchiedenken ein: Selbst wenn sie Mme Aubain instinktiv für „insensible" (CS 29) hält, da sie ihre Tochter in Pension gibt, findet sie auch hier nur eine simple Antwort: Ein Urteil überträfe ihre „compétence" (CoS 29) und ihre Herrin habe sicherlich Recht in ihrem Tun. Félicités Bewunderung für außergewöhnliche Menschen erinnert oberflächlich an Françoises Vorliebe für Eindruck hinterlassende Persönlichkeiten:

> Elle l'ouvrait avec plaisir devant M. Bourais, ancien avoué. Sa cravate blanche et sa calvitie, le jabot de sa chemise, son ample redingote brune, sa façon de priser en arrondissant le bras, tout son individu lui produisait ce trouble où nous jette le spectacle des hommes extraordinaires.(CoS 13)

Zu einem Hierarchiedenken einer Françoise findet sich hier dennoch keinerlei Anlage. Félicité unterscheidet weder zwischen arm und reich, noch teilt sie die Menschen in eine Ansehens-Rangfolge ein. Sie spürt lediglich ein sonderbares Gefühl aufgrund der ihrer eigenen Simplizität und ihrem Erfahrungshorizont entgegenstehenden Erscheinung Bourais', ähnlich wie beim Auftreten des Negers oder des Papageis. Zugleich stellt Bourais nicht nur äußerlich den Kontrast zu Félicités simpler Erscheinung dar, sondern auch charakterlich. Später erfährt der Leser von seinen korrupten Geschäften, die Mme Aubain schließlich existenziell auf ein Minimum reduzieren.

Ergänzend zu Félicités Altersstruktur (MK 5) sei festgehalten: Félicité hat zwar ihre „histoire d'amour", diese läßt sie allerdings völlig unbefleckt: „asexuée, ayant à peine un corps"[116]. Mit 25 sieht sie schon aus wie vierzig und ab fünfzig „elle ne marqua plus aucun âge" (CoS 6). Ein Stabilitätsfaktor resultiert aus diesem reifen Alter allerdings nicht für die Bezugspersonen. Ihre unveränderte Altersstruktur ist vielmehr Spiegel ihres automatischen Funktionierens. Félicité verleiht den Dingen und Menschen nur durch ihre Sammelleidenschaft Dauer, indem die Gegenstände synonymisch für die damit einmal verbundenen

---

[115] cf. Yates 1991, 55: „True, in protecting her mistress's interests, Félicité shows some of the peasant shrewdness which helps to compensate for the ignorance of the perle: her quick reflexes save her mistress's family from a bull, and she is no dupe when Mme Aubain's tenant farmers try to cheat her. But outside the sphere of her servant's activities, she is completely at a loss."

[116] Lund 1994, 103.

Personen stehen. Quantitativ gesehen erhalten die 'souvenirs' dadurch immer größere Bedeutung für Félicité, aber auch die Frage der Wiedererinnerungsweise bestimmter Erfahrungen, menschlicher Begegnungen etc.. Lund meint, „Félicité recueille tout dans sa mémoire, et expose tout dans une nouvelle contruction, une nouvelle donne de la vie" und bezieht sich auf Félicités Zimmer.[117] Proust wirft diese Frage gleichermaßen in seiner Dienerfigur auf, die allerdings eine völlig andere Methode als die der direkten metonymischen Inbezugsetzung anbietet. Françoise transformiert und transzendiert alltägliche Gegenstände in Kunst, die über die Sinne wiederum die 'mémoire involontaire' auslösen bzw. inkorporiert Erfahrungswerte der Vergangenheit in ihren Kodex, der über bestimmte Signale dechiffrierbar wird und damit Zugang zu den Erfahrungswerten und Traditionen aus ihrer eigenen Vergangenheit oder zu denen ihres Landes eröffnet (B). Françoise ist von Anfang an alt, ihre Sexualität spielt keine Rolle (MK 5). Damit stellt sie von Beginn an einen Stabilitätsfaktor dar, der als solcher dennoch erst am Ende von Marcel erkannt wird. Félicités Sexualität, genauer ihre Vorstellung der männlichen Erwartung an ihr Geschlecht, stellt eine Metapher ihrer Simplizität dar und unterstreicht in ihrer Sexus-Verneinung ihre Vita als (unbefleckte) Heilige.

Félicités „foi vivante",[118] der aus ihrem natürlichen Verständnis des „surnaturel" resultiert, ließe sich bei Françoise durch 'tradition vivante' ersetzen. Eine übernatürliche Aura umgibt gleichsam Françoise in ihrer natürlichen Umgebung. Diese Aura wird dagegen nicht naturalisiert, das heißt detranszendiert. Sie bleibt als sakraler metaphorischer Raum bestehen und transzendiert Françoise von der einfachen Dienerin zur Künstler-Heiligen, die sich nicht zwischen Leben und Tod entscheiden muß, sondern beide Eckpunkte miteinander versöhnt. Sie behält den Realitätssinn bei, ist daher befähigt, den Lebensinhalt ihres Herrn zu managen. Sie überläßt ihn nicht der – einer dem Sterben gleich kommenden – Untätigkeit, sondern versöhnt ihn mit dem Leben über sein Werk. Im Gegensatz dazu entsteigt Félicité zwar „par l'autel"[119] der modernen entleerten Welt, hinterläßt in der Aussage für den Conte aber keinerlei Transzendenz. Diese ist vollständig durch den der Wirklichkeit entfernten „imaginaire"[120] ersetzt.

Nach den bisherigen Ausführungen zu den inhaltlichen Motivklassen ist zu erwarten, daß die Einheiten (A) und (B), hier die interpersonalen Relationen Félicités, zwar gegeben, aber im intertextuellen Bezug zu Françoise ebenfalls konstrastiv ausfallen. Interessant ist in diesem Zusammenhang die interpersonale Relation zu Mme Aubain und die in den Textstrukturen als solche liegenden Aussagegehalte. Gleich zu Anfang des Conte offenbart sich die Einstellung Mme Aubains zu Félicité als abweisend und überheblich. In der Geschichte geht es um Félicités Gefühlswelt, für die sich Mme Aubain jedoch nicht interessiert. Sie kann Félicités Getue mit ihren Kindern nicht akzeptieren, wohl auch aus einem Standesdünkel heraus. So verbietet sie ihr, ihre Kinder ununterbrochen zu küssen,

---

[117] ebd. 61.
[118] ebd. 57.
[119] ebd. 63.
[120] ebd. 106.

was Félicité „mortifia" (CoS 11). Trotz allem fühlt sich Félicité in der neuen Umgebung glücklich. Nach der Abreise Victors vermißt sie ihn schmerzlich, sorgt sich um ihn, aber spricht nicht davon. Zeitgleich ist Mme Aubain in Sorge um ihre Tochter Virginie. Als eines Tages ihr Brief aus dem Konvent schon seit vier Tagen überfällig ist, wird sie unruhig:

> C'était vraiment extraordinaire! depuis quatre jours, pas de nouvelles!/ Pour qu'elle se consolât par son exemple, Félicité lui dit:/ – «Moi, madame, voilà six mois que je n'en ai reçu!...»/ – «De qui donc?...» La servante repliqua doucement: – «Mais... de mon neveu!»/ – «Ah! votre neveu!» Et, haussant les épaules, Mme Aubain reprit sa promenade, ce qui voulait dire: «Je n'y pensais pas!... Au surplus, je m'en moque! un mousse, un gueux, belle affaire! tandis que ma fille... Songez donc!...»/ Félicité, bien que nourrie dans la rudesse, fut indignée contre Madame, puis oublia./ Il lui paraissait tout simple de perdre la tête à l'occasion de la petite.(CoS 35f.)

Félicité versucht ihre Herrin aus ihrem Erfahrungshorizont heraus zu trösten. Mme Aubain weiß noch nicht einmal, wen Félicité meint, abgesehen davon ist es ihr auch gleichgültig. Sie will nicht mit ihrer Dienerin in Gefühlsdingen gleichgestellt werden. Félicité ist alles andere als nachtragend, zunächst noch „indignée", vergißt sie bald und findet wieder eine einfache Erklärung für das Verhalten ihrer Herrin. Selbst die „Mitleidsbezeugung" Mme Aubains, als sie Félicité die Nachricht über den Tod des Neffen vorliest (Félicité ist nicht des Lesens mächtig), fällt äußerst spärlich aus: Sie zittert ein wenig, wahrscheinlich mehr aus der Befürchtung heraus, wie Félicité reagieren wird und welche Unannehmlichkeiten ihr selbst dadurch bereitet werden. Félicité weiß sich aber zu beherrschen und unterdrückt in einer mechanischen Bewegung ihre Gefühle bis zum Abend, wo sie in ihrem Zimmer keiner mehr sieht (CoS 38ff.). Nur einmal werden die Standesschranken zwischen den Frauen aufgehoben, als sie Virginies Sachen inspizieren und sich danach voller Tränen in die Arme fallen:

> Elles retrouvèrent un petit chapeau de peluche, à longs poils, couleur marron; mais il était tout mangé de vermine. Félicité le réclama pour elle-même. Leurs yeux se fixèrent l'une sur l'autre, s'emplirent de larmes; enfin la maîtresse ouvrit ses bras, la servante s'y jeta; et elles s'étreignirent, **satisfaisant leur douleur dans un baiser qui les égalisait** [meine Hervorhebung]./ C'était la première fois de leur vie, Mme Aubain n'étant pas d'une nature expansive. Félicité lui en fut reconnaissante comme d'un bienfait, et désormais la chérit avec un dévouement bestial et une vénération religieuse.(CoS 49)

Die Gleichstellung täuscht. Mme Aubain kann Félicités Trauer hier nur akzeptieren, da es um ihre eigene Tochter geht. Bald darauf behandelt sie sie wieder in der gleichen herablassenden und gleichgültigen Art wie zuvor. So bringt sie kein Verständnis für Félicités Verzweiflung auf, als der Papagei spurlos verschwindet und sie ihn sucht. Sie tituliert ihre Dienerin als „folle" (CoS 55) und als sie schon taub ist, sagt sie des öfteren „comme vous êtes bête", was Félicité in ihrer völligen Taubheit bestätigt (CoS 56). Als Mme Aubain schließlich an einer Lungenentzündung stirbt, reagiert Félicité wie folgt:

> Félicité la pleura, comme on ne pleure pas les maîtres. Que Madame mourût avant elle, cela troublait ses idées, lui semblait contraire à l'ordre des choses, inadmissible et monstrueux.(CoS 65)[121]

---

[121] Deshalb fügt sich für sie auch alles wieder in eine Ordnung, als sie ihre eigene Todesursache erfährt, CoS 607: „«Pneumonie.» Il lui était connu, et elle repliqua doucement: – «Ah! comme Madame», trouvant naturel de suivre sa maîtresse."

Die so geartete interpersonale Relation zwischen Dienerin und Herrin erinnert an Françoises Anfänge bei Tante Léonie. Auch sie beweint ihre Herrin wie einen Schloßhund, obwohl sie seelisch grausam von ihr behandelt wurde. Françoises Verehrung hat tiefliegende Gründe, die ins Frankreich Ludwig XIV. zurückreichen und sich als völlig fundiert, aus einer gewachsenen Tradition und als echt für diese Herrin erweisen. Im Gegensatz dazu rührt Félicités „vénération religieuse" für ihre Herrin vielmehr von einer Verwechslung innerhalb ihres vollgestopften 'imaginaire' her. Sie überträgt die für Virginie gehegten Gefühle auf die Mutter, was die Beweinung Mme Aubains erklärt: „en la mère elle pleure Virginie".[122] Die interpersonale Relation Mme Aubains zu Félicité als strukturelle Folie der interpersonalen Relation Françoises zur Familie Marcels betrachtet läßt sich folgendes festhalten: Auch in der *Recherche* geht es um das Innenleben Françoises, ruft aber nicht nur das Interesse des Lesers, sondern auch intratextuell das des Protagonisten, des Herrn hervor. Marcel begibt sich auf die Dechiffrierung von Françoises Seelenwelt und behandelt sie somit gleichberechtigt: wie seine anderen Bekanntschaften. Insbesondere die Mutter zeigt gleich zu Beginn ohne Vorbehalte, daß sie Françoise als Menschen ernst nimmt:

> [...] maman était la première personne qui lui donnât cette douce émotion de sentir que sa vie, ses bonheurs, ses chagrins de paysanne pouvaient présenter de l'intérêt, être un motif de joie ou de tristesse pour une autre qu'elle-même.(CS 64)

Was die Mutter Marcels explizit noch zu Françoises Zeiten im Haushalt Tante Leónies erkennt, wird Marcel am Ende seiner Suche ebenso klar: Françoise ist es wert, in ihrer Gefühlswelt ernst genommen und entsprechend behandelt zu werden. Die Ergebnisse dieser Erkenntnis führen letztendlich zu einer Verschmelzung zwischen Herrn und seiner wesensverwandten Dienerin. Zudem wäre Françoise nachtragend bei Nichtberücksichtigung ihrer Gefühle, da sie ein ausgeprägtes Selbstbewußtsein und einen Stolz besitzt, der ihr mitteilt, was sie sich selbst schuldet (MK 4.1) – Gefühle, die der nonnengleichen Félicité völlig fremd sind. Sie würde, bei welch schlechten Behandlung auch immer, noch die andere Wange in ihrem natürlich-christlichen Verständnis hinhalten. Félicité bleibt nur textuell gleichberechtigt: Eine Dienerin ist es wert, in einem ihr gewidmeten Conte die Geschichte ihres (Gefühls-)lebens thematisiert zu bekommen. In der interpersonalen Relation zur Herrin bleibt sie im Aussagegehalt herabgestuft und untergeordnet. Dies entspricht der Intention Flauberts, der die Dissoziation, die Störung des geordneten Zusammenlebens zwischen den gefühlskalten Bourgeois und den anderen Schichten in seiner Dienerfigur zur Anschauung bringt[123] und keine Lösung anbietet – seiner Selbstprojektion entsprechend, die auch Selbstvernichtung ist. So mag Françoise im Ergebnis aus der 'Intertextualität' mit den Contes Flauberts *Un Coeur simple* und *Saint*

---

[122] Lund 1994, 67.

[123] Selbst der skrupellose 'père Grandet' aus Balzacs Eugénie Grandet zeigt in seiner eigenen rauhen Art noch positive Gefühle für Nanon, wenn er sie beispielsweise häufiger auf einen Schoppen einlädt. Ebenso finden die Herrin und die Dienerin in *Eugénie Grandet* und in *Germinie Lacerteux* – noch vor *Un Coeur simple* entstanden – in ihrer gegenseitigen Zuneigung Trost über die äußeren widrigen Umstände. Flaubert zieht dieses Thema in den Spott.

Julien l'Hospitalier geboren sein,[124] inhaltlich läßt aber erst Proust seine Dienerfigur die Glückseligkeit oder „félicité" der Kreation finden. In anderen Worten: Proust wendet hier das ihn zu Flaubert auszeichnende Verfahren der Inversion an und findet gleichzeitig zu einer „créativité personelle"[125].

4.4.3 Zusammenfassung

Félicité ist die Heldin eines Conte, der trotz aller Kürze, die man mit dieser 'Gattung' verbindet, relativ lang ausfällt. Eine Kurzgeschichte läßt nicht zwangsläufig eine reduzierte Inhaltsdimension des vorgestellten Wesens erwarten. Dieses ist zwar hier der Fall, liegt aber an dem in Félicités Figur manifesten Aussagegehalt des ganzen Conte. *Un Coeur simple* ist wirklich Félicités Geschichte von ihrem Anfang bis zum Ende des Lebens und damit des Conte, der mit ihrem Tod schließt. Folglich tritt sie niemals vom Geschehen ab. Als Ergebnis läßt sich Prousts kontrastive Gestaltung der formalen Struktur in Françoises Auftrittsfolgen festhalten, die keinen Rückschluß auf einen intendierten intertextuellen Bezug zuläßt.

Félicité ist völlig wurzel- und besitzlos, eine Waise, die für Verfehlungen anderer geprügelt wird und als „coeur simple" ein geschichtsunabhängiges Leben fristet. Damit ist sie gleichsam in keinster Weise in einer Region oder Tradition des Landes verortet (MK 1) und Françoises Ursprüngen entgegengesetzt. Ihr räumliches 'Milieu' ist zwar das der Gegend um Pont l'Évêque, entfaltet aber für ihre Person keine Aussagekraft. Nur die mit ihr in Kontakt tretende bourgeoise Welt ist in ihren Verhaltensformen von diesem geistigen Milieu geprägt. Neben Félicités 'Spitznamen' als „coeur simple" unterstreicht ihr Rufname zusätzlich die Loslösung von aller Diesseitigkeit: Im Kontrast zu Françoise unterstreicht er nicht eine Verortung in einer mit der Gegenwart verknüpften Vergangenheit bzw. Historie des Landes, sondern eine in einer religiös-mystischen Sphäre. Eine aus dem animalischen und mystischen Bereich stammende Metaphorik steckt die Sinnperspektiven Félicités ab. Diese zwei Pole bilden ihren Rahmen und sind weniger Sinnbild eines ländlich-natürlichen Milieus, der ihren Verstand auf natürliche Weise schärft, als vielmehr elementare Wesensbezeichnungen. Wenn man auch noch beide Pole als Gegensätze in Françoises Makrostruktur ausfindig machen kann, so beziehen sie sich auf widersprüchliche Charaktereigenschaften: Sie ist einerseits rauh und grob wie eine unter Tieren aufgewachsene Bäuerin, andererseits verbirgt sie 'mystische' Spuren einer tief im Dunkeln verborgenen Vergangenheit, die sich in ihrem Kodex über ihr Verhalten teilweise dechiffrieren läßt. Bei Félicité sind beide Pole Teil ein und desselben positiv-eindimensionalen Charakters, die letztendlich losgelöst von realen ländlichen Gegenden sind.

---

[124] cf. Naturel 1999, 243: „Au service de la création, ils [Françoise und Théodore] incarnent un mode de création puisque l'un et l'autre naissent d'une intertextualité avec les contes de Flaubert."
[125] ebd.

Die Einheiten der Motivklasse (3) lassen sich wie folgt zusammenfassen: Félicité legt ein automatisch-mechanisches Verhalten an den Tag, das sich in iterativen Handlungen bzw. in einem von Repetitionen geprägten Lebensfluß widerspiegelt. „Toujours silencieuse" verspricht sie keinerlei Sprachgewandtheit, meldet sie sich – im typisch Flaubertschen indirekten Stil – zu Wort, thematisiert sie nicht ihre auf sich selbst bezogenen Anliegen, sondern drückt nur die Sorge um Andere aus. Kommunizieren – verstanden als Austausch zwischen zwei Subjekten – kann sie nur mit Tieren bzw. mit den damit im engsten Kontakt stehenden Menschen: mit den Pächtern und Händlern. In diesem Fall zeigt sie sich alles andere als naiv und weiß instinktiv die richtigen Verhaltensweisen an den Tag zu legen. Ansonsten entspricht ihr Weg einem hin zu einer vollständigen Kommunikationslosigkeit mit einem menschlichen Gegenüber. Ihr mit Anbetungsobjekten und Souvenirs vollgestopftes Zimmer spiegelt den Grad gegen Null ihrer Funktion als 'servante' wider, der durch den maximalen Grad ihrer Funktion als emotional auf einem spirituellen Weg befindlichen Wesen ersetzt wird, das endlich ausschließlich seine Imaginationswelt als einzig reale Welt erkennt. Konsequenterweise finden sich weder bei den Motivklassen (3.1), (3.3) und (3.4) inhaltliche Aufladungen, da Félicité weder mimisch etwas kommuniziert, noch über typische Dienereigenschaften wie Nähen und Kochen ihrer nicht vorhandenen Kreativität freien Lauf läßt. Ihr einziges Bedürfnis ist das des Liebens, womit gleichzeitig der Inhalt ihrer Verhaltensmaxime (MK 2) genannt ist. Ihr Mut und ihre Aufopferungsbereitschaft, alles zum Wohl ihrer herrschaftlichen Familie zu tun, sind letztendlich nur Spiegel ihrer Liebe, die sich genauso auf andere Gegenstände – Subjekte und Objekte – beziehen kann. Damit geht aber auch eine qualitative Abwertung der besonderen Aufopferungsbereitschaft für die Herren als auch ihrer Rolle als Mutter (MK 4.1.2) einher. Wen oder was Félicité bemuttert ist eigentlich egal. Hauptsache ist, daß sie einen Gegenstand der 'mütterlichen' Liebe findet. Die Aubainschen Familienmitglieder sind den anderen Liebesobjekten gleichgestellt, wodurch Félicité ihnen keine besondere Aufmerksamkeit einräumt, die bei Françoise von einer Identifikation mit der Familie des Herrn selbst herrührt, als deren Teil sich die Dienerin betrachtet. Obwohl im Familienverbund lebend, bleibt Félicité von den Einzelnen dieses Verbunds dissoziert. So ersetzt sie die verlorenen Liebesobjekte nacheinander, bis schließlich der Papagei Loulou vollständig das emotionale Vakuum ausfüllt.

Die Motivklasse (2) hat bei Félicité infolgedessen keine klaren Denkkonzepte zum Inhalt, sondern wird durch ihren „imaginaire" ersetzt. Ihre Vorstellungswelt okkupiert vollständig ihren Geist und läßt keinen Raum für realitätsbezogene individuelle Maxime, so daß Proust auf keinerlei Einheiten in dieser Motivklasse bei der Gestaltung seiner Françoise zurückgreifen kann – nicht einmal in einem möglichen detaillierten Kontrast. Die Homologie im Hierarchiedenken verbleibt bei beiden Makrostrukturen an der Oberfläche und entpuppt sich bei genauerem Hinsehen als irrig: Félicités Bewunderung für außerordentlich erscheinende Menschen bleibt Ausdruck ihrer eigenen Simplizität, zeugt aber nicht wie bei Françoise von einer diffizilen Struktur der Gunsterweisung, die ihre Begründungen aus ihrer Verwurzelung mit ihrem Land erfahren.

Die weiteren Einheiten der Motivklasse (4), die eng mit den bisher besprochenen zusammenhängen, stehen wie folgt in Relation zu Françoise: Félicité, die ganz Herz und nicht Verstand ist, weist als beherrschende Charaktereigenschaft eine absolute Mitleidsfähigkeit und Selbstlosigkeit auf (MK 4.3), die einer Nicht-Individuation gleich kommt. Nachvollziehbar, daß keine konträre Eigenschaft wie die der Grausamkeit (MK 4.2) zu finden ist. Voraussetzung dafür wäre eine gewisse Ich-Bezogenheit der Figur, die aufgrund ihrer individuellen Veranlagung in Widerspruch mit ihrer Außenwelt treten und damit 'grausam' bzw. grob reagieren kann. Da sich Félicité nur in Bezug auf Andere thematisiert, sind ihre individuellen Wünsche für die Außenwelt vollständig ausgeblendet. Félicités Kontext zur Motivklasse (4.3), der über die syntagmatischen und paradigmatischen Flaubertschen Textstrukturen in *Un Coeur simple* greifbar wird, ist der einer tragisch-absurden Nachfolge Christi. Françoises caritative Eigenschaft hängt dagegen eng mit ihrem individuellen pazifistischen Artikel ihres Kodex zusammen, der verwurzelt in der Tradition ihres Landes auch paradoxe Artikel enthält.

Félicité ist im absolutesten Sinne naiv (MK 4.4), „simplicissima" in allen Bereichen, die außerhalb ihrer animalisch-instinktbezogenen Sphäre liegen. Ihre Naivität geht konform mit ihrer Welt der reinen Vorstellung. Darin ist alles ganz einfach, simpel und natürlich, selbst das Übernatürliche. Bei Françoise wird diese Eindimensionalität des Wesens ins Vielfache und Vielfacettierte aufgefächert und ergibt einen realitätsbezogenen Menschen, der aus der Vergangenheit schöpft und somit fundiert, wahrhaft und natürlich wird. Im gesamten innermakrostrukturellen Bezug entfaltet dieser eine Motivzug von vielen eine vollständig andere Aussagekraft. Françoise ist fähig, sich auch außerhalb ihrer „domestic time and space" zurechtzufinden. Bereiten ihr die Veränderungen Schwierigkeiten, so resultiert dies aus einer positiven Eigenschaft: aus ihrer Verwurzelung in den ihrem Wesen entsprechenden Regionen und Traditionen ihre Landes und nicht aus simpler realitätsferner Einfältigkeit. Zudem verhindert die Aktualisierung von bewährten gewachsenen Traditionen (gegenseitige Hilfsbereitschaft), daß sich Françoise ausnützen läßt. Im Gegensatz zu Félicité, die alles nur mögliche aus ihrer Tasche – selbst von ihren Verwandten – gezogen bekommt.

Félicités Alter und Alterserscheinung (MK 5) erscheint oberflächlich identisch mit dem Françoises: Sie sind von Beginn ihrer eigentlichen Geschichte an alt und unverändert. Félicités Weg als junge Frau verfolgt der Leser jedoch noch schlaglichtartig in ihrer „histoire d'amour", die vielmehr eine Geschichte der Versuchung ist, der Félicité auf ihrem spirituellen Weg widersteht. Während bei Félicité die unveränderte Erscheinung ihr automatisiertes Verhalten widerspiegelt, wird sie bei Françoise zum positiv aufgeladenen Stabilitätsfaktor. Die Metamorphose, die beide durchlaufen, fällt zwangsläufig unterschiedlich aus: Félicité wird vollständig blind und taub, ganz Herz- und Himmelsgeschöpf, wohingegen Françoises Gehör und Sehstärke nur etwas nachläßt und ihre Diesseitsbezogenheit bestehen bleibt, die von einem metaphorisch-sakralen Raum umschlossen ist. Damit ist in der Aussage ein Bruch mit der Welt (CoS) durch eine Versöhnung (*Recherche*) ersetzt.

In der interpersonalen Relation Dienerin-Herrin (A) scheint Mme Aubain ihre Dienerin in ähnlicher Weise zu behandeln wie Tante Léonie Françoise. Beide sind nicht „agréable" zu ihrer Dienerin. Bei genauerem Hinsehen zeigt sich aber, daß Tante Léonie Françoise als Subjekt ernst nimmt, sie über den Klatsch und Tratsch des Dorfes mit ihr spricht und insgeheim weiß, daß sie elementar auf Françoises Hilfe angewiesen ist, die tatsächlich alles für ihre Herrin tut und erduldet. So sind Herrin und Dienerin dahingehend identisch, daß sie beide eine gewisse sadistisch-grausame Ader besitzen, die von ihrer Dorfverbundenheit herrührt. Mme Aubain dagegen will sich mit Félicité über nichts austauschen und behält Félicité nur, weil sie keine großen Kosten verursacht. Die Rente fällt dementsprechend spärlich für sie aus. Bei beiden Figuren geht es um ihre Gefühlswelt (B), und ihr Leben in einem Familienverbund. Darin erschöpfen sich schon die analogen Situationsmuster. Die Homologien bleiben auch hier an der Oberfläche und sind bei Überprüfung der interpersonalen und gesellschaftlichen Bezüge der jeweiligen Makrostruktur inhaltlich differenziert. Wenn man Marcel und seine Mutter schließlich als Herren auf der Folie Mme Aubains und Françoise als Dienerin auf derjenigen Félicités in der interpersonalen Relation zueinander betrachtet, stellt man fest, daß Proust – wenn überhaupt intendiert – den Aussagegehalt ins Gegenteil verkehrt: Die Herren interessieren sich nicht nur für die Gefühle ihrer Dienerin und lassen sie dies explizit spüren, sondern aus der Dechiffrierung ihrer Verhaltensweisen resultiert letztendlich eine Lösung für das eigene Leben. Bei Flaubert bleiben dagegen bourgeoise Herrenwelt von der der Dienerin dissoziiert.

Schließlich unterscheiden sich die über die jeweiligen Makrostrukturen der Dienerfiguren transportierten Aussagegehalte des Conte bzw. der *Recherche* elementar, wenn auch beide Autoren von der gleichen Methode ausgehen, sich in ihre Dienerfigur hineinzuprojizieren und Kunst als zunächst 'dumm' im Sinne von nicht angelernter, Esprit-freier Intelligenz zu befürworten. Der Kapitulation Flauberts vor dem Verstummen und der Dissoziierung des Menschen, das bzw. die nur noch in einem Werk als solche Bestimmung bzw. Zielrichtung des Menschen festgehalten werden (als einziger „Schöpfungsakt"), setzt Proust in doppelter Weise biographisch als auch intratextuell als Erkenntnis des Werks im Werk die kreative Kraft aus der Position der Weltabgeschiedenheit entgegen und findet so zu einer Versöhnung mit der Welt, exemplarisch in seiner Dienerfigur dargestellt. Félicité ist genausowenig wie die anderen Flaubertschen Helden kreativ, die allerdings im Gegensatz zu ihr explizit eine Künstlerkarriere anstreben. Marcel, einem passiven Flaubertschen Helden wie Frédéric aus *L'Éducation sentimentale* zunächst ähnlich,[126] wird sich im letzten Moment seiner Berufung zum Künstler bewußt und zwar durch Françoise: Sie löst die Initialzündung aus. Damit wird offensichtlich, wie wichtig die unterschiedlich gestaltete Relation Françoises zu ihrem Herrn wird. Bei Flaubert verbleiben Herrin und Dienerin entsprechend dem Aussagegehalt und der Selbstprojektion des Autors – die auch Selbstvernichtung in der monologistischen Loslösung von der Außenwelt ist – dissoziiert.

---

[126] cf. Haselbach 1972, 64: „Wie in Frédéric Moreau haben wir in der Gestalt Marcels einen passiven Helden vor uns. Da diese passive Haltung dem Leben gegenüber jedoch nicht mehr ein Individuum mit besonderen Eigenschaften voraussetzt, kann bei Proust wie schon bei Flaubert jeder beliebige Mensch zum Helden eines Romans werden. So ist auch Marcel zunächst nur ein Durchschnittsmensch, der sich im letzten Moment seiner Berufung zum Künstler bewußt wird."

In der Gesamtschau des Vergleichs sind die Homologien zwischen den Makrostrukturen Félicités und Françoises oberflächlicher Natur. Inhaltlich kann Françoise als konstrastive Replik auf Félicité gelesen werden. Damit läßt sich aber auch die Frage des Verhältnisses Prousts zu Flaubert näher beleuchten. Proust wollte wohl zunächst nicht unbedingt eine Hommage an Flaubert verhindern. Es fällt allerdings eine durchweg konstrastive Gestaltung als Ausformung bestimmter Motivklassen-Einheiten in formaler und inhaltlicher Sicht auf. Darin mag auch begründet liegen, warum es bis vor kurzem zwar viele Studien über *Un Coeur simple* gab, kaum eine aber über die interfigurale Motivgeschichte Félicités aus *Un Coeur simple* zu Prousts Françoise.[127] Vorliegende Untersuchung bestätigt erneut Prousts erklärten Willen der Distanzierung und Reinigung von Flauberts Einfluß in der Praxis. Stilfragen betreffend gibt es genügend Untersuchungen, die die Art und Weise dieser 'Katharsis' zu beantworten suchen. Sie kann auch auf den Gegenstand dieser Studie übertragen werden. Wenn Proust auch bestimmte Stilansätze schätzt, so funktioniert er diese um. Die Ausführungen zu den „blancs" sowie Jauss' Ergebnisse sind ein Beispiel unter vielen, die hier nicht wiederholt werden müssen. Bei thematischen Vorgaben liegt der Fall ähnlich: Die konstrastiven Bezüge überwiegen derart, daß nicht mehr von einem expliziten intertextuellen Bezug die Rede sein kann und viele inhaltlich kontrastreichen Homologien sicherlich die Stufe von einer bewußten Kontrastierung hin zu einer intuitiven beschritten haben.

Abschließend sei auf Prousts Verhältnis zu Flaubert im Vergleich zu Balzac eingegangen. Flaubert bricht mit der Komödientradition in seiner Dienerfigur Félicité, die von Balzac noch deutlich beibehalten wird. Flaubert sieht den Dienerstatus Félicités lediglich als Rahmen für die Untermauerung der Wesens-Simplizität und ideal für den Dialog mit den Textstrukturen seines Conte an. Bei Balzacs Nanon scheinen insbesondere bei der von ihr verwendeten Sprache ihre literarischen Komödienvorfahren durch:

> Nanon déploiera des qualités de servante, au franc-parler moliéresque.[128]

Gleichzeitig trifft für Nanon in vorwärtsgewandter Blickrichtung zu:

> In her distinctive use of language, Nanon looks ahead to Proust's Françoise, with her peasant dialect which is both picturesque and touching.[129]

Damit wird zusätzlich eines deutlich: Wenn man Françoise als Schlüssel des Zugangs zu Prousts Verhältnis zu den Autoren akzeptiert, die Dienrfiguren zu Protagonisten machen, läßt sich feststellen, daß der willentliche Bezug zu Balzac über die partiellen Homologien zwischen Nanon und Françoise bei genauer Analyse gegeben ist. Die intertextuelle Linie der inhaltlichen Konnotationen der einzelnen Motivklassen verläuft über Balzac zurück zu

---

[127] Es existiert eine interfigural angelegte Studie über Balzacs Nanon und Flauberts Félicité. Ich meine die schon erwähnte Studie von Debray Genette über „Simplex et Simplicissima". Über Françoise und Félicité muß man in den entsprechenden Kapiteln bei Naturel (1999) nachlesen. Ihre Beobachtungen beschränken sich überwiegend aber auf die onomastische Anleihe Prousts bei Flauberts Félicité, die später zur Françoise 'umgetauft' wird und geht detaillierter der Intertextualität Françoises zum Conte *Saint Julien l'Hospitalier* nach.

[128] Debray Genette 1992, 230.

[129] Yates 1991, 157.

Molière und wird durch die psychologische Subtilität der Marivauxschen Dienerfiguren verfeinert. Flaubert bleibt in dieser Relationslinie in gewisser Weise außen vor, da seine Dienerfigur für Françoise vor allem eines bildet: einen Kontrast. Anders gesprochen könnte man sagen: Die Loslösung von Flaubert ist sehr weit gediehen und dermaßen erfolgreich geführt, daß man nicht mehr von einer Quelle, aber auch nicht einmal mehr von einer Art Hommage sprechen kann, wie dies im Fall Balzac sicherlich noch zutreffend ist. Félicité als verwischte onomastische Anleihe hebt Proust durch seine ästhetische Auseinandersetzung mit Flauberts Conte schließlich auf einer höheren Ebene in der „félicité créatrice" auf. Vom „emprunt" ist die Proustsche Kreation zur „créativité personelle" übergegangen.[130] Nicht entschieden werden soll, ob für Proust die zum Teil explizite Intertextualität zu Balzac größeren Wert als die spurenverwischende zu Flaubert besitzt. Vielleicht mag man daran auch ablesen, daß Proust für die Loslösung von letzterem Autor subtilere Abgrenzungsstrategien erforderlich bzw. als dem Wesen des Autors angemessener empfindet und gleichzeitig dem eigenen Anspruch seines intertextuellen Spiels damit gerecht wird. Unzweifelhaft ist aber sicherlich für beide Autoren, daß sie für die Konstitution Prousts als individuelle kreative Persönlichkeit unabdinglich sind, was sich in der Figur der Françoise manifestiert.

---

[130] cf. Naturel 1999, 243: „[...] facétie onomastique ou vérité profonde, que d'affirmer que cette félicité qui envahit le narrateur à chaque expérience de résurrection du passé est un dernier emprunt à Flaubert, plus exactement à son héroïne, Madame Bovary, dont toute la vie fut une quête de cette félicité qui n'eut pour exutoire que le mysticisme et que lui ravit finalement sa servante Félicité? De Félicité à la félicité créatrice, ce serait la création proustienne qui serait résumée par ce passage de l'emprunt à la créativité personelle."

4.5 Proust und die Goncourts

Da die Goncourts zu den von Proust pastichierten Autoren gehören, ist eine intensive Beschäftigung Prousts mit diesen Autoren und eine entsprechende Rezeption in der Forschung naheliegend. Tatsächlich beschränkt sie sich primär auf die stilistischen und thematischen Beziehungen zwischen den verschiedenen Goncourt-Pastiches und den Texten des *Journal*s, auf die Beziehungen dieser Texte zu Prousts Romanwerk bzw. auf Fragen der Insertion des Goncourt-Pastiches in die *Recherche*.[1] Spiegel der Proustschen Auseinandersetzung mit dem Goncourtschen Werk sind neben den soeben erwähnten zwei Pastiches – das in der Affaire-Lemoine-Sammlung betitelte *Dans le «Journal des Goncourt»*[2] sowie das in die *Recherche* inkorporierte *journal inédit des Goncourt* (TR 580-587) – sein Artikel von 1919 nach Erhalt des Prix Goncourt, den er durch Léon Daudet an den Chefredakteur des Éclair schicken läßt, um seine Wahl zu rechtfertigen[3] sowie der wesentlich wichtigere Artikel von 1922 mit dem Titel *Les Goncourt devant leurs cadets: M. Marcel Proust*,[4] in dem er sich mit dem geistigen Erbe der Goncourts auseinandersetzt. Proust war mit vielen Arbeiten der Goncourts vertraut:

> Milly and the Pléiade editors demonstrate that Proust was familiar with *L'art du XVIIIe siècle*, *La Maison d'un artiste*, *Les Maîtresses de Louis XV*, and probably *L'Italie d'hier*. Elsewhere Proust makes reference to such Goncourt works as *Madame Gervaisais* (in *Le Carnet de 1908*, Paris, Gallimard, 1976, p. 72), *La Fille Elisa* (CSB, p. 25) *Henriette Maréchal* (CSB, p. 26), *Renée Mauperin* (CSB, p. 641), *La Faustin* (ARTP, IV, 289), and, of course, *Germinie Lacerteux*.[5]

Wie bei allen Autoren, zu denen Proust ein besonderes Verhältnis hat, so zeichnet ihn auch bei den Goncourts aus, daß er keine „condamnation ou une critique de sa singularité stylistique"[6] unternimmt bzw. auch zu ihnen ein ambivalentes Verhältnis hat. Edmond de Goncourt, der das Objekt der Goncourt-Pastiches ist,[7] trifft Proust wiederholt im Salon der Fürstin Mathilde bzw. in dem von Madame Daudet. Proust schreibt 1922 darüber:

---

[1] cf. Milly 1970; darin vor allem 153-170; cf. ders.: „Le pastiche Goncourt dans «Le temps retrouvé»", in: Revue d'Histoire littéraire 71 (1971), 815-835; Sayce, R.A.: „The Goncourt Pastiche in Le Temps retrouvé", in: Price, Larkin B.: A critical panorama, Urbana u.a 1973, 102-123; Bouillaguet 1993.

[2] in: PM 1971, 24-27.

[3] Ausschnittsweise abgedruckt in: Maurois 1985, 292f.; Der in die Rolle eines Journalisten geschlüpfte Proust, der über Prousts Auszeichnung mit dem Prix Goncourt schreibt, spielt am Ende des Artikels auch auf seine kürzlich erschienene Pastiche-Sammlung an, in der „figure, coïncidence amusante, un pastiche assez irrévérencieux des Goncourt" (ebd. 293).

[4] cf. EA 1971, 641-643.

[5] Finn, Michael R.: „Neurasthenia, hysteria, androgyny: the Goncourts and Marcel Proust", in: French studies 51 (1997), 293-304, 303, FN 3.

[6] Genette 1982, 109.

[7] cf. Pabst, Walter: „Dans le Journal des Goncourt", in: Pabst/Schrader 1972, 90-100, 90: „[...] Edmond de Goncourt (1822-1896), der als alleiniger Verfasser des *Journal des Goncourt* seit dem Tode seines Bruders Jules (1830-1870) das Objekt der beiden Pastiches ist [...]." Cf. auch Milly 1970, 155 sowie der sich darauf beziehende Sayce 1973, 103: „In any case, M. Milly's remark that in *Pastiches et mélanges* Proust drew mainly on the later volumes of the *Journal* is equally valid for *Le Temps retrouvé* (and is confirmed by the fact that only Edmond is writing)."

À vingt ans, j'ai vu souvent M. de Goncourt chez Mme Alphonse Daudet et chez la princesse Mathilde à Paris et à Saint Gratien. La radieuse beauté d'Alphonse Daudet n'éclipsait pas celle du vieillard hautain et timide qu'était M. de Goncourt. Je n'ai jamais connu depuis d'exemples pareils – dissemblables entre eux d'ailleurs – d'une telle noblesse physique.[8]

Nicht nur das Äußere Edmond de Goncourts gibt Anlaß zur Bewunderung. Trotz aller Einwände gegen die Beschreibungstechniken der Goncourts – der „écriture artiste" – definiert Proust seine eigene Kritik als „critique laudative en somme" (EA 642) und bleibt das *Journal* „malgré tout, si calomnié [..] un livre délicieux et divertissant" (EA 642). In der Tat zeigt Prousts *Correspondance* ihn als „lecteur familier du *Journal*".[9] Die quantitativen Bezüge in der *Correspondance* sind zahlreich,[10] wohingegen sie in der *Recherche* ausschließlich auf *Le temps retrouvé* beschränkt bleiben. Die Stellen, die sich außerhalb des „journal inédit des Goncourt" (TR 580) finden, behalten trotzdem einen Bezug zu dem in die *Recherche* inkorporierten Goncourt-Pastiche. Sie umfassen einerseits Marcels Erinnerung an die „quelques pages du journal des Goncourt" (TR 694), Brichots Bezug zu den Goncourts (TR 636) bzw. im direkten Anschluß an die 'zitierten Seiten des *Journals*' die Reflexionen Marcels über „ce que cette lecture fait naître" in ihm (TR 587ff.). Nur noch einmal wird explizit der Name Goncourts erwähnt, als Marcel in der Bibliothek des Fürsten Guermantes ist und er sich erinnert „de ce que les Goncourt disent des belles éditions originales, qu'elle contient", weshalb er sich „étais promis de les regarder" (TR 715). Als Resümee läßt sich mit Milly festhalten:

Bien que Proust ait quelque peu connu personellement Edmond de Goncourt, les deux frères ne font pas partie des auteurs qu'il a longuement ou fréquemment commentés dans ses oeuvres.[11]

Da Proust schon 1908 die Goncourts pastichiert, und dieses „premier pastiche d'eux reçoit encore, avant d'être reproduit dans *Pastiches et Mélanges*, d'assez longs développements", ist es „légitime d'estimer que Proust accorde aux deux écrivains une attention particulière"[12], was die genauen Analysen des in die *Recherche* inkorporierten Pastiches nur noch bestätigen.[13] Das Verhältnis Prousts zu den Goncourts läßt sich hinsichtlich der Gemeinsamkeiten und Unterschiede zwischen den beiden Autoren wie folgt zusammenfassen. Zunächst stellen die Goncourts für Proust ein „faszinierendes Modell der Haltung und des Stils" dar.[14] Beide machen sich „uniquement des critères esthétiques, et non moraux, sociaux ou rationnels" zu eigen[15]. Milly stellt desweiteren fest, daß einige „traits de la *Recherche* [...]

---

[8] Proust, Marcel: „Les Goncourt devant leur cadets: M. Marcel Proust", in: EA 1971, 641-643, 642.
[9] Milly 1970, 154.
[10] Außer im Band IV in der Ausgabe Philipp Kolbs, trifft man sie überall an.
[11] Milly 1970, 153.
[12] ebd. 815.
[13] Es existiert darüber hinaus noch ein anderes Pastiche von 1912 im Album von Madame de Lauris, das aber noch nicht wiedergefunden werden konnte (cf. Milly 1970, 155).
[14] Pabst 1972, 90.
[15] Milly 1970, 154.

assez Goncourt" seien,[16] was sich schon am Goncourt-Pastiche ablesen lasse: Das *Temps retrouvé*-Pastiche greife Goncourtsche Themen und Probleme des *Journals*, als auch solche der Goncourtschen Biographie auf, widerspräche aber gleichzeitig in keinster Weise der „thématique du roman", wie beispielsweise „la névrose" oder „la malveillance".[17] Bart sieht die Gemeinsamkeit zwischen den Goncourts und Proust abstrakter: in ihrer manieristischen Ästhetik[18], von der beide ausgingen, die jedoch unterschiedlich gelöst werde: „Simile has disappeared, metaphor has taken its place."[19] Am Beispiel des Blicks auf ein Operngeschehen aus *Charles Demailly* bzw. der *Recherche* manifest gemacht, stellt er fest, daß beide Autoren eher „mediated visions" transportierten, d.h. „new experiences for the reader" statt puren Text oder einfacher reproduzierter Äußerlichkeit.[20] Proust, der im Pastiche zu einer vollendeten Imitation der „écriture artiste" der Goncourts findet, verachtet im übrigen nicht den Goncourtschen Stil.[21] Für Finn erscheint der 'style artiste' „precariously close to Proust's own; within it, consciously or unconsciously, he seems to navigate with ease"[22].

Auf die Goncourts trifft, wie auch auf die übrigen von Proust pastichierten Autoren zu, daß sie in den Genuß einer Proustschen Pastichierung kommen, weil sie Affinitäten mit ihm bilden. Ansonsten gäbe es für Proust keinen Grund, sich von ihrem Einfluß reinigen zu wollen. Eine Eigenschaft scheint beiden Autoren gemein: die Eitelkeit. Bei Proust, vielleicht weniger ausgeprägt und mit einem Schuß Selbstironie untermischt, ist sie dennoch vorhanden. Es sei in diesem Zusammenhang nur daran erinnert, daß er 'als außenstehender Journalist' einen Rechtfertigungsartikel über den Erhalt des *Prix Goncourt* für sein Werk *À l'ombre des jeunes filles en fleurs* schreibt. Über Goncourts Eitelkeit läßt sich Proust selbst wie folgt aus:

> M. de Goncourt a été incomparable chaque fois qu'il a parlé de ces oeuvres d'art qu'il aimait d'une passion sincère, même des arbustes rares de son jardin, lesquels étaient pour lui de précieux bibelots encore.(EA 642f.)

Proust beschreibt Goncourt in seinem Artikel von 1922 weiter als einen „noble artiste, cet historien de la valeur la plus haute et la plus neuve, ce véritable romancier, impressioniste"

---

[16] ebd. 156f.: „Quelques traits de la *Recherche* sont assez Goncourt, comme l'emploi de certains tours ou expressions [...] ou la création de quelques hapax. La tentation est celle de l'idolâtrie esthétique, à laquelle Proust eut à échapper lui aussi, et dans laquelle il laisse s'anéantir les personnages de Swann et de Charlus."

[17] Bouillaguet 1993, 90f.; cf. auch ebd. 83f.: Das Goncourt-Pastiche unterscheide sich von den „fils balzacien et flaubertien" und den „pastiches intégrés", die „se diffusent dans l'oeuvre, qui les absorbe" fundamental dadurch, daß es mit einer „parfaite autonomie textuelle" funktioniere, obwohl es „relié a la trame du roman par de nombreux moyens" sei. Die Art und Weise der Insertion markiert neben einem Bruch schon parallel Mittel der Integration.

[18] cf. Bart, Benjamin F.: „World views into style: the Goncourt brothers and Proust at the opera", in: Nineteenth century french studies, 15 (1986/87), 173-190, 186: „[...] not only the Goncourts but Proust, too, derive from the esthetics of the late baroque, Mannerism specifically."

[19] ebd.

[20] ebd. 187.

[21] cf. de Chantal 1967, 516: „Dans ses pastiches, Proust a voulu se libérer de l'emprise qu'exerçait sur lui l'écriture artiste: il avait tendance à utiliser parfois ce style qu'il ne méprisait d'ailleurs pas [...]."

[22] Finn 1997, 293.

(EA 643). Goncourts Versuch einer neuartigen, durchaus qualitativ hochwertigen, historischen Beschreibung führt beim Publikum nicht immer zu Lob. Gleiches Faktum trifft auf Proust zu, der mit seiner *Recherche* ebenso zu einem „historien de la valeur la plus haute et la plus neuve" (EA 643) wird, wenn auch inhaltlich gesehen seine Beobachtungsgabe und Zielrichtung fundamental andere sind: Sie sind zwar synchron anders bedingt, wirken dennoch ebenso neuartig und qualitätsvoll wie Goncourts Ansätze.

Unterschiede zeigen sich in folgenden Punkten. Wenn die Goncourts durchaus einen hohen Respekt vor Kochkünsten besitzen,[23] so zeigt die Art der Beschreibung derselben als auch die Erwähnung dieser Vorliebe im *Temps retrouvé*-Pastiche, daß Essen und Kochen „play an even more important part in Proust than in Goncourt: we have only to think of Françoise. In the marvellous sentence which begins «Dans le verre de Venise que j'ai devant moi, une riche bijouterie de rouges est mise par un extraordinaire léoville...», it ist easy to pick out any number of Goncourtisms [...] but against them in counterpoint stands an essentially Proustian vision, an imaginative re-creation of the visual and tactile impressions of food and wine."[24]

Die *Recherche* ist nicht nur „assez Goncourt", sondern umgekehrt ist das Pseudo-Journal sozusagen 'assez Proust', denn Figuren aus der *Recherche* treten darin auf. Auch andere Mittel erleichtern die Insertion, Sayce und Bouillaguet haben darüber ausführliche Analysen geliefert.[25] In der im Anschluß an das Pseudo-Journal folgenden Reflexionspassage des Erzählers wird klar, daß die Funktion des Pastiches in einem ästhetischen „contre exemple"[26] liegt. Prousts Distanz zu den Goncourts konzentriert sich auf die kurz zuvor schon angedeutete „méthode d'observation"[27]. Der Erzähler, den man in seinen Gedankengängen hier mit Proust gleich setzen kann, sucht nach der „essence générale", einer „profondeur" und dem „substratum" des zu Beobachtenden, so daß die „observation", die nur bis zu einer gewissen Tiefe vordringt, daraus zunächst keinen Vorteil zieht (TR 587). Er durchleuchte die Menschen, um allgemein gültige psychologische Gesetze ausfindig zu machen und zur „vérité d'art" zu gelangen (TR 588).[28] Die Beobachtungsgabe der Goncourts verbleibt dagegen an der Oberfläche und hält die rein äußeren Eindrücke einer Person fest. Daher läßt sich zwar bei Proust und ihnen ein „même milieux", aus dem eine identische „matière première" resultiert, beobachten, sonst aber diese beschriebene

---

[23] Sayce zitiert eine Stelle des *Journal*s vom 29. September 1874, das dem „treatment of cookery in terms of art" im Pastiche eine Parallele bietet: „Here the *Journal* again offers a close parallel: «La vieille Marguerite, la cuisinière épiscopale de mon oncle de Neufchâteau, est ici, et ses doigts des soixante-dix ans font reapparaître ... les fricassés de poulets ou beurre d'écrevisse, les salmis de bécasses, parfumés de baies de genièvre, tous ces fricots sublimes, que n'a jamais goûtés un Parisien»; and Goncourt goes on to speak of «the respect qu'on a pour ces choses d'art»" (Sayce 1973, 108f.).

[24] ebd. 111.

[25] cf. Bouillaguet 1993, 87: Proust „puise dans son roman pour nourrir le fragment du pseudo-journal (dont il réalise ainsi partiellement l'intégration). Avec des personnages anciens il crée des situations nouvelles, faisant parfois écho à celles que nous connaissons déjà."

[26] ebd. 90.

[27] Milly 1970, 157.

[28] cf. auch die Ausführungen de Chantals 1967, 282ff.

Differenz feststellen.²⁹ Als der Erzähler sich noch einmal später an die Seiten des *Journals* erinnert (TR 694) und angesichts der beobachteten Baumlinien nur Gleichgültigkeit und Langeweile verspürt, verzichtet er darauf, sie in einer realistischen Weise zu beschreiben, das heißt rein äußerlich und objektiv. De Chantal kommentiert diese Stelle wie folgt:

> Proust a souvent critiqué la méthode réaliste. Il condamne le «document», le «fait», cher aux Goncourt [...].³⁰

In seinem Artikel von 1922 expliziert Proust seine auf dieses Merkmal gerichtete Kritik an der Goncourtschen Beschreibungsweise:

> Cette subordination de tous les devoirs, mondains, affectueux, familiaux, au devoir d'être le serviteur du vrai, aurait pu faire la grandeur de M. de Goncourt, s'il avait pris le mot de vrai dans un sens plus profond et plus large, s'il avait créé plus d'êtres vivants dans la description desquels le carnet du croquis oublié de la mémoire vous apporte sans qu'on le veuille un trait différent, extensif et complémentaire. Malheureusement, au lieu de cela, il observait, prenait des notes, rédigeait un journal, ce qui n'est pas d'un grand artiste, d'un créateur.(EA 642)

Goncourt, über die Beziehungen zwischen Tagebuch und Roman selbst nachdenkend, gesteht einmal, daß „le roman doit se faire en principe avec l'histoire que les mémoires ne recueillent pas"³¹. In der Praxis, d.h. in seinem *Journal*, sammelt er dennoch „des projets de romans et des observations susceptibles de les soutenir"³². Von seiner – von Proust sicherlich als positiv bewerteten – erstgenannten Erkenntnis weicht Goncourt in der Praxis ab, verläßt sich nicht auf eine 'mémoire involontaire' und begeht oben vorgeworfene Fehler.³³ Über seine Beziehung zu *Germinie Lacerteux* läßt sich Proust im selben Artikel aus. Er erlebt diesen Roman der Goncourt-Brüder von 1865 aus nächster Anschauung: durch die 'Brille' von Edmond de Goncourt, der den Roman für das Theater umschreibt:

> Au théâtre, sa *Germinie Lacerteux* est, après l'Arlésienne, la pièce où sangllota le plus «mon enfance», comme il aurait dit. Pour quelle part y était Réjane, je ne sais; mais je sortais les yeux si rouges, que des spectateurs sensibles s'approchaient de moi croyant qu'on m'avait battu.³⁴

Das Theaterstück sieht Proust entweder im Odéon anläßlich der Premiere am 19. Dezember 1888³⁵ oder am Tag der Wiederaufnahme am 21. März 1891³⁶ und ist tief davon bewegt.³⁷

---

29   ebd. 519; cf. ebd.: „Proust oppose nettement l'écrivain qui ne se tient qu'à l'observation extérieure de la réalité à celui qui, au contraire, cherche à l'approfondir et à la recréer de l'intérieur en l'enrichissant de toutes les ressources de son intuition."

30   ebd. 284.

31   zitiert in Bouillaguet 1993, 87.

32   ebd.

33   Im übrigen gesteht Proust Goncourt im Vergleich zu Flaubert lediglich „talent" zu, wohingegen Flaubert mit „génie" assoziiert wird (cf. auch: de Chantal 1967, 515).

34   EA 1971, 643.

35   Die alles andere als ein Erfolg war, cf. die Monographie von Sabatier, Pierre: *Germinie Lacerteux* des Goncourt, Paris: SFELT, 1948. Darin insbesondere die Seiten über den Zerriß der Premiere im Publikum und der Presse (ebd. 142ff.).

36   cf. Brief vom 15.-20. März 1891 an Madame Straus, Corr. I (1880-1895), 161f., vor allem 162, FN 3. – Finn präferiert das Datum der Wiederaufnahme: „Given the impact the production had on Proust, it may be significant that he saw it with Bizet, a young man for whom he felt a strong (though apparently unrequired) sexual attraction" (Finn 1997, 304, FN 27).

Die Folge des starken Eindrucks, das das Stück bei Proust hinterläßt, kann man noch kurze Zeit darauf in den vier Geschichten ablesen, die er von 1892-93 schreibt. Es sind *Violante ou la mondanité*, *La confession d'une jeune fille*, *Avant la nuit* und *La fin de la jalousie*. Alle vier Stücke „appear to owe much to his exposure to its hysteric protagonist":

> The latter two in particular connect uncontrollable sexual urges to nervous disorders, just as Germinie's 'uterine furor' is a central fact of her hysteric nature. The young women in Proust's stories suffer from intense guilt that tends to coalescence – with overtones of masochism and sadism – around maternal figures. The guilt Germinie feels vis-à-vis her own surrogate mother, Mme de Varandeuil, has a very similar flavour.[38]

Finn sieht in der hervorstechenden Rolle von *Germinie Lacerteux* im Gedächtnis Prousts sowie in seiner Reaktion auf das gesehene Theaterstück einen Beweis, daß „Goncourt's preoccupation with nervous ailments left a lasting impression on Proust's own writing"[39]. Finn geht soweit in seiner Behauptung, es erscheine „eminently arguable that *Germinie Lacerteux* serves as an intertext not only for these stories but in *A la Recherche* as well, projecting forward into the Narrator's courtyard a drama of shopkeepers, sexuality and hysteric behaviours"[40]. Neurasthenie und Fragen über Sexualität in der *Recherche* „are thus closely connected". Finn resümiert:

> [...] we may owe some of Proust's fascination with the literary exploration of certain sexual and 'nervous' behaviours to the outmoded fiction of the *frères* Goncourt.[41]

Es wird zu überprüfen sein, ob Proust zu *Germinie Lacerteux* auch im Bereich der interfiguralen Motivgeschichte ähnlich starke Affinitäten aufweist.

4.5.1 Goncourts Dienerinnen

Es ist bekannt, daß Rose Malingre, die langjährige Dienerin der Goncourt-Brüder, das Vorbild und die Inspiration für den Roman *Germinie Lacerteux* ist.[42] Schon von der Mutter der zwei Brüder angestellt, betreut sie diese als kleine Kinder, sichert ihnen nach dem Tod der Mutter „une existence préservée des soucis matériels" und erweist ihren Herren „un dévouement sans égal"[43]. Im Sommer 1862 verschlechtert sich der Gesundheitszustand der

---

[37] Vor allem durch die schauspielerischen Fähigkeiten von Réjane in der Titelrolle ist das Stück doch noch ein Erfolg geworden (cf. Sabatier 1948, 151). – Proust schreibt in verschiedenen Briefen über Réjanes Darstellung, die zum bleibenden Eindruck der Germinie bei ihm führt, cf. u.a. den Brief vom 19. Februar 1918 an Jacques Porel, Corr. XVII (1918), 120: „[...] l'art de Madame Réjane a rempli ma vie intérieure. Les chagrins de *Germinie Lacerteux* ont été dans les plus grands de ma vie, j'en souffre encore et souvent je suis remué pour des heures par le souvenir de la voix déchirante." Finn erwähnt diesen Brief in seinem Artikel (Finn 1997, 298); cf. auch Corr. XIX (1920), 312: Proust schreibt, er behalte von Réjane „le souvenir le plus ardent et le plus cruel", da „il a commencé et fini dans la douleur. Commencé dans ces soirées sublimement atroces de Germinie [...]." – Cf. auch Prousts kurze Gedanken „Sur Réjane" (EA 1971, 600f.).
[38] Finn 1997, 298f.
[39] ebd.
[40] ebd. 300.
[41] ebd. 303.
[42] cf. Sabatier 1948, 36-43; Ricatte, Robert: La création romanesque chez les Goncourt: 1851-1870, Paris: Armand Colin, 1953, darin vor allem 253-255; Satiat, Nadine: „Introduction", in: GL 9-53, darin vor allem 18-20.
[43] Sabatier 1948, 36.

an einer Lungenentzündung leidenden geliebten Dienerin rasant. Der Verlauf der Krankheit, die sie sich im Winter zuvor zuzieht, wird von den Brüdern Goncourt in ihrem *Journal* dokumentiert. Eine Bauchfellentzündung kommt hinzu, die den schnellen Tod herbeiführt. Die Goncourts drücken ihre Trauer über den Verlust ihrer Rose im *Journal* aus:

> Quelle perte, quelle vide pour nous! Une habitude, une affection, un dévouement de vingt-cinq ans, une fille qui savait toute notre vie, qui ouvrait nos lettres en notre absence, à laquelle nous racontions tout. J'avais joué au cerceau avec elle, elle m'achetait des chaussons aux pommes sur les ponts. [...] Elle était la femme, la garde-malade admirable dont ma mère avait mis en mourant les mains dans les nôtres. Elle avait les clefs de tout, elle menait, elle faisait tout autour de nous. Nous lui faisions, depuis si longtemps, les mêmes plaisanteries éternelles sur la laideur et la disgrâce de son physique. Depuis vingt-cinq ans, elle nous embrassait tous les soirs./ Chagrins, joies, elle partageait tout avec nous. Elle était un de ces dévouements dont on espère qu'on aura les yeux fermés. Notre corps, dans nos maladies et nos malaises, était habitué à ses soins. Elle savait toutes nos habitudes, elle avait connu toutes nos maîtresses. Elle etait un morceau de notre vie, un meuble de notre appartement, une épave de notre jeunesse, je ne sais quoi tendre et de dévoué, de grognon et de veilleur, à la façon d'un chien de garde, qui était à côté de nous, autour de nous, comme ne devant finir qu'avec nous. [44]

In gegenteiliger Erwartung der Brüder Goncourt, daß Rose zur Vernunft komme und keinen Männern mehr nachhänge,[45] knüpft sie zu einer benachbarten Milchhändlerin namens Colmant Verbindung und verfällt ihrem Sohn Alexandre, einem Boxer und „svelt Hercule"[46]. Beide finden sich wieder als Mutter und Sohn Jupillon in *Germinie Lacerteux*. Sie hat mit diesem Sohn heimlich Kinder, die bald sterben, verschuldet sich seinetwegen, verfällt dem Alkohol und leistet sich schließlich gegen Geld Liebhaber. Die Goncourts erfahren erst drei Tage nach dem Tod ihrer Dienerin ihre wahre Geschichte, festgehalten im Journal vom 21. August 1862 als „toute une existence inconnue, odieuse, répugnante, lamentable": Rose hat überall Schulden, ihre Herren zur Unterhaltung ihrer Liebhaber bestohlen, sich nächtlichen Orgien hingegeben, aus denen sie in fürchterliche Gewissens- und Verzweiflungskrisen stürzt, die sie wiederum mit Alkohol zu betäuben versucht. Auf diese Art lebt sie zehn Jahre, „dévoré par la honte, la jalousie, la peur de l'enfer et l'angoisse d'être dénoncée par un créancier, trahie par une indiscrétion, découverte par ses maîtres dans toute son ignomie"[47]. Die Brüder Goncourt dürften in ihrer Eitelkeit nicht wenig verletzt gewesen sein, als 'geschulte' Beobachter nichts vom Doppelleben ihrer Dienerin gemerkt zu haben, verzeihen ihr dennoch sofort. Allerdings bestätigt die unglaubliche

---

[44] Eintrag im *Journal* vom Samstag, 16. August 1862, abgedruckt in: „Documents: I. *La mort de Rose Malingre et la découverte par les Goncourt de sa double vie*: extraits du *Journal* des Goncourt, 20 juillet 1862 – 21 août 1862 (édition Ricatte, Imprimerie nationale de Monaco, 1956, tome IV, pages 140-157)," in: GL, 263-274, 267f.

[45] cf. den Eintrag im *Journal* vom Oktober 1860 in: Ricatte 1953, 253: „Cette femme, besogneuse d'attachement, comme toute femme et surtout femme du peuple, a aimé la religion, puis les hommes, puis maintenant les chiens. [...] Les affections se raisonnent avec l'âge."

[46] cf. Satiat 1990, 21f.: „Jupillon, c'est le fils Colmant, de la crémerie-épicerie du 42, rue Saint-Georges – les Goncourt habitent au 43. Les deux frères, relancés par Rose, étaient un jour de décembre 1857 allés le voir boxer: le *Journal* conserve l'image d' «un svelte Hercule, surmonté d'une petite tête de Faustine, [...] toujours souriante d'un petit rire retroussé et félin, avec toutes les petites rages et toutes les perfidies nerveuses, féroces de la physionomie de la femme». Les Goncourt ne donnent pas à Jupillon, l'ouvrier gantier, le courage des poings de Colmant, mais c'est déjà le portrait exact de cette graine de souteneur, de cette âme de voyou encouragée dans sa veulerie par sa mère, la grosse crémière égoïste, basse profiteuse sans vergogne sous ses dehors mielleux et sa fausse sentimentalité."

[47] Satiat 1990, 19.

Geschichte von Rose sie in ihrer Überzeugung „déjà bien ancrée de la duplicité naturelle, constitutionnelle, de la femme"[48]. Wenn man die „duplicité naturelle" auf den Menschen an sich überträgt, läßt sich hier eine Grundüberzeugung ausmachen, die Proust mit den Goncourts teilt. Ihre Rolle als nicht erkennende Zeugen haben die Goncourts auf die Figur der Mlle de Varandeuil übertragen, deren lebendes Dokument die Cousine der Brüder Goncourt bildet: Cornélie de Courmont.[49] Die Frage der „clefs" stellt sich bei den Goncourts natürlich ganz anders als bei Proust.

> A leur habitude, les Goncourt moissonnèrent méthodiquement le document humain, et d'abord dans leur *Journal*.[50]

Die Goncourts hätten ohne den 'clef' Rose womöglich nicht diese Geschichte einer Dienerin geschrieben. Proust wäre ohne den Gedanken an eine bestimmte Dienerin wohl trotzdem auf Françoise gekommen, da sie viel von ihm selbst besitzt. In umgekehrter Sichtweise ergibt sich ebenfalls eine differenzierte Schlußfolgerung. Bei Proust sind die 'clefs' für den intratextuellen Gehalt der Aussage bedeutungslos. Bei den Goncourt-Brüdern sind die Notizen im *Journal* zu realen Personen wie derjenigen der Rose Malingre mit den Ausformungen im Roman derart eng verflochten, daß sie nicht voneinander unabhängig zu denken sind. Was zählt, ist speziell der dokumentarische Charakter.

4.5.2 Françoise und Germinie

Die Goncourts haben zu Rose Malingre ein ähnlich enges Verhältnis wie Proust zu seinen zahlreichen Dienern. Beide Autoren unterscheiden sich allerdings in der Art ihrer Affinität. Proust identifiziert sich teilweise mit und sieht sich selbst in gewisser Weise ausgestattet mit der Beobachtungsgabe von Dienern. Schon die Aussage über ihre Dienerin als „chien" und „meuble" läßt eine Vermischung beider Ebenen für die Goncourts als unmöglich erscheinen. Wenn die Goncourts auch Rose schätzen, so vor allem deshalb, weil sie ihnen alle ihre egoistischen Interessen und Vorlieben von den Lippen abliest und befriedigt. Diese Einstellung findet auch in der literarischen Lebensbeschreibung *Germinie Lacerteux* ihren Niederschlag. Zu Beginn des vierten Kapitels kann man folgende Passage lesen:

> Que ses maîtres soient les meilleurs, les plus familiers, les plus rapprochés même de la femme qui les sert: ils n'auront pour elle que les bontés qu'on laisse tomber sur un animal domestique. Ils s'inquiéteront de la façon dont elle mange, dont elle se porte; ils soigneront la bête en elle, et ce sera tout.(GL 90)

Die Beziehung zwischen Herr und Diener bzw. zwischen literarischem Schöpfer und Dienerfigur verbleibt an der Oberfläche. Ganz anders in der *Recherche*, wo Marcels Familie, genauer die Mutter, gleich zu Beginn des Kontaktes Françoise als Menschen ernst nimmt (CS 64). Schon hier spiegelt sich die Haltung, die Proust in seinen kritischen

---

[48] ebd.
[49] cf. ihre Geschichte bei Satiat 1990, 20f.; Ricatte 1953, 263ff.; Sabatier 1948, 44ff.
[50] Satiat 1990, 20.

Artikeln zu den Goncourts zeigt. Zu überprüfen wird sein, ob und in welcher Art intertextuelle Bezüge zu *Germinie Lacerteux* fest zu machen sind.

In ihrem Préface zu *Germinie Lacerteux* loben sich die Brüder Goncourt, den „peuple" zu einem literarischen Wert erhoben zu haben.[51] Da *Germinie Lacerteux* die „geschlechtlichen Verstrickungen und den allmählichen Untergang eines Dienstmädchens"[52], d.h. das Einzelschicksal einer Frau zeigt und es sich bei ihr um eine Dienerin in der Stadt Paris handelt, hat bei genauem Blick nicht wirklich der „peuple", sondern vielmehr „ein Anhängsel des Bürgertums" Zugang zum Roman.[53] In umgekehrter Blickrichtung muß man dennoch festhalten, daß ein Aspekt des damaligen Proletariats mit dieser Dienerin erfaßt wird. Gewählt haben die Goncourts diesen Stand, da er der bürgerlichen Neugierde und Erfahrung am nächsten liegt. Ergebnis ihres zunächst ästhetischen Impulses – die Goncourts folgen in inhaltlicher Perspektive mit *Germinie Lacerteux* ihrem ästhetischen Interesse am Häßlichen und Pathologischen – ist dennoch ein soziales.[54] *Germinie Lacerteux* steht in der Tradition einer Balzacschen Europe und darf wie sie unter dem Aspekt ihrer Biographie „zugleich als Sozialtypus der Dienerin im 19. Jahrhundert gelten"[55]. Balzac hat am individuellen Schicksal seiner Europe „das Schicksal jener Generationen des betreffenden Zeitraums, die die industrielle Revolution durch Kinderarbeit und Prostitution versklavte" verdeutlicht. „Ein möglicher Ausweg war die Arbeit als Dienerin, eine Tätigkeit, die oft nur in ein neues und tieferes Unglück führte"[56]. Jung führt aus, daß Balzac keineswegs zu jenen Schriftstellern gerechnet werden dürfe, die das Schicksal der Gruppe, die die Goncourts in ihrem Préface beschreiben, ignoriert habe. Er spiele in diesem Zusammenhang sogar die Rolle eines Vorläufers der Goncourts und der Naturalisten.[57]

Auf das biographische Detail bezogen, erfährt man aus nächster Anschauung mehr von Germinie als von ihrer Herrin – aus dem einfachen Grund, da sie mit mehr Lastern ausgestattet ist. Eine Inbezugsetzung der formalen Struktur Germinies zum quantitativen Auftreten Françoises erübrigt sich fast. Schon aus dem Anspruch des Goncourtschen Vorworts ist ersichtlich, daß nichts der Analyse der klinischen Studie bzw. dem 'mikroskopischen'[58] Blick der Goncourts entgeht und ein Abdriften vom Gegenstand der

---

[51] cf. „Préface de la première édition", GL 55f.: „Vivant au XIXe siècle, dans un temps de suffrage universel, de démocratie, de libéralisme, nous nous sommes demandés si ce qu'on appelle «les basses classes» n'avait pas droit au Roman; si ce monde sous un monde, le peuple, devait rester sous le coup de l'interdit littéraire et des dédains d'auteurs qui ont fait jusqu'ici le silence sur l'âme et le coeur qu'il peut avoir."

[52] Auerbach 1964, 460.

[53] ebd., 464; cf. auch Thaler, Danielle: „Deux frères en quête de peuple: Les Goncourt", in: Nineteenth Century French Studies 14 (1985/86), 103-109, 103: „[...] dans les romans de la veine populaire, ce n'est pas vraiment le peuple qui a accès au roman mais un individu qui en est issu."

[54] cf. Auerbach 1964, 470; cf. Thaler 1985/86, 108: „Il me semble donc que si aucune des héroïnes ne peut passer pour représentative du peuple, le processus dans lequel elles sont engagées et le drame privé qu'elles traversent sont le reflet indéniable d'un processus historique."

[55] Jung 1983, 156.

[56] ebd.

[57] cf. ebd., FN 375.

[58] cf. Prousts eigene Unterscheidung, zitiert bei Milly 1970, 154: „Il leur emprunte même des images de critique littéraire: la fameuse distinction entre observation au *microscope* et observation au *télescope*, dont il fait le plus grand usage pour expliquer son roman à partir de 1912, lui vient du *Journal* (29 janvier 1890)." Cf. auch Milly

Studie – Germinie – nicht in Frage kommt. Aufgrund des anders gearteten Anspruchs der Darstellung der Dienerin im jeweiligen Romanwerk fällt die formale Gestaltung der Auftrittsfolgen bei beiden Autoren kontrastiv aus.

Neben der signifikanten Festlegung Germinies als proletarische Dienerin[59] bzw. Teil der „working class-characters"[60] ist sie vor allem eines: Eine von ihren sexuellen Begierden abhängige Frau, deren „étude" eine „clinique de l'Amour" darstellt.[61] Schor sieht *Germinie Lacerteux* als Markstein in der Geschichte der „representation of woman" an.[62] Wie man sich im Fall Flaubert die nicht unberechtigte Frage stellen konnte, was eine stumme Dienerin mit der sprachbegabten Françoise gemeinsam hat, kann man sich nun fragen, was eine von ihren sexuellen Begierden abhängige Dienerin[63] mit ihrer 'Kollegin' verbindet, deren Geschlecht(strieb) keine Rolle spielt. In welcher Relation steht also die Françoise zu Germinie? Wichtig erscheint vor allem die interpersonale Relation zur Herrin (A). *Germinie Lacerteux* ist genauso die Geschichte der Dienerin Germinie, wie sie die ihrer Herrin, Mlle de Varandeuil, mit ihrer 'dienenden Vergangenheit' ist.[64] Von Germinies Herkunft bzw. Kindheit erfährt der Leser ausführlich zu Beginn der Erzählung und noch einmal in einer Kindheitserinnerung im 21. Kapitel. Der Moment der Rettung ihrer geliebten Herrin Mlle de Varandeuil provoziert Germinies vertraulichen Kindheitsbericht, „dans l'émotion et l'épanchement de sa joie, toute son enfance refluait à son coeur" (GL 61). Als viertes Kind und Nesthäkchen eines stolzen, aber armen Webers und einer gläubigen Mutter, bricht ihr erstes Unglück über sie hinein, als die Mutter schon nach fünf Jahren ihrer Geburt stirbt. Noch zu Lebzeiten liebt sie Germinie „un peu plus" als die anderen Kinder und treibt immer etwas zusätzliches an Essen für sie auf. In ihre Fußstapfen tritt ihr Bruder, der im Dorf von allen geliebt und geschätzt wird. Er beschützt sie vor den Launen und Schlägen des Vaters und den Eifersüchteleien der Schwestern. Doch auch ihn verliert sie früh. Er stirbt an den Folgen einer Prügelei, in die er verwickelt wird, um den Ruf seiner einen Schwester zu verteidigen. Da der Vater einer Lungenkrankheit erliegt, ziehen beide Schwestern Germinies

---

1971, 828: „Il [Goncourt] jouit du spectacle pour lui-même. Proust, passant au-delà de la réalité empirique, la «radiographie», et recherche les rapports qui la sous-tendent. Loin d'en approcher un regard minutieux armé d'un *microscope*, il préfère l'observer à distance au *téléscope* [...]. La différence entre les deux écrivains est celle du dilettantisme et d'une esthétique de la profondeur." Der begrenzten Vision Goncourts entspräche seine „écriture artiste". Proust reproduziere in seinem *Recherche*-Pastiche nur die „procédés" von Goncourt, führt Milly weiter aus (ebd.).

[59] Zola schreibt in seinem lobenden Artikel im *Salut public* vom 23. Januar 1865 über *Germinie Lacerteux*, das Germinie in einem anderen Milieu das glücklichste Leben geführt hätte. Zola meint: „Mettez Germinie dans une autre position, et elle ne succombera pas; donnez-lui un mari, des enfants à aimer, et elle sera excellente mère, excellente épouse" (in: „Documents", GL 279). Ohne so weit gehen zu wollen wie Zola, wäre wohl wirklich von einem provinziellen Milieu, das Germinies Herkunft entspricht, nicht das gleiche Schicksal zu erwarten.

[60] Yates 1991, 136.

[61] aus: „Préface de la première édition", GL 55.

[62] Schor, Naomi: „Naturalizing Woman: *Germinie Lacerteux*", in: dies.: Breaking the chain. Women, theory, and French Realist Fiction, New York: Columbia University Press, 1985, 127-134, 128. – Cf. auch Finn 1997, 298: „It is also a tale of visceral jealousy and borderline sadism, with hints of male/female gender trading."

[63] Die in den häufigen Momenten ihrer Verstummung bzw. Schweigens übrigens das intertextuelle 'Vorbild' für CoS liefert.

[64] cf. Yates 1991, 131: „This novel, where the heroine is a perle whose life is intimately bound up with that of her mistress, is as much the story of Mlle de Varandeuil as of Germinie."

nach Paris, um dort eine Anstellung zu finden. Eine Cousine ihrer Mutter nimmt die alleingelassene Germinie auf, kann sie aber nicht davon abhalten, immer zum Ort ihrer glücklichen Kindheitserinnerungen auszureißen: zum Haus der Mutter und des Bruders. Schließlich kommt sie mit vierzehn Jahren zu ihrer einen Schwester nach Paris (GL 61ff.). In den größten Hungerzeiten hilft sich Germinie in den Feldern selbst aus: „je me coulais tout doucement sur les genoux, et quand j'étais sous une vache, j'ôtais un de mes sabots, et je me mettais à la traire" (GL 62). Ihre Verbundenheit mit der ländlichen Umgebung und Natur sowie ihre Glückseligkeit kommen auch in der Evokation ihrer Kindheit zum Zeitpunkt ihrer eigenen Mutterschaft und der glücklichen Besuche ihres in ländliche Obhut gegebenen Kindes zum Ausdruck:

> Elle songeait au passé, en ayant son avenir sur les genoux. De l'herbe, des arbres, de la rivière qui étaient là, elle refaisait, avec le souvenir, le rustique jardin de sa rustique enfance. Elle revoyait les deux pierres descendant à l'eau où sa mère, avant de la coucher, l'été, lui lavait les pieds quand elle était toute petite...(GL 143)

Germinies Geschichte ist von Verlusten geprägt. Im Gegensatz zu Félicité aus *Un Coeur simple* besitzt sie durchaus Wurzeln, die ihr aber durch den Milieuwechsel schmerzhaft abgebrochen werden. Das Verlassen des Ortes ihrer Kindheit kommt einer Vertreibung aus dem Paradies gleich und steht antithetisch zur gesellschaftlichen Struktur in Paris. Die Wiederherstellung des ursprünglich paradiesischen Zustandes – ein Streben, das alle Frauen der Trilogie auszeichnet, die der Frau aus dem Volk gewidmet ist[65] – im Gesellschaftlichen erweist sich als unmöglich: „Prolétariat et Enfance sont des entités antagonistes." Es gibt kein Paradies, „là où on trouve du prolétariat"[66]. Die Pariser Landschaft, prototypisch der 'Bois de Vincennes', bleibt ein „paysage socialisé", der, „lié au peuple", sich durch Mangel und Krankheit auszeichnet und damit keinerlei beruhigende Wirkung auf Germinie entfalten kann.[67] Die Bewältigung des Ortswechsels bei Proust fällt gegenteilig aus: Françoise behält ihre Wurzeln auch im neuen Milieu. Sie aktualisiert das alte Frankreich ebenso in der neuen Umgebung Paris. Zu Hilfe kommt ihr die Tatsache, daß sie in der gleichen Familie und sich ihrer familiären Wurzeln in der Entfernung bewußt bleibt. Françoise ist nicht besitzlos, weder in materieller noch immaterieller Hinsicht: Sie besitzt Haus und engste Verwandte, wo sie sich auch zur Ruhe setzen könnte. Germinie wird zur Waise, die ihr emotional nicht verbundenen Schwestern werden – genau wie sie – zu Städtern.

Im Gegensatz zu Germinie erscheinen bei Françoise, um einen Begriff Auerbachs aufzugreifen, die bürgerlichen Herren eher als 'Anhängsel' von Françoise statt die Dienerin als Anhängsel des Bürgertums. Françoise ist mehr als nur ein Möbelstück oder 'Gegenstand', an dem man sich erwärmen kann. Sie leistet Marcel immaterielle Dienste. Auch nach dem Umzug nach Paris sind die Einflüsse des 'proletarischen Milieus' nur marginal; die familiäre Basis der Dienerin degeneriert nicht zum Proletarischen. Der 'cadre'

---

[65] Gemeint sind *Soeur Philomène* (1861), *Germinie Lacerteux* (1864) und *La Fille Elisa* (1877). Cf. dazu den Artikel von Thaler, Danielle: „A la recherche du paradis perdu: enfance et prolétariat dans trois romans des Goncourt", in: Les cahiers naturalistes 58 (1984), 97-110.

[66] ebd. 109.

[67] ebd. 104f.

des Domestiken besitzt demnach eine andere Symbolkraft. Bei Flaubert war er Mittel zum Zweck, die Simplizität seiner Protagonistin zu unterstreichen, bei den Goncourts den Fall aus der Höhe des (ländlichen) Kindheitsparadieses auf die niedere Ebene des städtischen Proletariers anzudeuten. Die Proletarierinnen, die dem bürgerlichen Erfahrungshorizont am nächsten stehen, sind die Domestiken. Germinies dienender Status unterstreicht ihre Niedrigkeit im Materiellen, das heißt ihre nicht im Zaum zu haltenden körperlichen Begierden. Bei Françoise klaffen ihr Bauerntum und ihr dienender Status nicht auseinander, sondern sind in ihrer Person zu einer Einheit verschmolzen. Es gibt kein davor oder danach wie bei Germinie.[68] Durch ihre langjährige Anstellung im Haus hat sie sich eine Stellung erworben, die eine Ausbeutung durch die Herren ausschließt, vielmehr entwickeln die aus ihrem Status herrührenden Qualitäten Lehrcharakter. Der 'cadre' des Domestiken ist zum Positiven hin transzendiert (B).

Germinies Name ist ähnlich sprechend, wie dies bei Flauberts *Un Coeur simple* der Fall ist. Neben dem Revolutionsmonat Germinal,[69] der nicht unbedingt etwas Gutes erwarten läßt,[70] klingt der Wortstamm *germe* bzw. das Verb *germer* an. Die mögliche positive Bedeutung der Fruchtbarkeit und Geburt wird bei Germinie auf grausame Weise ins Gegenteil verkehrt: Sie verliert ihre Kinder entweder durch eine Mißgeburt oder Kinderkrankheiten. Zusätzlich liegen dem Namen Germinie noch andere mögliche Bedeutungen zugrunde, eine hält Yates fest:

> In her sexual depravity and her near-madness, Germinie seems to carry the working-class 'germ' of vice and sickness which, in the bourgeois discourse, is constantly threatening to infect respectable society.[71]

Wie Germinie auf ihr Kind den „germe" der Krankheit überträgt, den sie sich im 'Krankenhaus' „Maternité" durch die zahlreichen Todesfälle im Kindbett um sie herum holt (GL 139f.), so behält auch in anderem figurativen Zusammenhang „germe" seine pejorative Note als „micro-organisme [...] capable d'engendrer une maladie", das heißt als „source [...] de mort, de maladie" bei.[72] Der Keim der Zerstörung liegt in Germinie selbst, in ihrem hysterischen Wesen und dem zweigeteilten Ich, das nach mütterlicher Liebe strebt, aber nur die Befriedigung seiner niederen Sinne erfährt. Françoises Name behält sowohl rein oberflächlich als auch inhaltlich seine positive Bedeutung und kontrastiert mit demjenigen Germinies.

Es ist offensichtlich, daß Françoises Sexualität keine Rolle spielt und hier keine intertextuelle Folie zu suchen ist. Auf einem abstrakteren Niveau treffen sich beide Figuren

---

[68] cf. ebd. 109: „Germinie est d'abord une paysanne. C'est en débarquant à Paris qu'elle vient grossir les rangs du prolétariat."

[69] Zola hat in seinem gleichnamigen Roman sicherlich nicht nur auf den revolutionären Inhalt angespielt und das Keimen einer neuen Zeit, sondern auch dem Goncourtschen Roman gehuldigt.

[70] cf. Cirillo, Nancy R.: „A Girl need never go wrong, or, the female servant as Ideological image in *Germinie Lacerteux* and *Esther Waters*", in: Comparative Literature studies 28/1 (1991), 68-88, 71: „All a reader knows from the image of the title is that this character will not end well, but nothing about the quality of that resolution."

[71] Yates 1991, 166, FN 6.

[72] cf. Le nouveau Petit Robert 1, Paris 1994.

aber im Wesen ihrer Widersprüchlichkeit. Zunächst aber zu Germinies weiterem Lebenslauf, der vor dem Eintritt in den Dienst bei Mlle de Varandeuil liegt. Im dritten Kapitel vervollständigen die Goncourts Germinies Bericht, nachdem Mlle de Varandeuil ihr nicht mehr zuhört und in die „rêverie" über ihre eigene Kindheit verfällt, so daß „la parole de la bonne s'arrêta, et le reste de sa vie, qui était sur ses lèvres ce soir-là, rentra dans son coeur" (GL 84). Mit noch nicht 15 Jahren stecken die Schwestern Germinie in ein Pariser Café, damit sie ihr Geld selbst verdient. Hier wird sie „dépaysée" (GL 84) und, „petite fillette sauvage, ne sachant rien, l'air malingre et opprimé, peureuse et ombrageuse, maigre et pitoyablement vêtue de ses mauvaises petites robes de campagne" (GL 85), Opfer der sich über sie lustig machenden männlichen Angestellten des Cafés. Nur die Besitzerin des Cafés ist nett zu ihr. Sie fängt an, sie zu lieben „avec une sorte de dévouement animal et à lui obéir avec des docilités de chien" (GL 86).[73] Der sich als Beschützer ausgebende väterliche Joseph vergewaltigt sie. Sie wird schwanger und von ihren Schwestern verprügelt. Germinie bleibt stumm und hofft auf den Tod. Als Folge der Mißhandlungen einer ihrer Schwestern gebärt Germinie nach vier Monaten ein totes Kind. Kaum erholt, siecht sie bei verschiedenen Herren dahin und erlebt nur eine kurze Glücksphase bei einem Schauspieler, der sie aus Mitleid anstellt. Schließlich erhält sie die Stelle bei Mlle de Varandeuil. Die zweite „prélude biographique"[74] umfaßt die Kapitel vier bis sechs. Sie schildern „Germinie mystique sensuelle (IV)"[75] – ihre „dévotion profonde" (GL 91), die sich allerdings mehr auf den jungen Priester als auf die Religion bezieht, denn sie geht „à la pénitence comme on va à l'amour" (GL 92); mit einem anderen Beichtvater ist sie daher schlagartig beendet –, „Germinie laide sensuelle (V)"[76] – anläßlich eines Hochzeitsballs putzt sich Germinie heraus und präsentiert sich ihrer Herrin, die ihr eigene, jedoch abzulehnende Heiratswünsche unterstellt und ihr Äußeres mustert; die Goncourts schildern sie von Kopf bis Fuß als „laide" mit grauen Augen, einer zu kurzen aufgeworfenen Nase und einem zu großem Mund und einem damit kontrastierenden verführerischen Körper: „De cette femme laide, s'échappait une âpre et mystérieuse séduction. [...] Elle dégageait le désir et en donnait la commotion. Une tentation sensuelle s'élevait naturellement et involontairement d'elle [...]. A côté d'elle, on se sentait près d'une de ces créatures troublantes et inquiétantes" (GL 97) – , und „Germinie trop prompte à se sacrifier (VI)"[77] – da sie weder verheiratet, noch glückliche Mutter ist, sucht sie das emotionale Vakuum durch andere Liebesobjekte zu ersetzen; zunächst durch ihre kleine Nichte, die sie als Halbwaise heimlich bei sich aufnimmt, gesund pflegt und schließlich ihrer Schwester überlassen muß, die sie mit nach Afrika nimmt, aus dem einzigen Grund, um aus Germinies Gutmütigkeit weiter Geld für die

---

[73] cf. auch GL 179f.: „Aurait-elle eu, rien qu'à le voir, cette émotion de tout l'être, cette sensation presque animale de l'approche d'un maître? [...] A elle-même, elle se paraissait extraordinaire et d'une nature à part, du tempérament des bêtes que les mauvais traitements attachent." Die Metaphern der Animalität bilden ausschließlich den Inhalt der Motivklasse (6) bei Germinie.
[74] Satiat 1990, 25.
[75] ebd.
[76] ebd.
[77] ebd.

Nichte abzupressen. All die enttäuschte Mutterliebe überträgt Germinie schließlich auf das Kind der neuen Nachbarin, den Milchhändlersohn Jupillon, womit ihre eigentliche Geschichte beginnt. Sie entdeckt die Liebe im nunmehr zum jungen Mann herangereiften und selbstverliebten egoistischen „Bibi" Jupillon. Um seine Liebe zu halten, investiert sie ihre gesamten Ersparnisse in ein Handschuh-Geschäft für ihn. Sie wird erneut schwanger, bringt ein junges Mädchen zur Welt, das einige Zeit am Leben bleibt und eine Zeit des Glücks für sie darstellt. Bei der Ankündigung ihres Todes erlebt sie eine Hysterie-Krise. Ihr Liebhaber verläßt sie. Germinie entdeckt den Alkohol, häuft immer mehr Schulden an und kauft sich Jupillons Liebe zurück, was zu ihrer dritten Schwangerschaft führt. Doch erneut verläßt sie Bibi. Germinie stürzt sich in den Alkohol und hat im Alkoholrausch eine Fehlgeburt. Sie fängt an, ihre Herrin zu bestehlen, um ihre Laster weiter finanzieren zu können. Verfolgt durch ihren Sexualtrieb findet sie einen zweiten Liebhaber, Gautruche, mit dem sie „des amours terribles" (GL 220) hat, den sie aber nach einem Heiratsantrag wegjagt, da dies die Trennung zu der von ihr einzig geliebten Person, ihrer Herrin, bedeuten würde. Schließlich nimmt sie jede Gelegenheit der Triebbefriedigung wahr, die sich ihr auf der Straße bietet, trifft erneut auf Jupillon und irrt ihm hinterher, bis sie sich eine Lungenentzündung nach einer im Regen durchwachten Nacht auf Beobachtungsposten holt. Nach sechs Monaten verschlimmert sich ihr Krankheitszustand und Germinie stirbt. All das ereignet sich, ohne daß sich ihre Herrin je der Gründe bewußt wird und in der ständigen Angst Germinies, daß ihre Herrin etwas von ihrem Doppelleben erfährt; ein Leben, das Germinie selbst nur mit Selbstekel und schlechtem Gewissen, doch fatalistisch führt.

Bis auf die Abhängigkeit von ihrem Geschlecht sind Germinie und ihre Herrin Mlle de Varandeuil in vielerlei Hinsicht „mirror images of each other"[78]. Sie weisen dabei mehrere „points de ressemblance" auf.[79] Mlle de Varandeuils Geschichte ist das lange zweite Kapitel gewidmet, als sie durch Germinies biographischen Bericht angeregt, ihre eigene Kindheit und Jugend innerlich Revue passieren läßt: Mlle de Varandeuil ist die 1782 geborene Tochter eines im Dienste des Grafen Artois stehenden Aristokraten und einer Schauspielerin. Ähnlich wie Germinie ist sie „de pauvre santé, laide avec un grand nez déjà ridicule, le nez de son père, dans une figure grosse comme le poing" (GL 65). Mit fünf Jahren wird sie unter die „domesticité" geschickt, da sie nicht den gesellschaftlichen Ansprüchen der Eltern genügt. Früh wird sie zur Halbwaise, allerdings verliert sie nicht wie Germinie ihre Mutter an den Tod. Mlle de Varandeuils Mutter verläßt ihre Tochter, einen kleinen Sohn und ihren Mann und setzt sich mit Beginn der Französischen Revolution nach Italien ab. Aus opportunistischen Gründen läßt M. de Varandeuil seine Tochter in der Französischen Revolution auf den Namen „Sempronie" taufen, „un nom que l'habitude devait conserver à Mlle de Varandeuil et qu'elle ne quitta plus" (GL 68). Als eine Bäckerin Sempronie aus Mitleid bevorzugt Brot zuteilt, erhält sie eines Tages einen Tritt von einer eifersüchtigen Frau, durch den sie ihr Leben lang gekennzeichnet bleibt. Sempronie erfährt wie ihre

---

[78] Yates 1991, 131.
[79] Respaut, Michèle: „Regards d'hommes/corps de femmes: *Germinie Lacerteux* des frères Goncourt", in: The French Review 65/1 (1991), 46-54, 48.

Dienerin körperliche Mißhandlungen, auch in der eigenen Familie. Hier sind es nicht Geschwister, sondern der eigene egoistische Vater, der sich – zunächst aus der Not geboren – seine eigene Tochter wie eine Sklavin hält. Sie bedient ihren Vater, muß für ihn und ihren kleineren Bruder das Essen während der Französischen Revolution besorgen und auch nach Ende der Revolution ändert sich nichts:

> La fille continuait à servir son père et son frère. M. de Varandeuil s'était peu à peu accoutumé à ne plus voir en elle que la femme de son costume et de l'ouvrage qu'elle faisait. Les yeux de père ne voulaient plus reconnaître une fille sous l'habit et les basses occupations de cette servante. Ce n'était plus quelqu'un de son sang, quelqu'un qui avait l'honneur de lui appartenir: c'était une domestique qu'il avait là sous la main; et son égoïsme se fortifiait si bien dans cette dureté et cette idée, il trouvait tant de commodités à ce service filial, affectueux, respectueux, et ne coûtant rien [...].(GL 69)

Sempronies Biographie ist demnach durch ihren dienenden Status geprägt. Sie hält alle Launen des Vaters aus, erduldet das Heiratsverbot und bleibt „vouée aux fatigues et aux humiliations d'une servante. Elle demeurait comprimée et rabaissée, isolée auprès de son père, écartée de ses bras, de ses baisers, le coeur gros et douloureux de vouloir aimer et de n'avoir rien à aimer" (GL 69f.). Nachdem ein Handel mit italienischen Bildern den Vater fast vollständig ruiniert, zieht sie mit ihm in die Provinz, wo sie zur Übersetzung des Vasari von ihm gezwungen wird. Erst als er sich eine Maitresse nimmt und seine Tochter beide bedienen soll, entrüstet sich Sempronies „âme droite et forte"(GL 75). Sie stellt ihren Vater vor die Entscheidung, entweder seine Maitresse oder sie zu behalten. Dieser beugt sich ihrem „caractère de fer" sowie ihrer „volonté d'un homme" (GL 75). Während der Pflege ihres kranken Vaters, ist ihr einziger Trost, „de laisser aller les tendresses, les chaleurs d'une affection maternelle, sur une de ses deux jeunes amies et parentes nouvellement mariée, sa poule, comme elle l'appelait" (GL 76). Alle vierzehn Tage verbringt sie bei ihr ein wenig Zeit und liebkost das Kind. Zwei Jahre vor dem Tod des Vaters kehrt ihr Bruder aus Amerika mit seiner schwarzen Frau und zwei Kindern heim. Nach dem Tod des Vaters verzichtet Mlle de Varandeuil selbstlos auf ein Großteil ihres Erbes, um das Leben ihres Bruders zu erleichtern und hofft auf einen ruhigen Lebensabend im Kreis der ihr verbliebenen Familie. Sie hat nicht mit der Eifersucht ihrer Mulatten-Schwägerin gerechnet und verläßt schweren Herzens ihren Bruder. Diese Trennung „fut un des grands déchirements de sa vie" (GL 78). Der „vide dans le coeur" (GL 79) bleibt, den Sempronie durch den Kontakt mit den noch vorhandenen Cousinen zu füllen sucht. Sie lädt sich „à l'improviste" bei ihnen ein, ist immer zur Stelle, wenn verwandte Kinder krank werden und verschwindet wieder unauffällig, sobald sie genesen sind. Sie erscheint wie eine „femme impersonnelle", „une femme qui ne s'appartenait point":

> Dieu ne semblait l'avoir faite que pour la donner aux autres. Son éternelle robe noire qu'elle s'obstinait à porter, son châle usé et reteint, son chapeau ridicule, sa pauvreté de mise était pour elle le moyen d'être, avec sa petite fortune, riche à faire le bien, dépensière en charités, la poche toujours pleine pour donner aux pauvres, non de l'argent, elle craignait le cabaret, mais un pain de quatre livres qu'elle leur payait chez le boulanger.(GL 80)

Sie besitzt zwar keinen religiösen Glauben, dafür aber den „estime de soi-même", verficht das Ideal der Egalität, haßt aber die „canaille". Eines zeichnet sie besonders aus:

„excellement bonne" kennt sie dennoch kein „pardon" (GL 81). Nach und nach stirbt ihre ganze Familie und eine allgemeine Einsamkeit ergreift von ihr Besitz – der Beginn ihres „vie étroite et renfermée des vieillards" (GL 82), zu dem ein Tag in der Woche der Besuch des Friedhofs gehört, denn:

> Des morts et de la Mort, elle avait un culte presque antique.(GL 83)

Aus diesen zwei Kurzbiographien wird klar, daß Herrin und Dienerin emotional eng aufeinander angewiesen sind und sich gegenseitig Trost und Halt spenden – eine Konstellation die die Marivauxsche Tradition unter veränderten Umständen fortführt. Das schon aus der Molièreschen Tradition her bekannte Gefühl des Aufeinanderangewiesenseins der Herrin auf die Dienerin wird nun beidseitig vonnöten. Dabei verschwimmen die Grenzen, wer eigentlich Dienerin und wer Herrin ist. Rein objektiv betrachtet bezahlt zwar Mlle de Varandeuil Germinie und läßt sie auch in einer Dienstkammer wohnen, praktisch gesehen ist aber Mlle trotz ihrer Herkunft eine Art Dienerin und zweites Ich Germinies.[80] Sie soll unter diesem Gesichtspunkt und als eine intertextuelle Teilstruktur der Françoiseschen Makrostruktur weiter verfolgt werden. Der rechte Todeskult findet sich als Forderung auch in Françoises Kodex. Es wird noch zu zeigen sein, daß Mlle de Varandeuil hier nicht die einzige Gemeinsamkeit mit Françoise aufweist.

Obwohl Germinies Grundcharakterzug ihr empfindliches und selbstloses Wesen bildet, unterscheidet sie von ihrer Herrin ihre ausgeprägte Sensualität. Sempronie „n'attire pas et ne séduit pas" (GL 70) mit ihren „dehors [...] tout masculins" (GL 79). Sie bezeichnet sich selbst als „vieille bique", die „fais peur aux hommes de la rue" (GL 79). Natürlich sprechen auch ideologische Gründe für die unterschiedliche Darstellung der Charaktereigenschaften – trotz relativ parallel laufender Lebensläufe – dieser zwei sich ähnelnden Frauen: Germinie „as a member of the working classes [...] is presented as inherently weaker than her mistress, both emotionally and morally, and as unable to survive the ordeals of her life unscathed"[81]. Germinie stellt mit ihrer Tendenz zur Hysterie und sexuellen Exzessen die Verkörperung der Verlangen der Amok laufenden Arbeiterklasse dar und wird wie andere „working-class characters" im Vokabular der Tierwelt beschrieben.[82] Aus Sicht der Goncourts sind die Gründe für die kontrastive Darstellung der zwei Frauen als Projektion ihrer eigenen Biographie nachvollziehbar: Mlle de Varandeuil wird dabei – mit Willen und Energie ausgestattet – zur Personifikation ihres eigenen Wunschbildes sowie des alten Frankreich, des von den Goncourt geschätzten Ancien Régime.[83] Wenn sie als Mitglied ihrer Klasse auch nicht die „forces of history" verhindern kann, so schafft sie es doch „totally unaffected by the social consequences" zu bleiben, „providing us with an example of

---

[80] Sie verrichtet sogar selbst Dieneraufgaben, als sich Germinie nicht in der Laune und zu schwach fühlt, cf. Kap. XXIX (GL 187).
[81] Yates 1991, 135.
[82] cf. ebd. 13 sowie ebd. 134.
[83] Vorbild für Mlle de Varandeuil stellt die Cousine der Goncourts, Cornélie de Courmont, dar. In ihr, wie in der literarischen Figur der Sempronie, bewunderten die Goncourts die „héritières d'un XVIIIe siècle viril et franc, toute douées de la même verdeur stoïque, vieilles femmes fines et fières campées droites au travers de l'âge" (Ricatte 1953, 263).

political health in the chaos of her time"[84]. Germinie stellt mit ihrer krankhaften Sensibilität eine Projektion des ausgeprägten Charakterzugs der Goncourt-Brüder dar. Schon im Kapitel zu Flaubert war zu erkennen, daß sich der Autor gerne in seiner Diener-Protagonistin reflektiert. Die Goncourts tun dies in zweifacher Weise, das heißt in beiden Segmenten eines 'Dienerschicksals', in der willensstarken Sempronie und der willensschwachen Germinie. Proust projiziert sein Wunschbild – mit Willen ausgestattet zu sein – auf seine starke Dienerin Françoise, sein reales Befinden auf sein 'literarisches' Pendant Marcel. Beide sind genauso elementar aufeinander angewiesen, wie Germinie und Sempronie, wenn auch mit anderer Zielrichtung. Ziel ist nicht das Schreiben eines Romans oder ein kreativer Schöpfungsakt, aber genau wie in der *Recherche* die praktische Verfolgung seiner in der Theorie als richtig erkannten Bestimmung. Germinie weiß, daß Jupillon ihr nur Unglück bringen wird, kehrt aber immer wieder wie zu einer Droge zu ihm zurück – sie erreicht damit nicht ihr erstrebtes Ziel.

Die thematische Beziehung der beiden Romane ist auf einer abstrakteren Ebene zu finden. Beide Romane schildern die Geschichte eines Willensdefizits. Bei Germinie handelt es sich um das Scheitern des Willens, ihre körperlichen Instinkte nicht die Oberhand gewinnen zu lassen. Marcel bedauert die mangelhafte Stärke seines Willens. Nach Finn definieren sich die Goncourts vor allem als „novelists of nervous disorders". Er geht der Frage nach, ob Prousts Bemerkungen über *Germinie Lacerteux* „nervous overtones" habe[85] und hält zunächst in seiner Analyse fest, daß sich Proust in seinen Texten der frühen 1890-er Jahre schon seines Willensdefizits bewußt gewesen sei:

> Right up until the time the initial form of *A la Recherche du temps perdu* coalesced, it seems clear that Proust saw himself, intermittently, as a quasi-neurasthenic, impeded by a constitutional nervous weakness from conceiving and executing a major work.[86]

In seinen Ausführungen über Nerval und Baudelaire bemerke Proust, daß beide keine definitive Form gefunden hätten.[87] Bei seiner Diagnose dieses Problems führe er diese Schwierigkeiten explizit auf einen „medical deficiency in willpower" zurück, so daß es vollständig plausibel erscheine „to read *A la Recherche du temps perdu*, at one level, not only as the search for an artistic vocation, but specifically as the novel of a neurasthenic

---

[84] Cirillo 1991, 77; cf. auch Thaler 1984, 110. Thaler sieht in den zwei autobiographischen Prologen von Germinie und Mlle de Varandeuil auch eine politische Dimension: „[...] l'un des récits (celui de Mademoiselle de Varandeuil) se fait à un niveau historique alors que l'autre (celui de Germinie Lacerteux) se fait au niveau du mythe. Le récit du passé de Mademoiselle est comme une réplique de celui de sa bonne, dominé comme ce dernier par une coupure, suivie d'une chute dans le peuple. Mademoiselle perd en effet son statut social d'aristocrate à la révolution de 1789. La révolution de 1789 apparaît être l'équivalent historique de cette rupture qui met fin à l'enfance heureuse de Germinie, qui la chasse du paradis. L'Age d'Or serait donc ici synonyme de l'Ancien Régime. Si pour les Goncourt la vision sociale du monde repose sur le mythe du paradis perdu, on peut avancer qu'il y a quelque part dans leur pensée, l'impression qu'une faute a été commise: le renversement de l'Ancien Régime par la bourgeoisie." Daher sei es auch nicht verwunderlich, daß die Goncourts in ihren Schriften die Zerstörung des Bürgertums durch das Proletariat als Revanche prophezeiten.

[85] Finn 1997, 293.

[86] ebd. 294.

[87] cf. auch Proust: *Gérard de Nerval* (CSB 1971, 233-242), *Sainte Beuve et Baudelaire* (CSB 1971, 243-257), *Fin de Baudelaire* (CSB 1971, 257-262).

search for a literary vocation"[88]. Die Goncourts stehen damit am Anfang einer Bewegung „autour du thème de la volonté",[89] das seine Aktualität bei Proust nicht verliert und das sich als zentrales Element schon bei der 'naturalistischen Schule' findet. Es sei hier auf Paul Bourgets anschauliche Beschreibung verwiesen.[90]

Die ideologisch-politischen Motivationen der Goncourts für die Darstellung ihrer Protagonistinnen sind vorliegend weniger wichtig, vielmehr die Frage, was beide Teile dieses Diener-Ichs in der interpersonalen Relation zueinander, aber auch einzeln genommen für Françoise interessant machen könnte. Daß der Inhalt weniger intertextuell greifbare Analogien bietet, wurde schon erwähnt. Deshalb sollen zunächst Motivklassen, die mit denjenigen Françoises korrelieren, untersucht werden, und zwar zum Teil abhängig, aber auch unabhängig von der situativen oder interpersonalen Relation [(A) und (B) können differenziert zu denen in der *Recherche* ausfallen]. Schließlich folgt eine Überprüfung strukturell vorgegebener Handlungs- und Reaktionsmuster auf ihren intertextuellen Gehalt (B).

Mlle de Varandeuil bildet – wie schon ausgeführt – den willensstarken Part in der interpersonalen Relation zu Germinie. Traditionell kennt man die gegenteilige Konstellation der schwachen Herrin und starken Dienerin. Die Rollen sind nun umgekehrt. Germinie ist zwar nicht Herrin, dennoch der schwache Part und Mlle ist ihr überlegen. Obwohl sie sich gegenseitig Trost spenden über die äußeren Umstände, wird Sempronie nicht zu einem „better self" des schwachen Parts. Grund: Die Kommunikationsfähigkeit scheitert. Häufig spürt Mlle de Varandeuil, daß etwas mit ihrer Dienerin nicht stimmt. Fatalerweise signalisiert sie ihr aber – wie beim biographischen Bericht Germinies durch ihr träumendes Abschweifen –, daß sie ihr nicht richtig zuhört, also das Interesse an ihrem emotionalen Befinden verliert. Damit verpaßt sie die einmalige Chance, das ganze Vertrauen ihrer Dienerin zu gewinnen. Der Anlaß dafür – das tiefe Glücksgefühl ihrer Dienerin über ihre Rettung – wäre ideal gewesen. Später will Mlle bewußt nicht sehen oder verstehen. Schon als Germinie heimlich ihre Nichte zu sich nimmt und sie mütterlich pflegt, gibt sie vor, nichts mitzubekommen, denn „elle avait voulu fermer les yeux et ne rien voir pour tout permettre" (GL 100). Aus einem wohlwollenden Gefühl heraus will sie Germinies Heimlichkeiten nicht erfahren, was auch impliziert, sich nicht der problematischen Auseinandersetzung stellen zu wollen. Zu streng und männlich in ihrem Moralkodex, schafft sie es nicht, Germinies Vertraute zu werden. Gleichgültig ob es sich um Germinies Zerissenheit zwischen ihrer geglaubten Aufopferungspflicht für die Nichte, der damit verbundenen Abreise nach Afrika, dem Bleiben bei ihrer Herrin oder um weit tragischere emotionale Aufwühlungen handelt, Germinie bleibt stumm:

---

[88] Finn 1997, 294f.
[89] Satiat 1990, 36.
[90] cf. Bourget, Paul: Nouveaux Essais de Psychologies contemporaine, Paris: Alphonse Lemerre, 1885, 173: „L'affaiblissement de la volonté, habituel objet de l'étude des frères de Goncourt, c'est vraiment la maladie du siècle. [...] cet affaiblissement de la volonté qu'ils avaient deviné, caractérisé, montré, menace de devenir un phénomène si général qu'il s'est imposé à l'observation de presque tous les écrivains qui se préoccupent particulièrement d'exactitude. Aussi est-il devenu le thème habituel de l'école dite naturaliste, qui vit sur le même fonds de psychologie que les frères de Goncourt."

> Elle était poursuivie de cette idée et de ce mot d'Afrique qu'elle remuait et retournait sans cesse au fond d'elle, sans une parole. Mlle de Varandeuil, la voyant si rêveuse et si triste, lui demanda ce qu'elle avait, mais en vain: Germinie ne parla pas.(GL 101)

Nach all ihren sexuellen und finanziellen Fehltritten behält sie ihre Verschlossenheit bei:

> Germinie n'en laissa rien jaillir au-dehors, elle n'en laissa rien monter à ses lèvres, elle n'en laissa rien voir dans sa physionomie, rien paraître dans son air, et le fond maudit de son existence resta toujours caché à sa maîtresse.(GL 176)

Manchmal fängt Mlle de Varandeuil zwar an, „de sentir à côté d'elle vaguement un secret dans sa bonne, quelque chose qu'elle lui cachait, une obscurité dans sa vie" (GL 176). Sie spürt, daß in Germinie „un mystère" bzw. „de l'ombre" schlummert. Ihr bleiben nicht die Geldsorgen Germinies verborgen, da sie sich nichts mehr für ihre Toilette und Kleidung kauft. Die Erklärungen, die sie dafür sucht, kommen aber einer Selbstberuhigung und Selbsttäuschung gleich. Germinie sei vielleicht einfach zu spendabel, habe die Launen einer Bäuerin oder ihr „état de souffrance continuel" (GL 177) stecke hinter ihren Marotten. Damit hört ihre Suche nach Gründen für das Verhalten ihrer Dienerin auf:

> Et sa pensée, dans sa recherche et sa curiosité, s'arrêtait là, avec la paresse et aussi un peu l'égoïsme des pensées de vieilles gens, qui, craignant instinctivement le bout des choses et le fond des gens, ne veulent point trop s'inquiéter ni trop savoir. [...] Elle s'endormait là-dessus, rassurée, et cessait de chercher.(GL 177)

Es dürfte zwar äußerst schwer sein, bis zum Innersten Germinies vorzudringen, da sie in ihren „chagrins les plus poignants, dans ses ivresses les plus folles, [...] gardait l'incroyable force de tout retenir et de tout renforcer", so daß „tout demeura en elle silencieux, étouffé" (GL 177). Mlle de Varandeuil ermangelt allerdings der Qualitäten eines „prêtre"[91] und Vermittelt Germinie nicht das Gefühl eines ernsten Interesses an ihrem Leben. Ansonsten wäre die 'stumme' Beziehung bestimmt anders verlaufen.[92] Da Germinie den strengen Moralkodex und die sehr schroffe Herzlichkeit Sempronies kennt[93], will sie um jeden Preis „lui éviter le chagrin de la voir et de pénétrer au fond d'elle. Elle la trompait uniquement pour garder sa tendresse, avec une sorte de respect" (GL 179).[94] Germinie fürchtet demnach den Verlust der Achtung und der Liebe ihrer Herrin, weil sie weiß, daß sie nicht auf Verständnis für ihre Fehler hoffen darf. Françoise verbirgt zwar keinen „fond maudit", die

---

[91] cf. Kap. IV, GL 90ff.

[92] Man kann daher in Mlle de Varandeuils Aufgabe der Suche nach Gründen für das Verhalten ihrer Dienerin, ausgelöst durch den undurchdringlichen Charakters Germinies, auch eine Entschuldigung bzw. Rechtfertigung für die Unfähigkeit der Goncourts herauslesen, das Doppelleben ihrer eigenen Dienerin Rose nicht geahnt zu haben, wo sie doch „Sammler und Darsteller von Sinneseindrücken" (Auerbach 1964, 463) waren und einige Erfahrung hätten besitzen müssen.

[93] Selbst wenn sie „était toute à ceux qui avaient besoin d'elle", hört und spricht sie und „relevait les courages avec je ne sais quel accent martial, une langue énergique à la façon des consolations militaires et chaude comme un cordial" (GL 79).

[94] cf. auch Germinies Reaktion während ihrer Agonie, GL 240f.: „La vieille femme avait vu bien des gens mourir; [...] mais aucun des visages dont elle se souvenait n'avait pris en s'éteignant ce sombre caractère que ce visage qui s'enferme et se retire en lui-même./Toute serrée dans sa souffrance, Germinie se tenait farouche, raidie, concentrée, impénétrable. Elle avait des immobilités de bronze. En la regardant, mademoiselle se demandait ce qu'elle couvait ainsi sans bouger, si c'était la révolte de sa vie, l'horreur de mourir, ou bien un secret, un remords."

Grundstruktur ist dennoch die gleiche: die Dienerin sendet Zeichen aus, die vom Herrn in einer bestimmten Art bemerkt werden (sollen). Proust geht noch einen Schritt weiter: Bei ihm geht es nicht nur um das Interesse der Entschlüsselung der ausgesendeten Diener-Zeichen, sondern auch um den unerschütterlichen Willen, zu einem Ergebnis zu gelangen. In der interpersonalen Relation zwischen Marcel und Françoise führt diese Grundstruktur zu einem positiven Ergebnis, bei Germinie und Sempronie zu einem negativen. Anfangs ist das Verhältnis noch von Distanz geprägt, am Ende verschmelzen Herr und Diener jedoch zu einem Ich, nachdem Marcel die hinter Françoises ausgesendeten Zeichen liegenden Aussagen zu verstehen und ihre Lebenserfahrungen für das Verständnis des Menschen und sich selbst fruchtbar zu machen versucht. Marcel reagiert bei Françoise infolgedessen anders als Mlle de Varandeuil bei Germinie, nämlich entgegengesetzt. Er will ihre Zeichen entschlüsseln und schafft es, die anfängliche Distanz zu überwinden. Sempronie und Germinie 'erwärmen' sich zwar an der Anwesenheit des jeweils anderen, dringen aber nicht zum eigentlichen Wesen hervor. Der Aussagegehalt der interpersonalen Relation zwischen Sempronie und Germinie stellt nur den Ausgangspunkt für Proust dar: Kein Mensch kann vollständig in die Psyche eines anderen über die direkte verbale Kommunikation vordringen. Von dort geht Proust weiter: Es muß wenigstens der Versuch unternommen werden, die Zeichen zu verstehen und in einem weiteren Schritt, sie auch zu entschlüsseln. Die nonverbalen Sprachzeichen sind bei Germinie zahlreich (MK 3.1), ihre „gestes matériels" dazu da, „pour traduire les sentiments"[95]. Die Geste verinnerlicht sich und führt den Betrachter zum Unbewußten bzw. zum Verborgenen, das sich nicht über die direkte Sprache äußert. Gleiches gilt für Françoise. Die Reaktion Mlle de Varandeuils enttäuscht wie bisher: Sie wird zwar Zeuge der Nervenkrisen ihrer Dienerin sowie der Zärtlichkeit suchenden Gesten, versteht aber nicht die Beweggründe.[96] Proust bleibt bei dem Goncourtschen Ansatz nicht stehen und führt ihn in der interpersonalen Relation Herr/in-Dienerin zu einem positiven Ende: Egal welche Art von Zeichen die Dienerin aussendet, Marcel nimmt sie zum Anlaß nach dem 'Dahinter' und 'Warum' zu forschen.

Beide Dienerfiguren sind gleichermaßen liebesbedürftig und um das Ansehen ihrer Herren bemüht. Im Fall von *Germinie Lacerteux* bringt die Herrin ihrer Dienerin nur so lange Liebe entgegen, wie diese Liebe maskiert, also verstellt bleibt. Die Verstellung bildet in der *Recherche* zwar noch das Kennzeichen der aristokratischen Gesellschaft sowie der bürgerlichen Salons: Solange einer seinen wahren Charakter verbirgt und Regeln befolgt, kann er mit 'Achtung' rechnen. Diese negative Seite der zwischenmenschlichen Beziehungen in der *Recherche* ist in der Herr-Diener-Beziehung zum Positiven gekehrt. Mlle schafft es in *Germinie Lacerteux* erst nach einer längeren Reflexionszeit, ihrer Dienerin nach ihrem Tod zu verzeihen, das heißt sie zu verstehen. Zu diesem Zeitpunkt ist es aber zu spät. Germinie hinterläßt selbst im Tod keinerlei Spuren und ihr Grab ist für ihre Herrin nicht mehr lokalisierbar (GL 262). Proust verhindert diesen Bruch: Durch seine

---

[95] Ricatte 1953, 298; cf. ebd.: „Personne n'a su mieux évoquer les automatismes du corps dans les grandes crises afin de suggérer les remous de l'âme. Il semble que le corps se met à penser par lui-même [...]."

[96] cf. vor allem Kap. XXIII, GL 146f.; Kap. XXV, GL 174f.; Kap. XLI, GL 189ff.

Gestaltung des Herr-Diener-Verhältnisses versöhnt er zusätzlich den Tod mit dem Leben. Françoise stirbt nicht. Sie muß nicht ausradiert werden, da sie eine Gefahr für die bürgerliche Ruhe darstellt.[97] Im Gegenteil, sie schafft es durch ihr Vorleben, ihren Herrn mit dem Leben und sich selbst zu versöhnen. Der Einwand, Françoise sei alt und nicht mehr den Gefahren einer jungen, körperlich attraktiven Dienerin ausgesetzt, damit mit Germinie schlecht vergleichbar, mag gerechtfertigt sein. Interessant ist hier die Intention beider Autoren, die sich von der jeweils anders gearteten Darstellung ablesen läßt. Germinie ist primär eine Frau und ihr Dienerstatus bildet den Rahmen für ihre milieugeprägte niedere Instinkthaftigkeit. Wenn in der *Recherche* sowohl die hetero- als auch die homosexuelle Liebe thematisiert werden, dann geht es in allen Fällen immer um die psychologischen Vorgänge, die sich in der verfeinerten Beschreibungsart widerspiegeln. Wäre Françoise jung und besäße ein Liebesleben, käme der Erzähler wohl dennoch nicht zu einem Ergebnis wie in *Germinie Lacerteux*. Jedoch: Nicht ihr Privatleben ist von Interesse, sondern ihr Leben als Dienerin: sie in ihrem Status innerhalb der Familie ihrer Herren. Proust hat im Vergleich zu den Goncourts an dem Leben seiner Dienerin *als* Dienerin und den damit verbundenen Relationen zu den Familienmitgliedern, ihren Funktionen im Haus etc. ein ernsthafteres Interesse als die Goncourts bei Germinie (MK 4.1.2). Das Alter wird dabei wichtig und positiv als Stabilitätspunkt im Gegensatz zu Germinie, bei der das rasche Altern Zeichen ihrer Degradierung und Spiegel ihres lotterhaften Lebens ist (MK 5).[98]

Wirft man einen Blick auf Germinies Sprache und auf die ihrer Herrin (MK 3.2), wird man schon in diesem Punkt ein Grundprinzip der interpersonalen Relation Germinie-Sempronie festmachen können: Die Umkehrung der Rollen. Germinie besitzt ein „fond de lectures" (GL 210), war häufig im Theater und hat daher in ihrem Umgang nicht nur besondere Ansprüche, sondern auch in der Ausdrucksweise ein Niveau erreicht, das „more appropriate to the role of lady's companion than that of domestic" ist.[99] Damit führt sie die Linie der Marivauxschen Dienerinnen fort. Von der Sprache ihres Milieus übernimmt Germinie lediglich „les vivacités et non les salissures"[100]. Ricatte findet nur zwei Wörter des Argot: „je suis paf" und „cette traînée-là" in Germinies Wortschatz.[101] Ansonsten öffnet sich Germinie der „éducation von Paris" (GL 210):

> Germinie n'était pas la bête de service qui n'a rien que son ouvrage dans la tête. Elle n'était pas la domestique «qui reste de là» avec la figure alarmée et le dandinement balourd de l'inintelligence devant des paroles de maîtres qui lui passent devant le nez. Elle aussi s'était dégrossie, s'était formée, s'était ouverte à l'éducation de Paris. Mlle de Varandeuil, inoccupée, curieuse à la façon d'une vieille fille des histoires du quartier, lui avait longtemps fait raconter ce qu'elle savait des

---

[97] cf. Thaler 1985/86, 108: „S'ils [les Goncourt] s'aventurent timidement dans les basses classes, ils finissent par immoler les personnages dont l'intensité est explosive. N'est-ce pas là le plus sûr moyen de tranquilliser leurs craintes et celles du lecteur. L'héroïne est dangereuse mais écrasée. Le texte s'achève toujours sur l'élimination du personnage qui transgresse la morale sociale, ou à défaut le complice même involontaire [...]."

[98] cf. die Diagnose des Arztes von Mlle de Varandeuil, nachdem sich Germinie nach durchwachter Nacht im Regen eine Lungenentzündung holt, Kap. LVIII, GL 233: „– Quarante et un ans? Oh! C'est impossible!... Vous êtes sûre? Elle en paraît cinquante..."

[99] Yates 1991, 138.

[100] Ricatte 1953, 294.

[101] ebd., FN 116.

locataires, toute la chronique de la maison et de la rue; et cette habitude de conter, de causer comme une sorte de demoiselle de compagnie avec sa maîtresse, de peindre les gens, d'esquisser les silhouettes, avait développé à la longue en elle une facilité d'expressions vives, de traits heureux et échappés, un piquant et parfois un mordant d'observation singuliers dans une bouche de servante. Elle était arriver par surprendre souvent Mlle de Varandeuil par sa vivacité de compréhension, sa promptitude à saisir des choses à demi dites, son bonheur et sa facilité à trouver des mots de belle parleuse. Elle savait plaisanter. Elle comprenait un jeu de mots. Elle s'exprimait sans *cuir*, et quand il y avait une discussion d'orthographe chez la crémière, elle décidait avec une autorité égale à celle de l'employé aux décès de la Mairie qui venait y déjeuner.(GL 209f.)

Mlle hingegen benutzt die eigentlich derberen Ausdrücke. Sie bezeichnet Germinie mit „bête de Germinie" (GL 60) oder „chienne de bête" (GL 232). Nach ihrem Tod flucht sie in den wildesten Tönen über ihre angeblich untreue und undankbare Dienerin:

Ah! c'est comme ça! c'était ça! Ça volait pour des hommes! ça faisait des dettes! Ah! elle a bien fait de crever, la chienne! et il faut que je paye!... Un enfant! Voyez-vous ça, la guenippe! Ah! bien oui, elle peut pourrir où elle veut, celle-là! Vous avez bien fait, monsieur Henri... Voler! Elle me volait! Dans le trou, parbleu! c'est bon pour elle!... Dire que je lui laissais toute mes clefs... je ne comptais jamais... Mon Dieu!... Ah! oui, de la confiance... Eh bien! voilà... Je payerai... ce n'est pas pour elle, c'est pour moi... Et moi qui donne ma plus belle paire de draps pour l'enterrer! Ah! si j'avais su, je t'en aurais donné du torchon de cuisine, mademoiselle comme je danse!(GL 255)

Sempronies Wut erklärt sich mit der Verletzung der ureigensten Artikel ihres Moralkodexes durch Germinie – eine Person, von der sie dies nie erwartet hätte. Davon abgesehen kommt der Wutausbruch demjenigen einer Françoise in ähnlichen Situationen und aus gleichen Anlässen (Verstoßung gegen ihre in ihrem Kodex verankerten Überzeugungen) sehr nahe. Mlle de Varandeuil hat nicht nur die Sprache und Biographie einer „servante" in ihrer Familie, sondern auch die Funktionen einer Dienerin Germinies. Wenn Germinie zu launisch oder krank ist, macht sie selbst sauber (GL 187) bzw. reicht ihr zu trinken (GL 246), bedient sie also. Diese Eigenschaft überrascht nicht bei Mlle de Varandeuils Vergangenheit. Zudem sieht sie Germinie als Freundin an (GL 159), läßt dementsprechend Nachsicht walten und ihr die erforderliche Pflege zukommen.[102] Dennoch ist diese bewundernswerte Haltung eigentlich nur auf die Hülle gerichtet, da Germinies Emotionen verborgen bleiben und ihre Ergründung durch Mlle de Varandeuil nicht wirklich intendiert ist. Sempronie besitzt viele 'klassische' Dienereigenschaften, die in ihrer Kombination Parallelen zu Françoises Makrostruktur aufweisen.[103]

Beide Frauen-Dienerfiguren finden sich in Françoise als zwei Seiten eines Charakters wieder. Finn sieht Jupien aus der *Recherche* als „counterpart" von Mlle de Varandeuil. Mlle

---

[102] Apter sieht ein soziologisches Gesetz darin, daß Diener ihre Herren im Verhalten imitieren und gegenüber Niedrigstehenderen sich als Herren ausgeben. In *Germinie Lacerteux* finde sich „l'illustration de cette loi d'imitation négative dans *Germinie Lacerteux* au moment clef où servante et maîtresse échangent leurs rôles. Germinie, ayant atteint les «bas-fonds», faisant régner une dépravation faite de désordre et de saleté dans son intérieur, en vient à terroriser sa douce maîtresse, Mlle de Varandeuil, jusqu'à ce que cette dernière devienne la «servante de sa servante»" (Apter, Emily S.: „Fétichisme et domesticité – Freud, Mirbeau, Buñuel", in: Poétique 70 (1987), 143-166, 161).

[103] cf. Yates 1991, 140: „While Germinie, the servant-heroine, exhibits many of the characteristics often attributed to the lady, her mistress, in an interesting exchange of roles, exhibits many of the traits associated with the peasant woman." Sowie ebd. 141: „Again, like the warm-hearted servant figures of Molière, she is solicitous for Germinie's welfare. She teases her about her weaknesses, scolds her about coming home at night, cares for her when she is ill, and when Germinie is accused of stealing, she is fiercely protective of her reputation."

de Varandeuil ist als „image of maternal protectiveness and goodness housed within a mannish exterior" dagegen insbesondere als 'counterpart' von Françoise zu begreifen.[104] Sempronie besitzt wie Françoise, neben den schon aufgezählten männlich-rauhen Eigenschaften, einen starken Willen. In dieser rauhen Schale steckt dennoch ein weicher Kern. In gleicher Kombination treten diese Eigenschaften bei Françoise auf. Auch Françoise kann wie Sempronie fluchen, spricht aber auch eine gehobene, fast literarische Sprache, darin mehr ihrem Widerpart Germinie gleichend. Zudem schwanken Betonung, Akzent und Gestik bei Germinie je nach Gefühlsstimmung, so daß sie ein breites Ausdrucksregister aufweist.[105] In ihren depressiven Phasen, gequält von Selbstmordgedanken, verwendet sie einschneidende scharfe Worte (GL 214) bzw. berauscht von ihrer Liebe zu Jupillon, erfüllt ihre Sprache die ganze Situation mit tiefer Emotion (GL 133f.). Berichtet Germinie von den Liebschaften anderer, hört man regelrecht die Verschmitztheit und freudige Erregung und nagende Neugierde heraus (GL 238/ GL 247). Umgekehrt macht sich die Empörung Germinies durch Reduzierung des Wortschatzes auf das Wesentliche bzw. durch rhythmische Steigerung kenntlich, z.B. als Gautruche ihr einen Heiratsantrag macht und damit einen Bruch mit der ihr einzig geliebten Person herbeiführen möchte (GL 224f.).

Zusätzlich beherrscht Germinie regelrechte Schauspieler-Attitüden (MK 3.1/MK 4.6). Sie sind ihr durch ihre vielen Theaterbesuche vertraut, aber auch so ins Unterbewußtsein gelangt, daß sie selbst im Schlaf noch an die Schauspielerin Rachel erinnert:

> Et à mesure qu'elle parlait, son langage devenait aussi méconnaissable que sa voix transposée dans les notes du songe. Il s'élevait au-dessus de la femme, au-dessus de son ton et de ses expressions journalières. C'était comme une langue de peuple purifiée et transfigurée dans la passion. Germinie accentuait les mots avec leur orthographe; elle les disait avec leur éloquence. Les phrases sortaient de sa bouche, avec leur rythme, leur déchirement, et leurs larmes, ainsi que de la bouche d'une comédienne admirable. Elle avait des mouvements de tendresse coupés par des cris; puis venaient des révoltes, des éclats, une ironie merveilleuse, stridente, implacable, s'éteignant toujours dans un accès de rire nerveux qui répétait et prolongeait, d'écho en écho, la même insulte, Mademoiselle restait confondue, stupéfaite, écoutant comme au théâtre. Jamais elle n'avait entendu le dédain tomber de si haut, le mépris se briser ainsi et rejaillir dans le rire, la parole d'une femme avoir tant de vengeances contre un homme. Elle cherchait dans sa mémoire: un pareil jeu, de telles intonations, une voix aussi dramatique et aussi déchirée que cette voix de poitrinaire crachant son coeur, elle ne se les rappelait que de Mlle de Rachel.(GL 190f.)

Die situative Einbettung bei Françoise ist eine andere, die Qualitäten bleiben aber identisch. Beide Dienerfiguren erleben ähnlich intensiv ihre Emotionen und drücken sie mit der Kraft einer Schauspielerin aus. Die Beweggründe für das – seitens Germinie auch bewußte – Theaterspielen sind jedoch entschieden differenziert. Germinie muß zwangsläufig ihrer Herrin eine Komödie spielen, die Gesunde und Aktive darstellen. Wenn sie sich nicht „vivante et debout" (GL 243) ihren Gläubigern präsentiert, erfährt ihre Herrin, deren „estime" (GL 193) sie nicht verlieren möchte, ihre Verschuldung und Schande. Deshalb unterstützt sie noch in ihren schlimmsten Krankheitszuständen diese „comédie horrible et nécessaire" (GL 235). Françoise setzt ihre Begabung ebenso bewußt ein, aber nicht um eine

---

[104] Finn 1997, 302.
[105] cf. Ricatte 1953, 295: „Langage dénudé, chancelant selon les inflexions de l'émotion."

Täuschung bei ihren Herren hervorzurufen, sondern um ihren eigenen Anliegen mehr Gewicht zu verleihen und sie transparenter, anschaulicher zu machen. Das Kommunikationsverständnis wird dadurch verstärkt und nicht getrübt wie bei *Germinie Lacerteux*.

Germinies Fähigkeiten im Kochen und Nähen beschränken sich aufgrund der wenigen Ansprüche ihrer Herrin auf ein Minimum[106] bzw. waren nie sehr ausgeprägt. Im Nähen ist sie nicht nur zeitlich, sondern auch qualitätsmäßig überfordert.[107] Diese zwei typischen Dieneraktivitäten bilden kein Mittel der Audrucksfähigkeit, somit keine intertextuelle Relation zu den Motivklassen (3.3) und (3.4) von Françoise.

Germinie ist nicht wie Dienerinnen der Art Adèle gewissenlos und in Einklang mit ihren Lastern (Morel und Aimé klingen an):

> Germinie n'était point une de ces natures heureuses qui font le mal et en laissent le souvenir derrière elle, sans que le regret de leurs pensées y retourne jamais. Elle n'avait pas comme Adèle, une de ces grosses organisations matérielles qui ne se laissent traverser par rien que par des impressions animales. Elle n'avait pas une de ces consiences qui se dérobent à la souffrance par l'abrutissement et par cette épaisse stupidité dans laquelle une femme végète, naïvement fautive. Chez elle, une sensitivité maladive, une sorte d'éréthisme cérébral, une disposition de tête à toujours travailler, à s'agiter dans l'amertume, l'inquiétude, le mécontement d'elle-même, un sens moral qui s'était comme redressé en elle après chacune de ses déchéances, tous les dons de délicatesse, d'élection et de malheur s'unissaient pour la torturer, et retourner, chaque jour, plus avant et plus cruellement dans son désespoir, le tourment de ce qui n'aurait guère mis de si longues douleurs chez beaucoup de ses pareilles./ Germinie cédait à l'entraînement de la passion; mais aussitôt qu'elle y avait cédé, elle se prenait en mépris.(GL 174f.)

In Françoises Untermauerung mit einem stark ausgeprägten Moralkodex lassen sich intertextuelle Spuren beider 'Diener'-Figuren ausmachen. Mlle de Varandeuil als auch Germinie besitzen einen solchen.[108] Sempronie gerät allerdings nicht mit ihrem eigenen Kodex in Konflikt, im Gegensatz zu Germinie, die die Person voller Widersprüche darstellt (MK 2). Germinie hat einen Moralkodex, der sie von ihresgleichen unterscheidet. Eine gleiche Struktur findet sich bei Françoise. Die daraus entstehenden Konflikte sind unterschiedlicher Natur. Germinie kommt in einen moralischen Konflikt mit sich selbst bzw. mit der immateriellen Liebe zu ihrer Herrin und der verwerflichen Sehnsucht ihres eigenen Körpers. Françoises Selbstkonflikt trägt eher komische statt tragische Züge. In der Rigidität und unbedingten Einhaltung ihres Kodexes eifert sie einer Mlle de Varandeuil nach. In ihrer charakterlichen Duplizität nimmt Germinie die Wesensbasis von Françoise

---

[106] cf. GL 111f.: „Le service de mademoiselle n'était guère assujettissant et lui prenait bien peu de temps. Un merlan, un côtelette, c'était toute la cuisine à faire."

[107] cf. die Stelle, als Mlle de Varandeuil Germinie vorschlägt, jemanden zu Hilfe zu nehmen, GL 156f.: „– Sais-tu qu'il en faut pas mal de cette philosophie-là... pour porter des bas percés... Bête! ce n'est pas pour te gronder; je sais bien, tu ne peux tout faire... Par exemple, tu pourrais bien faire venir une femme pour raccomoder... [...] – Oh! les femmes qu'on fait venir ne travaillent pas...Je vous raccomoderai, moi... il n'y a besoin de personne./–Toi?... Oh! si nous comptons sur ton aiguille!... dit gaiement mademoiselle; et puis est-ce que la mère Jupillon te laissera jamais le temps...".

[108] cf. Mlle de Varandeuils Maßstab ihres Moralkodexes, GL 81f.: „Pour toute foi, toute force et toute pitié, elle avait l'orgueil de sa conscience; elle jugait qu'il suffisait de tenir à l'estime de soi-même, pour bien faire et ne jamais faillir."

vorweg, die bei Proust diejenige des Menschen an sich reflektiert. Germinie besitzt einen ausgeprägten Stolz:

> Jusque-là son orgueil – et il était grand – avait joui de ce respect, de cette considération qui entoure, dans les quartiers de lorettes, la domestique qui sert honnêtement une personne honnête. On l'avait habituée à des égards, à des déférences, à des attentions. Elle était à part de ses camarades. Sa probité insoupçonnable, sa conduite dont il n'y avait rien à dire, sa position de confiance chez mademoiselle, se qui rejaillissait sur elle de l'honorabilité de sa maîtresse, faisaient que les marchands la traitaient sur un autre pied que les autres bonnes. On lui parlait la casquette à la main; on lui disait toujours: mademoiselle Germinie. On se dépêchait de la servir [...]. Elle était invitée aux grands repas, aux fêtes de famille, consultée sur les affaires./ Tout changea dès que furent connues ses relations avec Jupillon, ses assiduités à la Boule-Noire. Le quartier se vengea de l'avoir respectée. Les bonnes éhontées de la maison s'approchèrent d'elle comme d'une semblable. [...]/ Ce fut pour elle une horrible déchéance d'elle-même. Elle souffrit comme si on lui arrachait, lambeau à lambeau, son honneur dans le ruisseau.(GL 131)

Germinies Stolz wird durch ihre Degeneration zwar nicht zerstört, aber zum Konfliktpotential. Sie verliert durch Bekanntwerden ihres Lebenswandels die Achtung im Wohnviertel, was sie zutiefst leiden läßt, vernachlässigt ihr Äußeres und erträgt sich spätestens nach dem Diebstahl von 20 Francs ihrer Herrin für Jupillon (die sie – sobald verdient – später wieder in die Schatulle zurück legt) nicht mehr. Folge davon ist eine unerträgliche Launenhaftigkeit (GL 184ff.). Ihren Stolz verliert sie trotzdem nicht und ist entsetzt, als ihr lauthals ein Diebstahl nachgesagt wird (MK 4.1). Sie vertraut sich ihrer Herrin an, die noch empörter über die Inkriminierung ihrer Dienerin ist. Sempronie verteidigt das Ansehen ihres Haushaltes, das dasjenige ihrer Dienerin einschließt, mit einer Vehemenz, die diejenige Germinies bei weitem übertrifft (GL 212) und an den Stolz erinnert, der in Françoises Verteidigung des Hauses von Marcels Familie zum Ausdruck kommt. Aus Germinies Stolz resultiert ihre nicht weniger stark ausgeprägte Eifersucht.[109]

> Germinie était passionément jalouse. La jalousie était le fond de sa nature; c'était la lie et l'amertume de ses tendresses. Ceux qu'elle aimait, elle voulait les avoir tout à elle, les posséder absolument. Elle exigeait qu'ils n'aimassent qu'elle. Elle ne pouvait admettre qu'ils pussent distraire et donner à d'autres la moindre parcelle de leur affection: cette affection, depuis qu'elle l'avait méritée, n'était plus à eux; ils n'étaient plus maîtres d'en disposer. Elle détestait les gens que sa maîtresse avait l'air de recevoir mieux que les autres, et d'accueillir intimement. Par sa mine de mauvaise humeur et son air rechigné, elle avait éloigné, à peu près chassé de la maison, deux ou trois vieilles amies de mademoiselle dont les visites la fasaient souffrir comme si ces vieilles femmes venaient dérober quelque chose dans l'appartement, lui prendre un peu de sa maîtresse. [...] En tout, son coeur était exigeant et despote. Donnant tout, il demandait tout. Dans ses affections, au moindre indice de refroidissement, au moindre signe de partage, elle éclatait et se dévorait, passait des nuits à pleurer, prenait le monde en exécration.(GL 107f.)

Natürlich bezieht sich Germinies Eifersucht auch auf Jupillon bzw. auf die potentiellen Konkurrentinnen. Insbesondere die hübsche Nichte der „mère Jupillon" führt zu ständigem Streit mit ihrem Geliebten (GL 149). Die interpersonale Relation Germinies zu Jupillon ist im vorliegenden Fall nicht von Interesse, diejenige zur Herrin will ich dagegen schon. Germinie duldet aus ihrer Eifersucht heraus keine anderen Diener neben sich im Haus:

---

[109] cf. Finn 1997, 298: „It is also a tale of visceral jealousy and borderline sadism, with hints of male/female gender trading."

> Par exemple, tu pourrais bien faire venir une femme pour raccomoder... Ce n'est pas bien difficile... Pourquoi ne dis-tu pas à cette petite qui est venue l'année dernière... Elle avait une figure qui me revenait./ Oh! elle était noire comme une taupe, mademoiselle./– Bon! j'étais sûre... Toi d'abord, tu ne trouves jamais personne de bien... Ce n'est pas vrai ça! Mais est-ce que ce n'était pas une nièce à la mère Jupillon? On pourrait la prendre un jour... deux jours par semaine.../ Jamais cette traînée-là ne remettra les pieds ici./ – Allons, encore des histoires! Tu es étonnante toi pour adorer les gens, et puis ne plus pouvoir les voir... Qu'est-ce qu'elle t'a fait?/ – C'est une perdue, je vous dis./ Bah! qu'est-ce que ça fait à mon linge! – Mais mademoiselle.../– Eh bien! trouves-m'en une autre... Je n'y tiens pas à celle-là. Mais trouves-m'en une./ Oh! les femmes qu'on fait venir ne travaillent pas... Je vous raccomoderai, moi... Il n'y a besoin de personne.(GL 156f.)

Germinies Beweggründe, die Einstellung neuer Dienstboten zu verhindern, sind nicht nur ihre angeborene Eifersucht, sondern ganz existenziell ihre Angst, die Achtung ihrer Herrin zu verlieren. Aus den gleichen Gründen wie Germinie ihrer Herrin eine Komödie vorspielen muß, kann sie keine Dienerin neben sich im Haus gelten lassen:

> Pour souffrir debout, aller toujours malgré ses défaillances, elle avait plus que la répulsion des gens du peuple à s'aliter, plus que la furieuse et jalouse volonté de ne pas laisser les soins d'une autre entourer mademoiselle: elle avait la terreur de la délation, qui pouvait entrer avec une nouvelle domestique. Il fallait qu'elle fût là pour garder mademoiselle et empêcher qu'on approchât d'elle. Puis il fallait encore qu'elle se montrât, que le quartier la vît, et qu'elle n'eût pas un air de morte pour ses créanciers. [...] Cette comédie horrible et nécessaire, elle la soutint.(GL 235)

Françoise besitzt die gleiche tyrannische Art der 'liebevollen Einnahme' ihrer Herrin, ekelt ungewollte Dienerinnen aus dem Haus, erinnert sei an die „asperges"-Szene und spult ein ganzes Register von Übellaunen ab, um ihre Herren Falschbehandlungen spüren zu lassen. Ängste, die Achtung ihrer Herren aufgrund eigener Verfehlungen zu verlieren, bewegen Françoise nicht. Sie besitzt lediglich die Angst, die Liebe und Aufmerksamkeit ihrer Herren zu ihr könnten geschmälert werden. Darin stimmt sie mit Germinies Ängsten überein. Umgekehrt hat sie im Gegensatz zu Germinie allerdings auch die Launen ihrer tyrannischen Herrin – Tante Léonie – zu ertragen, die darin Tochter ihrer Region wie Françoise ist. In der interpersonalen Relation zur Milchhändlerin Jupillon finden sich einige Situationen, die an das Verhältnis zwischen Tante Léonie und Françoise erinnern:

> Tout, à la longue, la liait là. Son intimité avec la crémière se reserrait par tous les liens mystérieux des amitiés de femmes du peuple, par le bavardage continuel, l'échange journalier des riens de la vie, les conversations pour parler, le retour du même bonjour et du même bonsoir, le partage des caresses aux mêmes animaux, les sommeils côte à côte et chaise contre chaise. La boutique finit par devenir son lieu d'acoquinement, un lieu où sa pensée, sa parole, ses membres même et son corps trouvaient des aises merveilleuses.(GL 104)

Françoise und Tante Léonie können sich ebenso stundenlang über die Geschehnisse und Klatschgeschichten im Dorf unterhalten. Françoise stellt für sie die unerläßliche Informationsbeschafferin dar. Beide Frauen sind ebenso wie Germinie und die Milchhändlerin aus der gleichen Region und teilen die gleiche Eigenschaft der Neugierde (MK 4.5). Im Gegensatz zu Françoise wird Germinie aber ganz berechnend von der falschen und schöntuenden „mère Jupillon" ausgenutzt und bei Überdruß abgestoßen.[110] Innerhalb

---

[110] cf. GL 119: „[...] elle encouragea les espérances et les illusions de Germinie par l'attitude de toute sa personne [...] elle semblait lui ouvrir les bras d'une belle-mère. Et déployant tous ses talents de fausseté, [...] la grosse femme arrivait à faire tomber [...] les dernières résistances de Germinie qui à la fin se laissait arracher par l'ardeur du

von ein paar Monaten, „toute la vie de Germinie appartint à la crémière" (GL 111). Um immer in der Nähe des von ihr geliebten Mannes (Bibi Jupillon) zu sein, Germinie „s'était faite la domestique de la maison" und „tenait la boutique" (GL 112f.). Die interpersonale Relation zwischen Françoise und Tante Léonie ist nur bis zu einem gewissen Maß vom Egoismus der Herrin geleitet. Sie selbst ist letztendlich elementar auf Françoise angewiesen und weiß um die guten und unentbehrlichen Eigenschaften ihrer Dienerin, so daß unter intertextuellem Gesichtspunkt diese situativ-interpersonale Folie geringes Gewicht einnimmt und nur an der Oberfläche verbleibt. Die Liebe Françoises zu ihrer Herrin wird durch die kleinen Tyranneien nicht geschmälert. Ebensowenig käme Germinie auf den Gedanken, ihre Herrin zu verlassen. Letztere besitzt allerdings lediglich eine etwas rauhe und männliche Herzlichkeit, über die Germinie 'klagen' könnte, da sie ihr nicht den gesuchten Mutterersatz bietet. Mlle de Varandeuil erträgt die Launen Germinies, wie Marcels Familie diejenigen von Françoise:

> Elle eut à subir tous les contrecoups du chagrin de sa bonne, le tourment de ses nerfs, la vengeance de ses humeurs contrariées, aigries, et où les approches du printemps allaient bientôt mettre cette espèce de folie méchante que donnent aux sensibilités maladives la saison critique, le travail de la nature, la fécondation inquiète et irritante de l'été. [...] Avec sa figure, son regard, sa bouche, les plis de sa robe, sa présence, avec le bruit qu'elle faisait en travaillant dans la pièce à côté, avec son silence même, elle enveloppait mademoiselle du désespoir de sa personne. Au moindre mot, elle se hérissait. Mademoiselle ne pouvait plus lui adresser une observation, lui demander la moindre chose, témoigner une volonté, un désir: tout était pris par elle comme un reproche. Elle avait là-dessus des sorties farouches. [...] La semaine du jour de l'an, cette semaine où tout ce qui restait de parents et d'alliés à Mlle de Varandeuil montait sans exception, les plus riches comme les plus pauvres, ses cinq étages, et attendait à sa porte, sur le carré, pour se relayer sur les six chaises de sa chambre, Germinie redoubla de mauvaise humeur, de remarques impertinentes, de plaintes maussades. A tout moment, forgeant des torts à sa maîtresse, elle la punissait par un mutisme que rien ne pouvait rompre. Alors c'étaient des rages d'ouvrage. Tout autour d'elle mademoiselle entendait à travers les cloisons des coups de balai et de plumeau furieux, des frottements, des battements saccadés, le travail nerveux de la domestique qui semble dire en malmenant les meubles: – Eh bien, on le fait ton ouvrage!/ Les vieilles gens sont patients avec les anciens domestiques. **L'habitude, la volonté qui s'éteint, l'horreur du changement, la crainte des nouveaux visages, tout les dispose à des faiblesses, à des concessions, à des lâchetés.** Malgré sa vivacité, sa facilité à s'emporter, à éclater, à jeter feu et flamme, mademoiselle ne disait rien. Elle avait l'air de ne rien voir.[...] Elle attendait [...] que l' humeur de sa bonne se passât ou crevât [meine Hervorhebung] [...]. C'est que Germinie n'était pas une bonne pour Mlle de Varandeuil, elle était le Dévouement qui devait lui fermer les yeux.(GL 159)

Auch in Marcels Familie führt die „habitude" und die damit einhergehende Wertschätzung der positiven Eigenschaften zur Duldung der negativen Launen der Dienerin. Germinie erträgt in schlechten Tagen genausowenig Befehle wie Françoise. Bei genauem Hinsehen ist die Analogie dennoch marginal. Bei Germinie führen klinische und krankheitsbedingte Gründe zum launischen Verhalten gegenüber ihrer Herrin, bei Françoise verletzter Stolz.[111]

---

jeune homme ce qu'elle croyait donner d'avance à l'amour du mari./Dans tout ce jeu, la crémière n'avait voulu qu'une chose: s'attacher et conserver une domestique qui ne lui coûtait rien."

[111] cf. Pelckmans, Paul: „La vie plurielle dans *Germinie Lacerteux*", in: Orbis Litterarum 38 (1983), 60-73, 68f.: „Mlle de Varandeuil elle aussi a droit à de pareilles animosités; il est vrai qu'elles sont plus anodines. Dans ses mauvais jours, Germinie semble à peine supporter que sa maîtresse lui donne des ordres [...]. Dans tous ces cas, l'agressivité est évoquée plutôt qu'explicitée; la récurrence de ces dérives n'en invite pas moins à leur chercher une explication commune. Pour notre part, nous la rattacherons à l'incomplétude de toutes relations humaines dont la disparate complique la vie plurielle."

So wie Germinie für Mlle de Varandeuil die ganze Familie darstellt, so ist umgekehrt Sempronie für Germinie die Ersatzfamilie. Germinie gehört seit der Vertreibung aus dem 'Paradies' ihrer Kindheit nirgendwo hin. Sie ist ohne Familie und verspürt keine Affinität zu Vertretern ihrer eigenen Klasse, ja sie verabscheut Typen wie Adèle und verkehrt nur in diesen Kreisen, um ihren sexuellen Trieb zu befriedigen. Ironischerweise ist die Beziehung zu der einzigen Person, die sie wirklich liebt, vergiftet durch die Tatsache ihres Doppellebens.[112] Das Mysterium, das von Germinie ausgeht, beruht weniger auf ihrer Vergangenheit[113] als vielmehr auf ihrer diffizilen Psyche. Sie behält etwas von einer „sorcière" bzw. „fée"[114] bei der von ihr ausgehenden „mystérieuse séduction" (GL 97) ihres Körpers und etwas Übernatürliches bei ihrem Sprechen im Schlaf mit dem Akzent einer Rachel (GL 191). Françoise ist von einer ähnlichen Aura umgeben, jedoch basiert diese nicht auf ihrer Weiblichkeit, sondern auf ihrer mysteriösen Verankerung mit der französischen Vergangenheit. Eine mit einer pejorativen Note versehene mysteriöse Aura ist somit in eine positive verwandelt. Während die Goncourts aus der „personnalité contradictoire" Germinies einen „cas psychologique" machen,[115] wird bei Proust die Widersprüchlichkeit des Menschen zu einem normalen Grundzug des Menschen an sich und in Françoise beispielhaft. Germinie ist auf der einen Seite sanft, voller Mitleid und Hilfsbereitschaft, um das Leid anderer zu mildern, genauso wie ihre Herrin (MK 4.3). Sie ist völlig selbstlos und gibt ihr letztes Erspartes für ihre Nichte. Auf der anderen Seite ist sie grausam und grob in der Reaktion, ähnlich wie Sempronie, die männlich-rauhe Attitüden aufweist (MK 4.2). Der „current of androgyny that winds through the narrative, touching most main characters"[116], wie Germinie und Mlle de Varandeuil, ist ein weiterer Punkt, der beide Romanwerke auf einer thematischen Ebene verbindet. Viele Protagonisten in der *Recherche* besitzen mit ihrem Geschlecht in Opposition stehende Attitüden, Françoise in ihrer rauhen Schale bildet darin keine Ausnahme.

Germinie ist in vielerlei Hinsicht grausam gegen sich selbst. Ihre Grausamkeit ließe sich durch 'Sadismus' ersetzen (MK 4.2).[117] In ihrer Liebe zu Jupillon erkennt sie – bzw. der sie beobachtende Leser – , daß Freude und Leid und die Verursachung von Leid eng zusammengehören. Gleiches trifft auch für die positive Beziehung zu ihrer Herrin zu. Gerade weil Germinie sie liebt, will sie ihr kein Leid zufügen. Marcel erfährt ähnliches im Umgang mit Françoise. Einerseits ist sie für ihn mit ihren Kochkünsten die Quelle höchsten

---

[112] cf. auch Yates 1991, 138f.

[113] Germinie besitzt durchaus gewisse Verwurzelungen mit ihrer Vergangenheit, wie z.B. „peurs de village" und „superstitions de jeunesse" (GL 179) als Bäuerin ihres Landes im Gegensatz zu ihrer Herrin, die die aufgeklärten und humanistischen Ideen der Französischen Revolution verinnerlicht und keine Religion hat.

[114] Respaut 1991/92, 51.

[115] cf. Ricatte 1953, 300: „[...] Germinie: sa personnalité contradictoire. Il ne s'agit plus d'une métamorphose accidentelle due au rêve et qui change la voix ou le langage, mais d'une vie en partie double, de deux natures inconciliables qui alternent en Germinie selon qu'elle est avec ses amants ou devant Mademoiselle. Cette duplicité si obstinée, poursuivie sans défaillance jusqu'à la mort, est un cas psychologique vraiment curieux et qui tire toute sa valeur d'être vrai."

[116] Finn 1997, 302.

[117] cf. Thaler 1985/86, 106: „Germinie finira par mener une double vie; ne pouvant lutter contre «l'appétit de ses organes»", elle se jettera à corps perdu dans la débauche."

Glücks, andererseits leidet er unter ihrer Grausamkeit und sein Bild wird auf das empfindlichste gestört (CS 116f.), als er sie beim Abschlachten eines Huhns beobachtet.[118] Ein weiteres strukturell identisches vorgegebenes thematisches Muster (B) bildet die Verbindung der Liebe und des Hasses, die in *Germinie Lacerteux* eng zusammengehören und das in der *Recherche* ebenfalls wieder aufgegriffen wird. Germinies Liebe zu Jupillon wandelt sich zeitweise in Haß:

> Longuement empoisonné, l'amour se décomposait et se tournait en haine. Germinie se mettait à detester son amant [...]. Elle le prenait en horreur, elle s'éloignait [...].(GL 150)

Marcel ist sich manchmal bei Françoise genausowenig sicher, ob sie ihn eher liebt oder haßt. Je nach Situation hegt sie sicherlich auch negative Gefühle gegen ihre Herren. In *Germinie Lacerteux* bleiben der Herrin ebensowenig die haßerfüllten Dienerin-Attacken erspart; die Szene des wilden Putzens dokumentiert dies (GL 159).[119]

Das stark ausgeprägte Liebes- und Anerkennungsbedürfnis Germinies, ihr „desperate need to retain her mistress's love", erklärt ihre „extraordinary care she takes to hide the sordid truth about her private life"[120]. Françoise zeigt das gleiche Bedürfnis; fühlt sie sich ungerecht behandelt, straft sie ihre Herren. Ein schlechtes Gewissen löst allerdings niemals ihr Verahlten aus. Sie hat sich nichts vorzuwerfen und sie glaubt, ihre Herren müßten von sich den richtigen Umgang mit ihr erkennen. Nichtsdestoweniger scheint auch Françoise eine heimliche Angst zu quälen, die Liebe ihrer Herren verlieren zu können.

Germinie will ihre Herrin nicht böswillig täuschen. In der Beziehung zu Mlle de Varandeuil steht ihr Liebesbedürfnis in engstem Zusammenhang mit ihrer Eifersucht und der Gewichtung der Mutterrolle (MK 4.1.2). Sowohl Mlle de Varandeuil als auch Germinie besitzen stark ausgeprägte Muttergefühle, Germinie hegt zunächst gegenüber Jupillon ebenfalls solche Gefühle. Nachdem ihr das eigene Muttersein immer wieder verwehrt wird, weil ihre Kinder sterben, bleibt Germinie selbst ein Kind, das einer geliebten Ersatzmutter für die leibliche bedarf. Mlle de Varandeuil füllt dieses Vakuum und agiert wie die „most patient and selfless of mothers"[121] in ihrer Nachsichtigkeit. Germinie verhält sich je nach Gefühlslage wie eine eifersüchtige Mutter oder ein eifersüchtiges Kind, das mit niemanden die Liebe des geliebten Objekts teilen möchte. Nun ist es aber gerade auch die „maternal figure that truly haunts Proust's protagonist's"[122]. Marcel ist auf seine Mutter ähnlich fixiert, wie Germinie auf Mlle de Varandeuil. Françoise erfüllt in Abwesenheit der Mutter ihre Funktion gegenüber Marcel. Ihr Stolz in Marcels Familie rührt nicht zuletzt von dieser Rolle her. Mlle de Varandeuil, in ihrer Funktion als 'stolze Mutter', bildet den Widerpart von Françoise, Germinie denselben, jedoch nun in ihren eifersüchtigen Reaktionen. Beide

---

[118] Proust geht damit auf seinem Weg weiter, den er schon in *Jean Santeuil* eingeschlagen hat; cf. auch Finn 1997, 299: „The intense combination of pleasure and shame gives way to an intuition that there is a connection between suffering, causing suffering, and personal pleasure." Finn führt im Anschluß ein Beispiel aus *Jean Santeuil* an.

[119] cf. Pelckmans 1983, 68: „[...] la dernière tournure donne à penser que la haine fait partie de tout amour, fût-ce en s'absorbant d'ordinaire en lui."

[120] Yates 1991, 142.

[121] ebd. 141.

[122] Finn 1997, 299.

'Dienerfiguren' aus *Germinie Lacerteux* werden in diesem speziellen interpersonalen Bezug bzw. in dieser Funktion zu einer intertextuellen Folie für Françoises Makrostruktur (A/B). Bezieht man dieses Muster auf den ganzen Roman, so wird man Zeuge von der Zerbrechlichkeit und zwanghaften Aufrechterhaltung dieser Beziehung, von der „désagregation de la famille"[123]. Eine Wiederherstellung des Verhältnisses zwischen Mutter und Kind, wie Germinie es in ihrer Kindheit erlebt hat, ist nicht mehr möglich. Obwohl Mlle de Varandeuil Germinie wirklich wie eine Mutter zu lieben und wahrhaft „attachée à sa domestique" scheint, scheitert die Kommunikation, denn sie fürchtet „pourtant de trop approfondir les quelques énigmes que la dissimulation de Germinie ne parvient pas à cacher"[124].

Das von Françoise her bekannte Widerspruchspaar der Klarsichtigkeit (MK 4.5) und Naivität (MK 4.4) findet sich schon bei Germinie. In ihrer Selbstlosig- und Gutgläubigkeit wird sie von ihren Verwandten schamlos finanziell ausgenutzt. Ihre Naivität legt sie allerdings schrittweise ab und zeugt gerade auch in ihrer Beziehung zu Jupillon-Sohn von einer erstaunlichen Klarsichtigkeit. Sie erkennt zwar, daß sie von ihm nichts mehr zu erwarten hat (GL 189), gleichzeitig weiß sie aber auch, daß sie von ihm nicht loskommt und immer wieder fatalistisch alle Erniedigungen erdulden wird:

> Lui aurait-elle appartenu ainsi tout entière? Longuement et amèrement, elle se rappelait à elle-même tout ce qui aurait dû la guérir, la sauver, les dédains de cet homme, ses injures, la corruption des plaisirs qu'il avait exigés d'elle, et elle était forcée de s'avouer que rien ne lui avait coûté à sacrifier pour cet homme et qu'elle avait dévoré pour lui jusqu'aux derniers dégoûts.(GL 180)

Eingeschränkt sind alle diese Widerspruchspaare, die ebenfalls einen Bestandteil der Françoiseschen Makrostruktur bilden, auf Germinies Ichbezogenheit: Sie ist grausam gegen sich selbst, aus ihrer eigenen enttäuschten Liebe heraus und in ihrer Liebe naiv oder klarsichtig. Françoises Widersprüche beziehen sich auf viele Bereiche und lassen sich nicht ausschließlich aus ihrer verletzten gegenwärtigen psychischen Verfassung erklären, sondern weisen „tragédies d'arrière-cuisine" auf, die weit in die Vergangenheit Frankreichs zurückreichen und ihr selbst nicht bewußt sind. Fazit: Die Analogien verbleiben durch das reine Vorkommen der Widerspruchspaare an der Oberfläche. Germinie und Sempronie bieten in ihrer individuellen Kombination der Motivklassen als Dienerfigur als auch in ihrer interpersonalen Relation zueinander als Dienerin und Herrin nur marginal, nicht in die Tiefe reichende Intertexte. Das Gewicht von *Germinie Lacerteux* für die *Recherche* als Ganzes darf dagegen nicht zu gering veranschlagt werden.

---

[123] Satiat 1990, 48; cf. ebd. 48f.: „Navrante est la leçon des biographies croisées de Germinie et de Mlle de Varandeuil, toutes deux privées complètement de l'amour de leurs parents: ceux qui auraient pu les aimer meurent trop tôt, et ceux qui restent, dépourvus de toute affection familiale, les abandonnent ou les exploitent. [...] Pour compenser la privation de maternité, signe d'une perte de vitalité, d'un dessèchement social général que reflète la stérilité des paysages du roman, Germinie et Mlle de Varandeuil (qu'un père abusif a empêchée de se marier) ne cessent de se chercher des enfants."

[124] Pelckmans 1983, 71.

4.5.3 Zusammenfassung

Germinie ist der Gegenstand einer klinischen Studie, die mikroskopisch ihr Leben auseinandernimmt. Schon aus dieser intentionalen Anlage heraus kann sie nichts mit der formalen Struktur von Françoises Auftreten gemein haben. Erwartungsgemäß fällt die Gestaltung der Auftrittsfolgen Germinies kontrastiv zu derjenigen Françoises in der *Recherche* aus.

Im Gegensatz zu den bisherigen Fallstudien finden wir nun Herrin – Sempronie de Varandeuil – und Dienerin – Germinie – mit einer dienenden Biographie, infolgedessen beide als intertextuelle Folie für die Makrostruktur Françoise vor. Mlle de Varandeuils Rolle ist die einer Dienerin als auch formal die einer Herrin. Germinie ist dabei der willensschwache Part, die zu früh die Wurzeln zu ihrer bäuerlichen Vergangenheit abgebrochen bekommt und dadurch nicht stark, sondern schwach und hilflos wird. Sie besitzt eine Familie sowie Beziehungen zu einer bestimmten Region (MK 1) und assoziiert diese Zeit mit den Momenten der Glückseligkeit, trotz der allgemein harten Umstände. Ihr Vater ist grob wie ihre Schwestern und lebt mit seiner Familie in ärmlichen Verhältnissen. Nur die Liebe der Mutter und des Bruders verschafft Germinie ein Paradies der Kindheit, was sie zeitlebens wiederherzustellen versucht. Sempronie stellt dabei die Ersatzfamilie für Germinie dar (A), zudem den willensstarken Part in der Beziehung, darin das Pendant von Françoises Stolz und Selbstbewußtsein (MK 4.1). Dienerin und Herrin kehren je nach Situation in *Germinie Lacerteux* die Rollen um. Dadurch wird unter intertextuellen Gesichtspunkten Mlle de Varandeuil als Dienerfigur zu einer legitimen Folie für Françoise. Behält sie ihre Rolle als Herrin in der interpersonalen Relation zu Germinie, ist sie als Folie für Marcel gültig.

Als „fillette sauvage" in der Stadt hinterläßt Germinie alles andere als den Eindruck einer stolzen selbstbewußten Bäuerin. Sie ist verunsichert und außerhalb ihres Milieus nicht überlebensfähig. Ihr Name unterstreicht noch diesen Eindruck: Nicht nur sie selbst kann nicht in einem fremden außerparadiesischen Milieu, fernab ihrer Kindheitsregion überleben, sondern sie trägt den Keim des Verderbens für ihre Nachfahren in sich. Françoises Name dokumentiert dagegen ihre Verwurzelung mit ihrem Land, aus der sie Stolz und Selbstbewußtsein schöpft – selbst bei einem Milieu- und Ortswechsel. Im intertextuellen Bezug zu Germinie läßt sich hier Françoise nur als kontrastive Replik lesen.

Mlle de Varandeuil als aristokratische Dienerin war in ihrer Kindheit zwar auch ein ebenso schwächelndes Wesen wie Germinie, hat aber einen eisernen Willen, der selbst ihren despotischen Vater in die Knie zwingt. Sie vergißt weder ihre Herkunft, noch ihre verinnerlichten Ideale und folgt strikt ihrem Moralkodex. Zu Letzerem gehören ein fast antiker Todeskult und das 'Nicht-Vergeben-Können', wenn man gegen ihre Artikel verstößt. Weitere Inhaltsnuancen existieren nicht. Der Kodex läßt sich weitestgehend auf 'Erfülle Deine Pflicht Deinem Nächsten gegenüber' und auf 'Bleibe Deinen Humanitäts-Idealen und Deinem eigenen Gewissen immer treu'" reduzieren (MK 2). Germinie ist mit einem ähnlich strengen Kodex ausgestattet, mit dem sie selbst in Gewissenkonflikt gerät. Sie ist wie Françoise voller Widersprüche. In der fatalistischen Vergewaltigung ihrer

Ansprüche, die ihrem praktizierten Verhalten entgegenstehen, trägt sie tragische Züge. Da Françoise in ihrem reinen Gewissen mit demjenigen Mlle de Varandeuils konform geht, sind ihre subtilen Konflikte mit ihrem Moralkodex komischer Natur, denn für Außenstehende nur nachvollziehbar, kennt man die – fast alle Lebensbereiche umspannenden – Nuancen ihres Kodexes.

Die nonverbalen Sprachzeichen (MK 3.1) sind bei Germinie ähnlich zahlreich wie bei Françoise, was sich aus Germinies Psyche leicht erklären läßt: Ihre Gefühle suchen über die materiellen Gesten ihren Ausdruck, finden aber ebensowenig Gehör wie der direkte verbale Versuch der kompletten Seelenanvertrauung. Just in dem Moment, in dem Germinie ihre ganze Biographie ihrer Herrin anvertrauen möchte, schweift diese mit ihren Gedanken ab und hört nicht zu. Germinies verbale Gefühlswallungen verstummen und werden nie mehr explizit. Das signalisierte Desinteresse ist nicht böswillig zustande gekommen, sondern aus dem Egoismus geboren, die eigene Ruhe nicht zu stören und Germinies Funktion als Wärme-spendende Freundin zu erhalten. Zu viel Information über den Seelenzustand der Dienerin könnte für Mademoiselles eigene Seelenruhe beeinträchtigend wirken. Somit führt das gezeigte Desinteresse zu einem negativen Ergebnis in der kommunikativen Basis zwischen Herrin und Dienerin. Germinie beherrscht alle sprachlichen Register, die auch Françoise aufweist (MK 3.2) – ausgenommen wirklich schmutziger Wörter. Sie spricht eine lebendige Sprache ihres Milieus und versieht je nach Gefühlslage ihre Aussagen mit einem besonderen Akzent oder einer Geste. In ihrer gehobenen Sprache, die ihre Lektürebasis (allerdings nur billige Groschenromane) erahnen läßt sowie in ihren Schauspieler-Attitüden erinnert sie an die literarisch-lebendige Sprache und Selbstinszenierungsqualität einer Françoise. Deren Begabung, in derben Ausdrücken zu fluchen oder ihrer Wut freien Lauf zu lassen, findet nicht in Germinie, sondern in Mlle de Varandeuil ihren Gegenpart. Die Motivklassen (3.3) und (3.4) sind bei Germinie als kommunikativer Ausdruck ausgespart: selbst als Dieneraktivität erscheinen sie nur marginal und stehen beispielhaft für die geringen Ansprüche der Herrin an ihre Dienerin.

Germinie ist auf der einen Seite grenzenlos hilfsbereit und selbstlos (MK 4.3), auf der anderen Seite wird sie in ihrer Aufopferungsbereitschaft ausgenutzt – selbst von Verwandten – , weil sie mit einem naiven Glauben an die Menschen herangeht (MK 4.4). Eine Konstellation, die bei Françoises Familie undenkbar wäre. Grausam anderen gegenüber kann Germinie nicht richtig sein; selbst gegen die Familie Jupillon nicht, obwohl sie genau weiß, wie sehr sie ausgenutzt wird. Ihre rauhe und 'grausame' Ader (MK 4.2) wendet sich vielmehr ausschließlich gegen sich selbst und wandelt sich in Sadismus. Was bleibt ist nur das Vorkommen der vielen widersprüchlichen Charakterfacetten, die auch Françoises vielschichtigen Charakter ausmachen, inhaltlich aber nicht mehr reflexiv ausfallen. Sadistische Gefühle kennt Françoise folglich nicht.

Germinie behält von ihrer bäuerlichen Herkunft die angeborene Neugierde. Sie wird sich in der Stadt jedoch bald nur noch auf die Beziehungsgeschichten im Wohnviertel beschränken, über die sie sich mit der aus der gleichen Region stammenden Milchhändlerin Jupillon austauscht. Neugierig beobachtet Germinie sich selbst und schätzt erstaunlich klar ihre Abhängigkeit von Jupillon-Sohn ein. Auch durch ihre Lebenserfahrungen und -

enttäuschungen weiß sie, wer sie ausnutzt und von wem sie was zu erwarten hat (MK 4.5). Françoise teilt dieses Paradoxon der Naivität (MK 4.4) und des instinktiven Wissens. Darin erschöpft sich fast die Analogie, denn Françoises Widersprüche und Qualitäten sind ihr selbst nicht immer bewußt, sondern aktualisieren in ihrer Anwendung eine Tradition und geschichtliche Verwurzelung, die wiederum Françoise selbst Dauer und charakterliche Festigung verleihen. Konsequenterweise wird bei Françoise das Alter zum positiven Stabilitätspunkt, wohingegen es bei Germinie Zeichen ihrer Degradierung und sexuellen Verwahrlosung ist (MK 5). Daß Proust keine junge Dienerin wählt, mag mithin an seinem Anspruch liegen, sich vorrangig auf die Dienerin in ihrem Status, ihre Funktionen im Haus und ihre Beziehungen innerhalb der Familie zu beziehen anstatt auf ein irgendgeartetes Liebesleben. Dies wäre bei einer jungen Dienerin womöglich schwerer auszublenden. Proust würde bei einer jungen Françoise jedoch sicherlich mehr auf Molièreschen denn auf Goncourtschen Spuren wandeln, da die interpersonalen Relationen der Familienmitglieder, als deren Teil auch die Dienerin betrachtet wird, im vorrangigen Interesse steht. Der 'cadre' des Domestiken fällt damit konträr in *Germinie Lacerteux* und der *Recherche* aus. Während er bei Germinie ein Auseinanderklaffen ihres Bauerntums mit ihrem neuen verschlechterten proletarischen Status der städtischen Dienerin suggeriert, versöhnt er bei Françoise beide Bereiche. Bei ihr gibt es kein davor oder danach. Ihre Biographie wird in ihrem dienenden Status aufgefangen und bereichert diesen, sodaß ihre dienenden Qualitäten Lehrcharakter entwickeln. Ihre Rolle im Familien- bzw. Hausverbund ist die eines 'Familienvorstehers' und Erziehers. In *Un Coeur simple* haben wir noch einen Familienverbund vorgefunden, wenn auch eingeschränkt auf Mutter, Kinder und Dienerin. Flaubert schlägt hier den von den Goncourts zuvor eingeschlagenen Weg ein: Er reduziert die Familie bald auf Herrin und Dienerin, dissoziert emotional – im Gegensatz zu den Goncourts – Mme Aubain vollständig von ihrer Dienerin. Die Goncourts reduzieren den Familienverbund auf zwei Frauen, die sich gegenseitig die Familie ersetzen. Sie sind zwar eng emotional aufeinander angewiesen, aber auch in *Germinie Lacerteux* verbindet sie nicht eine echte Wesensverwandtschaft.

Aus dem gleichem Grund, der zum Verstummen Germinies führt (beim Desinteresse Mlle de Varandeuils an ihrer Geschichte), ist auch die interpersonale Beziehung zwischen Dienerin und Herrin zum Scheitern verurteilt (A/B). Die Kommunikation versagt, weil Mlle de Varandeuil nicht wirklich die hundertprozentige Erkenntnis von Germinies Gefühlswelt erstrebt. Ihr genügt ihre Anwesenheit, an der sie sich erwärmen kann und von der sie sich den Freundschaftsdienst erhofft, ihre Augen auf dem Sterbebett von ihrer Dienerin zugedrückt zu bekommen. Germinie bleibt ihrer Herrin gegenüber verschlossen und ihre Liebe verstellt. Ihre nonverbalen Ausdrücke verstärken nicht die Kommunikation wie bei Françoise, sondern verdunkeln sie zusätzlich. Françoise ist mehr als nur ein 'wärmespendender Gegenstand'. Sie leistet Marcel immaterielle Dienste. Er läßt sich nicht in seinem Streben erschüttern, die kommunikativen Zeichen seiner Dienerin zur Entschlüsselung zu bringen. Wenn ihm dies auch nicht vollständig aufgrund der darin transportierten historisch tradierten Maxime gelingt, so führt dieser Verständigungswille dennoch zu einer Annäherung zwischen Herr und Dienerin, die die Voraussetzung für ihre emotionale Verschmelzung bildet. Folglich ist die Mutterrolle (MK 4.1.2), die in *Germinie*

Lacerteux ähnlich stark ausgeprägt ist wie in der *Recherche*, allerdings bei Umkehrung der Rollen zwischen Herrin und Dienerin, nicht mehr bis zu einem positiven Resultat aufrecht zu erhalten. Mlle de Varandeuil bietet nicht wirklich einen Mutterersatz für den schwächeren Part Germinie – im Gegensatz zur starken Françoise für den schwächeren Part Marcel. Mlle de Varandeuil ist mit dem Willen ausgestattet, der zur Handlung nach den theoretisch für richtig erkannten Maximen befähigt. Sie schafft es aber nicht, ihn auf ihre Dienerin abfärben zu lassen. Grund dafür ist auch hier die zuvor gescheiterte Kommunikation im Emotionalen (A/B). Ihr Verhältnis ist von Eifersucht, Liebe und Haß bzw. Leidverursachung geprägt, all das lernt die Herrin durch ihre Dienerin, wie Marcel durch seine Françoise. Mlle de Varandeuil reagiert wie Marcels Familie mit der Akzeptanz der Launen ihrer Dienerin, die ihr durch die „habitude" beigebracht wird. Diese strukturell-thematisch identisch gelagerten Muster (B) verbleiben in der interpersonalen Relation zwischen Marcel und Françoise (A) bei eingehenderer Betrachtung an der Oberfläche.

Wenn auch *Germinie Lacerteux* mit Germinie bzw. Mlle de Varandeuil nur marginale Analogien zu Françoise aufweist, so darf auf einer abstrakteren Ebene die intertextuelle Gewichtung von *Germinie Lacerteux* nicht zu gering veranschlagt werden. Die Goncourts haben sich wie Proust in ihre Dienerfiguren hineinprojiziert, was beide Romane zu einer Geschichte des Willensdefizits macht. Wie Marcel Germinie ähnelt, es nicht schafft, seinem Willen zu folgen, so bildet Mlle de Varandeuil das Pendant zur willensstarken Françoise. Daß durch die Französische Revolution Mlle de Varandeuil aus ihrer eigenen aristokratischen Vergangenheit herausgerissen wird und die Humanitätsideale als nicht in ihr selbst gewachsene Maxime übernimmt, macht die Tragik ihrer Person und die Quelle der Differenz zu Françoise aus (Mlle de Varndeuil ist hier nun als starker Part in der Beziehung die intertextuelle Folie). Sie hat keinerlei Religion und kennt kein Verzeihen. Erst durch den Tod ihrer Dienerin erlernt sie dies. Da ist es schon zu spät, da eine Verständigung mit dem auf sie angewiesenen schwächeren Part – Germinie – nicht mehr nachgeholt werden kann. Françoise besitzt zwar auch einen ähnlich rigiden Kodex wie Mlle de Varandeuil, durch ihre historisch gewachsenen und ihrem Wesen angepaßten Artikel findet sich aber immer die Möglichkeit einer Nuancierung, die dazu führt, daß sie sich selbst treu bleiben und auch zwischenmenschlich wertvolle Dienste verrichten kann, die zur allmählichen Annäherung zwischen schwachem Part (Marcel) und ihr selbst als starkem Ich führen. Es sei hier nur an die Briefübermittlungsszene gleich zu Beginn von *Du côté de chez Swann* erinnert.

Alle Eigenschaften, die bei Germinie krankheitsbedingte Erklärungen finden, hat Proust in seiner Françoise aufgegriffen, ihre Ursachen aber in die Geschichte des eigenen Landes eingebettet. Schauspielerattitüden einer Germinie, die ebenfalls aus der Krankheit geboren sind und zur Verwischung des schlechten Gewissens dienen, können dadurch bei Françoise eine kreative Kraft entwickeln (MK 4.6) und die Kommunikation verstärken. Die mit ihrer krankhaften sexuellen Nymphomanie verbundenen animalisch-mysteriöse Aura (MK 6) verliert sich bei Françoise ebenfalls, weil keine Krankheiten, sondern die Traditionen des eigenen Landes die Erklärungen für das Verhalten der Dienerin liefern und eine sakrale Metaphorik Françoise umgibt. Françoises Qualitäten werden durch diese Einbettung so stark und positiv aufgeladen, daß selbst ein Milieuwechsel ihr nichts anhaben kann und ihr allein deshalb ein Ende wie dem Germinies erspart bleibt. Sie muß nicht ausgelöscht werden, sondern im Gegenteil bis zum Ende der Geschichte des Willensdefizits Bestand haben, die dann zur Geschichte des gemeisterten Willensdefizits wird.

4.6 Proust und Zola

Im Gegensatz zu den Autoren aus den vorherigen Kapiteln handelt es sich bei Zola nicht um einen von Proust pastichierten Autor. Zudem darf er nicht zu Zolas 'Schule' gerechnet werden.[1] In einem als Fragment erhaltenen Brief kurz nach dem fünften August 1919 schreibt Proust an Denys Amiel, es berühre ihn äußerst peinlich zu hören, daß sein Werk „comme un recueil de souvenirs fortuits" konstruiert sei.[2] Er bezieht sich auf einen Artikel, der am fünften August 1919 in *Le Pays* erschienen ist und in dem der Kritiker über Proust schreibt:

> Proust est un écrivain formidable [...] On est [...] émerveillé en songeant à ce qu'il pourrait être s'il consentait à choisir [...]. Ecrivain de mémoires comme de Retz, Saint-Simon [...], écrivain de roman comme Balzac, Tolstoi, Dickens ou le Zola des Rougon – historien comme Michelet [...], moraliste comme La Bruyère, Montesquieu, – Marcel Proust est tout cela et il est par-dessus le marché lui-même [...].[3]

Proust wehrt sich gegen einen Vergleich mit Zola und seinem Romanzyklus. Seine abwertende Bemerkung über die „idée trop matérielle de la souveraineté littéraire" in seinem Brief an Robert Dreyfus vom Juli 1892[4] und sein Verzicht auf detailliertere kritische Schriften[5] führen zu einem allgemeinen Desinteresse des Verhältnisses Prousts zu Zola in der Forschungsliteratur. Obwohl Proust behauptet, nichts außer *J'accuse* von Zola gelesen zu haben,[6] finden sich dennoch Anspielungen auf Sequenzen aus Zolaschen Romanen in diversen Briefen – wenn sie auch rar gesät sind. Damit widerlegt sich Proust in gewisser Weise selbst. Der Brief an Madame Strauss, kurz nach dem 26. Oktober 1906 enthält im Nachsatz eine Erwähnung des „Parc dans le huitième arrondissement", „Paradou dans un salon",[7] die eine Anspielung auf den Park „mer de verdure" darstellt, wo Zola „situe les amours du héros de la Faute de l'abbé Mouret (1875)".[8] Genau dieser Park spielt wieder eine wichtige Rolle in *Le Docteur Pascal*,[9] Zolas letzten Roman aus dem Rougon-Macquart-

---

[1] cf. Pabst 1972, 93: „Zola hat mit seinem Kolossalwerk, dem Bild vom Niedergang einer Familie, dem Gemälde einer ganzen Zeitkultur, der vergleichsweise robusten Gestaltung weitverzweigter menschlicher Beziehungen mit deutlich hervortretenden Zügen von Familienhierarchie und organisiertem Kampf aller gegen alle, dem jungen Proust ein bedeutendes literarisches, wenngleich eher zum Widerspruch reizendes Beispiel gegeben; er war ein Antipode unter den Vorläufern und Wegbereitern, also ohne die Faszination, die Proust zur Selbstbefreiung durch ein eigenes Pastiche gedrängt hätte [...]."

[2] Das ganze Brieffragment ist unter Nr. 202, Corr. XVIII (1919), 365 aufgeführt: „A Denys Amiel, [...] Il est pénible, quand on a construit (et je le dis au sens architectural) un ouvrage d'une façon si raisonnée que chaque phrase a sa symétrique, et qu'enfin, à première page du premier volume se superpose la dernière phrase du dernier volume, il est pénible, dis-je, d'en entendre parler comme d'un recueil de souvenirs fortuits [...]."

[3] Corr. XVIII (1919), 365f., FN 2.

[4] Corr. I (1880-1895), 171.

[5] Es existiert nur ein zweiseitiger Artikel „Contre la jeune école" (NM 1954, 319-320; nur in dieser Ausgabe abgedruckt!). Dieser Artikel ist inhaltlich aber nicht sehr ergiebig.

[6] cf. Brief an Daniel Halévy, kurz nach dem 10. Dezember 1921, Corr. XXI (1922), 678f., 678: „[...] Je ne prends la défense ni de Pot-Bouille dont je ne connais pas une ligne (de Zola je n'ai lu que «J'accuse») [...]."

[7] Corr. VI (1906), 255ff., 257.

[8] cf. die Anmerkungen Kolbs, ebd. 259, FN 15.

[9] cf. DP 959ff.

Zyklus. Wenn Proust auch nicht die Romane Zolas verschlingt, so sind ihm die Inhalte derselben sicherlich bekannt – durch flüchtige Lektüre, Zeitungsartikel bzw. durch den Austausch mit seinen literarischen Freunden. Proust bedankt sich in einem Brief an Fernand Gregh für dessen Widmung in seinem Buch *La Fenêtre ouverte*.[10] Der vollständige Titel desselben lautet: *La Fenêtre ouverte: pages sur V. Hugo, P. Verlaine, G. Rodenbach, H. de Régnier, Anatole France, **E. Zola** [meine Hervorhebung], G. de Maupassant, G. d'Annunzio, Paul Hervieu, F. de Curel, O. Mirbeau, G. de Porto-Riche, E. Rostand, Saint-Saëns, etc., suivies de divers Essais et Poèmes en prose, Paris: Eugène Fasquelle, 1901*.[11] Zugegeben, Prousts Lob, dieses Werk sei „un admirable livre de poésie tout de même",[12] bezieht sich vorrangig auf den Anhang. Nichtsdestoweniger setzt sich Proust mit den Gedanken seines Literaturfreundes Gregh über Zola auseinander – wie er auch andere Artikel über Zola rezipiert und sich größtenteils echauffiert über die darin gemachten Aussagen.[13] Daß sich Proust ein Urteil über Zola ohne reines Vorwissen, das heißt Primärlektüre erlaubt, ist bei ihm als 'homme de lettre' par excellence schwer vorstellbar. Sicher trifft zu, daß Zola nicht zu den von Proust geschätzten Autoren gehört. Das geht aus den zahlreichen 'Seitenhieben' an die Adresse Zolas hervor – beispielsweise wenn er sich negativ über Bruneau äußert, den 'Vertoner Zolas'[14] oder sich über „M. Hamp", „une sorte de Zola actuel" bzw. seine Vorzugsbehandlung durch seinen Verleger Gaston Gallimard ärgert.[15] Negative Ereignisse assoziiert Proust anscheinend häufig mit Zola. Ansonsten vermitteln diejenigen Briefe Prousts, die eine Erwähnung Zolas beinhalten, den Eindruck, er sei mehr am Dreyfus- bzw. am daraus resultierenden Zola-Prozeß und den darin verwickelten Personen, wie z.B. an Picquart, als an Zola selbst interessiert.[16] Die Überführung der sterblichen Überreste Zolas in den Pantheon am vierten Juni 1908 verleiten

---

[10] Brief Nr. 297 vom „Jeudi [28 novembre 1901]", Corr. II (1896-1901), 474ff.
[11] cf. die Anmerkungen Kolbs, ebd. 476, FN 3.
[12] ebd. 475.
[13] cf. Brief Nr. 105 an Jacques Rivière, „Le dimanche 25 avril 1920", Corr. XIX (1920), 236ff., 236f.: „[...] j'aimerais mieux un article de franche complaisance, d'admiration par amitié pour quelqu'un qui ne mériterait pas cette admiration (comme la dédicace de Baudelaire à Gautier etc. etc. et Nerval à Dumas) que de voir sincèrement, sans partialité, parler ainsi d'Espinas comme d'un grand homme, de Gyp, de tout le monde, car de qui ne parle-t-on!" Cf. auch ebd. 238, die dazugehörige FN 8: „La seule mention du philosophe français, dans le numéro cité de la revue, se trouve dans une note à propos des *Précurseurs*, de Romain Rolland, par Raymond Lenoir. Mais Lenoir ne prétend pas qu'Espinas est «un grand homme»; il dit simplement que la guerre a confirmé les indications de romanciers, de sociologues, de poètes dont on avait méconnu l'importance, et il ajoute: «Sous des formes très diverses et inégales Zola, Rosny aîné, Paul Adam, Espinas et Durkheim, Jules Romains et Duhamel avaient annoncé le règne humain.»"
[14] cf. Brief an Jean Cocteau, „Peu avant le 19 juin 1919", Corr. XVIII (1919), 267ff., 267: „A propos de Saint-Saëns je dois dire que jamais un musicien ne m'a autant emmerdé (Gounod dans *Faust* encore plus) et que j'ai été confondu d'entendre Stravinsky dire que sa *Symphonie en ut mineur* était un chef d'oeuvre supérieur à tout Franck. Malgré cela je trouve tout de même dur de le mettre dans le même sac que Charpentier ou Bruneau." Was nichts anderes heißt, als daß Bruneau die schlechteste 'Ausgabe' eines Opernkomponisten darstellt, was ein entsprechendes Licht auf seine Inspirationsquelle Zola wirft; cf. auch ebd. 269, FN 15: „Alfred Bruneau (1857-1934), compositeur d'opéras tirés des romans de Zola. Critique musical du *Figaro*."
[15] cf. Brief vom „samedi 22 juillet 1922", Corr. XXI (1921), 378ff., 379.
[16] cf. Brief Nr. 143, Corr. II (1896-1901), 225f.; Brief Nr. 157, Corr. II (1896-1901), 245f.; Brief Nr. 91, Corr. VI (1906), 159ff.; Brief Nr.139, Corr. XI (1912), 265ff.; Brief Nr. 438, Corr. XXI (1922), 584f.

Proust zu der Bemerkung, daß er diese Aktion „stupide" fände.[17] Die Protestnote des Grafen de Montebello gegen diese Überführung, der Zola als „l'insulteur de l'armée française" bezeichnet, empfindet er dennoch als unglücklich.[18] Da lobt er lieber das Verhalten von Maurice Barrès. Anläßlich der Übersendung seines Buches *Colette Baudoche* dankt er ihm für die Ermutigung, seine Pastiches fortzusetzen und führt im Nachtrag an seinen Antwortbrief folgendes an:

> Quelle noblesse dans le début de ce discours! Quelle vénération pour la vraie grandeur, quelle insolence pour les fausses. Comme l'arrivée à la cérémonie du Panthéon: vous vous arrangerez à ne pas saluer Zola, vous vous inclinez avec respect en entrant, mais devant Racine! Et je vois que vous allez prononcer demain un autre grand discours. Voilà les belles fêtes de la sagesse auxquelles du moins on peut toujours assister.[19]

Die noch im *Jean Santeuil* aufzufindende 'Chronik' des aus der Dreyfus-Affäre resultierenden Zola-Prozesses verschwindet später in der *Recherche* und reduziert sich auf eine eher ironische Anspielung des eigenen Verhaltens in *La Prisonnière*:

> [...] l'atmosphère agissant en quelque sorte à sa place, a déployée; journées pareilles à ces temps d'émeute ou de guerre qui ne semblent pas vides à l'écolier délaissant sa classe parce que aux alentours du Palais de Justice ou en lisant les journaux, il a l'illusion de trouver dans les événements qui se sont produits, à défaut de la besogne qu'il n'a pas accomplie, un profit pour son intelligence et une excuse pour son oisiveté.(P 77f.)

Im übrigen werden der „durch Zolas Stellungnahme in der Affäre Dreyfus ausgelöste Zola-Prozeß und sein Widerhall in der Gesellschaft" in der *Recherche* „wiederholt erwähnt, ohne daß über Prousts Verhältnis zu der Persönlichkeit Zolas irgend etwas verlautete"[20]. Wenn in der *Recherche* auftretende Personen wie der Marquis de Bréauté (P 47), der Sorbonne-Professor Brichot (SG 768; TR 636), Mme de Guermantes (CG 405f., P 47) oder die Princesse de Parme (CG 406) Urteile über den Schriftsteller Zola abgeben, sagen diese entsprechend der Spiegelungstechnik Prousts mehr über die Aussagenden als über den Gegenstand der Aussage etwas aus und enthüllen im Fall der zwei letztgenannten Personen allenfalls „die Menuett-Technik des aristokratischen «esprit de conversation», aber keineswegs das Verhältnis Proust zu Zola." Wird Zola unter den Gästen der Mme de Verdurin aufgezählt (SG 611; SG 715), so „geschieht auch dies mit völliger Neutralität seitens des Erzählers und des Autors."[21] Bardèche bewertet die Unterdrückung der Dreyfus-Zola-Erfahrungen in der Beschreibung als signifikant:

> Certains des ces «sacrifices» sont significatifs. L'un de ceux-ci est la suppression de tout le fragment concacré à l'affaire Dreyfus. Cette partie est importante dans *Jean Santeuil*, elle comprend cinq chapitres dont deux sont de longs morceaux consacrés à des «choses vues» du procès. Marcel Proust avait été un ardent *dreyfusard*: ce qu'il décrit à cet endroit est un moment de sa jeunesse, sa *Correspondance* permet de le vérifier. Or, sa passion ne se contraint pas, elle s'étale. L'enthouisiasme, la dévotion même, de Jean Santeuil pour le colonel Picquart, la fièvre avec laquelle

---

[17] Brief an Louis d'Albufera, „Le jeudi soir 26 mars 1908", Corr. VIII (1908), 76ff., 77.
[18] ebd; cf. insbesondere die Anmerkungen Kolbs ebd. 78f., FN 10.
[19] Brief an Maurice Barres vom 17. Februar 1909, Corr. IX (1909), 36ff, 37f.
[20] Pabst 1972, 93; cf. CG 203, CG 332.
[21] Pabst 1972, 93f.

il suit les incidents, ses espoirs, ses illusions, sa peine, révèlent un Marcel Proust tout à fait inconnu, un jeune militant convaincu et pur, un idéaliste intransigeant qu'on découvre avec une certaine surprise. Ce trait de caractère n'est pas sans importance. Car, si l'on se demande pourquoi Marcel Proust a renoncé, presque totalement, à cette évocation qui avait du prix pour lui, on en découvre assurément plusieurs raisons [...] il semble qu'il soit juste d'interpréter ce sacrifice comme un effort de Marcel Proust sur lui-même pour ne laisser subsister dans son oeuvre que les traits qui servent à une définition générale de l'homme, à une «découverte» de l'homme par lui-même, telle que pouvaient la concevoir les classiques, c'est-à-dire éliminant les traits personnels, les additions secondaires dues aux circonstances seules. [...] Mais l'affaire Dreyfus n'apprend rien sur l'homme, sinon qu'il est susceptible de prévention. [...] Comme il est difficile de s'imposer un silence absolu, l'affaire Dreyfus est évoquée par instants dans les salon des Guermantes, à la manière des cris de la rue et des voyages en chemin de fer qui sont un reflet discret de l'époque 1900, mais on sent que ce sont les dreyfusards qui sont «du bon côté».[22]

Ob Proust eine intensive Beschäftigung mit Zola wirklich ablehnt, mag vorerst unbeantwortet bleiben. In den Blick sollen zunächst die biographische und interessengelagerte Spur der 'Gemeinsamkeiten' beider Autoren rücken.[23]

Da wäre zuerst die enge Verbindung zur Mutter zu nennen, die beide Romanciers auszeichnet. Zola lebt noch nach seiner Hochzeit mit seiner Mutter in einem Haus zusammen und fällt in eine tiefe Krise, als sie 1880 im gleichen Jahr wie Flaubert stirbt. Welch enges Verhältnis Proust zu seiner Mutter hat, spiegelt nicht nur der rege Briefverkehr mit ihr wider, sondern findet einen starken Widerhall in der gesamten *Recherche*. Zudem ähnelt Zolas Gesundheitszustand, seine (Nerven-)Schwäche Prousts Konstitution:

> Zola souffrit, dès son adolescence et pendant toute sa vie, de troubles nerveux divers auxquels il fait des allusions discrètes dans ses lettres [...].[24]

Der enge Kontakt zu Schriftstellern und Malern seiner Zeit, seine Freundschaft zu Cézanne, Manet etc. und das Interesse an der bildenden Kunst bilden eine weitere biographische Analogie zum Lebensinhalt Prousts. George Sand schätzt Zola in seiner Jugend ähnlich stark wie Proust, grenzt sie aber später gegen Balzac ab, der das eigentliche Vorbild darstellt. Ist sie 1860 für Zola noch „un régénerateur", eine Dichterin mit moralischer Aufgabe, die nicht „en montrant son mal à l'homme, mais, au contraire, en lui faisant voir le bonheur qu'il gouterait s'il avait suivi la bonne voie", so sieht er in ihr und in Balzac 1876 „les deux types, distincts qui ont engendré tous les romanciers d'aujourd'hui." Balzac habe dabei „la voie du naturalisme exact dans ses analyses et ses peintures" geöffnet, George Sand denjenigen „de l'idéalisme prêchant et consolant les lecteurs par les mensonges de l'imagination".[25] Damit sind zwei Autoren genannt, die gleichermaßen für Proust wie für Zola wichtig werden. In ihrer jeweiligen Auseinandersetzung mit Balzac und Sand kommen beide Romaciers allerdings zu differenzierten Schlußfolgerungen. Zola wird wie Proust zum Kritiker Sainte-Beuves, wenn er dabei auch in eine andere Richtung weist. Er wirft ihm vor

---

[22] Bardèche 1971 I, 70ff.
[23] Nicht die Gemeinsamkeiten, sondern die Kontraste im Schaffen beider Romanciers unterstreicht Roger Bordier in seiner Studie „Sur Zola et Proust. L'esprit de famille, l'art et le réel" (in: Europe 496/497 (août-septembre 1970; „Centenaire de Proust"), 218-228).
[24] Becker, Colette: Dictionnaire d'Emile Zola: sa vie, son oeuvre, son époque. Suivi du dictionnaire des Rougon-Macquart..., Paris: Laffont, 1993, 383.
[25] cf. „Documents littéraires", in: Becker 1993, 382.

allem den „faute irréparable" vor, niemals das Genie Balzacs anerkannt zu haben. Er bedauert, daß Sainte-Beuve es ablehne, „de s'engager à fond dans la voie scientifique, par ses répugnances de lettré" und nur „des impressions, des documents" akkumuliere, dabei aber einer „vue d'ensemble" ermangele:

> Quand le critique avait réuni tous les renseignements désirables, quand il tenait son auteur nu devant lui, le féminin apparaissait avec son besoin de grâce et de mesure, et il mettait des feuilles de vigne, et il se perdait dans des complications de finesse les plus étonnantes, pour arriver à tout dire sans avoir l'air de le dire. C'était l'outil de notre analyse moderne, dans des mains de velours, armées de jolies griffes tranchantes. Il restait le lettré, pardessus l'anatomiste.[26]

Paul Bourget und Anatole France – beide ein Modell für Bergotte in der *Recherche* Prousts – schätzt Zola, obwohl er sich bewußt ist, daß er nicht „le crâne fait de même" wie sie besitzt.[27] Für Alphonse Daudet hält Zola die Grabesrede. Auch Proust ist bei der Beerdigung anwesend, über einen näheren Kontakt zu Zola bei dieser Gelegenheit ist allerdings nichts bekannt. Proust schwärmt als junger Mann für Daudet und überträgt später seine Bewunderung auf seinen Sohn Léon, mit dessen Bruder Lucien er ebenfalls eng befreundet bleibt. Alphonse Daudet und Zola divergieren allerdings sowohl auf der Ebene ihrer politischen Ansichten als auch im ästhetischen Bereich. Auch Maupassant wird von Zola geschätzt Maupassant. Er hält bei seiner Beerdigung eine Grabesrede. Maupassant selbst nimmt zwar an den „Soirées de Médan" teil, behält aber wie Flaubert eine Distanz zum 'Naturalismus'. Prousts Kontakt zu Maupassant scheint sich auf den Salon der Prinzessin Mathilde zu beschränken. Schließlich sind noch die Goncourts zu nennen. Als Initiatoren einer neuen Romanform avancieren sie bekanntlich zum Modell für Zola, der ihnen eine lobende Besprechung von *Germinie Lacerteux* im *Salut public de Lyon* vom 24. Februar 1865 widmet. Für diesen Artikel danken ihm die Brüder Goncourt herzlichst, bleiben aber im übrigen ablehnend seiner Art gegenüber eingestellt: „Tout les opposait: origine sociale, fortune, tempérament, goûts",[28] wovon das Journal sprechendes Zeugnis gibt. Proust greift diesen Aspekt in seinem Goncourt-Pastiche *Dans le «Journal des Goncourt»* auf, in dem er selbst als Herausforderer Zolas auftritt, d.h. als – dies ein „humorvolles Unicum in Prousts Gesamtwerk"[29] – Pasticheur im Pastiche selbst präsent ist. Das darin beschriebene Duell zwischen Proust und Zola stellt eine witzige Variante des Seitenhiebs auf Zola dar. Mit der Prügel- bzw. Duellszene wird Proust quasi zum „verlängerten Arm" Edmond de Goncourts, dessen Journal von „Äußerungen des Unmuts, der Unduldsamkeit, des Widerwillens gegen Emile Zola" wimmelt, „mit dem man zwar häufig zusammentrifft, der aber mit jeder seiner

---

[26] cf. ebd., 381.

[27] cf. seinen Brief an Paul Bourget vom 25. November 1883 bezüglich der „Essais de psychologie contemporaine", in: Becker 1993, 56f.: „Vous avez écrit là de la critique bien spéciale et bien intéressante. Nous n'avons certainement pas le crâne fait de même, et ma nature exigerait plus de chair, plus de matérialité solide. Mais je n'en goûte pas moins beaucoup de ces mélodies critiques, au dessin parfois si ingénieux, aux raffinements presque maladifs. [...] Il faut un âge bien troublée, pour en venir à ces complications du jugement, à ces nevrosités de la compréhension." – Cf. auch die Ausführungen Beckers über Anatole France, der einesteils zum harschen Kritiker Zolas wird, ihn aber auch lobt. Zola schätzt ihn trotz der unterschiedlichen Geisteshaltung (ebd. 161).

[28] Becker 1993, 168.

[29] Pabst 1972, 92.

Äußerungen und Gesten die Aversion und schonungslose Kritik Edmonds herausfordert."[30] Proust war zudem ein Bewunderer Léon Daudets, eines engen Freundes Edmonds. Es erscheint daher schlüssig, wenn Pabst in dem „Herzenswunsch" der Freunde Goncourt und Daudet, „de le fourrer [Zola] tout vivant dans un livre" bis „zu der fiktiven Prügelszene im Pastiche" nur „einen Schritt" sieht: „Der pastichierte Edmond hat sich durch die erfundene Handlung des Pasticheurs endgültig Luft gemacht."[31] Pabst sieht in der Prügelszene Proust-Zola zusätzlich eine Anspielung auf die Prügelszene Léon Daudet-Henri Simond. Simond war Redakteur des Blattes *Echo de Paris*, das Daudet karikierte. Ein Vorfall, den die Brüder Goncourt im *Journal* ausführlich wegen seiner peinlichen Rückwirkung auf Edmond festhalten, aber nicht zur Publikation freigeben (erst 1956 wird er der Öffentlichkeit zugänglich gemacht). Schließlich lief gleichzeitig mit diesem Vorfall die Publikation des *Journal* im *Echo de Paris* an. In Intellektuellenkreisen der Zeit war er dennoch bestens durch die Besprechung im *Echo de Paris* bekannt. Das Pastiche dokumentiert, daß Proust Zola weniger verbittert als andere Gegner bekämpft; es sei an das *Manifeste des Cinq* erinnert, bei dem Alphonse Daudet als Mitinitiator vermutet wird. Häufig rührt der Unmut gegen Zola von politisch-nationalistischen Gründen her, die Proust als Dreyfusard natürlich unbekannt sind. Er gibt Zola auf ironische Art der Lächerlichkeit preis, indem er ihn als Opfer eines Duells darstellt, schmunzelt damit aber gleichzeitig über das erhitzte Verhalten seines Freundes Daudet.

Thematisch scheinen beide Romanciers von einem gleichen Bedürfnis geleitet zu sein: „ce besoin, c'est d'avoir une famille."[32] Dabei verfährt Zola gegensätzlich zu Proust: „Zola s'en invente une de toutes pièces: il dresse l'arbre généalogique des Rougon-Macquart", Prousts Familie dagegen „part naturellement [...] du petit groupe que composent les êtres les plus proches".[33] Bei Proust und Zola handelt es sich vor allem darum, „d'animer un certain groupe humain" und das Thema der „hérédité" taucht bei beiden gleichermaßen auf, wenn auch unter anderen Vorzeichen. Der Scientizismus Zolas spielt bei Proust keine Rolle mehr, dennoch existiert „une manière d'hérédité proustienne":

> Dans un cas comme dans l'autre, nous voyons la patiente machine éclairer une destinée humaine, la conduire, la transformer, et souvent la broyer.[34]

Diese 'gemeinsame Basis' erweist sich bei den Figuren wiederum als Merkmal des Unterschieds:

> Les personnages de Proust sont entraînés par leurs passions, fûssent-elles voilées, ceux de Zola par leurs actions, fûssent-elles médiocres.[35]

---

[30] ebd. 96; cf. die Ausführungen von Pabst zu diesem Teil des Goncourt-Pastiches aus der „Affaire Lemoine"-Sammlung, ebd. 94ff.
[31] ebd. 97.
[32] Bordier 1970, 222.
[33] ebd. 222.
[34] ebd. 223.
[35] ebd. 223.

Wenn sie auch beide eine in der Auflösung begriffene Gesellschaft beschreiben und „un extrême souci du détail" auszeichnet,[36] geht Proust doch von einem „mouvement inverse" zu Zolas Art der Realitätskonstitution aus:

> C'est en somme le mouvement inverse: Proust commence avec des impressions pour tenter d'aboutir à la vision d'une exactitude; Zola construit son image sur l'exactitude, et pour restituer celle-ci mieux encore, l'orne d'impressions diverses. Le lyrisme surgit de la réalité. Chez Proust, il la commande. Chez Proust, la sensibilité, et même dans son abstraction, fait naître un état de choses. Zola exerce sa sensibilité sur les formes strictes du constat. Le détail matériel est sa première obsession. [...] La fiction est pour Zola le reflet direct des choses vues, dans un miroir de lumière crue; pour Marcel Proust, ce reflet est vu à travers la brume que dépose sur le miroir le souffle du contemplateur. Ils ont la même attirance, ils n'ont pas la même opinion des charmes qu'elle procure. Leurs moyens diffèrent strictement à ce niveau. Zola veut que le monde imaginaire prenne appui sur les évidences brutes du monde vrai. Les modes de vie, les moindres actions de ses personnages doivent pouvoir être confondus avec leurs modèles d'ici-bas.[37]

Die Frage, die sich anschließt, ist die nach den Spuren von 'Eigenschaften' Zolascher Dienerinnenfiguren in Françoise? Trifft hier das im Zusammenhang des fiktiven Duells Proust-Zola erwähnte Phänomen der Verspöttelung ebenso zu?

4.6.1 Zolas Dienerinnen

Germinie Lacerteux, ein Roman, der ein Dienerinnenschicksal thematisiert und für den Zola bekanntermaßen voller Lob ist, mag für folgendes Phänomen mit verantwortlich sein:

> In one third of his novels (specifically, in ten of his thirty-one novels), at least one servant plays a role which by any reasonable standards must be considered important.[38]

Dabei fällt auf, daß Zola weibliche Dienerfiguren den männlichen vorzieht. Alcorn sieht dafür eine Erklärung in den bürgerlichen Verhältnissen. Häufig hatte eine Familie nur einen Diener, daher sei es natürlich, dass „such a domestic is more likely to be a woman."[39] Von seinen Anfängen bis zum Ende seiner literarischen Karriere krönen markante Dienerinnenfiguren die jeweiligen Romane: Geneviève in *Madeleine Férat*, Rose in *La Conquête de Plassans*, Véronique in *La Joie de vivre*, Martine in *Le Docteur Pascal*, mit dem Zola seinen Zyklus der Rougon-Macquart abschließt und Victorine in *Rome* sind neben den zahlreichen Dienerinnen in *Pot-Bouille* wie Adèle bzw. Zoé in *Nana* und Céleste in *La Curée* die beeindruckendsten. In *Pot-Bouille* zeigt sich Zolas Übertragung der klassischen Tradition auf 'moderne Verhältnisse' am deutlichsten: Er benutzt die schon bekannte Hauptfunktion der Dienerfigur, „to expose the gap between the rhetoric and the reality of the master's behavior" dazu,[40] das Thema der versteckten Korruption der Bourgeoisie durch die schlechten Diener zu illustrieren. Die „filthy kitchens and unappetizing cooking"[41] der

---

[36] ebd. 225.
[37] ebd. 227.
[38] Alcorn, Clayton, Jr.: „The Domestic Servant in Zola's Novels", in: L'esprit créateur XI/4 (Winter 1971), 21-35, 21.
[39] ebd. 21.
[40] Yates 1991, 92.
[41] ebd. 94.

Diener werden so zu Symbolen der moralischen Schändlichkeiten der Lebensführung der Herren. Mehrere Familien sind in einem Haus untergebracht. Ihre jeweiligen Dienerinnen wie z.B. Julie, Adèle, Lisa oder Clémence wohnen nie im Familienverbund, sondern dienen darin entweder als Köchin oder Mädchen für alles, schlafen aber in ihren Kammern, von den jeweiligen Familien separiert. Sie fördern klar zu Tage, daß unter dem reinen bourgeoisen Leben tiefe sexuelle und moralische Korruption verborgen liegt. Zola macht sie hier zu Sprachrohren seiner selbst und drückt ihnen seine Sympathie aus. Die Darstellung der Dienerinnen selbst verbleibt aber durch die aufgeladene und auf die Herren rückspiegelnde Symbolik im Bereich des Schmutzigen, Degenerierten und Animalischen und wird dadurch nicht gerade besser. Im Gegenteil, eine Abwertung der Dienerinnen in ihrer Funktion als reine Symbolträger und Anhängsel des Bürgertums geht damit einher. Céleste und Zoé, Dienerinnen von Renée bzw. Nana, bleiben nur so lange im Haushalt ihrer Herrinnen, bis sie sich ein unabhängiges Leben leisten können. Der quantitative Umfang ihres Auftretens innerhalb *La Curée* bzw. *Nana* hält sich in Grenzen.

Die im Familienverbund verbleibenden und zu ebenbürtigen Protagonisten neben der jeweiligen Hauptfigur avancierenden Dienerinnen sind Geneviève, Rose, Véronique, Martine und Victorine, weshalb sie als intertextuelle Folien für vorliegende Untersuchung ausgewählt wurden. Dabei ist Victorine, die Dienerin aus dem 1895/96 publizierten Roman *Rome* diejenige Dienerin, die gewissermaßen eine „reflection of that of nearly every domestic servant whom Zola created"[42] darstellt. Sie ist nicht nur seine „last important servant",[43] sondern auch diejenige, die die Grundzüge all der vorherigen Dienerinnen teilt, die überwiegend „industrious, economical, honest, loyal, and chaste" sind[44] – abgesehen von einigen Variationen und 'Ausnahmen', auf die in den Einzelanalysen noch eingegangen wird. Deshalb beginnen die Einzelanalysen mit ihr. Danach folgt das Verhältnis Françoise und Martine, die als Dienerin aus *Le Docteur Pascal* Teil des Resümees über Zolas Rougon-Macquart-Zyklus darstellt. Den zwei Linien – Victorine auf der einen, Martine auf der anderen Seite – werden im darauf folgenden Kapitel die übrigen drei Dienerinnen zugeordnet, das sich ähnlich wie bei der Marivauxschen Kapitelgliederung auf ergänzende Details konzentrieren wird.

4.6.2 Françoise und Victorine

Rome[45] als zweiter Teil der Romantrilogie über die „Trois Villes" (*Lourdes, Rome, Paris*) verfolgt den Weg des jungen „prêtre Pierre", der in Rom sein Buch „La Rome nouvelle" über ein neues Christentum vor dem Papst verteidigen will. Unterkunft gewährt ihm der

---

[42] Alcorn 1971, 35.
[43] ebd. 35.
[44] ebd. 27.
[45] Dabei gehört dieser Roman Zolas zu den eher vernachlässigten in der Forschung. Ein Grund, warum erst vor kurzem – 1999 – eine Neuauflage erschienen ist, auf die ich in meiner Untersuchung zurückgreife. Cf. auch die Ausführungen von Jacques Noiray im „Préface" zu *Rome*, R, 7-43, 7: „Peu de romans de Zola, en effet, sont maintenant à ce point oubliés, ignorés du grand public, dégaignés des lettrés, sauf peut-être *Fécondité*."

Kardinal Boccanera (bzw. seine Nichte Benedetta) in seinem Palais, dessen Haushalt von der Dienerin Victorine Bosquet geführt wird. Nachdem Pierre mit dem mit seiner Abholung beauftragten Kutscher quer durch Rom gefahren ist, somit erste Eindrücke von dieser Stadt gewinnen und seinen Gedanken und Zielsetzungen nachhängen konnte, erreicht er am Ende des ersten Kapitels sein eigentliches Ziel: „Via Giulia, Palazzo Boccanera". Victorine ist dabei die erste, die ihn in dem düsteren und vereinsamten Palazzo empfängt. Sie stellt die Eckpfeiler seiner Geschichte dar und begleitet ihn bis zum Ende seiner Station in Rom – im Gegensatz zu seiner zweiten Haupt-Bezugsperson, der jungen Herrin Benedetta. Während Victorine in den ersten drei Vierteln des Romans immer wieder für längere Zeit ausgeblendet wird, um Pierres Bekanntschaften in Rom und seinen Stationen mit historischen und gegenwärtigen architekturalen Stätten Raum zu geben – so in Kapitel III, IV und V mit dem verschüchterten Sekretär Kardinals Boccanera, Don Vigilio, dem opportunistischen Kardinal und Gegenspieler Boccaneras, Sanguinetti, mit dem an den alten Formen festhaltenden Kardinal Boccanera selbst, dem Freiheitskämpfer Graf Orlando, dem Künstler Narcisse Habert bzw. mit den historischen 'Touristik'-Stätten, in Kapitel VII und VIII mit dem geschickt taktierenden Jesuiten Monsignor Nani, dem Garten des Palais, der zum Ort der Zusammenkunft mit Benedetta wird, ihrem Geliebten Dario, der jungen Contessina Célia sowie in Kapitel X, XI und XII mit schon aufgetretenen Protagonisten zur Vertiefung der Intrigen bzw. mit zum Teil neuen Darstellern wie dem jungen Grafen Prada –, tritt sie im letzten Viertel des Romans verstärkt auf. Abgesehen vom Kapitel XIV, das dem persönlichen Zusammentreffen Pierres mit Papst Leo XIII., seiner Desilluisionierung und Rücknahme seines Buches gewidmet ist, agiert Victorine im letzten Viertel des Romans ununterbrochen bis zum Ende des Romans und ist schließlich die einzige Gesellschafterin Pierres bis zu seiner Abreise aus Rom. Victorine betritt immer dann die 'Bühne des Geschehens', wenn die Handlung in Bewegung kommt bzw. signifikante Wendepunkte einschlägt, so beim Empfang Pierres, beim Attentat auf Dario durch einen eifersüchtigen Bruder, bei seiner Vergiftung sowie beim Abschied Pierres. Sie bleibt auf die Sphäre des Palazzos Boccanera beschränkt und verschwindet folglich immer dann, wenn Pierre sich auf den Weg zu anderen Orten und Personen begibt, die die Stationen seiner 'Emanzipation' von der offiziellen Kirche darstellen. Festzuhalten bleibt eine formale Auftrittstruktur Victorines, die von einer Anwesenheit zu Anfang über eine relative Ausblendung des quantitativen Auftretens in der Mitte des Romans hin zu einer verstärkten Präsenz zu Ende des Romans und Pierres Geschichte reicht. Sie gipfelt in dem Wunsch Pierres, so sein zu wollen wie Victorine. Ob intendiert oder nicht, dies sei dahingestellt, fällt doch die Nähe der formalen Struktur von Françoises Auftrittsfolgen zu derjenigen Victorines auf.

Die Initiation Victorines erfolgt in einer langen Passage, die gleich mehrere relevante Wesensmerkmale hinsichtlich der engen interpersonalen Relation zu Pierre vorbringt (A). Sie ist die Erste, auf die Pierre im düsteren und verlassen erscheinenden Palazzo trifft. Nicht mehr ganz jung – Victorine nähert sich dem 50. Lebensjahr – hat sie dennoch kein graues Haar und ihre „air gai, très vive, dans sa taille un peu courte" wird zusammen mit ihrem „visage rond, aux petits yeux clairs", die beim Anblick des Paters „comme une méfiance" ausdrücken, als erster Eindruck von ihr festgehalten (R 96). Mit einem „très bon français, avec l'accent un peu gras et traînard de l'Île-de-France" unterbricht sie Pierres Vorstellung mit dem Argument, daß sie schon wüßte, wer er sei und sie ihre „ordres" hätte. Gleich darauf liefert sie die Erklärung für Pierres Verblüffung, auf eine Französin in einem italienischen Palast zu treffen:

> Moi, je suis française... Voici vingt-cinq ans que j'habite leur pays, et je n'ai pas encore pu m'y faire, à leur satané charabia!(R 96)

Pierre erinnert sich daraufhin ihrer Vorgeschichte, die ihm der Graf Philibert de la Choue, ein entfernter Verwandter der Boccaneras und Mittelsperson zu Benedetta, vor seiner Abreise erzählt hat:

> Alors, Pierre se souvint que le vicomte Philibert de la Choue lui avait parlé de cette servante, Victorine Bosquet, une Beauceronne, D'Auneau, venue à Rome à vingt-cinq ans, avec une maîtresse phtisique, dont la mort brusque l'avait laissée éperdue, comme au milieu d'un pays de sauvages. Aussi s'était-elle donnée corps et âme à la comtesse Ernesta Brandini, une Boccanera, qui venait d'accoucher et qui l'avait ramassée sur le pavé pour en faire la bonne de sa fille Benedetta, avec l'idée qu'elle l'aiderait à apprendre le français. Depuis vingt-cinq ans dans la famille, elle s'était haussée au rôle de gouvernante, tout en restant une illettrée, si dénuée du don des langues, qu'elle n'était parvenue qu'à baragouiner un italien exécrable, pour les besoins du service, dans ses rapports avec les autres domestiques./ «Et monsieur le vicomte va bien?» reprit-elle avec sa familiarité franche. «Il est si gentil, il nous fait tant de plaisir, quand il descend ici, à chacun de ses voyages!... Je sais que la princesse et la contessina ont reçu de lui, hier, une lettre qui vous annonçait.»(R 97)

In dieser kurzen Initiation Victorines sind gleich mehrere Motivklassen zusammengefaßt, die ihre Makrostruktur konstituieren und in der Zusammensetzung derjenigen Françoises sehr nahe stehen. Sie ist seit 25 Jahren im Dienst der gleichen Familie, nicht mehr ganz jung, aber dennoch äußerlich von keinerlei Verfallserscheinungen gekennzeichnet – damit ein Punkt der Stabilität (MK 5). Wie sie sich ihre äußere Frische behalten hat, so auch ihr junges Gemüt. In einem offenen familiären Ton erkundigt sie sich nach dem Befinden des Grafen de la Choue, wobei sie sich zur Familie gehörig fühlt und in der ersten Person Plural redet. Ihre Verwurzelung mit ihrem Vaterland äußert sich über ihre Sprache, die bewußt nur das Nötigste des Italienischen vorweist, ansonsten aber dem Französischen verhaftet bleibt (MK 3.2). Ihre Herkunft (MK 1) ist klar verortet: aus der französischen Provinz La Beauce, genauer aus Auneau kommend, absolviert sie eine steile Karriere im Boccanerischen Haushalt. Sie ist die ranghöchste Dienerin im Haus, eine Gouvernante mit Lehraufgaben, der alle anderen Diener unterstellt sind (MK 4.1.2) und die auch die übrigen Hausmitglieder inklusive der Herren im Griff hat. Kurz darauf im Anschluß wird ihr Bild noch vervollständigt mit den folgenden Eigenschaften: Sie ist klarsichtig (MK 4.5),[46] besitzt äußerst gute Umgangsformen den Gästen gegenüber[47] und mütterlich (MK 4.1.2). Sie gibt Pierre sofort zu frühstücken, da sie ihm anmerkt, daß er von der langen Reise ausgehungert

---

[46] Als Pierre nur eine Soutane zum Wechseln mitgebracht hat und davon ausgeht, daß in vierzehn Tagen seine Mission in Rom erledigt ist, bemerkt Victorine – die diffizilen und intriganten kirchlich-institutionellen Verhältnisse kennend – klarsichtig: „«Quinze jours! vous croyez ne rester que quinze jours? Enfin, vous verrez bien.»" (R 98)

[47] cf. R 99: „«Giacomo, montez ça dans la chambre rouge... Si monsieur l'abbé veut me suivre?»"

ist. Ihre Fürsorglichkeit nimmt fast despotische Züge an, die aber immer im positiven Register verbleiben:

> Il était onze heures passées. Alors, voyant le prêtre fatigué, comprenant qu'il devait avoir très faim, après un tel voyage, Victorine offrit de lui faire servir tout de suite à dejeuner, dans le salon. Ensuite, il aurait l'après-midi pour se reposer ou pour sortir, et il ne verrait ces dames que le soir, au dîner. Il se récria, déclara qu'il sortirait, qu'il n'allait certainement pas perdre une après-midi entière. Mais il accepta de déjeuner, car, en effet, il mourait de faim./ Cependant, Pierre dut patienter une grande demi-heure encore. Giacomo, qui le servait sous les ordres de Victorine, était sans hâte. Et celle-ci, pleine de méfiance, ne quitta le voyageur qu'après s'être assurée qu'il ne manquait réellement de rien.(R 101)

Victorine erkennt eher als Pierre selbst, was für ihn gut ist, so daß eine Einwilligung in ihre Vorgaben schließlich einfach erscheint. Bezeichnend ist, daß Victorine keinem ihrer Diener recht traut und nur zufrieden ist, wenn sie selbst die Ausführung ihrer „ordres" beaufsichtigen kann. In der Tat sind ihr die Diener zu langsam. Deshalb kontrolliert bzw. richtet sie Pierres Zimmer selbst für die Nachtruhe her:

> «Ah! monsieur l'abbé, j'ai voulu m'assurer par moi-même que vous ne manquiez de rien. Vous avez de la bougie, vous avez de l'eau, du sucre, des allumettes... Et, le matin, que prenez-vous? Du café? Non! du lait pur, avec un petit pain. Bon! pour huit heures, n'est-ce pas?... Et reposez-vous, dormez bien. Moi, les premières nuits, oh! j'ai eu une peur des revenants, dans ce vieux palais! Mais je n'en ai jamais vu la queue d'un. Quand on est mort, on est trop content de l'être, on se repose.»(R 141)

Daß es kein Diener Françoise richtig recht machen kann, ist nur zu gut in Erinnerung. Allerdings spielt hier ein großes Maß an Eifersucht auf die potentiellen Konkurrenten in der Gunst der Herren mit hinein. Victorines Aufsicht ist dagegen einzig und allein in ihrem Anspruch begründet, es dem Herrn an nichts ermangeln zu lassen und in dem Wissen, daß die ihr unterstellten Dienstboten zu gemächlich agieren. Signifikanterweise wird auf ihre „air tranquille und actif" Bezug genommen, um sie mit dem „vieux palais" (R 141) und seinen düsteren – das Gespräch zwischen Pierre und dem Sekretär Don Vigilio ging gerade um Monsignor Nani – sowie degenerierten, handlungsunfähigen Bewohnern zu kontrastieren. Auf das situativ ähnlich gelagerte Muster in der *Recherche* übertragen hieße dies, daß die Guermantes die degenerierte Form darstellen, Françoise dagegen den positiven Zweig von Saint-André-des-Champs und sich deshalb von den Guermantes positiv abhebt – wie Victorine von den degenerierten Bewohnern Roms (B).

Victorine offenbart in ihrer Beschwerde über die Diener ihre Individualität, die das fremde Milieu nicht beeinträchtigen konnte:

> «Ah! monsieur l'abbé, quelles gens, quel pays! Vous ne pouvez pas vous en faire la moindre idée. J'y vivrais cent ans, que je ne m'y habituerais pas... Mais la contessina est si belle, si bonne!»(R 101)

Victorine hat sich zwar im Haushalt integriert, aber nicht im neuen Land assimiliert, was sich sogar über ihre Bewegungsart äußert:

> Elle continuait de monter de son pas alerte, restée étrangère, trop différente sans doute pour être pénétrée par le milieu [...].(R 99)

Françoise läßt sich nach dem Umzug nach Paris von ihrer neuen Umgebung dahingehend impregnieren, daß sie Ausdrücke ihrer Tochter und neuer Dienstboten übernimmt, die sie mit ihrem alten und nicht aufgegebenen Wortschatz durchmischt. Nichtsdestoweniger sticht sie mit ihrer auf die Wurzeln ihres Landes verweisenden Sprache auch im neuen Milieu positiv hervor (MK 3.2).

Die gehäuft auftretenden Adjektive umfassen (1.) Victorines Agilität: „active", „gaie" (R 101), (2.) ihr Verhältnis zu den Herren: „honnête" (R 101), die sie aufrichtig liebt, insbesondere Benedetta und (3.) ihren Glauben: „incrédule" (R 101). Von den „curés" hält sie nichts, außer von ihrem Herrn, auf den sie nichts kommen läßt und der ein wahrhaft Gläubiger sei (R 101). Gegenüber allen anderen Geistlichen bewahrt sie ihr natürliches Mißtrauen (MK 4.5). Victorines enge Verbundenheit mit ihrem Herkunftsland Frankreich drückt sie selbst einmal in ihrer Sehnsucht sprechend aus:

> Moi, vous savez, il me semble que j'ai quitté Auneau hier. Ah! c'est la terre qui est belle par là, une terre grasse, jaune comme de l'or, oui! pas de leur terre maigre d'ici, qui sent le soufre. Et les saules si frais, si gentils, au bord de notre ruisseau! et le petit bois où il y a tant de mousse! ils n'en ont pas, ils n'ont que des arbres en fer-blanc, sous leur bête de soleil qui rôtit les herbes, Mon Dieu! dans les premiers temps, j'aurais donné je ne sais quoi pour une bonne pluie qui me trempât, me nettoyât de leur sale poussière. Aujourd'hui encore, le coeur me bat, dès que je songe aux jolies matinées de chez nous, quand il a plu la veille et que toute la campagne est si douce, si agréable, comme si elle se mettait à rire après avoir pleuré... Non, non! jamais je ne m'y ferai, à leur satanée Rome! Quelles gens, quel pays!(R 864)[48]

Ihr mit Flüchen gespicktes Schwärmen erinnert stark an Françoises rückwärtsgewandte Sehnsucht nach Combray, als sie sich noch nicht in ihr neues Zuhause Paris eingewöhnt hat (MK 3.2). Zola schwächt allerdings die sehr schöne poetische Stelle durch den unmittelbar folgenden Kommentar – die Reaktion Pierres – ab. Eigentlich bedarf es keiner Erklärung mehr, daß sich in Victorines Tirade ihre „obstination fidèle à son terroir, qui, après vingt-cinq ans de séjour, la laissait impénétrable, étrangère, ayant l'horreur de cette ville de lumière dure et de végétation noire, en fille d'une aimable contrée tempérée, souriante, baignée au matin de brumes roses" (R 865) ausdrückt.

Die schon bekannte Struktur der Wesensverwandtschaft zwischen Dienerin und Herr als Voraussetzung eines engen Verhältnisses behält auch Zola bei (A). In der interpersonalen Relation Victorines zu Pierre wird Victorine gleich zu Anfang zur „compatriote" (R 99) Pierres und damit klar zu seiner Stütze, in materieller als auch immaterieller Hinsicht. Daß sie nicht nur aufgrund ihrer Herkunft auf gleicher Ebene stehen, sondern auch im Haus eine verwandte Behandlung durch die übrigen Hausmitglieder erfahren, wird durch den Umstand unterstrichen, daß beide auf der gleichen Flurebene ihre Zimmer besitzen (R 100). Der nahe räumliche Kontakt verstärkt symbolhaft den engen emotionalen. Pierre fühlt sich allein durch die familiäre Aufnahme Victorines, die eine ihm vertraute Sprache spricht, gleich weniger einsam:

> Pierre venait d'être tout égayé et reconforté par cette rencontre imprévue d'une compatriote, si vive, si bonne femme, au fond de ce sombre palais romain.(R 99)

---

[48] cf. auch R 286.

Victorines Funktion einer seelischen Stütze wird im Fortgang der Geschichte noch verstärkt. Nachdem Pierre schon vierzehn Tage in Rom verbracht hat, ohne etwas für sein Buch ausrichten zu können, bleibt ihm nur Victorine als Trost:

> Et il n'y avait absolument, pour réconforter Pierre, que Victorine Bosquet, l'ancienne bonne montée au rang de gouvernante, la Beauceronne qui conservait son coeur de vieille France, après trente ans de vie dans cette Rome qu'elle ignorait.(R 286)

Pierre sucht nicht nur die Nähe Victorines, weil er sich in ihrer Gegenwart wohl und beruhigt von den äußeren widrigen Umständen fühlt, sondern wohl auch aus Bewunderung für ihren starken Willen, der ihm selbst ermangelt. Zuerst zeigt sich dies, als Pierre einen physischen Schwächeanfall bekommt:

> Puis, comme il se plaignait d'être courbaturé et frissonant, elle s'inquiéta./ «N'allez pas prendre leurs vilaines fièvres! Vous savez que le voisinage de leur rivière n'est pas sain. Don Vigilio, le secrétaire de son Éminence, les a, les fièvres, et je vous assure que ce n'est pas drôle.»/ Aussi lui conseilla-t-elle de ne pas descendre et de se recoucher. Elle l'excuserait auprès de la princesse et de la contessina. Il finit par la laisser dire et faire, car il était hors d'état d'avoir une volonté. Sur son conseil, il dîna pourtant, il prit un potage, une aile de poulet de confiture, que Giacomo, le valet, lui monta. Et cela lui fit grand bien, il se sentit comme réparé, à ce point qu'il refusa de se mettre au lit et qu'il voulut absolument remercier ces dames, le soir même, de leur aimable hospitalité. Puisque donna Serafina recevait le lundi, il se présenterait./ «Bon, bon! approuva Victorine. Du moment que vous allez bien, ça vous distraira... Le mieux est que don Vigilio, votre voisin, entre vous prendre à neuf heures et qu'il vous accompagne. Attendez-le.»(R 121f.)

Sehr schön kommt in dieser Passage Victorines ausgeprägte Mutterrolle zum Vorschein (MK 4.1.2). Sie fühlt sich nicht nur für ihren Zögling Benedetta verantwortlich, sondern adoptiert Pierre als Freund ihrer jungen Herrin gleich mit. Dabei behält sie beiden gegenüber ihre Autorität und dirigiert ihr Verhalten – zum eigenen Wohl der betroffenen Personen.[49] Victorine nimmt kein Blatt vor den Mund, um ihre 'Kinder' zu erziehen. Als Pierre, „malgré les avis de Victorine, qui prétendait que l'endroit n'était pas sûr" (R 496), durch die Straßen Roms des Nachts schlendert und voller „tristesse" und mit einem Gefühl des „néant" enttäuscht von den entleerten Palästen als Sinnbild für den Verfall der Aristokratie und des römischen Volkes heimkehrt, schimpft Victorine mit Pierre:

> Et, comme Pierre, avant de monter chez lui, était entré s'asseoir un instant dans la chambre de Dario, il y trouva Victorine, en train de préparer tout pour la nuit, et qui se récria, lorsqu'elle l'entendit raconter d'où il venait./ «Comment! monsieur l'abbé, vous vous êtes encore promené sur le quai, à cette heure! C'est donc que vous voulez attraper, vous aussi, un bon coup de couteau... Ah bien! ce n'est pas moi qui prendrais le frais si tard, dans cette satanée ville!»/ Puis avec sa familiarité, elle se tourna vers le prince, allongé dans un fauteuil, et qui souriait./ «Vous savez, cette fille, la Pierina, elle n'est plus venue, mais je l'ai vue qui rôdait là-bas, parmi les démolitions.»(R 500)

Mütterlich besorgt schilt Victorine Pierre wegen seiner Unvorsichtigkeit. Zudem drückt sie frank und frei das aus, was Pierre zuvor gefühlsmäßig tief und melancholischer verspürt hat: Rom ist eine „satanée ville". Die Heiligkeit der Stadt existiert primär nur in seinen Träumen.

---

[49] Am Ende des ersten Zusammentreffens mit Pierre definiert sie selbst ihr Verständnis von einem guten Dienst bzw. ihre Aufgaben (MK 2): Jeder müsse mit ihr zufrieden sein, „du moment que j'aime bien mes maîtres et que je fais soigneusement mon service" (R 102). Das Wohlbefinden ihrer Herren steht im Vordergrund, was einen tatkräftigen Einsatz dafür – auch manchmal in Opposition zu den Herren-Vorgaben – impliziert.

Victorine sieht somit viel früher die Gegebenheiten, die Pierre nicht gleich wahrhaben möchte. Außerdem erkennt sie frühzeitig die Gefahren für sein physisches als auch psychisches Wohlergehen. Pierre leidet seelisch an der Stadt Rom. Victorine mag auch dafür ein Gespür haben. Es sei nur an ihre Einschätzungen Roms zu Beginn ihres Zusammentreffens mit Pierre erinnert. Deshalb warnt sie ihn als sein 'zweites Ich' vor dem Ausgang zu düsteren Zeiten. Strukturell klingt hier ein Muster (B) an, daß in der interpersonalen Relation Françoises zu Marcel elementar ist: Françoises „paroles sibyllines" warnen Marcel ebenso vor physischen als auch psychischem Unheil (Albertine). Er muß aber – genau wie Pierre – erst durch die Lehre der eigenen Erfahrung gehen, um zu lernen, auf seine Dienerin zu hören. Die am Zitat-Ende angesprochene Geschichte um La Pierina verweist auf einen weiteren markanten Wesenszug Victorines: Ihre ausgeprägte Mitleidsfähigkeit (MK 4.3), die sie zum Teil in eine rauhe Schale verpackt. So ist es der eifersüchtige Bruder La Pierinas, der Dario den Dolchstoß verpaßt, obwohl das Mädchen nur für den Prinzen schwärmt. Victorine trifft daraufhin täglich La Pierina, „qui vient tous les jours en pleurant demander de vos nouvelles". Victorine erklärt: „Je ne puis la renvoyer, elle rôde, et j'aime mieux vous prévenir" (R 458). Pierre trifft später auf das Mädchen, die, „effrayée sans doute par la façon sévère dont Victorine l'avait reçue" (R 466), nur noch um den Palais herumstreunt, ohne nochmals persönlich Neuigkeiten einzuholen und beruhigt sie. Victorine selbst schwächt durch ihr Verhalten nach Darios Gifttod allerdings den Eindruck der rauhen Art um ein erhebliches ab. Sie läßt La Pierina ans Totenbett und erklärt Pierre warum:

> «La Pierina! dit-il. La pauvre fille!»/ Victorine eut un geste de pitié et de tolérance. «Que voulez-vous? je lui ai permis de monter jusqu'ici... Je ne sais comment elle a pu apprendre le malheur. Il est vrai qu'elle rôde toujours autour du palais. Alors, elle m'a fait appeler, en bas, et si vous l'aviez entendue me supplier, me demander avec de gros sanglots la grâce de voir son prince une fois encore!... Mon Dieu! elle ne fait de mal à personne, là, par terre, à les regarder tous les deux, de ses beaux yeux d'amoureuse, pleins de larmes. Elle y est depuis une demi-heure, je m'étais promis de la faire sortir, si elle ne se conduisait pas bien. Mais, puisqu'elle est sage, qu'elle ne bouge seulement pas, ah! qu'elle reste donc et qu'elle s'emplisse le coeur pour la vie entière!»(R 787)

Victorines ursprüngliche Strenge ist mit dieser Aussage relativiert. Die dazugehörige Motivklasse der Grausamkeit (MK 4.2) bleibt inhaltlich leer: Grob ist sie nur an der Oberfläche. In ihrem Mitleid mit dem jungen Mädchen gleicht Victorine damit nun wieder dem Abbé Pierre, was zu einer erneuten Annäherung beider Personen führt. Sie müßte sich gar nicht rechtfertigen, da dem Leser klar ist, daß sie Pierre (als auch Zola) aus dem Herzen spricht. So behält Victorine nur äußerlich eine rauhe Schale, die innerlich kein Pendant findet. Sie ist rein gut, ohne Negativeigenschaften. Zusätzlich hält diese Passage ein weiteres wichtiges Faktum fest: Victorine ist vor allem durch die Tränen La Pierinas berührt. Diese Art der Wehmutsbekundung entspricht ihrem eigenen Verhalten. Victorine bricht in fürchterliche „sanglots" (R 712) nach dem Tod ihrer jungen Herrin Benedetta aus, so daß es nur nachvollziehbar ist, daß auch fremde Tränen nicht ihre Wirkung verfehlen und die betreffende Person sich der Solidarität Victorines sicher sein kann.

Victorines Stärke und Autorität offenbart sich insbesondere in psychisch angespannten Situationen. Als Dario, der von Benedetta geliebte junge Prinz Boccanera, einem

Messerattentat zum Opfer fällt, ist es wiederum Victorine, die als einzige den Kopf behält: „Elle seule avait maintenant toute sa tête, en femme de bel équilibre et de tranquille activité." Pierre und Benedetta, „dans leur stupeur persistante, l'écoutaient sans trouver un mot, lui obéissaient avec une docilité d'enfant" (R 451). Victorine verteilt die richtigen Befehle und ergreift die passenden Maßnahmen, um Dario unbemerkt ins Zimmer zu bringen, den Arzt zu holen und somit für seine Rettung und nicht für Aufsehen zu sorgen. Damit wahrt sie den guten Ruf des Hauses. Nicht ohne Grund entfährt ihr „un léger rire de satisfaction" (R 452), der ihren Stolz auf das Geschaffte widerspiegelt (MK 4.1). Als sie für kurze Zeit Benedetta und Pierre allein mit Dario im Zimmer läßt, um den Arzt zu holen und in der Gewißheit, daß für Dario das Schlimmste überstanden ist, verliert Benedetta die Nerven. Victorine ist es wiederum, die durch ihr Erscheinen Ruhe einkehren läßt (R 456). Die schon bekannte Struktur der starken Dienerin und der schwachen Herren findet hier ihre Fortsetzung (A). Überhaupt fällt auf, daß immer Victorine bei Krankheitsfällen dem Arzt assistiert. Auch als Dario versehentlich Opfer eines Giftanschlags wird. Grund dafür ist nicht nur ihre ausgesprochene Verschwiegenheit, die für den Erhalt des guten Rufes des Hauses unerläßlich ist, sondern auch ihre Fähigkeit der tatkräftigen Abhilfe. Als Benedetta von der Magenverstimmung Darios hört, noch nicht wissend, daß es sich um eine Vergiftung handelt, bemerkt sie beim Treffen mit Victorine, daß „on peut avoir besoin de toi" (R 683). Benedetta weiß, daß in ernsten Krankheitsfällen Victorine immer von Hilfe ist. Auch der Arzt der Familie behält Victorine im Zimmer, obwohl er darum bittet, allein gelassen zu werden (R 689).[50] Victorine erweist sich als fachkundige Krankenpflegerin und kreiert im Auftrag des Arztes selbst Heilmittel (R 699). Als alle diese Mittel Dario nicht mehr helfen können, verliert selbst Victorine ihre Fassung und „parut, l'air égaré, ayant perdu tout courage, malgré sa belle sérénité habituelle" (R 695), um Benedetta und ihren Onkel, den Kardinal ins Zimmer des sterbenden Dario zu holen. Françoises Rolle als nicht zu entbehrende und vor allem aufopfernde Krankenpflegerin (MK 4.3) kommt vor allem während der Agonie der Großmutter zum Vorschein (CG 270f.). Statt eines mutlosen „air égaré" wirft sie auf die Sterbende allerdings einen „regard ébahi, indiscret et de mauvais augure" (CG 270), der auf ihren Beobachter grausam wirkt. Als eingefleischte bäuerliche Combrayerin muß sie auch das Schlimmste betrachten und zeigt auch hier ihr von Widersprüchen zusammengesetztes Wesen. Ihre Neugierde macht vor dem Leid anderer nicht halt (MK 4.5). Wie bei Victorine macht sich Françoises Schmerz in Tränen Luft, und sie ist zu starken Gefühlen befähigt. Im Gegensatz zu Victorine bietet der Tod aber auch immer ein interessantes Schauspiel, das Anlaß für Gedanken an eine Festrobe bietet. Solche Gedanken sind Victorine völlig fremd.

Als „la servante la plus ancienne, la plus aimée" (R 775) ist es schließlich Victorine, die für die letzte Toilette ihrer jungen Herrin zuständig ist. Damit bildet sie gleichzeitig den verlängerten Arm Benedettas, deren Wünsche sie noch nach ihrem Tod erfüllt. Sie

---

[50] cf. R 689: „Cependant il retint Victorine, en disant qu'elle l'aiderait. [...] Son désir évident était d'éloigner la famille, afin d'être plus libre, sans témoins gênants."

interveniert, als Donna Serafina, die Schwester des Kardinals und Tante Benedettas, die Liebenden trennen möchte:

> «Oh! madame, oh! madame! se récria de nouveau Victorine. Vous leur casseriez plutôt les bras. Voyez donc, on dirait que les doigts sont entrés dans les épaules, jamais ils ne se quitteront.»(R 713)

Sie schafft es, den Hausherrn Kardinal Boccanera auf ihre Seite zu ziehen und sorgt dafür, daß die Liebenden nicht mehr aus ihrer letzten Umarmung getrennt werden. Victorine näht sie gemeinsam in ein Leichentuch ein. Als der Arzt nach einem medizinisch fundierten Grund für den plötzlichen Tod Benedettas sucht, liefert Victorine eine vom gesunden Menschenverstand zeugende Erklärung:

> Lui-même, le docteur avait cet étonnement troublé des plus vieux médecins dont l'expérience s'effare toujours devant les faits; et il tentait une explication, il parlait en hésitant d'un anévrisme possible, peut-être d'une embolie./ Victorine, en servante que sa douleur faisait l'égale de ses maîtres, osa l'interrompre./ «Ah! monsieur le docteur, ils s'aimaient trop tous les deux, est-ce que ça ne suffit pas pour mourir ensemble?»(R 713)

Victorine behält trotz des Schocks, den der plötzliche Liebestod ihrer jungen Herrin für sie darstellt, ihre „bravoure active dans son désespoir" (R 774) bei. Während der 'Kondolenzszene' kommentiert Victorine in poetischer Weise das Verhalten der am Totenbett der Liebenden ihre letzte Reverenz erweisenden Personen (R 789ff.). Als Celia die schluchzende La Pierina zu trösten versucht und schließlich aus dem Zimmer führt, befiehlt Victorine Pierre ihnen zu folgen:

> «Suivez-les donc, allez donc voir ce qu'elles deviennent, dit Victorine à Pierre. Moi, je ne veux pas bouger d'ici, ça me tranquillise de les veiller, ces chers enfants.»(R 791)

Pierre leistet den Weisungen Victorines sofort Folge, was von ihrer Autorität zeugt, wie der Inhalt der Aussage wiederum von ihrem Mitleid und der mütterlichen Sorge (MK 4.1.2). Zum Ende der Geschichte Pierres in Rom wird umso deutlicher, daß die interpersonale Relation zwischen Pierre und Victorine eine privilegierte ist. Pierre und Victorine „assistèrent à l'acte sublime", d.h. sie sind beide die einzigen Zeugen der Liebesvereinigung Benedettas und Darios, als sie ihre Kleider fallen läßt und zu ihm ins Totenbett steigt (R 705ff.). Victorine hält Benedetta wunschgemäß nicht zurück, da sie „un respect terrifié" vor den „folies de la passions et de la foi" (R 709f.) besitzt. Nachdem Pierre nach dem Tod Benedettas beim Papst empfangen wird und sein Buch daraufhin zurück zieht, kehrt er ohne alle Hoffnung in den Palais Boccanera zurück. Beim erneuten Anblick der zwei jungen Toten, Benedetta und Dario, glaubt er ohnmächtig werden zu müssen:

> Et, à ce moment, Pierre eut la sensation que la mort de cette Benedetta adorable était pour lui le suprême désastre. Il la regardait toujours, et des larmes brûlèrent ses yeux. Elle achevait d'emporter sa chimère. Comme la veille, au Vatican, devant le pape, il sentait s'effondrer sa dernière espérance, la résurretion tant souhaitée de la vieille Rome, en une Rome de jeunesse et de salut. Cette fois, c'était bien la fin, Rome la catholique, la princière, était morte, couchée là, telle qu'un marbre, sur le lit funèbre. Elle n'avait pu aller aux humbles, aux souffrants de ce monde, elle venait d'expirer dans le cri impuissant de sa passion égoïste, quand il était trop tard pour aimer et enfanter. [...] Pierre, dont la chère morte laissait l'âme veuve, en deuil d'un si grand rêve, éprouvait une telle douleur à l avoir ainsi immobile et glacée, qu'il se sentit défaillir. [...] Il craignit de tomber en travers de la marche, il

se releva péniblement et s'écarta./ Puis, comme il se réfugiait au fond de l'embrasure d'une fenêtre, pour se remettre, il eut l'étonnement de rencontrer là Victorine [...](R 782f.)

Es ist kein Zufall, daß Pierre ausgerechnet auf Victorine in seiner schwersten Stunde trifft. Victorine, die aus einer Ecke des Zimmers über die ihr anvertrauten Toten und die Kondolenzgäste wacht, zwingt Pierre sich hinzusetzen, als sie ihn derart nah der Ohnmacht entdeckt. Beide beginnen ein Gespräch über das Leben nach dem Tod, in dem Victorine Pierre widerspricht und ihm ganz neue, wertvolle Perspektiven öffnet.

«Oh! revivre, monsieur l'abbé, pourquoi faire? Quand on est mort, allez! le mieux est encore d'être mort et de dormir. Les pauvres enfants ont eu assez de peines sur la terre, il n'en faut pas leur souhaiter de recommencer ailleurs.»/ Ce mot si naïf et si profond d'illettrée incroyante fit passer un frisson dans les os de Pierre. Et lui dont les dents avaient parfois claqué de terreur, la nuit, à la brusque évocation du néant! Il la trouvait héroïque de n'être pas troublée par les idées d'éternité et d'infini. Ah! si tout le monde avait eu cette tranquille irréligion, cette insouciance si sage, si gaie, du petit peuple incrédule de France, quel calme soudain parmi les hommes, quelle vie heureuse!(R 783f.)

Im weiteren Verlauf des Gesprächs kommt erneut ihr gesunder Menschenverstand und die natürliche Einstellung zur Liebe hervor (MK 2). Victorine hätte Dario am liebsten ihrer Herrin gegen ihren Willen ins Zimmer gebracht. Was mache es schließlich für einen Unterschied, ob man vor oder nach der Ehe sich ganz liebe, wenn man wüßte, daß man den Richtigen gefunden habe? Der geistige Austausch mit Victorine endet schließlich mit Pierres Wunsch, so sein zu wollen wie Victorine (B):

Oh! oui, être comme elle, avoir son bel équilibre de créature saine et bornée qui se contentait de la terre, qui se couchait pleinement satisfaite le soir, losqu'elle avait rempli son labeur du jour, quitte à ne se réveiller jamais!(R 785)

Als sich Pierre kurz vor seiner Abreise aus Rom von Victorine verabschiedet und sie über ihre Zukunft im Boccanerischen Haushalt ausfragt, nachdem nun ihre junge Herrin tot ist, kann er wiederum nur Bewunderung für sie hegen:

Elle continuait de rire, en brave fille qui ne croyait pas aux curés et qui n'avait pas un péché sur la conscience. Et Pierre s'émerveillait une fois encore de ce simple courage à vivre, de ce grand sens pratique, chez cette laborieuse si dévouée, qui incarnait pour lui le menu peuple incroyant de France, ceux qui ne croyaient plus, qui ne croiraient jamais plus. Ah! être comme elle, faire sa tâche et se coucher pour l'éternel sommeil, sans révolte de l'orgueil, dans l'unique joie de sa part de besogne accomplie!(R 866)

Victorines „grand sens pratique" zeigt sich auch in ihrem Kochen. Das für Pierre zubereitete Essen zeugt von französischer Kochkunst (R 864). Ihre Näharbeit wird einmal am Rande als eine zurückgelassene Spur von ihr erwähnt (R 327) und erhält am Ende symbolisches Gewicht, da sie es ist, die die zwei jungen Toten in ein Leichentuch näht:

Ce fut Victorine qui se mit à coudre les deux amants dans le même suaire, une large pièce de soie blanche, où ils semblèrent vêtus de la même robe de mariée, la robe gaie et pure de leur union. Puis deux domestiques s'avancèrent, aidèrent Pierre et don Vigilio, à les coucher dans le premier cercueil, de bois de sapin, capitonné de satin rose.(R 829f.)

Victorine erweist der Liebe ihrer jungen Herrin damit die letzte Erfüllung – um diesen Akt mit demjenigen Françoises zu vergleichen – bringt sie Benedettas 'Werk' zur Vollendung.

Gemeint ist die untrennbare Verschmelzung mit ihrer Liebe. Françoise näht die Papierfetzen des zu schreibenden Romans von Marcel zusammen und führt damit die 'Liebe' Marcels ebenso zur Vollendung (B). Zuvor erkennt Marcel sukzessive die Lehrkraft und Vorbildfunktion seiner Dienerin und strebt ihrer Methode nach. Ein Kunstverständnis ist Victorines „grand sens pratique" allerdings zuwider (MK 4.5). So bewertet sie die Bildersammlung ihrer Herren unter rein pragmatischen Gesichtspunkten als Staubfänger. Für sie sind „toutes ces vieilleries" nur „des nids à poussière" (R 862), die man ihrer Meinung nach ruhig verkaufen könne – vorausgesetzt man achte auf den guten Ruf des Hauses. Schließlich solle niemand erfahren, daß man das Geld derzeit gut gebrauchen könne.

Daß Victorine wirklich keinerlei Fehler aufweist, bewahrheitet sich an mehreren Stellen. So ist sie beispielsweise des Lügens völlig unfähig und kann in ihrer „franchise" nur ehrlich sein. So auch als Pierre sie zurückgezogen findet, als Benedetta nach ihr ruft, um sie vor Darios Leidenschaft zu schützen. Victorine greift bewußt nicht ein in der Hoffnung, ihre Herrin würde sich auf die Erfüllung der Liebe einlassen. Genau dies sieht sie nämlich als die Bestimmung Benedettas an (R 335). Daß Benedetta die Chance verpaßt, im Angesicht des Todes der Versuch zu spät ist, macht die Tragik ihrer Geschichte aus. Hätte sie zu Lebzeiten auf ihre Dienerin gehört, wäre ihr ein irdisches Glück und das Erreichen ihrer Bestimmung beschieden gewesen. Victorine selbst unterstreicht, wenn sie auch keine „dévote" sei, habe sie dies nicht daran gehindert, „de me conduire honnêtement, et c'est si vrai que telle que vous me voyez, je n'ai jamais eu d'amoureux. Lorsqu'on dit cette chose-là, à mon âge, on a l'air bête. Tout de même, je la dis, parce que c'est la vérité pure»" (R 865f.). Victorine muß demnach nicht alles selbst erlebt haben, um ein Verständnis dafür zu entwickeln und sich der Herrin als Beraterin wichtig erweisen zu können (B). Nach dem Desaster des Doppeltodes der jungen Familienmitglieder sieht sie ihre Pflicht umso größer gegenüber ihren Herren, die auf ihre Hilfe und moralische Stütze angewiesen sind (MK 2):

> «Moi, m'en aller avec vous, retourner là-haut!... Oh! non, monsieur l'abbé, c'est impossible. Ce serait trop d'ingratitude d'abord, parce que donna Serafina est habituée à moi et que j'agirais très mal en les abandonnant, elle et Son Éminence, quand ils sont dans la peine. Et puis, que voulez-vous que je fasse ailleurs? Moi, maintenant, mon trou est ici.(R 865)

Pierre bewundert Victorines „besogne quotidienne", die trotz aller „tristesse de son deuil, la perte douloureuse de sa chère contessina" von ihr Besitz ergreift, ebenso ihre „servage accepté" und zurückkehrende „activité alerte, dans son humilité de pauvre fille, résignée aux pires catastrophes de ce monde" (R 864). Françoise verliert ungeachtet des Todes der Tante Léonie bzw. später der Großmutter nicht den Überblick über die Organisation des Haushaltes. Wie Victorine für die Formalitäten bzw. für die bald folgende Abreise Pierres sorgt, so tut dies auch Françoise. Letztere kümmert sich um die Notare und Pächter der Tante bzw. um die praktische Versorgung der Hinterbliebenen der Großmutter (B).

In der Kondolenzszene offenbart sich erneut ein weiterer charakteristischer Zug Victorines: ihre Menschenkenntnis und Klarsichtigkeit (MK 4.5). So realisiert sie den Egoismus und die Gleichgültigkeit des Jesuiten und letzten Beichtvaters Benedettas, „le père Lorenza", der für die Scheidungsformalitäten zwischen Benedetta und ihrem ungeliebten Mann verantwortlich war.

> L'autre aussi est venu, il n'y a pas vingt minutes, le père Lorenza, le Jésuite, celui qui a été le confesseur de la contessina, après l'abbé Pisoni, et qui a défait ce que ce dernier avait fait. Oui, un bel homme, un beau gâcheur de besogne encore, un empêcheur d'être heureux, avec toutes les complications sournoises qu'il a mises dans l'histoire du divorce... J'aurais voulu que vous fussiez là, pour voir la façon dont il a fait un grand signe de croix, après s'être mis à genoux. Il n'a pas pleuré, lui, ah! non, et il semblait dire que, puisque les choses finissait si mal, c'était que Dieu s'était finalement retiré de toute cette affaire. Tant pis pour les morts!(R 786)

Noch nicht einmal Tränen zeigt der kaltherzige Jesuit, ein zusätzlicher Grund für Victorines Verachtung – abgesehen davon, daß ihre natürliche „méfiance" gegen alle heuchlerischen Geistlichen erneut ihre Bestätigung findet. Victorine bedarf dieses Ausdrucks, um Mitleid für die betroffene Person zu fühlen. Genau wie bei Françoise ist ihr Mitleid dann nicht zu erwecken, wenn dieses sichtbare Zeichen der Trauer fehlt. Bekanntermaßen erlaubt es Françoises „coutumier de Combray" nicht, daß sie Tränen auf die leichte Schulter nimmt. Deshalb bemitleidet sie auch Marcel, als er um Albertine weint (MK 4.3).

In den Kommentierungen des Verhaltens der jeweiligen vorbeidefilierenden Personen während der Kondelenzszene tritt der schon zu Beginn markante „esprit de justice" (R 288) Victorines klar hervor (MK 2). So ist es nur richtig, daß beispielsweise der für die Ehe verantwortliche Abbé Pisoni sich die Seele aus dem Leib weint. Schließlich ist er es, der glaubt mit der Eheschließung Benedettas und des von ihr ungeliebten Grafen Prada ein Wunder und einen Segen für die Kirche vollbracht zu haben.[51] Victorine wird somit nicht nur zur Lehrmeisterin für Pierre in Menschenkenntnis, sondern stellt auch das Sprachrohr Zolas dar, der sich in seine Dienerfigur hineinprojiziert, denn „he needs someone like Victorine for the book: someone who will show the „correct" outlook on life to Pierre, the hero, and to us, the readers."[52] Eine Methode, die wiederum von Proust in der Gestaltung der interpersonalen Relation Françoises zu Marcel aufgegriffen wird. Die in den vorherigen Kapiteln dargelegten Ausführungen zur Selbstprojektion des Schriftstellers in seine Dienerin sind auch im Zolaschen Fall gültig (B).

Als Victorine sich nach dem letzten Abendessen Pierres in Rom zurück zieht, fühlt Pierre „en effet un sentiment de vide, de détachement extraordinaire" (R 866). Victorine stellt die Eckpfeiler seines Aufenthaltes in Rom dar und die dauernde Bezugsperson, bis sie schließlich zum Vorbild wird und das Vakuum füllt, das Benedetta hinterläßt. Benedetta enttäuscht trotz aller positiven Eigenschaften im Leben, denn ihre Liebe zu Dario ist egozentrisch, die Außenwelt Roms für sie irrelevant. Victorine bietet einen Lösungsansatz für alle Menschen und vor allem für Pierre (alter ego Zolas: in seinen Todesängsten). Sie wird das eigentliche Licht im Dunkel für ihn, nicht nur im rein praktischen Sinn, als sie ihm

---

[51] cf. R 786: „Il y a de quoi. Le jour où il s'est avisé de marier ma pauvre Benedetta au comte Prada, il a fait vraiment un beau coup. Tant d'abominations ne seraient pas arrivées, si on avait donné tout de suite son Dario à la chère enfant. Mais ils sont tous fous dans cette bête de ville, avec leur politique; et celui-ci, qui est pourtant un si brave homme, croyait avoir fait un vrai miracle et sauvé le monde, en mariant le pape et le roi, comme il disait avec un rire doux de vieux savant qui n'a jamais aimé que les vieilles pierres: vous savez bien, leurs antiquailles, leurs idées patriotiques d'il y a cent mille ans. Et vous voyez, aujourd'hui, il pleure toutes les larmes de son corps."

[52] Alcorn 1971, 34.

mit der Lampe vorweg geht (R 884). Sie ist der Grund, warum er beruhigt und mit sich versöhnt seine Station auf seinem Reifeprozeß in Rom verlassen kann:

> À cette minute dernière, il fut reconforté d'avoir là cette compatriote, cette bonne âme, qui l'avait accueilli, le jour de l'arrivée, et qui le saluait, au départ./ [...] – Adieu, Victorine. Et merci bien, de tout mon coeur.»(R 886)

Victorine ist wirklich die Einzige, die Pierre bis zum Schluß begleitet. Auch diejenigen noch im Palais verbleibenden Personen lassen sich nicht mehr blicken – Don Vigilio beispielsweise aus Angst. Pierre begräbt seine falsche Hoffnung mit Benedetta und erkennt schließlich, daß Victorine der eigentliche Hoffnungsträger ist. Sie ist ihm wesensverwandt in dem schließlich geteilten Todesbild, das er durch sie erlernt. So bleibt in ihm – auch bei physischer Trennung – ein Teil von ihr zurück, den er mit nach Paris nimmt. Victorine stellt in der interpersonalen Relation zu Pierre (A) in vielerlei Hinsicht ein strukturelles Pendant zu Françoise dar. Sie ist der starke Part, zu dem er sich hingezogen und auch durch ihre Lehrstücke gestärkt fühlt. Sie besitzt die Stärke und den Willen sowie die Klarsicht, die ihm zunächst fehlt und erst durch leidvolle Erfahrungen sich aneignen muß. Schließlich ist nicht mehr Benedetta für Pierre – genausowenig wie Albertine und seine anderen enttäuschten Hoffnungsträger für Marcel – das Wesen, das er für seine eigene Erlösung zu suchen glaubt, sondern Victorine. Übergangsweise in den Hintergrund zurückgedrängt, da Pierre sich um seine anderen Bekanntschaften in Rom kümmert – wie Marcel sich um seine mondänen – strebt sie schließlich auf die erste Kontaktebene zu Pierre und bildet den Inhalt seiner Suche. Sie wird zu seinem Lebensmittelpunkt, d.h. seinem Lehr-Vorbild, denn er übernimmt ihre Ansichten und will ihrem Verhalten zukünftig nacheifern. Proust inkorporiert auch die Zolasche Art der Repräsentation in seine Françoise, in der er – unter einem soziologisch-politologischen Gesichtspunkt betrachtet – in gewisser Weise „l'ensemble des représentations imaginées au cours des siècles pour évoquer le fait domestique" rekapituliert.[53] Da Zola in *Rome* – im Gegensatz zu seinen Romanen aus dem Rougon-Macquart-Zyklus – weniger dokumentarisch vorgeht als vielmehr literarische Klischees bedient, indem sein Italien auf den drei Pfeilern der „passions, poisons et poignards"[54] beruht und er sich dem Mythos der romantischen Legende ohne größere kritische Prüfung hingibt, hat er meiner Ansicht nach einen Schritt weg vom 'Materialismus' getan, der ihm von Proust vor allem vorgeworfen wird. Darin mag mit ein Grund liegen, warum seine Dienerfigur Victorine im intertextuellen Bezug eine große Nähe zur Makrostruktur

---

[53] Wolf, Nelly: Le peuple dans le roman français de Zola à Céline, Paris: Presses Universitaires de France, 1990, 135f.

[54] cf. Noiray 1999, 24: „Ces thèmes sont pour le drame passionnel l'équivalent des stéréotypes du drame religieux: ce sont des clichés empruntés à la tradition littéraire. L'image de l'Italie que Zola s'est formée avant de bâtir son roman peut se résumer en trois mots: passions, poisons et poignards. C'est l'Italie des Borgia, revue et embellie par le drame romantique. [...] Il n'est plus question ici de vraisemblance. La légende romantique de l'Italie passionée et dangereuse est acceptée sans examen. Rome sera bien, dans le roman, «la ville éternelle du crime, du poignard et du poison». Le mythe était trop séduisant, il s'accordait trop bien avec son imagination naturellement mélodramatique, pour que Zola exerce sur ses fictions le moindre jugement critique." – Cf. auch ebd. 20: „Pour la première fois, Zola écrit un roman qui port essentiellement sur un monde qu'il n'a pas vu, qu'il ne connaît que de seconde main, et qu'il reconstruit d'après des idées préconçues."

Françoises aufweist. Ob dieser Bezug von Proust intendiert ist, läßt sich nur schwer klären. Näher liegt die Annahme, daß aufgrund der Selbstanknüpfung Zolas an eine schon vorhandene Traditionslinie – die der klassisch resoluten, durch nichts zu erschütternden und mit einem natürlichen Menschenverständnis ausgestatteten und mit einer eigenen Sprache versehenen Dienerin, die von Molière über Balzac zu Zola reicht, der enge intertextuelle Bezug zustande kommt.[55]

4.6.3 Françoise und Martine

Sicherlich weisen die Dienerfiguren Zolas gemeinsame Grundzüge auf, die vielen Nuancen sollte man allerdings nicht zwanghaft in ein Korsett zu pressen versuchen und sich vor vorschnellen Verallgemeinerungen hüten.[56] Eine Victorine anverwandte Dienerfigur im intertextuellen Bezug zu Françoise ist Martine, die allerdings schon ansatzweise in eine andere Richtung weist. Martine aus Zolas *Le Docteur Pascal* ist Teil seines den Rougon-Macquart-Zyklus abschließenden Romans, somit eine Art vorläufiges Resümee oder Erbin der Zolaschen Vorstellung einer Dienerinfigur. *Le Docteur Pascal*, nach Zolas eigener Definition das Resümee der „signification philosophique de la serie"[57] und „le résumé et la conclusion de toute mon oeuvre,"[58] beschreibt den Weg des Arztes und wissenschaftlich tätigen Pascal Rougon, der als Mitglied der Familie Rougon-Macquart dennoch von ihrer „hérédité" unberührt bleibt und objektiv seine Familie unter wissenschaftlichen Gesichtspunkten mittels eines Stammbaums und dazu erstellter Dossiers zu analysieren versucht. Unweit von „La Plassans" lebt er in seinem Landsitz „La Souleiade" zusammen mit der ihm zur Erziehung anvertrauten Nichte und zur Assistentin avancierten Clotilde und seiner Dienerin Martine. Bis auf das fünfte Kapitel – in dem Pascal und Clotilde des Nachts die von ihr zuvor zwecks der Zerstörung zusammengerafften Dossiers ordnen und er ihr zur Läuterung die Inhalte zugänglich macht – und das neunte Kapitel, das den Tod des jungen Verwandten Charles, der Tante Dide im Heim für geistig Verwirrte „aux Tulettes" bzw. des Onkel Macquart in dem nahe gelegenen Landsitz zum Inhalt hat, tritt Martine in allen Kapiteln auf und begleitet ihren Herrn bis zum Tod. Ihr Hauptaktionsfeld ist der Pascalsche Haushalt sowie der Ort Plassans. Daher ist es nur nachvollziehbar, daß sie in den zwei eben erwähnten Kapiteln kurz ausgeblendet wird. Von einem längeren Abschieben in den

---

[55] Daß Proust die Moliéreschen als auch Balzacschen Repäsentationsformen in Françoises Makrostruktur bewußt aufgreift, habe ich in den vorherigen Fallstudien zu dokumentieren versucht.

[56] Alcorn macht in seinem Artikel über Zolas Dienerinnen zwar auf vereinzelte Nuancen aufmerksam, versucht dann allerdings immer wieder die einzelnen Dienerinnenvertreter auf ihren grundsätzlich positiven Grundnenner zurückzuführen. Dabei deklariert er: „I have the clear impression that Zola admired the servants he created, whether they were city or country women. With the servants, he discovered a recurring opportunity to endow characters, more or less realistically, with the traits he himself admired" (Alcorn 1971, 33). Dabei verliert er natürlich aus dem Blickfeld, daß Zola auch seine Dienerfiguren mit den Zügen ausstattete, die ihm vor allem Angst bescherten (cf. dazu Yates' Studie zu *Pot-Bouille*, in: Yates 1991, 92-125). Zwangsläufig stößt Alcorn daher auf gewisse „Ausnahmen". Die Häufung dieser Ausnahmen hätten eine Suche nach den Gründen und weitere Analyseansätze anstoßen müssen, die allerdings ausbleiben.

[57] cf. Zolas „Étude" zu *Le Docteur Pascal*, DP 1561-1627, hier DP 1580.

[58] cf. die Widmung zu DP, in: DP 915.

Hintergrund des Geschehens kann man aber nicht sprechen, vielmehr von einer stetigen Präsenz. In formaler Sicht bietet die Struktur der Martineschen Auftrittsfolgen zur derjenigen der Françoises keinen greifbaren intertextuellen Bezug. Als Pascal sich gerade über ein mystisches Pastell von Clotilde echauffiert, tritt Martine ins Zimmer und auf die Bühne des Geschehens:

> A ce moment, Martine entra, l'unique servante, devenue la vraie maîtresse de la maison, depuis près de trente ans qu'elle était au service du docteur. Bien qu'elle eût dépassé la soixantaine, elle gardait un air jeune, elle aussi, active et silencieuse, dans son éternelle robe noire et sa coiffe blanche, qui la faisait ressembler à une religieuse, avec sa petite figure blême et reposée, où semblaient s'être éteints ses yeux couleur de cendre.(DP 921)

Diese erste Vorstellung Martines ist signifikant, hält sie doch ihre wesentlichsten Merkmale auf einmal fest und entspricht im großen und ganzen dem ursprünglichen Entwurf Zolas.[59] Wie Victorine hat sie sich ihr jugendliches Aussehen und ihre Agilität bewahrt (MK 5), in einem Punkt unterscheidet sie sich allerings elementar: in ihrer Religiosität. Sie sieht nicht nur wie eine „réligieuse" aus, sondern hängt „des idées de l'autre monde" mit einer tiefen „dévotion" nach (DP 921), wie das weitere Gespräch mit Pascal offenbart. Ihre „air habituel d'adoration" (DP 921) legt den Rückschluß nahe, daß sie mit der gleichen Unterwürfigkeit wie der Kirche auch ihrem Herrn ergeben ist. Mit 29 Jahren in den Haushalt des Arztes eingetreten, womit sie nur ein Jahr älter als Pascal ist, kümmert sie sich neben der Haushaltsführung vor allem um die religiöse Erziehung Clotildes. Der Vater Clotildes, Saccard, vertraut sie siebenjährig seinem Bruder Pascal an. Zu diesem Zeitpunkt dient Martine schon dreizehn Jahre bei Pascal. Wenn auch Martine ihren Herrn als „un saint" (DP 922) bewundert, sorgt sie sich doch, daß er nichts von der Kirche wissen will. Ganz dem Gewohnten entgegengesetzt, kommen ihr daher auch einmal längere Klagen über die Lippen:

> Et Martine [...] en son langage./ «C'est bien vrai, Monsieur, que vous êtes un saint, comme je le dis partout, vous devriez nous accompagner à l'église... Sûrement, Dieu vous sauvera. Mais, à l'idée que vous pourriez ne pas aller droit en paradis, j'en ai tout le corps qui tremble.»(DP 922f.)

Alleine mit Clotilde setzt sie ihre Sorgentirade fort:

> «Ah! murmura au bout d'un moment Martine, de nouveau par terre, en train de raccomoder le fauteuil, quel malheur qu'un saint homme pareil perd son âme à plaisir!... Car, il n'y a pas à dire, voici trente ans que je le connais, et jamais il n'a fait seulement de la peine à personne. Un vrai coeur d'or, qui s'ôterait les morceaux de la bouche... Et gentil avec ça, et toujours bien portant, et toujours gai, une vraie bénédiction!... C'est un meurtre qu'il ne veuille pas faire sa paix avec le bon Dieu. N'est-ce pas? Mademoiselle, il faudra le forcer.»/ Clotilde, surprise de lui en entendre dire si long à la fois, donna sa parole, l'air grave.(DP 923)

Martine ist gutmütig wie Victorine, in ihrer fanatischen Religiosität aber das Gegenteil einer klarsichtigen Dienerin. Ihr Verstand ist durch ihren religiösen Fanatismus eingetrübt. Sie steht damit in einer Linie mit Zolaschen Dienerinnen, die zur Bedrohung des Hausherrn und seiner Ideen werden können.[60] Folgerichtig hat sie daher kein Verständnis für das

---

[59] cf. „Étude", DP 1594f.
[60] cf. dazu vor allem das noch folgende Kapitel 4.6.4.

Wissensstreben ihres Herrn. Sein kleines Arbeitslabor nennt sie nur abschätzig „cette cuisine-là" (DP 943). Den Inhalt ihrer Denkkonzepte (MK 2) bestimmt vor allem ihr religiöser Glaube, der schließlich in eine Manie mündet und ihr den Wesenszug der Naivität verleiht (MK 4.4). So glaubt sie an den Teufel, von dem Pascal befallen sei und an eine Errettung Pascals – das heißt an sein mögliches Bekenntnis zur Kirche – durch eine Kraft des Himmels (DP 1030). Ebenso bekreuzigt sie sich vor dem Pastel, das Clotilde und Pascal als König David und seine junge Geliebte Abisaïg zeigt, wie vor dem Bild des Leibhaftigen und stellt sich das Fegefeuer bildlich vor (DP 1080). Durch ihren religiösen Fanatismus wird sie schließlich zu Mme Rougons Komplizin beim Holocaust des wissenschaftlichen Werks Pascals nach seinem Tod. Allerdings glaubt sie in der Zerstörung ein gutes Werk zu tun und erweist damit nach ihrer eigenen Ordnungsvorstellung ihrem Herrn den letzten Dienst. Nun hindert ihn nach ihrer Meinung nichts mehr an den Eintritt ins Paradies (DP 1192ff.). Martine löscht ihren Herrn nach seinem physischen Tod auch noch immateriell aus: Sie zerstört sein geistiges Gut – im Gegensatz zu Françoise. Sie verhilft Marcel erst zu seiner geistigen Geburt. Grund dafür ist die Wesensverwandtschaft, die bei Pascal und Martine fehlt. Ihre interpersonale Relation ist durch ein wechselseitiges Mißverstehen der Psyche des Anderen geprägt (A). Pascal weiß zwar um die Beeinflußbarkeit seiner Dienerin, hat aber keinen Zugriff auf sie, da ihre Ordnungssysteme sich diametral entgegenstehen. Er ist der rational geleitete Wissenschaftler, sie die – kirchliche Glaubensvorstellungen verinnerlichende – manisch religiöse Dienerin. Zum Konfliktpunkt wird diese Tatsache allerdings erst, nachdem Mme Rougon Martine solange aufstachelt, bis diese die Schriften Pascals als Teufelswerk mißdeutet und daher handeln muß, um die Ordnung wiederherzustellen. Pascal weiß, daß sie nur zu seinem Besten handeln möchte; gerade das bringt ihn zur Verzweiflung:

> Cette Martine qui se serait jetée dans le feu, sur un simple mot de sa part, et qui le trahissait ainsi, pour son bien!(DP 1001)

Diese Stelle hält ein fundamentales Merkmal der Beziehung Pascals zu Martine fest: Sie ist ihrem Herrn absolut ergeben, verrichtet alle ihre Aufgaben mit einer bewundernswerten Aktivität und erträgt die Launen ihres Herrn mit den „yeux soumis d'animal battu" (DP 1027). So steigt sie beispielsweise alle paar Stunden die Treppen hoch zu ihrem Herrn, als der Haussegen mit Clotilde schief hängt (DP 1025), kümmert sich nicht nur um die Essenszubereitung – ihre Küche ist ihr Hauptaktionsfeld – sondern auch um den Gemüsegarten, die Verpflegung des alten Pferdes „Bonhomme", die Verwaltung der Finanzen – Martine „tenait la bourse" (DP 951) – und läßt nur zweimal die Woche einen Mann fürs Gröbste kommen (DP 938ff.). Wenn keine Aufgaben im Haus zu erledigen sind, fühlt sie sich nutzlos (DP 940); ein Grund, warum sie fast nie ohne ihr Näh- oder Strickzeug anzutreffen ist. Sie hat einen ausgeprägt pragmatischen Sinn und sieht sofort, wo es fehlt oder was ausgebessert werden muß (DP 923).[61] Damit bildet sie das notwendige Pendant zu

---

[61] cf. auch DP 942: „[...] Martine vint la rejoindre, avec l'éternel bas qu'elle tricotait même en marchant, quand la maison ne l'occupait pas."

ihrem Herrn, der in praktischen (Geld-)Dingen sich als unfähig erweist. In geistiger Hinsicht bietet sie ihm keine Unterstützung. Als Pascal ihr scherzhaft befiehlt, den Kopf Clotildes wieder zurecht zu nähen, hat sie dies ja schon getan. Allerdings nach ihrer Überzeugung. So ist sie ihm zwar in materieller Sicht von Nutzen, dagegen in immaterieller von Schaden. Im Gegensatz dazu gewinnt Françoises Methode des Nähens oder Zusammenstrickens für Marcel auch in immaterieller Hinsicht Vorbildfunktion (MK 3.3/MK 3.4). Françoises unermüdlicher Arbeitseinsatz steht dafür demjenigen Martines in nichts nach.

In ihrem „amour de chien docile" (DP 1156) geht Martine bis zur totalen Selbstverneinung: Als sie ihren Herrn völlig aufgelöst in der Nacht vor Clotildes Abreise in seinem Zimmer antrifft, will sie Clotilde zurückhalten, obwohl sie eifersüchtig auf sie ist.[62] Sie geht sogar an ihr Erspartes, um ihren Herrn in finanziellen Engpässen zu ernähren, obgleich es für sie einen „héroïsme extraordinaire" (DP 1156) bedeutet. Gerade in Gelddingen ist Martine äußerst empfindlich und sieht ihre Ersparnisse als geheiligtes Gut an. Niemals würde Martine ihren Herrn verlassen. Selbst wenn er sie wegschickte, legte sie sie sich schlafen „en travers de la porte" (DP 1157), würde also den Status eines „chien" auch in materieller Hinsicht einnehmen. Françoise läßt sich nicht in ihrer Überzeugung erschüttern, das der Artikel des 'ce qui se doit à soi-même' unter allen Umständen eingehalten werden muß. Eine völlige Selbstaufgabe ihrer eigenen Persönlichkeit ist dadurch ausgeschlossen (MK 2).

Nach dem Tod ihres Herrn sieht Martine ihre Verpflichtung dem Haushalt gegenüber erloschen und zieht sich – nicht ohne noch für einen ordentlichen Ersatzdiener für Clotilde gesorgt zu haben – mit ihrem Ersparten zurück (DP 1205). Welche Rolle das Geld für Martine spielt, kommt insbesondere während der Finanzaffäre um den Notar und Verwalter des Pascalschen Vermögens, Monsieur Grandguillot, zum Vorschein. Martine kommt eines Tages entsetzt heim, als sie in der Stadt von dem Verschwinden des Notars hört. Sie glaubt sofort an den Hungertod, der den Hausmitgliedern nun bevorstünde. Pascal kann Martine nicht beruhigen, zumal er selbst immer nachlässig in Gelddingen ist und keinen Überblick über sie besitzt, was ihm den folgenden Vorwurf Martines einbringt:

> «Ah! Monsieur, vous êtes bien puni par où vous avez péché! Est-ce qu'on abandonne son argent comme ça! Moi, entendez-vous! je sais mon compte à un centime près, tous les trois mois, et je vous dirais sur le bout du doigt les chiffres et les titres.»/ Dans sa désolation, un sourire inconscient était monté à sa face. C'était sa lointaine et entêtée passion satisfaite, ses quatre cents francs de gages à peine écornés, économisés, placés pendant trente ans, aboutissant enfin, par l'accumulation des intérêts, à l'énorme somme d'une vingtaine de mille francs. Et ce trésor était intact, solide, déposé à l'écart, dans un endroit sûr, que personne ne connaissait. Elle enrayonnait d'aise, elle évita d'ailleurs d'insister davantage.(DP 1109)

Zu Martines Denkkonzepten gehört die Überzeugung, daß immer genug Geld im Haus sein muß und der Hausherr dafür die Mitverantwortung trägt. Daher erweist sich Pascal ihrer Meinung nach als richtiger Mann, als er sich selbst zum Geldeintreiben noch offener Rechnungen aufmacht (DP 1122). Natürlich kehrt Pascal unverrichteter Dinge heim, da er

---

[62] Eine „dernière abnégation" demonstriert sie noch einmal, als sie den sterbenden Pascal in das Zimmer ihrer 'Rivalin' Clotilde geleitet (DP 1173).

für diese praktischen Aufgaben zu gutmütig und unfähig ist. Gründe für Martines Geldliebe gibt es einige: Geld stellt die Basis des Ansehens 'ihres' Hauses, damit ihres eigenen Prestiges in der Stadt dar. Françoise beobachtet ebenso streng die Geldausgaben ihres jungen Herrn, insbesondere wenn er zu teure Trinkgelder verteilt. Ihrer Meinung nach kann 'ihre Familie' ruhig ein bißchen mit ihrem Reichtum protzen. Auf jeden Fall sind Arme zu verachten. Schätzen Fremde ihre Familie zu dürftig ein, verletzt dies Françoise, da es ihr eigenes Ansehen schmälert (MK 2). Muß Martine Schulden machen, ist sie „pleine de honte, forcée de mentir et d'y mettre une grande prudence, car personne n'ignorait la ruine de la maison" (DP 1130). Als auch noch der Bäcker ihr die schlechten Stücke reicht, bricht sie in Tränen aus (DP 1130). Wie Martine stolz auf ihr kleines angespartes Vermögen, also auf ihren Besitz ist, so ist dies Françoise auf ihre Familie und ihr Haus. Genau besehen sind die Bedeutung des Geldes und das Streben danach bei beiden Dienerinnen analog gestaltet. Aufgrund ihrer Eitelkeit brauchen sie einen gewissen materiellen Besitz, mit dem sie für ihr Ansehen sorgen. Proust geht trotzdem einen Schritt weiter: Françoises Besitz verankert sie gleichzeitig in die Geschichte ihres Landes (sie besitzt ein kleines Häuschen in der Heimat), Martines Stolz dagegen basiert lediglich auf einen nicht zu lokalisierenden materiellen Besitz, der ihr Unabhängigkeit sichert (MK 4.1.1). Martine erweist sich als „la seule raisonnable" (DP 1114) in der angespannten finanziellen Situation. Nachdem Pascal in seiner „folie de don" (DP 1071) von dem schmalen Geldtopf Clotilde eine teure Perlenkette kauft, zwingt er Martine das noch übrige Geld zu nehmen und zu verwalten, bis sich die Geldprobleme wieder gelöst haben. In der Tat entpuppt sich Martine als prädestiniert für diese Rolle. Sie erstellt ein genaues Inventar des verbleibenden Vermögens und der Naturalien, das sich als „désastreux" herausstellt und erhält ihre „autorité d'autrefois" zurück (DP 1115):

> Elle avait repris toute son autorité d'autrefois, elle les traitait en enfants, qu'elle ne consultait même plus sur leurs désirs ni sur leurs goûts. C'était elle, qui réglait les menus, qui savait mieux qu'eux ce dont ils avaient besoin, maternelle d'ailleurs, les entourant de soins infinis, faisant ce miracle de leur donner encore de l'aisance pour leur pauvre argent, ne les bousculant parfois que dans leur intérêt, comme on bouscule les gamins qui ne veulent pas manger leur soupe. Et il semblait que cette singulière maternité, cette immolation dernière, cette paix de l'illusion dont elle entourait leurs amours, la contentait un peu elle aussi, la tirait du sourd désespoir où elle était tombée. Depuis qu'elle veillait ainsi sur eux, elle avait retrouvé sa petite figure blanche de nonne vouée au célibat, ses calmes yeux couleur de cendre. Lorsque, après les éternelles pommes de terre, la petite côtelette de quatre sous, perdue au milieu des légumes, elle arrivait, certains jours, sans compromettre son budget, à leur servir des crêpes, elle triomphait, elle riait de leurs rires.(DP 1115f.)

Stark erinnert diese Szene an die Balzacsche Nanon, die ebenfalls aus wenig viel zu machen versteht und über das Essen Freude spenden will. Bei Martine ist die Küche ihr Hauptaktionsfeld. Ihr kleines Zimmer grenzt unmittelbar an die Küche und ist von ihr durch eine Zwischentür getrennt (DP 940). Die Essenszubereitung erscheint als typische Dieneraktivität Martines sehr häufig. Sie bereitet nicht nur das Essen mit großer Variationsvielfalt für Pascal und Clotilde oder die Gäste wie Maxime, die Großmutter etc. – u.a. steht eine Hammelkeule auf dem Speiseplan –, sondern ist auch beleidigt, wenn man zu spät zum Essen kommt (DP 962). Martine besitzt nicht ohne Grund Stolz (MK 4.1) auf die von ihr geschaffenen Speisen, die allerdings Nahrungsmittel bleiben und nicht zu

Kunstgegenständen avancieren. Die Forderung nach Einhaltung der Essenszeiten drückt Martines, auf ihre fundierte Stellung im Haus gegründetes Selbstbewußtsein aus. Läuft alles nach ihrem Organisationsplan, ist die Welt für sie in Ordnung. Gerät allerdings der gewohnte Rhythmus aus den Fugen, schwankt Martines Basis und damit auch ihr Selbstwertgefühl. Ist sie wieder in ihre alte Funktion der eigentlichen Hausherrin und Mutter eingesetzt, fühlt sie sich dementsprechend in ihrem Element. Gleiches Handlungs- bzw. 'Reaktionmuster' findet sich bei Françoise, deren Wirken in der Küche jedoch eine Sakralisierung erfährt.

Die stark ausgeprägte Mutterrolle Martines ist nach Alcorn im ursprünglichen Entwurf noch ausgestalteter,[63] aber auch in der endgültigen Fassung liegt sie klar zu Tage. In diesem Zusammenhang ist nicht nur die interpersonale Relation zu Pascal interessant, der wie ein hilfloses Kind wirkt, obwohl er nur ein Jahr jünger als Martine ist, sondern insbesondere diejenige zu Clotilde. Martine übernimmt zunächst die Rolle einer Erzieherin für Clotilde, als diese ins Haus kommt:

> Martine n'avait que vingt-neuf ans, un an de plus que le docteur, quand elle était entrée chez lui, à l'époque où il débutait à Plassans comme médecin, dans une petite maison claire de la ville neuve. Et, treize années plus tard, lorsque Saccard, un frère de Pascal, lui envoya de Paris sa fille Clotilde, agée de sept ans, à la mort de sa femme et au moment de se remarier, ce fut elle qui éleva l'enfant, la menant à l'église, lui communiquant un peu de la flamme dévote dont elle avait toujours brûlé; tandis que le docteur, d'esprit large, les laissait aller à leur joie de croire, car il ne se sentait pas le droit d'interdire à personne le bonheur de la foi. Il se contenta ensuite de veiller sur l'instruction de la jeune fille, de lui donner en toutes choses des idées précises et saines. Depuis près de dix-huit ans qu'ils vivaient ainsi tous les trois, retirés à la Souleiade, une propriété située dans un faubourg de la ville, à un quart d'heure de Saint-Saturnin, la cathédrale, la vie avait coulé heureuse, occupée à de grands travaux cachés, un peu troublée pourtant par un malaise qui grandissait, le heurt de plus en plus violent de leurs croyances.(DP 922)

Die religiöse Erziehung obliegt Martine, die wissenschaftliche Pascal. Die Beziehung zwischen den zwei Frauen ist anfangs eine sehr enge, gestärkt durch die gemeinsame Liebe zu Pascal, die Eifersucht auf seine wissenschaftliche Beschäftigung und den Willen, ihn für ihren Glauben zu gewinnen.[64] So verwundert es nicht, daß Martine sich ergriffen zeigt, als Maxime bei einem Besuch den vorschlägt, seine Schwester als Pflegerin für sich nach Paris mitnehmen zu wollen (DP 981). Als Clotilde das Angebot ablehnt, kann Martine ihre Freude nicht verbergen:

> Martine apporta une crème, sans songer à cacher sa joie: prendre Mademoiselle! en voilà une idée, pour que Monsieur mourût de tristesse, en restant seul!(DP 982)

Als Adoptivmutter will sie ihre Tochter nicht missen, abgesehen davon, daß sie ihrem Herrn kein Leid zufügen möchte, was eine Trennung von Clotilde aber bedeuten würde. In den

---

[63] cf. Alcorn 1971, 32f.: „Zola stressed Martine's role as adoptive mother to Pascal's niece Clotilde more in preparatory notes than in the text itself. Specifically, his notes indicate the servant's beneficial effect on the formation of the girl's character: Martine's industriousness combats the innate indolence which Clotilde has inherited from her natural mother."

[64] cf. DP 943: „,– Oh!, si, Mademoiselle, il nous aime!/Non, non pas comme nous l'aimons!... S'il nous aimait, il serait là avec nous, au lieu de perdre là-haut son âme, son bonheur et le nôtre, à vouloir sauver tout le monde!»/Et les deux femmes se regardèrent un moment, les yeux brûlants de tendresse, dans leur colère jalouse. Elles se remirent au travail, elles ne parlèrent plus, baignées d'ombre."

folgenden Tagen bleibt Martine „irritée" (DP 983) über das emotional unruhige und schwankende Leben zwischen ihrem Herrn und ihrem Schützling Clotilde. Als es zu einer Aussprache zwischen Pascal und Martine kommt, nimmt sie kein Blatt vor den Mund und spielt auf seinen falschen Glauben bzw. Nichtglauben an:

> «Les gens malades sont peut-être bien ceux qui ne croient pas l'être.»(DP 984)

Als Pascal daraufhin mit harschen Worten Martine angeht, ihn nicht länger mit diesen Dummheiten zu quälen, reagiert Martine äußerst sensibel:

> Une tendresse infinie, une désolation immense passèrent sur son visage usé de vieille fille, cloîtrée dans son service. Et des larmes emplirent ses yeux, elle se sauva en bégayant: «Ah! Monsieur, vous ne nous aimez pas!»(DP 984)

Martine kann mit gutem Gewissen für Clotilde sprechen, denn noch bildet sie mit ihr eine Front gegen den rein rational gesteuerten Pascal. Pascal weiß um die gute Absicht seiner „bonne Martine" (P 984), Clotilde als seine Schülerin will er aber nicht dem Mystizismus überlassen. Er schafft es, sie auf seine Seite zu ziehen, damit aber unwissentlich einen Bruch mit Martine herbeizuführen. Martine merkt, daß ihr Clotilde entgleitet und stellt düster fest, daß sie „plus la même" (DP 1046) sei. Kurz darauf wird ihre Vorahnung zur Gewißheit: Clotilde kündigt ihr freudestrahlend an, daß sie nicht das Haus als Frau des Doktors Ramond verlassen werde, da sie sich mit Pascal „verheiratet" habe. Sie meint damit die Hochzeitsnacht ohne Trauschein. Martines Reaktion ist bezeichnend: Sie bricht in Tränen aus und verschließt sich daraufhin in ihrem Zimmer – bei völligem Unverständnis Clotildes und Pascals (DP 1065ff.). Erst nach vierundzwanzig Stunden nimmt sie wieder ihren „place de servante" (DP 1066) in der Küche ein. Auf die Frage, ob sie den beiden 'Frischvermählten' ihre Tat verübeln würde, antwortet sie mit den Worten, daß der Herr frei sei zu tun, was er wolle und: „Tout va bien, s'il est content." (DP 1067). Pascals Wohlbefinden geht ihr über alles. Ihr Verhalten Clotilde gegenüber hat sich seit der 'Hochzeitsnacht' wesentlich verändert:

> Elle avait pris une attitude moins familière, comme si, depuis la situation nouvelle, elle était retombée, de son rôle de gouvernante amie, à son ancien rang de servante. Vis-à-vis de Clotilde surtout, elle changeait, la traitait en jeune dame, en maîtresse moins aimée et plus obéie. Quand elle entrait dans la chambre à coucher, quand elle les servait au lit tous les deux, son visage gardait son air de soumission résignée, toujours en adoration devant son maître, indifférente au reste. A deux ou trois reprises pourtant, le matin, elle parut le visage ravagé, les yeux perdus de larmes, sans vouloir répondre directement aux questions, disant que ce n'était rien, qu'elle avait pris un coup d'air.(DP 1072)

In der Tat hat sich Martines Status verändert. Ihre Eifersucht auf Clotilde versucht sie ihrem Herrn zuliebe zu verbergen, jedoch ist sie nicht unbegründet. Nicht nur den Status der „maîtresse" im Haus macht Clotilde ihr streitig, sondern auch den der „servante". Clotilde bedient Pascal, als sich Martine in ihre Küche einschließt und in der prekären Finanzsituation macht sie sogar den Vorschlag, Martine wegzuschicken (DP 1145). So besteht potentiell eine Gefahr für Martine, trotz ihrer langjährigen Stellung im Haus. Praktisch gesehen kommen beide allerdings nicht ohne Martines pragmatischen Sinn aus, was die Finanzaffäre schon bewiesen hat. In ähnlicher Weise ist Françoise auf Albertine eifersüchtig, da diese ihr die Stellung neben Marcel streitig macht. Allerdings stellt Albertine einen Eindringling von außen dar. Die Gefahr für Martine kommt aus dem Haus selbst, Clotilde wandelt sich vom Kind zur Herrin, was für Martine eine doppelte Enttäuschung darstellt: Den Verlust der 'Tochter' als auch eine Konkurrenz neben ihrem Herrn (B). Martine bleibt trotz der veränderten Situation für Clotilde Stütze und Trost. Sie nimmt ihr neues Schicksal an, bleibt Clotilde gegenüber mütterlich gesinnt und tröstet sie, als sie sich zum Geldverdienen – sie versucht ihre Pastelle zu verkaufen – unfähig erweist.

> Elle en fut désespérée, de grosses larmes lui vinrent aux yeux. A quoi servait-elle? c'était un chagrin et une honte, de n'être bonne à rien! Et il fallut que la servante la consolât, lui expliquât que toutes les femmes sans doute ne naissent pour travailler, que les unes poussent comme les fleurs dans les jardins, pour sentir bon, tandis que les autres sont le blé de la terre, qu'on écrase et qui nourrit.(DP 1118)

Womit Martine in poetischer Weise ihre eigene Rolle und die Clotildes umschrieben hätte (MK 3.2). Im beiderseitigen Versuch, Pascals finanzielle Sorgen zu lösen, nähern sich die Frauen wieder emotional an. In der Verabschiedungsszene Martines von Clotilde, als diese von Pascal nach Paris zu ihrem Bruder Maxime geschickt wird, überwindet Martine ihren Antagonismus für kurze Zeit in der gemeinsamen Liebe zu Pascal (DP 1152f.). Erst nach der Rückkehr Clotildes nach dem Tod Pascals kommt es zum endgültigen Bruch zwischen den zwei Frauen. Martine gibt Clotilde die Schuld am Tode Pascals.

> La vieille servante se tenait là debout, à l'écart, près de la porte de sa cuisine, souffrante, exaspérée qu'on lui eût pris et tué son maître; et elle ne cherchait même pas une parole de bienvenue et de soulagement, pour cette enfant qu'elle avait élevée. Sans calculer la portée de son indiscrétion, la peine ou la joie qu'elle pouvait faire, elle se soulageait, elle disait tout ce qu'elle savait./ «Oui, si Monsieur est mort, c'est bien parce que Mademoiselle est partie.»/ Du fond de son anéantissement, Clotilde protesta./ «Mais c'est lui qui s'est fâché, qui m'a forcée à partir!/ – Ah bien! il a fallu que Mademoiselle y mît de la complaisance, pour ne pas voir clair... La nuit d'avant le départ, j'ai trouvé Monsieur à moitié étouffé, tant il avait du chagrin; et, quand j'ai voulu prévenir Mademoiselle, c'est lui qui m'en a empêchée...[...] Enfin, il en est mort, c'est la vérité pure.»/ [...] «Mais comment aurais-je pu savoir?... J'ai obéi, j'ai mis toute ma tendresse dans mon obéissance./ – Ah! cria encore Martine, il me semble que j'aurais deviné, moi!».(DP 1186f.)

Wenn Martine sich auch über die Strategien von Mme Rougon nicht im Klaren ist, die sie über ihren religiösen Glauben für ihre Zwecke zu mißbrauchen versucht, um an die rufschädigenden 'teuflischen' Schriften Pascals zu kommen,[65] so täuscht sie sich außerhalb ihres religösen Fanatismus nicht in ihrer Menschenkenntnis und steuert ihrer Naivität (MK 4.4) entgegen. Instinktiv ahnt sie (MK 4.5), daß mit Clotilde eine Veränderung in der Beziehung zu Pascal vorgeht und spürt Eifersucht (DP 1044ff.). Françoises Klarsichtigkeit wird zwar nicht durch eine fanatische Religiosität getrübt, ihr vorgefertigtes eifersüchtiges

---

[65] cf. auch DP 930ff.: Als sich Martine aus dem Zimmer zurückziehen möchte, hält Mme Rougon sie zurück mit den Worten: „vous n'êtes pas de trop, puisque vous êtes de la famille maintenant", um gleich daraufhin die Schriften Pascals als Teufels Werk zu verfluchen: „Ils tuent le respect, ils tuent la famille, ils tuent le bon dieu." Die Rechnung geht bei Martine auf: „„ – Oh! ne dites pas ça, Madame! interrompit douloureusement Martine, dont la dévotion étroite saignait. [...] Si c'était vrai pourtant, Mademoiselle, que Monsieur se damnât avec tous ces vilains papiers! Dites, est-ce que nous le laisserons faire? [...] Mais, à son salut, oh! si je le pouvais, j'y travaillerais malgré lui. Par tous les moyens, oui! je le forcerais, ça m'est trop cruel de penser qu'il ne sera pas dans le ciel avec nous."

Menschenbild (Beispiel: Albertine) erzielt aber die gleiche Wirkung. Motivklassen (4.4) und (4.5) finden sich demnach in ähnlicher Kombination, wenn auch bei umgekehrter Gewichtung: Françoises instinktives Wissen ist stärker als ihre Naivität. Bei Martine ist genau das Gegenteil der Fall.

Nach dem Holocaust von Pascals wissenschaftlichem Werk, macht Clotilde Martine keine Vorwürfe und weiß, daß sie nur ein Werkzeug in den Händen Mme Rougons war. Martine will trotzdem nicht bleiben. Die gemeinsame Verständigungsbasis ist mit dem Tod Pascals nicht wiederherzustellen. Daß ihr Herr vor ihr stirbt, bringt sie in ihrem Weltbild zutiefst durcheinander und raubt ihren Bezugs- und Legitimationspunkt im Haus (DP 1172f.). Ein ähnlich erschütterndes Gefühl findet sich bei Françoise nach dem Tod ihrer Herrin Tante Léonie. Clotilde ist dennoch zutiefst „triste de cet abandon" (DP 1203). Beiden, Pascal und Clotilde, ist Martine menschlich wertvoll. Ihre Psyche verstehen sie jedoch nicht. Damit führen sie die schon in Germinie Lacerteux angelegte Struktur des interpersonalen Verhältnisses zwischen Herr/in und Dienerin fort.[66] Martines Stärke sind die nonverbalen Ausdrucksformen und Gesten (MK 3.1). Außer im materiellen Bereich werden sie jedoch nicht von den Herren entschlüsselt. Sie verstehen weder Martines Tränen als Zeichen einer enttäuschten Liebe zu Pascal nach der Hochzeitsnacht, noch ihr dauerhaftes Schweigen oder die geröteten Augen als Liebeskummer. Lediglich ihre Blicke auf die verschwenderischen Geschenke Pascals an Clotilde werden von beiden richtig gedeutet (DP 1110).[67] Aus ihrer egoistischen Liebe heraus streben Pascal und Clotilde auch gar nicht danach, Martines Zeichen zu entschlüsseln (DP 1065f.), die sie in ihrer eigenen Liebe zueinander einschränken könnte. Martine bleibt trotz aller Liebe der Herren nur ein nützlicher Gegenstand im Haus, ohne Interesse an ihrem Wesen als Ganzes und ohne ihr eine Rolle als Frau zuzugestehen.[68] Konsequenterweise erkennt Pascal dann auch erst kurz vor seinem Ableben die Liebe Martines zu ihm, als sie an seinem Sterbebett in Tränen und Schluchzen ausbricht (DP 1172f.). Das Geschlecht der Dienerin spielt gemäß der naturalistischen Tradition eine Rolle als potentieller Konfliktherd und auch als Gefahr. Bei Proust ist dieser Punkt ausgeblendet, nichtsdestoweniger die Frage von Liebe und Eifersucht der Dienerin auf den Herrn bzw. seine Bekanntchaften weiter von Relevanz, nun aber subtiler psychisch ausgestaltet und auf vielfältige Beziehungsebenen verlagert. Françoise wird intratextuell von den Protagonisten der Familie als Mensch mit einer eigenen Psyche ernst genommen. Sie bemühen sich zudem um eine fundierte Verständigung mit ihr (A/B), im Gegensatz zu Pascal und Clotilde.

---

[66] cf. Kapitel 5.5.2.

[67] cf. DP 1114, als Clotilde voller Freude Martine die neue Perlenkette zeigt: „Mais à la mine sévère, subitement terreuse de la vieille fille, sa joie fut gâtée. Peut-être eut-elle conscience du déchirement jaloux que son éclatante jeunesse produisait chez cette pauvre créature usée dans la résignation muette de sa domesticité, en adoration devant son maître. Ce ne fut là, d'ailleurs, que le premier mouvement d'une seconde, inconscient pour l'une, à peine soupçonné par l'autre; et ce qui restait, c'était la désapprobation visible de la servante économe, le cadeau coûteux regardé de travers et condamné."

[68] cf. DP 1039: Pascal hat vor Martine nicht die gleiche „pudeur" wie vor Clotilde. Clotilde ist für ihn Frau, Martine ein neutrales Dienerwesen.

Da Martine nie direkt ihre Vorwürfe vorbringt, spart sie beispielsweise am Essen und tischt lieber wochenlang nur Kartoffeln auf, um das einzusparen, was Pascal auf der anderen Seite mit vollen Händen ausgibt. Sie kommuniziert über Gesten (MK 3.1). Als sie dafür nur eine spöttische Bemerkung erntet, ist sie zutiefst in ihrem Stolz verletzt. Denn eines ihrer ausgeprägten Fähigkeiten ist nun einmal das Sparen (DP 1072f.). Wie Françoise Lob für ihren Einsatz zum Wohl der Familie – bei ihr im Bereich des Kochens – erwartet, so tut dies Martine für ihre ökonomische Haushaltsführung. Martine ist diejenige, die sich ernsthaft über Lösungsmöglichkeiten aus der Misere Gedanken macht und ihren pragmatischen Sinn behält. Sie bleibt für die realitätsfernen Clotilde und Pascal die Mittelsperson zur Außenwelt und stellt für sie die Quelle für alle Informationen von außen dar – egal ob es sich um einen alten rückfällig gewordenen Patienten Pascals handelt (DP 1164), dessen Tod Martine ihm berichtet oder um die Nachrichten aus der Stadt bzw. von Pascals Mutter. Françoise ist die unverzichtbare Quelle für Tante Léonie, um alle Neuigkeiten Combrays zu erfahren und führt durch ihren Realitätsbezug zu Marcels Erkenntnis, daß die Objekte des Lebens prädestiniert für die künstlerische Transformation sind.

Martine gehört mit ihren Grundzügen zu den positiv gestalteten Dienerinnen mit einer stark ausgeprägten religiös fundierten bäuerlichen „croyance populaire (DP 1147) und Mutterrolle (MK 2/Mk 4.1.2), die im Gegensatz zu Victorine das Gefühl der Eifersucht kennt. Sie will ihren Herrn ganz für sich alleine haben, schafft es aber in völliger Selbstverneinung, zum Wohl des Herrn eine Geliebte zu ertragen. In ihrem religiösen Fanatismus schließt sie den Kreis zum Anfang von Zolas Dienerinnenfiguren: zu Geneviève aus *Madeleine Férat*. Genevièves religiöser Fanatismus ist jedoch wesentlich stärker ausgeprägt und leitet schließlich über zu der 'grausam'-dümmlichen Variante Rose bzw. zur grob-gutmütigen einer Véronique. Martine in ihrer interpersonalen Relation zu ihrem Herrn läßt sich im Bezug zu Françoise antipodisch fassen (A). Einzelne Motivklassen offenbaren unter intertextuellen Gesichtspunkten dagegen starke Bezüge – u.a. die ausgeprägte Mutterrolle Martines und ihre damit einhergehende Eifersucht finden sich in ähnlicher Konstellation bei Françoise wieder (MK 4.1.2). Die Gründe der Eifersucht bleiben allerdings differenziert (B). Martine ist auch als Frau eifersüchtig auf Clotilde, da Pascal als Mann und Partner potentiell interessant für sie ist. Françoises Eifersucht gründet sich dahingegen auf ihre despotischen Muttergefühle und ihren Anspruch, die absolute Autorität im Haus zu behalten. In ihrer bevorzugten nonverbalen Kommunikation und ihrer sprechenden Mimik und Gestik weist Martine direkt in Françoises Richtung (MK 4.1).

4.6.4 Françoise und Geneviève, Rose und Véronique

Formal gesehen weisen alle drei Romane zunächst keinen direkten intertextuellen Bezug zur Makrostruktur Françoise auf. Alle drei Romane – *Madeleine Férat, La Conquête de Plassans* und *La Joie de Vivre* – sind vor allem auch die Geschichte seiner jeweiligen Dienerin. Genevieve aus *Madeleine Férat* ist bis auf vier (erstes und zweites, neuntes und zehntes Kapitel), Rose bis auf zwei Kapitel (sechstes und neunzehntes), Véronique durchweg präsent. Setzt man die formale mit der inhaltlichen Struktur in Bezug, so ist das

Abtreten von Geneviève in den Hintergrund inhaltlich motiviert: Guillaume und Madeleine fliehen vor Jacques und machen in einer Herberge Station, Geneviève hält die Stellung im Schloß La Noiraude. Die ersten zwei Kapitel stellen eine Art Prélude dar und dienen der Introduktion des Liebespaars Guillaume und Madeleine in Paris, sowie Madeleines Vorgeschichte. Mit Beginn von Guillaumes Vorgeschichte findet auch Geneviève ihren Eintritt ins Geschehen (drittes Kapitel). Kapitel sechs von *La Conquête de Plassans* behandelt den ersten Auftritt des Abbé Faujas im Salon von Mme Rougon, Kapitel neunzehn hat die Wahlkandidaten-Strategie des Abbé Faujas zum Inhalt, so daß beides Mal das Abtreten der Dienerin gerechtfertigt ist. Von einem wirklichen Ausblenden der Dienerinnen-Präsenz kann man in keinem der beiden Fälle sprechen. Véronique in *La Joie de vivre* bleibt durchweg präsent, ob physisch oder indirekt in den Gesprächen der Herren. Wie Geneviève und Rose das letzte Wort im jeweiligen Roman behalten, so tut dies auch Véronique in nonverbaler Form: ihren Widerwillen gegen das für sie sinnlos gewordene Leben drückt sie im Akt des Sich-Aufhängens aus.

4.6.4.1 Geneviève

Geneviève ist die gesteigerte düstere Variante von Martine bzw. Martine in gewisser Hinsicht eine abgeschwächte Version von Geneviève. Eingeführt wird Letztere als „la véritable mère de Guillaume", dem jungen Herrn aus *Madeleine Férat*:

> La véritable mère de Guillaume fut une vieille servante de la maison, qui avait vu naître M. de Viargue. Geneviève était sœur de lait de la mère du comte. Cette dernière qui appartenait à la noblesse du Midi, s'était fait accompagner par elle en Allemagne, lors de l'émigration, et M. de Viargue, à sa rentrée en France, après la mort de sa mère, l'avait installée à Véteuil. C'était une paysanne cévenole, appartenant à la religion réformée et gardant dans sa tête étroite et ardente tout le fanatisme des premiers calvinistes, dont elle sentait le sang couler dans ses veines. Grande, sèche, avec des yeux creux et un nez aigu, elle rappelait ces vieilles possédées qu'on jetait jadis au bûcher. Elle traînait partout une énorme Bible sombre dont la reliure était consolidée par une garniture de fer; matin et soir, elle en lisait quelques versets d'une voix haute et perçante. Parfois, elle trouvait des mots farouches, de ces mots de colère que le terrible Dieu des Juifs laissait tomber sur son peuple épouvanté. Le comte tolérait ce qu'il nommait ses manies; il connaissait la haute probité, la justice souveraine de cette nature exaltée. D'ailleurs, il regardait Geneviève comme un legs sacré de sa mère. Elle était dans la maison moins une servante qu'une toute puissante maîtresse./ À soixante-dix ans, elle faisait encore de gros travaux. Plusieurs domestiques se trouvaient sous ses ordres, mais elle mettait un grand orgueil à s'imposer des taches grossières. Elle avait une humilité d'une vanité incroyable. Elle dirigeait tout à la Noiraude, levée dès le point du jour, donnant à chacun l'exemple d'une activité infatigable, remplissant son mandat avec une rudesse de femme qui n'a jamais failli.(MF 46)

Geneviève ist wie Martine ländlicher Herkunft (MK 1), aus der Region „les Cevennes" stammend, die in der Geschichte Frankreichs bekannt für den hartnäckigen Protestantismus ihrer Einwohner ist. Nach der Revokation des Edikts von Nantes übersäen zahlreiche Bauernrevolten die Region mit Blut. Die „Bible sombre" und ihr biblisches Alter (MK 6) stehen symbolhaft für ihren wesentlichen Charakterzug: Sie ist wie eine Bessene manisch (aber-)gläubig – ein wiederholtes Synonym für sie ist „la vieille fanatique" – und ihre Überzeugungen entstammen dem alten Testament. Gleichzeitig ist ihre Glaubenspraxis eng mit der Historie ihrer Herkunftsregion verbunden. Ein Resultat ihrer Überzeugungen und

Bestandteil ihres persönlichen Kodexes ist ihr ausgeprägtes Gerechtigkeitsbewußtsein – nach den Maßstäben, die sie für richtig erachtet (MK 2). Eine ähnliche Einheit findet sich in Françoises Motivklasse (2).

Ihre Rolle der Mutter und eigentlichen Hausherrin wird gleich zu Beginn ihrer Introduktion unterstrichen (MK 4.1.2). Zum unehelichen, also in der „honte" (MF 48) geborenen Sohn Guillaume, den sie selbstbewußt „mon fils Guillaume" (MF 231) oder „mon enfant" (MF 154) nennen wird, hat sie zunächst ein zwiespältiges Verhältnis:

> Mais quand elle vit la pauvre créature, dans son berceau blanc et rose, elle éprouva une sensation d'une douceur inconnue. Cette femme, dont le coeur et la chair avaient séché dans une virginité ardente de fanatique, sentit vaguement se réveiller en elle l'épouse et la mère qu'il y a au fond de toute vierge. Elle se crut tentée par le démon, elle voulut résister à l'amollissement qui s'emparait de son être. Puis elle se laissa aller, elle embrassa Guillaume avec des envies de se recommander à Dieu pour se protéger contre cet enfant du crime que le ciel devait avoir maudit./ Et peu à peu elle devint une mère pour lui, mais une mère étrange dont les caresses gardaient une sorte de terreur. Par instants, elle le repoussait; puis elle le reprenait entre ses bras avec cette volupté âcre des dévots qui croient sentir la griffe du diable pénétrer leur chair. Quand il était encore tout petit, elle le regardait fixement dans les yeux, inquiète, se demandant si elle n'allait pas trouver des clartés infernales au fond du regard pur et clair de l'innocente créature. Jamais elle ne put se persuader qu'il n'appartînt pas un peu à Satan; mais sa tendresse, toute secouée, brutale et attendrie, n'en fut que plus poignante./ Dès qu'il fut sevré, elle renvoya la nourrice. Elle seule s'occupa de lui. M. de Viargue le lui avait abandonné, l'autorisant même, avec son ironique sourire de savant, à l'élever dans la religion qu'il lui plairait. L'espérance de sauver Guillaume du feu éternel, en en faisant un protestant zélé, redoubla le dévouement de Geneviève. Jusqu'à l'âge de huit ans, elle le garda avec elle dans l'appartement qu'elle occupait au second étage de la Noiraude.(MF 48)

Genevièves Widersprüche sind wesentlich krasser gestaltet als diejenigen Martines, wobei die Betonung auf ihrer grausamen Seite – selbst bei aller zärtlichen Anwandlung – bleibt. Ihr an eine christliche Jungfrau erinnernder Name entwickelt Symbolkraft: Sie wird sozusagen jungfräulich Mutter. Wenn Françoise mit Heiligenmetaphern in Verbindung steht, so sagt dies nichts über ihre Sexualität aus, sondern etwas über ihre geheiligte alte Kunstfertigkeit und die Quelle ihres Verhaltens (MK 6). Die religiöse Erziehung überläßt der Hausherr M. de Viargue seiner Dienerin; auch der 'Docteur Pascal' aus dem gleichnamigen Zola-Roman tut dies, Geneviève unterscheidet sich im Äußeren jedoch elementar von der noch jugendlich aussehenden Pascalschen Dienerin Martine. Bei Geneviève umschließt die hexenähnliche Hülle auch einen brutal-fanatischen Kern. Während Martine nur ein Werkzeug in den zerstörerischen Händen von Madame Rougon ist und dadurch an der Zerstörung des Werks ihres Herrn teilhat, ist Geneviève selbst die treibende Kraft und das ausführende Organ der Zerstörung. Die formal in *Madeleine Férat* schon angelegten Strukturen – religiöser Fanatismus und Glaube an den Teufel der Dienerin, dadurch Bedrohung des Herrn durch die Dienerin (B) – finden sich auch bei *Le Docteur Pascal* wieder. Die im Detail steckenden Nuancen machen jedoch den Unterschied zwischen den zwei Dienerinnenfiguren aus.

Genevièves Kodex ist völlig unbeugsam, ihre Autorität im Haus absolut und so stark, daß jeder Widerstand gegen ihren Aberglauben überflüssig erscheint und infolgedessen sich ihre Herren fatalistisch ihrem Verderben hingeben – personifiziert in Geneviève. Schon das erste Zitat macht in der interpersonalen Relation zum Herrn deutlich, daß er – wie später sein

Sohn – voller Nachsicht Genevièves „manies" toleriert – wie Marcel, der gewisse Eigenarten von Françoise deshalb akzeptiert, weil ihre guten Eigenschaften unentbehrlich für ihn sind (A/B). Wenn die Zerstörung Madeleines und das darüber Verrücktwerden Guillaumes auch für Geneviève eine gerechte Strafe Gottes und letztendliche Rettung ihres jungen Herrn vor dem Bösen für sie darstellt, ist an dem negativen und brutalen Ende – trotz aller positiven Beweggründe – nicht zu rütteln. In der interpersonalen Relation zu ihrem alten Herrn M. de Viargue wird zuerst ihr unbeugsamer Moralkodex sichtbar (MK 2). Solange er eine Liaison mit einer verheirateten Frau unterhält, zieht sie sich in einen Pavillon im Park des Grundstücks zurück und erst als Geneviève „sut que la honte n'était plus à la Noiraude, elle y revint tranquillement reprendre son rôle de maîtresse souveraine" (MF 48). Ihr Auftritt als psalmodierende „vieille fanatique" vor der Mätresse ihres Herrn führt schließlich zur Einschüchterung und zum Bruch zwischen dem Paar. Albertines Flucht mag teilweise durch eine ähnlich ablehnende Haltung Françoises motiviert worden sein. Françoise erscheint Marcel und Albertine als Personifikation der Gerechtigkeit.

Geneviève versucht wie Martine ihren alten Herrn von seiner Leidenschaft zur Wissenschaft zu lösen: Sie spricht ihm direkt ins Gewissen, betet Tag und Nacht für ihn, wiederholt „dans une sorte d'exaltation prophétique, qu'elle entendait rôder le diable chaque nuit et que de grands malheurs menaçaient la Noiraude" (MF 47) und sieht ihre Vorahnung im Tode ihres alten Herrn bestätigt. Die gelben Flecken auf dem Gesicht M. de Viargues erkennt sie nicht als Folgen des selbstmörderischen Gifts, sondern als Zeichen des Teufels. Ihr fanatischer Glaube, der ihr Denkvermögen bestimmt, formt auch ihr instinktives Wissen (MK 4.5). Durch ihre stark ausgeprägte Neugierde entgehen Geneviève zwar keine Vorgänge und Beziehungen im Haus,[69] – „elle savait tout" (MF 107) – das Wissen darum ordnet sie allerdings sofort in ihre vorgefertigte Vorstellungswelt ein; ein Verfahren, das auch Françoise anwendet, wenn auch ihre Denkkonzepte inhaltlich in starkem Maße zu denjenigen Genevièves kontrastieren. Madeleine wird daher zur biblischen Sünderin Lubrica. Geneviève verunsichert durch ihre suggestive Kraft und unbarmherzigen biblischen Litaneien ihre Umwelt derart, daß sie wirklich zu diesen Phantasieprojektionen werden und ihrem Einfluß erliegen.[70] Bemerkenswert bei diesen 'Auftritten' sind Genevièves schauspielerische Qualitäten (MK 4.6). Beispielsweise murmelt sie die Geschichte Maria Magdalenas im Wohnzimmer, „élevant le ton, laissant tomber un à un les versets, lentement, comme des pleurs étouffés" (MF 130) oder sie improvisiert selbst Texte in ihren Rezitationen:

---

[69] cf. MF 107: „Lorsque, le soir, il annonça à Geneviève qu'il allait épouser une jeune dame des environs, la protestante le regarda de ses yeux méchants./– Cela vaudra mieux, lui dit-elle./Il comprit qu'elle savait tout." Guillaume kann Geneviève in seiner Liebesbeziehung nichts vormachen, wie Marcel in seiner Beziehung zu Albertine nicht vor den Analysen Françoises gefeit ist.

[70] cf. MF 235: „Ce mélange de religion et de sorcellerie finissait par leur faire perdre le sens réel des choses. Madeleine se sentait entraînée dans une sorte de tourbillon diabolique; sa raison droite, sous les coups de la vieille femme, chancelait chaque jour d'avantage. Guillaume même, malgré lui, avait une atroce de secousses nerveuses, de peurs bêtes. Pendant un mois, ils vécurent dans ce milieu d'épouvante. La Noiraude s'emplissait des exorcismes de Geneviève. La chanteuse de cantiques suivait les longs corridors en murmurant des prières, et souvent, la nuit, elle chantait des psaumes, dont les versets se traînaient lugubrement dans le silence. On eût dit qu'elle prenait à tâche de rendre ses maîtres fous à lier."

> Parfois même elle ajoutait des réflexions au texte, elle menacait de tourments horribles une criminelle qu'elle ne nommait pas, mais que ses yeux désignaient. Dans ces sortes d'*improvisations* [meine Hervorhebung], murmurés à voix basse, elle étalait les supplices de l'enfer, les chaudières d'huile bouillante, les longs crocs des démons retournant sur la braise les corps grillés des damnés, les pluies de feu tombant pendant l'éternité, lentes et continues, et dont chaque goutte marque d'une brûlure les épaules des foules hurlantes de l'abîme. Puis elle demandait à Dieu une prompte justice, elle le suppliait de ne pas laisser échapper un seul coupable, de débarasser au plus tôt la terre de ses souillures.(MF 229f.)

Fast wie eine professionelle Schauspielerin beherrscht Geneviève eine breite Variationsvielfalt von mimischen, tonalen und gestischen Ausdrucksmitteln.

> Elle avait alors quatre-vingt-dix ans; toujours droite, plus sèche et plus anguleuse, elle gardait toute l'ardeur sombre de son esprit; son nez aminci, ses lèvres rentrées, les rides qui lui couturaient la face, donnaient à son visage les raideurs et les ombres profondes d'un masque sinistre. Le soir, lorsque la besogne du jour était achevée, elle venait s'asseoir dans la salle où se trouvaient les jeunes époux; elle apportait sa Bible garnie de fer, l'ouvrait toute grande, et sous les clartés jaunes de la lampe, psalmodiait à voix basse les versets. Elle lisait ainsi des heures entières, avec un murmure sourd et continu, coupé par le bruit sec des feuillets qu'elle tournait. Dans le silence, sa voix bourdonnante semblait réciter l'office des morts; elle se traînait en lamentations sourdes, pareille à la plainte monotone d'un flot. La vaste pièce était toute frissonante de ce murmure qui paraissait sortir de bouches invisibles, cachées au fond des ténèbres du plafond./ Certains soirs, Madeleine éprouvait de secrètes épouvantes, en saisissant au passage quelques lambeaux des lectures de Geneviève. Celle-ci choisissait de préférence les pages les plus sombres de l'Ancien Testament, des récits de sang et d'horreur qui l'exaltaient et donnaient à ses accents une sorte de fureur contenue./ Elle parlait avec une implacable joie de la colère et de la jalousie du Dieu terrible, de ce Dieu des Prophètes, le seul qu'elle connût; elle le montrait écrasant la terre de ses volontés, châtiant de son bras cruel les êtres et les choses. Quand elle arrivait à des versets de meurtre et d'incendie, elle ralentissait la voix, pour mieux goûter les terreurs de l'enfer, les éclats de la justice impitoyable du ciel. [...] Parfois elle résumait ses lectures dans une parole sinistre; elle condamnait ainsi que Jéhova; son fanatisme sans miséricorde jetait voluptueusement les pêcheurs à l'abîme. Frapper les coupables, les tuer, les brûler, lui semblait une besogne sainte, car elle regardait Dieu comme un bourreau qui s'était donné la mission de fouailler le monde impie.(MF 123f.)

Geneviève liebt sich in der Rolle der Rächerin. Um ihre Verachtung auszudrücken, reicht es ihr häufig, auf Madeleine ihre „attitude rigide et implacable" (MF 153) wirken zu lassen oder sie mit „un air sombre" zu strafen. Durch bestimmte Verhaltensformen zeigt sie ihren Herren, was sie von ihnen hält:

> Son attitude rigide et menaçante était une éternelle protestation, elle les traitait en coupables, les regardait avec des yeux de juge implacable, leur témoignait à toute heure le dégout et la colère que lui causait leur union. Elle s'efforçait surtout de faire sentir à Madeleine combien elle la méprisait. Quand la jeune femme avait touché un objet, elle évitait de s'en servir, voulant montrer par là qu'elle le considérait comme souillé. Chaque soir, elle se remettait à psalmodier les versets de sa grande Bible. Guillaume l'ayant prié d'aller lire dans sa chambre, elle lui avait fait entendre que ses lectures saintes purifiaient la salle à manger, en chassaient le démon. Et elle s'était entêtée à demeurer là jusqu'à l'heure du coucher, emplissant l'ombre de sa voix bourdonnante. De jour en jour, elle lisait plus haut, elle choisissait des passages plus sanglants; les histoires où des femmes coupables se trouvaient chatiées, l'incendie de Sodome, la meute de chiens dévorant les entrailles de Jézabel revenaient à chaque instant sur ses lèvres. Alors elle jetait à Madeleine des regards luisants d'une joie cruelle.(MF 229)

Françoise beherrscht wie die Schauspielerin La Berma ganz ähnliche Ausdrucksmittel, allerdings nicht beschränkt auf den biblischen Bereich wie bei Geneviève. Erinnert sei nur an Françoises „regards enflammés" (JF 725) oder ihre „figure couverte de petites marques cunéiformes et rouges" (CG 35) als Ausdruck ihres verletzten Stolzes. Gleichzeitig zeigt letztes Zitat Genevièves Selbstbewußtsein (MK 4.1) und deutet auf ihren „orgueil indomptable" (MF 231). Sie liest dort, wo es ihr paßt und die Stellen, die ihr am sinnvollsten erscheinen. Schließlich lebt sie mit ihren Herren „sur un pied d'égalité, s'asseyant à la même table, habitant les mêmes pièces" (MF 123). Ihr Stolz und Selbstbewußtsein gründet sich auf dieser gefestigten Stellung und führt dazu, daß sie die Erbschaft des alten Grafen ablehnt:

> Il [Guillaume] finit par s'enfermer dans sa chambre, après avoir prié Geneviève de répondre à la foule qui l'importunait. Il se déchargea entièrement sur elle du soin de ses affaires. Le comte, dans son testament, avait laissé à la vieille femme une rente qui lui eut permet d'achever paisiblement sa vie. Mais elle s'était presque fachée, refusant l'argent, disant qu'elle mourrait, débout et qu'elle entendait ne pas abandonner sa besogne. Au fond, le jeune homme fut très satisfait de trouver quelqu'un qui lui évitât les soucis matériels de la vie. Son esprit lent et faible détestait l'activité; les plus petites misères de l'existence devenaient pour lui des obstacles gros de colère et de dégout.(MF 91)

Geneviève erzieht Guillaume nicht zur Stärke, sondern zur Schwäche, das genaue Gegenteil ist bei Françoise und Marcel der Fall (A), die ansonsten eine ähnliche Position im Familienverbund inne hat wie Geneviève (MK 4.1.2). Guillaume ist aufgrund dieser Schwäche im praktischen Leben elementar auf seine Dienerin angewiesen und ihre Person nicht ersetzbar. Ihre „tendresse, toute secouée, brutale et attendrie" hinterläßt bei ihm dennoch ein emotionales Vakuum, das er mit Madeleines Liebe zu füllen versucht. Françoises „férocité maternelle" (CS 105) impliziert wie bei Geneviève eine stark ausgeprägte Eifersucht. Wie Albertine ein Eindringling und eine Konkurrentin in der Aufmerksamkeitsbezeugung ihres Herrn für Françoise darstellt, so wird Madeleine von Geneviève nur mit argwöhnischen Gefühlen im Haushalt aufgenommen und hat an entscheidenden Stellen der interpersonalen Relation Herr-Geliebte/Frau ihre Auftritte. Bei der Geständnisszene, in der Madeleine Guillaume ihm ihr, vor ihrem Kennenlernen liegendes Verhältnis zu seinem besten Freund Jacques beichtet, ist Geneviève anwesend:

> A ce moment, Geneviève entra dans la pièce, sans que les époux fissent attention à elle; elle vit leur trouble, elle se tint droite au fond de l'ombre; ses yeux ardents luisaient, ses lèvres remuaient silencieusement, comme si elle eût prononcé à voix basse des paroles de conjuration./ Pendant toute la confession de Madeleine, elle resta là, immobile, implacable, pareille à la figure roide et muette du Destin.(MF 145)

Als Guillaume und Madeleine sich Richtung Tür begeben, bemerken sie „dans l'ombre Geneviève, droite, immobile, qui les suivait de ses yeux luisants":

> Pendant la longue scène de désespoir à laquelle elle venait d'assister, la vieille femme avait gardé son attitude rigide et implacable. Elle goûtait une volupté farouche à écouter ces sanglots et ces cris de la chair.(MF 153)

Geneviève besitzt eine „curiosité poignante" (MF 153) für das Fleischliche, in der sicherlich auch etwas Eifersucht steckt. Françoises Vorliebe für grausame Szenen richtet sich nicht bewußt gegen die betreffenden Personen, sondern resultiert aus ihrer bäuerlichen Vergangenheit. Wichtig ist jedoch, daß sich Geneviève nicht in ihrer Vorahnung irrt, eine Art instinktives Wissen besitzt (MK 4.5): Madeleine hatte einen Geliebten oder mit Genevièves drastischen Worten umschrieben: In ihr steckt „Lubrica", Satans Gehilfin zur

Verdammnis der Männer. Als Guillaume den Entschluß faßt, noch des Nachts aus dem Schloß mit Madeleine vor dem beherbergten Jacques zu fliehen, soll Geneviève eine Ausrede finden. Genevièves Reaktion ist unzweideutig warnend:

> Geneviève le regardait avec une grande tristesse. Elle reprit:/ – Je mentirai pour toi, mon enfant. Mais mon mensonge ne te sauvera pas des tourments que tu te prépares. Prends garde! l'enfer s'ouvre, je viens de voir l'abîme se creuser devant toi, et tu y tomberas si tu te livres à l'impure.../ – Tais-toi folle, cria de nouveau Guillaume./ Madeleine reculait sous le regard ardent de la fanatique. [...] Alors la voix de Geneviève s'éleva, brève et fatale:/ – Dieu le Père ne pardonne pas! dit-elle.(MF 154f.)

Mit diesen sybillinischen Worten entläßt Geneviève ihren Herrn. Weder Guillaume noch Madeleine kommen auf die Idee, Geneviève für ihr Lauschen zu rügen. Im Gegenteil, sie wissen, welchen Einfluß sie besitzt und schenken ihren düsteren Worten Glauben. Geneviève behandelt Guillaume wie ihren kleinen Jungen und duzt ihn. Obwohl sie die Flucht als unnütz erachtet, will sie für ihn lügen, ihren mütterlich selbstlosen Gefühlen hier folgen und Treue beweisen. Dies verhindert nicht ihre deutlichen Worte der Warnung vor Madeleine. Im Vergleich dazu, erscheint Françoise als Personifikation der „Justice éclairant le Crime" (CG 302), als sie Albertine und Marcel im Schlafzimmer überrascht. Während der Abwesenheit von Marcels Mutter, erinnert sie ihn täglich daran, daß Albertine nicht sein Typ sei:

> «Certes vous êtes gentil et je n'oublierai jamais la reconnaissance que je vous dois (ceci probablement pour que je crée des titres à sa reconnaissance). Mais la maison est empestée depuis que la gentillesse a installée ici la fourberie, que l'intelligence protège la plus bête qu'on ait jamais vue, que la finesse, les manières, l'esprit, la dignité en toutes choses, l'air et la réalité d'un prince se laissent faire la loi et monter le coup et me faire humilier moi qui suis depuis quarante ans dans la famille, par le vice, par ce qu'il y a de plus vulgaire et de plus bas.» Françoise en voulait surtout à Albertine d'être commandée par autre que nous [...]. Certes elle eût voulu qu'Albertine-Esther fût bannie. (P 90)[71]

Françoise als auch Geneviève sind gegen die Beziehung ihres Herrn, da sie sie für schädlich erachten. In der Bewertung der jeweiligen Frauen sind beide Dienerinnenfiguren Opfer ihrer vorgefertigten Bilder (MK 2). Albertine ist für Françoise ein gewinnsüchtiger Nichtsnutz, Madeleine eine Verderbnis bringende Verführerin. Beide Frauen des jeweiligen Herrn werden mit biblischen Vorbildern assoziiert. Beide Dienerinnen reden gern in biblischen Gleichnissen oder Allegorien (MK 3.2). Klar ist dennoch, wer gemeint ist. Geneviève hält Madeleine – nun allerdings in einem Streitgespräch mit der jungen Frau – ebenso ihr Alter vor, das an sich schon Respekt erfordert, aber auch ihre gefestigte Rolle im Familienverbund erneut untermauert (MK 4.1.2):

> Regardez-moi donc, et regardez-vous. J'ai cent ans bientôt; j'ai vieilli dans le devoument et la prière, je n'ai pas une faute à me reprocher, lorsque je songe à ma longue vie [...] je ne dois pas vous obéir./ Elle prononçait ces paroles avec un orgueil indomptable, une conviction profonde, car elle considérait Madeleine comme une voleuse qui se serait introduite par surprise à la Noiraude et qui aurait cherché à y voler l'estime et la paix. La jeune femme s'exaspérait à chacune de ses attaques./ – Vous sortirez, reprenait-elle avec force. Suis-je ou non la maîtresse ici?... Ce serait risible, que je fusse obligée d'abandonner ma demeure à une servante./ – Non, je ne sortirai pas, répondait

---

[71] cf. auch CS 86, wo Françoise „la vérité" ist, die über „l'erreur" (das Küchenmädchen) triumphiert.

nettement Geneviève. Dieu m'a mise dans cette maison pour veiller sur mon fils Guillaume et pour vous punir de vos fautes... Je resterai jusqu'au jour où il sera délivré de vos bras, et où je vous verrai écrasée sous la colère du ciel.(MF 231)

Geneviève dominiert in der Tat Madeleine als auch Guillaume „étrangement tous deux, par son âge, par son attitude exaltée de prophétesse" (MF 233). Wenn sich Guillaume auch den Mut wünscht, Geneviève in den Park-Pavillon zu verbannen, so wagt er nicht, sie dazu zu zwingen. Grund: „elle avait bercé son père, elle l'avait élevé lui-même, il ne pouvait la chasser" (MF 233).[72] Wenn auch Françoises warnende Auftritte in einen humorvoll-ironischen Kontext eingebettet sind, diejenigen von Geneviève dagegen den fatalistischen Gang der Dinge symbolhaft unterstreichen und negative Gefühle beim Leser erzeugen, so offenbart sich in der interpersonalen Relation zwischen Herr-Dienerin-Geliebter/Frau ein identisches Ergebnis: Françoise als auch Geneviève behalten grundsätzlich recht mit ihren Warnungen (A/B). Marcel realisiert am Ende der *Recherche* Françoises intuitiv richtige Erkenntnis, daß Albertine ihm „des chagrins" verursachen werde. Auch Geneviève wird recht behalten mit ihrer Weissagung, ein Abgrund werde sich vor ihm auftun, wenn er bei Madeleine bleibt.[73] In der Tat verwindet Guillaume nicht Madeleines Geständnis und sieht sich selbst in Abwesenheit der Mahnerin Geneviève von Jacques Bild verfolgt. In den Gesichtszügen seiner Tochter glaubt er den alten Geliebten seiner Frau zu erkennen, ja in Madeleines Zügen selbst. Madeleine ist dadurch nicht mehr zu seiner ersehnten Beruhigung befähigt.

Trotz der offenliegenden Unterschiede in der literarischen Behandlung beider situativen Muster Herr-junge Frau-Eifersucht und Warnung der Dienerin – erscheint mir die – ob zufällig oder nicht in der intertextuellen Echokammer entstandene – sehr eng beieinanderliegende Reaktion und sprachliche Äußerung der jeweiligen Dienerin doch bemerkenswert.

4.6.4.2 Rose

Rose stellt mithin eine der dümmsten und ungerechtesten Varianten einer Zolaschen Dienerin dar – mit Blick auf ihr Verhalten gegenüber dem Herrn.[74] Innerhalb von *La Conquête de Plassans* wechselt sie dreimal ihre 'Gunstbezeugung': von ihrem ursprünglichen Herrn Mouret auf dessen Frau Marthe und schließlich auf die den Haushalt

---

[72] cf. auch Guillaumes Lobeshymne auf seine Dienerin zu Anfang des gemeinsamen Zusammenlebens mit Madeleine, MF 126: „– Geneviève, poursuivait Guillaume, est une nature dévouée; elle nous évite bien des ennuis en dirigeant tout au chateau; elle m'a vu naître, elle a vu naître mon père...Sais-tu qu'elle doit avoir plus de quatre-vingt-dix ans, et qu'elle est encore ferme et droite? Elle travaillera à cent ans passés. Il faut l'aimer, Madeleine, c'est une vieille servante de la famille."

[73] cf. auch MF 136: „Lorsque, à la nouvelle de la résurrection de Jacques, le visage de Madeleine eut de brusques contractions, Geneviève fut convaincue que c'était le diable dont elle se trouvait possédée, qui la forçait à faire malgré elle ces grimaces de douleur." Geneviève versteht zwar nicht das innere Drama Madeleines, aber „(...) elle eut conscience que le péché l'étouffait."

[74] Übertroffen wird sie eigentlich nur noch durch Rachel aus *Pot-Bouille*, die direkt einen Schwall Flüche auf ihre Ex-Herren niederprasseln läßt, was selbst die, unter sich über ihre Herren lästernden übrigen Dienerinnen konsterniert (PB 361f.).

okkupierende Familie des Abbé Faujas. Von Treue und Verläßlichkeit kann man daher nur im begrenzten Maße bei ihr sprechen. Ihre stark ausgeprägte Neugier mit einem sadistischen Einschlag, aus der allerdings kein Verständnis der wahren Begebenheiten resultiert, sowie ihr sehr einfach-dümmliches Weltbild sind die Triebfedern ihres Handelns. Damit bildet Rose zunächst einmal nur einen Gegensatz zu Françoise. Wie sieht es dagegen mit der interpersonalen Relation zum Herrn im Detail aus (A)? Der erste Auftritt von Rose und das erste Zusammentreffen mit Mouret ist signifikant:

> Dans la salle à manger, dont la fenêtre était grande ouverte sur la terrasse, la vieille Rose, depuis un moment, mettait le couvert, avec des bruits irrités de vaisselle et d'argenterie. Elle paraissait de fort méchante humeur, bousculant les meubles, grommelant des paroles entrecoupées. Puis elle alla se planter à la porte de la rue, allongeant le cou, regardant au loin la place de la sous-préfecture. Après quelques minutes d'attentes, elle vint sur perron, criant:/ «Alors, M. Mouret ne rentrera pas dîner?/ – Si, Rose, attendez, répondit Marthe pasisiblement./ – C'est que tout brûle. Il n'y a pas de bon sens. Quand monsieur fait de ces tours-là, il devrait bien prévenir... Moi, ça m'est égal, après tout. Le dîner ne sera pas mangeable./ – Tu crois, Rose? dit derrière elle une voix tranquille. Nous le mangerons tout de même, ton dîner.»/ C'était Mouret qui rentrait, Rose se tourna, regarda son maître en face, comme sur le point d'éclater; mais, devant le calme absolu de ce visage où perçait une pointe de goguenarderie bourgeoise, elle ne trouva pas une parole, elle s'en alla.(CP 902)

Rose ist mürrisch und barsch im Ton. Ihre Beziehung zu ihrem Herrn ist geprägt von einer aufgestauten Abneigung, herrührend von seiner ironischen, seine Dienerin nicht ernst nehmenden Behandlung. Gleichzeitig ist sie aber auch eine Art 'alter ego' ihres Herrn in der Tradition der klassischen Komödie. Neugierig wie er, ist sie für ihn die Informationsquelle über die neuen Mitbewohner im Haus: den Abbé Faujas und seine Mutter. Mouret trifft Rose heimlich in ihrer Küche, um seine Neugierde zu stillen. Als er in Streit mit ihr über das unfruchtbare Ergebnis der Unterhaltung mit Mme Faujas gerät und sie als „une bête" abqualifiziert – Rose hat alles über Mourets Familie ausgeplaudert, ohne etwas von den Verhältnissen des Abbé erfahren zu haben –, schreit sie ihm wutentbrannt ins Gesicht, was sie bewegt:

> La vieille cuisinière n'était pas patiente; elle se mit à marcher violemment, bousculant les poêlons et les casseroles, roulant et jetant les torchons./ «Vous savez, monsieur, bégayait-elle, si c'est pour me dire des gros mots que vous êtes venu dans ma cuisine, ce n'était pas la peine. Vous pouvez vous en aller... Moi, ce que j'en ai fait, c'était uniquement pour vous contenter. Madame nous trouverait là ensemble, à faire ce que nous faisons, qu'elle me gronderait, et elle aurait raison, parce que ce n'est pas bien... Après tout, je ne pouvais pas lui arracher les paroles des lèvres, à cette dame. Je m'y suis prise comme tout le monde s'y prend. J'ai causé, j'ai dit vos affaires. Tant pis pour vous, si elle n'a pas dit les siennes. Allez les lui demander, du moment où ça vous tient tant au coeur. Peut-être que vous ne serez pas si bête que moi, monsieur...»/ Elle avait élevé la voix. Mouret crut prudent de s'échapper, en refermant la porte de la cuisine, pour que sa femme n'entendît pas. Mais Rose rouvrit la porte derrière son dos, lui criant, dans le vestibule:/ «Vous savez, je ne m'occupe plus de rien; vous chargerez qui vous voudrez de vos vilaines commissions.»(CP 924)

Mouret wird sich in seiner Neugierde und Schwatzsucht kurz darauf genauso blamieren, wie zuvor seine Dienerin Rose. Nach dem ersten ausführlicheren Gespräch mit dem Abbé stellt er fest, daß er eigentlich nichts wesentliches von seinem neuen Mitbewohner erfahren habe, stattdessen selbst nur als Informationsquelle für ihn diente.[75] Damit reagiert er in der

---

[75] cf. CP 935: „Ce diable d'homme! il ne demande rien et on lui dit tout!".

gleichen Art wie Rose, die Dienerebene (die Mutter des Abbé hat den Status einer Dienerin ihres Sohnes inne) nimmt die Herrenebene vorweg. Der komische Effekt bleibt nicht aus. Mouret ist seiner Dienerin ähnlicher als geglaubt, eine Erfahrung die auch Marcel mit Françoise machen wird. Inhaltlich ist dieses situative Muster (B) allerdings auf andere Erfahrungsbereiche gestützt. Rose dient Mouret weiterhin als Informationsquelle, da sie sich in die Gespräche ihrer Herren bei Tisch einschaltet (CP 966). Ihre Schwatzsucht ist mithin größer als ihre Wut.[76] In diesem Verhalten offenbart sich zudem ihr Selbstbewußtsein, das dasjenige der redegewandten Françoise präludiert (MK 4.1). Roses aufgestaute Wut gegen ihren Herrn wird sich später in Haß wandeln. Mit abnehmender Macht im Haus und steigender Verwirrung Mourets sowie zunehmender religiöser Exaltation von Marthe nimmt Roses Einflußsphäre zu, so daß sie schließlich „toute puissante au logis" (CP 1010) wird:

> Rose était devenue toute-puissante au logis. Elle bousculait Mouret, le grondait, parce qu'il salissait trop de linge, le faisait manger quand le dîner était prêt. Elle entreprit même de travailler à son salut./ «Madame a bien raison de vivre en chrétienne, lui disait-elle. Vous serez damné, vous, monsieur, et ce sera bien fait, parce qu'au fond vous n'êtes pas bon; non, vous n'êtes pas bon!... Vous devriez la conduire à la messe, dimanche prochain.(CP 1010)

Die schon bekannte Konstellation: 'religiöser Glaube gleich Verminderung der Verstandeskapazität' (MK 4.4) steigert sich bei Rose zur völligen Dummheit. Schließlich resultiert aus ihrer starken Neugierde kein Wissen der Verhältnisse (CP 1069) – im Gegensatz zu Françoise (MK 4.5). Zudem will sie nicht ihren Herrn aus Liebe zu ihm – wie noch Martine – bekehren, sondern einfach weil es sich so gehört und ihrer Vorstellungswelt entspricht (MK 2). Rose möchte – trotz aller negativen Eindrücke, die sie mit ihrem Handeln hinterläßt – grundsätzlich das Beste für ihre Herren erreichen. Das Problem liegt lediglich darin, daß sie allein definiert, was das Beste für ihre Herren ist und völlig unbeugsam bleibt, fällt das Handeln der Herren konträr zu ihren persönlichen Maximen aus. Wollen und Wirken differieren bei Rose, im Gegensatz zu Françoise, die zwar einen ähnlich rigiden persönlichen Moralkodex besitzt, die jedoch ihr Gegenüber als selbständiges Wesen erkennt und entsprechend flexibel reagiert, sofern nicht ureigenste Artikel ihres Kodexes damit aufgegeben werden müssen. Weitere Inhalte von Roses Denkkonzepten stehen in Kontrast zu denjenigen Françoises (MK 2). Rose ist nach Eigendefinition „dévote"(CP 915). Mitleid (MK 4.3) kennt sie deshalb nur für Personen des geistlichen Standes: für Abbé Faujas und seine familiären „Ableger" sowie für den Abbé Surin (CP 1061) und Serge (CP 1037ff./CP 1202/CP 1212), den Sohn Mourets, der sich für das Priesteramt entscheidet. Rose erzieht Serge – ähnlich wie Geneviève Guillaume – nicht zur Stärke, sondern zur Schwäche und entschuldigt all seine nervösen Exaltationen. Auch in der interpersonalen Relation (A) zum jungen Herrn läßt sich Françoise lediglich als kontrastive Replik auf Rose lesen: Erziehung zur Schwäche entspricht Roses Fähigkeit und Bedrohung geht von ihr aus. Beides wandelt sich bei Françoise zur Stärkung des Charakters des Herrn sowie zur Unterstützung seiner Vorhaben, die seinem Wesen entsprechen. Roses zunehmendes inhaltliches Gewicht

---

[76] cf. auch CP 912f., als Rose ihre neuesten Beobachtungen über den Abbé und seine Mutter ihren Herren in lebhafter Weise weitererzählt.

spiegelt sich auch formal wieder: Die Auftrittsfolgen von Rose und lange Gesprächssequenzen mit ihr nehmen quantitativ zu. Dabei fallen vor allem ihre grausamen Reaktionen gegen Mouret auf. Als sie Serge zu verteidigen sucht, setzt sie seinen Vater kurzerhand vor die Tür:

> Si la cuisinière était là, elle mettait son maître à la porte, en lui criant:/ «Laissez-le donc tranquille, ce mignon! vous voyez bien que vous le tuez avec vos brutalités... Allez, il ne tient guère de vous, il est tout le portrait de sa mère. Vous ne le comprendrez jamais, ni l'un ni l'autre.»(CP 1037)

Als Serge krank wird, läßt sie ihn nicht zu ihm und schiebt ihm die Schuld für dessen Krankheit zu. Mourets rotgeweinte Augen beeindrucken sie in keinster Weise. Seit Rose „n'obéissait plus qu'à madame" (CP 1005), Marthe allerdings nur ihr Kirchgang wichtig ist, regiert Rose unbarmherzig und selbstbewußt im Haushalt. Sie öffnet dem Abbé Faujas den Salon als Empfangszimmer für seine Gäste:

> «Entrez donc, disait-elle. Est-ce que vous n'êtes pas chez vous ici! Il est inutile de faire monter deux étages à monsieur le juge de paix... Seulement, si vous m'aviez prévenue ce matin, j'aurais épousseté le salon.»(CP 1029)

Auf die ironische Frage Mourets, ob Rose dem Abbé demnächst noch sein Bett anbieten werde, antwortet sie nur abschätzig, daß er niemals ein „bon coeur" besessen habe. Egal, was Mouret tut oder sagt, Rose verfolgt ihn mit ihren Tiraden, selbst wenn er schweigt:

> Rose remarqua qu'il affectait un silence presque absolu, qu'il évitait même de saluer l'abbé Faujas./ «Savez-vous que vous n'êtes guère poli? lui dit-elle un jour hardiment; monsieur le curé vient de passer, et vous lui avez tourné le dos... Si c'est à cause de l'enfant que vous faites ça, vous avez bien tort. Monsieur le curé ne voulait pas qu'il entrât au séminaire; il l'a assez chapitré là-dessus; je l'ai entendu... Ah! la maison est gaie, maintenant; vous ne me causez plus, même avec madame; quand vous vous mettez à table, on dirait un enterrement... Moi, je commence à en avoir assez, monsieur.»/ Mouret quittait la pièce, mais la cuisinière le poursuivait dans le jardin./ «Est-ce que vous ne devriez pas être heureux de voir l'enfant sur ses pieds? [...] Mais vous êtes de pierre, vous, monsieur... Et comme il sera gentil, le mignon, en soutane!»/ Alors, Mouret montait au premier étage. Là, il s'enfermait dans une chambre, qu'il appelait son bureau, une grande pièce nue, meublée d'une table et de deux chaises. Cette pièce devint son refuge, aux heures où la cuisinière le traquait.(CP 1041)

Die Beziehung zum Herrn hinterläßt den Eindruck einer psychischen Grausamkeit (MK 4.2), die von dem Herrn mitverursacht wurde. Sein die Dienerin lächerlich machendes Verhalten ist die Basis einer gegenseitig gesteigerten Abneigung. Die Beziehung zwischen Marcel und Françoise bleibt nur solange von bitteren Reaktionen geprägt, wie beide Teile noch nicht zu einer ihrem jeweiligen Wesen entsprechenden Kommunikationsbasis gefunden haben. Sobald dies der Fall ist, wird Françoise nur noch denjenigen Personen gegenüber grob auftreten, die ihr Grund für eine Eifersucht liefern. Je respektloser das Verhältnis zu Mouret wird, desto enger wird es zur 'neuen Herrin' Marthe, die komplett unter Roses Einfluß steht. Rose bestiehlt Mouret für ihre Herrin und gibt ihr den Erlös aus den heimlich verkauften Dingen (CP 1068).[77] Als Mouret Rose des Diebstahls bezichtigt, gibt sie die Vorwürfe an Mouret zurück:

---

[77] cf. CP 1068: „Cette année-là, elle fit disparaître les plus beaux fruits du jardin et les vendit; elle débarrassa également le grenier d'un tas de vieux meubles, si bien qu'elle finit par réunir une somme de trois cents francs,

«Moi, une voleuse! monsieur! s'était-elle écriée. Faites bien attention à ce que vous dites!... Parce que vous m'avez vue vendre une bague de madame. Elle était à moi, cette bague; madame me l'avait donnée, madame n'est pas chienne comme vous... Vous n'avez pas honte, de laisser votre pauvre femme sans un sou! [...] Je vendrais la maison, vous entendez? La maison tout entière. Cela me fit trop de peine de la voir aller nue comme un saint Jean.»(1071)

Rose glaubt sich im Recht. Nach ihrer Ordnungsvorstellung ist es ein Skandal, daß Mouret das Geld vor seiner Frau verschließt und sie tagtäglich in demselben Kleid herumlaufen läßt (MK 2). Als er ihr schließlich mit dem Rauswurf droht, wendet sie ebenfalls die Drohung gegen ihn um:

«Essayez donc!... Il y a vingt-cinq ans que je vous sers, monsieur. Madame s'en irait avec moi.»/ Marthe, poussée à bout, conseillée par Rose et par Olympe, se révolta enfin.(CP 1072)

Rose kann sich dieses selbstbewußte Auftreten nur deshalb leisten, da sie sich einer entsprechend gefestigten Stellung im Familienverbund sicher ist (MK 4.1.2). Diese Stellung beruht auf einer wirklichen despotischen Führung, Françoises Stellung dagegen in der Erkenntnis der Herren ihrer guten Seiten. Die Stellung im Haus beider Dienerfiguren ist zwar identisch, die Basis dafür allerdings konträr.

Unter dem Einfluß von Rose wandelt sich Marthes Sanftmut in Groll, der sich selbst gegen ihre zurückgebliebene Tochter wendet. Mit ihrem Widerwillen gegen ihre Tochter wird sie nur zum verlängerten Arm von Rose, die sich durch die dreckige Desirée gestört fühlt. Zur neuen Wahlherrschaft wird ihr die Familie Faujas. Besonders mit der Mutter verbindet sie viel:

Alors, une grande intimité s'établit entre Rose et Mme Faujas; la cuisinière était ravie d'avoir toujours là une personne qui consentît à l'écouter, pendant qu'elle tournait ses sauces. Elle s'entendait à merveille, d'ailleurs, avec la mère du prêtre, dont les robes d'indienne, le masque rude, la *brutalité populacière* [meine Hervorhebung] la mettaient presque sur un pied d'égalité. Pendant des heures, elles s'attardaient ensemble devant leurs fourneaux éteints. Mme Faujas eut bientôt un empire absolu dans la cuisine [...].(CP 1084)

Roses Herkunft ist nur vage verortet. Sie stammt wahrscheinlich aus der Region ihrer Herren, sicherlich ist sie bäuerlicher Natur und neigt wie die Mutter Faujas zu einer „brutalité populacière" (MK 1). Diese Brutalität zeigt sich in fast allen Situationen und Verhältnissen, so daß sie zum beherrschenden Wesensmerkmal von Rose wird. Roses Mitleid bleibt nur dann bestehen, wenn die Herren ihre Vorgaben erfüllen bzw. ohne Ausnahme bei geistlichen Würdenträgern (MK 4.3). Françoise kombiniert zwar auch beide Motivklassen in ihrer Makrostruktur, ihr grausamer Zug (MK 4.2) dominiert aber nicht ihre Gutmütigkeit (MK 4.3), wenn auch ihre „rudesse" stark ausgeprägt ist. Françoise darin gleichend, ist Rose eitel und hat das Bedürfnis, für ihre Essenszubereitung Komplimente zu erhalten (MK 4.1).[78] Der Abbé Faujas erfüllt diese Forderung, weshalb er in Roses Ansehen an oberster Stelle steht (CP 1085). Mouret dagegen erhält für seine ehemalige gleichgültige

---

qu'elle remit triomphalement à Marthe. Celle-ci embrassa la vieille cuisinière./«Ah! que tu es bonne! dit-elle en la tutoyant."

[78] cf. auch die Stelle, als Rose für den „oncle Macquart" einen warmen Wein nach ihrem eigenen Rezept kreiert und er ihr dafür Komplimente macht (CP 1184f.). Rose ist dadurch in ihrer Wut auf Marthe, die ihren Mann im Irrenhaus besucht hat, „calmée, chatouillée par ces compliments" und „se mit à rire" (CP 1185).

und mockierende Haltung nur noch die schlechtesten Essensstücke. Das Kochen bzw. Essen wird bei Rose damit zum Ausdruck ihrer Verachtung oder Verehrung. Ein mögliches Ausdrucksmittel ihrer Gefühle bildet das Essen auch bei Françoise. Es bleibt aber nicht dabei, sondern gewinnt künstlerische Aussagekraft (MK 3.3).

Beim gemeinsamen Beobachten des Abbé bei den 'Dienstagstreffs' im Garten bringt Rose die Vorzüge des Abbé für sie als Herrn wie folgt auf den Punkt:

> Mme Faujas et Rose, du fond du vestibule, allongeaient la tête, admiraient avec des ravissements la bonne grâce que monsieur le curé mettait à recevoir les gens les mieux posés de Plassans./ «Allez, madame, disait la cuisinière, on voit bien tout de suite que c'est un homme distingué... Tenez, le voilà qui salue le sous-préfet. Moi, j'aime mieux monsieur le curé, quoique le sous-préfet soit un joli homme... Pourquoi donc n'allez-vous pas dans le jardin? Si j'étais à votre place, je mettrais une robe de soie, et j'irais. Vous êtes sa mère, après tout.»/ Mais la vieille paysanne haussait les épaules./ «Il n'a pas honte de moi, répondait-elle; mais j'aurais peur de le gêner... J'aime mieux le regarder d'ici. Ça me fait davantage plaisir./ – Ah! je comprends ça. Vous devez être bien fière!... Ce n'est pas comme monsieur Mouret, qui avait cloué la porte pour que personne n'entrât. Jamais une visite, pas un dîner à faire, le jardin vide à donner peur le soir. Nous vivions en loups. Il est vrai que monsieur Mouret n'aurait pas su recevoir; il avait une mine, quand il venait quelqu'un, par hasard... Je vous demande un peu s'il ne devrait pas prendre exemple sur monsieur le curé. Au lieu de m'enfermer, je descendrais au jardin, je m'amuserais avec les autres; je tiendrais mon rang, enfin... Non, il est là-haut, caché comme s'il craignait qu'on lui donnât la gale... A propos, voulez-vous que nous montions voir ce qu'il fait, là-haut?»(CP 1096f.)

Auch Françoise will, daß ihre Herren ruhig ein bißchen mit ihrem Reichtum protzen und schätzt den Verzicht darauf nicht sehr. Da sich Mouret nicht wie ein Hausherr gebärdet, wie er nach Roses Vorstellung sein sollte oder in Françoises Worten nicht den Kodex des „ce qui se doit" erfüllt, kann er auch der Lächerlichkeit in der Öffentlichkeit preisgegeben werden. Rose beobachtet ihn durch das Schlüsselloch und sieht ihn untätig herumsitzen, oder nach ihren Worten „faire le mort" (CP 1097). Nach den ersten Nervenkrisen von Marthe holt Rose konsequenterweise nicht Mouret, sondern den Abbé Faujas ans Bett. Als sich eines Nachts Marthe selbst geißelt und Mouret konsterniert neben dem Bett von der Dienerin und den Faujas überrascht wird, bezichtigt ihn Rose der Mißhandlung seiner Frau. Rose verbreitet im Dorf die Geschichte der Prügelszenen und macht sich auch mit der Dienerin der Nachbarn Rastoil über Mouret lustig (CP 1108ff.). Das Ansehen von Mouret und seinem Haushalt ist ihr egal, sie identifiziert sich nur mit den neuen Herren Faujas, kann daher selbst zum schlechten Prestige von Mourets Haushaltsführung beitragen. Eine ähnliche Reaktion Françoises ist nie zu erwarten. Unter allen Umständen muß das Ansehen des Hauses verteidigt werden, weil es die Quelle des eigenen Selbstbewußtseins darstellt (MK 4.1). Die Verbalattacken von Rose schlagen letztendlich in physische um, als Marthe sich eines Nachts äußerst grausam selbst mißhandelt und Mouret dafür wiederum die Schuld von den Außenstehenden zugeschoben wird. Sie bezichtigt ihn der Monsterallüren und schleift ihn in ein anderes Zimmer, wo er von den Aufsehern des Irrenheims schließlich – nach Rose verdientermaßen – abgeführt wird (CP 1134ff.). Die Demontierung Mourets geht mit der Wertschätzung von Faujas als alleinigen Hausherrn parallel. Als Marthe immer weniger die gleichgültige Behandlung des Abbé ihr gegenüber erträgt und keinerlei Ersatzbefriedigung für ihre Liebe zu ihm in ihren Kirchgängen und Geißeleien findet, wird sie auch für Rose zum Laster. Marthe ist nur solange als Herrin akzeptabel, wie sie Roses

Weltbild teilt, Faujas sei der beste vorstellbare Herr. Wer einmal in Mißkredit bei Rose fällt, wird lebenslang unbarmherzig behandelt. Auch Marthe wird dieses Schicksal ereilen, als sie dem Abbé Faujas ungehorsam wird:

> «Monsieur le curé sait bien qu'il n'y a pas de ma faute, disait-elle. Madame est bien drôle. Toute malade qu'elle est, elle ne peut pas rester une heure dans sa chambre. Il faut qu'elle aille, qu'elle vienne, qu'elle s'essouffle, qu'elle tourne pour le plaisir de tourner, sans rien faire... Allez, j'en souffre la première; elle est toujours dans mes jambes, à me gêner... Puis, lorsqu'elle tombe sur une chaise, c'est pour longtemps. Elle reste là, à regarder devant elle, d'un air effrayé, comme si elle voyait des choses abominables... Je lui ai dit plus de dix fois, ce soir, qu'elle vous fâcherait en ne montant pas. Elle n'a pas seulement fait mine d'entendre.»(CP 1155)

Gesteigert wird Roses Wut, als ihr Weltbild durch die Rückkehr Marthes zu ihrem Mann ins Wanken gerät. Marthe will sich wieder mit dem mittlerweile wahnsinnig gewordenen und bei Rose in Ungnade gefallenen Mouret versöhnen und fährt deshalb ins Heim für geistig Gestörte „aux Tulettes". Als Rose das Fahrtziel erkennt, verfolgt sie Marthe den ganzen Weg lang mit ihren Verbaltiraden. Rose weissagt Marthe, ihre „invention baroque", Mouret wiedersehen zu wollen, werde sie fürchterlich aufregen. Sie selbst habe dann mit ihrer Pflege zu tun. Sie wüßte nicht die Freundschaft der Familie des Abbé zu schätzen, die sie alle lieben würden. Schließlich resümiert Rose, daß „la méchanceté" von Mouret auf sie abgefärbt sei. Sie verteidigt die Faujas und die Trouche und klagt ihre Herrin „de toutes sortes de vilenies" an (CP 1178f.). Wie sehr sich Rose von den Verstellungen der neuen Mitbewohner täuschen läßt und wie wenig sie ein Gepür für die wahren Verhältnisse hat, zeigt auch folgende Schlußfolgerung (MK 4.4):

> «Ce sont ces gens-là qui seraient de braves maîtres, s'ils avaient assez d'argent pour avoir des domestiques! Mais la fortune ne tombe jamais qu'aux mauvais coeurs.»(CP 1179)

Als Marthe schließlich im Sterben liegt und ihre Mutter Mme Rougon Rose nach Serge schickt, verweigert sich Rose zunächst aus Mitleid mit Serge und Unnachsichtigkeit gegenüber Marthe:

> «Vous voulez donc le tuer aussi, ce pauvre petit! dit-elle. Ça lui porterait un coup trop rude, d'être réveillé au milieu de la nuit, pour venir voir une morte... Je ne veux pas être son bourreau.»/ Rose gardait rancune à sa maîtresse. Depuis que celle-ci agonisait, elle tournait autour du lit, furieuse, bousculant les tasses et les bouteilles d'eau chaude./ «Est-ce qu'il ya du bon sens à faire ce que madame a fait? ajouta-elle. Ce n'est la faute à personne, si elle est allée prendre la mort auprès de monsieur. Et, maintenant, il faut que tout soit en l'air, elle nous fait tous pleurer... Non, certes, je ne veux pas qu'on force le petit à se lever en sursaut.»/ Cependant, elle finit par se rendre au séminaire.(CP 1202)

Als Serge schließlich am Sterbebett seiner Mutter weilt, verwünscht sich Rose, „dans une couleur bleue", daß sie ihm diesen Anblick zumutet:

> «Non, certes, je ne resterai pas dans la chambre; je ne veux pas voir des choses pareilles. Qu'elle crève sans moi! qu'elle crève comme un chien! Je ne l'aime plus, je n'aime plus personne... Aller chercher le petit, pour le faire assister à ça! Et j'ai consenti! Je m'en voudrai toute la vie... Il était pâle comme sa chemise, le chérubin. J'ai dû le porter du séminaire ici. J'ai cru qu'il allait rendre l'âme en route, tant il pleurait. C'est une pitié!... Et il est là, maintenant, à l'embrasser. Moi, ça me donne la chair de poule. Je voudrais que la maison nous tombât sur la tête, pour que ça fût fini d'un coup... J'irai dans un trou, je vivrai toute seule, je ne verrai jamais personne, jamais, jamais. La vie entière, c'est fait pour pleurer et pour se mettre en colère.»(CP 1212)

Rose hat wie Françoise einen festen Kodex, nach dem sie ihr Verhalten ausrichtet. Sie folgt ihrem „bon sens", der lediglich an der Oberfläche verbleibt, bei Françoise dagegen in die Tiefe geht (MK 2). Nur was sie sieht, gilt für sie. Sie hinterfragt nicht das Verhalten der mit ihr in Kontakt stehenden Personen, sondern nimmt es für bare Münze. Françoises Naivität (MK 4.4) geht nicht so weit. Wenn man sich einmal zu einer Entscheidung (der Trennung o.ä.) durchringt, muß man nach Roses Meinung dazu stehen. In seiner Unerbittlichkeit erscheint ihr Kodex für Außenstehende grausam. Ein Eindruck, dem Françoise durch die Variationsvielfalt ihrer Motivklassen entgegensteuert und damit positiv im Gedächtnis bleibt. Mitleid mit Herren, die sich ihrem Weltbild gemäß unpassend bzw. widersprüchlich verhalten, kennt Rose nicht. In ihrer religiösen Devotion unterwirft sie sich nur den Soutanenträgern und ist ihnen gegenüber von einer fast rührenden Mitleidsfähigkeit. Bei genauerem Hinsehen ist dieses Mitleid unangebracht, da nur Schwäche oder falsches Verhalten damit unterstützt wird. Françoises Mitleid ist dagegen in der Tat rührig und wirkt positiv auf ihre Persönlichkeit zurück (MK 4.3). Rose besitzt Anfälle von Aufopferungsbereitschaft für die Herren, die ihrem Ideal entsprechen: Für Marthe zeitweise bzw. für Faujas. Herren also, die sie ernsthaft behandeln und nicht lächerlich wie Mouret machen, noch unvernünftig wie Marthe sind. Rose stellt in gewisser Weise ein Extrembeispiel dafür dar, wo eine Verachtung der Dienerin durch den Herrn und ein fehlendes Aufeinandereingehen bei einer Dienerin hinführen kann. Rose ist nicht grundlos gegen Mouret grausam. Er trägt eine Mitschuld an der Eskalation, da er nicht einmal gewisse Grundregeln der Herr-Diener-Beziehung beachtet, wie beispielsweise ein nettes Wort oder die Einhaltung der Essenszeiten.

Trotz aller Grausamkeit zeigen alle Zitate Roses lebendige und sehr anschauliche Sprache (MK 3.2) – auch ihre dörflich und nicht ohne Erfindungskunst geprägte Ausdrucksweise wie „chipotière" (CP 1105). In Erinnerung sei gerufen, daß sie diese häufig mit ihren indirekten Ausdrucksformen verknüpft oder letztere alleine sprechen läßt: Das Töpfe-Scheppern als sprechender Ausdruck ihres Unmuts gegen ihre Herren findet sich auch bei Véronique wieder (MK 3.1). Das bisher Ausgeführte unterstreicht: Wenn auch oberflächlich analoge Motivklassen zu Françoises Makrostruktur bei Rose aufzufinden sind, so bilden sie in ihrer jeweiligen situativen oder interpersonalen Einbettung einen Konstrast zu ihr.

4.6.4.3 Véronique

Véronique – einzige Dienerin der Familie Chanteau aus *La Joie de vivre* – ist im Gegensatz zu Rose mit einem natürlichen Gerechtigkeitssinn ausgestattet, die sie die wahren Beweggründe der beteiligten Personen für ihr jeweiliges Verhalten durchschauen läßt. Zunächst hat man allerdings den Eindruck einer abgeschwächten Rose. Véronique unterdrückt ein Grollen. Dafür benutzt sie ein anderes Ausdrucksmittel, ihren Unmut gegen die neue Hausbewohnerin auszudrücken – gegen Pauline Quenu, zehnjährige Waise und Mündel der Chanteaus:

La bonne, une grande fille de trente-cinq ans, avec des mains d'homme et une face de gendarme, était en train d'écarter du feu un gigot qui allait être certainement trop cuit. Elle ne gronda pas, mais une colère blêmissait la peau rude de ses joues.(CP 807)

Françoise würde angesichts dieser Situation ihre „figure couvertes de petites marques cunéiformes et rouges" (CG 35) zeigen (MK 3.1). Im Gegensatz zu Rose umfaßt die rauhe Schale Véroniques einen weichen Kern – wie bei Françoise. Mit 15 Jahren tritt sie in den Haushalt von Chanteau ein, im Jahr seiner Hochzeit (JV 808). Eigentliche Herrin ist Mme Chanteau, die Véronique in jungen Jahren aufnimmt (JV 995). Véronique beschwert sich über die „histoires", die „mettent la maison en l'air" (JV 807) und meint damit die in Zusammenhang mit Paulines Mündelschaft noch zu erledigenden Formalitäten, um die sich Mme Chanteau in Paris kümmern muß. Als Chanteau sich um die aus Paris Verspäteten sorgt, schickt er Véronique zum Route-Beobachten nach draußen. In Selbstgesprächen macht sie ihrer Wut Luft:

– Ah! Dieu de Dieu! en voilà une morveuse qui peut se flatter de nous faire tourner en bourrique!/ Chanteau resta paisible. Il était accoutumé aux violences de cette fille [...].(JV 808)

Véronique schilt ihren Herrn, wenn er unvernünftigerweise in den Sturm geht, da sie dann nur seinen verschlimmerten Krankheitszustand – er leidet an Gicht – in der Pflege ausbaden müsse. Unterwürfig gehorcht er ihr und traut sich kaum nach ihren Beobachtungen zu fragen. Véroniques Verhalten findet bald darauf eine einsichtige Erklärung: Es stellt sich als Eifersucht heraus. Véronique zeigt bei der Begrüßung ihrer Herrin in Begleitung der kleinen Pauline „une face glacée et jalouse" (JV 812). Mme Chanteau wundert sich nicht über das mürrische Gesicht ihrer Dienerin und fragt sie daher auch nur ironisch nach ihrem Befinden (JV 813). Die Wutflecken auf Véroniques Wangen als auch ihr mürrisches Verhalten sind Ausdruck ihrer Eifersucht aber auch ihres gestörten Gerechtigkeitssinnes. So empfindet Véronique Pauline als unnötigen Eindringling, der ihr zusätzlich Arbeit auflaste. Dies gibt sie zwar nicht ihren Herren kund, es ist aber aus ihrem Verhalten und ihren Selbstgesprächen ersichtlich. Véronique hat sich um das Essen, den an Gicht erkrankten und laut darüber jammernden Hausherrn, als auch um den Gemüsegarten und die Organisation des übrigen Haushaltes zu kümmern. Ein weiteres Familienmitglied macht daher erst einmal Arbeit und stört den gewohnten Trott der Dinge. In der Tat hat Véronique gleich bei Paulines Ankunft Grund zum Ärger. Ihre Hammelkeule ist schon lange fertig. Ihre mehrmaligen Fragen nach dem Auftischen bleiben immer wieder durch neue Aufträge von Erledigungen im Haushalt unbeantwortet. Unter anderem muß Véronique im Auftrag von Mme Chanteau „s'agenouiller devant l'enfant, qui s'était assise" (JV 814), um ihr die Schuhe abzunehmen. Eine Arbeit, die nicht nur physisch die Dienerin erniedrigen dürfte. Françoise hätte sich in einer ähnlichen Situation sicherlich aus Stolz verweigert (MK 4.1). So ist es für Letztere beispielsweise unter ihrer Würde, für die Mädchen in Balbec bestimmte Dinge erledigen zu müssen (JF 725). Véronique kennt – wie später Françoise – das Gefühl der Eifersucht. In der Gestaltung der interpersonalen Relation Herrin-Dienerin-Eindringling läßt sich strukturell die interpersonale Relation Marcel-Françoise-Albertine erkennen (A).

Véroniques Gerechtigkeitssinn und ihr „bon sens" (MK 2) kommen vor allem in der interpersonalen Relation zu ihrer Herrin bzw. im Dreiecksverhältnis Mme Chanteau-Véronique-Pauline zum Ausdruck. Er wird sich aufgrund seiner starken Fundierung schließlich gegen sie selbst richten. Als Mme Chanteau Pauline sukzessive ihrer Erbschaft entledigt und ihren Sohn aus egoistischen Gründen zum Hochzeitsversprechen Pauline gegenüber verführt, ist Véronique stille Zeugin. Sie kommentiert die Intrige ihrer Herrin nicht. Stattdessen schließt sie sich in ihre Küche ein. Die Reaktion ist ausdrucksstark: Véronique ist dagegen. Mme Chanteau lebt schließlich von Paulines Geld. Die Wut Mme Chanteaus, darauf angewiesen zu sein, schlägt daraufhin in Haß auf Pauline um. Françoise ist mit den Artikeln ihres Kodex des „ce qui se doit" ähnlich eng zu einer Einheit verschmolzen wie Véronique (MK 2). Ihr 'bon sens' ist dagegen davor gefeit, sich selbst Schaden zuzufügen. Dafür sorgt ihr mithin wichtigster Artikel des 'ce qui se doit à soi-même'. Im Verhältnis zu ihren Herren wählt sie genauso gerne wie Véronique nonverbale Ausdrucksmittel, um plastisch ihren Unmut zum Ausdruck zu bringen (MK 3.1). Die neue Situation führt eine Änderung im Verhältnis Paulines zu Véronique herbei:

> Lorsqu'elle se retrouva seule avec Véronique, elle pleura; et la bonne se mit à bousculer ses casseroles, comme pour éviter de prendre parti. Elle grondait toujours contre la jeune fille; mais il y avait à présent, dans sa rudesse, des réveils de justice.(JV 879)

Als Véronique die Höhe des mittlerweile verbrauchten Vermögens mitbekommt, bricht sich ihre Empörung Bahn:

> Et, à ce moment même, en bas, Véronique bousculait ses casseroles. Elle était montée, elle avait surpris des chiffres, l'oreille collée contre la porte. Depuis quelques semaines, le sourd travail de sa tendresse pour la jeune fille chassait ses dernières préventions./ – Ils lui en ont mangé la moitié, ma parole! grondait-elle furieusement. Non, ce n'est pas propre... Bien sûr qu'elle n'avait pas besoin de tomber chez nous; mais était-ce une raison pour la mettre nue comme un ver?... Non, moi je suis juste, je finirai par l'aimer, cette enfant!(JV 894f.)

Véroniques Eifersucht impliziert ein Positivum: wo Eifersucht existiert, muß auch Liebe sein. Weil Véronique ihre Herrin liebt – im Gegensatz zu Rose, die deshalb auch keine Eifersucht kennt –, ist sie auf den neuen Schützling Pauline eifersüchtig. Ihr Gerechtigkeitssinn wird durch die Eifersucht dennoch nicht beeinträchtigt und bildet ein positives Charakterpendant zu ihrer äußerlich rauhen Art. Françoises starke Eifersuchtsgefühle auf Eindringlinge stehen denen Véroniques in nichts nach. Ihr Gerechtigkeitssinn umfaßt den Artikel der nötigen Selbstgerechtigkeit und kann daher auch einmal 'ungerecht' gegen Dritte ausfallen (MK 4.2). Ihre Solidarität mit Pauline und die Ablehnung des ungerechten Verhaltens ihrer Herrin drückt Véronique zunächst gestisch, bald aber auch in Anspielungen und direkt aus (MK 3.1/ MK 3.2). Ein paar Beispiele sollen genügen: Als Mme Chanteau sich über Paulines Großzügigkeit gegenüber den von ihr empfangenen Bettlern und Véroniques Hilfe aufregt, ruft Véroniqe laut die Geldforderung des Metzgers ihrer Herrin zu. Diese pumpt Pauline an, nachdem sie sie zuvor gerade an ihre moralische Pflicht erinnerte, sich nicht durch Bettlergaben selbst zu ruinieren. Pauline folgt zur Begleichung der Rechnung Véronique, die sich nicht ihres Grollens enthalten kann:

> – Encore votre argent qui la danse! grogna Véronique dans le corridor. C'est moi qui l'aurais envoyée chercher sa monnaie!... Il n'est pas Dieu permis qu'on vous mange ainsi la laine sur le dos!(JV 902)

Endgültig bricht sich Véroniques „tendresse véritable" (JV 917) für Pauline ihre Bahn, als letztere schwer an Angina erkrankt und zeitweise mit dem Tod kämpft. Sie ist zutiefst beunruhigt und holt selbst bei stürmischen Wetter den Arzt, ohne Rücksicht auf ihren verdreckten und aufgelösten Zustand. Ein Akt, der ihre „affection croissante pour cette enfant, qu'elle avait détestée d'abord" (JV 913) zum Ausdruck bringt. Auf dem Weg liefert sie dem Arzt einen Schauerbericht über Paulines Krankheitszustand, Zeichen ihrer regen Phantasie, aber auch ihrer ehrlichen Sorge um Pauline. Lazare akzeptiert ausschließlich Véroniques Hilfe bei Paulines Krankenpflege, die als Einzige eine wahrhaft selbstlose Zärtlichkeit für Pauline empfindet. In der Krankenpflege ist Véronique ähnlich selbstlos wie Françoise (MK 4.3), so daß das Haus nur von ihrem „pas lourd" widerschallt, „montant et descendant sans cesse, qui troublait la paix de l'escalier et des pièces vides" (JV 923). Als Paulines Rettung fest steht und Mme Chanteau ihre Meinung kund gibt, daß sie nie an eine ernsthafte Gefährdung geglaubt habe, behält Véronique das letzte Wort und bringt die Aussage entsprechend ihrem 'bon sens' und Gerechtigkeitssinn ins rechte Lot:

> – N'empêche que la chère enfant en a vu de grises, répliquait Véronique. Vrai! on me donnerait cent sous que je ne serais pas si contente.(JV 925)

Die sonst eher zurückhaltende Véronique schaltet sich vor allem dann selbstbewußt in die Gespräche ihrer Herrin ein, wenn diese die Tatsachen verdreht und immer ungerechter gegen Pauline wird (MK 4.1/MK 3.2):

> Aujourd'hui, la décomposition était faite, elle exécrait Pauline de tout l'argent qu'elle lui devait./ – Que veux-tu qu'on dise à une entêtée de cette espèce? continuait-elle. Elle est horriblement avare au fond, et c'est le gaspillage en personne. Elle jettera douze mille francs à la mer pour ces pêcheurs de Bonneville qui se moquent de nous, elle nourrira la marmaille pouilleuse du pays, et je tremble, parole d'honneur! quand j'ai quarante sous à lui demander. Arrange cela... Elle a un coeur de roc, avec son air de tout donner aux autres./ Souvent, Véronique entrait, promenant la vaisselle ou apportant le thé; et elle s'attardait, elle écoutait, se permettait même parfois d'intervenir./ Mademoiselle Pauline, un coeur de roc! oh! Madame peut-elle dire ça!/ D'un regard sévère, Mme Chanteau lui imposait silence. [...] Et, si elle se ruine, qui voudra d'elle, comment fera-t-elle pour vivre?/ Véronique, du coup, ne pouvait se contenir./ – J'espère bien que Madame ne la mettrait pas à la porte./ – Hein! quoi? reprenait furieusement sa maîtresse, que vient-elle nous chanter, celle-là?... Il n'est pas bien sûr pas question de mettre quelqu'un à la porte. Jamais je n'ai mis personne à la porte. Je dis que, lorsqu'on a hérité d'une fortune, rien ne me paraît plus sot que de la gâcher et de retomber à la charge des autres... Va donc voir ta cuisine si j'y suis, ma fille!/ La bonne s'en allait, en mâchant de sourdes protestations.(JV 928f.)[79]

Mme Chanteau hat sich Louise als neue rentable Schwiegertochter – Paulines Geld ist mittlerweile auf ein Minimum reduziert – für Lazare ausgeguckt und preist ihren Sohn vor Louise an. Als die genesende Pauline Lazare von ihrem Krankenbett an die frische Luft mit Louise schickt, übernimmt Véronique mit bewunderungswürdiger Energie ihre Pflege, ohne

---

[79] cf. auch JV 932, als Louise für Pauline spricht und Véronique sie darin unterstützt mit einem Seitenhieb auf Mme Chanteau: „Véronique, qui apportait les bougeoirs, intervenait de nouveau./– Vous avez bien raison d'être son amie, mademoiselle Louise, car il faudrait avoir un pavé au lieu de coeur, pour comploter de vilaines choses contre elle./– C'est bon, on ne te demande pas ton avis, reprenait Mme Chanteau."

ihre anderen Aufgaben zu vernachlässigen. Die zurückkehrende Scham zwischen Lazare und Pauline leistet einem vertrauteren Umgang Véroniques mit Pauline Vorschub. Wenn sie am Fenster die Bauarbeiten am Damm bzw. Lazares Ausgänge mit Louise beobachtet, leistet ihr Véronique Gesellschaft. Im Glauben, Pauline gefällig zu sein, wird Véronique geschwätzig:

> – Hein?, ça vous distrait, de regarder travailler ces hommes, répétait chaque jour Véronique, pendant qu'elle balayait la chambre. Bien sûr, ça vaut mieux que de lire. Moi, les livres me cassent la tête. Et, quand on a du sang à se refaire, voyez-vous, faut ouvrir le bec au soleil comme les dindons, pour en boire de grandes goulées.(JV 937)

Als sie über Louise als „duchesse" lästert, an der nichts dran sei und Lazares Verhalten kommentiert, bemerkt sie plötzlich Paulines Zittern und versucht den Schlag abzudämpfen:

> Ah! voilà M. Lazare qui la soulève, pour qu'elle ne mouille pas ses bottines. Il n'en a pas gros dans les bras, allez! C'est vrai qu'il y a des hommes qui aiment les os.../ Véronique s'interrompait net, en sentant près d'elle le tressaillement de Pauline. Sans cesse elle revenait à ce sujet, avec la demangeaison d'en dire davantage. Tout ce qu'elle entendait, tout ce qu'elle voyait à présent, lui restait dans la gorge et l'étranglait: les conversations du soir où la jeune fille était mangée, les rires furtifs de Lazare et de Louise, la maison entière ingrate, glissant à la trahison. Si elle était montée sur le coup, quand une injustice trop forte révoltait son bon sens, elle aurait tout rapporté à la convalescente; mais la peur de rendre celle-ci malade encore la retenait à piétiner dans sa cuisine, brutalisant ses marmites, jurant que ça ne pouvait pas durer, qu'elle éclaterait une bonne fois. Puis, en haut, dès qu'un mot inquiétant lui échappait, elle tâchait de le rattraper, elle l'expliquait avec une maladresse touchante./ – Dieu merci! M. Lazare ne les aime pas, les os! Il est allé à Paris, il a trop bon goût... Vous voyez, il vient de la remettre par terre, comme s'il jetait une allumette./ Et Véronique, craignant de lâcher d'autres choses inutiles, brandissait le plumeau pour achever le ménage [...].(JV 938)

Wenn Véronique innerlich gegen das Verhalten ihrer Herren revoltiert, vergewaltigt sie ihre Töpfe oder schwingt ihren Staubwedel, wählt also ein nonverbales Ausdrucksmittel (MK 3.1), um ihren Wutausbruch zu unterbinden. Der Undank und Verrat im Haus vergewaltigt ihren Gerechtigkeitssinn allerdings derart, daß sie nicht bis zur vollständigen Selbstaufgabe diese Art der Kommunikation beherrscht. In einem unbeachteten Moment entfährt ihr brüsk die Wahrheit vor Pauline, dies zudem in einer äußerst anschaulichen Sprache (MK 3.2). Als Pauline Véronique darum bittet, etwas Wäsche für die Krankenpflege ihres Onkels Chanteau aus Lazares Zimmer zu holen, meint Véronique:

> – Du linge!... Je viens de monter pour des torchons, et l'on m'a joliment reçue... Faut pas les déranger, paraît-il. C'est du propre!/ – Si tu demandais à Lazare? reprit Pauline, sans comprendre encore./ Mais emportée, la bonne avait mis les poings sur les hanches, et la phrase partit avant toute réflexion./ – Ah! oui, ils sont bien trop occupés à se lécher la figure, là-haut!/ – Comment? balbutia la jeune fille, devenue très pâle./ Véronique, étonnée elle-même du son de sa voix, voulant rattraper cette confidence qu'elle retenait depuis si longtemps, cherchait une explication, un mensonge, sans rien trouver de raisonnable.(JV 944)

Nachdem Pauline Lazare und Louise in flagranti beim Austausch von Zärtlichkeiten überrascht und Mme Chanteau beide in Schutz zu nehmen versucht, will sie das Haus verlassen. Angesichts des in seinen Leiden unerträglichen kranken Chanteau, mit dem nur Paulines Geduld fertig wird, bittet Mme Chanteau Véronique um Hilfe. Sie soll Pauline zum Bleiben bewegen. Bei dieser Gelegenheit hält Véronique ihrer Herrin eine Moralpredigt:

— As-tu entendu la scène que Mademoiselle vient encore de nous faire? demanda-t-elle à Véronique, qui s'était mise à nettoyer rageusement ses cuivres./ La bonne, le nez baissé dans le tripoli, ne répondit pas./ – Elle devient insupportable. Moi, je ne puis plus en rien tirer... Imagine-toi qu'elle veut nous quitter à présent; oui elle est en train de prendre ses affaires... Si tu montais, toi? si tu essayais de la raisonner?/ Et comme elle n'obtenait toujours pas de réponse: – Es-tu sourde?/ – Si ne ne réponds pas, c'est que je ne veux pas! cria brusquement Véronique, hors d'elle, en train de frotter un bougeoir à s'écorcher les doigts. Elle a raison de partir, il y a longtemps qu'à sa place j'aurais fiché le camp./ Mme Chanteau l'écoutait, bouche béante, stupéfaite de ce flot débordé de paroles./ – Moi, Madame, je ne suis pas bavarde; mais faut pas me pousser, parce que alors je dis tout... C'est comme ça, je l'aurais flanqué à la mer, le jour où vous l'avez apportée, cette petite; seulement, je ne peux pas souffrir qu'on fasse du mal au monde, et vous êtes tous à la martyriser tellement, que je finirai un jour par allonger des calottes au pemier qui la touchera... Ah! je m'en moque, vous pouvez bien me donner mes huit jours, elle en saura de belles! oui, oui, tout ce que vous lui avez fait, avec vos airs de braves gens!/ – Veux-tu te taire, enragée! murmura la vieille dame, inquiète de cette nouvelle scène!/ – Non, je ne me tairai pas... C'est trop vilain, entendez-vous! Il y a des années que ça m'étouffe. Est-ce que ce n'était pas déjà bien jolie de lui avoir pris ses sous? il faut encore que vous lui coupiez le coeur en quatre!...Oh! je sais ce que je sais, j'ai vu manigancer tout ça... Et tenez! M. Lazare n'a peut-être pas tant de calcul, mais il n'en vaut guère mieux, il lui donnerait aussi le coup de la mort par égoïsme, histoire de ne pas s'ennuyer... Misère! il y en a qui sont nées pour être mangées par les autres!/ elle brandissait son bougeoir, puis elle saisit une casserole qui ronfla comme un tambour, sous le chiffon dont elle l'essuyait. Mme Chanteau avait délibéré si elle ne la jetterait pas dehors. Elle réussit à se vaincre, elle lui demanda froidement: Alors, tu ne veux pas monter lui parler?... C'est pour elle, c'est pour lui éviter des sottises./ De nouveau, Véronique se taisait. Et elle grogna enfin:/ – Je monterai tout de même... La raison est la raison, et les coups de tête, ça n'a jamais rien valu./ [...] – Dis-lui bien qu'elle ne peut laisser Monsieur dans l'état où il est... Entends-tu?/ – Oh! pour ça, avoua Véronique, il gueule ferme, c'est bien vrai.(JV 947f.)

Véroniques selbstbewußtes Auftreten erinnert in Art und Ausdruck teilweise an Françoise, wenn sie auch in der Vehemenz des Vortrags Françoise in manchem übertrifft. Véronique fühlt sich sicherlich wegen ihrer gefestigten Stellung im Familienverbund zu ihrer Moralpredigt berechtigt – wie später Françoise zu der ihrigen (MK 4.1.2). Trotz allem vermuten beide Dienerinnen, ihre Herren könnten ihnen die Stellung kündigen; sind somit von der gleichen 'Angst' befallen. Véronique geht zu Pauline, da eine Gehorsamsverweigerung gegen ihr Pflichtgefühl sprechen würde (MK 2). Mme Chanteau erkennt, daß Véronique die einzige Person ist, die ein gewisses Vertrauensverhältnis zu Pauline besitzt und ist deshalb elementar auf ihre Hilfe angewiesen. Ein Grund, warum sie Véronique, trotz ihres Mißfallens, niemals wegschicken würde – genausowenig wie Marcel später auf diesen Gedanken käme, bei allen noch so offenen Worten Françoises oder gestischen Zeichen ihrer Verärgerung über ihre Herren.

Grundsätzlich erlaubt Véronique sich zwar, „de juger Madame, mais elle lui obéissait" (JV 957). Wenn Madame Chanteau ihre „accusations furieuses" (JV 954) gegen Pauline abläßt, widerspricht ihr Véronique im Guten und verteidigt Pauline. Ihre ganze aufgestaute Wut und die Wahrheit brechen dagegen umso heftiger aus ihr hervor, wenn sie mit Pauline allein in ihrer Küche ist. Pauline bedarf Véroniques klarer Worte, da sie selbst die Augen vor den wahren Verhältnissen verschließt und nicht nachzudenken bereit ist. Auch Marcel ist auf seine Dienerin angewiesen, um den Weg einzuschlagen, der ihm bestimmt ist (B). Nach der Zusammenfassung der 'Leidensgeschichte' Paulines im Chanteauschen Haushalt und der von gesundem Menschenverstand strotzenden Kommentierungen Véroniques dazu (JV 954ff.), bricht Pauline in Tränen aus. Véronique muß sich erleichtern, wenn sie nicht selbst krank werden will „de tous ces chagrins et de toutes ces injustices" (JF 956). Was

Véronique ihrer Herrin vor allem nicht verzeiht, ist Pauline „avoir repris M. Lazare, après vous l'avoir donné" (JV 955), weil sie nicht mehr reich genug ist. Tränen rühren sie allerdings derart, daß sie verspricht, nichts mehr zu sagen. Stattdessen nimmt sie tröstend Pauline in die Arme und küßt ihr die Haare (JV 956). Françoise bleibt bei dieser Art der Wehmutsbekundung genausowenig unerschütterlich wie Véronique und empfindet Mitleid (MK 4.3); auch ihre Mutterrolle ist stark ausgeprägt.

Die plötzliche Wassersucht-Krankheit ihrer Herrin nimmt Véronique zunächst nicht sehr ernst, da ihre Herrin selbst zu simulieren und viel eher damit beschäftigt zu sein scheint, „à cracher sur les autres et à se carrer comme un pacha dans son lit" (JV 957). Während der Krankenpflege der Herrin – Pauline ersetzt auf Véroniques Empfehlung den ungeschickten und verängstigten Lazare am Krankenbett von Mme Chanteau; Véronique widerspricht somit zwar dem Wunsch ihrer Herrin nach Fernhaltung Paulines,[80] das Treiben im Zimmer kann sie aber auch nicht länger mitansehen – gewinnt Véroniques Küche bzw. ihre Person immer mehr an Bedeutung. Sie wird für Lazare „le seul coin chaud et vivant, rassuré d'y trouver Véronique, qui se battait avec ses casseroles, comme aux bons jours de tranquillité" (JV 962f.). Véronique sagt Lazare frank und frei, was sie von seinem „peu de courage" (JV 963) hält: Pauline habe er doch sehr gut gepflegt, niemanden eintreten lassen, obwohl sie noch trauriger anzusehen war in ihrem Leid als Madame. Und heute: „Voilà le coeur qui vous tourne, dès que vous voyez votre mère au lit! Vous ne lui porteriez pas même des tasses de tisane... Votre mère est ce qu'elle est, mais elle est votre mère" (JV 963). Lazare muß Véronique recht geben. Trotzdem gesteht er ein, nicht anders zu können. Angesichts des zitternden und fast weinenden Lazares in ihrer Küche, steckt Véronique „la tête dans son pot-au-feu, pour cacher l'émotion qui l'étranglait aussi." Schließlich schickt sie ihn an die frische Luft mit dem Vorwand: „Vous me gênez, à être toujours là, dans mes jambes" (JV 963). Véronique versucht ihren jungen Herrn durch Vorhaltung seiner Schwäche und Erinnerung an seine zeitweise vorhandene Kraft zu stärken, muß aber vor dem Sieg seiner Schwäche aus Mitleid kapitulieren (MK 4.3). Véroniques Aufgabe ist es, die einzelnen Hausmitglieder zu einer psychologischen Analyse ihrer selbst zu initiieren. Gleiche Funktion besitzt Françoise. Françoises Wollen – das Beste für den Herrn zu schaffen – und ihr Wirken verbleiben wie bei Véronique im positiven Register (B). Sie sind beide grundsätzlich zur Stärkung des Charakters der Herren befähigt. Véronique ist aus ihrem Mitleid heraus allerdings zu schwach, ihren jungen Herrn Lazare auch wirklich zu reformieren – im Gegensatz zu Françoise, die sich in ihrem Streben nicht irritieren läßt. Die gegenüber Lazare gezeigte Menschenkenntnis und die gesunde, ehrliche und offene Gesprächssuche und Analyse erfahren bei Véronique eine Eintrübung, als sie selbst von einem unvorgesehenen Schicksalsschlag eingeholt wird, den sie nicht in ihr Weltbild integrieren kann: Ihre Herrin stirbt vor ihr. Als der Arzt das nahe Ende der Herrin ankündigt, reagiert Véronique fassungslos, „la bouche ouverte", „stupide" (JV 969). Pauline und Véronique wachen zusammen am Bett der sterbenden und brutal phantasierenden Mme

---

[80] Mme Chanteau akzeptiert die Pflege ihrer Nichte aber sofort, da ihre „décompsoition cérébrale" ihr nur „le souci physique de sa santé" (JV 962) läßt.

Chanteau. Dabei erfährt Véronique Geschichten, die sie selbst nicht kennt, „vieillie pourtant à son service" (JV 975). Véronique ist unersetzbar. Sie ist stetig zwischen den Stockwerken unterwegs, holt die für die Krankenpflege nötigen Gegenstände aus der Küche, hilft Pauline und dies alles mit einem „air effaré":

> Depuis qu'elle croyait à la posibilité de la mort de Madame, elle ne desserrait plus les lèvres, s'empressait autour d'elle avec son dévouement de bête de somme.(JV 976)

Véronique bleibt nach dem Tod der Herrin als „garde" (JV 979) im Zimmer und bei der Beerdigung laut Paulines Anweisung beim kranken Chanteau, allerdings mit einer „voix étranglée" (JV 983). In mancher Hinsicht erinnert die Agonie Mme Chanteaus an diejenige von Tante Léonie. Mme Chanteau hat grausame Ideen, bezichtigt Pauline als Giftmischerin und verletzt somit die mit ihr solidarisierende Véronique, die ihre undankbare Art verflucht, dennoch aber ihrer Herrin total ergeben bleibt. Françoises Treue zu ihrer zu Lebzeiten manchmal äußerst grausamen Herrin überdauert ebenfalls den Tod; ihr Dienst als Krankenpflegerin ist ähnlich unersätzlich (B). Daß die Herrin vor Véronique stirbt, ist undenkbar. Als wirklich das Unfaßbare eintritt, führt es in der Folge zu einem Rückfall Véroniques in ihre „silence maussade" (JV 989). Kombiniert mit ihrem starken Gerechtigkeitssinn führen Véroniques Selbstvorwürfe zu einer Eintrübung ihrer Klarsicht (MK 4.5/ MK 4.4). Sie führt Selbstgespräche über ihre „faute imaginaire".[81] Madame habe sie als kleines Kind aufgelesen, deshalb würde sie sich niemals verzeihen, wenn sie irgendeine Schuld am Tode ihrer Herrin hätte (JV 995). Statt Haßgefühlen spürt Véronique ein „retour d'affection vers la morte" mit fataler Folge für Pauline: „elle redevenait d'une maussaderie méfiante devant Pauline. Celle-ci avait beau lui parler doucement, elle s'offensait d'un mot, on l'entendait se plaindre toute seule dans sa cuisine" (JV 994). Véronique wird „fantasque, travaillée de caprices inexplicables" (JV 997). Sie beschwert sich über die Behandlung ihrer Herren und ihre Zumutungen: Dem kranken Hund Mathieu muß sie das Blut hinterherwischen, den Bettelkindern ihre Küche zur Verfügung stellen, aus der danach die Hälfte fehlt. Paulines „bon sens pratique" in der Haushaltsführung erkennt Véronique nicht an und sieht sie nur „joliment «chienne»: est-ce qu'il ne fallait pas, maintenant, se contenter d'une livre de beurre, chaque samedi!" (JV 1018). Véronique tritt nach dem Tod ihrer Herrin in ihre Fußstapfen, verkündet darin ihre Treue zu ihr über den Tod hinaus. In einem ähnlichen situativen Muster findet sich Françoise nach dem Tod Tante Léonies wieder: durch die Art ihres Verhaltens bewahrt sie, nach ihrem Ableben, ihre Treue (B).

Véroniques Alter (MK 5) bleibt sicherlich nicht ohne Wirkung auf die Einschränkung ihrer Erkenntniskraft: Véronique ist „vieillie" (JV 975) im Laufe ihres bei Mme de Chanteau verrichteten Dienstes. Zudem fallen nach dem Tod der Herrin Ermüdungser-

---

[81] cf. JV 994f.: „Et lorsqu'elle pensait ainsi à voix haute, après de longs silences obstinés, toujours reparaissait en elle la stupeur de la catastrophe. Est-ce qu'elle savait que Madame allait mourir? Bien sûr, elle n'aurait jamais dit ce qu'elle avait dit. La justice avant tout, on ne devait pas tuer les gens, même quand les gens avaient des défauts. Du reste, elle s'en lavait les mains, tant pis pour la personne qui était la vraie cause du malheur! Mais cette assurance ne la calmait pas, elle continuait à grogner, en se débattant contre sa faute imaginaire."

scheinungen bei Véronique auf (JV 1041f.). Außerdem muß Pauline sie häufig in ihren Aktivitäten ersetzen, weil ihre „propreté se gâtait" (JV 1028). Die auch altersbedingte Degeneration bzw. Metamorphose trübt jedoch nicht vollständig Véroniques Menschenkenntnis (MK 4.5). Auch Françoise wird als Lehrmeisterin in Menschenkenntnis Marcel immer wertvoller und übersteht relativ unbeschadet die Altersmetamorphose. Véronique formuliert in deutlichen Worten, was Pauline selbst schon erkannt hat und als Frage beschäftigt: Warum führt Zuneigung unter den Menschen zu Unzufriedenheit und Traurigkeit? Véroniques Zustandsbeschreibung lautet wie folgt:

> – C'est joli! répétait Véronique du matin au soir. Vous n'êtes que trois, et vous finirez par vous dévorer... Madame avait des jours bien désagréables, mais au moins, de son vivant, on n'en était pas encore à se jeter les casseroles à la tête.(JV 1022)

In ihrem zwanghaften Bestreben, jeden glücklich machen zu wollen, holt Pauline für ihren Lazare Louise wieder ins Haus. Diese Gutmütigkeit geht aber selbst für Véronique zu weit, Unverständnis und entsprechende sprachliche Äußerungen sind die Folge: Jetzt bringe Pauline auch noch Mätressen ins Haus (JV 1025). Konsequenterweise hat sie kein Mitleid mit Pauline, als diese einen Handschuh von Louise als heimliches Anbetungsobjekt in Lazares Zimmer findet. In ihrer „air brutal" offeriert sie Pauline, daß sie nichts anderes als eine neuerliche Liebe zwischen Lazare und Louise erwarten dürfe und daß ihre Herrin wohl doch recht hatte mit ihrer Wahl Louises für Lazare (JV 1029). Véronique hat in ihren Vorhaltungen nicht unbedingt unrecht. Auf jeden Fall behält sie sich ihre Agilität und den Einsatz für die Familie auch im Alter bei. Françoise gibt ebensowenig ihre Beschäftigungen ab (MK 2). Véroniques Weltbild ist durch die neuen Konstellationen jedoch empfindlich gestört und sie schafft es nicht, Erklärungen zu finden, die sie mit ihrem Moralkodex vereinbaren kann. Françoises ist in ähnlichen Situationen dazu befähigt. Selbstzweifel einer Véronique sind daher ausgeschlossen, und sie ist ausreichend für das somit erhaltenswerte Leben motiviert. Für Véronique läuft dagegen seit dem Tod ihrer Herrin alles verdreht. Sie kann nicht „avaler ça, qu'elle soit morte" (JV 1030). Pauline verheiratet Lazare mit Louise und will in der Folge aus dem Haus ausziehen. Chanteau schreit lauter als bisher bei seinem Gichtleiden, da er unvernünftiger ist als jemals und schädliche Speisen zu sich nimmt. Véronique ist nicht bereit, bei ihm als einzige Pflegerin zu verbleiben (JV 1040ff.). Françoise sperrt sich mit ähnlicher Vehemenz gegen, ihrer Ansicht nach unzumutbare Verrichtungen (MK 4.1).

Als Lazare nach kurzer Euphorie in seiner Ehe, während der Schwangerschaft seiner Frau Louise, unglücklich und gealtert nach Bonneville zurückkehrt und eine neuerliche Annäherung mit Pauline erfolgt, wird auch dies Véronique nicht entgehen (MK 4.5). Dies läßt ihr Tonfall bei der Ankündigung von „Madame", mit der sie Louise meint, rückschließen (JV 1075). Bei der schweren Geburt von Lazares und Louises Kind ist Véronique gleichzeitig überall: Im Eßsaal bei Chanteau, in der Küche, im Geburtszimmer. Sie assistiert dem Arzt, der Hebamme und Pauline. Dank für ihren Einsatz hört sie nicht. Im letzten Kapitel hält die Familie die „idée de cette Véronique qui disparaît un samedi" in Bewegung. Véronique hat urplötzlich ihre Küche verlassen, „une aventure inexplicable, qui occupait la maison depuis deux heures" (JV 1111). Beim Gemüseschälen und dem Vorbereiten der Ente ist sie einfach verschwunden. Pauline scherzt noch, es liege vielleicht an ihrer Aussage, sie habe die Ente zehn Sous zu teuer gekauft. In Wirklichkeit leidet auch Pauline unter den „violences dont Véronique était reprise contre elle, sans cause raisonnable", tröstet sich aber damit, daß sie „reviendra toujours" (JV 1111). Darin täuschen sie sich allerdings. Véronique hat sich im Garten aufgehängt. Als Pauline nach dem Warum fragt, liefert der Doktor eine Erklärung:

> Est-ce qu'on pouvait savoir, avec ces têtes de vieilles bonnes maniaques! Jamais elle ne s'était consolée de la mort de sa maîtresse.(JV 1130)

Chanteau, durch seine Gicht zu einem „lamentable reste d'homme" reduziert, dessen Leben nur noch ein „hurlement de douleur" ist, schreit in einer „indignation furieuse": „– Faut-il être bête pour se tuer!" (JV 1130). Véronique ist weder rein manisch, noch dumm. Die Bemerkung Chanteaus ist eher reflexsiv auf seine eigene Person zu beziehen. Im Gegenteil: Sie reagiert relativ konsequent und mutig: Als ihr Leben für sie selbst aus dem Ruder läuft und sie es nicht mehr erträgt – ihr 'bon sens' als auch ihr Gerechtigkeitssinn wurden durch die von Pauline mitinitierten Ereignisse vergewaltigt – zieht sie die Konsequenz. Sie stellt damit eine Möglichkeit dar, das Leben zu bewältigen. Wo die Welt an Sinn verliert, sind auch Worte sinnlos. Deshalb verfällt sie zunächst in eine fast fortdauernde Stummheit, bis sie schließlich die völlige Stille durch ihren Selbstmord wählt. Daß Zola in Véronique – neben Pauline – seinen Wunsch nach Mut und Willen hineinprojiziert und Lazare in vielerlei Hinsicht die eigenen Ängste verkörpert, deutet Alcorn an:

> It is quite conceivable that, at least during the period of his life in which he wrote *La Joie de Vivre*, Zola actually admired Véronique for having the courage to kill herself.[82]

Françoise stellt nicht nur intratextuell das Vorbild für den Protagonisten Marcel dar, wie das Leben zu meistern ist, sondern ebenso eine Projektion Marcel Prousts. Sie steht fest in ihrer Identität, die der Herr noch zementieren kann und wird dadurch zum Motivationsspender für den Herrn.

Die Bemerkung der Herren, daß Véronique schon irgendwann zurückkomme, weist darauf hin, daß sie nie ernsthaft nach den Gründen für die Launenhaftigkeit ihrer Dienerin forschten; darin stehen sie in einer Linie mit den in der interpersonalen Relation zu ihren Dienerinnen egoistisch denkenden Herren aus *La Conquête de Plassans* und mit denen aus *Le Docteur Pascal*, die aus Gefühlsegoismus heraus die Augen vor den wahren Gefühlen ihrer Dienerin verschließen und somit einen Kontrast zu Marcels Verhalten Françoise gegenüber bilden. Abschließend ist die in allen Zitaten zum Ausdruck kommende lebendige, bäuerliche Einschläge aufweisende Sprache Véroniques hervorzuheben, die an Deutlichkeit ihren Herren in manchem voraus ist und in ihrer Aussageklarheit diejenige von Françoise antizipiert (MK 3.2). Weil Véronique treffend den Wahrheitsgehalt der Aussage festhält, wird sie auch von den Herren akzeptiert. Besonders deutlich wird dies am Beispiel von

---

[82] Alcorn 1971, 30f.

Véroniques Ausdruck „geuler", mit dem Véronique wiederholt Chanteaus durch die Gicht verursachte Schmerzensschreie umschreibt:

> – Ah bien! ce que Monsieur gueulera!/ Ce mot revenait naturellement dans sa bouche, les maîtres l'avaient accepté, tant elle le disait d'une façon simple. Monsieur gueulait, quand il avait une crise; et c'était tellement ça, qu'on ne songeait point à la rappeler au respect.(JV 818)

4.6.5 Zusammenfassung

Die zu unterschiedlichen Zolaschen Dienerinnen gehörenden Motivklassen der Kapitel 4.6 bis 4.6.4.3 erfordern eine Zuordnung. zur Makrostruktur Françoises. Entgegen der durch Alcorns Untersuchung insinuierten Annahme, alle Zolaschen Dienerinnen ähnelten sich in den Grundmustern und es sei daher eine einheitliche Inbezugsetzung dieser Grundmuster mit Françoise möglich, läßt sich doch ein elementarer Unterschied zwischen Victorine und den Dienerinnen aus dem Rougon-Macquart-Zyklus ziehen. Victorine ist die einzige rein positiv gestaltete Dienerin Zolas. Gleichzeitig ist sie die letzte Thematisierung dieses Status' in Zolas gesamtem Oeuvre. Die vier anderen Dienerinnen – Martine, Geneviève, Rose und Véronique – teilen zwar unter grober Betrachtung die Züge des „hard working",[83] des „good at managing money",[84] der „honesty",[85] „loyalty to the masters"[86] und des „have no families, they are not married",[87] die im Detail liegenden Nuancen machen es aber notwendig, neben dem Trennungsstrich zu Victorine zusätzlich innerhalb dieser Gruppe einen zu ziehen. Erst dann läßt sich Françoises Makrostruktur in Relation zu den einzelnen Zolaschen Motivklassen verständlich betrachten.

Nur bei Victorine fällt die Nähe der formalen Struktur zu derjenigen von Françoises Auftrittsfolgen auf. Victorines verstärkte Präsenz am Anfang und Ende und ihre zeitweise Ausblendung in den Hintergrund in der Mitte des Romans korreliert eng mit dem Inhalt von *Rome*. Die Selbstfindung des Helden fällt mit der *Erkennung* der Dienerin zusammen: Der Protagonist Pierre schließt seine Geschichte in Rom mit dem Wunsch so sein zu wollen wie die ihm vertraut und zum Vorbild gewordene Dienerin Victorine. Diese enge Korrelation der formalen mit der inhaltlichen Struktur bei der intratextuellen Bedeutung der Dienerin läßt sich auch bei Françoise in der *Recherche* feststellen. Victorines Herkunft ist klar verortet (MK 1). Sie kommt aus der in der Nähe von Paris liegenden Provinz La Beauce. Eine Region, die vor allem vom Getreideanbau lebt, also bäuerlich geprägt ist. Zola hat sicherlich sehr bewußt die Herkunft seiner Dienerin gewählt. Auch bei Victorines Negativpendant Geneviève ist dies der Fall: Sie ist eine „paysanne cévenole", damit eine Nachfahrin der fanatischen Protestanten ihrer Region, die einstmals blutige Religionskriege heraufbeschworen haben. Bei den übrigen Dienerinnen Martine, Rose und Véronique wird

---

[83] ebd. 23.
[84] ebd.
[85] ebd. 24.
[86] ebd. 25.
[87] ebd. 26.

ihre Herkunft lediglich am Rand sichtbar: Sie stammen aus der Region ihrer Herren, sind bäuerlicher Natur und entweder zu einer „brutalité populacière" neigend wie Rose im negativsten Sinne oder eher grob-gutmütig wie Véronique bzw. übersteigert religiös wie Martine. Allen gemeinsam ist ihre bäuerliche Herkunft. Im Vergleich zu den städtischen Vertreterinnen Zolascher Dienerinnen wie beispielsweise denen aus *Nana*, *La Curée* oder *Pot-Bouille* fällt auf, daß die ländlichen Varianten ihren Herren treuer ergeben sind und ihr Handeln weniger von eigenen Egoismen geleitet ist. Eine Ausnahme muß sicherlich für die eher unsympathische Rose gemacht werden. Aber selbst noch für die fanatisch-religiöse Geneviève gilt, daß ein Im-Stich-Lassen ihrer Herren und Verlassen des Haushalts zu Lebzeiten der eigentlichen Herren undenkbar ist. Céleste aus *La Curée* oder Zoé aus *Nana* verknüpfen ihr eigenes Leben nicht allzusehr mit demjenigen ihrer Herrinen und zögern nicht, den Haushalt zu verlassen, ohne Rücksicht auf die Wirkung, die dieser Entschluß bei ihren Herrinen hinterläßt. Auf jeden Fall sind die ländlichen Dienerinnen in größerem Ausmaß als ihre städtischen Pendants als individuelle Charaktere ausgestaltet. Eine Erklärung für den charakterlichen Unterschied kann man nicht nur in der Befolgung Zolas eines alten Paradigmas der bäuerlich-guten bzw. gutmeinenden und treuen Dienerin finden, sondern vor allem darin, daß er auf Goncourtschen Spuren wandelt: Die Diener in der Stadt sind vor allem auch ein Zeichen des Proletariats. Auf dem Land stellen sie innerhalb des Familienverbunds ein akzeptiertes Mitglied dar, das mehr oder weniger in die alltäglichen Abläufe der Familie integriert ist. Daher legen die Dienerinnen andere Maßstäbe an ihre Herren, aber auch an sich selbst, was die Rechten/Pflichten-Relation beider Seiten der interpersonalen Relation betrifft. Städtisch ist sozusagen bei Zola gleichbedeutend mit proletarisch, damit aber auch mit gemeiner im doppelten Wortsinn: nicht mehr so individuell als auch charakterlich 'gemeiner', das heißt egoistischer.

Die Denkkonzepte und Maxime (MK 2) lassen sich zunächst für Victorine wie folgt paraphrasieren: Sie fühlt sich für das geistige und körperliche Wohlbefinden ihrer Herren verantwortlich und tut alles dafür, dabei handelt sie auch einmal gegen die Weisungen ihrer jungen Herrin, in der Überzeugung, daß dies das Beste für sie sei. Von den gleichen Beweggründen werden auch Martine, Geneviève, Véronique und selbst Rose geleitet. Während Wollen und Wirken bei Victorine im rein postiven Register verbleiben, differieren sie bei Geneviève, Martine und Rose – Véronique bleibt außen vor, da sie nicht die Auflehnung sucht, sondern den Tod wählt, als ihr Wollen nicht die ersehnte Wirkung entfaltet. Martine, Geneviève und Rose stehen dagegen in einem Handlungsmuster (B), das sich strukturell als „das Beste wollen, das Schlechte für den Herrn schaffen" ausdrücken läßt. Damit bilden sie nicht nur eine Art Antipode zu Victorine, sondern intertextuell gesehen auch zu Françoise, die dagegen in Victorine in dem Handlungsmuster „das Beste Wollen, das Gute bewirken" ein Pendant findet. Einzelne Inhalte der Denkkonzepte (MK 2) von Martine, Geneviève und Rose, die das negative Handeln auslösen, stehen infolgedessen zu denjenigen Françoises in Kontrast: u.a. der religiöse Fanatismus. Die Zolaschen Dienerinnen, die diese Devotion nicht kennen – Victorine und Véronique – besitzen einen natürlichen Gerechtigkeitssinn, der nicht durch offizielle Dogmen eingegeben ist und demjenigen Françoises ähnelt. Zolas Kritik am übersteigerten religiösen Glauben läßt sich am besten an den Personen illustrieren, die traditionell mit dem gesunden Menschenverstand assoziiert werden: die (bäuerlichen) Dienerinnen. Victorine – als davon unberührte, mit einem gesundem Menschenverstand und Mißtrauen gegen jede Heuchelei ausgestattete Dienerin – rettet nicht nur das mit dem zuvor Ausgeführten einhergehende negative Bild einer verstandesmäßig eingetrübten Zolaschen Dienerin, sondern offeriert einen positiven Ausblick, diesen in zweierlei Richtung: rückwärts- als auch vorwärtsgewandt auf der Linie von möglichen Dienerinnen und ihrer Funktion in der interpersonalen Relation zum Herrn (A). Nicht mehr Erziehung zur Schwäche (Martine, Geneviève, Rose), sondern Stärkung des Charakters des ihr eng anvertrauten Herrn/ der Herrin entspricht ihrer Fähigkeit (Victorine, Véronique). Und nicht mehr Bedrohung, sondern Sicherheit und Unterstützung für die eigenen Vorhaben gehen von ihnen aus (B).

Victorine hat sich ihren französischen Akzent der Ile-de-France in Italien bewußt erhalten, ja sie weigert sich, mehr als nur das Nötigste des Italienischen anzuwenden. Auf die Aussprache des Italienischen achtet sie gar nicht. Ihre Sprache ist somit eng mit ihrer Herkunft verwoben und spiegelt ihre fortdauernde positive Verwurzelung mit ihrem Heimatland wider (MK 3.2). Ihre Mimik ist zweitrangig, da sie eine derart freie und unverfälschte Art besitzt, die jede Weise der Verstellung oder indirekten Anspielung verhindert. Sie sagt nicht nur frei und frank, was sie denkt, sondern besitzt stetig auch ein offenes Gesicht, in dem das Gegenüber ihre Ehrlichkeit ablesen kann. Gestik und Mimik gewinnen bei den Zolaschen Dienerinnen an Gewicht, die ein unausgeglichenes Verhältnis zu ihren Herren besitzen und sich unverstanden fühlen. Dies ist bei Martine, Geneviève, Rose und Véronique der Fall. Dabei beherrschen Rose und Véronique vor allem das Töpfe-Scheppern als Ausdruck ihres Unmuts gegen das herrschaftliche Verhalten bzw. das still vor sich hinmurmelnde Grollen (MK 3.1). Geneviève schwingt sich zu wahrhaften Schauspielerattitüden bei ihren Bibelrezitationen empor mit entsprechenden tonalen oder gestischen Einsätzen bzw. solchen des Akzents. Véroniques Wutflecken auf ihren Wangen sind sprechender Ausdruck ihrer Eifersucht. Genevièves verbale Artikulationen besitzen eine suggestive Kraft, die einem Orakel ähneln. Allen Zolaschen Dienerinnen ist eine bildreiche und anschauliche Sprache gemein, die mit volkstümlichen Ausdrücken wie „chienne" durchsetzt ist und bei dem Gefühl der Verletzung des eigenen Selbstwertgefühls ins Grobe und Fluchende abdriften kann. Wiederum ist es Victorine, die die bemerkenswertesten Analogien in dieser Motivklasse zu derjenigen Françoises aufweist: Ihre poetischen Rückblicke auf ihr Land sind gespickt mit Flüchen auf ihre neue Umgebung wie Françoises sehnsuchtsvolle Rückschau auf Combray nach dem Umzug nach Paris (MK 3.2/MK 4.6).

Das Kochen bzw. Essen (MK 3.3.) kann Ausdruck des Respekts oder auch der Verachtung werden, je nach Verteilung der guten oder schlechten Essensstücke an die geliebten bzw. ungeliebten Hausmitglieder (vor allem bei Rose). Alle Dienerinnen teilen die Fähigkeit der wohlschmeckenden Essenszubereitung, egal aus welchen Mitteln. Niemals gewinnt das Kochen allerdings künstlerische Aussagekraft. Nur der Ort der Küche als solcher erhält Symbolkraft als Ort des innerlichen Rückzugs für die Dienerin – bei Martine, Rose und Véronique – als auch als Ort der emotionalen Wärme – so bei Véronique (MK 6). Die Näh- oder Strickarbeit (MK 3.4) erscheint – wenn überhaupt – als Zeichen der typischen Dieneraktivität. Bei Martine unterstreicht sie den eigenen Anspruch, immer etwas Nutzbringendes für den Haushalt verrichten zu wollen. Victorines Näharbeit erhält am Ende der Geschichte ihrer Herrin symbolisches Gewicht: Wie sie ihre junge Herrin ins Leichentuch mit ihrem Geliebten einnäht und somit ihr Leben ihrer Bestimmung zuführt – die ewige Vereinigung mit ihrer Liebe Dario –, so wird Françoise die Papierfetzen von Marcels Roman 'zusammennähen' und seine 'Liebe' erfüllen.

Die Art der verbalen Äußerungen drückt im allgemeinen die gefestigte Stellung im Familienverbund der jeweiligen Dienerin aus (MK 4.1.2). Die Dienerrolle reicht von einer Gouvernante mit Lehraufgaben, denen die übrigen Diener im Haus unterstellt, auf die aber auch die Herren in emotionaler als auch praktischer Hinsicht elementar angewiesen sind (Victorine), über die einer „vraie maîtresse de la maison" wie beispielsweise Martine, über einen „rôle de maîtresse souveraine" und die einer „véritable mère" einer Geneviève, einer Köchin, die „toute puissante au logis" wird (Rose) bis zu der eines Mädchens für alles: zur psychisch verkannten „bonne" Véronique. Aufgrund der soliden Stellung, die sich durch die Zeit zusätzlich festigt, tolerieren die Herren die Eigenarten ihrer Dienerinnen mit einem Schmunzeln, egal ob es sich um Sparsamkeitsmanien (Martine), religiösen Fanatismus (Geneviève), eine polternde Art (Rose) oder sonstige Launen wie mürrisches oder schweigsames Verhalten (Véronique) handelt. Damit reagieren die Herren in ihrer Nachsicht ähnlich wie Marcels Familie gegenüber Françoises Launen.

Selbstbewußt ergreifen die Dienerinnen das Wort, wenn etwas nicht so läuft, wie sie es sich nach ihrem jeweiligen rigiden Moralkodex vorstellen. Dabei verbleiben Victorines Kommentare über das Geschehene stets im positiven Register und strotzen vor gesundem Menschenverstand. Die eher schüchternen und schweigsameren Dienerinnen wie Martine und Véronique zeigen dennoch anschaulich ihr Selbstbewußtsein in ihren verbalen Mahnungen an das Herrengewissen. Alle schalten sich ungefragt in die Gespräche ihrer Herren ein, wenn sie Entgleisungen oder ihrer Ansicht nach falsche Vorhaben ihrer Herren in die richtige Bahn zu lenken versuchen. Drohungen des Rauswurfs nimmt sich nur Martine zu Herzen, da sie ihren Herrn nicht nur als Herrschaft, sondern auch als Mann liebt. Ansonsten reagieren die jeweiligen Vertreterinnen relativ selbstbewußt und gehen sogar soweit, die Drohung des Herrn gegen den Herrn selbst umzukehren (Geneviève, Rose) oder sich nicht davon beeindrucken zu lassen, da sie ihrem Gewissen treu bleiben müssen (Véronique). Besonders selbstbewußt fällt das Auftreten Genevièves vor ihrer neuen jungen Herrin Madeleine aus. Geneviève sieht sie als Eindringling und hält Madeleine ihr eigenes Alter als Beweis ihrer gefestigten Stellung und des damit notwendig zu zollenden Respekts vor – ähnlich wie Françoise Marcel ihr Alter und die Vergewaltigung ihrer Stellung durch Albertine vorhält (B).

Motivklasse (4.2) steht in engstem Zusammenhang mit Motivklasse (2). Die mehr oder minder mit einem religiösen Fanatismus 'infizierten' Dienerinnen hinterlassen den Eindruck einer psychischen Grausamkeit, die – außer bei Rose in Relation zu Mouret – allerdings von keiner Dienerin intendiert ist. Véroniques eher rauhe Schale beherbergt bei genauerem Blick einen weichen, in den zwischenmenschlichen Beziehungen nach Gerechtigkeit strebenden Kern. Selbstlos und mitleidsfähig (MK 4.3) sind neben Victorine – als nur rein positive

Motivklassen aufweisende Dienerin – auch die übrigen vier Dienerfiguren Zolas – bei aller grausamen Wirkung. Martine geht sogar soweit, über ihren knausernden Schatten zu springen und ihre Geldbörse heimlich zur Verpflegung ihres Herrn zu öffnen. Geneviève adoptiert aus Mitleid das ihrer Ansicht nach in der Unehre geborene uneheliche Kind ihres Herrn. Sie tut alles nach ihrem besten Gewissen für ihr 'Kind' Guillaume und verrichtet fast hundertjährig noch ihren Dienst. Geneviève lügt für ihren Herrn, obwohl dies ihrer Überzeugung widerspricht. Sie geht dennoch nicht soweit, sich vollständig zu verleugnen und verteidigt ihre Ansichten. Sie rückt nicht von ihrem Missionseifer ab, da sie darin die eigentliche Rettung ihres Herrn zu erkennen glaubt. Véronique hat mit der zuvor verhaßten Pauline Mitleid, als sie dies für gerechtfertigt erachtet. Unterstützend wirkt bei ihr und Victorine das sichtbare Zeichen der Tränen, das notwendig ist, um Mitleid zu erregen. Roses Mitleid ist nur solange existent, wie die Herren ihre Vorgaben befolgen bzw. ohne Abstriche bei geistlichen Würdenträgern vorhanden. Françoises Kodex ist – übertragen auf die veränderten Verhältnisse – zum Teil ähnlich subtil. Nicht jeder gelangt in ihre Gunsterweisung. Diejenigen, die Tränen zeigen, dürfen sich aber ihres Mitleids sicher sein.

Die durch den religiösen Fanatismus bewirkte verstandesmäßige Eintrübung zieht in der Folge Anzeichen von Naivität (MK 4.4) mit sich, die sich bei Rose bis zur Dummheit steigert. Bei Véronique gibt es andere Gründe für ihr geschwächtes Beurteilungsvermögen: Nach dem Schicksalsschlag des Todes ihrer Herrin ist ihre Psyche und ihr Gerechtigkeitsempfinden derart verletzt, daß sie durch ihre offenen Worte am Tode ihrer Herrin eine Mitschuld zu tragen glaubt. Trotzdem bleibt Véroniques Neugierde an den Ereignissen im Haus bestehen. Ihr durch den psychischen Schock und das Alter bedingter geistiger Verfall (MK 5) zerstört jedoch nicht vollständig ihre Menschenkenntnis und ihr instinktives Wissen (MK 4.5). Sie bleibt die Kommentatorin der Seelenzustände 'ihrer' Familienmitglieder und bringt die Wahrheit in vernünftigen Worten ans Licht, indem sie den Menschen ihres Haushaltes direkt den verbalen Spiegel vor das Gesicht hält. Bei Rose geht kein Wissen mit ihrer Neugierde einher. Sie sieht nur, was an der Oberfläche des menschlichen Verhaltens abzulesen ist, ohne in tiefere psychische Sphären vorzudringen. Sie bildet auch hier eine Ausnahmeerscheinung bei den Zolaschen Dienerinnen, denn selbst noch die religiös fanatische Geneviève und ihre abgeschwächte Version Martine spüren instinktiv, daß ihre Herren ein schlechtes Gewissen plagt bzw. mit ihren Herren eine emotionale Veränderung vor sich geht. Aus diesem Grund schaffen es die Herren nicht, ihren Dienerinnen ihre Zustände zu verbergen. Françoise wird die Funktion der Ermahnerin beibehalten und durch ihr Alter nicht ihr instinktives Wissen verlieren. Dieses Wissen erfährt nur durch Françoises diffizilen Kodex dann Eintrübungen, wenn sie sich ein vorgefertigtes Bild von Menschen macht, die ihr Grund zur Eifersucht liefern.

In den Schauspielerattitüden oder dem Einsatz gestischer Mittel legen manche Zolaschen Dienerinnen eine regelrechte Kunstfertigkeit (MK 4.6) an den Tag, insbesondere Geneviève. Die Sprache fällt im allgemeinen durch ihre Natürlich- und Vernünftigkeit auf, ebenso durch ihre Anschaulichkeit und eine gewisse Lust an ironischen Wortspielen. Zu neuen künstlerischen Sprachschöpfungen einer Françoise reichen die Ausdrücke jedoch nicht.

Durchweg sind die ländlichen Dienerinnen älter als ihre städtischen Varianten (MK 5) und besitzen keine eigene Familie. Genevièves biblisches Alter von am Ende fast hundert Jahren bildet sicherlich eine Ausnahme und ist durch die Intention des Romans bestimmt: Sie trägt nicht nur immer eine Bibel mit sich und rezitiert daraus, sondern personifiziert selbst eine Rächerin aus dem alten Testament. Victorine, Martine, Rose und Véronique sind relativ alt und altern während des Verlaufs der jeweiligen Werke, bewahren sich aber ihre Agilität und den unermüdlichen uneigennützigen Einsatz an allen Stellen des Haushalts – zum Wohl der Familie. Dieses Wohlbefinden definieren sie allerdings selbst. In der Wirkung fällt es wiederum nur bei Victorine rein positiv aus, womit noch einmal die eingangs erwähnten analog oder konstrastiv gestalteten Strukturen der interpersonalen Relationen (A) und der Handlungs- und Situationsmuster (B) zur Sprache kommen sollen.

Die in der interpersonalen Relation Marcel-Françoise liegenden situativ-handlungsmäßigen Muster finden sich als Pendant nur in der Relation Victorine-Abbé Pierre wieder und abgeschwächt bei Véronique-Pauline/Lazare, wobei Victorine als einzige Person frei von allen Widersprüchen bleibt. Kontrastiv gestaltet ist diese Relation bei Martine, Geneviève und Rose. Sie erziehen ihre Herren zur Schwäche und nicht zur Stärke, so daß sie nicht zum Vorbild des jeweiligen Herrn/ der Herrin avancieren können und von ihnen keine Vorbildfunktion, sondern vielmehr eine Bedrohung ausgeht. Die erweiterte interpersonale Relation Marcel-Françoise-Albertine findet – wie zu erwarten – bei den widersprüchlich gestalteten Dienerinnen dagegen eine analoge Gestaltung. Alle drei kennen das Gefühl der Eifersucht und reagieren entsprechend. Besonders sticht dabei Geneviève heraus. Sie erinnert in der Wortwahl ihrer Vorhaltungen stark an Françoises Beschwerden, während Albertines Aufenthalt bei Marcel.

In summa fällt die Nähe von Victorines Makrostruktur zu derjenigen Françoises auf. Zu bedenken gilt: Victorine weist in ihren einzelnen Motivklassen nur solche auf, die auf positive Charaktereigenschaften verweisen, daher muß man sich – um ein Gesamtbild möglicher Zolascher Repräsentationsformen von Dienerinnen zu erhalten – die anderen besprochenen Dienerfiguren hinzudenken, die durchaus charakterliche Widersprüche und somit auch 'negative' Motivklassen besitzen. Daß weder die eine noch die andere Linie für sich genommen einen intentionalen Rückgriff Prousts auf Zolasche Vorlagen zuläßt, spricht für einen weniger vertrauten Umgang Prousts mit den Werken Zolas. Nichtsdestoweniger bleiben aus umgekehrter Perspektive – gemeint ist motivgeschichtlicher: von Zola hin zu Proust – das Tradieren bestimmter Grundparadigmen auffällig. Mit Goncourt und Zola gewinnt die zwischenmenschliche Beziehung der Herren und Diener eine immer stärkere Bedeutung, wobei gleichzeitig die Dissoziierung auffällt. Diener und Herren sind aufeinander angewiesen, verstehen aber selten die Regeln der Kommunikation untereinander. Das alte Paradigma der bäuerlich zupackenden Dienerin mit gesundem Menschenverstand wird vor allem mit ihrer Eifersuchtsfähigkeit aufgeladen. Selbst die liebevollen Herren forschen nicht nach den Ursprüngen der Eifersucht oder Möglichkeiten ihrer Bewältigung, sondern konstatieren sie lediglich – wenn überhaupt. Zwischen Anspruch der Dienerin und der sie umgebenden Wirklichkeit klafft infolgedessen eine Lücke im Herr-Diener-Verhältnis; die Enttäuschung der Dienerin ist die logische

Konsequenz. Dennoch bleibt der Anspruch der Dienerinnen bestehen: Sie erwarten eine Akzeptanz ihrer individuellen Verhaltenskodizes. Ihre Forderungen können negativ wie bei Geneviève oder Rose ausfallen oder bei Enttäuschung derselben in der Selbstausschaltung bei den Dienerinnen enden, die bereit sind, sich vollends für ihre Herren aufzuopfern, wie Martine und Véronique: Martine entledigt sich ihres Geldes, Véronique ihres Lebens. Wo die Funktion der Dienerin als Trägerin des gesunden Menschenverstandes von den Herren nicht mehr ernst genommen und das Weltbild der Dienerin durch die Zurücknahme einzelner Taten durch die Herren ständig auf das Empfindlichste gestört wird, ist schließlich auch die intratextuelle Selbstausschaltung konsequent. Die Möglichkeiten für eine Aufrechterhaltung eines individuellen Kodexes – gerade in einem solch 'familiären' Bezug wie zu den Herren – müssen sich nicht immer in Negativität auflösen und zur Selbstausschaltung der Dienerin führen. Das Verhältnis Marcel-Françoise ist dafür ein beredtes Zeugnis.

4.7 Proust und Maupassant

Maupassant gehört wie Zola zu den von Proust nicht pastichierten Autoren. Kritische Aufsätze zu Maupassant aus Prousts Hand finden sich nicht. Durchforstet man Prousts *Correspondance* nach Anspielungen auf diesen Autor, so fällt auf, daß mehr die Person Maupassant als sein Werk im Brennpunkt des Interesses steht. Proust spielt vor allem in Briefen an Madame Straus, an Jacques Emile Blanche oder in denen an Robert de Montesquiou auf Maupassant an – alles Personen, die den Dichter persönlich kennen. Madame Straus ist die Geliebte Maupassants, bis eine enge Freundschaft an die Stelle des alten Liebesverhältnisses tritt.[1] In ihrem Salon lernt Proust als Heranwachsender Maupassant kennen und schreibt neunzehnjährig seinem Vater:

> J'espère que Maupassant t'a plu. Il ne doit pas me connaître, car je ne l'ai vu que deux fois, à cause de sa maladie et de son voyage, mais il doit savoir à peu près qui je suis.[2]

Der kranke Maupassant ist sicherlich Thema der Gespräche zwischen Proust und der Arzt- und Malerfamilie Blanche. Den Maler Jacques Émile Blanche trifft Proust im Salon von Mme Straus, der Prinzessin Mathilde oder in dem von Mme Baignières. Das von Proust genommene Porträt stellt Jacques Emile Blanche im „Salon des Artistes Français" im Frühjahr 1892 aus. Painter schreibt, daß nach den Sitzungen die zwei jungen Männer häufig mit dem Vater Blanche zu Mittag essen, Arzt von vielen genialen Geistesgestörten, zu dessen Patienten auch Maupassant zählt.[3] Dabei werden sie sicherlich auch einmal über den aktuellen Patienten Maupassant sprechen. Jacques Emile Blanche ist nicht nur Maler, sondern auch Schriftsteller. Proust führt im Briefaustausch mit Jacques Emile Blanche, in dessen Familie der Schriftsteller Maupassant also kein Unbekannter ist und der gerade einen Titel für sein Werk über die Maler der Zeit sucht, Maupassant als Beispiel an, daß „un titre ne s'applique pas forcément à tout l'oeuvre. Maupassant a écrit des livres de nouvelles qui portent seulement sur la couverture le nom de la première"". Proust wählt bewußt aus der Erfahrungswelt der Adressaten Personen und ihre Werke, um seine Argumente zu veranschaulichen. Gleiches Verfahren findet man auch in den Briefen an Madame Straus oder ihren Mann Emile. In einem dieser Briefe an Madame Straus – vom Juli 1918 – schreibt Proust über sein Vorhaben, „que nous parlerions de vive voix de tout ce qui est devenu si brusquement le passé". Zu Mme Straus' Vergangenheit gehört aber auch Maupassant. Es verwundert daher nicht, daß er gleich im nächsten Satz seine Erwähnung

---

[1] cf. Réda, Jacques: Album Maupassant, Paris: Gallimard, 1987, hier vor allem den Kommentar zu Bild 318, ebd. 234: „*Geneviève Strauss*. Epouse d'Émile Strauss, avocat de Maupassant. Guy la séduit dès 1885, mais peu à peu l'amitié l'emporte; elle fut une habituée des promenades en mer sur le *Bel-Ami II*. Son salon va être celui de Marcel Proust." Cf. auch Painter 1962, 132, Maurois 1985, 70 sowie Vial, André: Guy de Maupassant et l'Art du Roman, Paris: Nizet, 1954, 104, FN 1: „Collégien encore, il [Proust] fut présenté à Mme Straus par le fils qu'elle avait eu de son premier mariage avec Bizet (on sait ce qu'Oriane de Guermantes doit à ce modèle)."

[2] Brief Nr. 38, Corr. I (1880-1895), 159.
[3] Painter 1962, 139f.
[4] Brief Nr. 165, Corr. XVII (1918), 392.

findet: „La campagne autour de Trouville ne me semble pas devoir exprimer forcément un bonheur grossièrement matériel, une gaieté à la Maupassant."[5]

Proust verkehrt ebenfalls im Salon der Comtesse de Potocka, zu deren Liebhabern auch Maupassant gehört. Die *Correspondance* gibt davon Zeugnis, daß Proust mit den Freundschaften Maupassants durchaus vertraut ist. So erklärt er u.a. in einem Brief an Madame de Brantes das Verhältnis der Frau Lecomte du Nouys zu Maupassant.[6] Zwei weitere Damen, mit denen Maupassant befreundet ist, sind häufiger Gegenstand der Briefe Prousts: Loulia und Marie Warschawsky. Loulia, verheiratete Madame Albert Cahen, ist eine Freundin Maupassants und Bourgets. Marie, spätere Madame Kann, avanciert zum Modell der Michèle de Burne in Maupassants Roman *Notre Coeur*. Maupassant wird folglich häufig nur in den erklärenden Fußnoten von Philipp Kolb als Freund der Damen aufgeführt.[7] Daß Maupassant auch in den Briefen an Robert de Montesquiou eine Rolle spielt, erklärt sich durch Montesquious Romanheld Georges Phrynier (Pheynier), den er mit „bel ami" von Maupassant vergleicht.[8] Ein anderes Mal holt sich Montesquiou Ratschläge bei Marcel Proust, welche Personen seiner Meinung nach eine Einladung wert sind. Proust schlägt ihm Madame Cahen vor[9] oder tauscht sich mit ihm über Madame Kann aus – Maupassant spielt daher wieder nur im Zusammenhang mit diesen Namen eine Fußnotenrolle.[10]

Im Buch *La Fenêtre ouverte* hält Prousts Literaturfreund Fernand Gregh nicht nur seine Gedanken über Zola fest, sondern auch diejenigen über Maupassant.[11] Daß Proust Maupassants Novellen als auch seine Romane gelesen hat, legen allein schon die bisherigen Briefstellen nahe. Gleichzeitig suggerieren sie aber auch ein ambivalentes Verhältnis Prousts zu diesem Autor. Dies wird insbesondere durch folgende Briefstelle deutlich. Im Mai 1915 schreibt Proust an Emile Straus, daß er sich der „admiration un peu excessive" erinnere, die „vous avez vouée à cet excellent conteur: Guy de Maupassant".[12] Ohne Zweifel ist Maupassant für Proust ein „excellent conteur" seines Landes, aber zuviel Bewunderung solle man ihm trotzdem nicht zollen. Artikel über Maupassant, die voller Lob sind, kann Proust daher durchaus als „charmant" bezeichnen[13] und mit dem Autor der ersten *Souvenirs sur Maupassant, sa dernière maladie, sa mort, avec des lettres inédites communiquées par Mme Laure de Maupassant et des notes recueillies parmi les amis et les médecins de*

---

[5] Brief Nr. 137, Corr. XVII (1918), 330.

[6] cf. Brief Nr. 134, Corr. II (1896-1901), 212: „Je réponds d'abord à vos questions: *Amitiés Amoureuses* si je me souviens bien, est de Me Lecomte de Nouy la femme non du peintre mais de l'architecte. C'est fait des lettres qu'elle adressait à Guy de Maupassant dont elle fut l'amie."

[7] cf. Brief Nr. 188, Corr. II (1896-1901), 283ff.; Brief Nr. 177, Corr. X (1910-1911), 359f.; Brief Nr. 97, Corr. XVI (1917), 195ff.

[8] cf. Brief Nr. 141, Corr. XI (1912), 271ff., insbes. 274, FN 11.

[9] cf. Brief Nr. 78, Corr. V (1905), 160ff., insbes. 161, FN 5.

[10] cf. Brief Nr. 188, Corr. II (1896-1901), 283ff., insbes. 285, FN 7.

[11] cf. Brief Nr. 297, Corr. II (1896-1901), 474ff.

[12] Brief Nr. 58, Corr. XIV (1915), 124.

[13] Brief Nr. 196: „A Georges de Lauris, Peu après le 4 décembre 1911", Corr. X (1910-1911), 384.

l'écrivain, den Baron Alberto Lumbroso, in freundschaftlichem Briefverkehr stehen.[14] Obwohl sich Proust an Maupassants Beschreibungen stößt, die ihm zu „grossièrement matériel" erscheinen, findet sich Maupassant nicht wie Zola als lächerliche Person in einem (dem Goncourt-)Pastiche wieder. Im Gegenteil: Prousts Bewunderung für Maupassant fließt mit in *Jean Santeuil* ein. In den Zügen des Autors C. in Kerengrimen lassen sich diejenigen Maupassants erkennen. Prousts jugendliche Faszination für diesen Autor läßt sich schon aus dem Brief an seinen Vater herauslesen, in dem er seiner Hoffnung Ausdruck verleiht, Maupassant möge seinem Vater gefallen. Trotzdem:

> Proust, renonçant à être [...] un Maupassant très distingué, est devenu si soudainement un écrivain-sismographe.[15]

Im Vergleich zu Flauberts *Education sentimentale* schätzt Proust Maupassants *Notre Coeur* als Roman zweiten Ranges ein[16] – gleiche Rangfolge gilt für die Autoren, denn:

> [...] l'écrivain qui, au lieu de donner une traduction fidèle de sa vision se permettrait de la retoucher pour des considérations étrangères à l'oeuvre, ne saurait aux yeux de Proust être un écrivain de premier ordre «car donner à sa pensée une forme brillante, plus accessible et plus séduisante pour le public, la diminue, et fait l'écrivain facile, l'écrivain de second ordre. Mais envelopper sa pensée pour ne la laisser saisir que de ceux qui prendraient la peine de lever le voile, fait l'écrivain difficile qui est aussi un écrivain de second ordre. L'écrivain de premier ordre est celui qui emploie les mots mêmes que lui dicte une nécessité intérieure, la vision de sa pensée à laquelle il ne peut rien changer, – et sans se demander si ces mots plairont au vulgaire ou «l'écarteront».[17]

In einem Brief an den Dichter Maurice Vaucaire vom Juli 1885 oder 1886 empfiehlt Maupassant fast mit den gleichen Worten eine ähnliche Vorgehensweise:

> *Voir*: tout est là, et *voir juste*. J'entends par voir juste, voir avec ses propres yeux et non avec ceux des maîtres [...]. Il faut trouver aux choses une signification qui n'a pas encore été découverte et tâcher de l'exprimer d'une façon personelle.[18]

„Exprimer d'une façon personelle" meint aber nichts anderes als das Streben des Dichters nach Individualität in der Auseinandersetzung mit den 'literarischen Vätern', das auch Proust auszeichnet. Maupassant selbst verwehrt sich zeitlebens gegen eine Klassifizierung seines Werks in eine Schule:[19]

---

[14] cf. Brief Nr. 144, Corr. XIX (1920), 305ff.

[15] Bardèche 1971 I, 65.

[16] cf. de Chantal 1967, 338, FN 108: „Proust évoque la tentation qui saisit parfois le grand écrivain de renoncer à faire «ces phrases au fond desquelles tremble une lueur incertaine que tant de regards n'apercevront pas» et de recueillir les hommages de la foule ou des amis «rien qu'en juxtaposant et en exhibant les métaux charmants» que dans ses chefs-d'oeuvre «il fait fondre sans pitié et disparaître pour composer ce sombre émail»; il fera donc «un livre de second ordre avec tout ce qui est tu dans un beau livre et qui compose sa noble atmosphère de silence, ce merveilleux vernis qui brille du sacrifice de tout ce qu'on n'a pas dit. Au lieu d'écrire l'«Education sentimentale» il écrira «Fort comme la Mort»." [Originalzitate aus: John Ruskin: *Sésame et le lys. Des trésors des rois, des jardins des reines*, 8ᵉ éd., traduction, notes et préface par Marcel Proust, Paris, Mercure de France, 1906, 85, note 1].

[17] ebd.

[18] Brief an Maurice Vaucaire, 17. Juli 1885 oder 1886, zitiert bei: Forestier, Louis: „Introduction", in: CN I, 21-62, 31.

[19] cf. Forestier, Louis: „Préface" in: Maupassant 1987, IX-XXXIV, XXVII: „Il n'entend pas donner «dans ces bêtises d'école naturaliste»."

> Je ne crois pas plus au naturalisme et au réalisme qu'au romantisme. Ces mots à mon sens ne signifient absolument rien et ne servent qu'à des querelles de tempéraments opposés. [...] Je trouve aussi aveugles ceux qui font idéal et qui nient les naturels, que ceux qui font naturel et qui nient les autres...[20]

Stalloni hält zu diesem Punkt zusammenfassend fest:

> Les études de l'histoire littéraire nous ont montré que Maupassant a toujours répugné à se reconnaître dans une «école» précise. Entre un Romantisme attardé dont son maître Flaubert lui léguait quelques éléments abâtardis, et un naturalisme outrancier que le groupe de Médan se chargeait d'instiller, l'auteur d'*Une Vie* a choisi, au moins pour son premier roman, une voie originale qui intègre les diverses tendances sans copier aucune.[21]

Eine interessante Frage ist, wie es mit Maupassants Verhältnis zu Balzac und Flaubert aussieht: Zwei Autoren, die sich bei Maupassant einer großen Wertschätzung erfreuen, die derjenigen Prousts stark ähnelt.

Maupassant verschließt in seiner kritischen Auseinandersetzung mit Balzac keinesfalls die Augen vor den Schwächen dieses Autors, dem er dennoch Bewunderung zollt:

> Mais devant Balzac, on ose à peine critiquer. Un croyant oserait-il reprocher à son dieu toutes les imperfections de l'univers? Balzac a l'énergie féconbante, débordante, immodérée, stupéfiante d'un dieu, mais avec les hâtes, les violences, les imprudences, les conceptions incomplètes, les disproportions d'un créateur qui n'a pas le temps de s'arrêter pour chercher la perfection. On ne peut dire de lui qu'il fut un observateur, ni qu'il évoque exactement le spectacle de la vie, comme le firent après lui certains romanciers, mais il fut doué d'une si géniale intuition et il créa une humanité toute entière si vraisemblable, que tout le monde y crut et qu'elle devint vraie. Son admirable fiction modifia le monde, envahit la société, s'imposa et passa du rêve dans la réalité. Alors, les personnages de Balzac, qui n'existaient pas avant lui parurent sortir de ses livres pour entrer dans la vie, tant il avait donné complète l'illusion des êtres, des passions et des événements.[22]

Maupassants Balzac-Kritik ebnet den Weg zu seinem eigentlichen 'Vorbild': Flaubert. Komprimiert sieht Maupassant sein Verhältnis zu beiden Autoren wie folgt:

> Je crois bien que Balzac est le seul écrivain français qui ait su saisir dans la nature l'impondérable et l'indéfini, où plongent parfois les racines de nos actions. Et cela, parce que Balzac avait le génie scientifique en même temps qu'il était un visionnaire. En général, nous autres Français, nous n'avons pas le génie du vague. Nous aimons mieux nous occuper des rapports qui vont de l'homme à l'homme que de ceux qui nous rattachent à l'infini. Et cela est clair contrôlable et logique, en même temps que moins affolant. C'est pourquoi je me retrouve dans Molière mieux que dans Shakespeare, et dans Flaubert mieux que dans Balzac.[23]

---

[20] Brief an Paul Alexis vom Februar 1877, abgedruckt in: Lanoux, Armand: „Préface", in: CN I, 9-19, 17; cf. auch Forestiers Ausführungen in seiner „Introduction" zu Maupassants Contes, Forestier 1974, 29f.: „Nous n'avons pas la prétention d'être une école, dit-il. Nous sommes simplement quelques amis qu'une admiration commune a fait se rencontrer chez Zola, et qu'ensuite une affinité de tempéraments, des sentiments très semblables sur toutes choses, une même tendance philosophique, ont liés de plus en plus" [Forestier zitiert aus Zola: „Les Soirées de Médan, comment ce livre a été fait", Le Gaulois, 17 avril 1880].

[21] Stalloni, Yves: „«Une Vie», Mythologie romanesque", in: Desportes, Marcel u.a.: Analyses et Réflexions sur «Une Vie» de Guy de Maupassant. Ouvrage collectif, Paris: ellipses, 1999, 373-413, 373.

[22] Maupassant: „L'évolution du roman au XIXe siècle", in: La Revue de l'exposition universelle de 1889, abgedruckt in: Vial 1954, 101.

[23] „Guy de Maupassant intime", in: La Grande Revue, t. LXXV, 25 octobre 1912, 676, abgedruckt in: Vial 1954, 102.

Bemerkenswert ist, daß Maupassant mit Molière einen weiteren Autor nennt, der bei Prousts Gestaltung der Françoise eine nicht zu verachtende Rolle spielt. Wie Proust Flaubert den Vorrang vor Balzac zu geben scheint, ist für Maupassant Flaubert noch in viel stärkerem Maße „le maître, le vrai maître":

> Nous autres romanciers, nous devons y recourir sans cesse, comme au plus parfait et au plus harmonieux des artistes. Les livres de Flaubert sont dans la littérature ce que le Parthénon est en architecture: la plus parfaite expression de la beauté artistique.[24]

Man weiß, wie eng das Verhältnis zwischen dem 'Lehrer' Flaubert und seinem 'Schüler' Maupassant ausfällt. Die freundschaftliche Beziehung führt in der Forschung bis zur Spekulation einer Vaterschaft Flauberts.[25] Maupassants Verpflichtung gegenüber seinem Lehrer führt jedoch nicht zu einer Kopie. Ganz im Gegenteil findet er in der Auseinandersetzung mit dem Vorbild zu einem eigenen unverwechselbaren Stil: Er besitzt „un coup d'oeil, une promptitude et une justesse dans l'art d'isoler et cueillir le détail signifiant, physique et moral, une intuition immédiate des dessous, qu'eût pu lui envier l'illustre aîné".[26] Auch für *Une Vie* gilt, daß Maupassant „romancier d'une génération, recueille des thèmes et des procédés accrédités par les romanciers de la génération précédente, voire par des auteurs beaucoup plus anciens"[27]. Aber jedes „élément allogène n'est incorporé au roman qui se crée, que lorsqu'il a subi le double remaniement que lui imposent d'une part la forme de vision et la facture propres au créateur, d'autre part la nécessité d'une cohérence parfaite à l'oeuvre, d'une participation harmonieuse à l'effet d'ensemble. Ce remaniement, les éléments de vérité biographique le subissent aussi."[28] Sigaux nennt diesen „remaniement" „transfiguration".[29] Die Elemente des dichterischen Werks erfahren ihre Verwandlung durch den Dichter selbst. Er gibt den Materialien ihre Form und nicht umgekehrt bestimmen sie die Form des Buches. Weitere Gemeinsamkeiten zwischen Proust und Maupassant betreffen Themen und Gehalt. Rein oberflächlich betrachtet fällt auf, daß nicht nur bei Proust, sondern auch bei Maupassant das „prolétariat ouvrier est absent de l'oeuvre [...], tout à fait ou presque du roman, à peu près autant du conte et de nouvelle"[30]. Dies ist kein Zufall, denn:

> Lorsqu'il entra dans les Lettres, Maupassant le connaissait peu, selon le mode de connaissance qu'exigent sa manière et son procédé d'observation, qui est de coudoiement et de pratique quotidienne et même de participation, active et morale, aux conditions de vie de ses personnages.

---

[24] ebd. 686, abgedruckt in: Vial 1954, 54.

[25] cf. Réda 1987, 9: „[...] il suffit de s'arrêter quatre ans avant la naissance de l'écrivain. On rencontre aussitôt Flaubert qui fut plus tard si bien son maître, qu'on y a vu quelquefois la marque d'une authentique paternité. Si l'hypothèse est depuis longtemps en déroute, malgré des présomptions troublantes qui la fondaient, elle n'en garde pas moins une pertinence d'ordre poétique."

[26] Vial 1954, 613.

[27] Vial, André: La Genèse d'«Une Vie», premier roman de Guy de Maupassant, avec de nombreux documents inédits, Paris: Les Belles Lettres, 1954, 56.

[28] ebd. 57.

[29] Sigaux, Gilbert: „Préface" zu *Une Vie* in der Ausgabe: Maupassant: Mademoiselle Fifi, Une Vie, Texte établi et présenté par Gilbert Sigaux, Lausanne: Société coopérative éditions rencontre, 1961, 183-191, 190.

[30] Vial 1954, 308.

Cette méthode impliquait une initiation spontanée, quasi imposée par le sort, et immédiate. On sait avec quelle sévérité Maupassant condamnait, chez Zola, le choix systématique, délibérée des sujets, et l'artifice des enquêtes. Or les circonstances de sa propre existence, de sa réussite, professionnelle, financière et mondaine, abolirent promptement toute chance de contact.[31]

Abgesehen davon geht es Maupassant weniger um Erfassung einer sozialen Gruppe als Klasse, als vielmehr um das Erspüren einer Gruppe, z.B. „la paysannerie" „en tant que tempérament".[32] Die „circonstances" von Maupassants Existenz sind halb aristokratischer, halb bürgerlicher Natur. Verarmt, ist er bald auf einen Broterwerb angewiesen. Maupassants „connaissance du milieu aristocratique" erscheint zudem „plus limitée qu'on ne le croit", denn seit der Kindheit „il a vécu un peu en marge de ce milieu, ses parents n'y appartiennent pas tout à fait"[33]. Le Roux zieht selbst eine Verbindung zu Proust:

> Comme Proust peut-être, mais avec moins d'intuition et de subtilité, il rêvera de s'y intégrer plus qu'il n'y parviendra vraiment. A tout prendre, il est beaucoup plus familier du monde de Bel-Ami que de celui des marquis: comme Georges Duroy (ou Du Roy), il est un peu un déclassé, hésitant entre le bureau d'employé et la salle d'armes, le salon et la maison borgne.[34]

Die von Vial festgehaltene Distanz, die Maupassant zu Zola behält, stellt einen Punkt der Annäherung an Proust dar. Wie er neigt Maupassant zu einem „retour insistant de certains thèmes, qui semblent constituer un fonds permanent d'images, d'émotions et d'inspiration"[35]. Bei Maupassant ist es die Landschaft der Normandie. Der „caractère étrangement hybride de ce pays", der auch für Proust eine Verführung darstellt und „que s'attachait à restituer son peintre Elstir, demeure sensible", insbesondere in *Pierre et Jean*.[36] Die Neigung zur Karikatur in der Figurengestaltung stellt eine weitere Gemeinsamkeit beider Autoren dar. Vial schreibt auf Maupassant bezogen:

> Enfin persiste la tendance à pousser quelques personnages, ici des figurants, au type, à les relever d'une pointe caricaturale: telle la duchesse de Mortemain, très vieille-France, très inconsciemment orgueilleuse et égoïste, le verbe impérieux, d'une indulgence passionnée pour les folies amoureuses qui se lèvent sur les pas d'un beau cabotin, mais irréconciliable avec la République, dont les difficultés, même si ce sont celles de la Nation, lui donnent les joies d'un triomphe personnel; – tel M. de Musadieu, sorte de préfiguration du Norpois de Proust, vieux snob répandu dans tous les milieux politiques, aristocratiques et artistiques, où il se fait apprécier par son esprit facile et son érudition de bazar et de gazette. L'un comme l'autre de ces personnages semble bien supposer un modèle, non déterminé à l'heure actuelle, et relèverait ainsi de la technique de l'individualité typisée.[37]

Nicht nur die Technik der Personengestaltung weist gewisse Affinitäten zu Proust auf. Der philosophische Gehalt in Maupassants Suche nach der „vérité" zeigt ebenfalls eine

---

[31] ebd.
[32] Forestier 1974, 41.
[33] Le Roux, Benoît: „«Une Vie»", in: Desportes 1999, 105-114, 113.
[34] ebd.
[35] Vial 1954, 346.
[36] ebd.
[37] ebd. 408f.

frappierende Nähe zu Prousts *Recherche*.[38] Zwar geht Maupassant von den „faits divers" in seiner „recherche de la vérité" aus,[39] aber im Gegensatz zu Zola sind die „circonstances" nicht „intéressantes par elle-mêmes et ne conduisent qu'à une connaissance partielle, voire nulle, de la vérité"[40]. In Maupassants Geschichten ist ein Wort niemals „claire, un aveu n'est jamais sûr" und wenn man glaubt „au bout de la véritié" angelangt zu sein, hat man ihn noch lange nicht erreicht.[41] Forestier erscheint es wichtig festzuhalten, „que, chez Maupassant, la révélation de la vérité n'est pas la conséquence d'un déterminisme ou d'une contrainte: enquête policière ou poids du remords. Elle est le résultat d'un libre arbitre personnel; elle est, face aux puissances de la société, l'affirmation d'une liberté de l'homme." Forestier sieht in dieser „recherche de la vérité" einen Weg hin zu „des formules qui sont, par avance, celles du «Horla»: l'objet extérieur que des faits attestent, mais que l'on n'arrive pas à percer vraiment. Ainsi se comporte la vérité: évidente et insaisissable. Au total, ces récits dans lesquels on s'efforce d'élucider un mystère, mais qui n'aboutissent qu'à constater une présence de l'inconnaissable au sein du réel, offrent au lecteur un intérêt bien proche de celui que lui procure le fantastique".[42] Anders ausgedrückt:

> Autant le dire: l'homme vit dans un monde d'illusion que la recherche de la vérité ne fait que rendre plus évidentes: illusion des respectabilités [...]; illusion des apparences [...]./ Les faits ne sont pas suffisants par eux-mêmes à fournir une explication satisfaisante des choses ou des êtres: on perçoit que la vérité échappe, qu'elle est hors de nous, hors-là.[43]

Nicht zu unrecht sieht sich Forestier zu „un peu de philosophie" durch diese „recherche de la vérité" geführt.[44] Maupassant stehe vor dem Grundproblem, sich immer alleine zu fühlen:

> [...] seul en compagnie de ses amis, seul avec ses maîtresses, seul lorsqu'il posait sa tête sur l'oreiller où se nichait une autre tête, toujours face à face avec ce moi qui lui est devenu odieux [...]. Solitude spirituelle dont on ne peut sortir, puisque l'égoïsme se referme sur lui-même et se heurte aux autres égoïsmes, sans les pénétrer ni se dissoudre en eux.[45]

Was Maupassants Werk Schopenhauer schuldet, ist hinlänglich in der Forschung besprochen.[46] Forestier sieht Maupassants Werk in „la conscience et la peur de la solitude" münden und stellt eine „immense impossibilité de communiquer" fest, die auf den

---

[38] Nur am Rand sei erwähnt, daß Maupassants Roman *Notre Coeur*, d.h. „la place qu'occupe ce récit dans l'ensemble de l'oeuvre achevée ou promise" verglichen werden kann „à l'importance du même élément dans l'oeuvre de Proust" (Vial 1954, 414).
[39] cf. Forestier, Louis: „La recherche de la vérité", in: Europe 772/773 (août-sept. 1993), 53-60.
[40] ebd. 55.
[41] ebd. 54.
[42] ebd. 56f.
[43] ebd. 59.
[44] Die wie schon ausgeführt nicht zu eindeutigen Antworten führt. Konsequenterweise ist das Ende von *Une Vie* dann auch offen und läßt mehrere Leseweisen zu: eine positive als auch pessimistische (cf. Bury, Mariane: Une Vie de Guy de Maupassant, Paris: Gallimard, 1995, 131f.).
[45] Croce, Benedetto: „Maupassant", in: Europe 772/773 (août-sept. 1993), 7-15, 9.
[46] cf. Ninane de Martinoir, Francine: „Maupassant et le Pessimisme «fin de siècle»", in: Desportes 1999, 161-189; Guido, Pierre: „Quelques aspects du pessimisme de Maupassant. Présence et peinture de la mort dans *Une Vie*", in: Desportes 1999, 190-209 sowie die zahlreichen weiteren Artikel in diesem Gemeinschaftsband über Maupassants Roman *Une Vie* und seinen Pessimismus bzw. sein Verhältnis zu Schopenhauer.

Menschen laste.⁴⁷ Zwei Wesen, die zusammen lebten, blieben in den Werken Maupassants immer nur die Summe zweier „isolements".⁴⁸ Im Vorwort zu Maupassants Romanen vergleicht Forestier *Fort comme la Mort* mit „une recherche impossible du temps perdu" und *Notre Coeur* ist für ihn nicht nur „un simple essai de psychologie amoureuse qui est proposé, c'est une philosophie de la solitude et de l'incompréhension des êtres ou, comme le dira bientôt Maupassant, de «l'âme étrangère»"⁴⁹. Unweigerlich fühlt man sich an eine Beschreibung der Leiden Swanns erinnert bzw. des Helden Marcel. Ausgehend von einer ähnlichen Erfahrung begibt sich der Held der *Recherche* auf die Suche nach der Entschlüsselung der ihm fremden Wesen. Sie gelingt ihm jedoch nicht in vollem Umfang. Er macht die Erfahrung, daß Worte nicht immer das meinen, was der Aussagende zunächst mit ihnen suggeriert. Die Suche nach der „vérité" ist diffizilerer Art. Alle Arten der Kommunikation müssen in der Bewertung Berücksichtigung finden. Die „recherche à la vérité" bedeutet für Proust primär die nach der „temps perdu". In Maupassants Romanen spielt auch schon die Zeit eine elementare Rolle:

> On change, on vieillit terriblement et l'on meurt dans ces romans où le temps n'est pas galant'uomo. [...] le corps s'en va vers une décrépitude certaine.⁵⁰

Dabei beobachtet Maupassant „avec beaucoup d'intérêt la constitution d'une nouvelle «bonne» société où se mêlent ancienne noblesse et aristocratie d'argent, où les Israélites jouent leur rôle et où les artistes⁵¹ tiennent une place importante"⁵². Kurz und gut:

> Peu à peu l'univers de Proust est en train de naître.⁵³

Die Art des Erinnerns spielt bei Maupassants Helden aus *Fort comme la Mort* eine große Rolle. Schon Vial fällt die große Nähe zu Proust auf, die in der Tat ins Auge sticht. Er bezieht sich auf eine Textstelle relativ zu Ende des dritten Kapitels des ersten Teils aus *Fort comme la Mort* ⁵⁴, als der Maler Bertin im „parc Monceau" mit der jungen Annette spazieren geht und kommentiert sie wie folgt:

---

[47] Forestier 1974, 59.
[48] ebd.
[49] Forestier 1987, XXII.
[50] ebd. XXI.
[51] cf. auch ebd. XXXIII: „Ainsi personnages de romanciers, de peintres ou de sculpteurs prennent une place de plus en plus grande. Par une sorte de nouveau jeu, de miroirs, l'art devient sujet de l'oeuvre d'art."
[52] ebd. XXIV.
[53] ebd.
[54] cf. Maupassant 1987, 898f.: „Bertin sentait en lui s'éveiller des souvenirs, ces souvenirs disparus, noyés dans l'oubli et qui soudain reviennent, on ne sait pourquoi. Ils surgissent rapides, de toutes sortes, si nombreux en même temps, qu'il éprouvait la sensation d'une main remuant la vase de sa mémoire./ Il cherchait pourquoi avait lieu de bouillonnement de sa vie ancienne que plusieurs fois déjà, moins qu'aujourd'hui cependant, il avait senti et remarqué. Il existait toujours une cause à ces évocations subites, une cause matérielle et simple, une odeur, un parfum souvent. Que de fois une robe de femme lui avait jeté au passage, avec le souffle évaporé d'une essence, tout un rappel d'événements effacés! Au fond des vieux flacons de toilette, il avait retrouvé souvent aussi des parcelles de son existence; et toutes les odeurs errantes, des rues, des champs, des maisons, des meubles, les douces et les mauvaises, les odeurs chaudes des soirs d'été, les odeurs froides des soirs d'hiver, ranimaient toujours chez lui de lointaines réminiscences, comme si les senteurs gardaient en elle les choses mortes embaumées, à la façon des aromates qui conservent les momies./ Était-ce l'herbe mouillée ou la fleur des

Cette page, où le romancier accompagne ou guide son personnage dans une descente au foyer intime du souvenir, dans une recherche presque douloureuse de l'origine de l'appel, constitue une étonnante anticipation de la méditation sur la madeleine de Proust. C'est un son, en fin de compte, qui avait suscité la réminiscence. Nouvelle preuve de la necessité qui s'impose de nuancer avec prudence tout jugement sur *l'oreille* de Maupassant. Pour répondre à son interrogation inquiète, irritée, le peintre se rappelait d'autres expériences: «Bien souvent un piano entendu par hasard, une voix inconnue, même un orgue de Barbarie jouant sur une place un air démodé, l'avaient brusquement rajeuni de vingt ans, en lui gonflant la poitrine d'attendrissments oubliés.» Maupassant a donc enrichi d'une nouvelle dimension, bien peu attendue de certains, l'univers que Baudelaire avait le premier exploré. Proust le dotera d'une autre encore, que ni Baudelaire, ni Maupassant n'avaient pressentie.[55]

Eindeutig läßt sich bei Maupassant ein immer stärkeres Interesse an einer „histoire intérieure" erkennen. So ist beispielsweise in *Pierre et Jean* der Held „à la fois le témoin de l'action et son propre analyste"[56]. Diese Beschreibung klingt wie eine von Marcel aus der *Recherche*. Biographisch könnte man als Gemeinsamkeit ergänzen, was Naturel schon für Flaubert und Proust feststellt: Proust leidet wie Maupassant unter einer „névrose" und auch ihn reißt der Tod frühzeitig aus dem unvollendeten Werk.[57] Ebenso haben beide „en commun «un pays», La Normandie".[58] Nach dem bisher Ausgeführten läßt sich bei beiden Autoren eine gemeinsame Basis erkennen, von der aus sie dennoch zu anderen Ergebnissen kommen. Den elementaren Punkt des Unterschieds, der schon in Prousts Urteil über die Autoren des ersten und zweiten Ranges anklingt – zu letzteren zählt er Maupassant – sei hier antizipatorisch aus Maupassants Sicht beleuchtet. In seiner Studie über *L'évolution du roman au XIXe siècle* sind Maupassants Bemerkungen über die „débutants" interessant, die „ne regardent plus qu'en eux-mêmes, observent uniquement leur âme, leur coeur, leurs instincts, leurs qualités ou leurs défauts et proclament que le roman définitif ne doit être qu'une autobiographie. Mais comme le même coeur [...] ne donne point des sujets sans fin, comme le spectacle de la même âme répété en dix volumes devient fatalement monotone, ils cherchent par des excitations factices, par un entraînement étudié vers toutes les névroses, à produire en eux des âmes exceptionellement bizarres, imagés et subtils". Maupassant regt sich über diese „peinture d'un moi hypertrophié par l'observation intense" auf.[59] Als Zielscheibe von Maupassants Kritik könnte durchaus Proust gemeint gewesen sein, wie schon Vial erkennt und mit nachvollziehbaren Argumenten untermauert:

> Il semble toutefois que Maupassant ait voulu au moins de quelques-uns des ses traits atteindre Barrès, qui, précisément en cette année 1889, donnait le deuxième volume de son *Culte du Moi*, *L'Homme Libre*. Le premier, *Sous l'oeil des Barbares*, ne datait que de l'année précédente. En outre,

---

marroniers qui ranimait ainsi l'autrefois? Non. Alors, quoi? Était-ce à son oeil qu'il devait cette alerte? [...]/ N'était-ce pas un son, plutôt?"

[55] Vial 1954, 177f., FN 1.

[56] Forestier 1987, XXXII; cf. ebd.: „Maupassant, de plus en plus, s'intéresse à la psychologie. L'étude de l'âme est une science neuve, elle est à la mode, même en littérature. Les *Essais de psychologie contemporaine* de Bourget, les romans du même écrivain, lancent, en attendant Barrès et Proust, l'intérêt pour les méandres du moi. C'est ce pour qui se passionera Maupassant dans ses trois derniers romans. Est-ce par simple flair d'écrivain à l'affût de la nouveauté? N'est-ce pas plutôt par désir de connaître «cet autre qui est en nous» et qu'il faut extirper, à l'occasion comme dans *Pierre et Jean*, sans être sûr d'y parvenir?"

[57] cf. Naturel 1999, 13.

[58] ebd. 12.

[59] abgedruckt in: Vial 1954, 103f.

Mallarmé l'aurait-il entretenu déjà des *Cahiers d'André Walter*, si prochains (ils paraîtront en 1891)? L'hypothèse ne manque pas de vraisemblance: Maupassant ajoute à son sévère commentaire: «Ces livres prédits, s'ils viennent, comme on les annonce, ne seront-ils pas les petits-fils naturels et dégénérés de l'Adolphe de Benjamin Constant?». Elle en manque d'autant moins que l'on pouvait être tenté d'informer l'illustre disciple de Flaubert des promesses d'un débutant qui rêvait alors d'écrire une Nouvelle Education sentimentale. [...] – On peut songer enfin à Marcel Proust, adolescent, que sa maturité montre promettant si jeune une oeuvre mystérieuse, dévotement attendue. Collégien encore, il fut présenté à Mme Straus par le fils qu'elle avait eu de son premier mariage avec Bizet (on sait ce qu'Oriane de Guermantes doit à ce modèle). Il est fort probable que Maupassant le connut dans cette société où il fréquentait. Le rapprochement avec Benjamin Constant corrobore cette hypothèse: les «intermittences du coeur» doivent tellement à Adolphe, que l'on peut supposer que, fort tôt séduit, Proust publiait son admiration pour son devancier.[60]

Auf die Frage: „Qu'est-ce qui le différencie d'un Proust" antwortet Forestier wie folgt:

Il n'a pas la nouveauté d'écriture et de conception de l'auteur d'*A la recherche du temps perdu* [...]./ Mais il a pour lui l'exactitude de l'observation, la précision du détail. Il sait trouver la forme qui rendra le mieux une vision de plus en plus tragique de la condition humaine.[61]

4.7.1 Maupassants Dienerinnen

Nachdem Maupassant sich durch Verkauf seiner literarischen Werke finanziell konsolidiert sieht, leistet er sich einen Diener: François Tassart. Von einer Dienerin in seinem eigenen Haushalt ist nichts bekannt, was sich durch Maupassants Verhältnis zu Frauen allgemein erklären ließe. Dienerinnen sind aufgrund ihres Geschlechtes vor allem Geschöpfe der physischen Begierde. Deshalb liegt ein Vertrauensverhältnis, ähnlich demjenigen zu seinem treuen François (bei dem das Geschlecht keine Rolle spielt), eher fern. Insbesondere über die letzten Lebensjahre sowie Maupassants Krankheit und Selbstmordversuch hinterläßt dieser Diener biographische Skizzen.[62] In seinen Novellen findet man dagegen einige weibliche Dienerfiguren: Entweder als namenlose „bonne" oder „servante",[63] die nur am Rande der eigentlichen Geschichte erwähnt werden oder Dienerinnen mit den Namen Rose oder Rosalie als Heldin der Geschichte selbst bzw. eine Rosalie, Honorine oder Victorine, die eine sekundäre Rolle in der Handlung spielen. Honorine ist die zupackende, mit einem gesunden Menschenverstand ausgestattete Dienerin des *Docteur Héraclius Gloss*, die allerdings hauptsächlich nur im zwanzigsten Kapitel der Erzählung auftritt.[64] Victorine, die eher häßliche Dienerin, wird lediglich zur Befriedigung der physischen Begierden von

---

[60] ebd. 104, FN 1.

[61] Forestier 1987, XXXIV.

[62] cf. Tassart, François: Nouveaux souvenirs intimes sur Guy de Maupassant (inédits), texte établie, annoté et présenté par Pierre Cogny, Paris: Nizet, 1962; cf. auch: Morand, Paul: Vie de Guy de Maupassant, Paris: Flammarion, 1942, der vor allem in seinem Kapitel III: „La mise à mort" (ebd. 211ff.) auf die „souvenirs" von Tassart zurückgreift.

[63] cf. die namenlosen „servantes" bzw. „bonnes" in den Novellen: *Une partie de campagne* (CN I, 244ff.), *Par un soir de printemps* (CN I, 309ff.), *À cheval* (CN I, 704ff.), *La Martine* (CN I, 974ff.) bzw. *Yvette* (CN II, 234ff.), wo in der Rede der Mutter ihr Dienerbild zum Ausdruck kommt. – *Par un soir de printemps* erzählt zwar ein Element, das später wieder in *Une Vie* aufgegriffen wird: die Geschichte der Tante Lison. Die „bonne" der Novelle bleibt aber noch namenlos und entfaltet nicht – aufgrund des begrenzten Themenausschnitts – die Dimension einer Rosalie aus *Une Vie*.

[64] cf. die Erzählung *Le Docteur Héraclius Gloss* (CN I, 9-53), insbesondere Kapitel 20 und 22 (ebd. 34ff.).

ihrem Herrn Simon Bombard angestellt.[65] Rosalie[66] aus *En famille* stellt den Typus der „petite bonne normande, incroyablement étourdie"[67] dar, die ausschließlich als Handlanger für die häuslichen Dienste auftritt und einen eher dümmlichen Eindruck hinterläßt. Die *Histoire d'une fille de ferme*[68] erzählt die Geschichte der Bauersmagd Rose, die *Histoire vraie* die der 'bonne' Rose.[69] Beide Dienerinnen teilen mit Rosalie aus *Une Vie* das Schicksal, Mutter eines unehelichen Kindes zu sein. Die personalen Relationen sind aber differenziert, selbst bei der *Histoire vraie,* die ganz offensichtlich ein Element aus *Une Vie* wieder aufgreift: Rose unterhält zu M. de Varnetot die gleiche Beziehung wie Rosalie zu Julien. M. de Varnetot verkauft sie nach ihrer Schwangerschaft wie ein Stück Vieh an einen interessierten Bauern. Im Gegensatz zu Rosalie stirbt die einfältige Dienerin aus Liebeskummer zu ihrem Herrn. Die „fille de ferme" Rose ist eine „grande gaillarde si solide"[70], die kräftig zupacken kann und genau weiß, was sie will. Erst nach einem Heiratsversprechen des Bauernburschen Jacques läßt sie sich mit ihm ein, der sie dennoch sitzen läßt. Das uneheliche Kind läßt sie heimlich an einem anderen Ort groß ziehen. Durch ihren Fleiß Aufmerksamkeit erweckend, will ein anderer Bauer sie heiraten. Ihr Gewissen verbietet Rose aber die Einwilligung, so daß der Bauer sie zwangsweise nimmt und das Aufgebot verkündet. Die Wut des Bauern über die Kinderlosigkeit der Ehe treibt Rose schließlich zum Geständnis ihres unehelichen Kindes, das sich dann genau als Glücksfall herausstellt: Der Bauer adoptiert es als sein eigenes. Roses forsche Art erinnert an Rosalies Selbstbewußtsein zu Ende von *Une Vie.* Roses Tränen und Verstörung rufen Rosalies Verzweiflung beim Verhör, wer Vater ihres Kindes sei, hervor. Rose lebt aber nicht in einem, auf die Herrschaft ausgedehnten und ihre eigene kleine Familie sprengenden Familienverbund wie Rosalie. Keine der beiden Dienerinnen erhält damit in der Relation zu ihrer Herrin/ ihrem Herrn das Gewicht, das Rosalie in *Une Vie* inne hat. Nichtsdestoweniger fällt eine „interpénétration" zwischen den Novellen und *Une Vie* auf, die allgemein typisch für Maupassants Romane und Erzählungen ist.[71] Auch in der fünf Jahre nach *Une Vie* veröffentlichten Novelle *Rosalie Prudent*[72] begegnet man der Namensvetterin aus *Une Vie,* die beim Verhör über die Gründe des Kindsmords „pleurait" und „ne répondait rien", wie Rosalie aus *Une Vie* dies nach der Geburt ihres Sohnes tut. Auch die Begründung, warum

---

[65] cf. *Bombard* (CN II, 365-370).
[66] cf. *En famille* (CN I, 193-218).
[67] ebd. 197.
[68] CN I, 225-243.
[69] CN I, 457-462.
[70] CN I, 228.
[71] cf. Forestier 1987, XXIX: „Il ne faut pas dissocier le conteur du romancier. A travers des genres divers, c'est le même but qui est poursuivi: trouver une forme originale de récit qui permette de montrer, par quelques exemples empruntés à la réalité, que le monde est mal fait, que l'homme est voué au malheur et au pessimisme. Un instructif et singulier mouvement de va-et-vient s'établit donc des nouvelles au roman. On y observe le retour des thèmes, de motifs, d'images, voire des personnages. C'est dans cette constante interpénétration que se révèle le mieux l'imaginaire de Maupassant et ses obsessions [...]."
[72] CN II, 699-702.

sie sich mit dem Neffen ihres Herrn einläßt, ähnelt fast wörtlich derjenigen Rosalies, als sie erzählt, warum sie Julien als Liebhaber akzeptierte.[73]

Nach dem bisher Ausgeführten ist es legitim, von einem das normale Maß übersteigenden Interesse für diesen Dienertypus bei Maupassant zu sprechen. Welche Bewunderung und welchen Wert Maupassant seiner Rosalie aus *Une Vie* zumißt, läßt sich schon allein an der Tatsache ablesen, daß Rosalie und keine andere Figur in ihren letzten Worten über das Leben eine Bemerkung des von ihm verehrten Lehrers Flaubert aufgreift: „les choses ne sont jamais ni aussi mauvaises ni aussi bonnes qu'on croit."[74]

4.7.2 Françoise und Rosalie

Une Vie ist nicht nur die Geschichte von Jeanne Le Perthuis des Vauds, sondern erzählt parallel ein weiteres Frauenschicksal: das ihrer „bonne" und „soeur de lait" (V5) Rosalie. Die Bezeichnung „soeur de lait" verweist schon auf das besonders enge Verhältnis der zwei Frauen Jeanne und Rosalie. Rosalie – zunächst schüchtern und in ihren Funktionen als Hilfskraft der Mutter auftretend – ist bis auf das fünfte Kapitel, das die Hochzeitsreise von Jeanne und ihrem Mann Julien zum Inhalt hat, bis zur Niederkunft ihres Kindes im siebten Kapitel fortdauernd präsent. Danach verläßt sie das Haus, gibt aber nicht die Präsenz im Text ab. Im achten Kapitel ist Rosalie Gegenstand des Ehehandels zwischen dem Baron und dem Bauern Denis Lecoq, der gegen eine gute Mitgift die ihm fremde Rosalie samt Kind zu ehelichen verspricht. Im neunten Kapitel taucht Rosalie in den Erinnerungen Jeannes auf, als diese Totenwache am Bett ihrer Mutter hält. Die „affaire de Rosalie" (V 129) wird im zehnten Kapitel nur kurz erwähnt, um den Zeitpunkt zu markieren, seitdem Jeanne von Juliens Bett getrennt lebt. Zu Ende des elften Kapitels kehrt Rosalie – nun um fast fünfundzwanzig Jahre älter – auf das Gut Jeannes: „les Peuples" zurück, um in der Folge ein „gouvernement absolu" (V 166) über ihre hilflose Herrin, ihr Leben und ihre Finanzen zu übernehmen – zu ihrer Rettung und aus völlig selbstlosen Beweggründen.[75] Die quantitative Textpräsenz nimmt im Vergleich zur ersten Hälfte des Romans zu und reicht bis zum Ende des vierzehnten und letzten Kapitels, wo Rosalie die letzten Worte behält. Trotz ihrer Ausblendung in den Hintergrund (8. bis 10. Kapitel) in der ersten Hälfte des zweiten Romanteils bleibt sie in den Gesprächen der anderen Figuren gegenwärtig, um nach einem eher passiven inhaltlichen Auftritt im ersten Teil eine starke formale als auch inhaltliche

---

[73] CN II, 699f.

[74] Brief Flauberts vom 18. Dezember 1878 an Maupassant (cf. „Notes et variantes" zu *Une Vie*, in: Maupassant 1987, 1313); cf. auch Vial 1954, 43ff.: Vial führt hier aus, was *Une Vie* dem *Coeur simple* von Flaubert schulde und sieht Jeanne, „malgré son noble lignage", als „la fille de Félicité" an. Rosalie „sermonnait" u.a. wie Félicité ihre Herrin und am Ende beider Erzählungen besäße Rosalie die „fermeté" einer Mme Aubain wie Jeanne die „timidité" einer Félicité. – Sicherlich treffen viele der Beobachtungen Vials zu, leider verliert er aber aufgrund seines ausschließlichen Interesses am Lehrer Flaubert aus dem Blickfeld, daß Rosalie in mancher Hinsicht stark an eine Nachfahrin von Balzacs Nanon erinnert. Dies wohl kein Zufall, stellt Flauberts *Coeur simple* doch schon ganz offensichtlich eine Replik auf Balzacs einfache Seele Nanon dar.

[75] cf. auch die auffallend gleiche Struktur, die in *Eugénie Grandet* zu finden ist. Nanon übernimmt im Verhältnis zu ihrer Herrin eine ganz ähnliche Funktion.

Präsenz im letzten Drittel des Romans einzunehmen. In rein formaler Hinsicht fällt vorläufig die Nähe zur Gestaltung der Auftrittsfolgen Françoises auf.

Rosalies erste inhaltliche Präsentation zeigt sie als starkes physisches Pendant zur zarten, aus dem Konvent in das Leben drängenden Jeanne:

> Jeanne était prête à monter en voiture lorsque la baronne descendit l'escalier, soutenue d'un côté par son mari, et, de l'autre, par une grande fille de chambre forte et bien découplée comme un gars. C'était une Normande du pays de Caux, qui paraissait au moins vingt ans, bien qu'elle en eût au plus dix-huit. On la traitait dans la famille un peu comme une seconde fille, car elle avait été la soeur de lait de Jeanne. Elle s'appeleait Rosalie./ Sa principale fonction consistait d'ailleurs à guider les pas de sa maîtresse devenue énorme depuis quelques années par suite d'une hypertrophie du coeur dont elle se plaignait sans cesse.(V5)

Es ist anzunehmen, daß Rosalie aus der Nähe des Gutes ihrer Herren in der Normandie stammt, womit ihre Herkunft einigermaßen klar verortet ist (MK 1). Ihr Name legt Assoziationen mit einer 'rosigen' Natur und einem entsprechenden Gemüt frei. Er läßt auf eine Naturverbundenheit und eine Person schließen, die im 'blühenden' Leben steht. Damit unterstützt der Name – ähnlich wie bei Françoise Rosalies Verbundenheit mit der ländlichen Region ihrer Herkunft. Die Region könnte aber auch eine andere bäuerliche Frankreichs sein. Rosalie begleitet die Baronin nicht nur auf ihren Spaziergängen, sondern entkleidet auch Jeanne vor dem Zubettgehen. Für die Küche ist eine andere Dienerin zuständig: die Köchin Ludivine. Während der Märsche auf dem Schloßhof erweist sich Rosalie als „pauvre bonne patiente" (V 18), die die schrittweise abgelegten Kleider der Baronin wieder einsammelt und die häufigen Pausen geduldig erträgt (MK 4.3). Ihr intellektuelles Porträt (MK 2) steht in Kontrast zu ihrem starken zupackenden physischen, da sie „songeait de cette songerie animale des gens du peuple" (V 6). Trotzdem ist ihre Erziehung über derjenigen der „simples paysannes" anzusiedeln. Sie kann lesen und schreiben und weiß ordentlich ihre Finanzen zu verwalten.[76] Auf dem Rückweg vom Konvent, in dem Jeanne ihre Erziehung genoß, zu dem Gut der Eltern „les Peuples" sitzt Rosalie zusammen mit Jeanne „sur la banquette à reculons" (V 6). Das heißt: Rosalie sitzt gleichberechtigt neben Jeanne im Trockenen, während die Köchin neben dem Kutscher im Freien und damit im strömenden Regen Platz nimmt. Die privilegierte Stellung Rosalies im Familienverbund (MK 4.1.2) läßt sich nicht nur von der örtlichen Platzierung ablesen, sondern liegt auch offenkundig im mentalen Bereich. So veranlaßt die Baronin zur Kontrolle ihrer Hypertrophie, zu „tater obstinément au baron, à Jeanne et à Rosalie son coeur" (V 19). Rosalie wird damit in einem Atemzug mit den engsten Vertrauten der Baronin erwähnt. Letztere lebt in einer romantischen Welt, liebt die Chansons von Béranger und Scott und ist durch die Lektüre der *Corinne* geprägt. Daher stellt es einen weiteren Vertrauensbeweis der Baronin gegenüber ihrer Dienerin dar, wenn sie sie um das Herbeiholen ihrer Erinnerungsstücke, ihrer „reliques" bittet:

> «Rosalie, ma fille, apporte-moi le tiroir aux *souvenirs*.»/ La petite bonne ouvrait le meuble, prenait le tiroir, le posait sur une chaise à côté de sa maîtresse qui se mettait à lire lentement, une à une, ces

---

[76] cf. auch Lieber, Catherine: „La condition de la femme dans «Une Vie»", in: Desportes 1999, 278-295, 278f.

lettres, en laissant tomber une larme dessus de temps en temps./ Jeanne parfois remplaçait Rosalie et promenait petite mère qui lui racontait des souvenirs d'enfance.(V 19)

Jeanne ersetzt manchmal Rosalie und nicht umgekehrt die Dienerin die Tochter. Berücksichtigt man die Wichtigkeit dieser Erinnerungsreliquien für die Mutter, sagt dies viel über die enge Verbindung zwischen Mutter und Rosalie sowie die Wertschätzung Rosalies in der Familie aus. Mit der Bevorzugung Rosalies als Begleitung, wenn die Mutter mit ihren Erinnerungen allein sein möchte, entspricht in gewisser Weise diejenige Juliens, des zukünftigen Mannes von Jeanne. Rosalie wird seine „Frau", noch bevor er Jeanne heiratet: Er schlüpft – wie das spätere Geständnis Rosalies (V 92) offenbaren wird – gleich bei seinem ersten Abendessen auf dem Schloß zu ihr ins Bett. Rosalie findet ihren Vergewaltiger allerdings „à son goût" (V 32). Dies ist sicherlich nicht nur auf das Äußerliche von Julien de Lamare zu beschränken, dessen Erröten darauf hinweist, daß er mehr als nur eine oberflächliche Bekanntschaft zu Rosalie unterhält. Rosalie macht der sexuelle Verkehr mit Julien Spaß – positives Zeichen ihrer unverstellten Natürlichkeit und Erdverbundenheit –, im Gegensatz zu Jeanne, die darin nur „quelque chose de bestial, de dégradant, une saleté enfin" (V 53) sieht.[77] Rosalie ist wirklich in ihren neuen Herrn verliebt, sie weint „comme une source", als sie Jeanne für die Hochzeitsnacht entkleidet, „assurément plus émue encore que sa maîtresse" (V 45). Nach der Rückkehr von der Hochzeitsreise ist es wieder Rosalie, „toute émue aussi" (V 62), die ihr beim Auspacken hilft. Bald darauf erfährt man, daß Julien „semblait avoir oublié sa femme" (V 65). Wie sich herausstellen wird, hängt dies eng mit Rosalie zusammen. Der Leser wird zunächst Zeuge einer frappierenden Entwicklung von Rosalies moralischen Zustand. Ursprünglich „si gaie et toujours chantant", ist sie nunmehr „changée":

> Ses joues rebondies avaient perdu leur vernis rouge, et, presque creuses maintenant, semblaient parfois frottées de terre./ Souvent Jeanne lui demandait: «Es-tu malade, ma fille?» La petite bonne répondait toujours: «Non, Madame.» Un peu de sang lui montait aux pommettes et elle se sauvait bien vite.(V 78)

Die Erklärung für Rosalies Zustand folgt prompt mit der plötzlichen Geburt ihres Sohnes vor Jeanne auf dem Boden ihres Zimmers. Julien schickt Jeanne weg in die Küche und organisiert das Nötige. Beim Gespräch mit ihrem Mann, was aus Rosalie nun werden solle, kommt ihre Naivität zum Vorschein: Jeanne glaubt, man brauche nur den Vater ausfindig machen, der dann Rosalie heiraten müsse. Als Julien Rosalie im Namen der Moral samt ihrem 'Bastard' aus dem Haus jagen will, ergreift Jeanne Partei für ihre „soeur de lait" und zeigt das erste Mal Stärke gegen ihren Mann (V 80).

> Mais la jeune femme, indignée, se révolta. «Quant à cela, jamais. C'est ma soeur de lait, cette fille; nous avons grandi ensemble. Elle a fait une faute, tant pis; mais je ne la jetterai pas dehors pour cela: et, s'il le faut, je l'élèverai, cet enfant.» Alors Julien éclata [...] Tu es folle!»/ Elle était demeurée calme. «Je ne laisserai jamais jeter dehors Rosalie; et si tu ne veux pas la garder, ma mère la

---

[77] cf. Yates 1991, 147: „[...] Rosalie is a jouisseuse, a woman who knows the reality of sexual pleasure. With her tranquil acceptance of sex, she represents the frankness and earthiness of the peasants, following their instincts without undue fuss or guilt, in contrast to the conventions and constraints of polite society, which lead only to unhappiness for Jeanne."

reprendra; et il faudra bien que nous finissions par connaître le nom du père de son enfant.»/ Alors il sortit exaspéré, tapant la porte, et criant: «Les femmes sont stupides avec leurs idées!»(V 80f.)

Nach der Niederkunft ihres Kindes bricht Rosalie aus Scham und Hoffnungslosigkeit regelmäßig in Tränen aus, „en apercevant sa maîtresse" (V 81). Jeanne tröstet Rosalie und will den Namen des Vaters erfahren, um ihr helfen zu können. Rosalie schweigt beharrlich und mit der Zeit wird sie „moins triste quoiqu'elle restât comme effarée, poursuivie par une crainte inconnue"(V 83). Als Jeanne eines Nachts Angstzustände hat und nach Rosalie klingelt, diese aber weder erscheint, noch in ihrem Bett anzutreffen ist, sucht Jeanne ihren Mann auf, um nicht alleine bleiben zu müssen. Völlig überrascht ertappt sie im Bett ihres Mannes Rosalie (V 85ff.). Nach Flucht und Fieberwahn will Jeanne Rosalie zum Geständnis zwingen und holt zu diesem Zweck den Pfarrer herbei. Sie weiß, daß Rosalie in ihrer naiven Gläubigkeit (MK 4.4) nicht länger vor dem Pfarrer die Wahrheit zu verbergen wagen wird. Rosalie gesteht alles. Jeanne erfährt dabei, daß Julien gleich zu Beginn seiner Besuche auf „les Peuples" noch vor ihrer Ehe eine Liebesbeziehung zu Rosalie anfing. Jeanne hakt genauer nach und vernimmt folgendes:

> Et Rosalie, écartant ses mains cette fois, saisie aussi d'une fièvre de parler, d'un besoin de répondre:/ «J'sais ti, mé? C'est le jour qu'il a dîné ici la première fois, qu'il est v'nu m'trouver dans ma chambre. Il s'était caché dans l'grenier. J'ai pas osé crier pour pas faire d'histoire. Il s'est couché avec mé; j'savais pu s'que j'faisais à çu moment-là; il a fait c'qu'il a voulu. J'ai rien dit parce que je le trouvais gentil!...»(V 92)

Rosalies grammatikalisch unkorrekte und Endungen verschluckende Sprache (MK 3.2) büßt nichts von ihrer Aussagekraft und Natürlichkeit ein. Offen und ehrlich bringt sie ihre Gedanken und Gefühle zum Ausdruck. Gleichzeitig offenbart sich in dem Gesagten ihre naive Unschuld, mit der sie in die Beziehung stolpert (MK 4.4.), die aber nicht ihr schlechtes Gewissen ausgeschaltet hat. Ihr „down to earth approach"[78] ist trotzdem stärker als ihr Gewissen. Sie weiß, daß sie gegen den vorgeschriebenen Verhaltenskodex, vor allem gegen ihre junge Herrin gehandelt hat und ist darüber unglücklich. Sie war allerdings nicht die treibende Kraft, sondern wie Jeanne 'Beutegut' des Mannes. Zu Rosalies Kodex gehört prinzipiell dennoch die Überzeugung, daß man nicht gegen die Moral verstoßen darf (MK 2). Als Jeanne schließlich noch hört, daß Julien der Vater von Rosalies Sohn ist, „sa colère était tombée". Was bleibt ist nur ein „désespoir morne, lent, profond, infini" (V 92), der sich im Zeichen der Tränen ausdrückt und die sich mit denen ihrer Dienerin vereinen. Jeanne will nur noch, daß man Rosalie aus dem Zimmer bringt. Ein Gedanke läßt sie nicht los: Schmerzhaft muß sie feststellen, daß Rosalie auf ähnliche Weise wie sie selbst „Opfer" von Julien wurde:[79]

> Jeanne affaissée, les yeux ouverts devant elle, allongée sur le dos et les bras inertes, songeait douleureusement. Une parole de Rosalie lui était revenue qui lui blessait l'âme, et pénétrait comme une vrille en son coeur: «Moi, j'ai rien dit parce que je le trouvais gentil.»/ Elle aussi l'avait trouvé

---

[78] ebd. 145.
[79] cf. auch ebd. 144: „The novel is rich in contrasts and similarities between the two figures. The trajectories of mistress and maid run along lines that are surprisingly parallel, for, as women, they are both subject to the same kind of exploitation and oppression."

gentil; et c'est uniquement pour cela qu'elle s'était donnée, liée pour la vie, qu'elle avait renoncé à toute espérance, à tous les projets entrevu, à tout l'inconnu de demain. Elle était tombée dans ce mariage, dans ce trou sans bords pour remonter dans cette misère, dans cette tristesse, dans ce désespoir, parce que, comme Rosalie, elle l'avait trouvé gentil!(V 94)

Beide Frauen teilen in der Beziehung zu Julien ihr Schicksal, was sie in eine Nähe zueinander und in Frontstellung zum egoistisch-brutalen Mann rückt.[80] Die Situation Rosalies stellt keine Ausnahme dar, wie die Äußerungen des „abbé Picot" und das Beispiel des Barons in seiner Jugend zeigen, der auch „une petite bobonne comme celle-là" verführte, „quand elles étaient jolies, il n'avait jamais hésité devant les servantes de sa femme" (V 94). Im vereinten Komplott versöhnt der Abbé im Namen des zukünftigen Kindes Jeanne und Julien und handelt mit den Eltern eine Mitgift aus, zu der er den passenden Mann für Rosalie zu finden verspricht.[81] Rosalie wird damit wieder zur Bäuerin und verläßt zeitweilig den Status der Dienerin, um nach fast fünfundzwanzig Jahren erneut als Dienerin ihrer Herrin das Zepter in die Hand zu nehmen.[82] Sie erscheint physisch und moralisch gewandelt: Aus der sich schämenden „petite bonne" von einst ist mittlerweile eine Frau geworden, die „pouvait avoir quarante ou quarante-cinq ans. Elle était forte, colorée, carrée, puissante. Ses larges mains pendaient des deux côtés du siège. Ses cheveux grisonnaient" (V 163). Sie ist kurz gesagt „la vieille bonne" (V 167) (MK 5).

Rosalies Verhältnis zu Jeanne ist im Romanverlauf zweigeteilt. Zu Beginn überwiegt ihre Funktion als Frau und Konkurrentin über ihren Status als Dienerin. Nach ihrem Wiedereintritt ins Geschehen hat sie diese Rolle verloren, nicht nur, weil der Mann bzw. Liebhaber beider Frauen nicht mehr lebt, sondern weil sie ein Alter erreicht hat, in dem das Geschlecht eine sekundäre Rolle spielt. Rosalies Metamorphose fällt trotzdem nicht so gravierend aus wie diejenige von Jeanne. Viele Eigenschaften – wie z.B. ihre physische Stärke – behält sie bei. Durch entsprechende Erfahrungen im Laufe ihres Lebens angereichert, legt sie aber jede Schüchternheit und Scham ab und ersetzt sie durch ein ausgeprägtes Selbstbewußtsein (MK 4.1). Ihr stolzes Auftretens fußt auf der privilegierten Behandlung der Herren im Familien- und Hausverbund seit ihrer Kindheit. Als Vergleichsgrundlage zu Françoise liefert die 'zweite' Rosalie greifbare Analogien. Dies ist insofern nachvollziehbar, da Françoises Sexualität als von Beginn an ältliche Dienerin keine Rolle spielt. Rosalie kehrt als rettende Kraft just in dem Moment zu Jeanne zurück, als diese nach dem stetigen Fernbleiben ihres Sohns Paul und sein Vertrösten auf einen späteren

---

[80] Was auch bei der Geburt von Jeannes Sohn erneut durchscheint, die allerdings im Gegensatz zu Rosalies leichter Niederkunft verläuft; cf. V 99f.: „Et Jeanne, dont les cris involontaires jaillissaient entre ses dents serrées, pensait sans cesse à Rosalie qui n'avait point souffert, qui n'avait presque pas gémi, dont l'enfant, l'enfant bâtard, était sorti sans peine et sans torture." Im Gesicht ihres Mannes liest Jeanne „le même ennui, la même indifférence pour elle que pour l'autre, le même insouci d'homme égoïste, que la paternité irrite" (ebd.).

[81] cf. V 104ff. und den Handel zwischen dem Baron und Désiré Lecoq, dem zukünftigen Mann von Rosalie. Désiré Lecoq schüttelt dem Baron, „comme après l'achat d'une vache" die Hand. Bei der Hochzeit wird das Baby – „comme une sûre promesse de fortune" (V 106) – von einer Nachbarin Rosalie und Désiré wie selbstverständlich hinterhergetragen.

[82] cf. Gardes, Roger: „La vision du peuple dans «Une Vie»", in: Desportes 1999, 421-445, 435: „Le monde des paysans vit en étroite relation avec celui des domestiques et entre ces deux catégories de gens du peuple les ressemblances frappent plus que les différences. C'est surtout vrai pour Rosalie dont les fonctions de servante sont entrecoupées par un long retour à la terre."

Besuch sowie nach dem Tod des Vaters und bei der Beerdigung von Tante Lison eine große Todessehnsucht verspürt:

> [...] une forte paysanne la saisit dans ses bras et l'emporta comme elle eût fait d'un petit enfant./ En rentrant au château, Jeanne, qui venait de passer cinq nuits au chevet de la vieille fille, se laissa mettre au lit sans résistance par cette campagnarde inconnue qui la maniait avec douceur et autorité [...].(V 163)

Jeanne stellt physisch und mental das genaue Gegenteil ihrer Dienerin dar. Sie ist eine „femme à cheveux blancs, maigre et fanée", was Rosalie offen zugibt:

> «Ça c'est vrai que vous êtes changée, madame Jeanne, et plus que de raison. Mais songez aussi que v'là vingt-quatre ans que nous nous sommes pas vues.»(V 164f.)

Die Wiedervereinigung beider Frauen verläuft im übrigen äußerst herzlich. Rosalies „douceur et autorité" macht ihren Wesenskern aus. Sie erweist sich trotz aller Strenge und ihrer „force d'un homme", mit der sie Jeanne zur Bettruhe zwingt, als Dienerin mit einem großen Herzen. Sie weint, umarmt und küßt ihre Herrin, als diese sie nicht gleich erkennt. Sie ist es aber auch, die sich wieder zuerst beruhigt, denn man „faut être sage" (V 164). Ganz pragmatisch gesonnen richtet sie daher das Bettzeug Jeannes wieder zurecht und antwortet mit einer Selbstverständlichkeit auf ihre Frage, wie sie zu ihr zurückgekehrt sei:

> «Pardi, est-ce que j'allais vous laisser comme ça, toute seule, maintenant!»(V 164)

Eines von Rosalies Maximen heißt, zeitlebens sich dankbar zu erweisen und Treue den Herren zu zeigen sowie seine Pflicht zu erfüllen – sofern ein einmal begangener Jugendfehler verziehen wird (MK 2). Rosalie verliert demnach ihre Herrin niemals aus den Augen, obwohl sie lokal von ihr getrennt lebte. Auf das Wohl ihrer Herrin bedacht, will sie nun ohne finanzielle Gegenleistung bei ihr bleiben. Schließlich hatte sie einen tüchtigen Mann. Mittlerweile führt ihr fleißiger Sohn mit seiner Frau ihren Hof. Sie erzählt ihre Geschichte ihrer Herrin im Ton der „fermière habituée à commander" (V 165) und weiß auch, wem sie ihren heutigen Besitz zu verdanken hat:

> «C'est à vous que je dois ça tout de même: aussi vous savez que je n'veux pas de gages. Ah! mais non! Ah! mais non! Et puis, si vous n'voulez point, je m'en vas.»/ Jeanne reprit: «Tu ne prétends pourtant pas me servir pour rien?/ – Ah! mais que oui, Madame. De l'argent! Vous me donneriez de l'argent! Mais j'en ai quasiment autant que vous. Savez-vous seulement c'qui vous reste avec tous vos gribouillis d'hypothèques et d'empruntages, et d'intérêts qui n'sont pas payés et qui s'augmentent à chaque terme? Savez-vous? non, n'est-ce pas? Eh bien, je vous promets que vous n'avez seulement plus dix mille livres de revenu. Pas dix mille, entendez-vous. Mais je vas vous régler tout ça, et vite encore.»/ Elle s'était remise à parler haut, s'emportant, s'indignant de ces intérêts négligés, de cette ruine menaçante. Et comme un vague sourire attendri passait sur la figure de sa maîtresse, elle s'écria révoltée: «Il ne faut pas rire de ça, Madame, parce que sans argent, il n' y a plus que des manants.»(V 165f.)

Rosalie nimmt in ihrer Wertschätzung des Geldes und der damit verbundenen Klassifizierung der armen bzw. reichen Menschen in eine Achtungshierarchie Françoises Verhalten in Geldangelegenheiten vorweg (MK 2). Marcel achtet ähnlich gering Ausgaben, die von Françoise zum Wohle der Familie aber gerne überwacht werden. Zudem nimmt sie alles, was mit dem Geld und Reichtum ihrer Herren zusammenhängt sehr ernst und befürwortet – hier sozusagen eine Steigerung zu Rosalie – ein Vorzeigen des Reichtums. Man muß ihrer Meinung nach demonstrieren, was man habe, um zu signalisieren, wer man sei. Arme Menschen stehen in Françoises Achtungsskala ganz unten. Da Jeanne naiv ihre ökonomische Situation verkennt, übernimmt in acht Tagen Rosalie „le gouvernement absolu des choses et des gens du château. Jeanne résignée obéissait passivement" (V 166). Wenn auch Jeanne und Rosalie wie „deux vieilles amies" (V 166) sich gegenseitig ihr Leben erzählen, bleibt Jeanne in der Anrede dennoch für Rosalie „Madame" und sie selbst für ihre Herrin „ma fille". Rosalie legt Wert auf diese Zeichen der Höflichkeitsbezeugung und hängt darin noch positiv einem Hierarchiedenken nach, das wert auf Unterscheidung der Klassen legt (MK 2). In der realen Situation sieht es mit dem Status des Mädchens und der 'Erzieherin' genau umgekehrt aus: Jeanne wird von Rosalie wie ein kleines hilfsbedürftiges Kind behandelt. Spricht Jeanne mit Tränen in der Stimme über Vergangenes, erwidert ihr Rosalie mit „le ton tranquille des paysans impassibles" (V 167). Rosalie bleibt auf dem Boden der Tatsachen, nimmt die Güterverwaltung ihrer Herrin selbst in die Hände und fällt die nötigen Entscheidungen: „Les Peuples" muß verkauft werden, nur noch vier Höfe werden als Geldquelle behalten und Paul bekommt keinen Sous mehr. Wenn er etwas brauche, könne Jeanne ihn immer bei sich aufnehmen. Als Bleibe für Jeanne kauft Rosalie „une petite maison bourgeoise" (V 168). Damit ist *Une Vie* ähnlich wie die *Recherche* „aussi l'histoire du declin d'une classe sociale", hier nun aber „celle de la petite aristocratie terrienne, incapable de s'adapter aux transformations économiques et sociales, et sans doute, comme nous venons de le voir, parce qu'elle est «incapable» de percevoir cette transformation comme un progrès, alors que près d'elle la paysannerie (Rosalie!) s'enrichit."[83] Mit anderen Worten: *Une Vie* beschreibt einen Wandel der Klassen, die aristokratische Jeanne steigt in ihren Verhältnissen zur Bürgerlichen herab, während Rosalie von der Dienerin zur Bäuerin aufsteigt. In der *Recherche* wird die aristokratische Oriane de Guermantes von der bürgerlichen Mme de Verdurin verdrängt.

Jeanne ist ohne Rosalie völlig hilflos. Beim ersten Brief Pauls, will sie seinen Geldforderungen erneut nachkommen, was Rosalie mit dem entsprechenden Kommentar versieht:

> «Qu'est-ce que je vous disais, Madame? Ah! vous auriez été propres tous les deux si je n'étais pas revenue!» Et Jeanne, pliant sous la volonté de sa bonne, répondit au jeune homme.(V 168)

Rosalies Sprache ist einfach und zum Teil etwas derb, erzeugt aber auch Schmunzeln beim Hörer (MK 3.2). Françoises Sprache achtet ebensowenig auf völlig korrekte Grammatik, entfaltet eine ähnliche Wirkung wie diejenige Rosalies, hinterläßt aber insgesamt einen gehobeneren Eindruck.

Rosalies Willenskraft ist unerschütterlich und autoritären Charakters, dabei auf das Beste der Herrin ausgerichtet, die keinerlei Willen aufweist. Rosalie schickt ihren Sohn als Hilfe für Jeanne, um beim Umzug ins bürgerliche Haus zu helfen. Jeanne macht, nachdem sie auf

---

[83] Jacopin, Paul/Dvorak, Marta: „Le personnage féminin comme support idéologique", in: Desportes 1999, 296-326, 323.

dem Speicher war, „un lot de ce qu'elle voulait emporter, et redescendant, elle envoya Rosalie le chercher". Die Dienerin reagiert entsprechend abweisend:

> „La bonne indignée refusait de descendre «ces saletés». Mais Jeanne, qui n'avait cependant plus aucune volonté, tint bon, cette fois; et il fallut obéir."(V 171)

Rosalie kann mit den jenseitigen Utensilien Jeannes nichts anfangen und richtet ihren Blick grundsätzlich in die Zukunft, für die es zu sorgen gelte, auch in Verantwortung vor den Nachkommen (MK 2).[84] Rosalie packt Jeanne in den Wagen, bevor weitere Nervenkrisen durch den schweren Abschied von ihrem Elternhaus ausbrechen. Auf der Nachhausefahrt rächt sie sich noch für ihre Herrin an dem Abbé Tolbiac. Ihr Sohn fährt den Wagen so geschickt in den Schlamm, daß der Abbé völlig beschmutzt wird und Rosalie zeigt ihm die Faust als sprechende Geste, daß es nun mit der Einschüchterung ihrer Herrin durch ihn ein Ende habe (MK 3.1). Nach der Ankunft im neuen Haus lenkt Rosalie ihre Herrin von ihren schwermütigen Gedanken dadurch ab, daß sie sie mit der Einrichtung beschäftigt.[85] Als Jeanne wieder ihrem Sohn Geld schicken will und zu diesem Zweck in die Stadt geht, ertappt sie Rosalie:

> La bonne eut un soupçon sans deviner tout de suite la vérité; puis, quand elle l'eut découverte, car, Jeanne ne lui savait plus rien cacher, elle posa son panier par terre pour se fâcher tout à son aise./ Et elle cria, les poings sur les hanches; puis elle prit sa maîtresse du bras droit, son panier du bras gauche, et, toujours furieuse, elle se remit en marche vers la maison./ Dès qu'elles furent rentrées, la bonne exigea la remise de l'argent. Jeanne le donna en gardant les six cent francs; mais sa ruse fut vite percée par la servante mise en défiance; et elle dut livrer le tout./ Rosalie consentit cependant à ce que ce reliquat fût envoyé au jeune homme.(V 175)

Rosalies eiserne Art und rauhe Schale wird nicht nur hier durch ihr verständnisvolles und weiches Herz ausgefüllt (MK 4.2/MK 4.3). Als Jeanne eines Abends ihre Sehnsucht nach dem Meer äußert, merkt sich dies Rosalie. Als sie mit ihrem Sohn geschäftlich Richtung „les Peuples" zu tun hat, nimmt sie ihre Herrin mit, um ihr damit eine Freude zu bereiten. Jeanne hängt alten Erinnerungen nach, jedoch nur so lange, bis Rosalie sie aus ihren Träumen wach ruft – immer in dem Moment, wo sie gewissermaßen kurz vor dem Abgrund des Wahnsinns steht.[86] Gleichzeitig übernimmt Rosalie die Funktion des „comic relief", die auch Françoise bei der Agonie-Szene der Großmutter inne hat (B).[87] In ihrer Wortgewalt

---

[84] cf. auch V 167: „Lorsque tout serait réglé, il resterait environ sept à huit mille francs de rentes. Rien de plus./ Jeanne répondit: «Que veux-tu, ma fille? Je sens bien que je ne ferai pas de vieux os; j'en aurai toujours assez.»/ Mais Rosalie se fâcha: «Vous, Madame, c'est possible; mais M. Paul, vous ne lui laisserez rien alors?»/ Jeanne frissona. «Je t'en prie, ne me parle jamais de lui. Je souffre trop quand j'y pense./ -Je veux vous en parler, au contraire, parce que vous n'êtes pas brave, voyez-vous, madame Jeanne. Il fait des bêtises; en bien, il n'en fera pas toujours; et puis il se mariera; il aura des enfants. Il faudra de l'argent pour les élever. Écoutez-moi bien: Vous allez vendre les Peuples!...»"

[85] cf. V 174: „Jeanne, aussitôt arrivée, voulait se reposer, mais Rosalie ne le lui permit pas, craignant qu'elle ne se remît à rêvasser. [...] Les jours suivants elle n'eut pas le temps de s'attendrir tant elle se trouva accablée de besogne."

[86] cf. V 171f.: „les fermiers [...] l'appelant entre eux «La Folle», sans trop savoir pourquoi, sans doute parce qu'ils devinaient, avec leur instinct de brutes, sa sentimentalité maladive et grandissante, ses rêvasseries exaltées, tout le désordre de sa pauvre âme secouée par le malheur."

[87] Yates 1991, 154: „In a narrative burdened by Jeanne's increasing immobility and fatalism, Rosalie's brisk, positive manner and energetic peasant gestures provide a touch of much-needed comic relief."

weist sie ebenso in Françoises Richtung (MK 3.2). Rosalie weiß instinktiv um die Gefühlslage ihrer Herrin (MK 4.5), die ihr nichts verbergen kann und darin ein Verhalten offenbart, das auch Marcel zu Ende in der interpersonalen Relation zu Françoise auszeichnet (A).

Als Paul seine Mutter um Einwilligung bittet, seine Maîtresse heiraten zu dürfen, echauffiert sich Rosalie:

> La bonne eut un sursaut: «Oh! Madame, vous ne permettrez pas ça. M. Paul ne va pas ramasser cette traînée.»/ Et Jeanne accablée, mais revoltée, répondit: «Ça, jamais, ma fille. Et puisqu'il ne veut pas venir, je vais aller le trouver [...].(V 178)

Man fühlt sich unweigerlich an Françoises Verachtung Eulalies oder Albertines erinnert, die als Geliebte ihres Herrn ähnliche Qualifizierungen erdulden muß. Hergelaufene geldgierige Nichtsnutze – bzw. die als solche von Françoise respektive Rosalie qualifiziert werden – sind zu verachten (MK 2).

Als Rosalie Jeannes Sachen für Paris packt, stellt sie keine passende Kleidung fest:

> Mais comme elle pliait une robe, une ancienne robe de campagne, elle s'écria: «Vous n'avez seulement rien à vous mettre sur le dos. Je ne vous permettrai pas d'aller comme ça. Vous feriez honte à tout le monde; et les dames de Paris vous regarderaient comme une servante.»/ Jeanne la laissa faire.(V 179)

Rosalie legt wie Françoise wert auf gewisse Prestige-Bekundungen, wozu auch die Kleidung zählt (MK 2). Jeanne will ihre Dienerin als Begleitung mit nach Paris nehmen, die aus Sparsamkeitsgründen ablehnt. Aber auch aus der Ferne behält Rosalie die Fäden in der Hand. Sie erlaubt ihrer Herrin nur 300 Francs als Taschengeld. Falls sie mehr brauche, genüge eine schriftliche Anforderung. In Paris läuft erwartungsgemäß ohne Rosalies Hilfe alles schief. Jeanne findet ihren Sohn nicht unter seiner alten Adresse, irrt durch Paris und wird schließlich von seinen Gläubigern ausgenommen. Als sie sich nicht mehr zu helfen weiß, schreibt sie ihrer Dienerin. Rosalie ruft sie sofort zurück, schickt ihr nur noch das Geld für die Heimreise und versichert, daß sie selbst Monsieur Paul holen werde. Jeanne läßt sich – zurückgekehrt nach Batteville – völlig gehen. Rosalie bringt ihr den Bol ans Bett, den sie allmorgendlich mit einer „impatience un peu sensuelle" erwartet (MK 3.3). Auch Françoise bereitet ihren Herren mit ihren Kochkünsten sinnliche Genüsse. Jeanne ist ansonsten alles gleichgültig:

> [...] elle prolongea de jour en jour cette paresse jusqu'au moment où Rosalie revenait furieuse, et l'habillait presque de force./ Elle n'avait plus, d'ailleurs, une apparence de volonté et, chaque fois que sa servante lui demandait un conseil, lui posait une question, s'informait de son avis, elle répondait: «Fais comme tu voudras, ma fille.»

Rosalie gibt ihrer Herrin contra, beklagt sich diese über ihr Schicksal und bringt damit ihren gesunden Menschenverstand zum Ausdruck (MK 2):

> Elle répétait à tout moment: «C'est moi qui n'ai pas eu de chance dans la vie.» Alors Rosalie s'écriait: «Qu'est-ce que vous diriez donc s'il vous fallait travailler pour avoir du pain, si vous étiez obligée de vous lever tous les jours à six heures du matin pour aller en journée! Il y en a bien qui sont obligées de faire ça, pourtant, et quand elles deviennent trop vieilles, elles meurent de misère.»/ Jeanne répondait: «Songe donc que je suis toute seule, que mon fils m'a abandonnée.» Et Rosalie

alors se fâchait furieusement: «En voilà une affaire! Eh bien! et les enfants qui sont au service militaire! et ceux qui vont s'établir en Amérique.»/ L'Amérique représentait pour elle un pays vague où l'on va faire fortune et dont on ne revient jamais./ Elle continuait: «Il y a toujours un moment où il faut se séparer, parce que les vieux et les jeunes ne sont pas faits pour rester ensemble.» Et elle concluait d'un ton féroce: «Eh bien, qu'est-ce que vous diriez s'il était mort?»/ et Jeanne, alors, ne répondait plus rien.(V 187)

Was außerhalb von Rosalies Erfahrungswelt liegt, erfährt in ihrer Vorstellung eine naive Bewertung – wie Amerika (MK 4.4). Auch Françoise läßt sich in ihrer naiven Gläubigkeit an ganz bestimmte Dinge, die sie nur vom Hörensagen kennt, vom Maître d'hôtel zum besten halten und gelangt zu einfältigen Beurteilungen. Jeanne muß verstummen, da Rosalie nur zu Recht mit ihren Bemerkungen hat. Als Jeanne schließlich einen Brief von ihrem Sohn erhält, in dem er mitteilt, daß seine Frau nach der Geburt der gemeinsamen Tochter im Sterben liege, ist es wieder Rosalie, die entscheidet:

«J'vas aller chercher la petite, moi, Madame. On ne peut pas la laisser comme ça.»/ Jeanne répondit: «Va, ma fille.» Elles se turent encore, puis la bonne reprit: «Mettez votre chapeau, Madame, et puis allons à Goderville chez le notaire. Si l'autre va mourir, faut que M. Paul l'épouse, pour la petite, plus tard.»/ Et Jeanne, sans répondre un mot, mit son chapeau.(V 193)

Zu einem Kind gehören Eltern, daher fügt sich Rosalie nun in die unausweichliche Verheiratung von Monsieur Paul mit seiner Maîtresse (MK 2). Rosalie läßt sich alles genauestens vom Notar erklären und holt schließlich Pauls Tochter aus Paris. Bei der Rückkehr erwartet sie Jeanne unsicher am Bahnhof. Ihre Dienerin „la rejoignit avec son air calme ordinaire" (V 193) und berichtet ihr das Geschehene. Pauls Frau sei unmittelbar nach der Eheschließung verstorben. Mit diesen Worten überreicht Rosalie Jeanne ihre Enkelin. Paul wolle nach der Beerdigung nach Hause kommen, so zumindest sein Versprechen. Auf dem Heimweg erinnert sich Jeanne plötzlich des kleinen Wesens auf ihrem Schoß und überhäuft es mit Küssen, worauf Rosalie wie folgt reagiert:

Mais Rosalie, contente et bourrue, l'arrêta. «Voyons, voyons, madame Jeanne, finissez; vous allez la faire crier.»/ Puis elle ajouta, repondant sans doute à sa propre pensée: «La vie, voyez-vous, ça n'est jamais si bon ni si mauvais qu'on croit.»(V 194)

Rosalie behält damit die letzten Worte und eröffnet einen weniger pessimistischen Ausblick auf die Zukunft. Es ist zu hoffen, daß Jeanne in der Erziehung ihrer Enkelin nicht die gleichen Fehler begehen wird wie bei ihrem Sohn. Dieser ist durch die übertriebene Liebe seiner Mutter erst zum Nichtsnutz geworden. Rosalie wird dieser Entwicklung bei Jeannes Enkelin dank ihres gesunden Menschenverstandes sicherlich entgegenwirken.

Alle Beispiele zeigen Rosalie als „seul personnage féminin actif", oder wenigstens als eine „qui revient actif après être apparu une première fois dans un rôle totalement passif (la bonne séduite)". Rosalie hebt sich damit positiv gegen die anderen sekundären Figuren ab, denn sie „prend des initiatives, organise le récit"[88]. Jeanne geht von der Abhängigkeit von ihrem Mann zu derjenigen zu ihrer Dienerin über, die allerdings eine ganz andere Qualität annimmt als das Abhängigkeitsverhältnis zwischen Mann und Frau. Die interpersonale Relation (A) zwischen Jeanne und Rosalie zeichnet sich zunächst durch eine lose

---

[88] cf. Jacopin/ Dvorak 1999, 308.

Identifikation aus: Beide sind Frauen und Opfer der sexuellen Begierden des Mannes. Von Beginn an zeigt sich aber auch ein elementarer Kontrast: Rosalie ist physisch stark, erdverbunden und diesseitsgerichtet und nimmt ihr Schicksal voller Willenskraft an. Jeanne ist dagegen zart, träumerisch und lebt immer mehr in ihren Erinnerungen und verfällt ihrer Passivität. Die ideologischen Implikationen des Autors sollen hier nicht weiter ausgeführt werden, die mit diesen Zuweisungen verbunden sind. Interessant für vorliegende Untersuchung ist das Resultat dieser besonderen Konstellation. Von Beginn an eng aufeinander bezogen – Rosalie ist die „soeur de lait" von Jeanne – stellt die Dienerin den starken Part und das 'bessere', weil willensstärkere Ich ihrer schwachen Herrin dar. Letztere ist elementar auf die Hilfe ihrer Dienerin angewiesen.[89] Sie teilen ähnliche Erfahrungen, die auf unterschiedliche Lebenssphären bezogen bleiben und daher zu differenzierten Bewältigungsmethoden der Probleme führen.[90] Rosalie schafft es, ihr Leben zu meistern, da sie die neuen Situationen annimmt und zielgerichtet versucht, das Beste daraus zu machen. Sie stellt damit die Ergänzung des schwachen Parts Jeanne dar: Als willensstarke Hälfte ihrer „soeur de lait" motiviert sie Jeanne zur Aktion, wenn auch ohne Erfolg. So bleibt ihr nur, in ihrem Namen die Ereignisse zum Besten ihrer Herrin zu führen. Bei dieser Lebenshilfe versöhnt sie die jenseitsorientierte Jeanne mit dem Leben im Angesicht der Enkelin. Auch bei der neuen Aufgabe wird sie ihr Beistand leisten: Die Erziehung von Jeannes Enkelin bedarf Rosalies Hilfe, damit sie nicht das gleiche Schicksal erleben muß wie ihr Vater. Seine Erziehung bekam Jeanne nicht in den Griff und ist in diesem 'Werk' gescheitert. Nur mit Rosalies Hilfe wird die Erziehung der Enkelin zum Erfolg führen – wie die letzte Textstelle beweist: Rosalie greift ein, wenn Jeanne falsche verwöhnende Erziehungsmethoden anwendet. Damit gewinnt Rosalie aber eine ähnlich große Bedeutung wie Françoise in der Beziehung zu Marcel. Wie der Roman Marcels nur mit Hilfe Françoises zum Erfolg, das heißt zur Umsetzung gelangen kann, so kann das Werk der Erziehung von Jeannes Enkelin nur mit Rosalies Hilfe gelingen. Inhaltlich bleibt dieses Situationsmuster (B) zwar differenziert, verliert aber nichts an seiner intertextuellen Relevanz hinsichtlich der ähnlichen strukturellen Gestaltung in der funktionalen Bedeutung der Dienerin.

4.7.3 Zusammenfassung

Rosalies Textpräsenz verläuft über eine schwächere formale und inhaltliche Anwesenheit über eine relative Ausblendung im Mittelteil hin zu einer starken inhaltlichen und quantitativ gesteigerten Gegenwart im letzten Drittel des Romans. Diese formale Gestaltung der Auftrittsfolgen steht derjenigen Françoises nahe. Rosalies Herkunft (MK 1) ist regional klar verortet: Sie stammt wie ihre Herren aus der Normandie, wohl aus einem Ort in der

---

[89] cf. auch die Nähe zu Balzacs *Eugenie Grandet*. Am Ende verwaltet die unabhängig gewordene, tatkräftige Nanon freiwillig die Finanzen ihrer Herrin, die sich immer mehr ihrer Passivität hingibt.

[90] cf. auch Yates 1991, 144: „Rosalie, however, with her simple, uncomplicated peasant approach to life, manages to rise above the damage caused her, while Jeanne, more refined and thus more vulnerable, allows it to submerge her."

Nähe des herrschaftlichen Gutes. Ihr Name läßt auf eine natürliche Erd- und Naturverbundenheit schließen, die auf ihren Charakter zurückwirkt. Wie Françoise hat sie strikte Vorstellungen vom Leben und Maßstäbe, nach denen sie sich ausrichtet (MK 2). Sie besitzt ein starkes moralisches Gewissen, mit dem sie durch ihre „Tat" – sich nicht stärker gegen die sexuelle Verführung ihres neuen Herrn zu wehren und die Liebesbeziehung unter dem Dach ihrer Herrin fortzuführen – in Konflikt gerät. Ihre Denkkonzepte kommen erst dann richtig zum Tragen, als sie unabhängig wird und aus freien Stücken als Dienerin ihrer Herrin zurückkehrt. Zu diesem Zeitpunkt besitzt sie das entsprechende Selbstbewußtsein (MK 4.1.1), ihre Vorstellungen stolz zum Ausdruck zu bringen und auch für die Umsetzung zu sorgen. Zu ihrem Ehrenkodex (MK 2) gehört es, sich dankbar für die guten Taten der Herren zu erweisen und lebenslange Treue – trotz eigener Verfehlungen – zu zeigen. Ähnlich wie bei Françoise offenbart sich ein feudales Hierarchiedenken bei Rosalie. Dazu gehört die Beibehaltung der Anreden „Madame", während die Dienerin selbst sich als „ma fille" titulieren und duzen läßt. Sie klassifiziert arme Menschen und solche, die das Geld verachten, als Nichtsnutze ab und legt wert auf eine dem Stand entsprechende Prestigebekundung in der Kleidung (MK 2). Zudem denkt Rosalie in Generationen. Die Familie und deren zukunftgerichteter Erhalt stellt ein Muß für sie da. Keiner darf sich aus der Verantwortung für seinen Nächsten ziehen. Dieses Selbstverständnis läßt Rosalie zusätzlich sicher und selbstbewußt erscheinen. Welche Rolle die Familie für Françoise spielt, wurde schon ausreichend dokumentiert. Bei allen Handlungen scheint Rosalies gesunder Menschenverstand durch. Ihre Beweggründe orientieren sich daran und werden in einer natürlich forschen Art hervorgebracht, die in Françoises Richtung vorausweisen. Rosalies Sprache (MK 3.2) regt zum Teil zum Schmunzeln an, besticht aber vor allem durch ihre Klarheit. An Rosalies Aussagen läßt sich kaum rütteln, da sie die Wahrheit auf den Punkt bringen. Sie unterstützt durch eine ausladende unmißverständliche Gestik (MK 3.1) ihre Kommentare und Äußerungen, wie beispielsweise das Stemmen der Hände in die Hüfte. Aber auch die Lautstärke stellt ein adäquates Mittel dar, um ihrer Empörung Ausdruck zu geben. So kann sie schon einmal laut werden oder sogar schreien, wenn sie es als Rüge für angepaßt hält. Daß sie beim Sprechen die Endungen teilweise verschluckt oder grammatikalisch nicht immer korrekt dekliniert, weist auf ihre handfeste bäuerliche Herkunft hin, schmälert die Natürlichkeit ihrer Aussagekraft aber keinesfalls. Françoises Beherrschung dieser kommunikativen Zeichen ist ähnlich stark ausgeprägt. Da in ihrer Jugend eine separate Dienerin für die Küche zuständig ist, erfährt man nichts über Rosalies Kochkünste (MK 3.3). Eine Ausnahme bildet das heiße Getränk, das sie später ihrer gealterten Herrin ans Bett bringen und ihr dadurch sinnliche Genüsse bereiten wird. Nähend erlebt man Rosalie nie, da auch später die Kleider Jeannes für Paris zu einer Näherin gebracht werden (MK 3.4). Es ist davon auszugehen, daß Rosalie als gute Mutter und Hausvorsteherin diese Tätigkeiten zwar beherrscht, allerdings keinerlei künstlerische Ambitionen damit verbindet. Dafür ist sie viel zu diesseitig ausgerichtet. Sie bietet in diesen Motivklassen keinerlei intertextuelle Folie für die Makrostruktur Françoise.

Die Rolle im Familien- und Hausverbund (MK 4.1.2) sieht dagegen ähnlich privilegiert aus wie bei Françoise. Sie wird nicht wie eine normale Dienerin behandelt, sondern fast wie ein Familienmitglied. Ihr, erst später voll zur Geltung kommendes Selbstbewußtsein rührt von dieser bevorzugten Behandlung her. Jede Schüchternheit und Scham abgelegt, lebt sie stolz ihre Rolle als Beschützerin und Managerin ihrer Herrin voll aus (MK 4.1), die sich ihr vollends anvertraut. Sie nimmt nicht nur die Finanzen ihrer Herrin, sondern auch ihr Leben in die Hand und lenkt es in die richtigen Bahnen, d.h. in die von ihr als richtig erachteten. Dabei besitzt sie in ihrer rauhen Schale einen weichen Kern, der Selbstlosigkeit und Mitleid im angemessenen Maß kombiniert (MK 4.2/ MK 4.3). Grob und forsch erscheint Rosalie nur im Auftreten, charakterlich bleibt sie widerspruchslos, da sie nicht wirklich psychisch grausam sein kann – im Gegensatz zu Françoise. Rosalie legt ihre jugendliche Naivität durch ihre neu hinzugewonnenen Lebenserfahrungen ab. Nur in Bereichen außerhalb ihrer Erfahrungs- und Vorstellungswelt schimmert sie noch machmal durch – wie beispielsweise bei der Einschätzung des ihr fremden Landes Amerika, das für sie das Land darstellt, aus dem man niemals wiederkehrt (MK 4.4). Stärker überwiegt ihr instinktives Wissen und ihr klarer natürlicher Verstand – in dieser Gewichtung Françoise vorwegnehmend –, der auch ohne große Schulbildung die Situationen und Menschen richtig einzuschätzen weiß (MK 4.5). Ihre Herrin kann ihr daher nichts vormachen, ähnlich wie später Marcel von Françoise durchschaut wird, will er ihr etwas von seiner Beziehung zu Albertine oder ähnliches verbergen. Rosalies ausgeprägtes Selbstbewußtsein wird durch ihr Alter im zweiten Romanteil unterstützt (MK 5). Sie ist nicht mehr länger die „petite bonne", sondern die „vieille bonne", damit aber auch ein Punkt der Ruhe und Stabilität, auf den man bauen kann und der sich darin Françoises Funktion annähert.

In der interpersonalen Beziehung zu ihrer Herrin (A) stellt sie den starken Part dar, der auf dem Boden der Tatsachen verbleibt, die Güterverwaltung in die Hand nimmt und die nötigen Entscheidungen für sie, ihren Sohn und schließlich ihre Enkelin trifft – materieller als auch immaterieller Art. Ohne ihre Hilfe erweist sich ihre Herrin als völlig hilflos und für das praktische Leben unbrauchbar. Konsequenterweise lehnt Rosalie Erinnerungstücke aus der Vergangenheit als Plunder ab und befürwortet einen zukunftsgerichteten Blick. Man müsse zwar aus dem schöpfen, was gegenwärtig vorhanden sei, immer aber mit dem Gedanken, etwas für die Zukunft und die Nachfahren zu hinterlassen. Die materielle Basis ist damit nur Garant für die weiteren Schritte: für eine gute Erziehung. Rosalie ist dort mit der nötigen Willenskraft ausgestattet, wo diese ihrer Herrin fehlt. Ähnliche Lebenserfahrungen zwar teilend, bewältigen die zwei Frauen sie auf unterschiedliche Art. Rosalie nimmt das Leben an und meistert die je neuen Herausforderungen zielgerichtet. Da Rosalies Motivation zur Tat bei ihrer Herrin keinen Erfolg zeigt, führt sie für sie die Ereignisse zum Besten. Schließlich übergibt sie doch Jeanne das zu vollendende Werk: die Enkelin und die damit verbundene Erziehung, ohne aber von der Überwachung desselben abzulassen. Rosalies Bedeutung zu Ende des Romans in der interpersonalen Beziehung zu ihrer Herrin steht derjenigen Françoises in der Beziehung zu Marcel in nichts nach (B). Das Werk der Erziehung führt nur mit und nicht ohne die Methoden der Dienerin zum Erfolg – wie Marcels Roman nur mit Hilfe Françoises zur Umsetzung gelangen kann. Daran ändert auch die Tatsache nichts, daß Maupassants Dienerin eine Herrin, Prousts Françoise dagegen einen Herrn hat. Die Funktion und Aussagekraft der Dienerin in dieser Beziehung bleibt unverändert.

5. Ergebnisse der Arbeit

Die Proust-Forschung wirft seit jeher die Frage nach den Schlüsseln oder Vorbildern für die Figuren aus *A la recherche du temps perdu* auf. Nur allzu nachvollziehbar, findet doch Proust in den Salons seiner Zeit willkommene Studienobjekte für sein Oeuvre, behauptet dagegen „dans ce livre [...] il n'y a pas un seul fait qui ne soit fictif, [...] il n'y a pas un seul personnage „à clefs", [...] tout a été inventé par moi selon les besoins de ma demonstration" (TR 687). An anderer Stelle verwirrt er mit der Aussage, es gäbe acht oder zehn Schlüssel zu jeder Gestalt. Ein willkommener Anlaß für Adams, alle schon zu Lebzeiten Prousts aufkommenden Spekulationen sowie die Forschungsergebnisse zur Schlüsselfrage mit den Nadarschen Fotos in einem Album zu visualisieren.[1]

Wenn auch die Frage nach den Vorbildern der Figuren, insbesondere diejenige nach realen verständlicherweise eine große Faszination ausübt, wollte vorliegende Arbeit Prousts eigenem Anspruch und Verfahren kreativer Schöpfung gerecht werden, indem sie die Frage literarisch beantwortet. Schon de Lattre sieht in den Figuren selbst „des clefs: qui ouvrent une lecture [...] qui lancent sur le monde un grand registre de réseaux sensibles".[2] Zahlreiche Lektürerfahrungen dieser Art – vor allem zum Kreis der Guermantes und der Verdurin – bereichern die Proust-Forschung.[3] Auch einzelne Aspekte von Françoise sind nicht ausgespart, wobei der meist funktionalistische, dependente oder textimmanente Blick auffällt – entsprechend der Auffassung, die *Recherche* sei eine Gesellschaftsbeschreibung des Bürgertums und des Adels der vorletzten Jahrhundertwende mit den dazugehörigen Dienern als ihren Anhängseln. Dabei bleibt lediglich eine gesellschaftliche Klasse in der *Recherche* ausgespart: das industrielle Proletariat. Eine Szene im Strandhotel von Balbec, ziemlich in der Mitte von *A l'ombre des jeunes filles en fleurs* veranschaulicht dies auf wunderbar Proustsche und fast groteske Weise: Der Blick des Erzählers fällt in den großen Hotelsaal, den er wie folgt beschreibt: „Et le soir ils ne dînaient pas à l'hôtel où les sources électriques faisant sourdre à flots la lumière dans la grande salle à manger, celle-ci devenait comme un immense et merveilleux aquarium devant la paroi de verre duquel la population ouvrière de Balbec, les pêcheurs et aussi les familles de petits bourgeois, invisibles dans l'ombre, s'écrasaient au vitrage pour apercevoir, lentement balancée dans des remous d'or, la vie luxueuse de ces gens, aussi extraordinaire pour les pauvres que celle de poissons et de mollusques étranges." (JF 563) Der Erzähler wirft unmittelbar im Anschluß die „grande question sociale" auf, die darin bestünde zu wissen, ob die Glaswand dieses Aquariums eigentlich auf Dauer diesen „festin des bêtes merveilleuses" schütze und ob die dunklen Gestalten, die gierig durch die Nacht schauen, nicht irgendwann diese exotischen Tierchen aus diesem Aquarium fischen und verspeisen würden. Während man darauf warte, gäbe es vielleicht einen Schriftsteller unter dieser gaffenden Menge, der Erzähler nennt ihn „quelque

---

[1] *Prousts Figuren und ihre Vorbilder,* Photos von Paul Nadar, Text von William Howard Adams. Aus dem Amerikanischen von Christoph Groffy, Frankfurt am Main 1988; cf. ebd. 10.
[2] de Lattre 1978, 113.
[3] cf. erneut Corbineau-Hoffmann 1993; Deleuze 1971.

amateur d'ichtyologie humaine", der diese Fische je nach ihren Mäulern „par race, par caractères innés et aussi par ces caractères acquis" klassifiziere, was dazu führe, dass z.B. „une vieille dame serbe dont l'appendice buccal est d'un grand poisson de mer, par ce que depuis son enfance elle vit dans les eaux douces du faubourg Saint Germain, mange la salade comme une La Rochefoucauld." (JF 563) Es ist natürlich klar, dass Marcel-Erzähler bzw. Proust selbst dieser Kenntnisreiche in menschlicher Fischereikunde ist. Auch ist er der Schriftsteller, der die Beobachtung vorantreibt. Und dies vor allem bei Françoise. Sie bleibt nicht außerhalb des Aquariums, ist Teil der soziologischen Struktur der *Recherche*, besitzt ein sehr enges und intimes Verhältnis zum Helden Marcel und seiner Familie und verkörpert wesentliche Aspekte, die für das Kunstverständnis des Erzählers relevant sind.

Viel ist über die „signes" (Deleuze) und Zeichensprache der verschiedenen Gruppen in der *Recherche* geschrieben worden, die alle ihren individuellen „code" (Guermantes) oder ihr „crédo" (Verdurin) besitzen. Vorliegende Studie zeigt, daß die Frage nach den zu decodierenden Zeichen als auch die nach den Schlüsseln der Figuren zusätzlich auf ein ganz anderes wichtiges Konstitutionsprinzip der *Recherche* verweist, diesmal in diachroner, d.h. intertextueller Perspektive: nämlich auf Prousts Vorliebe für den „jeu intertextuel", für das intertextuelle Spiel (u.a. in Form von Pastiches). Entgegen Pfisters Präferenz für deutlich markierte Intertextualitätsformen, die für ihn allein privilegierte Untersuchungsgegenstände darstellen, bestätigt das angewandte Verfahren Schulte-Middelichs Vermutung, daß auch nicht-markierten Intertextualitätsformen Gewicht zukommen kann: Die in die Verantwortlichkeit des Rezipienten fallenden, von Bouillaguet bezeichneten „formes moins visibles de l'intertextualité", wie sie die textuellen Einheiten des Figurenmotivs darstellen, erweisen sich in der konkreten Untersuchung alles andere als 'methodisch verkürzt', vielmehr als äußerst wertvoll.

Proust eröffnet mit seiner *Recherche* als Text ein psychologisches Spiel mit dem Leser, der nicht nur die Codes und Zeichensprachen seiner Protagonisten, sondern auch die mitrauschenden Texte im motivgeschichtlich-interfiguralen Bereich um Françoise zu dechiffrieren und schließlich hermeneutisch auszulegen sucht. Schließlich stellt Françoise die Ausschöpfung eines 'Spielraums' dar, der sich aus verschiedenen Lektüreerinnerungen Prousts zusammensetzt. Françoise gewinnt aufgrund dieser Tatsache eine nicht zu unterschätzende Aussagekraft für die Situierung Prousts im literarischen Echoraum. Sie ist im Ergebnis ein der Proustschen Kreation entsprungenes neuwertiges Gebilde, an dem sich die 'intertextuelle' Kommunikation mit den Vorgängertexten und die dahinterstehenden Auseinandersetzungen Prousts mit den jeweiligen Textproduzenten und seine Urteile über die betroffenen Autoren als auch das je eigene Verhältnis zu ihnen ablesen lassen können – weshalb von ihr als als interpretatorischer Maßstab ausgegangen wird.

Für die Arbeit am literarischen Objekt offenbarte sich die Kompatibilität der Begriffsebenen der Intertextualität – die für diese Studie primär die Blickrichtung von Text B (die *Recherche*) auf Text A festlegt – sowie der Motivgeschichte als effektiv. Pfisters enger gefaßtes Intertextualitätsverständnis, das dem Autor als Subjekt wieder eine Berechtigung einräumt, wurde in diesem Punkt übernommen, da von der Überzeugung ausgegangen wird, daß mitunter bestimmte Intentionen des Autors bestimmte Makrostrukturen der weiblichen Bediensteten determinieren können. Die Wolpersche Begrifflichkeit mußte in Hinblick auf das Ziel vorliegender Arbeit umgewandelt bzw. ergänzt werden, so daß die weibliche Bedienstete nicht mehr fragmentiert, sondern als Gesamt betrachtet werden kann: als Zusammenfluß motivlicher Einzelkomponenten, die die Figur als motivliche Makrostruktur bedingen bzw. ihr inhärent sind.

So ist es Francoise als Figur, die eine bestimmte Lesart intra- und intertextuell eröffnet. Der erste Teil der Arbeit geht rein intratextuell-deskriptiv vor, d.h. unter Ausschluß der mitrauschenden Texte aus dem mit Françoise in Dialog tretenden Textuniversum, um ihn als Basis für die folgenden Fallstudien operationalisieren zu können. Dabei führt zunächst die rein intratextuelle Untersuchung von Françoises Rolle zu folgenden Erkenntnissen.

Wie alle Figuren der *Recherche* ist auch Françoise kein eindimensionaler Charakter, sondern steckt voller Widersprüche. Die Spuren ihrer stark ausgeprägten Traditionsgebundenheit führen zu „motifs of place, localities"[4] wie Saint-André-des-Champs und Combray. Ihr Kodex weist viele menschheitstypische Züge auf, die der Gruppe der Combrayer eigen sind bzw. über Jahrhunderte tradiert zu sein scheinen. In der Figur der Françoise vereinen sich die zwei Mentalitätstraditionen von Combray und Saint-André-des-Champs, damit zwei archetypische anthropologische Konstanten, die durch Françoises individuellen Kodex ihre individualtypische Ausprägung erfahren. Françoise als Mitglied der „race de Combray" (JF 613) veranschaulicht dabei den „thème de l'hérédité"[5] als ein Leitmotiv Prousts. Die Sitten und Gebräuche Combrays liefern nicht nur die Basis für Françoises Traditionsgebundenheit, sondern werden zu einem Teil ihres „mystère"[6], in dem sie als Individuum eingebettet ist. In dem 'sprachlichen Reflex' dieses Charakterzugs – der Beibehaltung alter Sprachformen – konstrastiert sie positiv mit den anderen Vertretern des Zweigs von Saint-André-des-Champs: vor allem zu Oriane de Guermantes. Françoises Name als auch sprachlicher Ausdruck bleiben *sinn*-voll. Ihr sind die alten Sprachformen selbstverständlich und unbewußt, dadurch wahrhaft und nicht Mittel der Koketterie wie bei ihrer adligen 'Verwandten'. Über die Analyse der „interpersonal" oder auch „societal relations"[7] lassen sich die Motiveinheiten ihrer Makrostruktur – der Proustschen Technik der subjektiven Charakterspiegelung adäquat – destillieren. Dadurch enthüllt sich Françoise in ihrer Eigenart als ein Wesen, das nicht auf einen Nenner zu bringen ist; im Gegenteil viele Widersprüche in sich birgt. Ihr ausgeprägter Stolz rührt von ihrer Stellung im Haus, ihrer Position als Substitut der Mutter Marcels als auch von ihrer eigenen familiären Herkunft her und drückt sich im Gehorsam gegen ihr fundiertes Ordnungsgebot des „ce qui se doit" (P 28), in ihrer Strenge gegen andere Hausmitglieder sowie in ihrem eifersüchtigen Überwachen aller Abläufe im Haus aus. Wenn auch ihr Charakter eine Abfolge von Widersprüchen zu sein scheint – sie ist grausam als auch voller Mitleid, besitzt ein instinktives Wissen wie auch eine manchmal nicht zu übertreffende Naivität – liefert sie

---

[4] Wolpers 1995, 36.
[5] Mein 1979, 174f..
[6] ebd. 175.
[7] Wolpers 1995, 47.

genau darin einen wichtigen Ausgangspunkt von Marcels Lehrstücken in Menschenkenntnis. Mit ihrem Verhalten wird sie für Marcel eine Art Pädagogin, die ihm die Menschen verstehen lehrt. Die von Marcel durch Françoise gewonnenen Erfahrungen signalisieren dem Leser, daß der Weg des mondänen Aufstiegs nur einer der Desillusionierung sein kann: Es ist Françoise, die Marcel zum ersten Mal die Einsicht vermittelt, „qu'une personne n'est pas, comme j'avais cru, claire et immobile devant nous avec ses qualités, ses défauts, ses projets, ses intentions à notre égard [...] mais une ombre où nous ne pouvons jamais pénétrer, pour laquelle il n'existe pas de connaissance directe, au sujet de quoi nous nous faisons des croyances nombreuses à l'aide de paroles et même d'actions" (CG 74). Angesichts dieser Erkenntnis verwundert es nicht, daß Françoise vielfältige künstlerische Fertigkeiten beherrscht, die sonst keine der offiziellen Künstlerfiguren in diesem Ausmaß besitzt. Nicht nur im Bereich der Koch- und Nähkunst ist sie stark, sondern gerade auch in der darstellenden Kunst: in Mimik und Sprache. Neue Kommunikationsformen gewinnen für Marcels Bestreben, zum Ganzen des Menschen vorzudringen, umso größere Relevanz. Der Leser realisiert am Ende der *Recherche* gemeinsam mit Marcel, daß nonverbale Ausdrucksformen – eine besondere Stärke Françoises – eine enorme Bedeutung inne haben, um den Kern eines menschlichen Wesens annähernd zu verstehen. Der sprachliche Ausdruck allein befriedigt niemals dieses Bestreben. Der Weg zu dieser Erkenntnis erweist sich als Ergebnis eines Lernprozesses: Marcel erkennt, daß das Wesen eines Menschen eher – wenn auch nie ganz vollständig – durch *sicht*-bare, also mimische Zeichen transparent wird. Die gestische Zeichensprache hat vor dem gesprochenen Ausdruck Vorrang, woraus sich zwingend für Françoise ergibt, daß sie als Meisterin der Zeichensprache schließlich ernst zu nehmen ist und ihre anfängliche komische und von Marcel nicht ernstgenommene Rolle verliert. Durch ihre schauspielerischen Fertigkeiten lehrt Françoise Marcel wesentliche Dinge für seinen Lernprozeß, mit dem eine schrittweise Annäherung beider Protagonisten einhergeht und der in der „compréhension instinctive" (TR 830) Françoises mündet. Als Personifikation der mittelalterlichen Vergangenheit ihres Landes agiert Françoise wie eine Figur aus einem Gleichnis. Françoises Lehrstücke und ihr *Vor*-Leben besitzen einen ähnlich beispielhaften Wert für Marcel wie Heiligenlegenden für die Gläubigen des Mittelalters. Ausgehend von Françoises Charakterwidersprüchen vergleicht sie Marcel mit historischen Vorbildern, die ihre Darstellung in Kirchenfenstern finden und „marqués d'incidents sanglants" (CS 117) sind. Das Kunstobjekt stellt auf schöne Weise Grausames dar, Françoise initiiert Marcel zu der Erkenntnis, daß Paradoxa – wie Grausamkeit und Kreativität – genauso zum Leben und zur Kunst gehören, wie ihre Widersprüche. Wie alle offiziellen Künstlergestalten der *Recherche* besitzt sie die einmalige Gabe des „tour de main" oder der richtigen „coupe", um alltägliche Gegenstände in ein Kunstobjekt zu verwandeln. Nicht nur als Näherin, sondern auch als Köchin wird sie zur Schöpferin; ihre Methodik zum Vorbild Marcels.

Barrès hat einmal Proust als „un poète persan dans un loge de portière"[8] bezeichnet. Die Wichtigkeit des Dienstpersonals hinterläßt noch Spuren in Proust, für 'Marcel-Erzähler'

---

[8] zit. in: Benjamin 1961, 363.

kann sie, hier insbesondere die Bedeutung Françoises, nicht hoch genug veranschlagt werden. Françoise wächst über ihre Rolle als einfache Dienerin hinaus, gibt dabei allerdings niemals ihren dienenden Status auf. Genau hierin liegt die Aussagekraft: Françoise dient Marcel in anderer Weise. Sie nimmt in ihren Verhaltensweisen häufig Marcels eigene Reaktionen vorweg und präsentiert ihm die Unmöglichkeit, eine andere Person vollständig zu erfassen. Als Vertreterin eines „art populaire" (TR 719) erkennt sie das eigene Leben als Kunstobjekt und nimmt darin die Erkenntnis über den „art véritable" (TR 725) des Helden vorweg. Als komprimiertes Ergebnis für die rein intratextuelle Untersuchung bliebe festzuhalten: Die *Recherche* stellt einen Roman der Umwälzungen dar. Dies betrifft auch die Künstlergestalten. Françoise avanciert unter ihnen zu einer gleichrangigen Künstlerin und zu Marcels besserer (Willens)-Hälfte. Wie Françoise sich in ihre Küche zurückzieht, um alltägliche Gegenstände in Kunst zu transformieren, wird sich 'Marcel-Erzähler' aus der Welt des Scheins zurückziehen, um sein Werk zu beginnen. Prousts Werkstattnotiz, in der Françoise als mittelalterliche Statue festgehalten wird, die ihre eigene Kathedrale als „objet minuscule et ouvragé"[9] in der Hand hält, zeigt: Françoise hält im Bild der Kathedrale die *Recherche* in ihren Händen, eine Schöpfung dieses Werks ist demnach nur durch eine Identifikation 'Marcel-Erzählers' mit Françoise und ihren Methoden möglich; sie stellt mithin die zentrale Figur dar. Françoises intratextuell zu destillierende Rolle liegt in ihrer Beziehung zu Marcel und zur Kunst, ihr Dienerstand bildet dabei eine elementare Voraussetzung für ihr Kunstschaffen. Die Frage der „clefs" ist damit jedoch nicht erschöpft. Wenn alle „hidden possibilities"[10] von Prousts Ideenwelt zur Anschauung gebracht werden sollen, dann dürfen bei den „personnages" nicht die motivgeschichtlichen außer Acht gelassen werden. Schließlich sind es gerade die „personnages", die einen „grand registre de réseaux sensibles" eröffnen.[11] Françoises ganze Persönlichkeit samt ihrem Verständnis von Kunst, hinter der sich dasjenige des Erzählers erkennen läßt, wird daher zum Schlüssel, um ins Proustsche Universum vorzudringen, in sein Verständnis von Kunst, Literaturbezug und Welt. Ihre Bedeutung liegt darin, welche Lesart sie intra- *und* intertextuell eröffnet, welche Dinge sie 'Marcel-Erzähler' als auch dem Leser in dieser Richtung vermitteln kann.

Um Françoises interfigurale Traditionslinie verfolgen zu können, wurden zu Beginn des Kapitels 4.1.3 neue Kategorisierungen von Motivklassen der weiblichen Bediensteten entworfen, die sich in der methodischen Wortwahl zwar an Wolpers orientieren, durch die neuen Ein- und Unterteilungen – die sich an Françoises Motivzügen aus Kapitels 3 anlehnen – aber ein weitgehend eigenständiges Konstrukt zur besseren Strukturierung der interfiguralen Vergleichsuntersuchungen darstellen. Die neuen Motivklassen, die als Orientierung in den jeweiligen Vergleichsuntersuchungen dienten, umfassen: (1) Lokalitäten/ Örtlichkeiten, (2) Denkkonzepte/ Maxime (Traditionsverbundenheit/Feudales Hierarchiedenken); (3) Ausdruck/ Kommunikation über: (3.1) Mimik, (3.2) Sprache, (3.3) Kochen, (3.4) Nähen; (4) Eigenschaften/ Bewußtseinszustände, dazu gehören: (4.1) Stolz/

---

[9] Roloff 1984, 183.
[10] Quenell 1971, 18.
[11] de Lattre 1978, 113.

Eitelkeit – gegründet auf: (4.1.1) Familien-/ Landesherkunft, (4.1.2) Rolle im Familien-/ Haus-/ Klassenverbund; (4.2) Grausamkeit, (4.3) Selbstlosigkeit/ Mitleid, (4.4) Naivität, (4.5) instinktives Wissen/ Neugierde, (4.6) Kunstfertigkeit, (5) Alter/ Lebenszeit, (6) Gegenstände/ Symbole. Quer zu diesen Einteilungen, die keine starren Anwendungsmuster, sondern sich überlappende Hilfskonstruktionen darstellen, stehen (A) interpersonale und soziale/ gesellschaftliche Bezüge und (B) Handlungen/ Situationen ('Übernahme' strukturell vorgegebener Muster) als offene Kategorisierungen. Françoise ist zugleich individualisiert als auch typisiert. Bei allen Fallstudien wurde zunächst der Bezug zwischen Proust und dem jeweiligen Autor festzumachen versucht, danach auf einer formalen Analyse der Beziehung der jeweiligen Dienerfigur zu Françoise eine erste intertextuelle Einschätzung unternommen, bevor inhaltlich über die Analyse der Texte mit den entworfenen Motivklassen-Kategorisierungen im Hintergrund weitere Schlußfolgerungen gezogen wurden. Die von Françoise eröffnete „lecture" ergab über die Analyse in einzelnen Fallstudien folgende Hauptergebnisse.

Wenn auch das Verhältnis Proust und Molière – bzw. in ähnlicher Weise Proust und Marivaux – in der Forschung eine eher impressionistische Annäherung erfährt, sicherlich auch dadurch bedingt, daß keine kritische Schrift Prousts zu diesen Autoren existiert, läßt sich das häufige Auftauchen gleicher Relationsfelder – inhaltlicher als auch struktureller Art – nicht mit einem bloßen Zufall erklären. Beide Autoren heben sich aus dem grundsätzlichen 'Universum der Texte' Prousts ab, liefern Grundmuster und Strukturen, die von Proust bewußt als Basis aufgegriffen und mit den noch diachronen Texten seiner Vorgänger aufgefüllt werden. Proust bevorzugte bekanntermaßen die reifen Komödien Molières, aus denen seine Mutter ihm noch auf dem Sterbebett zitiert. Die Behauptung geht wohl nicht zu weit, Proust habe in seiner Liebe zu Molière bewußt auf die Motivklassen der Molièreschen Dienerinnen zurückgegriffen. Martine, Dorine und Toinette kann man als ineinander verwobene Folien erkennen, deren Motivklassen sich in entsprechender Neukombination in Françoises Makrostruktur wiederfinden.

Bei Molière ist als ein wesentliches Grundparadigma die Struktur der starken Dienerin und des schwachen Herrn zu nennen, die mit Leib und Seele für das Wohl ihrer Herrin auch mit ungewöhnlichen, mit verbal als auch gestisch ausdrucksstarken Mitteln eintritt und auf die der Herr elementar angewiesen ist – physisch und psychisch. Proust geht aber noch einen Schritt weiter und hebt viele Aussagegehalte der „Martines" in den interpersonalen Bezügen Françoises auf. Ein Beispiel mag genügen: Martine verachtet die hohle Sprache ihrer Herrin und kontrastiert damit positiv zu ihr. Hier läßt sich auch Molières kontrastive Technik der Personenkonstellationen erkennen, die durch die eindimensional positiv gestaltete Dienerin die Unarten der Herren umso deutlicher hervortreten läßt. Diese Technik wird von Proust zu seiner psychologisch ausgefeilten Charakterspiegelungstechnik in den Personenkonstelletionen transformiert. Françoise kontrastiert mit Oriane allerdings nicht direkt verbal. Sondern über den Zweig von Saint-André-des-Champs. Dadurch wird klar, daß Orianes Sprache nicht der wahren Sprachtradition entspricht, vielmehr Mittel ihrer Koketterie, bei Françoise dagegen wahrhaft sinn-voll ist. Die Verlagerung direkter Ausdrucksmöglichkeiten auf indirekte lassen sich nicht allein durch die unterschiedliche technische Darbietung in der Komödie bzw. im psychologischen Roman erklären, sondern auch mit der synchron anders vorbedingten Intention der Autoren. Die Molièresche Dienerin ist zwar die „digne interprète"[12] ihres Herrn und die 'porte-parole' des Autors, wie Françoise die unabkömmliche Wesenshälfte 'Marcel-Erzählers' und der Schlüssel zu Prousts Ideenuniversum. Aber schon bei dem rein positiv besetzten 'bon sens' läßt sich beobachten, daß Proust diese Vorstellungseinheit auf der Ebene einer eigenen Ausprägung des Françoiseschen „ce qui se doit" und unter Verwendung der noch auf Molière folgenden ästhetischen Modelle aufhebt. Françoise als Produkt der intertextuellen Kommunikation stellt schließlich das Zeugnis einer persönlichen, spezifisch Proustschen Kreativität dar.

Ziehen namhafte Marivaux-Forscher Parallelen zu Proust, gehen sie immer von dem Romancier und nicht dem Dramaturgen aus. Rousset hat mit seiner Aussage: „Entre le théâtre de Marivaux et ses romans, il y a des communications et des échanges"[13] für vorliegende Arbeit das Wesentliche festgehalten. Die Parallelen und Analogien, die sich zwischen Marivaux und Proust als Romanciers ziehen lassen, bilden auch die Ausgangsbasis für die Beziehung zwischen dem Dramaturgen Marivaux und dem Romancier Proust. Somit bestätigt sich die Annahme, erst eine detaillierte Analyse der Marivauxschen Werke in Relation zur *Recherche* könne Gründe für das relative Schweigen Prousts gegenüber Marivaux bzw. die trennenden und verbindenden Elemente zu Tage fördern. Marivaux liefert schließlich neben der psychologischen Verfeinerung in der Menschenanalyse die Verlagerung der Handlung nach innen und offeriert in der interpersonalen Relation Herr/in-Dienerin die Dienerin als unabdingbare bessere Bewußtseinvariante. Eine Loslösung von diesem alter ego oder Teil-Ich käme einer Selbstzerstörung des Herren-Ichs gleich, schließlich findet der Herr nur durch ständige Selbstkonfrontation, das heißt durch die Konfrontation mit seiner Dienerin vollends zu sich selbst, verknüpft gesellschaftliches mit privatem Sein. Damit gewinnt die Dienerin in ihrer Funktion als Vermittlerin und Entschlüsslerin der Sprache des gesellschaftlichen Scheins (des 'monde') und der Sprache des 'monde vrai' als Sprache des Unverstelltseins und der Wahrhaftigkeit für den Herrn eine ganz neue Bedeutung. Sie muß also dort tätig werden, wo es um das zweigeteilte ich des Herrn geht. Die Realitätserfahrung, die beide Dienerinnen (die Colombine als auch Françoise) ihren Herren für das vollständige Beieinandersein offerieren, tragen jeweils privative Züge. Françoise wird ähnlich wie die Colombines zu einer Vertreterin einer 'monde vrai', die Marcel für die Maskenhaftigkeit der menschlichen Beziehungen in der 'monde' sensibilisiert und setzt dabei auch alle nur denkbaren 'signes' als Ausdrucksmittel ein. Sie sucht die absolute Kommunikation und wird als Teil des eigenen Bewußtseins durch den Herrn an-erkannt.

Das Verhältnis Proust und Balzac hat in der Forschung eine umfangreiche Würdigung erfahren, nicht aber dasjenige zwischen Nanon, der Dienerin aus *Eugénie Grandet* und Françoise. Dabei lassen sich die Motivklassen Nanons wie eine Auflistung der positiven Seiten Françoises und sicherlich auch als Hommage an Balzac lesen. Inhaltliche Analogien

---

[12] FS, 5. Akt, 3. Sz., v.1671, 1067.
[13] Rousset 1962, 48.

sind greifbar, die intertextuellen Bezüge grober gestaltet und zum Teil explizit in den von Françoise verwendeten Adjektiven. Im Gegensatz zu Flaubert: bei seiner Dienerin ist der Bezug zu Françoise über verwischte Spuren gegeben, in ihrem Aussagegehalt für den ganzen Conte erscheint Françoise aber als kontrastive Replik Félicités. Hier entspricht Proust nicht nur der Ästhetik der Autoren Balzac und Flaubert – für Balzac schwärmte er trotz aller Vulgarität im Stil, insbesondere für seine Genie-Idee des Zyklenromans a posteriori, verschließt sich aber nicht seiner Schwäche, alles kommentieren zu wollen – zu Flaubert unterhält er ein ambivalentes Verhältnis und schätzt stilistische Besonderheiten, hier vor allem die 'blancs' und das Nichtgesagte, seine 'dessous'. Proust verschlüsselt im intertextuellen Verhältnis Françoises zu ihren Vorgängerinnen auch seine je eigene Beziehung zu diesen Autoren: Prousts beherrscht sein intertextuelles Spiel mit Balzac, das zu einer Hommage fähig ist, ohne sich dabei selbst zu verleugnen. Von Flauberts Einfluß wollte er sich bekanntlich reinigen (u.a. über Pastiches). Er wirft wie Flaubert die Frage der Wiedererinnerung in seiner Dienerfigur auf, verschlüsselt aber gleichzeitig in ihr sein zu Flaubert unterschiedenes Zeitkonzept (direkte metonymische Inbezugsetzung bei Flaubert versus einer 'mémoire involontaire' bei Proust). Und er setzt den negativen Aussagegehalten, die über die interpersonale Relation Herr-Diener transportiert werden, eine eindeutig positive entgegen: er verabschiedet sich von passiven Helden, von der Dissoziierung zwischen Einzelnen und der Loslösung von der Welt u.ä., positioniert sich damit selbst im literarischen Echoraum und wertet Françoise als Trägerin dieses positiven Ausblicks auf. Denn durch ihre Initiation schreitet der passive Held zur Tat, erkennt und erfüllt seine Bestimmung. Das intertextuelle Spiel führt auch hier zu einer eigenständigen Kreativität. Wenn Françoise als Schlüssel des Zugangs zu Prousts Verhältnis zu diesen Autoren ernst genommen wird, läßt sich der willentliche Bezug zu Balzac feststellen (der zu Molière und Marivaux zurückführt, weshalb die Thematisierung dieser Autoren in vorliegender Arbeit auch wichtig ist), die inhaltlich kontrastreichen Homologien zu Flauberts Dienerin zeigen dagegen, daß er die Stufe von einer vielleicht zunächst bewußt gewollten Kontrastierung hin zu einer intuitiven überschritten hat und die Loslösung von Flaubert schon sehr weit gediehen ist und dem Leser nicht mehr bewußt gemacht werden muß.

Goncourt gehört wie Balzac und Flaubert noch zu den von Proust pastichierten Autoren, allein deshalb erfährt das Verhältnis Prousts zum jeweiligen Autor schon eine umfangreichere Würdigung in der Forschung. Goncourt besitzt für Proust allerdings das Manko nicht der „serviteur du vrai" (EA 1971, 642) geblieben zu sein, sondern sich bei seinen Romanen auf die Notizen seines Journals gestützt zu haben. Damit hat er der 'mémoire involontaire' keine Gelegenheit zur Entfaltung gegeben. Der 'Cadre' des Domestiken entfaltet bei Germinie, ähnlich wie bei Flauberts Dienerin Félicité eine ganz andere Symbolkraft wie bei Françoise . Dies mag mitunter auch an der unterschiedlichen Positionierung der Dienerin im Handlungsverlauf liegen: Sie steht im Zentrum und ist nicht nur eine Partnerin des Helden. Dadurch wird bei Goncourt ihre Dimension als Frau tragend, ihr Dienerstand unterstreicht nur die Niedrigkeit im Materiellen, bei Flaubert wird Félicités Rolle als *Coeur simple*, als einer immer geistig einfacher werdenden Frau vorrangig. Da aber nicht davon ausgegangen wird, daß bestimmte Positionen im Handlungsverlauf bestimmte Motivklassen automatisch determinieren (ein Beispiel mag Lamartines Geneviève sein, die im Zentrum der Handlung steht und durchweg eine positive Dimension behält), wurde der gleiche Maßstab von Motivklassen als Orientierung bei der Analyse gewählt. Im Ergebnis läßt sich zunächst feststellen, daß formale Vergleiche sich allein aus dieser unterschiedlich gegebenen Positionierung der Dienerinnen erübrigen bzw. zwangsläufig kontrastiv ausfallen. Ein Rückschluß auf ein irgendgeartetes intertextuelles Verhältnis ist darüber allein nicht zu ziehen. Die Analogien in den inhaltlichen Motivklassen bleiben bei Goncourt an der Oberfläche, die gehaltliche Aussagekraft, transportiert wiederum in den Strukturen der interpersonalen Relation Herr/in-Dienerin ist dagegen nicht zu unterschätzen. Goncourts Geschichte eines Willensdefizits wird bei Proust zu einem des gemeisterten, weil die Kommunikation zwischen Herr/in-Dienerin gestärkt und nicht geschwächt wird, indem der Herr vollends willens ist, alle Gefühlszeichen der Dienerin entschlüsseln zu wollen.

Bei Zola bieten die Dienerinnen vielfach einen Kontrast, dringt man unter die Oberfläche ihrer Motivklassen. In der konkreten Analyse zeigte sich, daß eine Grenzlinie zwischen Victorine – der letzten Dienerin Zolas aus *Rome* – und den Dienerinnen aus dem Rougon-Macquart-Zyklus gezogen werden muß. Victorine auf der einen Seite stellt nicht nur die letzte wichtige Dienerfigur für Zola dar, sondern auch die einzige rein positiv gestaltete, Martine auf der anderen Seite bildet den Pol der Dienerinnen, die 'das Gute wollen – das Schlechte bewirken'. Weder die eine noch die andere Linie von Dienerinnen – sei es die eher grob-gutmütige oder die fatalistische Wirkung entfaltende – läßt einen intentionalen Rückgriff Prousts auf Zola als Rückschluß zu und behält viel von einer Konstruktion. Dennoch wurde als legitim erachtet, anhand eines gleichen Maßstabs die jeweiligen inhaltlichen Motivklassen aufzuspüren, um über ihre Vergleiche zu einer Aussage der wie auch immer gearteten Beziehung zwischen den Autoren zu kommen. Dabei sind die Kategorisierungen bewußt offen und nicht als Korsett zu verstehen. Françoise spiegelt jedenfalls auch in dieser Vergleichsuntersuchung Prousts grundsätzlich distanziertes Verhältnis zu Zola wider. Dort wo faszinierende Analogien auftreten, handelt es sich schließlich um eine Dienerin (Victorine) bei der Zola literarische Klischees bedient und an eine schon vorhandene Traditionslinie anknüpft, nämlich an die der klassisch resoluten, durch nichts zu erschütternden und mit einem natürlichen Menschenverstand und einer dazu passenden Sprache und Ausdrucksfähigkeit ausgestatteten Dienerin. Womöglich kommt deshalb ein enger intertextueller Bezug zustande. Dann allerdings auch gerechtfertigt, wirkt er hier doch der Materialismus-Kritik Prousts entgegen. Die Molièreschen als auch Balzacschen Repräsentationsformen sind in derjenigen Victorines aufgehoben, die Proust bewußt in seiner Françoise aufgreift und durchspielt und die womöglich die Attraktivität der Victorineschen Makrostruktur für Proust dahingehend steigert, doch bewußter als für uns nachvollziehbar auf diese mögliche Repräsentationsform einer Dienerin zurückzugreifen und Zola nicht ganz unberücksichtigt zu lassen.

Maupassant ist genausowenig wie Zola von Proust pastichiert worden, teilt aber mit Proust die Vorliebe für das Erspüren von Gruppen und ein ähnliches Ideenuniversum, gemeint ist seine Suche nach der „vérité", die an sich immer enttäuscht wird. Seine Dienerfigur Rosalie offeriert enge Bezüge zu Françoise, insbesondere, was ihre Funktion in der interpersonalen Relation zu ihrer Herrin betrifft. Sie ermahnt sie immer wieder zur Tat – soweit ist diese Struktur seit Molière bekannt. Was enge Assoziationen auslöst, ist allerdings der passive Charakter Jeannes, ihrer Herrin, der an Marcel erinnern läßt: während seiner zögerlichen Entscheidungsphase für den zu schreibenden Roman. Die situative Struktur am Ende von Rosalies und Jeannes Geschichte (wird das anzugehende Werk von Erfolg getragen?) setzt Proust wiederum eine eindeutig positive Antwort entgegen: der Schwäche und Passivität des Maupassantschen Helden erteilt er durch die Einswerdung mit seiner Dienerin eine eindeutige Absage, damit auch der Thematisierung passiver Helden, die nicht den Wert ihrer Dienerin vollständig erkennen. Beeindruckend ist, daß sich alle Autoren in ihre Dienerinfigur hineinprojizieren, sei es mit ihren Wünschen, ihren Grundideen oder ihren Enttäuschungen und darin Prousts eigenes Vorgehen antizipieren bzw. Molières porte-parole-Funktion der Dienerin tradieren.

Vorliegende Untersuchung zeigt, daß Françoises ganze literarische Traditionslinie – ungeachtet der Gattungen – ins Blickfeld rücken muß, um ihre Rolle und Funktion innerhalb der *Recherche* für 'Marcel-Erzähler' vollständig erfassen zu können. Außerdem erweist sie sich als zentraler „clef", der dem Decodierer, der nach Situierung des Autors der *Recherche* in der ihn umgebenden literarischen Echokammer strebt, die Proustschen literarischen Beziehungen aufschließt. Insbesondere die Vergleichsstudien zu Molière und Marivaux liefern wesentliche Erkenntnisse hinsichtlich der situativen und handlungsmäßigen Grundmuster in der Gestaltung der interpersonalen Relation Herr-Dienerin, die von den nachfolgenden Autoren weiter tradiert und in selbständiger Auseinandersetzung aufgegriffen werden. Proust spielt in seinem intertextuellen „jeu" diese möglichen Repräsentationsformen der Dienerin mit der jeweiligen Berücksichtigung der Ästhetik des jeweiligen Autors durch. Zu Balzac liegen daher die Bezüge offener als zu Flaubert. Die nicht nur zu Balzac, sondern auch zu Molière und Marivaux intendierte Intertextualität läßt sich durchaus als Hommage an diese Autoren auslegen. Die häufig konstrastiven Repliken auf Flaubertsche und Goncourtsche Makrostrukturen, die sich über zum Teil verwischte Spuren feststellen lassen, legen den Schluß auf Prousts Überzeugung nahe, dem Leser die Bewußtmachung einer vollbrachten Loslösung von einem irgendgearteten Einfluß dieser Autoren im Stil nicht mehr für nötig zu empfinden. Die jugendliche Faszination Prousts für Maupassant als Menschen hinterläßt noch eine Spur in Françoises Makrostruktur. Sie läßt sich durchaus als Antwort auf Rosalie lesen, wobei Proust dem Maupassant beherrschenden Pessimismus in der Gestaltung ihrer Funktion in der interpersonalen Relation einen positiven Aussagegehalt entgegenhält: Dem Pessimismus Maupassants setzt er mit dem ausschließlichen Aufgreifen bestimmter Motivklassen der zweigeteilten Dienerin Rosalie aus ihrem zweiten positiv-selbstbewußten Lebensteil ein endgültiges Nein entgegen und hebt die mögliche Doppeldeutigkeit des Endes in der Verschmelzung des Herrn mit diesem positiven Teil seiner Identität – in Gestalt der Dienerin – ins eindeutig Positive auf. Dem Materialismus Zolas erteilt Proust – wenn überhaupt ein intertextueller Bezug intendiert ist – eine Absage, indem er lediglich bei der literarische Klischees bedienenden Dienerfigur

Victorine aus *Rome* enge intertextuelle Bezüge dem Leser offeriert. Damit legt er aber auch die von ihm bevorzugte Richtung in der motivgeschichtlichen Entwicklung der weiblichen Bediensteten fest: weg von der Thematisierung der Dienerin als schwächendes und bedrohendes Element in der Beziehung zu ihrem Herrn und Konzentration auf ihren dienenden Status, der alle Dimensionen des Menschseins umfaßt. Dadurch kann sie wesentliches im Dienst am Menschen leisten: ihm zu seiner Selbstfindung dienen. Darin steht Proust den Intentionen eines Molière und Marivaux näher als den unmittelbaren 'Vorgängern'.

Proust führt in seiner Françoise das Entweder/Oder zusammen: Frühere Thematisierungen von Dienerfiguren legen entweder den Schwerpunkt auf ihre positiven oder auf ihre negativen Seiten. Proust führt diese zwei dualistischen Pole in der Makrostruktur Françoises zusammen. Das Faszinierende ist, daß trotzdem ein positiver Eindruck im Gedächtnis beim Leser als ihr Beobachter verbleibt. Gefühle der Abneigung, wie sie die Zolaschen Dienerinnen zumindest subjektiv als Eindruck hinterlassen, verblassen, denn mit der Akzeptanz des durchaus auch zum Positiven fähigen widersprüchlichen Wesens befreit Proust seine Dienerfigur von den bis dato vorherrschenden ideologischen Zuweisungen der Autoren. Bei Zola sind die weiblichen Bediensteten nicht wirklich fähig, einen 'comic relief' in angespannten Situationen zu leisten, ihre Motivklassen erscheinen vielmehr in der Wirkung überzogen fatalistisch. Die Verbindung von 'Typik' und Komik ist für Proust jedoch wichtig, weshalb seine Françoise auch engere Bezüge zu den Molièreschen, Marivauxschen als auch Balzacschen Motivklasseneinheiten aufweist.

Seit Goncourt läßt sich die Überzeugung der Autoren festmachen, daß der Mensch dissoziiert zu seiner Umwelt bleibt, selbst in engen Beziehungen, wie sie naturgemäß solche darstellen, die eine im Familienverbund aufgewachsene Dienerin mit ihren Herren unterhält. Indem Proust die negativen Aussagegehalte der interpersonalen Relationen der jeweiligen Dienerin zu ihren Herren bei Goncourt, Flaubert, nicht eindeutig gelöst bei Maupassant und in gesteigertem Maße bei Zola ins Gegenteil verkehrt bzw. ins Positive aufhebt, situiert er sich selbst in der 'Echokammer' seiner literarischen Beziehungen: Wenn auch Françoises Makrostruktur in ihren rauhen Charaktereigenschaften einen Widerhall negativ konnotierter Motivklassen der genannten Autoren bildet, die sie als extrem widersprüchliche Persönlichkeit formen, steuern ihre positiven Eigenschaften einem Gesamtnegativeindruck derart entgegen, daß sie offensichtlicher als Molièresche bzw. Marivauxsche 'Verwandte' erscheint. Proust läutet in der Gestaltung seiner Dienerfigur gleichzeitig das Ende pessimistischer sowie 'kapitulationistischer' Dichtungen vor dem Schlechten der Welt und der zwischenmenschlichen Beziehungen ein und eröffnet einen positiven Ausblick – mag dieser vielleicht auch anachronistisch angesichts der ihm nachfolgenden literarischen Generation gewesen sein. Diese Tatsache schmälert deshalb nicht den Wert, den Françoise als zentrale tragende Kraft dieses Ausblicks erhält. Auf jeden Fall bestätigen die einzelnen Fallstudien die eingangs geäußerte Vermutung: Françoise stellt nicht nur intratextuell die wichtigste Rolle für den Helden dar, sondern gleichzeitig eine Art Mikrokosmos und Schlüssel, der die Türen zum Proustschen Makrokosmos seiner literarischen Beziehungen eröffnet. In ihr laufen alle Stränge seiner ästhetischen Auseinandersetzung zusammen, verschließt man sich als Leser und Decodierer nicht den intertextuell sich eröffnenden Spuren und erkennt Françoise als Spiegel von Prousts Verhältnis zu den hinter diesen Spuren sich verbergenden Autoren. Täte man dies, übersähe man die wichtige Rolle, die gerade auch Molière und Marivaux in der Proustschen (Selbst-)findung seiner zentralen Figur – Françoise – spielen.

Unabhängig vom Wert, die die theoretischen Arbeiten der Intertextualitätsforschung in ihren Ergebnissen darstellen, möchte vorliegende Studie einen Beitrag zu einer Orientierung weg von der reinen Diskussion theoretischer Ansätze (u.a. der Intertextualitätsbegrifflichkeit) hin zu einem neuen 'Mut' zum literarischen Text als Ausgangsquelle der Erkenntnis leisten. Zudem darf man sich nicht allein von Prousts offiziellen kritischen Aufsätzen dahingehend leiten lassen, nur diejenigen Autoren, die Gegenstand dieser Kritiken werden, als untersuchungswert zu erachten. Auch das Nichtgesagte oder Nichtkommentierte in den Proustschen 'Nebentexten' ist bedeutungsvoll, insbesondere in Bezug auf die hier zum Vergleich mit der *Recherche* und Françoise herangezogenen Werke und ihre Autoren. Ziel vorliegender Arbeit ist schließlich den Blick auf die Signale freizulegen, die der Text bzw. die textuellen Einheiten um das Figurenmotiv der weiblichen Bediensteten aussenden, den Text somit der vom Objekt teilweise gelösten Erörterung methodologischer Begrifflichkeiten voranzustellen und ihn ins Zentrum der Diskussion zu rücken.

Literaturverzeichnis

Primärliteratur:

Molière (Jean Baptiste Poquelin):

T: *Le Tartuffe ou l'imposteur*, in: Oeuvres complètes, Tome I, Paris: Gallimard („La Pléiade"), 1971.

MI: *Le Malade imaginaire*, in: Oeuvres complètes, Tome II, Paris: Gallimard („La Pléiade"), 1971.

FS: *Les Femmes savantes*, in: Oeuvres complètes, Tome II, Paris: Gallimard („La Pléiade"), 1971.

Marivaux (Pierre Carlet de Chamblain de):

Marivaux 1968 I/II: *Théâtre complet*, 2 Bde; Texte établie avec introduction, chronologie, commentaire, index et glossaire par Frédéric Deloffre, Paris: Garnier Frères, 1968.

SA: *La Surprise de l'amour*, in: Marivaux 1968 I, 186-236.

Éc.: *L'École des mères*, in: Marivaux 1968 II, 12-38.

S: *Les Sincères*, in: Marivaux 1968 II, 468-498.

Balzac (Honoré de):

Balzac 1967 I: *Lettres à Mme Hanska*, hg. von Roger Pierrot, Paris, 1967-1971, Bd. I, Paris 1967.

CH 1950ff.: *La Comédie humaine*, édition publiée sous la direction de M. Bouteron, 11 Bde, Paris: Gallimard („La Pléiade"), 1950ff.

CH I: *Avant-Propos*, in: La Comédie humaine, édition publiée sous la direction de Pierre-Georges Castex, Bd. I, Paris: Gallimard („La Pléiade"), 1976, 7-20.

EG: *Eugénie Grandet*, édition de Pierre-Georges Castex, Paris: Classiques Garnier, 1983.

Flaubert (Gustave):

MB 1951: *Mme Bovary*, in: Oeuvres I, édition établie et annotée par A. Thibaudet et R. Dumesnil, Paris: Gallimard („La Pléiade"), 1951, 291-611.

CoS: *Un Coeur simple*, in: Trois Contes: Un Coeur simple, La Légende de Saint Julien l'Hospitalier, Hérodias, édition augmentée d'une chronologie par Jacques Suffel, Paris: Garnier Frères, 1969, 1-73.

Goncourt (Edmond et Jules de):

GL: *Germinie Lacerteux*, Paris: Garnier Flammarion, 1990.

Zola (Émile):

MF: *Madeleine Férat*, in: Les oeuvres complètes, Bd. 34 II, Notes et Commentaires de Maurice Le Blond, Texte de l'édition Eugène Fasquelle, Paris: ^{2}1939.

RM: *Les Rougon-Macquart. Histoire naturelle et sociale d'une famille sous le second empire*, édition intégrale publiée sous la direction d'Armand Lanoux, étdues, notes et variantes par Henri Mitterand, Paris: Gallimard („La Pléiade"), 5 Bde, 1960ff.

CP: *La Conquête de Plassans*, in: RM I, 1960.

PB: *Pot-Bouille*, in: RM III, 1964.

JV: *La Joie de vivre*, in: RM III, 1964.
DP: *Le Docteur Pascal*, in: RM V, 1967.
Étude: *Étude* zu DP, in: DP 1561-1627.
R: *Rome*, Paris: Gallimard („Collection Folio Classique"), 1999.

Maupassant (Guy de):
CN I/CN II: *Contes et nouvelles*, 2 Bde, Paris : Gallimard („La Pléiade"), 1974, 1979.
Maupassant 1987: *Romans*, édition établie par Louis Forestier, Paris: Gallimard (La Pléiade), 1987.
V: *Une Vie*, in: Maupassant 1987, 3-194.

Proust (Marcel):
RTP 1987: *A la Recherche du Temps perdu* („Bouquins"), 3 Bde, Paris: Editions Robert Laffont, 1987.
darin:
MICHEL-THIRIET, Philippe: *Quid de Marcel Proust.*
MORELLO, Alain André: *Notes.*
RAFFALLI, Bernard: *Introductions.*
RAFFALLI, Bernard: *Préfaces.*
darin folgende Abkürzungen:
CS: Du côté de chez Swann.
JF: À l'ombre de Jeunes Filles en Fleurs.
CG: Le Côté de Guermantes.
SG: Sodome et Gomorrhe.
P: La Prisonnière.
F: La Fugitive.
TR: Le Temps retrouvé.
weitere Werke Prousts:
JL 1949: *Journées de lecture*, in: *Pastiches et Mélanges*. Paris: Gallimard (nrf), 1949.
JS 1952: *Jean Santeuil*, 2 Bde, (Préface d'André Maurois), Paris: Gallimard (nrf), 1952.
NM 1954: *Contre Sainte Beuve*, suivi de *Nouveaux Mélanges*, préface de Bernard de Fallois, Paris: Gallimard (nrf), 1954.
CSB 1954: *Contre Sainte Beuve*, préface de Bernard de Fallois, Paris: Gallimard (nrf), 1954.
CSB 1971/PM 1971/EA 1971: *Contre Sainte Beuve*, précédé de *Pastiches et mélanges* et suivi de *Essais et articles*, édition établie par Pierre Clarac avec la collaboration d'Yves Sandre, Paris: Gallimard („La Pléiade"), 1971.
Lettres 1965: *Choix de Lettres, présentées et datées par Philip Kolb*, Paris: Plon, 1965.
Corr. I-XXI: *Correspondance, Texte établi, présenté et annoté par Philip Kolb*. 21 Bde, Paris: Plon, 1970-1993.

Wörterbücher:

Cayron, Gaston: Le français classique. Lexique de la langue XVIIe siècle, Paris: Henri Didier, ²1924.

Dauzat, Albert; Dubois, Jean; Mitterand, Henri: Nouveau dictionnaire étymologique Paris: Larousse 1964, 1969.

Dictionnaire historique de la langue francaise, 2 Bde, Paris 1992.

Gamillscheg, Ernst: Etymologisches Wörterbuch der französischen Sprache, Heidelberg 1928.

Le Petit Robert 1: Dictionnaire alphabétique et analogique de la Langue Française, Paris: Le Robert, 1992.

Le Petit Robert 2: Dictionnaire universel des noms propres, alphabétique et analogique, Paris: Le Robert, 1991.

Le Nouveau Petit Robert 1, Paris 1994.

Trésor de la langue française, Dictionnaire de la langue du XIXe et du XXe siècle (1789-1960), Bd.7; Bd.15, Paris: Editions du Centre National de la Recherche Scientifique (Gallimard) 1979, 1992.

Abkürzungen:

MK = Motivklasse

Sekundärliteratur:

Abensour 1923: Abensour, Léon: La Femme et le Féminisme avant la Révolution, Paris 1923.

Adams 1988: Adams, William Howard: Prousts Figuren und ihre Vorbilder, Photos von Paul Nadar, Text von William Howard Adams. Aus dem Amerikanischen von Christoph Groffy, Frankfurt/M.: Suhrkamp 1988.

Adelsbach 1990: Adelsbach, Eva: Bobrowskis Widmungstexte an Dichter und Künstler des 18. Jahrhunderts: Dialogizität und Intertextualität, St. Ingbert: Röhrig, 1990.

Albaret 1973: Albaret, Céleste: Monsieur Proust, Paris: Robert Laffont, 1973.

Alcorn 1971: Alcorn, Clayton, Jr.: „The Doemstic Servant in Zola's Novels", in: L'ésprit créateur 21/4 (1971), 21-35.

Altenhofer 1990: Altenhofer, Norbert: „Das Labyrinth der Zeichen. Sprache und Psychologie bei Marivaux", in: Kortländer/Scheffel 1990, 61-73.

Andreoli 1995: Andreoli, Max: „À propos d'une lecture d'«Eugénie Grandet»", in: L'Année balzacienne (1995), 9-38.

Andrieu 1974: Andrieu, Lucien: „Les Domestiques de la Famille Flaubert", in: Les Amis de Flaubert 44 (mai 1974), 5-8.

Apter 1987: Apter, Emily S.: „Fétichisme et domesticité – Freud, Mirbeau, Buñuel", in: Poétique 70 (1987), 143-166.

Arland 1950: Arland, Marcel: Marivaux, Paris: Gallimard, 1950.

Auchincloss 1960: Auchincloss, Louis: „Proust's Picture of Society", in: Partisan Review (1960), 690-701.

Auerbach 1964: Auerbach, Erich: „Germinie Lacerteux", in: Mimesis. Dargestellte Wirklichkeit in der abendländischen Literatur, Bern/München: Francke, ³1964, 460-487.

Auerochs 1994: Auerochs, Bernd: Erzählte Gesellschaft, München: Fink, 1994.

Autret 1955: Autret, Jean: L'influence de Ruskin sur la vie, les idées et l'oeuvre de Marcel Proust, Genève: Droz, 1955.

Bardèche 1971: Bardèche, Maurice: „Balzac et Proust", in: La Revue des deux mondes 12 (déc. 1971), 568-577.

Bardèche 1971 I/II: ders.: Marcel Proust Romancier, 2 Bde, Paris: Les sept couleurs, 1971.

Bardèche 1980: ders.: Balzac, Paris: Julliard, 1980.

Barnes 1970: Barnes, Annie: „Proust et Pascal", in: Europe 48 (1970), 193-204.

Bart 1986/87: Bart, Benjamin F.: „World views into style: the Goncourt brothers and Proust at the opera", in: Nineteenth century french studies 15 (1986/87), 173-190.

Barthes 1972: Barthes, Roland: Le Degré zéro de l'écriture suivi de Nouveaux Essais critiques, Paris: Seuil, 1972.

Barthes 1973: ders.: Le plaisir du texte, Paris 1973.

Barthes 1975: ders.: Roland Barthes par Roland Barthes, Paris: Seuil, 1975.

Beauchamp 1967: Beauchamp, Louis de: „La vie sociale à l'époque et dans l'oeuvre de Proust", BMP 17 (1967), 626-631.

Becker 1993: Becker, Colette: Dictionnaire d'Émile Zola: sa vie, son oeuvre, son époque. Suivi du dictionnaire des Rougon Macquart..., Paris: Laffont, 1993.

Beckett 1989: Beckett, Samuel: Proust, Essay, Frankfurt/Main: Luchterhand, 1989.

Béhar 1970: Béhar, Serge: „L'univers médical de Proust", in: Cahiers Marcel Proust 1 („Nouvelle série"), Paris: Gallimard, 1970.

Beilharz 1979: Beilharz, Richard: Balzac, Darmstadt: WBG, 1979.

Benjamin 1961: Benjamin, Walter: „Zum Bilde Prousts", in: Illuminationen. Ausgewählte Schriften, Frankfurt/Main: Suhrkamp, 1961, 355-370.

Bergson 1911: Bergson, Henri: Le Rire. Essai sur la signification du comique, Paris: Librairies Félix Alcan et Guillaumin Réunies, 1911.

Bergson 1972: ders.: Das Lachen. Ein Essay über die Bedeutung des Komischen, Zürich: Verlag Arche, 1972.

Berkvam 1974: Berkvam, Michael: „Le Paris de Marcel Proust", in: Revue des Sciences Humaines 39/154 (1974), 327-339.

Bloom 1975: Bloom, Harold: A Map of Misreading, New York: Oxford University Press, 1975.

Bonnet 1946/Bonnet 1949: Bonnet, Henri: Le progrès spirituel dans l'oeuvre de Marcel Proust, 2 Bde, I: „Le monde, l'amour et l'amitié", II: „L'eudémonisme esthétique de Proust", Paris: Librairie philisophique J. Vrin, 1946, 1949.

Bonnet 1976: Bonnet, Henri: Marcel Proust de 1907 à 1914, Paris: Nizet, 1976.

Bordier 1970: Bordier, Roger: „Sur Zola et Proust. L'esprit de famille, l'art et le réel", in: Europe („Centenaire de Proust"), 496/497 (août-sept. 1970), 218-228.

Borel 1975: Borel, Jacques: Proust et Balzac, Paris: Librairie José Corti, 1975.

Bouillaguet 1990: Bouillaguet, Annick: Marcel Proust. Le jeu intertextuel, Paris: Éd. du titre, 1990.

Bouillaguet 1993: dies.: „Le Pastiche de Goncourt dans Le Temps Retrouvé: Aspects stylistiques et thématiques de l'insertion", in: BMP 43 (1993), 82-91.

Bourget 1885: Bourget, Paul: Nouveaux Essais de Psychologie contemporaine, Paris: Alphonse Lemerre, 1885.

Brée 1950: Brée, Germaine: Du temps perdu au temps retrouvé. Introduction à l'oeuvre de Marcel Proust, Paris: Les Belles Lettres, 1950.

Broich 1985 I: Broich, Ulrich: „Zur Einzeltextreferenz", in: Broich/Pfister 1985, 48-52.

Broich 1985 II: ders: „Formen der Markierung von Intertextualität", in: Broich/Pfister 1985, 31-47.

Broich/Pfister 1985: Broich, Ulrich/Pfister, Manfred (Unter Mitarbeit von Bernd Schulte-Middelich) (Hg.): Intertextualität: Formen, Funktionen, anglistische Fallstudien, Tübingen: Niemeyer, 1985.

Broich/Pfister 1985 II: „Vorwort", in: Broich/Pfister 1985, IX-XII.

Bruce 1984: Bruce, Don: „Bibliographie annotée: Écrits sur l'intertextualité", in: Texte 2, Revue de critique et de théorie littéraire (1983), 217-258.

Brunet 1983: Brunet, Etienne: Le vocabulaire de Proust. Etude quantitative, Genève-Paris: Slatkine-Champion, 1983.

Bürger 1975: Bürger, Peter: „Herr und Knecht bei Marivaux", in: ders.: Studien zur französischen Frühaufklärung, Frankfurt/Main: Suhrkamp, 1975, 133-150.

Bury 1995: Bury, Mariane: Une Vie de Guy de Maupassant, Paris: Gallimard, 1995.

Carbonell 1994: Carbonell, Agnès: Marivaux, Paris: Nathan, 1994.

Carpentier/Lebrun 1987: Carpentier, Jean/Lebrun, François: Histoire de France, Paris: Seuil, 1987.

Cattaui 1958: Cattaui, Georges: Proust, Paris: Éditions universitaires, 1958.

Caws 1984: Caws, Mary Ann (Hg.): Writing in a modern temper. Essays on French Literature and thought in honor of Henri Peyre, New York: Anma Libri, 1984.

Celly 1935: Celly, Raoul: Répertoire des thèmes de Marcel Proust, („Les Cahiers Marcel Proust" 7) Paris: Gallimard (nrf), 1935.

Chambers 1981: Chambers, Ross: „Simplicité de coeur et duplicité textuelle. Étude d'*Un Coeur simple*", in: Modern Language Notes 96/4 (1981), 771-791.

Cirillo 1991: Cirillo, Nancy R.: „A Girl need never go wrong, or, the female servant as Ideological image in *Germinie Lacerteux* and *Esther Waters*", in: Comparative Literature studies 28/1 (1991), 68-88.

Clayton/Rothstein 1991: Clayton, Jay/Rothstein, Eric (Hg.): Influence and Intertextuality in Literary History, Wisconsin: University of Wisconsin Press, 1991.

Cocking 1982: Cocking, J.M.: Proust. Collected Essays on the writer and his art, Cambridge/London etc.: Cambridge University Press, 1982.

Collin 1970: Collin, P.H:: „Food and Drink in A la recherche du temps perdu", in: Neophilologus 54/3 (1970), 244-257.

Compagnon 1990: Compagnon, Antoine: „Proust Between Two Centuries", in: Caws, Mary-Ann/Nicole, Eugène: Reading Proust Now, New York: Peter Lang, 1990.

Corbineau-Hoffmann 1983: Corbineau-Hoffmann, Angelika: Marcel Proust („Erträge der Forschung"), Darmstadt: WBG, 1983.

Corbineau-Hoffmann 1993: dies: Marcel Proust: A la Recherche du Temps perdu (UTB 1755), Tübingen/Basel: Francke, 1993.

Cosnier 1970: Cosnier, Colette: „Gastronomie de Proust", in: Europe 48 (1970), 152-160.

Cottin 1954: Cottin, Madeleine: „Lettres à Porto-Riche", in: La Table Ronde 78 (juin 1954), 93-101.

Coulet 1975: Coulet, Henri: Marivaux Romancier. Essai sur l'esprit et le coeur dans les romans de Marivaux, Paris: Armand Colin, 1975.

Coulet 1979: ders.: „État présent des études sur Marivaux", in: L'information littéraire 31/2 (mars-avril 1979), 61-70.

Croce 1993: Croce, Benedetto: „Maupassant", in: Europe 772/773 (1993), 7-15.

Culpin 1993: Culpin, D.J.: Marivaux and Reason. A Study in Early Enlightenment Thought, New York u.a.: Peter Lang, 1993.

Curtius 1954: Curtius, Ernst-Robert: „Wiederbegegnungen mit Balzac", in: Kritische Essays zur Europäischen Literatur, Bern [2]1954.

Curtius 1973: Curtius, Ernst Robert: Marcel Proust. Frankfurt/Main: Suhrkamp, 1973.

Dällenbach 1980: Dällenbach, Lucien: „Das brüchige Ganze. Zur Lesbarkeit der Comédie humaine", in: Gumbrecht/Stierle/Warning 1980, 461-491.

Daemmrich 1994: Daemmrich, Horst S. und Ingrid G.: Spirals and Circles. A Key to Thematic Patterns in Classicism and Realism, 2 Bde., New York 1994.

Daemmrich 1995: dies.: Themen und Motive in der Literatur: ein Handbuch, Tübingen/Basel: Francke, ²1995.

Daemmrich 1995 I: ders.: „Figurenkonzeption", in: Daemmrich 1995, 156-162.

Daudet 1928: Daudet, Charles: „Répertoire des personnages de A la recherche du temps perdu" („Les Cahiers Marcel Proust" 2), Paris: Gallimard, 1928.

Debray Genette 1992: Debray Genette, Raymonde: „Simplex et Simplicissima: de Nanon à Félicité", in: Mimesis et Semiosis. Littérature et représentation, Miscellanées offertes à Henri Mitterand, sous la direction de Philippe Hamon, Paris: Nathan, 1992, 229-246.

Debray Genette 1996:: dies.: „Intertextualité, autotextualité: Proust et Balzac", in: Cabanès, Jean-Louis (Hg.): Voix de l'écrivain. Mélanges offerts à Guy Sagnes, Toulouse: Presses Universitaires du Mitrail, 1996, 247-260.

de Chantal 1967: de Chantal, René: Marcel Proust critique littéraire, 2 Bde, Montréal: Les presses de l'université de Montréal, 1967.

Deleuze 1971: Deleuze, Gilles: Proust et les signes, Paris: Presses universitaires de France, 1971.

Deloffre 1964: Deloffre, Frédéric: „État présent des études sur Marivaux", in: L'information littéraire 16/5 (nov.-déc. 1964), 191-199.

Deloffre 1968: ders: „Introduction", in: Marivaux 1968, I-XXX.

Descombes 1987: Descombes, Vincent: „La philosophie de Combray", in: ders.: Proust: Philosophie du roman, Paris: Les Éd. de Minuit, 1987, 173-193.

Descotes 1960: Descotes, Maurice: Les grands rôles du théâtre de Molière, Paris 1960.

Descotes 1972: ders.: Les grands rôles de théatre de Marivaux, Paris: Presses Universitaires de France, 1972.

Desportes 1999: Desportes, Marcel u.a.: Analyses et Réflexions sur «Une Vie» de Guy de Maupassant. Ouvrage collectif, Paris: ellipses, 1999.

Donzé 1955: Donzé, Roland: Le comique dans l'oeuvre de Marcel Proust, Neuchâtel/Paris: Ed. Victor Attinger, 1955.

Dort 1962: Dort, Bernard: „A la recherche de l'amour et de la vérité. Esquisse d'un système marivaudien", in: Les Temps Modernes 17/189 (1962), 1058-1087.

Dreyfus 1926: Dreyfus, Robert: Souvenirs sur Marcel Proust, Paris 1926.

Dufour 1995: Dufour, Philippe: „Les avatars du langage dans «Eugénie Grandet»", in: L'année balzacienne (1995), 39-61.

Duncan 1969: Duncan, Ann J.: „Imaginary Artists in A la recherche du temps perdu", in: Modern Language Review 64/3 (1969), 555-564.

Dussane 1944: Dussane, Béatrix: Reines de théâtre, Lyon: Lardanchet, 1944.

Duvernois 1927: Duvernois, Henri: „Proust historien d'une société", in: Hommage à Marcel Proust, („Les Cahiers de Marcel Proust" 1), Paris 1927, 115-117.

Eisenzweig 1975: Eisenzweig, Uri: „La recherche du référent: l'église de Combray", in: Littérature 20 (1975), 17-31.

Emelina 1975: Emelina, Jean: Les valets et les servantes dans le théâtre comique en France de 1610 à 1700, Grenoble 1975.

Engler 1986: Engler, Winfried: „«Contre Balzac» oder die Suche nach dem Romandiskurs", in: Oeuvres & Critiques 11/3 (1986), 277-286.

Ette 1985: Ette, Ottmar: „Intertextualität. Ein Forschungsbericht mit literatursoziologichen Anmerkungen", in: Romanistische Zeitschrift für Literaturgeschichte 9 (1985), 497-522.

Fernandez 1943: Fernandez, Ramon: Proust, Paris 1943.

Finn 1997: Finn, Michael R.: „Neurasthenia, hysteria, androgyny: the Goncourts and Marcel Proust", in: French studies 51 (1997), 293-304.

Forestier 1974: Forestier, Louis: „Introduction", in: CN I, 21-62.

Forestier 1987: ders: „Préface", in: Maupassant 1987, IX-XXXIV.

Forestier 1993: ders.: „La recherche de la vérité", in: Europe 772/773 (août-sept. 1993), 53-60.

Fowlie 1967: Fowlie, Wallace: „Proust's analysis of the Heart and Society", in: ders.: Climate of Violence, New York: Macmillan, 1967, 105-121.

Franzbecker 1983: Franzbecker, Rolf: Die weibliche Bedienstete in der französischen Komödie des 16.-18. Jahrhunderts, Wiesbaden 1983.

Friedrich 1970: Friedrich, Hugo: Drei Klassiker des französischen Romans. Stendhal, Balzac, Flaubert, Frankfurt am Main: Vittorio Klostermann, ^{6}1970.

Frenzel 1993: Frenzel, Elisabeth: „Neuansätze in einem alten Forschungszweig: Zwei Jahrzehnte Stoff-, Motiv-, und Themenforschung", in: Anglia 111 (1993), 97-117.

Frenzel 1999: dies.: Motive der Weltliteratur. Ein Lexikon dichtungsgeschichtlicher Längsschnitte, Stuttgart: Kröner, ^{4}1999.

Freud 1970: Freud, Sigmund: „Der Witz und seine Beziehung zum Unbewußten", in: Psychologische Schriften, Studienausgabe Bd.4, Frankfurt/Main: S. Fischer, 1970, 9-219.

Friedmann 1930: Friedmann, Wilhelm: „Die französische Gesellschaft im Werke Marcel Prousts", in: Deutsch-Französische Rundschau 3 (1930), 361-380.

Füger 1989: Füger, Wilhelm: „Intertextualia Orwelliana: Untersuchungen zur Theorie und Praxis der Markierung von Intertextualität", in: Poetica 21/172 (1989), 197-200.

Gaillard 1978: Gaillard, Pol: Tartuffe de Molière, Paris: Hatier, 1978.

Gaines 1984: Gaines, James F.: Social structures in Molière's théâtre, Columbus 1984.

Gardes 1999: Gardes, Roger: „La vision du peuple dans «Une Vie»", in: Desportes 1999, 421-445.

Gazagne 1954: Gazagne, Paul: Marivaux, Paris: Seuil, 1954.

Genette 1966/ 1969/ 1972: ders.: *Figures I-III*, Paris: Seuil, 1966, 1969, 1972.

Genette 1966 I: „Proust palimpseste", in: Genette 1966, 39-68.

Genette 1969 I: ders.: „Proust et le langage indirect", in: Genette 1969, 223-294.

Genette 1982: ders.: Palimpsestes, Paris: Seuil, 1982.

Genette 1993: ders.: Palimpseste: die Literatur auf zweiter Stufe. Aus dem Französischen von W Bayer und D. Hornig, Frankfurt a.M.: Suhrkamp, 1993.

Gilot 1975: Gilot, Michel: Les journaux de Marivaux. Itinéraire moral et accomplissement esthétique, 2 Bde, Lille et Paris, 1975.

Gilroy 1987: Gilroy, James P.: „Food, Cooking, and Eating in Proust's 'A la recherche du temps perdu'", in: Twentieth Century Literature 33, (1987), H. 1, 98-109.

Gourdeau-Wilson 1986: Gourdeau-Wilson, Gabrielle: „L'immangeable repas proustien", in: BMP 36 (1986), 477-486.

Graham 1976: Graham, Victor E.: Bibliographie des études sur Marcel Proust et son oeuvre, Genève: Librairie Droz, 1976.

Grandsaigne 1981: Grandsaigne, Jean de: L'espace combraysien. Monde de l'enfance et stucture sociale dans l'oeuvre de Proust, Paris: Minard, 1981.

Greber 1989: Greber, Erika: Intertextualität und Interpretierbarkeit des Texts. Zur frühen Prosa Boris Pasternaks, München: Wilhelm Fink, 1989.

Greene 1965: Greene, E.J.H.: Marivaux, Toronto: University of Toronto Press, 1965.

Greene 1973: ders.: „Vieux, Jeunes, Valets dans la Comédie de Marivaux", in: Cahiers de l'association internationale des études françaises 25 (mai 1973), 177-190.

Greiner 1992: Greiner, Bernhard: Die Komödie: eine theatralische Sendung. Grundlagen und Interpretationen, Tübingen 1992.

Grivel 1978: Grivel, Charles: „Les universaux de texte", in: Littérature 30 (mai 1978), 25-50.

Grivel 1982: ders: „Thèses préparatoires sur les intertextes", in: Lachmann 1982, 237-248.

Grüttner 1993: Grüttner, Mark M.: „Kopfgeburten" und die „Rättin" von Günter Grass: Intertextualität und Zeitkritik, Michigan: Ann Arbor, 1993.

Guichard 1964: Guichard, Léon: Introduction à la lecture de Proust, Paris: Nizet, 1964.

Guido 1999: Guido, Pierre: „Quelques aspects du pessimisme de Maupassant. Présence et peinture de la mort dans *Une Vie*", in: Desportes 1999, 190-209.

Gumbrecht/Stierle/Warning 1980: Gumbrecht, Hans-Ulrich/Stierle, Karlheinz/Warning, Rainer: Honoré de Balzac, München: Fink, 1980.

Guyon 1966: Guyon, Bernard: „Proust et Balzac", in: Entretiens sur Marcel Proust sous la direction des Georges Cattaui et Philip Kolb, Paris: Mouton, 1966, 129-146.

Haac 1967: Haac, Oscar: „Violence in Marivaux", in: Kentucky Romance Quarterly 14/3 (1967), 191-199.

Hakkarainen 1993: Hakkarainen, Marja-Leena: Das Turnier der Texte. Stellenwert und Funktion der Intertextualität im Werk Bertolt Brechts (Europäische Hochschulschriften, Reihel: Deutsche Sprache und Literatur), Frankfurt am Main u.a.: Peter Lang, 1993.

Harder Markland 1992: Harder Markland, Hollie: Françoise as Master Artist in 'A la Recherche du Temps perdu', Boston: Ann Arbor (DAI), 1992.

Haselbach 1972: Haselbach, Cornelia: „L'Affaire Lemoine, par Gustave Flaubert", in: Pabst/Schrader 1972, 55-66.

Hassler 1997: Hassler, Gerda (Hg.): Texte im Text: Untersuchungen zur Intertextualität und ihren sprachlichen Formen, Münster:Nodus, 1997.

Hauser 1983: Hauser, Arnold: Sozialgeschichte der Kunst und Literatur, München: Beck, 1983.

Hebel 1989: Hebel, Udo J.: Intertextuality, allusion and quotation: an international bibliography of critical studies, New York (u.a.): Greenwood, 1989.

Helbig 1996: Helbig, Jörg: Intertextualität und Markierung: Untersuchungen zur Systematik und Funktion der Signalisierung von Intertextualität, Heidelberg: Winter, 1996.

Hillen 1983: Hillen, Wolfgang: „Deutsche Proust-Bibliographie 1979-1982", in: Mass, Edgar (Hg.): Marcel Proust. Lesen und Schreiben, Frankfurt/Main:Insel Verlag 1983.

Hillen 1986: Hillen, Wolfgang: „Deutsche Proust Bilbliographie 1983-1984", in: Mass, Edgar (Hg.): Marcel Proust. Motiv und Verfahren. (Beiträge des Symposiums „Kunst und Psyche" der Marcel Proust Gesellschaft in Berlin 1985), Frankfurt/Main: Insel, 1986.

Jacopin/Dvorak 1999: Jacopin, Paul/Dvorak, Marta: „Le personnage féminin comme support idéologique", in: Desportes 1999, 296-326.

Janssen 1997: Janssen, Carmen Viktoria: Textil in Texturen: Lesestrategien und Intertextualität bei Goethe und Bettina Brentano-von Arnim, Michigan: Ann Arbor, 1997.

Jauss 1955: Jauss, Hans Robert: Zeit und Erinnerung in Marcel Prousts A la Recherche du Temps perdu. Ein Beitrag zur Theorie des Romans, (Heidelberger Forschungen, 3.Heft), Heidelberg: Carl Winter Universitätsverlag, 1955.

Jung 1983: Jung, Willy: Theorie und Praxis des Typischen bei Honoré de Balzac, Tübingen: Stauffenberg, 1983.

Kablitz 1989: Kablitz, Andreas: „Erklärungsanspruch und Erklärungsdefizit im *Avant-Propos* von Balzacs *Comédie humaine*", in: Zeitschrift für französische Sprache und Literatur 99 (1989), 261-286.

Keller 1991: Keller, Luzius: Proust lesen, Frankfurt/Main: Suhrkamp, 1991.

Kessedjian 1971: Kessedjian, François: „Proust et Racine", in: Europe 49 (1971), 28-43.

Klapp 1956ff.: Klapp, Otto (Hg.): Bibliographie der Französischen Literaturwissenschaft, begründet von Otto Klapp, bearbeitet und herausgegeben von Astrid Klapp-Lehrmann, Frankfurt am Main: Vittorio Klostermann, 1956-1998.

Klein 1997: Klein, Josef (Hg.): Textbeziehungen: linguistische und literaturwissenschaftliche Beiträge zur Intertextualität, Tübingen: Stauffenberg, 1997.

Koch 1991: Koch, Thomas: Literarische Menschendarstellung: Studien zu ihrer Theorie und Praxis, Tübingen: Stauffenberg, 1991.

Köhler 1958: Köhler, Erich: Marcel Proust, Göttingen: Vandenhoeck & Ruprecht, 1958.

Köhler/Corbinaue-Hoffmann 1994: Köhler, Erich/Corbineau-Hoffmann, Angelika: Marcel Proust, Berlin: Erich Schmidt, 1994.

Kopp 1971: Kopp, Richard L.: Marcel Proust as a social critic, Cranbury/New Jersey: Farleigh Dickinson University Press, 1971.

Kortländer/Scheffel 1990: Kortländer, Bernd/Scheffel, Gerda (Hg.): Marivaux: Anatom des menschlichen Herzens (Vorträge des Düsseldorfer Kolloquiums), Düsseldorf: Droste, 1990.

Krajenbrink 1996: Krajenbrink, Mareike: Intertextualität als Konstruktionsprinzip. Transformationen des Kriminalromans und des romantischen Romans bei Peter Handke und Botho Strauß (Amsterdamer Publikationen zur Sprache und Literatur, 123), Amsterdam 1996.

Kraucher 1933: Kraucher, Luise: „Die französische Gesellschaft des Vorkrieges in den drei großen Zyklusromanen:»Jean Christophe«,»A la Recherche du Temps Perdu« und»Les Thibault«", in: Germanisch-Romanische Monatsschrift 21 (1933), 59-70.

Kristeva 1967: Kristeva, Julia: „Bakhtine, le mot, le dialogue et le roman", in: Critique 23 (1967), 438-465.

Kristeva 1969: dies.: Sémeiotiké – Recherches pour un sémanalyse, Paris 1969.

Krotz 1990: Krotz, Friedrich: Das Kind und Combray in Marcel Prousts A la recherche du temps perdu, Heidelberg: Carl Winter Universitätsverlag, 1990.

Lachmann 1982: Lachmann, Renate (Hg.): Dialogizität (Theorie und Geschichte der Literatur und der schönen Künste. Reihe A: Hermeutik – Semiotik – Rhetorik), München: Fink, 1982.

Lachmann 1984: dies.: „Ebenen des Intertextualitätsbegriffs", in: Stierle/Warning 1984, 133-138.

Lachmann 1990: dies.: Gedächtnis und Literatur: Intertextulität in der russischen Moderne, Frankfurt: Suhrkamp, 1990.

Lacretelle 1923: Lacretelle, Jacques de: „Les clefs de l'oeuvre de Proust", in: La Nouvelle Revue Française 20, Paris 1923, 198-203.

Lagrave 1970: Lagrave, Henri: Marivaux et sa fortune littéraire, Bordeaux: Ducros, 1970.

Lanoux 1974: Lanoux, Armand: „Préface", in: CN I, 9-19.

Larroumet 1882: Larroumet, G.: Marivaux, sa vie et ses oeuvres, Paris: Hachette, 1882.

Lattre 1978/Lattre 1981/Lattre 1985: Lattre, Alain de: La doctrine de la réalité chez Proust, 3 Bde, I: L'espace de la réalité et la règle du temps, II: Les réalités individuelles et la mémoire, III: L'ordre des choses et la création littéraire, Paris: J. Corti, 1978, 1981, 1985.

Lattre 1984: ders.: Le personnage proustien, Paris: J. Corti, 1984.

Laußmann 1992: Laußmann, Sabine: Das Gespräch der Zeichen: Studien zur Intertextualität im Werk E.T.A. Hoffmanns (Kulturgeschichtliche Forschungen, Bd. 15), München: tuduv, 1992.

Le Bidois 1939: Le Bidois, Robert: „Le langage parlé des personnages de Proust", in: Le Français moderne 7/3 (1939), 197-218.

Leclerc 1989: Leclerc, Yvan: „Proust, Flaubert: Lectures", in: BMP 39 (1989), 127-143.

Leriche 1986: Leriche, Françoise: „La seule femme c'est la femme peinte", in: BMP 36 (1986), 486-504.

Le Roux 1999: Le Roux, Benoît: „«Une Vie»", in: Desportes 1999, 105-114.

Levin 1950: Levin, Harry: „Balzac et Proust", in: Hommage à Balzac, Paris: Mercure de France, 1950, 281-308.

Lieber 1999: Lieber, Catherine: „La condition de la femme dans «Une Vie»", in: Desportes 1999, 278-295.

Lindner 1985: Lindner, Monika: „Integrationsformen der Intertextualität", in: Broich/Pfister 1985, 116-135.

Lüthi 1943: Lüthi, Käthy: Les femmes dans l'oeuvre de Marivaux, Bienne: Les Éditions du Chandelier, 1943.

Lund 1994: Lund, Hans Peter: Gustave Flaubert, Trois Contes, Études littéraires, Paris: PUF, 1994.

Lynch 1983: Lynch, Lawrence W.: „People, Animals and Transformations in Eugénie Grandet", in: The International Fiction Review 10/2 (1983), 83-90.

Lynn Ballet 1970: Lynn Ballet, Thérèse: „Proust physiognomiste", in: Europe 48/496-497 (1970), 129-140.

Macchia 1996: Macchia, Giovanni: „La Pudeur et la Surprise", in: Europe 811/812 (nov.-déc. 1996), 6-12.

Martin-Chauffer 1923: Martin-Chauffer, Louis: „Marcel Proust analyste", in: La Nouvelle Revue Française 20, Paris 1923, 170-178.

Martinoir 1971: Martinoir, Francine Ninane de: „Du temps des essences à l'illusion ou la fonction des robes et des salons dans l'univers imaginaire de Marcel Proust", in: Revue des Sciences Humaines 143 (1971), 405-415.

Mason 1967: Mason, Haydn T.: „Cruelty in Marivaux's theatre", in: Modern Language Review 62/2 (april 1967), 238-247.

Matthey 1995: Matthey, Cécile: „Les langages de la servante silencieuse dans *Un Coeur simple*", in: Lendemains 20, 78/79 (1995), 195-206.

Mauriac 1958: Mauriac, Claude: Proust („Rowohlts Monographien"), Hamburg: Rowohlt, 1958.

Maurois 1985: Maurois, André: A la recherche de Marcel Proust, Paris: Hachette ‚1985.

Mein 1963: Mein, Margaret: „Flaubert, a precursor of Proust", in: French Studies 17 (1963), 218-237.

Mein 1971: dies.: „Nerval: a precursor of Proust", in: Romanic Review 62/2 (1971), 99-112.

Mein 1972: dies.: „Proust and Balzac", in: Australian Journal of French Studies 9/1 (1972), 3-22.

Mein 1979: dies.: Thèmes proustiens, Paris: Nizet, 1979.

Meyer 1961: Meyer, Marlyse M.: La convention dans le théâtre d'amour de Marivaux, São Paulo 1961.

Meyhöfer 1989: Meyhöfer, Annette: Das Motiv des Schauspielers in der Literatur der Jahrhundertwende (Kölner germanistische Studien; Bd. 27), Köln/Wien: Böhlau, 1989.

Miceli 1961: Miceli, Salvatore: La Soubrette dans les Oeuvres de Molière, Trapani 1961.

Michel-Thiriet 1992: Michel-Thiriet, Philippe: Das Marcel Proust Lexikon, Frankfurt/Main: Suhrkamp, 1992.

Miething 1975: Miething, Christoph: Marivaux' Theater – Identitätsprobleme in der Komödie, München: Wilhelm Fink, 1975.

Miething 1979: ders.: Marivaux, Darmstadt: WBG, 1979.

Milly 1970: Milly, Jean: Les Pastiches de Proust, Pari: Armand Colin, 1970.

Milly 1971: ders.: „Le pastiche Goncourt dans «Le temps retrouvé»", in: Revue d'Histoire littéraire 71 (1971), 815-835.

Moine 1970: Moine, Evelyne: „Les rapports sociaux: l'un et l'autre", in: Europe 48/ 496-497 (1970), 46-52.

Mojem 1994: Mojem, Helmuth: Der zitierte Held: Studien zur Intertextualität in Wilhelm Raabes Roman „Das Odfeld", Tübingen: Niemeyer, 1994.

Monnin-Hornung 1951: Monnin-Hornung, Juliette: Proust et la peinture, Genève 1951.

Morand 1942: Morand, Paul: Vie de Guy de Maupassant, Paris: Flammarion, 1942.

Moraud 1981: Moraud, Yves: La conquète de la liberté de Scapin à Figaro. Valets, servantes et soubrettes de Molière à Beaumarchais, Paris 1981.

Mornet 1940: Mornet, Daniel: Histoire de la Littérature française classique, Paris 1940.

Mornet 1962: ders.: Molière, Paris: Hatier 1962.

Mouton 1968: Mouton, Jean: Le style de Marcel Proust, (Paris: Corrêa 1948) Paris: Nizet, 1968.

Müller 1994: Müller, Beate: Komische Intertextualität: Die literarische Parodie, Trier: WVT, 1994.

Müller 1991: Müller, Wolfgang G.: „Interfigurality. A Study on the Interdependence of Literary Figures", in: Plett 1991, 101-121.

Murray 1973: Murray, Jack: „Proust, Montesquiou, Balzac", in: Texas Studies in Literature and Language. A Journal of the Humanities 25/1 (Spring 1973), 177-187.

Nathan 1969: Nathan, Jacques: Citations, références et allusions de Marcel Proust dans A la Recherche du Temps perdu, Paris: Nizet, 1969.

Naturel 1993: Naturel, Mireille: „Le rôle de Flaubert dans la genèse du texte proustien", in: BMP 43 (1993), 72-81.

Naturel 1999: Proust et Flaubert – un secret d'écriture (Faux titre, Études de langue et littératures françaises, no. 173), Amsterdam/Atlanta: GA, 1999.

Newman-Gordon 1968: Newman-Gordon, Pauline: Dictionnaire des idées dans l'oeuvre de Marcel Proust, Paris: Mouton, 1968.

Ninane de Martinoir 1999: Ninane de Martinoir, Francine: „Maupassant et le Pessimisme «fin de siècle»", in: Desportes 1999, 161-189.

Noiray 1999: Noiray, Jacques: „Préface", in: R, 7-43.

Ogasawara 1996: Ogasawara, Yoshihito: „Literatur zeugt Literatur": Intertextuelle, motiv- und kulturgeschichtliche Studien zu Alfred Döblins Poetik und dem Roman Berlin Alexanderplatz, Frankfurt am Main (u.a.): Lang, 1996.

Pabst/Schrader 1972: Pabst, Walter/Schrader, Ludwig (Hg.): L'Affaire Lemoine von Marcel Proust. Kommentare und Interpretationen, Berlin: Erich Schmidt, 1972.

Pabst 1972: „Dans le Journal des Goncourt", in: Pabst/Schrader 1972, 90-100.

Painter 1962/Painter 1968: Painter, George D.: Marcel Proust. Eine Biographie, 2 Bde., Frankfurt/Main: Suhrkamp, 1962, 1968.

Pelckmans 1983: Pelckmans, Paul: „La vie plurielle dans Germinie Lacerteux", in: Orbis Litterarum 38 (1983), 60-73.

Penzkofer 1989: Penzkofer, Gerhard: „«La chambre de Félicité» – Überlegungen zur Syntagmatik und Paradigmatik in Flauberts *Un Coeur simple*", in: Romanische Forschungen 101 (1989), 221-245.

Pfister 1985 I: Pfister, Manfred: „Konzepte der Intertextualität", in: Broich/Pfister 1985, 1-30.

Pfister 1985 II: ders.: „Zur Systemreferenz", in: Broich/Pfister 1985, 52-58.

Pfister 1987: ders.: „Intertextualität", in: Borchmeyer, Dieter/Zmegac, Viktor (Hg.): Moderne Literatur in Grundbegriffen, Frankfurt a.m.: Athenäum, 1987, 197-199.

Pfister 1991: ders.: „How postmodern is Intertextuality?", in: Plett 1991, 207-224.

Picon 1963: Picon, Gaëton: Lecture de Proust, Paris: Mercure de France 1963.

Pierre-Quint 1976: Pierre-Quint, Léon: Marcel Proust, sa vie son oeuvre, Paris: Sagittaire, 1976 (oder Paris: Kra, 1925).

Piroué 1955: Piroué, Georges: Par les chemins de Marcel Proust. Essai de critique descriptive, Neuchâtel: Les Editions de la Baconnière, 1955.

Pistorius 1981: Pistorius, George: Marcel Proust und Deutschland. Eine Bibliographie, Heidelberg: Carl Winter Universitätsverlag, 1981.

Plett 1991: Plett, Heinrich F. (Hg.): Intertextuality (Research in text theory; Vol. 15), Untersuchungen zur Texttheorie, Berlin; New York: de Gruyter, 1991.

Plett 1991 I: ders.: „Intertextualities", in: Plett 1991, 3-29.

Plottel 1984: Plottel, Jeanine P.: „Styles of Naming in Honoré de Balzac and Marcel Proust", in: Caws 1984, 56-67.

Popescu-Pampu 1987: Popescu-Pampu, Mireille: „L'Avant-Proustianisme de Flaubert", in: Synthesis 16 (1987), 78-80.

Poulet 1966: Poulet, Georges: Marcel Proust. Zeit und Raum. Frankfurt/Main: Suhrkamp, 1966.

Prang 1968: Prang, Helmut: Geschichte des Lustspiels von der Antike bis zur Gegenwart, Stuttgart 1968.

Quennell 1971: Quennell, Peter (Hg.): Marcel Proust 1871-1922, A Centenary Volume, London: Weidenfeld and Nicolson, 1971.

Quennell 1971 I: ders.: „Introduction", in: Quennell 1971, 3-27.

Quennell 1971 II: Quennell, J.M: „The World of Fashion", in: Quennell 1971, 167-186.

Raimond 1968: Raimond, Michel: „Le Balzac de Marcel Proust", in: BMP 18 (1968), 742-769.

Raitt 1982: Raitt, Alan W.: „État présent des études sur Flaubert", in: L'information littéraire 34 (1982), 198-206.

Rancoeur 1987: Rancoeur, René: „Bibliographie de Marcel Proust" (1982 et compléments), in: Études proustiennes VI („Les Cahiers Marcel Proust, Nouvelle série 14"), Paris: Gallimard 1987, 339-349.

Réda 1987: Réda, Jacques: Album Maupassant, Paris: Gallimard, 1987.

Respaut 1991/92: Respaut, Michèle: „Regards d'hommes/ corps de femmes: *Germinie Lacerteux* des frères Goncourt", in: The French Review 65/1 (1991), 46-54.

Ribaric Demers 1970: Ribaric Demers, Maria: Le valet et la soubrette de Molière à la Révolution, Paris: Nizet, 1970.

Ricatte 1953: Ricatte, Robert: La création romanesque chez les Goncourt: 1851-1870, Paris: Armand Colin, 1953.

Richard 1972: Richard, Jean-Pierre: „Proust et l'objet alimentaire", in: Littérature 6 (1972), 3-19.

Richard 1974: ders.: Proust et le monde sensible, Paris: Seuil, 1974.

Richardson-Viti 1986: Richardson-Viti, Elisabeth: „Proust et le romanesque de la transformation. L'Exemple feminin", in: Romance Notes 27/2 (1986), 155-161.

Riffaterre 1979: Riffaterre, Michael: „La syllepse intertextuelle", in: Poétique 40 (nov. 1979), 496-501.

Riffaterre 1980: ders.: The Semiotics of Poetry, London 1980.

Rigault 1968: Rigault, Claude: Les domestiques dans le théâtre de Marivaux, Sherbrooke 1968.

Rivara 1995: Rivara, Annie: „État présent des études sur Marivaux", in: Dix-huitième siècle 27 (1995), 395-424.

Rivière 1947: Rivière, Jacques: „Marcel Proust et la tradition classique", in: ders.: Nouvelles Etudes, Paris: Gallimard, 1947, 149-156.

Robertson 1971: Robertson, Jane: „The relationship between the Hero and Françoise in *A la recherche du temps perdu*", in: French Studies 25 (1971), 437-441.

Robichez 1971: Robichez, Jacques: „Paris et la province chez Proust", in: Revue d'Histoire Littéraire de la France 71/5-6 (1971), 875-886.

Roloff 1984: Roloff, Volker: Werk und Lektüre. Zur Literaturästhetik von Marcel Proust, Baden-Baden: Insel, 1984.

Rousset 1962: Rousset, Jean: Forme et signification. Essais sur les structures littéraires de Corneille à Claudel, Paris: J. Corti, 1962.

Rousset 1962 I: ders.: „Marivaux ou la structure du double registre", in: Rousset 1962, 45-64.

Rousset 1962 II: „A la recherche du temps perdu", in: Rousset 1962, 135-170.

Roy 1947: Roy, Claude: Lire Marivaux, Paris: Édition de la Baconnière, Neuchatel: Seuil, 1947.

Ruff 1955: Ruff, Marcel A.: L'esprit du mal et l'esthétique baudelairienne, Paris: Armand Colin, 1955.

Sabatier 1948: Sabatier, Pierre: Germinie Lacerteux des Goncourt, Paris: SFELT, 1948.

Sansom 1973: Sansom William: Proust and his world, London: Thames and Hudson, 1973.

Satiat 1990: Satiat, Nadine: „Introduction", in: GL 9-53.

Sayce 1973: Sayce, R.A.: „The Goncourt Pastiche in Le Temps retrouvé", in: Price, Larkin B.: A critical panorama, Urbana u.a. 1973, 102-123.

Schaar 1975: Schaar, Claes: „Vertical context systems", in: Ringbohm, H., u.a. (Hg.): Style and Text, Stockholm 1975, 145-157.

Scheffel 1990: Scheffel, Gerda: „Weiß ich überhaupt, was das ist, ein Stil?", in: Kortländer/Scheffel 1990, 54-59.

Schmid 1983: Schmid, Wolf: „Sinnpotentiale der diegetischen Allusion. Aleksandr Puskins Posthalternovelle und ihre Prätexte", in: Schmid/Stempel 1983, 141-188.

Schmid/Stempel 1983: Schmid, Wolf/Stempel, Wolf-Dieter (Hg.): Dialog der Texte. Hamburger Kolloquium zur Intertextualität. Wiener Slawistischer Almanach, Sonderband 11, Wien 1983.

Schneider 1971: Schneider, Marcel: „The Faubourg Saint Germain", in: Quennell 1971, 41-58.

Schor 1985: Schor, Naomi: „Naturalizing Woman: *Germinie Lacerteux*", in: dies.: Breaking the chain. Women, theory and French Realist Fiction, New York: Columbia University Press, 1985, 127-134.

Schulte-Middelich 1985: Schulte-Middelich, Bernd: „Funktionen intertextueller Textkonstitution", in: Broich/Pfister 1985, 197-242.

Schulz-Buschhaus 1983: Schulz-Buschhaus, Ulrich: „Die Sprachlosigkeit der Félicité – Zur Interpretation von Flauberts Conte *Un Coeur simple*", in: Zeitschrift für französische Sprache und Literatur 93 (1983), 113-130.

Schulz-Buschhaus 1989: Schulz-Buschhaus, Ulrich: „Françoise oder die Poetik eines „bon dîner", in: Kapp, Volker (Hg.): Geschmack und Neigung, Tübingen: Stauffenberg, 1989, 143-159.

Sharon d'Obremer 1941: Sharon d'Obremer, Marguerite Anne: Les rôles des femmes dans la comédie française de Molière à Marivaux, Paris 1941.

Sigaux 1961: Sigaux, Gilbert: „Préface" zu *Une Vie* in: Maupassant: Mademoiselle Fifi, Une Vie, Texte établie et présenté par Gilbert Sigaux, Lausanne: Société coopérative éditons rencontre, 1961, 183-191.

Sorhagen 1972: Sorhagen, Irina: „L'Affaire Lemoine, par Gustave Flaubert", in: Pabst/Schrader 1972, 40-54.

Stackelberg 1980: Stackelberg, Jürgen v.: „Molière und die Gesellschaftsordnung seiner Zeit", in: Baader, Renate (Hg.): Molière, Darmstadt: WBG, 1980, 232-258.

Stalloni 1999: Stalloni, Yves: „«Une Vie», Mythologie romanesque", in: Desportes 1999, 373-413.

Stempel 1983: Stempel, Wolf-Dieter: „Intertextualität und Rezeption", in: Schmid/Stempel 1983, 85-109.

Stierle 1984: Stierle, Karlheinz: „Werk und Intertextualität", in: Stierle/Warning 1984, 139-150.

Stierle/Warning 1984: Stierle, Karlheinz/Warning, Rainer (Hg.): Das Gespräch (Poetik und Hermeneutik, Bd. 11), München 1984.

Suerbaum 1985: Suerbaum, Ulrich: „Intertextualität und Gattung: Beispielreihen und Hypothesen", in: Broich/Pfister 1985, 58-78.

Tadié 1971: Tadié, Jean-Yves: Proust et le roman. Essai sur les formes et techniques du roman dans *À la recherche du temps perdu*, Paris: Gallimard, 1971.

Tadié 1971 II: ders.: „Portrait de Françoise", in: Revue d'Histoire Litteraire de la France 71/5-6, (1971), 753-764.

Tadié 1973: ders.: „Le roman de Proust et la société", in: Roman et société, Colloque, 6 nov. 1971 (Publications de la Société d'Histoire Littéraire de la France), Paris: Armand Colin, 1973. 99-105.

Tadié 1983: ders.: *Proust*, Paris: Belfond, 1983.

Tadié 1993: ders.: „Proust, lecteur de Balzac", in: L'année balzacienne 14 (1993), 311-320.

Tassart 1962: Tassart, François: Nouveaux souvenirs intimes sur Guy de Maupassant (inédits), texte établie, annoté et présenté par Pierre Cogny, Paris: Nizet, 1962.

Thaler 1984: Thaler, Danielle: „A la recherche du paradis perdu: enfance prolétariat dans trois romans des Goncourt", in: Les cahiers naturalistes 58 (1984), 97-110.

Thaler 1985/86: dies.: „Deux frères en quête de peuple: Les Goncourt", in: Nineteenth Century French Studies 14 (1985/86), 103-109.

Trommler 1995: Trommler, F. (Hg.): Thematics Reconsidered: Essays in Honor of Horst S. Daemmrich, Amsterdam 1995.

Trousson 1980: Trousson, Raymond (Hg.): Elemente der Literatur. Beiträge zur Stoff-, Motiv-, und Themenforschung, Elisabeth Frenzel zum 65. Geburtstag, Stuttgart: Kröner, 1980.

Veblen 1970: Veblen, Thorstein: The Theory of the Leisure Class, London: Unwin Books, 1970.

Vial 1954: Vial, André: Guy de Maupassant et l'Art du Roman, Paris: Nizet, 1954.

Vial 1954 II: ders.: La Genèse d'«Une Vie», premier roman de Guy de Maupassant, avec de nombreux documents inédits, Paris: Les Belles Lettres, 1954.

Viers 1976: Viers, Rina: „Mallarmé et Proust", in: Europe 54 (1976), H. 564-565, 104-112.

Weber 1981: Weber, Robert W.: Der moderne Roman: Proust, Joyce, Belyi, Woolf und Faulkner, Bonn: Bouvier, 1981.

Wilpert 1989: Wilpert, Gero v.: Sachwörterbuch der Literatur, Stuttgart: Kröner, [7]1989.

Warning 1983: Warning, Rainer: „Imitation und Intertextualität", in: Hempfer, K.W./Regn, G. (Hg.): Interpretationen: Das Paradigma der Europäischen Renaissance-Literatur, Wiesbaden 1983, 288-317.

Wilson 1971: Wilson, Stephen: „Proust's A la recherche du temps perdu as a Document of Social History", in: Journal of European Studies 1 (1971), 213-243.

Wing 1992/93: Wing, Nathaniel: „Reading Simplicity: Flaubert's *«Un Coeur simple»*", in: Nineteenth Century French Studies 21 (1992/93), 88-101.

Wolf 1990: Wolf, Nelly: Le peuple dans le roman français de Zola à Céline, Paris: PUF, 1990.

Wolfzettel 1990: Wolfzettel, Friedrich: „Zum Stand und Problem der Intertextualitätsforschung im Mittelalter (aus romanistischer Sicht)", in: ders. (Hg.): Artusroman und Intertextualität (Beiträge der Deutschen Sektionstagung der Internationalen Artusgesellschaft vom 16. bis 19. November 1989 an der Johann Wolfgang Goethe-Universität Frankfurt a.M.), Gießen: Wilhelm Schmitz, 1990, 1-17.

Wolitz 1971: Wolitz, Seth: The Proustian Community, New York 1971.

Wolpers 1986: Wolpers, Theodor (Hg.): Gelebte Literatur in der Literatur: Studien zu Erscheinungsformen und Geschichte eines literarischen Motivs, Abhandlungen der Akademie der Wissenschaften in Göttingen, Phil.-Hist. Klasse III, 152, Göttingen 1986.

Wolpers 1989/Wolpers 1992: ders. (Hg.): Gattungsinnovation und Motivstruktur, Teil I und II, Abhandlungen der Akademie der Wissenschaften in Göttingen, Phil-Hist. Klasse III, 184 und 199, Göttingen 1989-1992.

Wolpers 1992 I: ders.: „Zum Verhältnis von Gattungsinnovation und Motivtradition, Einzelergebnisse und eine Systematik motivwissenschaftlicher Typenbildung", in: Wolpers 1992, 172-225.

Wolpers 1995: ders.: „Recognizing and Classifying Literary Themes", in: Trommler 1995, 33-67.

Woodward 1989: Woodward, Servanne: „Tragédie d'arrière-cuisine dans 'Combray'", in: Essays in French Literature 26 (Nov. 1989), 63-71.

Yates 1991: Yates, Susan: Maid and Mistress – feminine solidarity and class difference in five nineteenth century French Texts, New York: Peter Lang, 1991.

Zéphir 1959: Zéphir, Jacques: La personnalité humaine dans l'oeuvre de Marcel Proust. Essai de psychologie littéraire, Paris: M.J. Minard (Lettres Modernes), 1959.

Zéraffa 1971: Zéraffa, Michel: Roman et société, Paris: PUF, 1971.

Ziegler 1954: Ziegler, Klaus: „Das deutsche Drama der Neuzeit", in: Stammler, Wolfgang (Hg.): Deutsche Philologie im Aufriß, Berlin/Bielefeld 1954, 949-1298.

Ziolkowsky 1983: Ziolkowsky, Theodore: „Figures on loan", in: ders.: Varieties of Literary Thematics, Princeton: Princeton UP, 1983, 123-151.

Zima 1973: Zima, Pierre V.: Le désir du mythe. Une lecture sociologique de Marcel Proust, Paris: Nizet, 1973.

Zima 1980: ders.: L'ambivalence romanesque. Proust, Kafka, Musil, Paris: Le Sycomore, 1980.

www.ingramcontent.com/pod-product-compliance
Lightning Source LLC
Chambersburg PA
CBHW021929290426
44108CB00012B/775